Entscheidungen

des

Reichsgerichts.

Herausgegeben

von

den Mitgliedern des Gerichtshofes
und der Reichsanwaltschaft.

Entscheidungen in Zivilsachen.

Neue Folge.

Sechsundvierzigster Band.

Der ganzen Reihe sechsundneunzigster Band.

Berlin und Leipzig 1919
Vereinigung wissenschaftlicher Verleger
Walter de Gruyter & Co.
vormals G. J. Göschen'sche Verlagshandlung :: J. Guttentag, Verlagsbuchhandlung :: Georg Reimer :: Karl J. Trübner :: Veit & Comp.

Entscheidungen

des

Reichsgerichts

in

Zivilsachen.

Neue Folge.

Sechsundvierzigster Band.

Der ganzen Reihe sechsundneunzigster Band.

Berlin und Leipzig 1919

Vereinigung wissenschaftlicher Verleger

Walter de Gruyter & Co.

vormals G. J. Göschen'sche Verlagshandlung :: J. Guttentag, Verlagsbuchhandlung :: Georg Reimer :: Karl J. Trübner :: Veit & Comp.

Manuldruck von F. Ullmann G. m. b. H., Zwickau Sa.

Inhalt.

I. Bürgerliches Recht.

a. Reichsrecht.

b. Landesrecht.

II. Öffentliches Recht.

III. Gerichtliches Verfahren.

1. Ist für den Vertrag über die freiwillige Abtretung eines zu enteignenden Grundstücks die schriftliche Form auch dann genügend, wenn die Einigung der Beteiligten auch die Entschädigung umfaßt und diese in Grund und Boden gewährt wird, also ein Austausch von Grundstücken stattfindet?

Preuß. Gesetz über die Enteignung von Grundeigentum vom 11. Juni 1874 §§ 16, 17; preuß. Ausführungsgesetz zum BGB. Art. 12 § 1 Abs. 2; BGB. § 313.

V. Zivilsenat. Urt. v. 26. April 1919 i. S. Ha. Hütte Akt.-Ges. (Kl.) w. preuß. Fiskus (Bekl.). V 13/19.

I. Landgericht Elberfeld.
II. Oberlandesgericht Düsseldorf.

Zum Bau der Eisenbahnstrecke Weidenau—Dillenburg war für den Beklagten der Erwerb einer Anzahl der Rechtsvorgängerin der Klägerin, der Ha. Hüttengesellschaft m. b. H., gehöriger Parzellen erforderlich. Nachdem das Enteignungsverfahren eingeleitet und die vorläufige Planfeststellung erfolgt war, schlossen die Ha. Hüttengesellschaft und der Beklagte am 13. Juli 1911 einen schriftlichen Vertrag, in welchem die erstere sich freiwillig verpflichtete, dem Beklagten das Eigentum an den in Art. 1 des Vertrags aufgeführten, zum Bahnbau nötigen Parzellen zu übertragen, während der Beklagte als Gegenleistung der Ha. Hüttengesellschaft u. a. die in der Anlage des Vertrags bezeichneten Parzellen, soweit dieselben für sie zum Bau eines Anschlußgleises nötig seien, in Tausch gab. Die Klägerin klagte auf Auflassung dieser Parzellen, wurde aber in allen Instanzen abgewiesen.

Gründe:

„Während das Landgericht auf Grund der Auslegung des Vertrags vom 13. Juli 1911 den Anspruch der Klägerin auf Auflassung der in dessen Anlage verzeichneten Parzellen für unbegründet erachtet hat, gelangt das Oberlandesgericht zu demselben Ergebnis aus der Erwägung, daß der Vertrag mangels Beobachtung der in § 313 BGB. vorgeschriebenen Form nichtig sei. Die Revision erhebt gegen diese rechtliche Beurteilung zwei Angriffe. Diese konnten jedoch keinen Erfolg haben.

Die Revision stellt zunächst zur Nachprüfung, ob nicht entgegen der Auffassung des Oberlandesgerichts die in Art. 12 § 2 preuß. AG. z. BGB. vom 20. September 1899 zugelassene Form gewahrt sei. In dieser auf Grund des Art. 142 EG. z. BGB. erlassenen Vorschrift ist nämlich bestimmt, daß, wenn bei einem Vertrage, durch den sich der eine Teil verpflichtet, das Eigentum an einem in Preußen liegenden Grundstücke zu übertragen, einer der Vertragschließenden durch eine öffentliche Behörde vertreten wird, für die Beurkundung des Vertrags außer den Gerichten und Notaren auch der Beamte zuständig ist, welcher von dem Vorstande der zur Vertretung berufenen Behörde oder von der vorgesetzten Behörde bestimmt ist. Das Berufungsgericht legt aber dar, daß der Vertrag vom 13. Juli 1911 nicht von einem Beamten, der als Urkundsperson bestimmt war, beurkundet ist, daß aber auch der Vertrag nicht, wie der gemäß Art. 12 § 4 preuß. AG. z. BGB. hier anzuwendende § 175 FGG. vorschreibt, in der Form eines Protokolles aufgenommen sei. In diesen Ausführungen ist ein Rechtsirrtum nirgends erkennbar.

Die Revision macht sodann weiter geltend, daß der Berufungsrichter zu Unrecht die schriftliche Form des Vertrags vom 13. Juli 1911 nicht für ausreichend erachtet habe. Es handle sich um eine freiwillige Abtretung von Grundeigentum gemäß §§ 16, 17 EntG.; für solche Verträge genüge nach Art. 12 § 1 Abs. 2 preuß. AG. z. BGB. die schriftliche Form. Auch dieser Meinung der Revision war nicht beizupflichten.

In § 16 EntG. ist bestimmt, daß eine Einigung zwischen den Beteiligten über den Gegenstand der Abtretung, soweit er nach dem Befinden der zuständigen Behörde zu dem Unternehmen erforderlich ist, zum Zweck sowohl der Überlassung des Besitzes als der sofortigen Abtretung des Eigentums stattfinden kann. Nach § 17 Abs. 1 EntG. mußten für derartige gütliche Einigungen die nach den bestehenden Gesetzen für die Veräußerung von Grundeigentum vorgeschriebenen Formen gewahrt werden. Mit dem Inkrafttreten des Bürgerlichen Gesetzbuchs würde daher nach dessen § 313 für solche Verträge die gerichtliche oder notarielle Beurkundung erforderlich geworden sein. Auf Grund des in Art. 109 EG. z. BGB. auf dem Gebiete des Enteignungsrechts für die Landesgesetzgebung gemachten Vorbehalts ist jedoch in Art. 12 § 1 pr. AG. z. BGB. bestimmt worden, daß für die in §§ 16, 17 EntG. bezeichneten Verträge über die freiwillige Abtretung von Grundeigentum die schriftliche Form genüge. Die Rücksichten, welche zur Aufstellung der erschwerten Form in § 313 BGB. geführt hatten, nämlich die Bewahrung der minder geschäftsgewandten Bevölkerung vor übereilten Käufen und Verkäufen sowie die Erzielung größerer Gewähr für die Vollständigkeit, Richtigkeit und Verständlichkeit der Beurkundung, schienen hier dem Gesetzgeber nicht geboten, da es sich um gemeinnützige Unternehmungen handelte, bei denen häufig

Behörden beteiligt seien. Überdies lag es überhaupt im Sinne der Vorschriften der §§ 16, 17 EntG., den Abschluß derartiger Verträge, die das umständliche und langwierige Enteignungsverfahren ganz oder teilweise entbehrlich machen sollen, möglichst zu fördern. Dem Wortlaut der §§ 16, 17 EntG. nach bezieht sich die dort vorgesehene Enteignung allerdings nur auf den Gegenstand der Abtretung, d. h. auf das zu enteignende Grundstück. Die von dem Unternehmer dafür zu gewährende Entschädigung kann nach § 16 Satz 2 nachträglicher Feststellung vorbehalten werden, welche alsdann nach den Vorschriften des EntG. oder auch, je nach Verabredung der Beteiligten, sofort im Rechtswege erfolgt. Schon die Fassung dieser Bestimmung, wonach die Feststellung der Entschädigung vorbehalten werden **kann**, ergibt aber deutlich, daß die Entschädigungsfrage auch sofort in die Einigung einbezogen werden kann. Dies ist auch in der Begründung des Entwurfs zum Gesetze sowie in dem Kommissionsbericht des Abgeordnetenhauses ausdrücklich anerkannt (vgl. **Eger**, EntG. 3. Aufl. Bd. 2 S. 37, 38; **Koffka**, Komm. z. EntG. § 16 Note 5; RGZ. Bd. 72 S. 359). Erstreckt sich die Vereinbarung der Beteiligten sogleich auch auf die Entschädigung, so kann es keinem Zweifel unterliegen, daß grundsätzlich auch die Festsetzung der Entschädigung der erleichterten Form unterliegt. Denn Art. 12 § 1 pr. AG. z. BGB. erklärt die schriftliche Form für den in §§ 16, 17 EntG. bezeichneten „Vertrag," also für seine sämtlichen Bestandteile, mithin auch für die Festsetzung der vom Unternehmer zu gewährenden Gegenleistungen für ausreichend. Besteht die Entschädigung, wie in § 7 EntG. als Regel angenommen wird, in Geld oder etwa auch in tauschweise hingegebenen beweglichen Sachen, so können hiergegen keine Bedenken obwalten. Denn in diesen Fällen würde der Formzwang des § 313 BGB. für die Vereinbarung der Entschädigung nur deshalb bestehen, weil diese die Gegenleistnng für die Verpflichtung des zu Enteignenden zur Übertragung des Eigentums an einem Grundstücke bildet (RGZ. Bd. 51 S. 179, Bd. 93 S. 219, 220). An die Stelle der gerichtlichen oder notariellen Beurkundung tritt hier aber nach Art. 12 § 1 a. a. O. die einfache Schriftform.

Anders gestaltet sich jedoch die Rechtslage, wenn die vereinbarte Entschädigung in Grund und Boden besteht, was von den Beteiligten ebenfalls bedungen werden kann (RGZ. Bd. 86 S. 17, 20). In diesem Falle bedarf die Einigung über die Entschädigung zwar auch nicht als Festsetzung der Gegenleistung für die Verpflichtung zur Übertragung des zu enteignenden Grundstücks der in § 313 BGB. vorgeschriebenen Form, wohl aber unterliegt sie dem strengen Formzwange um deswillen, weil sie auch ihrerseits wieder die Verpflichtung zur Übertragung des Eigentums an einem Grundstücke für die Gegenpartei begründet. Als Festsetzung der Gegenleistung für die freiwillige Abtretung des zu enteignenden Grundstücks wäre diese Vereinbarung durch Art. 12 § 1

a. a. O. von dem Formzwange des § 313 BGB. befreit; als Verpflichtung des Unternehmers zur Übertragung des Eigentums an einem Grundstück unterliegt sie dagegen diesem Formzwange. Dadurch, daß die Gewährung der Entschädigung in Grund und Boden verabredet wird, wird ein neues formbedürftiges Element in den Vertrag hineingetragen. Es handelt sich jetzt nicht mehr bloß um die Verpflichtung zur Übertragung des Eigentums des zu enteignenden Grundstücks an den Unternehmer, sondern auch um die Abtretung von Grundstückseigentum seitens des Unternehmers an den zu Enteignenden. Der Vertrag betrifft also nicht mehr bloß, wie in § 16 EntG. ausdrücklich vorausgesetzt wird, eine Einigung über den Gegenstand der Abtretung, soweit er nach dem Befinden der zuständigen Behörde zu dem Unternehmen erforderlich ist, vielmehr geht der Vertrag über den Rahmen des § 16 EntG. insofern hinaus, als er gegenseitige Grundstücksübertragungen der Beteiligten zum Gegenstande hat. Durch die Festsetzung der von dem Unternehmer zu gewährenden Entschädigung in Grund und Boden gewinnt der Vertrag die rechtliche Eigenschaft eines Grundstückstauschvertrags und unterliegt deshalb den für diesen in § 313 BGB. gegebenen Formvorschriften. Für ihn gilt nicht mehr die lediglich für die freiwillige Abtretung des zu enteignenden Grundstücks an den Unternehmer in Art. 12 § 1 a. a. O. zugelassene erleichterte Form. Gegen diese Auffassung läßt sich auch nicht das von der Revision hervorgehobene Bedenken verwerten, daß dadurch die Einigung der Beteiligten über den Gegenstand der Abtretung übermäßig erschwert würde. Denn die Fälle, in denen ein Austausch von Grundstücken stattfindet, sind gegenüber den Fällen, in denen eine Geldentschädigung vereinbart wird, nach den Ausführungen des Berufungsgerichts recht selten. Dazu kommt, daß bei den Enteignungen zum großen Teil Körperschaften des öffentlichen Rechts als Unternehmer beteiligt sind, daß also auch bei Grundstückstauschverträgen außer der gerichtlichen oder notariellen Beurkundung meistens noch die in Art. 12 § 2 pr. AG. z. BGB. eröffnete Möglichkeit der Aufnahme des Vertrags durch einen behördlich bestimmten Urkundsbeamten gegeben sein wird.

Mit Recht hat hat daher das Oberlandesgericht den Vertrag vom 13. Juli 1911 wegen Formmangels für nichtig erklärt. Die Revision war demgemäß zurückzuweisen."

---

2. Rechtliche Bedeutung der Zeichnung auf neu aufgelegte Wertpapiere bei einem Bankier, der Weitergabe dieser Zeichnung an die Hauptzeichnungsstelle und der Zuteilung von Wertpapieren durch diese an den Bankier.

HGB. §§ 383, 392, 400, 405.

I. Zivilsenat. Urt. v. 7. Mai 1919 i. S. Dr. T. (Bekl.) w. U. u. Gen. (Kl.). I 36/19.

I. Landgericht Nürnberg.
II. Oberlandesgericht daselbst.

Im Januar 1914 wurden vierprozentige preußische Schatzanweisungen mit sechsmonatiger Sperrfrist zur Zeichnung aufgelegt. Der Bankier B. forderte seine Kunden auf, ihm Zeichnungen zugehen zu lassen, wobei er erklärte, daß die zugeteilten Stücke zu den Originalbedingungen berechnet werden würden. B., dem eine Reihe von Zeichnungen seitens seiner Kunden zugegangen war, zeichnete dann im eigenen Namen auf die Schatzanweisungen bei 4 Zeichnungsstellen (deutschen Großbanken) einen höheren Betrag als die 105500 ℳ, welche bei ihm von seinen Kunden gezeichnet waren. Auf seine Zeichnung erhielt er von den genannten Zeichnungsstellen insgesamt 110000 ℳ Schatzanweisungen zugeteilt, wovon er seinen Kunden insgesamt 105500 ℳ überwies, und zwar den Klägern zusammen 22000 ℳ. Er verständigte seine Kunden von dieser Zuteilung und erteilte jedem von ihnen durch Schreiben vom 14. Februar 1914 Abrechnung. Auch gab er ihnen Gutscheine, gegen deren Rückgabe der betreffende Kunde „oder Überbringer" die zugeteilten Schatzanweisungen sollte in Empfang nehmen können. Sämtliche Kunden bezahlten den Zeichnungspreis entsprechend der ihnen erteilten Abrechnung.

Am 8. August 1914 starb B. Sein Nachlaß ist überschuldet. Der Nachlaßverwalter traf mit sämtlichen Gläubigern des B. ein Übereinkommen, daß von der Eröffnung eines Konkursverfahrens abgesehen und der Nachlaß nach den Grundsätzen des Konkursverfahrens liquidiert werden sollte. Von den Banken, bei welchen B. die Schatzanweisungen gezeichnet hatte, wurden die Stückeverzeichnisse seiner Firma Ende August 1914 erteilt.

Die Kläger, die zusammen 22000 ℳ, also den fünften Teil der gesamten dem B. auf seine Zeichnungen zugeteilten Schatzanweisungen gezeichnet und bezahlt haben, verlangen gemeinschaftlich den fünften Teil, d. i. 5000 ℳ, der jetzt in dem Besitz und der freien Verfügung des Nachlaßverwalters befindlichen 25000 ℳ Schatzanweisungen mit der Behauptung, daß B. für sie als Kommissionär gehandelt habe und ihnen daher gemäß § 392 Abs. 2 HGB. zur Herausgabe verpflichtet sei.

Der Beklagte bestreitet diesen Anspruch, da kein Kommissionsvertrag vorliege, B. auch keine Ausführungs-, sondern Deckungsgeschäfte vorgenommen habe und im Effektenhandel für die Anwendung von § 392 Abs. 2 HGB. überhaupt kein Raum sei.

Beide Vorinstanzen gaben der Klage statt. Die Revision wurde zurückgewiesen.

Aus den Gründen:

„1. Das Berufungsgericht geht zunächst von dem in der Rechtsprechung und im Schrifttum allgemein anerkannten Grundsatz aus, daß der Kunde, der sich an seinen Bankier wegen Anschaffung eines Wertpapiers wendet, regelmäßig mit diesem nicht einen Kauf, sondern ein Kommissionsgeschäft abschließen will, und daß, wenn trotzdem das erstere angenommen werden soll, dafür besondere Umstände vorliegen müssen (RGZ. Bd. 43 S. 111; Düringer-Hachenburg HGB. 2. Aufl. Bd. 3 S. 534, § 383 Anm. 22; Staub HGB. 9. Aufl. § 383 Anm. 9; Breit, Anhang zum Komm. des BörsG. S. 337). Es führt dann weiter aus, daß solche besonderen, für ein Kaufgeschäft sprechenden Umstände hier nicht vorlägen, wohl aber besondere Umstände, welche auf ein Kommissionsgeschäft hinwiesen. Dies wird im einzelnen näher dargelegt und nach allgemeinen und besonderen Gesichtspunkten begründet, vornehmlich unter Betonung der Eigenartigkeit des vorliegenden Emissionsgeschäfts, welches von dem gewöhnlichen Effektenhandel wohl zu unterscheiden sei. Es kann dazu durchweg auf die Ausführungen des Berufungsgerichts verwiesen werden. Auf Grund dieser rechtlich einwandfreien Erwägungen kommt das Berufungsgericht zu dem Ergebnis, daß Sinn und Zweck der Einreichung der Zeichnung der Kläger bei dem Bankier B. gewesen sei, daß dieser die gewünschten Wertpapiere für Rechnung der genannten Zeichner im eigenen Namen unmittelbar oder durch Vermittlung eines „Zentralbankiers“ bei der betreffenden Emissionsstelle (Bankkonsortium) erwerben sollte, daß B. dementsprechend gehandelt habe und somit ein Kommissionsgeschäft vorliege. . . .

Zu Unrecht greift die Revision den rechtlichen Ausgangspunkt der Erwägungen des Berufungsgerichts an, daß in Fällen der vorliegenden Art kein Kauf-, sondern ein Kommissionsgeschäft vorliege. Insbesondere kann hiergegen nichts aus den von dem Revisionskläger angezogenen Ausführungen bei Düringer-Hachenburg Anm. 20 zu § 383, Bd. 3 S. 533 und Breit a. a. O. S. 326, 327 hergeleitet werden, wonach bei der Effektenkommission die Ausführung der Kommission durch Selbsteintritt des Kommissionärs die fast ausnahmslose Regel bilden und demnach die Vermutung für ein Deckungsgeschäft sprechen soll. Denn abgesehen davon, daß die betreffenden Erörterungen der genannten Schriftsteller den erwähnten Unterschied zwischen dem gewöhnlichen Effektenhandel und dem hier fraglichen Emissionsgeschäft unberührt lassen, beziehen sie sich gar nicht auf die hier zur Entscheidung stehende Frage, ob zwischen den Klägern und B. zunächst ein Kauf oder ein Kommissionsgeschäft zum Abschluß gekommen ist. Vielmehr gehen sie davon aus, daß ein Kommissionsgeschäft an sich vorliegt, und behandeln nur die Art der Ausführung dieser Kommission durch den Kommissionär. Für die Frage aber, ob zunächst ein Kommissions- oder ein Kaufvertrag abgeschlossen ist, schließen sich auch die beiden genannten Schriftsteller der herrschenden Meinung an (vgl. Düringer-Hachenburg HGB. § 383 Anm. 22; Breit S. 337). Schließlich sind auch nicht die von der Revision angezogenen Entscheidungen des Reichsoberhandelsgerichts Bd. 19 S. 355 und des Reichsgerichts Bd. 6 S. 46, Bd. 18 S. 20 nach der hier maßgeblichen Richtung hin zu verwerten.

2. Das Berufungsgericht verkennt nicht, daß die Tatsache, daß ein vom Kommissionär geschlossenes Geschäft sich mit dem Inhalt einer vorher von ihm übernommenen Kommission in allen Punkten deckt, für sich allein nicht entscheidend ist hinsichtlich der Frage, ob der Kommissionär ein Ausführungs- oder ein Deckungsgeschäft vorgenommen hat (Düringer-Hachenburg § 392 Anm. 2; Staub § 383 Anm. 11; Breit S. 325, 326), und daß der Kommittent, der das betreffende Geschäft des Kommissionärs für sich in Anspruch nimmt, dafür beweispflichtig ist (Staub § 383 Anm. 11; RGZ. Bd. 6 S. 48). Es verkennt ferner nicht, daß auf Grund ausdrücklicher oder stillschweigender Vereinbarung der Parteien die in § 400 Abs. 1 und § 405 Abs. 1 HGB. vorgesehenen Beschränkungen hinsichtlich des Selbsteintritts des Kommissionärs abgeändert werden können derart, daß dieser Selbsteintritt auch bei Wertpapieren zulässig ist, bei denen ein Börsen- oder Marktpreis amtlich nicht festgestellt ist (Düringer-Hachenburg § 400 Anm. 2; Staub § 400 Anm. 4), und daß die in § 405 Abs. 1 HGB. vorgesehene Form der Selbsteintrittserklärung nicht innegehalten zu werden braucht (Düringer-Hachenburg § 405 Anm. 13; Staub § 405 Anm. 6). Das Berufungsgericht führt dann aber aus, daß hier ein Selbsteintritt des Kommissionärs weder ausdrücklich noch stillschweigend vereinbart worden sei, und daß in Fällen der vorliegenden Art, wo es sich um eine Emission von Wertpapieren handle, die damals noch für längere Zeit gesperrt waren und einen amtlich festgestellten Börsen- oder Marktpreis nicht hatten, ein Handelsgebrauch dahin, daß der Kommittent sich durch den Kommissionsauftrag stillschweigend mit dem Selbsteintritte des Kommissionärs einverstanden erkläre, nicht vorhanden sei. Diese Feststellungen sind tatsächlicher Natur und entziehen sich der Nachprüfung im gegenwärtigen Verfahren. Sie sind in Gemäßheit der Verhandlungen in der Berufungsinstanz in eingehender Weise unter Hervorhebung der besonderen Eigenart des vorliegenden Emissionsgeschäftes begründet worden, so daß von der seitens des Revisionsklägers behaupteten Verletzung von §§ 286, 551 Ziff. 7 ZPO. keine Rede sein kann. Scheidet aber der Gesichtspunkt einer die Vorschriften von § 400 Abs. 1 und § 405 Abs. 1 HGB. ändernden Vereinbarung zwischen den Klägern und B. aus, so hat das Berufungsgericht ohne erkennbaren Rechtsirrtum angenommen, daß ein Selbsteintritt und ein damit zusammenhängendes Deckungsgeschäft auf seiten des B. nicht in Frage

komme, vielmehr ein Ausführungsgeschäft vorliege. Hierbei ist in rechtlich nicht zu beanstandender Weise erörtert worden, daß B. mit seinen an die betreffenden Kunden gerichteten Erklärungen vom Februar 1914 die Ausführung der Kommission angezeigt habe, ohne ausdrücklich zu bemerken, daß er selbst eintreten wolle, und daß er somit gemäß § 405 Abs. 1 HGB. erklärt habe, daß die Ausführung durch Abschluß des Geschäfts mit einem Dritten für Rechnung des betreffenden Kommittenten erfolgt sei. Hieran anknüpfend hat das Berufungsgericht zutreffend die Schlußfolgerung gezogen, daß die Forderungen des B. gegen die Banken, bei denen er gezeichnet hatte, auf Lieferung der Wertpapiere im Verhältnis zwischen den Klägern und B. oder dessen Gläubigern gemäß § 392 Abs. 2 als Forderungen der Kläger zu gelten hätten. Denn die von der Revision aufgestellte Behauptung, daß bei der Effekten-Kommission § 392 Abs. 2 HGB. überhaupt keine Anwendung finde, trifft in dieser Allgemeinheit nicht einmal bei Ankauf börsengängiger Wertpapiere (dem regulären Effekten-Kommissionsgeschäft, vgl. auch Düringer-Hachenburg § 392 Anm. 24) zu, geschweige denn bei Kommissionsgeschäften der hier fraglichen Art anläßlich der Emission gesperrter Effekten.

Die übrigen Ausführungen des Berufungsgerichtes, wonach die Kläger in entsprechender Anwendung der Vorschriften der Konkursordnung ein Aussonderungs- bzw. Ersatzaussonderungsrecht in dem hier beanspruchten Umfange hinsichtlich der Ansprüche des B. gegen die betreffenden Banken auf Lieferung der fraglichen Wertpapiere haben, sind von der Revision im Grundgedanken nicht bemängelt worden. Sie lassen auch nach der hier wesentlichen Richtung hin keinen Rechtsirrtum erkennen. Allerdings hat B. derzeit nur hinsichtlich der 105500 *M* Schatzscheine, auf welche der Gesamtauftrag seiner Kunden lautete, und nicht auch wegen der ihm außerdem zugeteilten 4500 *M* Schatzscheine als Kommissionär gehandelt und Ausführungsgeschäfte abgeschlossen. In diesen 105500 *M* stecken aber die von den Klägern bzw. ihren Rechtsvorgängern gezeichneten 22000 *M*.

Danach beträgt der klägerische Anteil an den beim Beklagten befindlichen 25000 *M* Wertpapieren $1/5$ derselben mit 5000 *M*." ...

---

3. 1. Erfordernisse des Urteilstatbestandes.

2. Kann ein Teilurteil erlassen werden, wenn ein geltend gemachter einheitlicher Schadensersatzanspruch insoweit für unbegründet erachtet wird, als der Schaden in einem Teile des in Betracht kommenden Zeitraums entstanden sein soll?

3. Ist gegen ein unzulässigerweise erlassenes Teilurteil ein

Rechtsmittel statthaft? In welcher Weise ist in solchem Falle zu verfahren?

ZPO. §§ 301, 313, 539; Bundesratsverordnung über die Entlastung der Gerichte vom 9. September 1915 § 24.

V. Zivilsenat. Urt. v. 10. Mai 1919 i. S. Gewerkschaft F. (Kl.) w. Reichsmilitärfiskus (Bekl.). V 260/18.

I. Landgericht Metz.
II. Oberlandesgericht Colmar.

Wegen des Sach- und Streitverhältnisses wird Bezug genommen auf RGZ. Bd. 87 S. 392. In dem weiteren Verfahren vor dem Landgericht, an das die Sache zur Verhandlung und Entscheidung über den Betrag des Anspruchs zurückverwiesen war, kündigte die Klägerin unter Vorlage eines Gutachtens des Bergmeisters K. und unter Bezugnahme auf dieses den Antrag an, den beklagten Fiskus zur Zahlung von 9861300 *M* nebst Prozeßzinsen zu verurteilen, vorbehaltlich weiterer Erhöhung. Darauf ersuchte das Gouvernement der Festung Metz mit Schreiben vom 1. November 1916 den Bergmeister in Metz, die von ihm am 10. April 1913 erlassene Verfügung aufzuheben. Diese Aufhebung ist sodann durch Verfügung des Bergmeisters vom 10. November 1916 erfolgt. Bei der mündlichen Verhandlung der Sache stellte die Klägerin den angekündigten Antrag; der Beklagte beantragte, die Klage abzuweisen. Das Landgericht erließ folgendes von ihm als Teilurteil bezeichnetes Urteil:

„Es wird unter Zurückweisung der Mehrforderung festgestellt, daß der Klägerin dem Grunde nach ein Schadensersatzanspruch zusteht:

a) zeitlich: 1. für die Zeit vom 10. April 1913 bis 31. Oktober 1916; 2. für die Folgezeit bis zum Tage der vollen Inbetriebnahme des Bergwerks, die Arbeiten selbst mit dem 1. November 1916 beginnend;

b) räumlich: für das Konzessionsfeld in seiner Gesamtausdehnung."

Die von beiden Parteien gegen dieses Urteil eingelegten Berufungen wurden vom Oberlandesgerichte für unbegründet erachtet und die Sache zur Entscheidung über den Betrag und über die Kosten des Rechtsstreits an das Landgericht zurückverwiesen.

Auf die Revision der Klägerin ist das Berufungsurteil insoweit aufgehoben worden, als ihre Berufung zurückgewiesen worden war, und es ist das Urteil des Landgerichts wie folgt abgeändert worden:

Die Bezeichnung als Teilurteil sowie die Worte: „unter Zurückweisung der Mehrforderung" fallen fort. Am Schlusse des verfügenden Teiles wird der Satz hinzugefügt: „Soweit für einen weiteren Zeitraum Ansprüche erhoben sind, werden sie für unbegründet erklärt."

Aus den Gründen:

„1. Die Revision erhebt zunächst die prozessuale Rüge, das Berufungsurteil entspreche nicht dem § 313 Abs. 1 Nr. 3 ZPO., da in dem als „Tatbestand" bezeichneten Teile die in zweiter Instanz gestellten Anträge nicht hervorgehoben seien. Die Rüge ist unbegründet. In dem als Tatbestand bezeichneten Teile des Berufungsurteils ist hinsichtlich des Sach- und Streitverhältnisses auf die in der Sache ergangenen Urteile, die Protokolle und die Schriftsätze sowie die darin angeführten Urkunden Bezug genommen. Eine Bezugnahme auf diese Schriftstücke wird in § 24 der Verordnung über die Entlastung der Gerichte vom 9. September 1915 als Ersatz des Tatbestandes ausdrücklich zugelassen unter der Voraussetzung, daß sie den Sach- und Streitstand richtig und vollständig wiedergeben. Daß dies hinsichtlich der hier in Frage stehenden Anträge der Fall sei, wird von der Revision nicht in Zweifel gezogen. Unter diesen Umständen bedurfte es einer Hervorhebung der Anträge im Tatbestande nicht (vgl. Gaupp-Warneyer zu § 24 VO. Anm. Abs. 4 und Note 7; Neukamp, Entlastungs-Verordn. zu § 24 Erl. 2).

2. In prozessualer Beziehung führt der Berufungsrichter aus, das Urteil des Landgerichts sei zunächst, soweit es sich auf den Betrag der Klagerweiterung beziehe, der von den vorausgegangenen Urteilen nicht betroffen werde, unbedenklich zulässig: es verbinde ein Teilurteil nach § 301 ZPO. über einen Teil der eingeklagten Forderung mit einem Zwischenurteile nach § 304 ZPO. über den Grund des Restanspruchs. Aber auch soweit es sich auf den ursprünglich eingeklagten Anspruch beziehe, sei es nicht zu beanstanden. Die Rechtskraft des Urteils, das diesen Anspruch dem Grunde nach für gerechtfertigt erklärt habe, und die Bindung des Gerichts daran nach § 318 hindere die Abweisung eines Teiles des Anspruchs nicht. Denn diese Abweisung beruhe auf der erst nach den Urteilen vom 5. Mai und 18. Dezember 1915 eingetretenen neuen Tatsache, daß der Beklagte den Bergwerksbetrieb der Klägerin am 1. November 1916 freigegeben habe. Diese Tatsache habe in dem noch schwebenden Verfahren über den Betrag geltend gemacht und beurteilt werden können und müssen.

Die Revision richtet sich gegen die vom ersten Richter ausgesprochene und als „Teilurteil" bezeichnete „Abweisung der Mehrforderung", d. h. des mit der Klage geltend gemachten Schadensersatzanspruchs, soweit dieser sich auf einen Schaden gründete, der in einem weiteren als dem im verfügenden Teile des landgerichtlichen Urteils unter a) bezeichneten Zeitraume entstanden sein oder entstehen soll. Sie erhebt zunächst den prozessualen Angriff, daß die gesetzlichen Voraussetzungen für den Erlaß eines Teilurteils (§ 301 ZPO.) nicht gegeben gewesen seien, und zwar weder hinsichtlich des ursprünglich eingeklagten Betrags von 100000 *M* noch hinsichtlich der späteren Klagerweiterung, weil nicht feststehe, daß ein Schaden von 100000 *M* oder in Höhe des später geforderten Millionenbetrags nicht entstanden sei und welcher Betrag an dieser Summe fehle, es vielmehr nicht ausgeschlossen sei, daß im weiteren Verlaufe des Verfahrens die verlangten Beträge in voller Höhe nachgewiesen werden könnten.

Dieser Angriff stellt sich als begründet dar. Ein Teilurteil im Sinne des § 301 ZPO. erfordert, daß ein bestimmt individualisierter, quantitativer Teil des Klaganspruchs zur Endentscheidung reif sei, und zwar in der Weise, daß dieser Teil für das weitere Verfahren gänzlich ausscheidet und die Entscheidung über ihn durch dieses nicht mehr beeinflußt werden kann. Soll also ein Teil einer Geldforderung abgewiesen werden, so muß feststehen, daß die Geldforderung ihrem Betrage nach über denjenigen Betrag nicht hinausgehen kann, um welchen die ganze geforderte Summe den abgewiesenen Teil übersteigt. Diese Voraussetzung liegt nicht vor, wenn sich, wie hier, ein in einer bestimmten Summe geforderter einheitlicher Schadensersatzanspruch nur für einen Teil des Zeitraumes, in dem er nach der Klagebehauptung entstanden sein soll, als begründet erweist. In solchem Falle bildet der Zeitraum, innerhalb dessen der Schaden entstanden sein soll, nur ein Element für die Berechnung des Gesamtschadens, und es ist nicht ausgeschlossen, daß, wenn in einem Teile dieses Zeitraumes ein Schaden nicht entstanden ist, dennoch der Schadensbetrag für den übrigbleibenden Zeitraum die gesamte geforderte Höhe erreicht. Die sachlich oder zeitlich bestimmten Einzelposten, aus denen sich eine Wert- oder Schadensberechnung zusammensetzt, sind keine konkretisierten Teile des Ersatzanspruchs, sondern lediglich Rechnungsfaktoren, von denen der eine ohne weiteres an Stelle des anderen gesetzt werden kann. Die Entscheidung über einzelne solche Rechnungsfaktoren enthält daher nur die Entscheidung über einzelne Angriffsmittel, also begriffliche Elemente des zukünftigen Endurteils, und kann nicht im Wege des Teilurteils, sondern nur im Wege des Zwischenurteils nach § 303 ZPO. erfolgen (vgl. RGZ. Bd. 16 S. 425, Bd. 73 S. 87; Urt. II 321/08 v. 2. Januar 1909; V 334/09 v. 1. Juni 1910; vgl. auch RGZ. Bd. 66 S. 396).

Im vorliegenden Falle ist der ursprüngliche Klaganspruch von 100000 *M* überhaupt nur als Teilanspruch, ohne Angabe des Zeitraumes, für welchen er berechnet ist, erhoben, und der erweiterte Klaganspruch von 9861300 *M* ist erhoben unter Bezugnahme auf das mit der Klagerweiterung vorgelegte Gutachten des Sachverständigen, Bergrats Dr. K., welches zwar von einer Berechnung des für die einzelnen in Betracht kommenden Jahre bis zur gänzlichen Erschöpfung des Bergwerks der Klägerin entstehenden Schadens ausgeht, aber nicht diese einzelnen Jahresbeträge, sondern eine als Kapitalabfindung berechnete einmalige Zahlung in Höhe der mit dem erweiterten Klagantrage verlangten Summe der Klägerin zubilligt. Es lag deshalb nicht, wie bei einem Rentenanspruch, ein Anspruch auf periodisch wiederkehrende, für einzelne Zeiträume geschuldete Zahlungsleistungen vor. Übrigens fehlte es auch an der für ein Teilurteil erforderlichen Bestimmtheit des abzuweisenden Anspruchsteiles um deswillen, weil das Ende des Zeitraumes, für welchen der Anspruch in dem das Zwischenurteil nach § 304 enthaltenden Teile des Gesamturteils für dem Grunde nach gerechtfertigt erklärt wurde, und demnach auch der Anfang des Zeitraumes, für welchen er in dem als Teilurteil bezeichneten Teile abgewiesen wurde, noch gar nicht feststand, vielmehr erst in dem weiteren Verfahren über den Betrag festgestellt werden sollte, bis zu welchem Zeitpunkte der Vollbetrieb des Bergwerks hätte aufgenommen werden können, wenn die Aufschlußarbeiten gleich nach Aufhebung des bergmeisterlichen Verbots, mit dem 1. oder richtiger 10. November 1916, begonnen worden wären. Auch in dieser Beziehung fehlte es also an der erforderlichen Entscheidungsreife.

Die Klägerin würde aber dadurch, daß das Berufungsgericht ihre Berufung als unbegründet zurückgewiesen hat, nicht beschwert sein, wenn die Berufung unstatthaft und deshalb als unzulässig zu verwerfen gewesen wäre. Das könnte in Frage kommen, weil das Urteil des Landgerichts, soweit es über die Mehrforderung entschied, nicht als Teilurteil, sondern als einfaches Zwischenurteil nach § 303 ZPO. hätte erlassen werden sollen. Indessen das Reichsgericht hat den Rechtsgrundsatz aufgestellt und an ihm muß festgehalten werden, daß es für die Statthaftigkeit eines Rechtsmittels nicht darauf ankommen kann, was für ein Urteil das Gericht bei korrektem Verfahren hätte erlassen sollen, sondern daß die Natur der tatsächlich erlassenen Entscheidung, wie sie nach dem durch Auslegung zu ermittelnden Willen des Gerichts sich darstellt, maßgebend ist, und daß insbesondere, wenn die Absicht des Gerichts auf den Erlaß eines Teilurteils gerichtet war, das Rechtsmittel statthaft ist, wiewohl die Voraussetzungen für ein Teilurteil nicht vorlagen (vgl. RGZ. Bd. 8 S. 363, Bd. 39 S. 413, Bd. 60 S. 316; **Skonietzki** bei Gruchot Bd. 45 S. 592flg.; ferner RGZ. Bd. 73 S. 87).

Im vorliegenden Falle ist es nicht zweifelhaft, daß das Landgericht ein Teilurteil erlassen wollte, da es das Urteil nicht nur als solches bezeichnete, vielmehr noch ausdrücklich die Mehrforderung nicht für unbegründet erklärte, sondern abwies, und zwar indem es zu diesem Zweck einen besonderen Berichtigungsbeschluß erließ. Durch diese Behandlung der Sache von seiten des Landgerichts war die Partei auf die Einlegung des Rechtsmittels hingewiesen, und es kann ihr deshalb nicht versagt werden, das Rechtsmittel einzulegen, um zur Beseitigung des inkorrekten Urteils zu gelangen (vgl. RGZ. Bd. 6 S. 421, Bd. 8 S. 363, Bd. 13 S. 403).

Da aber das Verfahren des Landgerichts an einem wesentlichen Mangel litt, so hätte das Berufungsgericht gemäß § 539 ZPO. die Wahl gehabt, entweder unter Aufhebung des landgerichtlichen Urteils die Sache an das Gericht erster Instanz zurückzuverweisen oder auch an Stelle des Landgerichts dasjenige Urteil zu erlassen, welches dieses von seinem Standpunkt aus, daß der Anspruch der Klägerin für einen Teil des in Betracht kommenden Zeitraumes unbegründet sei, hätte erlassen sollen, also ein der Berufung nicht zugängliches Zwischenurteil nach § 303 ZPO. Da das Berufungsgericht weder das eine noch das andere getan hat, stellt sich die Revision als begründet dar, weshalb das Berufungsurteil gemäß §§ 549, 564 ZPO. aufgehoben werden muß, ohne daß auf die übrigen Revisionsangriffe einzugehen war. Einer Zurückverweisung an das Berufungsgericht bedurfte es nicht, da die Aufhebung nur wegen Gesetzesverletzung bei Anwendung des (Prozeß-) Gesetzes auf das festgestellte Sachverhältnis erfolgt und nach letzterem das Revisionsgericht in der Lage ist, selbst die Entscheidung dahin zu treffen, daß an Stelle des inkorrekten landgerichtlichen Urteils ein Zwischenurteil nach § 303 ZPO. gesetzt wird (§ 565 Abs. 3 Nr. 1 ZPO.) (vgl. RGZ. Bd. 57 S. 270)."

---

4. Nach welchen Grundsätzen ist die Mängelrüge zu erstatten, wenn die Ware gemäß den Vereinbarungen der Beteiligten vom Verkäufer unmittelbar an den Abkäufer des Käufers abgeliefert wird?

HGB. § 377.

III. Zivilsenat. Urt. v. 13. Mai 1919 i. S. Erml. Masch.-Fabr. (Kl.) w. M. (Bekl.). III 557/18.

I. Landgericht Danzig.
II. Oberlandesgericht Marienwerder.

Die Beklagte hat im Juni 1916 einen gebrauchten Dreschsatz (Dreschmaschine, Geräte und Schrotmühle) um 4950 ℳ frei Bahnhof Dirschau an die Klägerin unter der Garantie für ein ordnungsmäßiges Arbeiten der Maschine verkauft und dabei die Verpflichtung übernommen, die Maschine auszubessern und sie durch einen Monteur in Betrieb zu setzen und vorzuführen. Noch ehe dies geschehen war, hat die Klägerin den Kaufpreis bezahlt und den Dreschsatz an den Gutsbesitzer K. in C. um 7500 ℳ weiterverkauft. Auf Anweisung der Klägerin hat am 16. September 1916 ein Monteur der Beklagten auf dem

Gute des K. die unmittelbar dorthin versandte Maschine aufgestellt; ob es damals schon zur Inbetriebsetzung und Vorführung kam, ist streitig. Jedenfalls geschah dies unmittelbar vor dem 24. Oktober 1916. Noch an diesem Tage rügte K. in einem Schreiben an die Klägerin bestimmte Mängel der Maschine. Das Schreiben kam am 27. Oktober der Klägerin zu, die am gleichen Tage der Beklagten eine Mängelanzeige erstattete.

Mit der Klage verlangte die Klägerin von der Beklagten auf Grund Wandlung und Schadensersatzes 7443,55 M. Das Landgericht hat die Klage wegen Verjährung abgewiesen. Das Berufungsgericht hat die Berufung wegen Verspätung der Mängelrüge zurückgewiesen.

Die Revision hatte Erfolg aus nachstehenden

Gründen:

„Zur Entscheidung steht die Frage, ob die Klägerin die Mängelanzeige, die sie am 27. Oktober 1916 an die Beklagte abgesandt hat, rechtzeitig gemäß § 377 HGB. erstattet habe. Nach den Vereinbarungen der Parteien hatte die Beklagte die von ihr an die Klägerin verkaufte Dreschmaschine, die diese noch vor der Übergabe an den Gutsbesitzer K. weiter veräußert hatte, auf dessen Gut durch einen Monteur in Betrieb zu setzen und vorzuführen. Das Berufungsgericht hat unterstellt, daß diese Inbetriebsetzung und Vorführung der Maschine auf dem genannten Gute erst unmittelbar vor dem 24. Oktober 1916 stattgefunden habe, und es hat festgestellt, daß K. sofort an diesem Tage in einem der Klägerin gesandten Briefe bestimmte Mängel der Maschine gerügt, daß die Klägerin diesen Brief am 27. desselben Monats erhalten und noch am gleichen Tage eine briefliche Rüge der gleichen Mängel an die Beklagte abgesandt habe. Trotzdem hat das Berufungsgericht die Verspätung der klägerischen Mängelrüge angenommen und dies dahin begründet: auch die Rügepflicht der Klägerin gegenüber der Beklagten habe bereits im Zeitpunkte der Erkennbarkeit der Mängel bei der Vorführung der Maschine bestanden und ihre Erfüllung habe nicht um den Zeitraum hinausgeschoben werden dürfen, der dadurch entstanden sei, daß die Rüge zunächst der Klägerin erstattet worden sei, vielmehr habe die Klägerin dafür Sorge tragen müssen, daß K. unverzüglich der Beklagten die Mängelrüge erstattete oder daß er gegenüber der Klägerin durch Fernsprecher oder Drahtung rügte.

Dieser Auffassung des Berufungsgerichts kann nicht beigetreten werden. In den Fällen, in denen der Verkäufer im Einverständnis mit seinem Käufer die Kaufsache unmittelbar an dessen Abkäufer — den zweiten Käufer — abzuliefern hat, die Untersuchung der Ware also erst zu erfolgen hat, wenn sie in die Verfügungsgewalt des zweiten Käufers gelangt ist, kann der Verkäufer nicht damit rechnen, daß der erste

Käufer bei der Ablieferung zugegen sei und die Untersuchung selbst vornehme; er muß vielmehr in Rücksicht nehmen, daß der zweite Käufer, um seine Vertragsrechte gegen seinen Verkäufer zu wahren, diesem die Mängelanzeige erstatte und der erste Käufer erst durch diese Anzeige Kenntnis der Mängel erlange. Es entspricht daher für Fälle der vorliegenden Art dem regelmäßigen Laufe der Dinge und der Verkehrsauffassung, daß der zweite Käufer unverzüglich nach der erfolgten Ablieferung die Mängelanzeige an den ersten Käufer absende und daß dieser unverzüglich nach Empfang der Anzeige gegenüber dem Verkäufer rüge. Nicht erforderlich ist aber, wie das Berufungsgericht meint, daß der zweite Käufer unmittelbar dem Verkäufer die Mängelanzeige erstatte oder daß er vom ersten Käufer zu einer besonders beschleunigten Benachrichtigung des Mangels veranlaßt werde. Voraussetzung für die Rechtzeitigkeit der Rüge des ersten Käufers ist jedoch nicht nur, daß er selbst die ihm zugegangene Rüge unverzüglich an den Verkäufer weitergibt, sondern daß auch der zweite Käufer unverzüglich die Rüge an ihn absendet. Dies rechtfertigt sich, wie schon vom ROHG. Bd. 17 S. 216 ausgesprochen wurde, durch die Erwägung, daß der erste Käufer im Falle der verspäteten Erstattung der Rüge durch den zweiten Käufer zur Zurückweisung der Rüge berechtigt ist. Ob die unverzüglich abgesandten Mängelanzeigen auch rechtzeitig eintreffen, ist unerheblich, da nach § 377 Abs. 4 HGB. die Gefahr der Übermittelung vom Verkäufer zu tragen ist."...

---

5. Zur Abgrenzung von Vermächtnissen gegenüber einer letztwilligen Anordnung von Auflagen.

BGB. §§ 2151 flg., 2192, 2193.

VII. Zivilsenat. Urt. v. 13. Mai 1919 i. S. preuß. Staat (Bekl.) w. Testamentsvollstrecker des Nachlasses der Witwe B. v. H. (Kl.). VII 89/19.

I. Landgericht Kassel.
II. Oberlandesgericht daselbst.

In ihrem Testamente vom 26. April 1915 hat die inzwischen verstorbene Witwe B. v. H. im § 11 bestimmt: „Gleich nach meinem Ableben sollen an verschiedene Vereine und wohltätige oder gemeinnützige Anstalten sowie bedürftige Personen, deren genauere Bezeichnung ich mir noch vorbehalte, insgesamt 30000 M seitens der Testamentsvollstrecker verteilt werden.

Insoweit ich keine genaueren Vorschriften hierüber erlassen sollte, sollen die im § 8 im Schlußsatze genannten Damen unter Zuratеziehung der Testamentsvollstrecker die Empfänger sowie die Höhe der einzelnen Gaben bestimmen und besonders auch diejenigen Vereine und Anstalten berücksichtigen, welchen ich bei dem Ableben meines Ehegatten Zuwendungen gemacht habe.

Aus den vorerwähnten 30000 ℳ sollen auch die bei meinem Ableben in meinem Dienst befindlichen Dienstboten, insoweit ich sie nicht in meinen letztwilligen Verfügungen besonders bedacht habe, von den mehrgenannten Damen unter Zuratezіehung der Testamentsvollstrecker zu bestimmende angemessene Gaben erhalten."

Im § 8 des Testaments hat die Erblasserin angeordnet, daß das ihrem Diener P. G. vermachte Kapital von 5000 ℳ aus den im § 11 für wohltätige Zwecke vorgesehenen 30000 ℳ zu entnehmen sei.

Aus dem Nachlasse der Frau v. H. sind in Gemäßheit ihrer testamentarischen Bestimmungen 30000 ℳ — zunächst bis auf einen Rest von 260 ℳ — an die in den Prozeßakten bezeichneten Empfänger verteilt worden. Die Erbschaftssteuerbehörde hat vor Beginn dieses Rechtsstreits einen Steuerbescheid vom 23. April 1917 und im Laufe des Rechtsstreites noch zwei berichtigende Bescheide erlassen. Die Kläger haben die im April 1917 festgesetzte Steuer mit Vorbehalt gezahlt und mit der Klage zum Teil zurückgefordert. Am Schluß der ersten Instanz bezog sich ihr Klageverlangen unter anderem auf Zahlung von 975 ℳ. Damit wurden die Steuern zurückgefordert, die erhoben waren 1. in Höhe von 87 ℳ nach dem Steuersatze von 13,2 % von 660 ℳ, in Einzelbeträgen von 160 ℳ, 300 ℳ und 200 ℳ gezahlt an Personen, die zu der Verstorbenen in keinem Dienstverhältnis gestanden hatten, bez. an die Sterbekasse der Justizbeamten und bez. an Frl. v. M. für ihr Erholungsheim für bedürftige Kinder, 2. in Höhe von 888 ℳ nach dem Steuersatze von 5 % von 17760 ℳ, gezahlt an wohltätige und gemeinnützige Vereine und Anstalten. Das Landgericht verurteilte den Beklagten zur Zahlung von 975 ℳ. Die vom Beklagten erhobene Berufung wurde zurückgewiesen. Auf seine Revision wurde das Berufungsurteil aufgehoben und die Sache an die Vorinstanz zurückverwiesen.

Gründe:

„Nachdem die Steuerbehörde von dem in § 11 des Testaments der Witwe v. H. ausgesetzten 30000 ℳ die dem P. G. zugefallenen 5000 ℳ und die anderen Dienstboten der Erblasserin zugeflossenen Teilbeträge, die sich im einzelnen auf weniger als 3000 ℳ und insgesamt auf 6580 ℳ beliefen, ausgesondert und als Einzelvermächtnisse beurteilt hatte, betraf der Streit der Parteien noch die Versteuerung des 18420 ℳ umfassenden Restes, wovon 17760 ℳ an wohltätige und gemeinnützige Vereine und Anstalten und ferner 160 ℳ an Einzelpersonen, 300 ℳ an die Sterbekasse der Justizbeamten, 200 ℳ an

Frl. v. M. für ein Erholungsheim verteilt sind. Die Entscheidungen der Vorinstanzen vertreten den Standpunkt, daß es sich bei allen auf Grund der bezeichneten testamentarischen Anordnung zum Vollzug gelangten Erwerbsfällen und so namentlich auch bei den Teilbeträgen, die zusammengerechnet 18420 ℳ ergeben, um Einzelvermächtnisse handelt. Dieser allgemeinen Grundauffassung tritt die Revision mit Recht entgegen.

Aus der testamentarischen Anordnung kommt in erster Reihe und hauptsächlich die Bestimmung in Betracht, daß 30000 ℳ an verschiedene Vereine und wohltätige oder gemeinnützige Anstalten sowie bedürftige Personen verteilt werden sollen, wozu weiterhin die mit der Verteilung Beauftragten bezeichnet sind. Nach der auch im Eingange der Begründung des angefochtenen Urteils angezogenen Regel des § 2065 Abs. 2 BGB. kann der Erblasser die Bestimmung der Person, die eine Zuwendung erhalten soll, sowie die Bestimmung des Gegenstandes der Zuwendung nicht einem anderen überlassen. Hiervon sind Ausnahmen zugelassen in den §§ 2151 flg. für Vermächtnisse, in § 2193 für Auflagen, in den §§ 2156, 2192 für Vermächtnisse und Auflagen. Das Berufungsurteil bringt auf die vorliegende Testamentsbestimmung die Ausnahmevorschriften der §§ 2151, 2153, in Verbindung miteinander gedacht, zur Anwendung. Die Revision hält schon eine verbundene Anwendung dieser beiden Vorschriften für unstatthaft. Darin ist ihr indes nicht zu folgen. Die Gültigkeit einer Anordnung, wodurch der Erblasser dem Beschwerten oder einem Dritten sowohl die Bestimmung der aus einem Kreise von mehreren Personen mit einem Vermächtnis zu Bedenkenden als auch die Bestimmung der zuzuwendenden Vermächtnisanteile überläßt, unterliegt keinem berechtigten Bedenken. Im Einklange mit der Revision ist jedoch anzunehmen, daß bei der hier grundlegend erheblichen, vorerwähnten Anordnung die Merkmale des § 2151 Abs. 1 nicht erfüllt sind, wonach der Erblasser mehrere mit einem Vermächtnis in der Weise bedenken kann, daß der Beschwerte oder ein Dritter zu bestimmen hat, wer von den mehreren das Vermächtnis erhalten soll. Diese Vorschrift will in Abweichung von dem Grundsatze des § 2065 für Verhältnisse, bei denen der Erblasser die künftige Gestaltung der Dinge nicht so weit voraussehen kann, daß er selbst den oder die Vermächtnisnehmer im einzelnen zu bezeichnen vermag, es zulassen, daß der Testator einem vertrauenswürdigen Dritten die Auswahl des oder der mit einem Vermächtnis Bedachten aus einem Kreise von mehreren überträgt. Die Vorschrift hat ein erheblich engeres Anwendungsgebiet als der Auflagen betreffende § 2193 Abs. 1; ihre wesentliche Voraussetzung bildet das Vorhandensein eines beschränkten, leicht übersehbaren Personenkreises, aus welchem der oder die Vermächtnisempfänger auszuwählen sind (vgl. Prot. der II. Kommission Bd. 5 S. 25,

26, 28; Planck § 2151 Anm. 1; v. Staudinger §§ 2151—2156 Anm. 1 Ea; Komm. v. RGR. § 2151 Anm. 1). Die insofern erforderliche Umgrenzung ist bei einer Bestimmung, wonach eine Geldsumme „an verschiedene Vereine und wohltätige oder gemeinnützige Anstalten sowie bedürftige Personen" verteilt werden soll, zu vermissen. In dieser Richtung hatte auch der Berufungsrichter Bedenken, die er aber mit der Erwägung beiseite schob, die Erblasserin habe nur Vereine, Anstalten und Personen der Stadt Frankfurt a. M. im Auge gehabt und hierunter besonders diejenigen Vereine und Anstalten, denen sie beim Ableben ihres Ehemannes bereits Zuwendungen gemacht hatte. Damit läßt sich jedoch nicht beseitigen, daß der hier zur Auswahl gestellte Kreis rechtlicher und physischer Personen immer noch weit über den Rahmen hinausreicht, der bei richtiger Anwendung des § 2151 zuzulassen ist. Dabei mag auch auf den Abs. 3 der Vorschrift hingewiesen werden. Es erscheint nicht wohl denkbar, daß es im Sinne der Erblasserin gelegen haben sollte, falls es nicht zur Verteilung der ausgesetzten Summen durch die Beauftragten komme, allen Frankfurter wohltätigen und gemeinnützigen Vereinen und Anstalten sowie allen Frankfurter bedürftigen Personen Gesamtgläubigerrechte einzuräumen. Die Begrenzung der Zuwendung auf Empfänger im Gebiete der Stadt Frankfurt entbehrt aber auch der Begründung und erscheint im Hinblick auf die Liste unhaltbar, in der auch Empfänger außerhalb Frankfurts aufgeführt sind. Daß, wie das Berufungsurteil weiter erwägt, die Erblasserin von vornherein beabsichtigt hat, bestimmte Einzelvermächtnisse zu errichten, mag zutreffen. Dafür spricht, daß sie sich ausdrücklich vorbehielt, genauere Vorschriften zu erlassen. Da sie aber tatsächlich genauere Bestimmungen nachträglich nicht getroffen hat, kann nur der Inhalt ihres Testamentes maßgebend sein. Daß, wie das Urteil sodann noch erwägt, im Zeitpunkte der Steuererhebung bestimmt bezeichnete Empfänger der Zuwendung vorhanden waren, ist schon tatsächlich nicht ganz zutreffend, da inhalts des ersten Steuerbescheides 260 ℳ noch unverteilt waren. Übrigens kommt aber auch der Zeit der Steuererhebung keineswegs die wesentliche Bedeutung zu, die ihr der Berufungsrichter anscheinend beimessen will. Wollte man selbst unterstellen, daß zu jener Zeit alle Teilerwerber der 30000 ℳ und die ihnen zugefallenen Teilbeträge der Summe festgestanden haben, so wäre damit nicht zu beweisen, daß die sämtlichen Erwerber Vermächtnisnehmer seien.

Sonach ist die Annahme des Berufungsurteils, daß bei den streitigen Posten lauter Einzelvermächtnisse vorliegen, nicht aufrecht zu erhalten. Nach den maßgebenden Vorschriften kann die behandelte, den Gesamtbetrag von 30000 ℳ angehende Anordnung der Erblasserin nicht, wie der Berufungsrichter meint, in ihrem ganzen Umfang als Anordnung zahlreicher Vermächtnisse gelten. Wohl aber genügt sie den Erfordernissen, die gesetzlich für gültige letztwillige Auflagen bestehen (§§ 1940, 2192, 2193 BGB.). Die Erblasserin hat hier ein Vermögen von 30000 *M* für mildtätige und gemeinnützige Zwecke zur Verteilung an geeignete Vereine und Anstalten und bedürftige Personen ausgesetzt. Sie konnte die Bestimmung der Personen, an welche die Leistungen im einzelnen erfolgen sollten, und die Bemessung der Einzelleistungen den von ihr bezeichneten Damen, die noch den Rat der Testamentsvollstrecker einzuholen hatten, überlassen (§§ 2193 Abs. 1, 2192, 2156). Es ist mithin grundlegend davon auszugehen, daß hier ein mildtätigen und gemeinnützigen Zwecken gewidmetes Sondervermögen gebildet, eine sog. unselbständige Stiftung errichtet ist (vgl. RGZ. Bd. 19 S. 257, Bd. 75 S. 132, 379, Bd. 88 S. 336; Gruchot Bd. 49 S. 387; Planck, Vorbem. 4 vor § 80 BGB.). Das Berufungsurteil betont die Verschiedenheit der in den Entscheidungen RGZ. Bd. 75 S. 132 und 379 behandelten Rechtsfälle, in denen lediglich die Nutzungen von Kapitalien oder ihrer Surrogate einem unbestimmten, im Laufe der Zeit ständig wechselnden Personenkreise zukommen sollten, von dem vorliegenden Falle, in welchem gleich nach dem Ableben der Erblasserin Kapitalbeträge auszuzahlen waren, über die die Empfänger verfügen durften. Allein dieser Unterschied kann der Annahme, daß hier durch letztwillige Verfügung ein besonderes Zweckvermögen gestiftet ist, und der steuerlichen Erfassung dieses Vermögens als Einheit nicht im Wege stehen (vgl. auch Ulr. Hoffmann, Reichserbschaftssteuergesetz § 12 Anm. 3b). Endlich kann auch die von der Steuerbehörde vorgenommene Zerlegung der Zuwendung in mehrere steuerrechtlich verschieden behandelte Gruppen, worauf in den Ausführungen gegen Schluß des Berufungsurteils näher hingewiesen ist, nicht wesentlich gegen die Annahme der Stiftung eines Zweckvermögens verwertet werden.

Die in der bisher behandelten Eingangs- und Hauptbestimmung des § 11 zum Ausdruck gebrachte Absicht ist nicht ganz folgerecht durchgeführt worden. Die Erblasserin hat auch die für den Diener G. bestimmten 5000 *M* und die ihren anderen Dienstboten zugedachten Gaben zur Verrechnung auf die 30000 *M* angewiesen. Die 5000 *M* stellen zweifellos ein Vermächtnis dar, und nach den §§ 2151, 2153, 2156 BGB. lassen sich auch die Bezüge der anderen Dienstboten aus dem Nachlaß als Vermächtnisse auffassen. Insoweit mußten Sondergruppen aufgestellt werden. Im übrigen, nämlich hinsichtlich der streitig gebliebenen Posten von zusammen 18420 *M*, bleibt auch bei Festhaltung des einheitlichen Gesichtspunktes der Widmung zu mildtätigen und gemeinnützigen Zwecken in Berücksichtigung der Vorschriften des Reichserbschaftssteuergesetzes, namentlich dessen §§ 1, 10, 11, 12, 28, 29, 31, eine Einteilung in steuerrechtlich verschiedene Gruppen immerhin möglich.

Von hier aus den Gruppierungen der Steuerbehörde näher zu treten, besteht zurzeit kein Anlaß. Es ist nachgewiesen, daß nicht von der Annahme lauter Einzelvermächtnisse, sondern von einer auf Stiftung eines Zweckvermögens gerichteten Auflage auszugehen ist. Dies führt zur Aufhebung des angefochtenen Urteils und zur Zurückverweisung der Sache in die Vorinstanz." ...

---

6. Kann derjenige, der gemäß § 283 BGB. Anspruch auf Schadensersatz wegen Nichterfüllung hat, weil der Gegner einem auf Wandelung lautenden Urteile nicht entsprochen hat, seinen Schaden in der Art geltend machen, daß er die Annahme der nach dem Urteil ihm obliegenden Leistung, erforderlichenfalls neben Zahlung eines zum Ausgleich dienenden Geldbetrags, vom Gegner verlangt?

BGB. §§ 249, 283.

V. Zivilsenat. Urt. v. 14. Mai 1919 i. S. H. u. B. (Bekl.) w. Eheleute R. (Kl.). V 37/9.

I. Landgericht Fürth.
II. Oberlandesgericht Nürnberg.

Die Beklagten, die 1913 ihr Grundstück in F. zum Wertanschlag von 18357,14 *M* gegen das Anwesen der Kläger in D. zum Wertanschlag von 32000 *M* vertauscht, darauf 11500 *M* gezahlt haben und zwei auf dem D.er Anwesen lastende Hypotheken von zusammen 9000 *M* übernahmen, wurden rechtskräftig verurteilt, den Tauschvertrag rückgängig zu machen. Die Kläger, die 11500 *M* zur Zurückzahlung an die Beklagten bei dem Notariat I in F. hinterlegt hatten, forderten die Beklagten auf, sich am 1. Mai 1917 dort zur urteilsmäßigen Bereinigung der Sache einzufinden. Die Beklagten erklärten aber in diesem Termine durch ihren Anwalt, die Vollziehung der Wandelung sei ihnen unmöglich, da sie das D.er Anwesen schon vor Kenntnis des Wandelungsanspruchs der Kläger zertrümmert hätten. Auch bestritten sie, daß sie diese Unmöglichkeit zu vertreten hätten. Die Kläger klagten daher auf Schadensersatz in Höhe von 11500 *M* und Zinsen unter Bereiterklärung, das F.er Grundstück den Beklagten zur Verfügung zu stellen und ihnen zu übertragen, mit der Begründung, daß bei einem Wertanschlag ihres D.er Anwesens mit 32000 *M*, nachdem sie 11500 *M* von den Beklagten erhalten und letztere die darauf lastenden 9000 *M* Hypotheken zur Löschung gebracht hätten, ihnen ein Schaden von 11500 *M* verbleibe. Die Beklagten verlangten die Abweisung der Klage, weil sie mangels einer von ihnen zu vertretenden Unmöglichkeit keinerlei Ersatzpflicht treffe.

Das Landgericht erkannte nach dem Klagantrage. Die Beklagten legten Berufung ein und beantragten die Abweisung der Klage, im Falle der Zurückweisung der Berufung aber beantragten sie, sie nur Zug um Zug gegen Rückgabe des F.er Grundstücks zu verurteilen. Dementsprechend verurteilte sie das Oberlandesgericht zur Zahlung Zug um Zug gegen Rückgabe dieses Grundstücks. Die Revision der Beklagten, mit der sie die Abweisung der Klage begehrten, wurde in Höhe von 8000 ℳ und Zinsen zurückgewiesen; im übrigen wurde das Urteil aufgehoben.

Aus den Gründen:

„Das Landgericht wie auch das Berufungsgericht gehen zutreffend und ohne Beanstandung durch die Revision davon aus, daß durch das rechtskräftige Urteil die Wandelung vollzogen worden ist. Ebenso zutreffend wenden beide Gerichte auch den § 283 BGB. auf den Klaganspruch an. Zu Unrecht wird dies von der Revision deshalb bestritten, weil die Kläger eine Frist mit der Erklärung, daß sie die Annahme der Leistung, d. h. die Rückübertragung des D.er Anwesens an sie, nach Ablauf der Frist ablehnen, nicht bestimmt haben. Wenn beide Gerichte mit Rücksicht auf die bestimmte und endgültige, sich aus der bereits vorgenommenen Zertrümmerung des Anwesens erklärende Weigerung der Beklagten diese Fristsetzung und Erklärung für nicht erforderlich bezeichnet haben, so befinden sie sich im Einklange mit dem Urteile des erkennenden Senats vom 12. Juni 1912 (Warneyer Nr. 375). Mit Recht haben daher beide Gerichte die Schadensersatzpflicht der Beklagten wegen Nichterfüllung angenommen, da der sie davon befreiende Fall, daß die Leistung infolge eines von ihnen nicht zu vertretenden Umstandes unmöglich geworden sei, nicht vorliege. Auch dies ist nicht zu beanstanden. Daß die Unmöglichkeit erst nach Schluß der mündlichen Verhandlung, auf die das frühere Urteil ergangen ist, eingetreten sei, haben die Beklagten nicht nur nicht behauptet, sondern im Gegenteil sich darauf berufen, daß sie das Anwesen bereits zertrümmert hätten, ehe sie vom Wandelungsanspruch der Kläger Kenntnis gehabt hätten. Die Berufung auf eine vor jenem Urteil eingetretene Unmöglichkeit wird aber von beiden Gerichten unter Anziehung des § 767 ZPO. zutreffend abgelehnt (Jur. Wochenschr. 1913, S. 831 Nr. 4). Selbst wenn daher, was keineswegs feststeht, die Rückübertragung infolge der Zertrümmerung unmöglich geworden wäre, würde, entgegen der Annahme der Revision, dem Berufungsgerichte darin beizupflichten sein, daß die Beklagten diese Unmöglichkeit zu vertreten hätten.

Es bedarf somit nur eines Eingehens auf die Art der Schadensberechnung. Die Beklagten vertreten den Standpunkt, daß, selbst wenn sie an sich eine Ersatzpflicht träfe, die Kläger doch nichts zu beanspruchen hätten, weil sie auch bei Annahme eines Wertes von 32000 ℳ für das D.er Anwesen voll befriedigt seien. Denn sie hätten erhalten 11500 ℳ bare Anzahlung, 9000 ℳ durch Ablösung von Hypotheken auf diesem Anwesen und 11500 ℳ schuldenfreien Wert des ihnen verbleibenden F.er Grundstücks. Dieser Auffassung, gegen die schon spricht, daß die Beklagten damit den vollen im Vertrag angenommenen Tauschwert (18357,14 ℳ, abzüglich 6857,14 ℳ Hypotheken) in Rechnung stellen, während ja die Kläger mit der Wandelungsklage wegen Mangelhaftigkeit des F.er Grundstücks durchgedrungen sind, haben sich beide Gerichte nicht angeschlossen, sondern sie sind der der Kläger beigetreten. Diese berechnen ihren Schaden in der Weise, daß sie den vertragsmäßigen Wert ihres an die Beklagten vertauschten D.er Anwesens mit 32000 ℳ zugrunde legen. Da die Beklagten 11500 ℳ angezahlt und 9000 ℳ durch Ablösung von Hypotheken gezahlt haben, so fehle an dem Tauschpreise noch ein Betrag von 11500 ℳ, den sie als Schadensersatz verlangen unter der Bereiterklärung, das F.er Grundstück zurückzugeben. Beide Gerichte haben diese Berechnung gebilligt unter ausdrücklicher Berufung auf Planck BGB. § 325 Anm. 1 (das Landgericht auch auf Staudinger BGB. § 325 Anm. 1 c γ), indem sie sich der nach der Planckschen Ansicht eine Anwendung der Differenztheorie bildenden sog. vermittelnden Meinung zwischen Ausgleichs- und Differenztheorie anschließen, die dem Schadensersatzberechtigten die Wahl gibt zwischen dem Anspruch auf eine bloße Geldentschädigung und dem auf vollen Ersatz wegen Nichterfüllung seiner Forderung gegen freiwillige Bewirkung der Gegenleistung. Die allgemeinen Grundsätze über Schadensersatzleistung ergeben, wie das Berufungsurteil sagt, keineswegs, daß die Ausgleichung nur durch eine Leistung des Ersatzpflichtigen geschehen könne und nicht auch durch Austausch einer vom Ersatzpflichtigen geschuldeten Leistung gegen eine von dem Berechtigten freiwillig anzubietende, aber nicht geschuldete Gegenleistung. Gegenüber der von dem Beklagten angezogenen Entscheidung des II. Zivilsenats (RGZ. Bd. 66 S. 61) weist das Berufungsurteil darauf hin, daß dort der Fall anders gelegen habe und mit dieser Entscheidung nicht gesagt sei, daß der Schadensersatzberechtigte nicht einmal mehr freiwillig erfüllen dürfe, weil der Gegner nicht erfüllen könne, noch dazu in einem Falle wie dem gegenwärtigen, wo gerade in der Entäußerung des F.er Anwesens das Recht und Interesse der Kläger bestanden habe und bestehe, das auch allein zur Klage und Verurteilung der Beklagten geführt habe, und wo die möglich gebliebene Rücknahme dieses Anwesens durch die Beklagten der einfachste Weg sei, den ursprünglichen Vermögenszustand, soweit noch möglich, wieder herzustellen. Müßten die Kläger das ihnen durch die Schuld der Beklagten lästige, mit Schwamm behaftete Anwesen den Beklagten gegenüber behalten, so würde dies, wie das Berufungsgericht erklärt, einer Schadensersatzleistung nach Treu und Glauben Hohn sprechen.

Dieser Auffassung muß beigepflichtet werden. In dem Meinungsstreite zwischen Austausch- und Differenztheorie hat sich das Reichsgericht in zahlreichen Entscheidungen auf den Standpunkt der letzteren gestellt. Aus ihnen kann aber zugunsten der Beklagten nichts gefolgert werden.

Insbesondere gilt dies von dem ebenerwähnten Urteile des II. Zivilsenats, auf das sich die Beklagten mit besonderer Entschiedenheit stützen. Dort ist ausgeführt (vgl. S. 68, 69), daß durch das Wandelungsurteil ein einem gegenseitigen Vertrage gleich zu behandelndes Verhältnis hergestellt werde, und daß, obwohl die gegenseitigen Verhältnisse nicht aus einem Vertrage, sondern aus dem Wandelungsurteil entspringen, diese Verschiedenheit des Entstehungsgrundes keine verschiedene rechtliche Beurteilung hinsichtlich des § 283 BGB. begründen könne. Der Gläubiger könne, wenn die Voraussetzungen des § 283 vorlägen, von dem rechtskräftig verurteilten Schuldner, dessen Leistung als aus von ihm zu vertretenden Umständen unmöglich geworden unterstellt wird, Erfüllung nicht mehr verlangen, sein Anspruch habe sich vielmehr in einen solchen auf Schadensersatz wegen Nichterfüllung umgewandelt, und zwar nicht auf Schadensersatz wegen Nichterfüllung an Stelle der geschuldeten Leistung, sondern an Stelle von Leistung und Gegenleistung. Denn das Wesen des Schadensersatzes wegen Nichterfüllung bestehe in einer Umwandlung des beiderseitigen Vertragsverhältnisses und nicht nur des Bestandteils, der vom Schuldnerverzug betroffen werde, was mit der gegenseitigen Bedingtheit der Ansprüche beider Teile begründet wird. Deshalb habe der Ausschluß des Anspruchs des Nichtsäumigen auf Erfüllung zur Folge, daß auch der Anspruch des Säumigen auf Erfüllung ausgeschlossen werde. Daher brauche der Nichtsäumige seinerseits nicht zu erfüllen, er könne die Leistung, die er infolge des Vertrags oder des rechtskräftigen Wandelungsurteils an sich zu machen hätte, behalten und sie komme nur als Rechnungsbestandteil bei der Schadensbemessung in Betracht. Zutreffend beruft sich das Urteil des II. Zivilsenats für diese Grundsätze auf zwei frühere Urteile desselben Senats, auf die grundlegende Entscheidung vom 11. April 1902 (RGZ. Bd. 50 S. 263) und auf die vom 13. Oktober 1905 (Bd. 61 S. 352). Auch in dem Urteile vom 23. Februar 1904 (Bd. 57 S. 106) desselben Senats wird die gleiche Ansicht vertreten, und der VII. Zivilsenat hat in seinem Urteile vom 27. Mai 1904 (Bd. 58 S. 177) unter Bezugnahme auf das

Urteil Bd. 50 S. 263 ausgesprochen, daß die beiderseitigen Leistungen unmittelbar berührt würden, der Berechtigte dafür Ersatz zu verlangen habe, daß er die ihm geschuldete Leistung nicht in ihrer vollen vertragsmäßigen Beschaffenheit gegen die ihm obliegende Gegenleistung erhalten hat. Der Vertrag werde nicht rechtlich aufgehoben, aber der Ersatzpflichtige könne aus ihm nichts fordern; was er an sich bei Vertragserfüllung zu fordern gehabt hätte, komme nur als Rechnungsbestandteil für die Höhe der dem Gegner zustehenden Ersatzforderung in Betracht. Soweit in diesen Urteilen die Frage der Leistung des Ersatzberechtigten erörtert ist, ist dies grundsätzlich nur aus dem Gesichtspunkte seiner Verpflichtung dazu geschehen und diese wegen Fortfalls beiderseitiger Vertragserfüllung verneint. Hier aber erscheint die Frage, soweit ersichtlich, als vom Reichsgerichte noch nicht entschiedene, von dem Gesichtspunkt aus, ob der Berechtigte die Annahme seiner Leistung vom Ersatzverpflichteten verlangen darf. Wie diese Frage im allgemeinen zu beantworten wäre, braucht hier ebensowenig erörtert zu werden wie des näheren darauf einzugehen ist, wie weit die Gleichstellung des gegenseitigen Vertrags mit dem durch das Wandelungsurteil geschaffenen Rechtsverhältnis reicht. Für den vorliegenden Tatbestand ist die Frage, ob der Ersatzberechtigte die Annahme der ihm nach dem Urteil obliegenden Leistung vom Ersatzverpflichteten verlangen kann, mit dem Berufungsgerichte zu bejahen, und zwar schon deshalb, weil es sich hier nicht, wie bei reinen gegenseitigen Verträgen, um irgendwelche beiderseitig zu machende Leistungen, sondern um Rückgabe bereits gemachter Leistungen handelt. Jeder soll vom anderen nicht etwas erhalten, was er noch nicht hatte, sondern er soll das von ihm Geleistete zurückerhalten. Auf diese Eigenart des durch ein Wandelungsurteil begründeten Rechtsverhältnisses ist schon in dem Urteile des II. Zivilsenats vom 28. Mai 1918 (RGZ. Bd. 93 S. 47) hingewiesen worden. Würde man hier das Rückgaberecht der vertragstreuen Partei ausschließen, so würde man sie zugunsten der vertragsuntreuen, wie noch näher ausgeführt werden wird, zu Unrecht bei der Geltendmachung ihres Schadensersatzanspruchs beschränken.

Da die Kläger Schadensersatz fordern, ist für dessen Bemessung § 249 BGB. grundlegend, der grundsätzlich die Herstellung des Zustandes verlangt, der bestehen würde, wenn der zum Ersatze verpflichtende Umstand nicht eingetreten wäre. Das Gesetz sieht also in erster Linie die Naturalherstellung vor, an deren Stelle nur, soweit sie nicht möglich oder zur Entschädigung nicht genügend ist, gemäß § 251 Abs. 1 BGB. Ersatz in Geld tritt (Warneyer 1911 Nr. 81). Wenn das erwähnte Urteil vom 13. Oktober 1905 (RGZ. Bd. 61 S. 353) die Anwendbarkeit des § 249 deshalb ablehnt, weil sonst der ausgeschlossene ursprüngliche Erfüllungsanspruch wieder hergestellt würde, so trifft dieses Bedenken hier nicht zu. Denn die Kläger verlangen von den Beklagten nicht die Erfüllung der diesen nach dem Wandelungsurteil obliegenden, in der Rückgabe des D.er Anwesens bestehenden Leistung. Nach dem Wandelungsurteile sollen beide Teile die ausgetauschten Grundstücke zurückgeben. Für die Beklagten ist die Rückgabe als unmöglich anzusehen, nicht aber auch für die Kläger. Wenn diese sich zur Zurückgabe bereit erklären, soweit also den Zustand herstellen wollen, der ohne die Weigerung der Beklagten dem Urteile zu entsprechen bestehen würde, und nur Ersatz in Geld so weit fordern, als die Herstellung (durch Rückgabe des D.er Anwesens) unmöglich geworden ist, so stellen sie sich daher auf den in erster Linie vom Gesetze (§§ 249, 251 BGB.) vertretenen Standpunkt. Das Begehren der Kläger erscheint aber auch als das der Billigkeit am meisten entsprechende. Es würde in der Tat, wie das Berufungsurteil bemerkt, Treu und Glauben verletzen, wenn die Kläger, die nach dem Wandelungsurteile verlangen konnten, daß ihnen das mit Mängeln behaftete F.er Grundstück infolge eines von den Beklagten zu vertretenden Umstandes von diesen wieder abgenommen werde, dieses Grundstück, obwohl die Rücknahme durch die Beklagten durchaus möglich ist, behalten müßten, weil deren Verhalten sie genötigt hat, statt Vertragserfüllung, die sie von dem mangelhaften Grundstücke befreit hätte, Schadensersatz zu fordern. Auch der Komm. v. RGR. (§ 283 Anm. 3) spricht aus, daß der Anspruch auf Schadensersatz nicht stets nur auf Entschädigung in Geld gehe, vielmehr unter Umständen auch hier der Grundsatz des § 249 Platz greifen und der Schuldner daher gehalten sein könne, den Gläubiger in eine Lage zu versetzen, die wirtschaftlich der entspricht, in der sich der Gläubiger im Falle der Vertragserfüllung befinden würde. Den gleichen Gedanken bringt das Urteil des III. Zivilsenats vom 23. November 1917 (RGZ. Bd. 91 S. 213) zum Ausdruck, indem es das Verlangen des Klägers, der mit dem Beklagten einen diesen zur Ausbietung einer Hypothek verpflichtenden Vertrag geschlossen und, da dieser dem Vertrage zuwider bei der Zwangsversteigerung nicht geboten hatte, selbst das Grundstück erstanden hatte, für berechtigt erklärte, daß der Beklagte von ihm die Auflassung des Grundstücks entgegennehme. Es billigt das verurteilende Berufungsurteil, durch das die „Naturalrestitution ... recht eigentlich erreicht“ werde, und fügt hinzu: „Die Klägerin und der Beklagte werden so gestellt, wie wenn dieser seiner Vertragspflicht nachgekommen wäre, nicht kraft eines eben infolge der Nichterfüllung des Beklagten nicht mehr möglichen Erfüllungsanspruchs, sondern kraft des richtig verwirklichten Schadensersatzanspruchs der Klägerin“ (S. 215). Der Gedanke ist also der gleiche wie der im vorliegenden Berufungsurteile vertretene, nur daß dort der Ersatzanspruch sich in dieser Naturalherstellung erschöpfte, während hier diese nur einen

Teil des Ersatzanspruchs bildet, zu dem zur völligen Entschädigung der Kläger noch ein Ersatz in Geld hinzukommen muß. Dieser Weg ist aber auch der einfachere. Denn müßten die Kläger das mangelhafte F.er Grundstück behalten, so daß es nur als Wertbestandteil in Frage käme, so bedürfte es erst einer ebenso umständlichen wie unsicheren Ermittelung seines infolge der Mangelhaftigkeit geminderten Wertes. Grundsätzlich ist daher die Entscheidung des Berufungsgerichts nicht zu beanstanden. . . .

Indessen muß das Urteil teilweise aufgehoben und die Sache insoweit an das Berufungsgericht zurückverwiesen werden, weil, wie die Revision zutreffend rügt, die Behauptung der Beklagten nicht berücksichtigt worden ist, daß die Kläger „nun schon 4½ Jahre lang" aus den Nutzungen des F.er Grundstücks einen Reinertrag von jährlich mindestens 400 *M* gezogen hätten, während das D.er Anwesen keinerlei Nutzungen gebracht habe. Diese Behauptung durfte nicht unberücksichtigt bleiben." . . (Das wird weiter ausgeführt. Da nach der Darstellung der Beklagten der etwa abzurechnende Betrag in keinem Falle 3500 *M* übersteigt, so erfolgte die Aufhebung des Urteils und die Zurückverweisung an das Berufungsgericht auch nur in Höhe dieses Betrags nebst Zinsen.)

---

7. Zur Auslegung des § 158 der Ausführungsbestimmungen des Bundesrats vom 7. September 1916 zum Warenumsatzstempelgesetz vom 26. Juni 1916.

VII. Zivilsenat. Urt. v. 16. Mai 1919 i. S. preuß. Staat (Bekl.) w. K. & P. (Kl.). VII 88/19.

I. Landgericht Hannover.
II. Oberlandesgericht Celle.

Die Klägerin hat während des letzten Vierteljahres 1916 für rund 1519000 *M* Fische umgesetzt und dafür an Warenumsatzsteuer unter Vorbehalt 1519 *M* gezahlt. Diesen Betrag hat sie mit der Klage auf Grund der Befreiungsvorschrift 2 der Tarifnr. 10 RStempG. und des § 158 der Ausführungsbestimmungen des Bundesrats vom 7. September 1916 zum Gesetze über einen Warenumsatzstempel vom 26. Juni 1916 vom Beklagten zurückverlangt. Sie hat behauptet, 1. für 861455,60 *M* Fische mit der Bahn aus dem Auslande bezogen und im Inlande zuerst von Geestemünde aus veräußert zu haben, 2. für 166806,66 *M* Fische aus dem Auslunde bezogen und veräußert zu haben, 3. für 48351,67 *M* im freien Meere gefangene und 4. für 159637,46 *M* mit der Bahn zollfrei aus Holland, Dänemark, Schweden und Norwegen nach Geestemünde eingebrachte Fische in der Versteigerung durch die Fischereihafenbetriebsgenossenschaft erworben und veräußert zu haben. Unstreitig sind die unter 3. und 4. genannten Mengen nicht durch die Klägerin eingeführt worden.

Das Landgericht hat der Klage im ganzen Umfange stattgegeben. In der Berufungsinstanz hat die Klägerin ihren Klaganspruch für einen Betrag von 451 ℳ zurückgenommen, indem sie anerkannte, daß der Umsatz der Fische der zweiten Kategorie steuerpflichtig sei. Das Oberlandesgericht hat daraufhin die Klage zum Betrage von 451 ℳ abgewiesen, im übrigen die Berufung zurückgewiesen. Auf die Revision ist das Berufungsurteil aufgehoben und die Klage in vollem Umfange abgewiesen worden.

Gründe:

„Das Berufungsgericht legt den Abs. 2 des § 158 der Ausführungsbestimmungen des Bundesrats vom 7. September 1916 zum Warenumsatzstempelgesetz vom 26. Juni 1916 (RGBl. S. 250) dahin aus, daß nicht nur die zu Schiffe, sondern auch die auf dem Landwege nach einem deutschen Seehafenplatz aus dem Ausland eingegangenen zollfreien Waren von der Abgabe befreit seien, wenn die Lieferung aus dem Einfuhr-Seehafenplatz erfolgt. Die Revision bekämpft diese Auslegung und vertritt den Standpunkt, daß sich die Vorschrift nur auf „seewärts" eingeführte Waren beziehe.

Der § 158 der Ausführungsbestimmungen stellt sich als eine Rechtsverordnung dar, die vom Bundesrat auf Grund gesetzlicher Anweisung (Tarifnr. 10 BefrVorschr. 2 RStempG.) zwecks Ergänzung des Gesetzes ergangen ist. Die Gerichte sind an diese Vorschrift ebenso wie an das Gesetz selbst gebunden, und daher kann die Revision auf eine Verletzung dieser Rechtsnorm gestützt werden. Der Revisionsangriff erweist sich auch sachlich als begründet.

Zunächst spricht schon der Wortlaut der Bestimmung für den Standpunkt der Revision. Wenn in § 158 Abs. 2 von zollfreien „nach einem deutschen Seehafenplatz aus dem Ausland eingegangenen Waren" und von „Lieferung aus dem Einfuhr-Seehafenplatz" die Rede ist, so liegt der Gedanke, daß in die eingeführten Waren auch solche einbegriffen sein sollen, die auf dem Landwege nach den Seehafenplätzen eingeführt werden, so fern, daß man, wenn dies gewollt gewesen wäre, hätte erwarten müssen, daß es besonders zum Ausdruck gebracht worden wäre.

Aber auch aus dem unverkennbaren Zwecke der Vorschrift ergibt sich die Unrichtigkeit der Auffassung des Vorderrichters. Wie das Berufungsgericht zutreffend ausführt, verfolgen die Befreiungsvorschrift 2 der Tarifnr. 10 und der sie ergänzende § 158 der Ausführungsbestimmungen den Zweck, den inländischen Einführer von Auslandsware nicht ungünstiger hinsichtlich der Warenumsatzsteuer zu stellen als den ausländischen, der, weil er der Steuerhoheit des Deutschen Reiches in Ermangelung einer inländischen Niederlassung nicht unterworfen ist und daher zur Abgabe nicht herangezogen werden kann, die Ware um den Betrag des Umsatzstempels billiger zu liefern imstande wäre. Dieser Zweck wird dadurch erreicht, daß der erstmalige Umsatz der eingeführten Ware im Inlande stempelfrei bleibt. Jeder weitere Umsatz unterliegt dagegen der Abgabe. Das Gesetz läßt diesen Standpunkt klar erkennen; besonders ist er in Abs. 3 des § 158 zum Ausdruck gebracht, wo es heißt, daß als Seehafenplatz, nach dem die Ware aus dem Ausland eingegangen ist, der Seehafenplatz anzusehen ist, von dem aus die Ware erstmalig geliefert wird. Wenn aber nur der erste inländische Umsatz von der Abgabe befreit sein sollte, so mußten Maßnahmen getroffen werden, um die Feststellbarkeit in jedem Falle zu sichern, daß es sich um den erstmaligen Umsatz von Auslandsware handelt. Bei zollpflichtigen Waren ließ sich dies unschwer erreichen, das Vereinszollgesetz vom 1. Juli 1869 bot genügende Handhabe. Die Befreiungsvorschrift 2 konnte sich deshalb darauf beschränken, für ausländische zollpflichtige Waren anzuordnen, daß deren Lieferung „aus dem Zollauslande oder aus dem gebundenen Verkehre des Zollinlandes" von der Abgabe befreit sei. Im gebundenen Verkehre des Zollinlandes befindet sich die Auslandsware, die vor Zollabfertigung in die allgemeinen oder beschränkten Zollniederlagen (§ 97) oder in Privatläger mit oder ohne Mitverschluß der Zollbehörden (§ 108) verbracht oder die in ein fortlaufendes Konto (§ 110 VZG.) eingetragen ist. In allen diesen Fällen unterliegen die Waren der Aufsicht der Zollbehörde, und dadurch ist ohne weiteres die Feststellbarkeit ihrer Auslandseigenschaft und ihres erstmaligen Umsatzes sichergestellt.

Schwieriger gestaltete sich dagegen die Sicherstellung bei den aus dem Ausland eingeführten zollfreien Waren, die sofort nach Überschreitung der Zollgrenze und Zollabfertigung in den freien Verkehr des Inlandes eintreten. Die Abgeordneten Dr. Junck und Genossen, auf deren Antrag der zweite Halbsatz der Befreiungsvorschrift 2 zugesetzt worden ist, haben schon in der dem Antrage beigefügten Begründung darauf hingewiesen, daß zwar der Import ausländischer zollfreier Waren der gleichen Begünstigung wie derjenige zollpflichtiger Waren bedürfe, daß aber die ausländische Ware ihrer Natur nach nicht immer von gleichartiger inländischer zu unterscheiden sei und daß deshalb Vorsorge getroffen werden müsse, daß es sich bei dem Umsatz tatsächlich auch um ausländische Waren gehandelt habe (vgl. Sten. Ber. S. 1403). Bei Erlaß des § 158 ging daher das Bestreben des Bundesrats dahin, einerseits den inländischen Einführer steuerlich in eine gleich günstige Lage zu bringen wie den ausländischen, anderseits aber der Begünstigung da eine Grenze zu ziehen, wo die Möglichkeit der Feststellung der Auslandseigenschaft der gelieferten Ware und ihres erstmaligen Umsatzes versagte. Von diesen Gesichtspunkten aus konnte § 158 Abs. 1 ohne weiteres Steuerbefreiung eintreten lassen, wenn die ausländischen zollfreien Waren aus dem Zollauslande oder aus dem gebundenen Verkehr des Zollinlandes (der übrigens für zollfreie Waren von geringer Bedeutung ist) geliefert werden. Die Feststellbarkeit des erstmaligen Umsatzes von Auslandsware bleibt aber auch auf dem ganzen Wege vom Abgangsort im Auslande bis zum ersten inländischen Bestimmungsorte (durch Frachtbrief und Ladeschein) gesichert, so daß auch noch eine Veräußerung, die nach zollfreier Abfertigung des Gutes während der Reise erfolgt, Befreiung genießen kann. Ist die Ware aber an ihrem ersten inländischen Bestimmungsort angelangt und auf Lager genommen, so fehlt es weiterhin im allgemeinen an der Möglichkeit, sie von anderen gleichartigen inländischen Waren zu unterscheiden. Bei Lieferungen aus diesem Lager ist daher im allgemeinen die Feststellbarkeit, ob es sich um den erstmaligen inländischen Umsatz von Auslandsware handelt, wenn nicht ganz unmöglich, so doch mindestens erheblich erschwert. Nur unter ganz besonderen Voraussetzungen ließ daher der Bundesrat Befreiung für Lieferungen aus Inlandslagern zu. Diese Voraussetzungen enthalten die Absätze 2—4 des § 158. Mit Rücksicht auf die besonderen Verhältnisse in den Seehafenplätzen schien — einer Anregung der Antragsteller Dr. Junck und Genossen entsprechend — für Lieferungen aus den Einfuhr-Seehäfen die Feststellbarkeit des erstmaligen Umsatzes von Auslandsware genügend gesichert, so daß also — abgesehen von den hier nicht in Betracht kommenden Ausnahmefällen des Abs. 2 Satz 2 — für solche Lieferung allgemein Abgabenfreiheit nachgelassen wurde. Daß aber nicht die Seehafenplätze an sich gegenüber den Binnenplätzen bevorzugt sein sollten, sondern daß für die Steuerbefreiung eben nur die auf den besonderen Verhältnissen der Seehäfen beruhende leichte Feststellbarkeit der Auslandseigenschaft der Waren und des erstmaligen Umsatzes bestimmend gewesen ist, zeigt der Vergleich mit Abs. 4 des § 158. Danach können auf Antrag den deutschen Seehafenplätzen auch andere inländische Lager gleichgestellt werden, aber nur unter der Voraussetzung, daß die Ware ohne andere Zwischenlagerung als in einem Zollager oder im Einfuhr-Seehafenplatz und ohne vorherigen Zwischenumsatz aus dem Auslande nach dem Lager gebracht und die ausländische Eigenschaft der Ware bei der Aufnahme in das Lager und während der Lagerung sichergestellt wird, mit anderen Worten also, wenn sich ohne Schwierigkeit feststellen läßt, daß es sich bei einer Lieferung aus dem Binnenlager in der Tat um den ersten inländischen Umsatz von Auslandsware handelt.

Nach diesen Darlegungen ist es keineswegs gleichgültig, wie das Berufungsgericht meint, ob die Ware auf dem See- oder auf dem Landweg in den Seehafenplatz eingeführt worden ist. Nur für die seewärts eingeführten Waren ist die Erkennbarkeit ihrer Auslandseigenschaft hinreichend gesichert. Es ist aber auch kein stichhaltiger Grund ersichtlich, weshalb die auf dem Landweg eingeführte Ware, wenn ihr erster Bestimmungsort ein Seehafenplatz ist und sie dort auf Lager genommen wird, steuerlich anders behandelt werden sollte, als wenn ihr erster Bestimmungsort ein Binnenplatz ist. Das würde eine ungerechtfertigte Bevorzugung der Seehafenplätze vor den Binnenplätzen bedeuten. Es kann vielmehr der Grund für die Ausnahmebehandlung der Lieferungen aus Einfuhr-Seehafenplätzen nur darin erblickt werden, daß die Auslandseigenschaft der von See her eingeführten Waren durch deren besondere Behandlung und Lagerung an diesen Plätzen gesichert erscheint, was von Waren, die auf dem Landwege, gleichgültig wohin, eingeführt worden sind, ohne die besonderen Voraussetzungen des Abs. 4 des § 158, nicht in gleichem Maße gilt.

Unterstützt wird diese Auslegung des Abs. 2 des § 158 durch den Vergleich mit der im wesentlichen gleichen Vorschrift des § 1 Nr. 3 c der Ausführungsbestimmungen des Bundesrats vom 26. Juli 1918 (RGBl. S. 229) zum neuen Umsatzsteuergesetz. Auch nach dieser Bestimmung sind Umsätze von eingeführten zollfreien Rohstoffen „in und aus Seehafenplätzen" steuerfrei, aber es ist in dieser Bestimmung ausdrücklich ausgesprochen, daß die Steuerfreiheit nur dann gewährt wird, wenn „die Einfuhr auf dem Seeweg erfolgt". Dafür, daß es sich hierbei etwa um eine Einschränkung der Vorschrift des alten Gesetzes in Abs. 2 des § 158 handeln könnte, ist keinerlei Anhalt gegeben. Das rechtfertigt den Rückschluß, daß auch schon die frühere Bestimmung in gleichem Sinne zu verstehen war und daß dies durch die Fassung der neuen Vorschrift nur noch klarer zum Ausdruck gebracht werden sollte. Überdies sind Steuerbefreiungsvorschriften als Ausnahmebestimmungen grundsätzlich einschränkend auszulegen.

Bei dieser Auslegung des Abs. 1 des § 158 fallen die Lieferungen der Klägerin, soweit sie aus den Beständen der von ihr selbst auf dem Landweg eingeführten Fische (erste Kategorie des Tatbestandes) erfolgt sind, nicht unter die Befreiungsvorschriften. Dasselbe gilt, soweit die Lieferungen Fische betrafen, die von Holland, Dänemark, Schweden und Norwegen auf dem Landwege nach Geestemünde gebracht und dort von der Klägerin in der Versteigerung erworben wurden (vierte Kategorie). Aber die Ware der vierten Kategorie konnte ebenso wie diejenige der dritten Kategorie — Fische, die von Fischdampfern in Geestemünde eingebracht wurden und die die Klägerin in der Versteigerung erwarb — auch noch aus einem anderen Grunde nicht warenumsatzsteuerfrei veräußert werden. Einführer dieser Fische war zugestandenermaßen nicht die Klägerin, sondern sie sind von anderen Personen nach Geestemünde aus dem Ausland eingeführt worden. Die Importeure haben dann die Fische durch die Fischereihafenbetriebsgenossenschaft verkaufen lassen. Dieser Verkauf in öffentlicher Versteigerung war der erste inländische und daher steuerfreie Umsatz. Es handelte sich, jedenfalls soweit der Erwerb der Klägerin in dieser Versteigerung in Frage steht, um eine entgeltliche Übertragung beweglicher Sachen in Natur von den Importeuren auf die Klägerin, also um eine Warenlieferung im Sinne der Tarifnr. 10 Nr. 2. Die Weiterlieferungen der Klägerin sind daher mit Recht besteuert worden. Gerade weil die Klägerin hinsichtlich der beiden letztgenannten Kategorien von Fischen nicht selbst Importeurin, sondern erste inländische Abnehmerin des Importeurs war, kann sie auf die Abgabenfreiheit ihrer Lieferungen keinen Anspruch erheben; denn wie oben ausgeführt, ist der Zweck der Befreiungsvorschriften nur der, den inländischen Importeur zu begünstigen, und diese Voraussetzung der Befreiung trifft für die Klägerin nicht zu.

Das Berufungsurteil war demnach insoweit aufzuheben, als es der Klage stattgegeben hat. Da es weiterer tatsächlicher Feststellungen nicht mehr bedurfte, so bestand zu einer Zurückverweisung der Sache in die Vorinstanz kein Anlaß, sondern es war in Anwendung des § 565 Abs. 3 Nr. 1 ZPO. in der Sache selbst zu entscheiden und dem Berufungsantrag auf Abweisung der ganzen Klage stattzugeben."

---

8. 1. Hat die Kabinettsorder vom 25. September 1834 die Bedeutung eines Gesetzes, das der Kirchengemeinde unter den darin bestimmten Voraussetzungen gegen den Staat einen Rechtsanspruch auf Befriedigung der bisher von dem säkularisierten Kloster bestrittenen kirchlichen Bedürfnisse gewährt?

2. Haftet der Staat nach jener Kabinettsorder der Kirchengemeinde nur mit den Erträgen des dem Kloster inkorporierten Kirchenvermögens oder mit denjenigen des gesamten Klostervermögens? Welcher Zeitpunkt ist für den Umfang und den Wert des säkularisierten Klostervermögens maßgebend? Kann sich der Staat, wenn er auf Leistung von Baukosten in Anspruch genommen wird, darauf berufen, daß er die Erträge des Klostervermögens für andere Zwecke verwendet habe?

IV. Zivilsenat. Urt. v. 19. Mai 1919 i. S. preuß. Staat (Bekl.) w. kath. Kirchengemeinde St. Jakob in Thorn (Kl.). IV 199/18.

I. Landgericht Graudenz.
II. Oberlandesgericht Marienwerder.

Die im Anfange des 14. Jahrhunderts von den deutschen Ordensrittern als Pfarrkirche gegründete St. Jakobskirche in Thorn ist um die Mitte desselben Jahrhunderts von den Hochmeistern des Ordens Dietrich von Altenburg und Ludolf König „cum dote adjacenti", wie es in der Urkunde vom 6. Januar 1345 heißt, dem Benediktiner-Jungfrauenkloster in Thorn unter gleichzeitiger Übertragung des Patronatrechts inkorporiert worden. Durch Königliche Order vom 18. Juni 1832 wurde die Säkularisation des Klosters angeordnet. Die Kirche verblieb der klagenden Kirchengemeinde, die zur Bestreitung der kirchlichen Bedürfnisse vom Staate eine Dotation erhielt. Die Klägerin steht auf dem Standpunkte, daß das Benediktiner-Nonnenkloster infolge der Inkorporation sämtliche Baulasten der Kirche zu tragen verpflichtet gewesen sei. Diese Verpflichtung sei durch die Säkularisation auf den Staat übergegangen, der deshalb, soweit die der Klägerin bereits überwiesenen Bestandteile des Klostervermögens nicht ausreichten, nach Kräften des in seiner Hand verbliebenen Klostervermögens die Baukosten zu tragen habe. Der Beklagte war bisher damit grundsätzlich einverstanden und hat in einer Reihe von Bau- und Reparaturfällen Baukosten an die Klägerin geleistet.

Im Jahre 1912 stellten sich umfangreiche Instandsetzungsarbeiten am Kirchengebäude als notwendig heraus, die von zwei Unternehmern ausgeführt wurden. Eine Unterbrechung trat ein, als der Beklagte die dritte Abschlagszahlung an die Unternehmer mit der Begründung ablehnte, daß das säkularisierte Klostervermögen erschöpft sei. Die Klägerin leistete die Abschlagszahlungen. Sie verlangt sie im gegenwärtigen Rechtsstreite vom Beklagten zurück.

Beide Vorinstanzen haben den Beklagten zur Zahlung der von der Klägerin begehrten 22000 *M* verurteilt. Der Beklagte hat Revision eingelegt und beantragt, die Klage insoweit abzuweisen, als er verurteilt ist, zu den Instandsetzungsarbeiten an der St. Jakobskirche mehr als ein Drittel — das ist der landrechtliche Patronatsbeitrag — beizutragen. Die Revision hatte keinen Erfolg.

Gründe:

„Das Berufungsgericht hält den Klaganspruch in erster Linie auf Grund der zur Ausführung des Reichsdeputations-Hauptschlusses vom 25. Februar 1803 am 25. September 1834 vom König von Preußen erlassenen Kabinettsorder (abgedr. Vering, Archiv für kath. Kirchenrecht Bd. 19 S. 340) für gerechtfertigt. Nach dieser Kabinettsorder soll „eine rechtliche Verpflichtung des Staates und daher auch ein Anspruch der Kirchengemeinde auf vollständige oder ergänzende Dotation" u. a. in folgenden beiden Fällen anerkannt werden:

1. „wo das Pfarr-Offizium ... dem Kloster ... von der geistlichen Behörde förmlich inkorporiert worden",

2. „wo die betreffende Gemeinde ... wenigstens 44 Jahre hindurch vom Jahre 1803 exklusive an zurückgerechnet, also vom Jahre 1759 ab, im fehlerfreien ununterbrochenen Besitze der von dem aufzuhebenden Kloster ... ihr geleisteten Pfarrdienste sich befunden hat".

Beide Voraussetzungen des Dotationsanspruchs hält das Berufungsgericht für gegeben. Über die förmliche Inkorporation der Kirche in das Nonnenkloster herrsche kein Streit, und das beigebrachte Urkundenmaterial ergebe, daß das Nonnenkloster von jeher allein für die Bedürfnisse der Kirche gesorgt, insbesondere die Baulast getragen habe. Die der Klägerin nach der Aufhebung des Klosters gewährte Dotation sei zur Bestreitung der Baulast unzureichend gewesen. Die Klägerin habe deshalb nach der Kabinettsorder den Anspruch darauf, daß der Beklagte ihr die zu den notwendig werdenden Bauten erforderlichen Mittel zur Verfügung stelle. Allerdings hafte der Beklagte nach der Kabinettsorder nur mit den Erträgen des eingezogenen Klostervermögens. Dagegen habe die weitere Einschränkung der Kabinettsorder, daß die Entschädigung nicht über die früheren Verpflichtungen der Klostergeistlichen ausgedehnt werden dürfe, hier keine praktische Bedeutung, da das Kloster unbeschränkt für die Bedürfnisse der Kirche zu sorgen gehabt habe.

Die Revision erhebt verschiedene Angriffe.

1. Sie bekämpft zunächst die Auffassung des Berufungsgerichts, daß aus der Kabinettsorder von 1834 ein Rechtsanspruch der Klägerin gegen den Staat hergeleitet werden könne. Die Kabinettsorder habe nur die Grundsätze festlegen wollen, nach denen in Zukunft die Verwaltungsbehörden kraft Delegation des Landesherrn die Dotationen der Kirchengemeinden auf Grund des § 35 RDHSchl. festzusetzen hätten. Allein die Ansicht des Berufungsgerichts entspricht der ständigen Rechtsprechung des Reichsgerichts, wie sie zuerst im Urteile des jetzt erkennenden Senats vom 25. Januar 1900 IV 266/99 und sodann vom II. Zivilsenat in den beiden Urteilen vom 3. März 1907 II 369/06 (Jur. Wochenschr. 1907 S. 292) und II 382/06 entwickelt und bis in die neueste Zeit festgehalten ist (Urt. vom 16. November 1915 IV 599/14, Warneyer 1916 Nr. 120, und vom 13. November 1916 IV 211/16, Jur. Wochenschr. 1917 S. 228). Die Ausführungen der Revision geben keinen Anlaß, von dieser Ansicht abzugehen. Ihre Richtigkeit wird bestätigt durch den vom Beklagten in dieser Sache vorgelegten Bericht des Ministers der geistlichen Angelegenheiten und des Finanz-

ministers vom 19. August 1834, auf den in der Kabinettsorder Bezug genommen ist. Der Bericht ist veranlaßt durch einen Auftrag des Königs an die genannten Minister, in nähere Erwägung zu ziehen, in welcher Art hinsichtlich der aus den Klosteraufhebungen abgeleiteten Dotationsansprüche zu verfahren und welcher allgemeine Grundsatz festzustellen sei, um die Staatskasse nicht mit bereits erloschenen oder doch in Vergessenheit geratenen Verpflichtungen zu belästigen. Die Minister meinen in ihrem Berichte, daß es für diesen Zweck nicht sowohl der Aufstellung neuer Grundsätze, als vielmehr nur der sorgfältigen Anwendung der bestehenden Prinzipien auf jeden einzelnen Fall zu bedürfen scheine. Es wird dann gesagt, daß die Landesteile des linken Rheinufers bei dieser Untersuchung gänzlich ausscheiden müßten. Was in ihnen zur Verbesserung der kirchlichen Einrichtungen etwa noch geschehen dürfte, werde immer nur Sache der Gnade des Königs sein. Rechtlich zu verfolgende Ansprüche seien hier nicht leicht denkbar.

Für die übrigen Landesteile wird dann die Rechtslage untersucht und die Minister kommen zu dem Ergebnis, daß sowohl nach dem Grundsatze des gemeinen Rechtes und des Allgemeinen Landrechts,

> daß der Staat Korporationen und andere Gesellschaften ... zwar nach seinem Ermessen aufheben könne, dann aber auch gegen diejenigen, welche Forderungen an die erloschene Gesellschaft haben, an die Stelle der letzteren trete, — vgl. dazu § 201 ALR. II 6 —

als auch nach der Bestimmung des § 65 RDHSchl.,

> daß die bisherige Religionsübung gegen Aufhebung und Kränkung geschützt sein, insbesondere jeder Religion der Besitz und ungestörte Genuß ihres eigentümlichen Kirchenguts ... ungestört verbleiben solle,

der Staat verbunden sei, der beteiligten Gemeine diejenigen Vorteile, die sie bisher von dem aufgehobenen Institute rechtlich habe verlangen können, künftig zu gewähren....

Von diesem Falle wird der andere unterschieden, wenn die betr. Gemeine auf die bisherigen Leistungen des geistlichen Instituts kein wohlerworbenes Recht hatte. In solchem Falle hätten keine Verpflichtungen existiert, mithin könne auch der Staat durch die Aufhebung dergleichen nicht übernehmen.

Die Minister halten dafür, daß diese von ihnen bisher bei Prüfung der aus den Säkularisationen abgeleiteten Dotationsansprüche befolgten Grundsätze im allgemeinen festzuhalten sein möchten, teils weil sie den allgemeinen Prinzipien des Staats- und Privatrechts entsprächen, teils weil sie auf positiven Grundlagen beruhten, die, wie der Reichsdeputationshauptschluß, nicht füglich verlassen werden könnten.

Es werden dann mehrere Einzelfragen aufgeworfen, u. a. die: ob nicht darüber eine nähere Vereinigung zweckmäßig wäre, in welchen

Fällen anzunehmen sei, daß eine Gemeine gegen ein geistliches Institut ein wohlerworbenes Recht auf gewisse Leistungen gehabt habe.

Dazu äußert sich der Minister der geistlichen Angelegenheiten dahin, daß, „wenn“ die Aufstellung eines allgemeinen Grundsatzes richtig befunden werde, der für alle Fälle durchgreifen solle, eine rechtliche Verpflichtung und daher auch ein Anspruch auf vollständige oder ergänzende Dotation in denjenigen näher beschriebenen vier Fällen anzuerkennen sei, die später in die Kabinettsorder Aufnahme gefunden haben.

Beide Minister erklären sich aber darin einverstanden, daß die Verschiedenheit der Fälle und Verhältnisse allzu groß sei, als daß sich für die Beurteilung derselben im voraus besondere Grundsätze mit Erfolg aufstellen ließen, und daß es daher zweckmäßiger in jedem einzelnen Falle ihrem pflichtmäßigen Ermessen und nötigenfalls der richterlichen Entscheidung überlassen bleiben dürfte, nach den allgemeinen Rechtsgrundsätzen und Rechtstheorien zu entscheiden,

ob einem aufgehobenen Stifte oder Kloster gegen irgendeine Gemeine hinsichtlich der Seelsorge wirklich zu Recht beständige Verpflichtungen obgelegen hätten oder nicht.

In einem besonderem Zusatze zu dem Berichte macht dann der Minister der geistlichen Angelegenheiten allein geltend, daß es ihm von großer Wichtigkeit erscheine, auch in denjenigen Fällen, wo die Gemeine auf die Leistungen geistlicher Institute ein vollkommenes Recht nicht habe, nicht bloß die Rücksichten des strengen Rechtes vorwalten zu lassen, sondern auch Billigkeitsgründen willig und vollständig Gehör zu geben. Er betrachte es als seine Pflicht, in solchen Fällen, wo die Befürwortung eines Antrags auf Dotation durch Billigkeitsrücksichten ausreichend begründet erscheine, dafür zu sorgen, daß ein solcher Fall jederzeit zur Kenntnisnahme und Entscheidung des Königs gelange.

Die Kabinettsorder vom 25. September 1834 ergibt, daß der König dem Vorschlage der Minister, die Entscheidung über Dotationsgesuche ihrem pflichtmäßigen Ermessen zu überlassen, nicht beigetreten ist. Er hat es vielmehr „für zulässig und notwendig erachtet, mit Hinsicht auf die Bestimmungen des Reichsdeputationshauptschlusses allgemeine Grundsätze anzunehmen, welche bei den Ansprüchen der Pfarreien und Kirchengemeinen an den Staat zunächst im Auge gehalten werden könnten“, und sich damit einverstanden erklärt, „daß eine rechtliche Verpflichtung und daher auch ein Anspruch auf Dotation“ in den vier vom Minister der geistlichen Angelegenheiten angegebenen Fällen anzuerkennen sei.

Im Gegensatze dazu werden am Schlusse der Kabinettsorder diejenigen Fälle behandelt, wo die Gemeinen auf die Leistungen geistlicher Institute ein vollkommenes Recht nicht gehabt haben. In solchen Fällen könne ein Anspruch auf Dotation nicht anerkannt werden, es bleibe vielmehr in dieser Beziehung bei dem in einer früheren Kabinettsorder vom 30. August 1830 gemachten Vorbehalt, nach Befinden nur im Wege der Gnade bei Dotation der Pfarreien zu Hilfe zu kommen.

Hiernach kann ein Zweifel nicht mehr darüber obwalten, daß unter den in der Kabinettsorder angegebenen Voraussetzungen ein privatrechtlicher im Wege Rechtens verfolgbarer Anspruch der Kirchengemeinden gegen den Staat anerkannt werden sollte. Diese Bestimmung beruhte allerdings auf der in neuerer Zeit mehrfach angefochtenen Auffassung, daß sich der Anspruch aus dem Reichsdeputationshauptschluß in Verbindung mit den bestehenden gesetzlichen Vorschriften ergebe. Für die Gültigkeit jenes vom König erlassenen Gesetzes ist es aber gleichgültig, ob jene Auffassung zutreffend war oder nicht.

Die rechtliche Natur der Ansprüche aus der Säkularisation wird übrigens in der Kabinettsorder wiederholt anerkannt in folgendem im Archive für Kirchenrecht Bd. 19 S. 340 nicht abgedruckten Satze: „Die Anberaumung eines Präklusionstermins für die noch vorhandenen rechtlichen Ansprüche ist übrigens allerdings nicht ratsam, da solche eine Menge unbegründeter Prätensionen zur Folge haben würde.“ Aus dem Zusatze wird zugleich ersichtlich, weshalb man von einer öffentlichen Bekanntmachung der Kabinettsorder abgesehen hat. Daß eine solche nach damaligem Staatsrechte nicht wesentliche Voraussetzung für das Zustandekommen eines Gesetzes war, ist in den oben erwähnten Urteilen des Reichsgerichts vom 25. Januar 1900 und 3. März 1907 dargelegt.

Vergebens versucht der Beklagte aus der am Schlusse der Kabinettsorder enthaltenen Bewilligung einer Dotation von 100 *ℳ* an die Gemeinde Geistingen, deren Gesuch den Anlaß zum Erlaß der Kabinettsorder gegeben hat, die Richtigkeit seiner Ansicht herzuleiten. Er meint, wenn durch die Order eine zivilrechtliche Verpflichtung des Staates hätte begründet werden sollen, so hätte diese nur durch die Verpflichtungen, welche dem aufgehobenen Kloster oblagen, bestimmt werden können. Dann aber hätte die Gemeinde Geistingen auf vollständige Erfüllung der Verpflichtungen des ehemaligen Klosters antragen können. Aber es fehlt jeder Anhalt dafür, daß durch die von den Ministern beantragten 100 *ℳ* die kirchlichen Bedürfnisse der Gemeinde, soweit das Kloster dafür aufkommen mußte, damals nicht gedeckt worden sind. Es handelte sich nur um die Entschädigung für den Ausfall einer Frühmesse, zu deren Abhaltung das Kloster rechtlich verpflichtet gewesen war.

Die Meinung der Revision, daß die klagende Kirchengemeinde nach der Kabinettsorder mit der alsbald nach der Säkularisation gewährten Dotation als ein für allemal abgefunden zu erachten sei und nur auf die Dotation einen klagbaren Anspruch habe, widerspricht, wie das Berufungsgericht mit Recht bemerkt, dem Inhalte der Kabinettsorder.

Die Revision beachtet nicht, daß nicht nur im Eingang ein „Anspruch auf vollständige oder ergänzende Dotation" anerkannt wird, sondern daß weiterhin ausdrücklich gesagt wird, „daß, wenn etwa . . . einer Kirche oder Gemeine von der Zwischenherrschaft oder dem preußischen Staate eine anderweite Dotation oder Aushilfe für den gottesdienstlichen Bedarf gewährt worden sei, der diesfällige Betrag alsdann von dem „rechtlichen Anspruch" abgerechnet werden müsse". Diese Bestimmungen ergeben zugleich, daß die Ansicht der Revision unrichtig ist, der Ausdruck „ergänzende Dotation" sei in demselben Sinne gebraucht, wie der Ausdruck „supplementum dotationis" in der Bulle de salute animarum (GS. 1821 S. 140 Abs. 2), wo davon die Rede ist, daß das Einkommen der Bistümer aus den diesen verbliebenen Gütern auf einen gewissen Betrag erhöht werden solle. Den Klöstern verblieben nach § 35 RDHSchl. überhaupt keine Güter.

Daß selbst ein Anspruch auf Erhöhung der Leistungen in denjenigen Fällen, in denen die Zeitverhältnisse eine Steigerung der kirchlichen Bedürfnisse herbeigeführt haben, nach der Kabinettsorder unter der Voraussetzung anzuerkennen ist, daß auch dem Kloster schon eine entsprechende Verpflichtung oblag, ist vom Reichsgerichte wiederholt anerkannt worden (vgl. Urteile vom 25. Januar 1900 IV 266/90 und 20. Oktober 1913 IV 277/13, Jur. Wochenschr. 1914 S. 161 Nr. 25 und Archiv für katholisches Kirchenrecht 1914 S. 138). Endlich findet auch die in der mündlichen Verhandlung von der Revision vertretene Auffassung, daß jedenfalls dann eine ergänzende Dotation nicht mehr verlangt werden könne, wenn die frühere schon auf Grund der Kabinettsorder gewährt worden sei, weder in deren Bestimmungen selbst noch in dem Ministerialberichte vom 19. August 1834 einen Anhalt.

Mit dem erst in dieser Instanz erhobenen Einwande der Verjährung kann der Beklagte nicht mehr gehört werden. Der Einwand ist aber auch rechtlich unbegründet. Die Verjährung beginnt mit der Entstehung des Anspruchs (§ 545 ALR. I 9, § 193 BGB.). Der jetzt zuerkannte Anspruch ist aber frühestens in dem Zeitpunkt entstanden wo sich die Notwendigkeit der Ausbesserung der Kirche herausgestellt hat Das war im Jahre 1912, wie aus dem Reiseberichte vom 14. Juni 1912 ersichtlich ist.

Ist hiernach die Kabinettsorder vom 25. September 1834 eine ausreichende Grundlage für den Klaganspruch, so hatte das Berufungsgericht keinen Anlaß, auf die im Urteile des Vorprozesses der Parteien vom 9. Juli 1888 (abgedr. Archiv f. kath. Kirchenrecht Bd. 76 S. 269 und auszugsweise Jur. Wochenschr. 1888 S. 350 Nr. 27) und auch noch später (z. B. in den Urteilen vom 29. März 1906 IV 485/05 und vom 23. April 1907, Gruchot 51 S. 1131, 1139) vom Reichsgerichte bejahte Frage einzugehen, ob der Staat aus der Säkularisation schon unter dem Gesichtspunkte der Rechtsnachfolge für die Bedürfnisse der ehemals inkorporierten Gemeinde haftet.

2. Der Beklagte hatte in den Vorinstanzen bestritten, daß das aufgehobene Kloster für die Baulast unbeschränkt mit dem gesamten Klostervermögen gehaftet habe. Die Haftung habe sich vielmehr — so meinte er — auf den Bestand desjenigen Kirchenvermögens beschränkt, das infolge der Inkorporation im Jahre 1345 auf das Kloster übergegangen sei. Es komme demnach auf den Umfang des Vermögens der Kirche im Jahre 1345 an. Diejenigen Bestandteile des Klostervermögens, aus denen die Klägerin jetzt ihre Befriedigung suchen wolle, hätten nicht zu dem ursprünglichen Kirchenvermögen gehört. Dafür trat der Beklagte Beweis an. Das Berufungsgericht hält den Einwand für unbegründet. Es stellt in Übereinstimmung mit dem Urteile des Oberlandesgerichts im Vorprozesse vom 6. Februar 1888 fest, daß das Kloster das überkommene Kirchenvermögen dem Klostervermögen einverleibt und nicht als gesonderte Vermögensmasse erhalten und verwaltet habe, und führt aus, daß sich danach die im gedachten Urteil unter Billigung des Reichsgerichts gezogene Schlußfolgerung rechtfertige, daß die durch die Vereinigung der beiderseitigen Vermögen untrennbar gewordene Vermögensmasse nunmehr für die auf dem Kirchenvermögen ruhenden Lasten verhaftet sei. Deshalb komme es auf den vom Beklagten angetretenen Beweis nicht an. Die Revision will dies nicht gelten lassen. Sie meint, aus dem Kirchenrechte sei nur die Verpflichtung zu entnehmen, mit dem unierten Vermögen für die Kirchenbaulast einzustehen und zwar mit den Erträgnissen dieses Vermögens. Nicht einmal die Verpflichtung, das aufgenommene Vermögen gesondert zu halten, könne zugegeben werden. Im schlimmsten Falle könne aus allgemeinen Rechtsgrundsätzen abgeleitet werden, daß die Beweislast, die an sich der Kirchengemeinde obliege, die zu erfüllen ihr aber wegen der Verschmelzung der Vermögen unmöglich gemacht sein könne, sich zuungunsten des inkorporierenden Klosters verschiebe. Dann aber müsse immer noch dem Kloster oder seinem Rechtsnachfolger der Beweis offenstehen, daß das in Anspruch genommene Vermögen nicht Kirchenvermögen war, also auch der baubedürftigen Kirchengemeinde nicht hafte.

a. Wäre diese Ansicht der Revision richtig, so würde allerdings auch der Staat nur in jenem beschränkten Umfange haften, da nach der Kabinettsorder, wie schon erwähnt, die zu gewährende Entschädigung nicht über die Verpflichtungen des früheren Klosters ausgedehnt werden darf. Es muß aber die Ansicht des Berufungsgerichts gebilligt werden. Die rechtliche Wirkung der Inkorporation ist die, daß die inkorporierte Kirche ihre vermögensrechtliche Selbständigkeit verliert; das Vermögen der Kirche wird mit demjenigen des Klosters zu einer rechtlich ungetrennten Masse vereinigt, die Eigentum des inkorporierenden Instituts wird (RG. bei Gruchot Bd. 51 S. 1133/4). Demgemäß ruht nach der Inkorporation auf diesem Gesamtvermögen die Verpflichtung zur Bestreitung der Baulast und der sonstigen Kultusbedürfnisse der inkorporierten Kirche, für welche das Kloster mit dessen Erträgnissen haftet. In gleicher Rechtslage befindet sich zufolge der Vorschriften der Kabinettsorder von 1834 der Staat nach der Säkularisation. Von dieser Haftung kann er sich aber nicht durch den Nachweis befreien, daß die der Klägerin durch sein im Vorprozeß abgegebenes, jetzt allerdings wegen Irrtums „angefochtenes" Anerkenntnis bekannt gewordenen Bestandteile des Klostervermögens nicht Bestandteile des Kirchenvermögens gewesen seien, sondern von jeher zum Klostervermögen gehört hätten. Frei von seiner Verpflichtung würde der Beklagte nur dann werden, wenn er nachweisen könnte, daß die inkorporierte Kirche gar kein Vermögen besessen habe — was der Beklagte selbst nicht behauptet — oder daß er dieses Vermögen vollständig im Interesse der klagenden Kirchengemeinde verwendet habe. Diese Behauptung hat aber der Beklagte nicht aufgestellt.

Vgl. Hinschius, System des kath. Kirchenrechts Bd. 2 § 109, S. 450; Permaneder, Kirchl. Baulast 3. Aufl., § 22 und Anm. 110; Verings Archiv Bd. 24 S. 112, 115 flg.; Foesser, das. Bd. 21 S. 403; Krick, Kirchl. Baulast S. 8/9; Erk. des Obertribunals vom 29. September 1851 i. S. Medebach w. Fiskus (nicht abgedruckt).

Es muß endlich dem Berufungsgericht auch darin recht gegeben werden, daß das Reichsgericht im Urteile des Vorprozesses vom 9. Juli 1888 die gleiche schon damals vom Oberlandesgerichte vertretene Ansicht gebilligt hat. Richtig ist allerdings, daß der Beklagte damals den jetzt vertretenen rechtlichen Gesichtspunkt nicht ausdrücklich geltend gemacht hat.

b. Will man aber selbst der Ansicht des Berufungsgerichts, daß die Baulast vermöge der Inkorporation grundsätzlich auf dem zu einer Gesamtmasse vereinigten Kirchen- und Klostervermögen hafte, nicht beipflichten, so würde sich die Entscheidung zu diesem Punkte doch aus einem anderen rechtlichen Gesichtspunkt als gerechtfertigt herausstellen. Wie oben erwähnt, hat das Berufungsgericht die Kabinettsorder vom 25. September 1834 nicht nur wegen Inkorporation der Kirche in das Kloster, sondern auch deshalb für anwendbar gehalten, weil die Klägerin seit 1759 im fehlerfreien Besitze der vom Kloster geleisteten „Pfarrdienste" gewesen ist. Da sich nun nach der Kabinettsorder der Umfang der Haftung des Staates nach dem Maße der früheren Verpflichtungen des Klosters richtet, so kann der Beklagte eine Beschränkung seiner Haftung auf das ursprüngliche Kirchenvermögen nicht geltend machen, wenn nachweislich das Kloster während jener 44jährigen

Besitzzeit die Kultusbedürfnisse der Gemeinde ohne Rücksicht auf die Zulänglichkeit des ursprünglichen Kirchenvermögens aus dem Klostervermögen bestritten hat. Das ist aber nach den Feststellungen des Berufungsgerichts der Fall gewesen.... (Das wird näher dargelegt.)

3. Es fragt sich also noch, ob das Berufungsgericht mit Recht angenommen hat, daß — wie es die Kabinettsorder voraussetzt — die Erträge des Klostervermögens zur Bestreitung der Baukosten, welche die Klägerin jetzt fordert, noch ausreichend sind, oder ob, wie der Beklagte behauptet, das säkularisierte Klostervermögen durch die bisherigen Leistungen des Staates erschöpft ist.

In dieser Beziehung ist der Sachverhalt der folgende:

Im Vorprozesse hatte der Beklagte zugegeben, daß der damalige Stand des vom Staate eingezogenen Vermögens des ehemaligen Klosters noch 160686 ℳ betrage. Dieser Bestand setzte sich zusammen aus dem Kaufpreise, den die Fortifikationsverwaltung im Jahre 1833 in Höhe von 32474 ℳ für die zu Befestigungszwecken eingezogenen Klostergebäulichkeiten bezahlt hatte, und den Ersparnissen aus dem sog. Kompetenzfonds im Betrage von 128212,17 ℳ. Mit letzterem hatte es folgende Bewandtnis. Bei der ersten Teilung Polens im Jahre 1772 fiel das Thorner Gebiet an Preußen, jedoch mit Ausnahme der Stadt Thorn. Die Landgüter des Klosters lagen außerhalb der Stadt und wurden vom König in staatliche Verwaltung genommen. Von den Revenüen (nach dem Ergebnis des ersten Jahres) behielt der Staat die Hälfte als Kontribution aus dem Rechte des Eroberers, die andere Hälfte wurde dem Kloster zur Unterhaltung der Nonnen als sog. Kompetenz belassen und jährlich an das Kloster abgeführt. Sie betrug jährlich rund 7356 ℳ, wurde nach der Säkularisation den damals vorhandenen Nonnen ausgezahlt, verminderte sich im Laufe der Jahre durch das Absterben der Nonnen und hörte im Jahre 1866 mit dem Tode der letzten Nonne auf. Diejenigen Beträge, die von der Kompetenz in der Zeit seit 1833 bis 1887 nicht mehr gezahlt zu werden brauchten, stellen abzüglich einer jährlichen Zahlung von 2000 ℳ an das Hospital der Klägerin die oben erwähnten Ersparnisse dar. Jenes im Vorprozeß abgegebene Zugeständnis hat der Beklagte in diesem Prozesse wegen Irrtums „angefochten". Die Berechnung sei eine rein „fiktive" gewesen. Das Kapital von 32474 ℳ sei vom Staate anderweitig verwendet worden. Die Rente sei mit dem Tode der Nonnen von selbst in Wegfall gekommen und habe sich danach „konsolidiert".

Nach den Feststellungen des Berufungsgerichts ist es richtig, daß jenes Kapital nicht mehr im Besitze des Beklagten ist, sondern von ihm der Kirchengemeinde Marienburg zugewendet wurde. Bezüglich der Kompetenz führt das Berufungsgericht folgendes aus: Hier handle es sich nur um die Frage, welche Erträge dem säkularisierenden Staate aus den eingezogenen Klostergütern zugeflossen seien. Die Erträge dieser Güter seien aber mindestens so hoch gewesen wie die Kompetenz. Diese sei also dem vom Beklagten zu vertretenden Ertrage des Klostervermögens zuzurechnen, soweit sie nicht als Pension für die Nonnen oder als Zuschuß für das der Klägerin gehörige Hospital verwendet oder der Klägerin anderweit zugeflossen sei. Dementsprechend berechnet das Berufungsgericht den jetzt zur Tilgung der Baulast zur Verfügung stehenden „Ertrag" des Klostervermögens in der Weise, daß es einmal die Zinsen — nicht die Zinseszinsen, wie die Revision meint — des Kapitals von 32474 ℳ in Höhe von jährlich 1298,96 ℳ für die Jahre 1833 bis 1917 und ferner die Kompetenz in Höhe von jährlich 7356 ℳ für denselben Zeitraum abzüglich der an die Nonnen, an das Hospital der Klägerin und an diese selbst gezahlten Beträge in Ansatz bringt und so zu einer Gesamtsumme von 364242 ℳ gelangt. Es erklärt es für zweifelhaft, ob der Beklagte nicht von dem Kapital der 32474 ℳ den Betrag von 22309 ℳ kürzen könne, den er der Klägerin aus dem säkularisierten Vermögen des Dominikanerklosters in Thorn überlassen hat, stellt aber fest, daß auch der nach Abzug dieser Summe und weiterer Abrechnung der von dem Beklagten anderweit für die Klägerin aufgewendeten Kosten im Gesamtbetrage von 180675 ℳ verbleibende Betrag von rund 100000 ℳ zur Begleichung der Klageforderung mehr als ausreichend sei.

a. Die Revision beschwert sich zunächst darüber, daß das Berufungsgericht das Kapital von 32474 ℳ und die sog. Kompetenz (richtig: die Landgüter des Klosters oder deren Wert) als Bestandteile des Klostervermögens angesehen habe. Der Standpunkt des Berufungsgerichts ist aber richtig. Wie das Reichsgericht wiederholt anerkannt hat, ist für den Umfang der einer Kirchengemeinde nach der Kabinettsorder vom 25. September 1834 zustehenden Entschädigung der Zeitpunkt der Säkularisation maßgebend (Urt. v. 15. November 1915 IV 599/14, Warneyer 1916 Nr. 120). Deshalb kann auch die Frage, aus welchen Bestandteilen das Klostervermögen besteht, nur nach diesem Zeitpunkte beurteilt werden, während allerdings der Wert des Klostervermögens mit der sich aus dem Nachstehenden ergebenden Maßgabe nach dem Zeitpunkte zu bemessen ist, in dem die Bauverpflichtung des Staates zu erfüllen ist. Auf demselben Standpunkte steht auch das Obertribunal (vgl. Urt. i. S. Obermansberg w. Fiskus vom 23. Oktober 1865 und 1. Februar 1869, Archiv für kath. Kirchenrecht Bd. 22 S. 140). Vor allem aber kommt in Betracht das schon oben erwähnte Urteil vom 29. September 1851 i. S. Medebach w. Fiskus, in dem es sich um einen dem gegenwärtigen gleichliegenden Fall handelte.... (Wird ausgeführt.)

Die Revision meint ferner, das Kapital von 32474 *M* habe nicht als Bestandteil des Klostervermögens angesehen werden dürfen, weil es der katholischen Kirchengemeinde in Marienburg zugewendet worden sei. Aus dem Grundsatze, daß für den Bestand des Klostervermögens der Zeitpunkt der Säkularisation maßgebend ist, ergibt sich schon, daß diese Ansicht unrichtig ist. Hatte also die Kirchengemeinde St. Jakob einen Anspruch darauf, aus diesem Klostervermögen befriedigt zu werden, so kann sich der Beklagte nicht darauf berufen, daß er dies Vermögen zur Befriedigung der Bedürfnisse einer anderen Kirchengemeinde verwendet habe. Wie schon oben zu 2a erörtert, würde der Beklagte von seiner Haftung nur frei geworden sein, wenn er das Kapital für die Klägerin selbst verwendet hätte.

b. Nicht ganz zutreffend ist allerdings die Meinung des Berufungsgerichts, die Klägerin habe nach der Kabinettsorder einen rechtlichen Anspruch darauf gehabt, daß der Beklagte ihr jährlich Bezüge in solcher Höhe zuwies, daß sie die ganze Baulast daraus bestreiten konnte, und sie könne nicht dadurch schlechter gestellt werden, daß der Beklagte dies nicht getan habe. Durch die Inkorporation war das Kloster Eigentümer des Kirchenvermögens und durch die Säkularisation ist der Staat Eigentümer des Klostervermögens geworden. Letzterer kann deshalb an sich wie ein Eigentümer über das Klostergut und dessen Einkünfte verfügen (vgl. Urt. des Reichsgerichts vom 2. Dezember 1918 IV 200/18 unter Nr. 4). Nach der Kabinettsorder von 1834 liegt ihm nur die Verpflichtung ob, aus den Erträgen und bis zur Höhe derselben die kirchlichen Bedürfnisse der Gemeinde in dem Umfange zu erfüllen, wie es vorher das Kloster getan hat. Aber gerade aus diesem Grunde muß der Beklagte, wie das Berufungsgericht mit Recht annimmt, die von ihm zu anderen Zwecken verwendeten Erträge des Klostervermögens in dem Maße vertreten, in dem sie zur Bestreitung der kirchlichen Bedürfnisse notwendig sind. Das Obertribunal steht in dieser Frage auf einem abweichenden Standpunkt. Es hat zudem in seiner Stellungnahme gewechselt. In dem oben schon erwähnten Urteile vom 23. Oktober 1865 vertrat es die Ansicht, daß der Fiskus mit den vom Klostervermögen seit dem Eintritte des Baubedürfnisses gezogenen Nutzungen aufzukommen verbunden sei. Abweichend davon nahm es in dem ebenfalls schon zit. Urteile vom 1. Februar 1869 (Archiv Bd. 22 S. 142) an, daß diese Verpflichtung erst dann eintrete, wenn zum Bau bzw. zu dessen Vorbereitung Zahlungen zu leisten seien. Denn die Verpflichtung des Fiskus bestehe lediglich in der Hergabe der Baukosten, nicht aber in der eigenen Besorgung des Baues, die vielmehr Sache der geistlichen Aufsichtsbehörde sei. Der Fiskus habe nicht dafür einzustehen, wenn der Bau, obwohl ein Bedürfnis dafür vorliege, sich verzögert habe, wenn also die Verpflichtung zur Entrichtung der Baukosten erst später für ihn entstehe. Diese Entscheidungen erscheinen nicht folgerichtig. Sie gehen beide davon aus, daß das Klostervermögen infolge der Säkularisation mit der „dinglich" auf dem Klostervermögen in seiner Gesamtheit haftenden Baulast auf den Staat übergegangen sei (Archiv 22 S. 140). Das Baubedürfnis aber ist ein wechselndes. Es können oft Jahre vergehen, ohne daß Neubauten oder auch nur Ausbesserungsarbeiten erforderlich werden, während dann auf einmal große Summen zur Deckung von Baukosten aufgewendet werden müssen. Wenn deshalb auf einem Vermögen die Verpflichtung ruht, mit dessen Erträgen für die Gesamtheit der Baubedürfnisse der Kirchengemeinde aufzukommen, so muß der Inhaber des Vermögens auch für verpflichtet erachtet werden, nach den Grundsätzen einer ordnungsmäßigen Verwaltung für die Bereitstellung der dazu erforderlichen Mittel zu sorgen und deshalb von den jährlichen Einkünften so viel zurückzubehalten, wie zur Deckung der Baukosten erforderlich ist. Würde man von dem Inhaber nur verlangen, daß er die seit Eintritt des einzelnen Baubedürfnisses oder gar der Zahlungspflicht gezogenen Nutzungen verwende, so würde die Möglichkeit, die Baukosten zu decken, vom Zufall abhängen und es häufig an den erforderlichen Mitteln fehlen. Die Verpflichtung, das Kirchenvermögen ordnungsmäßig zu verwalten, also auch für die allmähliche Ansammlung des für Baubedürfnisse nötigen Geldbetrags Sorge zu tragen, liegt schon den Kirchengemeinden ob (RGZ. Bd. 59 S. 280, 284, § 50 Abs. 2 der Verwaltungsordnung für das kirchliche Vermögen in den östlichen Provinzen der preuß. Landeskirche vom 15. Dezember 1886 / 17. Juni 1893) und muß deshalb auch dem Staate, auf den die Baulast mit dem Klostervermögen übergegangen ist, angesonnen werden.

Die Entscheidung des Berufungsgerichts ist daher auch zu dieser Frage — wenigstens im Ergebnis — zu billigen."...

---

9. 1. Ist § 27 Abs. 3 des preuß. Stempelsteuergesetzes vom 30. Juni 1909 unanwendbar, wenn die Steuerbehörde nicht sowohl die Wertangabe an sich beanstandet, als vielmehr einen Rechtsirrtum rügt, der die Beteiligten zu einer falschen Angabe geführt hat?

2. Wahrt die rechtzeitige Beanstandung der Wertangaben gegenüber einem Steuerpflichtigen der Steuerbehörde das Recht, die fehlende Steuer von allen Steuerpflichtigen nachträglich einzuziehen?

VII. Zivilsenat. Urt. v. 20. Mai 1919 i. S. preuß. Staat (Bekl.) w. B. (Kl.). VII 71/19.

I. Landgericht Posen.
II. Oberlandesgericht daselbst.

Durch notariellen Vertrag vom 12. Juni 1911 verkaufte der Kläger sein im Kreise Bromberg belegenes Gut für 895000 M an den Landwirt Bo. Der Käufer übernahm es, die Reichs- und Landesstempel zu tragen und bezahlte sie entsprechend den im Vertrage gemachten Wertangaben. Es war dort beziffert der Wert der eingebrachten Erntevorräte auf 20000 M, der des sonstigen beweglichen Beilasses auf 300000 M. Dabei war irrtümlich die auf dem Halme stehende Ernte zum beweglichen Beilaß gerechnet. Längere Zeit nach dem Vertragsschluß setzte der Beklagte auf Grund eigener Nachprüfung den Wert des steuerpflichtigen beweglichen Beilasses auf nur 80000 M fest und verlangte unter dem 26. Mai 1914 von dem Käufer Bo., er solle an Landesstempel für die Veräußerung unbeweglicher Sachen $^2/_3$ v. H. von (300000 — 80000 =) 220000 M mit 1467 M nachzahlen. Bo. war zahlungsunfähig. Mit Schreiben vom 25. Juni 1914 richtete deshalb der Beklagte die gleiche Zahlungsaufforderung an den Kläger. Am 1. November 1915 hat dieser den Betrag bezahlt. Im April 1916 erhob er die gegenwärtige Klage auf Rückzahlung. Er berief sich dabei insbesondere auf § 27 Abs. 3 LStG. Nach dieser Vorschrift ist die Beanstandung der Angaben der Steuerpflichtigen über den Wert des Gegenstandes eines Geschäfts nur binnen einer dreijährigen Frist nach der Beurkundung zulässig. Der Beklagte beantragte die Abweisung der Klage, gab im Laufe des Rechtsstreits aber zu, daß der Wert des mit $^1/_3$ v. H. zu versteuernden beweglichen Beilasses auf 165000 M anzusetzen sei, und zahlte am 8. Februar 1918 437 M an den Kläger zurück. Dieser ermäßigte seinen Klagantrag entsprechend. Das Landgericht hat mit Rücksicht auf § 27 Abs. 3 LStG. dem ermäßigten Klagantrag entsprochen. Die Berufung des Beklagten wurde zurückgewiesen. Auch seine Revision blieb erfolglos.

Gründe:

„Die Revision hat zunächst erklärt, daß sie alle in den früheren Instanzen angeregten Bedenken aufrechterhalte. Danach vertritt sie auch gegenwärtig noch die Ansicht, daß die Vorschrift des § 27 Abs. 3 LStG. um deswillen nicht zugunsten des Klägers anwendbar sei, weil nicht die Wertangaben an sich beanstandet würden, vielmehr nur geltend gemacht werde, daß rechtsirrtümlich Bestandteile der unbeweglichen Sache, nämlich die auf dem Halme stehende Ernte, als bewegliche Sachen angesehen worden seien. Es ist aber anerkannten Rechtens, daß es für die Anwendbarkeit der erwähnten Vorschrift nichts ausmacht, ob die Wertangabe als vorsätzlich oder fahrlässig falsch gemacht, als auf einem tatsächlichen oder rechtlichen Irrtum beruhend beanstandet wird (vgl.

das Urteil des erkennenden Senats vom 10. Juli 1903, VII 167/03, und die Entscheidung des Kammergerichts bei Johow Bd. 28 B S. 23). Der zu entscheidende Fall liegt anders als der RGZ. Bd. 79 S. 424 entschiedene. Damals war in dem Vertrage der Wert einer Rente angegeben, aber entgegen § 6 Abs. 9 LStG. falsch berechnet, und von der Steuerbehörde war der Stempel nach dem falschen Werte bemessen worden. Jene Angabe fiel weder unter den § 7 noch unter den § 10 LStG., ihrer hätte es nicht bedurft, sie stand mit dem Gesetz in Widerspruch und durfte deshalb jederzeit berichtigt werden, auch nach Ablauf der im § 27 Abs. 3 LStG. gesetzten Frist.

Die Revision stellt weiter den Rechtssatz auf, daß die rechtzeitige Beanstandung der Wertangaben gegenüber einem Steuerpflichtigen dem Beklagten das Recht wahre, die fehlende Steuer von allen Steuerpflichtigen nachträglich einzuziehen, durch das Beanstanden entstehe erst der Anspruch auf die Nachsteuer, gemäß § 12 Abs. 1c und Abs. 2 LStG. hafte jeder Teilnehmer des Vertrags dafür. Die Revision glaubt sich dabei auf den § 3 Abs. 1 LStG. stützen zu können; sie rechnet die Wertangaben der Beteiligten zu dem für die Stempelpflichtigkeit maßgebenden Inhalt der Urkunde. Dieser Ausgangspunkt ist unrichtig. Die Vorschrift des § 3 Abs. 1 LStG. bindet die Steuerbehörde wohl an die in der Urkunde angegebenen Preise, so daß sie selbst dann keinen höheren Stempel für die Urkunde berechnen darf, wenn feststeht, daß die wirklich vereinbarten Preise höher sind als die in der Urkunde angegebenen, mag es sich dabei um einen Gesamtpreis oder um mehrere Einzelpreise handeln (vgl. Heinitz, LStG. 3. Aufl. Anm. 5 zu § 10 und Anm. 2b zu § 3; Hummel-Specht, LStG. Anm. 4 zu § 10). Anders steht es aber gerade mit den Wertangaben in den steuerpflichtigen Urkunden. Sie gehören nicht zu den rechtsgeschäftlichen Erklärungen der Beteiligten, die den Inhalt der Urkunde bilden, an sie ist der Beklagte, wie die §§ 7 und 10 LStG. zeigen, nicht gebunden, er kann die Werte selbständig ermitteln und die danach festgestellten Stempel einfordern. Der Stempelanspruch des Beklagten geht, wenn er von einem Werte zu berechnen ist, von vornherein auf den Betrag, der dem wirklichen Werte entspricht. Das Beanstanden der von den Beteiligten gemachten Wertangaben ist das Mittel, den bereits gegebenen Stempelanspruch durchzuführen, es läßt neue Ansprüche nicht entstehen. Wenn man dem Beklagten folgte, würde die Stempelforderung von dem angegebenen Werte mit der Ausstellung der Urkunde, die Stempelforderung von dem den angegebenen Wert übersteigenden Betrage des wirklichen Mehrwerts mit der Beanstandung entstehen. Der Beginn der Verjährung müßte dann verschieden angesetzt werden. Tatsächlich rechnet aber § 27 Abs. 1 LStG. ausnahmslos mit einem einheitlichen Beginne der Verjährung des ganzen Stempels, auch wenn er von dem Werte eines Gegenstandes zu berechnen ist. Die Steuerpflicht entsteht eben in jedem einzelnen Falle ohne weiteres und kraft Gesetzes mit dem Vorhandensein der dort vorgesehenen Voraussetzungen. Ebenso wie nicht erst das besondere Veranlagungsverfahren der Steuerbehörde den Stempelanspruch entstehen läßt (RGZ. Bd. 47 S. 330), läßt auch das Beanstandungsverfahren nicht den Mehranspruch entstehen. Damit erledigen sich diese Bedenken der Revision, auch soweit sie hilfsweise damit rechnen, daß der Mehranspruch von vornherein höchstens bedingt gegeben sei und mit dem Eintritte der Bedingung, d. h. der Beanstandung, wirklich entstehe.

Ihren oben wiedergegebenen Rechtssatz sucht die Revision ferner mit dem Gedanken zu stützen, daß auf den öffentlichrechtlichen Stempelanspruch nicht das bürgerliche Recht, sondern nur das Stempelrecht anzuwenden sei; dieses fordere aber nicht, daß die Beanstandung allen Steuerpflichtigen gegenüber erhoben werden müsse, um allen gegenüber wirksam zu sein. Das letztere ist so weit richtig, als das Stempelrecht jene Forderung nicht ausdrücklich aufstellt. Der Versuch des Oberlandesgerichts, aus dem Wortlaute des § 27 Abs. 3 LStG. das Gegenteil herauszulesen, erscheint verfehlt. Der Gebrauch der Mehrzahl: „die Beanstandung der Angaben der Steuerpflichtigen" erklärt sich offenbar aus der Mehrzahl der Fälle, in denen nach dem Gesetze die Beanstandung erfolgen wird, nicht aus der Mehrzahl der Personen, die die Angaben etwa in einem Einzelfalle gemacht haben. Damit ist die Frage aber noch nicht zugunsten der Revision entschieden. Im § 12 Abs. 2 verweist das Stempelsteuergesetz auf den bürgerlichrechtlichen Begriff des Gesamtschuldverhältnisses. Die hierfür maßgebenden Vorschriften sollen also auch für das Verhältnis der mehreren Stempelschuldner untereinander und dem Beklagten gegenüber gelten. Das Gesetz enthält in seinem § 12 Abs. 2 eine echte Verweisung im Sinne des Art. 4 EG. z. BGB., d. h. das Gesetz setzt hier zu seiner Ergänzung zwar das Vorhandensein von Normen für gewisse Rechtsverhältnisse voraus, nicht aber einen bestimmten Inhalt dieser Normen, es will durch diese Normen nicht nur in ihrer derzeitigen, sondern in ihrer jeweiligen Gestalt ergänzt sein. Das konnte schon bei Erlaß des Gesetzes vom 31. Juli 1895 nicht anders sein. In der preußischen Monarchie, für deren fast völligen Umfang das Gesetz gelten sollte, herrschten damals noch die drei großen Rechtsordnungen des preußischen Landrechts, des gemeinen und des französischen Rechtes. In dem Gebiet einer jeden Rechtsordnung sollte und mußte das Stempelrecht, wenn es auf das bürgerliche Recht verwies, durch die betreffenden dort geltenden Vorschriften ergänzt werden (RGZ. Bd. 56 S. 403). Das galt auch für den § 12 Abs. 2 LStG. und die Bestimmungen über das Gesamtschuldverhältnis. Es führte zu Verschiedenheiten der Rechtslage, z. B. bei der Frage, ob die Unterbrechung der Verjährung gegenüber einem Stempelschuldner zugunsten des Beklagten auch gegenüber den anderen Stempelschuldnern wirke (vgl. Hummel-Specht, LStG. Anm. 10 zu § 27).

Seit dem 1. Januar 1900 ist der § 12 Abs. 2 LStG. nach dem schon erwähnten Art. 4 EG. z. BGB. nicht mehr aus den früher in Preußen geltenden Rechtsordnungen zu ergänzen, sondern aus dem Bürgerlichen Gesetzbuche. Der Art. 55 EG. z. BGB., auf den sich die Revision beruft, könnte nur dann maßgebend sein, wenn § 12 Abs. 2 LStG. nicht auf das bürgerliche Recht verwiesen, sondern die damals maßgebenden Vorschriften des in Preußen geltenden Rechtes zum Bestandteil des Stempelrechts gemacht hätte. Das trifft nicht zu. Es ist auch nicht abzusehen, welche Vorschriften der preußischen Rechtsordnungen allgemeine Gültigkeit hätten haben sollen, und es kann jedenfalls nicht angenommen werden, daß die Verschiedenheiten der preußischen Rechte auf dem Gebiete des Gesamtschuldverhältnisses für das Stempelrecht verewigt werden sollten. Es kommt hinzu, daß das Stempelsteuergesetz im Jahre 1909 von der Gesetzgebung durchgesehen und dabei gerade auch mit dem Bürgerlichen Gesetzbuch in Übereinstimmung gebracht worden ist. Der § 12 Abs. 2 ist damals nicht geändert worden. Das wäre zweifellos geschehen, wenn das Gesamtschuldverhältnis im Sinne dieser Vorschrift nicht nach dem Bürgerlichen Gesetzbuche, sondern nach einem früheren preußischen Rechte hätte beurteilt werden sollen.

Es kann hiernach auf sich beruhen, daß nach dem Allgemeinen Landrechte Preußens die Unterbrechung der Verjährung gegenüber einem Mitverpflichteten zuungunsten aller Mitverpflichteten wirkte (§ 576 ALR. I 9) und daß in Vertragsverhältnissen die Klage des Berechtigten gegen einen Verpflichteten ihm das Recht zur Klage auch gegen die anderen Verpflichteten erhielt (§ 440 ALR. I 5). Ebenso kann unerörtert bleiben, ob auch für die Wahrung einer Ausschlußfrist galt, was für die Verjährung bestimmt war, und ob in nicht vertraglichen Verhältnissen galt, was für Vertragsverhältnisse vorgeschrieben war. Nach den obigen Darlegungen wird die streitige Frage durch das Bürgerliche Gesetzbuch und zwar durch dessen § 425 Abs. 1 entschieden. Nach dieser Vorschrift wirken alle Tatsachen, die in der Person eines Gesamtschuldners eintreten, nur gegen ihn, sofern sich nicht etwa aus dem Schuldverhältnis etwas anderes ergibt. Das ist, wie schon oben dargelegt, bei dem Verhältnis des Steuerschuldners zu dem Staate nicht der Fall. Es verbleibt daher bei der Regel des § 425 Abs. 1, und der von der Revision aufgestellte gegenteilige Satz ist abzulehnen. Im § 425 Abs. 2 werden einige Beispiele angeführt, bei denen die Regel des Abs. 1 „insbesondere" gelten soll. Die Wahrung von Ausschlußfristen befindet sich nicht unter diesen Beispielen, das ist aber gegenüber der ganz allgemein aufgestellten Regel des Abs. 1 ohne Belang.

Durch das gesamte Vorbringen des Beklagten zieht sich endlich der auch von der Revision noch vertretene Gedanke, daß der Grundstückskäufer in erster Linie für den Stempel hafte, der Kläger als Verkäufer dagegen nur in zweiter Linie; auf Grund seiner bürgschaftsähnlichen und zu der Verpflichtung des Käufers jedenfalls nur hinzukommenden Verbindlichkeit müsse er den Steueranspruch in dem Zustand und dem Umfang anerkennen, in dem er dem Hauptverpflichteten gegenüber bestehe. Dieser ganze Gedankengang muß schon daran scheitern, daß die mehreren Teilnehmer an einem Vertrage gleichmäßig für den Stempel haften. Zwischen Haupt- und Nebenverpflichtung unterscheidet das Stempelsteuergesetz, worauf schon das Landgericht zutreffend hingewiesen hat, wohl im § 13, aber nicht im § 12. Die vom Beklagten — übrigens in Widerspruch mit seiner sonstigen Stellungnahme zu dem bürgerlichen Rechte — herangezogene Vorschrift des § 449 BGB. kommt nicht in Betracht. Sie betrifft nur das privatrechtliche Verhältnis der Vertragschließenden untereinander, nicht den öffentlichrechtlichen Stempelanspruch des Beklagten.

Praktische Schwierigkeiten von Erheblichkeit ergeben sich bei der hier vertretenen Auffassung nicht. Was der Beklagte in dieser Richtung angeführt hat, fällt nicht ins Gewicht. Aber es sind praktische Erwägungen, aus denen die Vorschrift des § 27 Abs. 3 LStG. die Erörterungen über die Werte zeitlich beschränken will, und gerade gegen diesen Gesetzeszweck verstößt das Verfahren, wie es der Beklagte für zulässig erachtet."

---

10. 1. Genügt bei einer Nichtigkeitsklage wegen mangelnder gesetzlicher Vertretung von Minderjährigen zur Annahme einer ausdrücklichen oder stillschweigenden Genehmigung der Prozeßführung nach § 579 Nr. 4 ZPO. immer schon der Umstand, daß der richtige gesetzliche Vertreter dem vermeintlichen bei der Prozeßführung beratend zur Seite gestanden hat, oder ist zu prüfen, ob die Prozeßführung in wesentlichen Teilen denselben Verlauf genommen hätte, wenn der richtige Vertreter seine Vertretungsbefugnis gekannt und selbsthandelnd den Prozeß geführt hätte?

2. Sind Miterben zu einer von minderjährigen Streitgenossen wegen unrichtiger Prozeßvertretung erhobenen Nichtigkeitsklage auch dann zuzuziehen, wenn ihnen der Wiederaufnahmegrund nicht zur Seite steht und sie die Rechtsmittelfristen haben verstreichen lassen?

ZPO. §§ 579 Nr. 4, 586, 590, 62.

V. Zivilsenat. Urt. v. 21. Mai 1919 i. S. A. u. Gen. (Kl.) w. L. (Bekl.). V 323/15.

I. Landgericht Liegnitz.
II. Oberlandesgericht Breslau.

Der ursprüngliche Kläger Emil A., der im Laufe des Rechtsstreits verstorben ist und seine Witwe sowie sechs minderjährige Kinder als Erben hinterlassen hat, hatte von seiner Ehefrau ein Restkaufgeld von 7000 ℳ aus dem notariellen Kaufvertrage vom 20. März 1912, das dem Beklagten gestundet und auf den verkauften Grundstücken Groß Tsch. Bl. 5 und 25 eingetragen worden war, sich abtreten lassen und mit 4% Zinsen seit dem 1. April 1912 geltend gemacht. Der Beklagte erkannte nur 2000 ℳ an und behauptete, sie gegen löschungsfähige Quittung dem Kläger vergeblich angeboten zu haben, den Rest von 5000 ℳ wollte er, am Tage nach dem Kaufvertrag und etwa 1 Monat vor der Eintragung im Grundbuche, dem Kläger bezahlt haben. Der Kläger bestritt den Empfang von 5000 ℳ an sich nicht, behauptete aber, es habe sich um weitere 5000 ℳ Kaufgeld gehandelt, die neben dem notariell beurkundeten Kaufpreise von 21000 ℳ zur Ersparung von Stempeln nur mündlich vereinbart worden seien und sofort, noch vor der Auflassung, hätten gezahlt werden sollen.

Das Landgericht sah hierin einen Sittenverstoß und wies die Klage aus diesem Grunde ab. Das Oberlandesgericht mißbilligte dies und erhob Beweis über die gegenteiligen Behauptungen. Es erkannte sodann am 29. April 1914, da es die Sache nicht für genügend aufgeklärt erachtete, auf einen dem Beklagten zugeschobenen Eid. Dieser sollte schwören, daß am 20. März 1912 nicht vereinbart worden sei, der Kaufpreis solle 26000 ℳ betragen, jedoch im Kosten- und Stempelinteresse im notariellen Vertrage nur auf 21000 ℳ angegeben werden. Von der Leistung oder Nichtleistung dieses Eides machte das Oberlandesgericht die Entscheidung über 5000 ℳ nebst 4% Zinsen davon seit dem 1. April 1912 sowie 4% Zinsen von 2000 ℳ seit dem 1. Juli 1912 abhängig. Zur Zahlung von 2000 ℳ nebst 4% Zinsen vom 1. April bis zum 1. Juli 1912 verurteilte es — gegen Erteilung löschungsfähiger Quittung — den Beklagten unbedingt. Nachdem dieses Urteil die Rechtskraft beschritten, hat der Beklagte am 4. Oktober 1915 den ihm auferlegten Eid geleistet; die Klage ist dann in Höhe der 5000 ℳ und der entsprechenden Zinsbeträge durch Läuterungsurteil des Oberlandesgerichts vom 6. November 1915, unter Belastung der Kläger mit sämtlichen Prozeßkosten, abgewiesen worden.

Noch bevor dieses geschah, haben jedoch die Kläger gegen das rechtskräftig gewordene Berufungsurteil vom 29. April 1914 Nichtigkeitsklage wegen mangelnder gesetzlicher Vertretung auf Grund des § 579 Nr. 4 ZPO. erhoben. In dem Verfahren vor dem Berufungsgerichte waren nämlich nach dem Tode des ursprünglichen Klägers dessen minderjährige Kinder durch ihre Mutter vertreten, während die gesetzliche Vertretung dem Gutsbesitzer Robert L. zustand, da dieser der Witwe auf ihren Antrag wegen ihrer Geschäftsungewandtheit und Beschränktheit am 29. November 1913 zum Beistand mit dem Rechte der gesamten Vermögensverwaltung bestellt worden war und sonach die Rechte und Pflichten eines Pflegers hatte (§§ 1693, 1915 BGB.). Erst am 22. April 1915 ist das Berufungsurteil dem Beistande zugestellt worden und am 19. Mai 1915 hat dieser in Gemeinschaft mit der Witwe durch Nichtigkeitsklage das Verfahren wieder aufgenommen. Die Nichtigkeitsklage ist jedoch vom Berufungsgerichte durch Urteil vom 14. Juli 1915 zurückgewiesen worden.

Hiergegen haben die Kläger (Witwe und Beistand) mit Erfolg Revision eingelegt.

Aus den Gründen:

„Der Berufungsrichter hat die Frage, ob die Witwe A. für ihre Person sich an der Wiederaufnahme des Verfahrens beteiligen durfte, am Schlusse seines Urteils zwar kurz berührt, aber nicht entschieden, sondern dahingestellt gelassen, weil er zu der Annahme gelangt ist, daß auch den Minderjährigen ein Wiederaufnahmegrund nicht zur Seite stehe. Er hat nicht verkannt, daß diese im Laufe der Berufungsinstanz nicht „nach Vorschrift der Gesetze vertreten" waren, da die Mutter, die als ihre gesetzliche Vertreterin auftrat, nach der Übertragung der gesamten Vermögensverwaltung auf den Beistand (§ 1693 BGB.) für den in den Bereich der Vermögensverwaltung fallenden Rechtsstreit von der gesetzlichen Vertretung ihrer Kinder ausgeschlossen war (Prot. Bd. 4 S. 615; Planck Anm. 2a und 6 zu § 1693) Obwohl hiernach die gesetzliche Vertretung allein dem mit den Rechten eines Pflegers ausgestatteten, zu dem Prozesse aber nicht zugezogenen, vielmehr als Zeuge vernommenen Beistande Robert L. oblag, hat der Berufungsrichter den Nichtigkeitsgrund des § 579 Nr. 4 ZPO. nicht für gegeben erachtet, weil der Pfleger, wie er auszuführen versucht hat, die Prozeßführung der Witwe ausdrücklich oder doch stillschweigend genehmigt habe. Es unterliege nach dem Inhalte der Beistandsakten keinem Zweifel, daß die Bestellung des Beistandes gerade mit Rücksicht auf den schwebenden Rechtsstreit, den die Mutter sachgemäß zu führen außerstande gewesen, vorgenommen worden sei und daß der Beistand von vornherein über die ganze Sachlage sich unterrichtet und mit großer Mühe in den schwierigen Prozeß eingearbeitet habe. Obwohl seine Entscheidung für die Witwe maßgebend gewesen, habe er doch gegen die Führung des Rechtsstreits keinen Einspruch erhoben, vielmehr nach Erlaß des Berufungsurteils zu dessen Ausführung in Ansehung der 2000 *M* mitgewirkt und auf Abraten des Prozeßbevollmächtigten Justizrats M. nach einer Beratung mit dem Vormundschaftsrichter von der Einlegung der Revision Abstand genommen.

Ob er eine klare Vorstellung von seiner rechtlichen Stellung und der gesetzlichen Vertretungsbefugnis gehabt, könne dahingestellt bleiben. Denn so viel sei ihm zweifellos bewußt gewesen, daß er als Beistand für eine ordnungsmäßige Prozeßführung zu sorgen und bei einer etwaigen Verletzung der Interessen der Kinder einzugreifen verpflichtet gewesen sei. Habe er nicht eingegriffen, so habe er die Prozeßführung genehmigt.

Die Revision hat demgegenüber geltend gemacht, von einer Genehmigung der „Partei" oder des „gesetzlichen Vertreters" könne nicht die Rede sein, wenn die Partei oder der gesetzliche Vertreter sich dieser Stellung gar nicht bewußt gewesen sei, sondern nur durch Rat und Unterstützung Einfluß auf den Prozeß ausgeübt habe, wie dies bei dem als gewöhnlicher Beistand behandelten Robert L. der Fall gewesen sein möge. Wäre L. sich dessen bewußt gewesen, daß er allein namens der Minderjährigen den Prozeß zu führen befugt sei, und wäre dies im Rechtsstreite zum Ausdruck gekommen, so wäre dessen Verlauf ein ganz anderer gewesen. Die Bedenken, die den Berufungsrichter abgehalten hätten, der an der strafbaren Handlung der Stempelhinterziehung beteiligten Witwe den Erfüllungseid anzuvertrauen, hätten bei Robert L. nicht vorgelegen. Insbesondere aber hätte nach Erlaß des Berufungsurteils der Justizrat M., dessen Rat für L. bestimmend gewesen sei, beim Vorliegen des Revisionsgrundes des § 551 Nr. 5 ZPO. von der Einlegung der Revision sicher nicht abgeraten.

Diese Ausführungen waren nicht von der Hand zu weisen. In einem Urteile vom 20. November 1900 (Jur. Wochenschr. S. 854 Nr. 6), wo es sich um die Prozeßführung des Konkursverwalters nach Aufhebung des Konkurses handelte, hat der II. Zivilsenat des Reichsgerichts angenommen, es sei zu einer Genehmigung der Prozeßführung im Sinne des § 579 Nr. 4 ZPO. nicht erforderlich, daß der Nichtigkeitskläger „volle und unzweifelhafte Kenntnis von der gesetzlich unrichtigen Vertretung" gehabt habe, es müsse vielmehr genügen, wenn er in Kenntnis der tatsächlichen Sachlage und der daraus sich ergebenden „Zweifel und Bedenken gegen die Prozeßvertretung" die Prozeßführung ausdrücklich oder stillschweigend genehmigt habe; dies habe das Oberlandesgericht festgestellt, indem es erwogen habe, mit Rücksicht auf die Geschäftskenntnis des Klägers sei anzunehmen, daß diesem die Bedeutung der Aufhebung des Konkursverfahrens und deren Folgen nicht unbekannt gewesen seien und daß er Veranlassung und Gelegenheit gehabt habe, etwaige Zweifel durch den von ihm selbst instruierten Rechtsanwalt aufklären zu lassen. So lag indessen im vorliegenden Falle die Sache nicht. Irgendwelche Zweifel und Bedenken gegen die Vertretungsbefugnis der Witwe bestanden nicht bloß bei L., sondern auch bei dem Prozeßbevollmächtigten, Justizrat M., nicht, da dieser noch am

29. August 1914, vier Monate nach Erlaß des Berufungsurteils, in dem bei den Akten befindlichen Antrag auf Aussetzung des Verfahrens, trotz seiner aus den Beistandsakten erlangten Kenntnis von der Übertragung der Vermögensverwaltung und von der Pflegerstellung des Beistandes, die Mutter als gesetzliche Vertreterin der minderjährigen Kinder bezeichnet hat. Erst im Läuterungs- und dem damit zusammenhängenden Wiederaufnahmeverfahren trat M. für den Beistand mit einer von diesem ausgestellten, die Erklärung, daß die frühere Prozeßführung nicht genehmigt werde, enthaltenden Vollmacht auf. Da in der Berufungsinstanz bei der außerordentlich zweifelhaften Sachlage, wie sie aus der Eintragung einer angeblich bezahlten Kaufgelderforderung sich ergab, die Auferlegung eines richterlichen Eides in Frage kam und hierbei die Feststellung des richtigen gesetzlichen Vertreters von wesentlicher Bedeutung sein mußte, so kann das Einverständnis des seiner Stellung als gesetzlicher Vertreter sich nicht bewußten Beistandes mit der Prozeßführung des vermeintlichen gesetzlichen Vertreters der Partei nicht entgegenstehen und diese nicht an eine Beweiswürdigung binden, die ersichtlich von falschen Voraussetzungen ausgegangen ist. Noch klarer ist dies bei der die Hauptstütze des Berufungsrichters bildenden Verhandlung über die Einlegung der Revision gegen das erste Berufungsurteil. Die Entscheidung darüber wäre, wie der Revision zuzugeben ist, ohne Zweifel anders ausgefallen, wenn der Beistand und der Prozeßbevollmächtigte über die rechtliche Stellung des Beistandes und den aus § 551 Nr. 5 ZPO. sich ergebenden Revisionsgrund im klaren gewesen wären.

In Frage kommt dann noch die Beteiligung der Witwe A. bei der Nichtigkeitsklage. Sie hat keinen Wiederaufnahmegrund, sie befand sich aber als Miterbin mit den minderjährigen Kindern in ungeteilter Erbengemeinschaft, und der Rechtsstreit konnte, nachdem alle Erben gemeinschaftlich geklagt hatten, nur einheitlich entschieden werden. Es bestand hiernach eine notwendige Streitgenossenschaft im Sinne des § 62 ZPO. (vgl. RGZ. Bd. 60 S. 270, Bd. 76 S. 299, 300, auch Bd. 30 S. 345, Bd. 71 S. 370; Gruchot Bd. 46 S. 664). Wie bei den ordentlichen Rechtsmitteln auch solche notwendige Streitgenossen, die für ihre Person die Fristen versäumt, das Rechtsmittel zurückgenommen oder gar darauf verzichtet haben, im weiteren Verfahren zuzuziehen sind (RGZ. Bd. 38 S. 426, Bd. 60 S. 270), so war diese Zuziehung auch im Wiederaufnahmeverfahren geboten.

Hiernach war zunächst das die Nichtigkeitsklage zu Unrecht zurückweisende Urteil vom 14. Juli 1915, sodann aber auch die von dem Nichtigkeitsgrunde betroffenen, die Kläger beschwerenden früheren Entscheidungen des Berufungsgerichts, das bedingte Urteil und die Kostenentscheidung vom 29. April 1914 sowie das Läuterungsurteil vom

6. November 1915, aufzuheben (vgl. RGZ. Bd. 75 S. 56) und die Sache insoweit zurückzuverweisen."

---

11. 1. Zur Verpflichtung des Beauftragten, das aus der Geschäftsbesorgung Erlangte herauszugeben (§ 667 BGB.).
2. Zur Auslegung des § 352 HGB.

II. Zivilsenat. Urt. v. 23. Mai 1919 i. S. M. (Bekl.) w. Hamburg-Bremer Afrikalinie (Kl.). II 376/18.

I. Landgericht Hamburg, Kammer für Handelssachen.
II. Oberlandesgericht daselbst.

Die Klägerin hatte am 18. Juni 1902 den Beklagten als alleinigen Vorstand angestellt. Als Vergütung erhielt er nach § 4 des Vertrags unter anderem „bei An- und Verkauf von Schiffen sowie bei allen sonstigen Geschäften für Rechnung der Gesellschaft die übliche Maklercourtage" in Höhe von 1%. Im Jahre 1907 schied er aus seiner Stellung aus. Mit der am 14. Mai 1909 erhobenen Klage machte die Klägerin verschiedene Forderungen aus der Zeit der Vorstandschaft gegen ihn geltend. Der Anlaß hierzu lag darin, daß ihm bei Bestellung von Schiffsneubauten von den Werften gewisse Provisionen gezahlt worden waren, die samt der nach § 4 berechneten Vergütung von 1% und zuzüglich 5% Prozeßzinsen von der Klägerin in Anspruch genommen wurden.

Das Landgericht gab der Klage völlig, das Oberlandesgericht nur zum Teil statt. Beide Parteien legten Revision ein, die Klägerin mit Erfolg.

Gründe:

„Die Fälle unter a (Lotte und Clara M.) unterscheiden sich von den übrigen dadurch, daß der Beklagte als Inhaber der Firma M. & Co. diese Schiffe zunächst für sich selbst gekauft und dann an die Klägerin verkauft hatte. Von dem Gelde, das sie hierfür an ihn gezahlt hat, fordert sie denjenigen Teil zurück, der der von der Flensburger Werft ihm gewährten Rückkommission (1% von zweimal 635000 *M* = 12700 *M*) sowie der darauf nach § 4 des Vertrags gezahlten Vergütung (127 *M*) entspricht. Gestützt wird die Rückforderung auf die Bestimmung des Kaufvertrags, die Schiffe würden zum Selbstkostenpreise verkauft.... (Es wird dargelegt, daß das Berufungsurteil der Rückforderung ohne Rechtsirrtum stattgegeben hat.)

Die übrigen Schiffe (b bis e) hat die Klägerin unmittelbar von den Werften gekauft. Ihr Anspruch auf Herauszahlung beruht hier darauf, daß der Beklagte die angegebenen Beträge als Rückvergütungen vertragswidrig für sich selbst eingezogen habe....

Mit dem ersten Richter ist das Berufungsgericht der Ansicht, daß das Verhalten des Beklagten hinsichtlich der Werftkommissionen seinen dienstlichen Verpflichtungen zuwiderlief. Selbstverständlich habe er die Pflicht gehabt, einen möglichst günstigen Kaufpreis für die Klägerin herauszuarbeiten. Seien die Werften bereit gewesen — was wohl auch mit der damaligen Marktlage zusammengehangen habe — Rückvergütungen von 1 % zu gewähren, so heiße das nichts anderes, als daß sie mit einem um soviel niedrigeren Kaufpreis zufrieden waren. Es liege nicht das Geringste dafür vor, daß sie die Vergütungen nicht auch der Klägerin selbst als der Käuferin gewährt haben würden. Sei doch auch in den Fällen unter a die Vergütung der Firma M. & Co., die damals die Schiffe im eigenen Namen bestellt hatte, bewilligt worden.

Die Revision des Beklagten verweist demgegenüber auf die Worte in § 4 des Vertrags „übliche Maklercourtage". Die Absicht sei gewesen, den Beklagten so zu stellen, wie er als Makler stehen würde; ein Makler aber könne nach der Hamburger Gebührentaxe sowohl vom Käufer wie vom Verkäufer 1 % Provision beanspruchen. Diesem Auslegungsversuch sind die Instanzen mit Recht entgegengetreten. Die angeführten Worte des Vertrags erklären sich völlig, wenn man sie auf die von der Klägerin selbst zu zahlende Provision bezieht, die sich in ihrer Höhe nach der Maklergebührenordnung richten sollte. Daß aber der Beklagte als Vorstand der Klägerin hätte befugt sein sollen, sich auch von deren Gegenkontrahenten Provision zahlen zu lassen, ist ein so fernliegender Gedanke, daß er des klarsten Ausdrucks im Vertrage bedurft haben würde. Es steht im vollen Einklang mit der Auslegungsregel des § 157 BGB., wenn das Berufungsgericht es als Pflicht des Beklagten bezeichnet, bei Schiffsankäufen allein das Interesse der von ihm vertretenen Klägerin wahrzunehmen und das eigene Interesse zurückzusetzen. Für die gegenteilige Auslegung war noch geltend gemacht, er habe den beiden Aufsichtsratsmitgliedern A. und B. von der Vereinnahmung von Werftkommissionen Kenntnis gegeben, ohne auf Widerspruch zu stoßen, auch habe er als Vorstand der Hanseatischen Dampfer-Compagnie mit Vorwissen des Aufsichtsratsvorsitzenden das gleiche Verfahren geübt. Da jedoch eine Verständigung über die beanstandete Gepflogenheit mit dem Aufsichtsrate der Klägerin als solchem unstreitig nicht stattgefunden hat, durfte es angesichts des Wortlauts des Vertrags sowie mit Rücksicht auf die Gebote von Treu und Glauben unbedenklich abgelehnt werden, aus gelegentlichen Mitteilungen an einzelne Mitglieder des Aufsichtsrats Schlüsse auf die Auslegung des Vertrags zu ziehen.

Das Berufungsgericht glaubt nun aber, die Klagansprüche, statt nach den zur gewöhnlichen Verjährung gehörigen §§ 667, 675 BGB. (Pflicht zur Herausgabe des aus der Geschäftsbesorgung Erlangten), nach dem § 241 HGB. (Schadensersatzpflicht der Vorstandsmitglieder einer Aktiengesellschaft wegen Dienstpflichtverletzung) beurteilen zu müssen, der eine fünfjährige Frist anordnet. Es bezweifelt, daß der Beklagte die Werftkommission, wie § 667 BGB. dies voraussetzt, „aus" der Geschäftsbesorgung erlangt habe, und meint, er habe sie vielmehr nur „anläßlich" der Geschäftsbesorgung erlangt. Allein wenn man auch nicht so weit gehen will wie die zweite Kommission für die Beratung des Entwurfs, der zufolge alle Geschenke und Extraprovisionen, welche ein Beauftragter wegen Abschlusses des aufgetragenen Geschäfts von einem Dritten erhält, unter die gesetzliche Vorschrift fallen (vgl. Protokolle Bd. 2 S. 360), so ist doch hier die Herausgabepflicht begründet. Keinesfalls wird die Anwendung des § 667 dadurch gehindert, daß der Beklagte die Vergütungen für sich persönlich und nicht für die Klägerin ausbedungen hat. Wie feststeht, würden die Werften bereit gewesen sein, diese Vergütungen ebensowohl auch der Klägerin zuzuwenden. Für sie bedeutete die sog. Kommission oder Provision nur eine besondere Art der Angabe des Kaufpreises, indem sie als wahren Kaufpreis nicht den nominellen Betrag, sondern diesen Betrag gekürzt um 1 % in Rechnung stellten. Wenn sie gleichwohl das Geld dem Beklagten auszahlten, so geschah das nur, weil sie selbst kein Interesse daran hatten, wem es zugute kam, und weil der Beklagte es so beanspruchte. Unter solchen Umständen kann aber nicht davon gesprochen werden, daß er nur aus Anlaß (nur bei Gelegenheit) der Geschäftsbesorgung einen damit innerlich nicht in Verbindung stehenden Gewinn gemacht hätte, vielmehr hat er den das Geschäft bestimmenden Preis höher erscheinen lassen, als er war, und damit den Mehrbetrag ganz eigentlich „aus" der Besorgung des Geschäfts gewonnen. So auch der III. Zivilsenat des Reichsgerichts in einem Falle, wo der Dritte, um den Vertrag zustande zu bringen, dem Beauftragten seines Vertragsgegners einen Teil der von letzterem bewilligten Gegenleistung abgegeben hatte. Auch damals wurde entschieden, daß die Zuwendung aus der Geschäftsbesorgung des Beauftragten herrühre, mithin für Rechnung des Auftraggebers erlangt worden sei (Urt. vom 30. April 1907, III 470/06).

Liegen somit die Voraussetzungen der §§ 667, 675 BGB. vor, so muß die dafür maßgebende Verjährungsvorschrift des § 195 BGB. auch angewendet werden. Mit Unrecht will das Berufungsgericht auch dann noch auf § 241 Abs. 5 HGB. abstellen, weil diese Vorschrift sich auf alle Fälle beziehe, in denen der Vorstand einer Aktiengesellschaft seine Obliegenheiten verletze. Allein wenn das Gesetz für denselben

Tatbestand zwei Ansprüche mit verschiedenen Verjährungsfristen zur Verfügung stellt, so greift bei Ablauf nur der kürzeren Frist die Einrede der Verjährung nicht durch. Überdies regelt § 241 HGB. nur den an die Dienstpflichtverletzung geknüpften Schadensersatzanspruch. Da die §§ 667, 675 BGB. die Herausgabe der eingezogenen Vergütungen vorschreiben, steht es ganz dahin, ob die Klägerin durch den bloßen Umstand, daß die Werftkommissionen nicht unmittelbar für sie ausbedungen worden sind, einen Schaden überhaupt erlitten hat. Mit den eingeklagten Ansprüchen aber würde ein solcher Schaden nichts zu tun haben.

Hiernach mußte die Verjährungseinrede, die mit Bezug auf die 1902 gezahlten Vergütungen für die Schiffe unter b und c geltend gemacht wird, von vornherein verworfen werden. Das Berufungsgericht hat untersucht, ob und inwieweit das Verhalten des Beklagten zugleich den Tatbestand einer unerlaubten Handlung im Sinne des § 826 BGB. verwirkliche, um dann die Verjährungsvorschrift des § 852 anzuwenden. In den Fällen unter c (Carl, Hedwig, Helene und Bruno M.) sowie in Höhe von 4000 M auch in denen unter b (Adelheid und Elsa M.) hält es den Verstoß gegen § 826 für gegeben. Auf diese Ausführungen und die dagegen gerichteten Angriffe der Revision des Beklagten braucht nach dem Gesagten nicht eingegangen zu werden. Dagegen ist das Berufungsgericht bei dem 20000 M ausmachenden Restbetrage der Fälle unter b durch seinen Rechtsirrtum zu einer unrichtigen Entscheidung gelangt. Der Beklagte hatte sich für seine beiden Schiffe Adelheid und Elsa M. vom Neptun eine Rückvergütung im Gesamtbetrage von 24000 M gewähren lassen. Um dieselbe Zeit hat er der Firma M. & F. 20000 M gezahlt, damit diese die dem Neptun an Zahlungsstatt gegebenen neuen Aktien der Klägerin für die Werft an den Markt brächte. Das Berufungsgericht stellt nun zwar ebenso wie der erste Richter fest, daß der Beklagte die Aktien zu pari fest übernommen hatte und daß deren Unterbringung nur seine Sache war, die die Klägerin nichts anging. Gleichwohl meint es, da die Schiffsankäufe mit der Kapitalerhöhung zusammengehangen hätten, sei ihm mit Bezug auf den Betrag von 20000 M keine vorsätzliche Schadenszufügung und kein Bewußtsein des Verstoßes gegen die guten Sitten zuzutrauen, so daß die §§ 826, 852 BGB. für diesen Teil der Rückvergütung ausschieden. Wie erörtert, kommt es hierauf nicht an. Der Beklagte muß alles, was er aus der Bestellung der beiden Schiffe beim Neptun erlangt hat, also die ganzen 24000 M, herausgeben. . . .

Zinsen hat das Berufungsgericht mit Recht nur in Höhe von 4% zugebilligt (vgl. §§ 246, 291 BGB.). Die Revision der Klägerin glaubt den § 352 HGB. für sich zu haben, wonach die Höhe der gesetzlichen Zinsen bei beiderseitigen Handelsgeschäften 5 vom Hundert für das Jahr ist. Indessen wenn der Beklagte in den Fällen unter a der Klägerin auch beim Verkaufe der Schiffe als Kaufmann nach § 1 Abs. 2 Nr. 7 HGB. gegenübergetreten war, so wird doch mit der Klage geltend gemacht, daß die Klägerin mehr bezahlt habe, als der Kaufpreis betrug. Das beiderseitige Handelsgeschäft, das der § 352 voraussetzt, muß den Rechtsgrund des Anspruches bilden, und das trifft bei der condictio indebiti auch dann nicht zu, wenn zum Zwecke der Erfüllung einer nicht bestehenden Verpflichtung aus einem solchen Geschäfte gezahlt worden ist. Entsprechend hat das Reichsgericht der erörterten Vorschrift die Anwendung auf Ansprüche aus §§ 29 flg. KO. versagt, mochte auch die angefochtene Rechtshandlung ein beiderseitiges Handelsgeschäft sein (vgl. das Urt. des VII. Zivilsenats Jur. Wochenschr. 1902 S. 273 Nr. 19). Was aber die Fälle unter b bis e angeht, wo Herausgabe des aus der Geschäftsbesorgung Erlangten gefordert wird, so liegt ein beiderseitiges Handelsgeschäft deshalb nicht vor, weil der Beklagte als Vorstand der Klägerin und mit Bezug auf den mit ihr geschlossenen Dienstvertrag kein Kaufmann war. Die Kaufmannseigenschaft, die er als Inhaber der Firma M. & Co. besaß, spielt keine Rolle, denn dem Betriebe dieses Handelsgewerbes gehörte die Besorgung der Vorstandsgeschäfte nicht an (vgl. § 343 Abs. 1 HGB.)."

---

12. 1. Unterschied zwischen Beweisvertrag, Schiedsrichtervertrag und Schiedsgutachtervertrag.
2. Wann ist § 315 BGB. auf den Schiedsgutachtervertrag nur entsprechend anzuwenden?
3. Grenzen des Vorbringens neuer Tatsachen zum Nachweis der Unbilligkeit oder Unrichtigkeit der getroffenen Feststellungen.

BGB. §§ 315, 319.

II. Zivilsenat. Urt. v. 23. Mai 1919 i. S. P. (Kl.) w. F. (Bekl.). II 22/19.

I. Landgericht Bielefeld.
II. Oberlandesgericht Hamm.

Der Kläger verkaufte an den Kaufmann J. in L. ein Grundstück. Auf den Kaufpreis blieb der Käufer 23000 *M* schuldig, die hypothekarisch sichergestellt werden sollten. Bei Gelegenheit dieses Geschäfts soll sich nach Behauptung des Klägers der Beklagte, der mit ihm in Geschäftsverbindung stand, mündlich verpflichtet haben, ihm nach Abzug seiner

Forderung auf Konto Gut Elisenhof den von 23000 *M* verbleibenden Rest bar auszuzahlen. Dieses einzelne Geschäft sei von dem übrigen Geschäftsverkehr gänzlich losgelöst gewesen, im übrigen habe der Beklagte auch aus anderen Geschäften keine Forderungen mehr an ihn. Die Forderung des Beklagten an ihn aus dem Konto Elisenhof habe 7047 *M* betragen, so daß der Beklagte ihm noch 15953 *M* schulde Der Kläger hat auf Bezahlung dieses Betrags Klage erhoben. Der Beklagte hat die vom Kläger behauptete Abrede bestritten und eingewendet, er habe sich nur bereit erklärt, dem Kläger auf seine Geschäfte wie bisher weiter Vorschüsse zu geben. Aus diesen Geschäften habe er im ganzen noch 40000 *M* vom Kläger zu fordern.

Durch Urteil des Landgerichts ist die Klage abgewiesen worden, weil die vom Kläger behauptete Vereinbarung nicht bewiesen worden sei.

In der Berufungsinstanz haben die Parteien vor dem beauftragten Richter folgende Vereinbarung getroffen:

„Ein vom Gerichte nach Befragung der Handelskammer in B. auszuwählender unparteiischer Büchersachverständiger soll die ganzen Bücher des Beklagten durchprüfen und feststellen, ob aus der gesamten Geschäftsverbindung der Parteien dem Kläger oder dem Beklagten ein Guthaben zusteht. Der Beklagte verpflichtet sich, dem Sachverständigen seine sämtlichen Bücher und Unterlagen zugänglich zu machen und ihm alle sachdienlichen Auskünfte zu erteilen. Der Sachverständige soll selbstverständlich vor Erstattung seines Gutachtens auch dem Kläger Gelegenheit geben, sich auf alles zu erklären. Die Feststellung des Sachverständigen soll dann für die Frage, ob dem Kläger oder dem Beklagten ein Guthaben zusteht, und auch wegen der Höhe des Guthabens maßgeblich sein. Dem Kläger ist es dann gestattet, falls sich ein Guthaben zu seinen Gunsten ergibt, nötigenfalls den Klagantrag entsprechend zu erhöhen. Anderseits ist es dem Beklagten gestattet, falls sich ein Guthaben zu seinen Gunsten ergibt, nötigenfalls Widerklage zu erheben. Diese Abrede soll also dazu führen, daß nicht nur das einzelne Geschäft, das der Kläger zum Gegenstand der Klage gemacht hat, sondern die gesamte Geschäftsverbindung der Parteien zur gerichtlichen Entscheidung gelangen kann."

Der vom Gerichte zum Sachverständigen bestellte Bücherrevisor hat darauf sein Gutachten dahin abgegeben, daß der Kläger dem Beklagten am 1. Januar 1913 14913,60 *M* schulde. Zur Zahlung dieser Summe hat das Oberlandesgericht den Kläger auf die Widerklage verurteilt.

Die Revision ist zurückgewiesen worden.

Gründe:

„Die Revision bemängelt ohne Grund die Rechtsbeständigkeit der Vereinbarung der Parteien vor dem beauftragten Richter in der Berufungsinstanz.

Völlig verfehlt ist der Angriff unter Berufung auf § 38 ZPO., daß die Parteien „ihren Prozeß nicht sofort in die zweite Instanz bringen durften". Es genügt, hierzu auf die Vorschriften der §§ 527 und 529 Abs. 2 ZPO. zu verweisen.

Zutreffend geht das Berufungsgericht auch davon aus, daß in dem angefochtenen Vertrage die Parteien einen sog. Schiedsgutachter bestellt haben. Die außerdem noch in Betracht kommenden Möglichkeiten eines Schiedsrichtervertrags und eines Beweisvertrags scheiden aus. Ein Schiedsrichtervertrag liegt nicht vor, denn der Bücherrevisor sollte keinen Rechtsstreit entscheiden, sondern lediglich die Elemente für die Entscheidung eines solchen tatsächlich feststellen (vgl. RGZ. Bd. 67 S. 73). Er sollte auf Grund der Geschäftsbücher des Beklagten erörtern, ob und in welcher Höhe der einen oder der anderen Partei ein Guthaben zusteht, über die Ansprüche der Parteien aus diesem Ergebnis aber sollte er nicht entscheiden, vielmehr blieb deren Geltendmachung im Prozeß den Parteien ausdrücklich vorbehalten. Ebensowenig liegt ein Beweisvertrag vor, bei dem allein die Angriffe der Revision über die unzulässige Beschränkung der Beweisführung berechtigt sein würden. Nach dem Vertrage soll aber nicht eine bestimmte Tatsache kraft Parteiwillkür als bewiesen gelten und dadurch entgegen dem Grundsatze der freien richterlichen Beweiswürdigung, von dem die deutsche Zivilprozeßordnung beherrscht wird, diese Beweiswürdigung des Richters ausgeschaltet werden, sondern es soll durch den Bücherrevisor auf Grund einer von ihm vorzunehmenden Prüfung eine Tatsache klargestellt und bewiesen werden, und im Anschluß hieran ist vereinbart worden, daß diese festgestellte Tatsache für die Parteien maßgebend sein solle. Es kann unerörtert bleiben, ob die Vereinbarung etwa um deswillen zum Teil einen unzulässigen Beweisvertrag enthielte, weil in ihr eine Beschränkung auf bestimmte Beweismittel, die Geschäftsbücher des Beklagten, vorgesehen sei. Denn die Benennung und Produktion von Beweismitteln unterliegt im Zivilprozeß, anders als im Strafprozeß, der Verfügung der Parteien, und es ist nicht einzusehen, warum sie hierüber dann nicht verpflichtende Vereinbarungen treffen könnten. Im vorliegenden Falle ist aber bestimmt worden, daß auch „dem Kläger Gelegenheit gegeben werden solle, sich auf alles zu erklären", womit ihm ohne weiteres auch die Vorlage seiner Beweismittel und Unterlagen nachgelassen war.

Es handelt sich sonach um einen Schiedsgutachtervertrag, dessen rechtliche Wirksamkeit in Rechtsprechung und Schrifttum nicht in Zweifel gezogen wird und für den im Rechtsleben ein berechtigtes Bedürfnis anerkannt werden muß. Insgemein werden auf derartige Verträge schlechthin und unmittelbar die Vorschriften der §§ 317flg. BGB. angewendet. Diese dienen der Bestimmung des Inhalts der Verträge mit unbestimmter Leistung und lassen zu, daß die Leistung nicht nur durch einen der Vertragschließenden selbst (§§ 315, 316), sondern auch durch einen Dritten bestimmt werden kann, der somit an Stelle der Kontrahenten den Vertragswillen ergänzen soll (Motive zu § 357 des Entw. S. 195). Diese Bestimmung der Vertragsleistung wird häufig eine besondere Sachkunde erfordern und daher wird insoweit zur Ergänzung des Vertragswillens in der Regel ein Sachverständiger berufen, so daß dann ein Schiedsgutachtervertrag, wonach ein Gutachter die Leistung zu bestimmen hat, ohne weiteres nach BGB. § 317 zu beurteilen ist, wenn dieser dabei nach billigem Ermessen diese Leistung bestimmen soll. Der Inhalt der Schiedsgutachterverträge erschöpft sich jedoch nicht in der Aufgabe, die dem Dritten im Falle der §§ 317flg. BGB. zugewiesen ist. Denn einmal braucht, sofern er eine Vertragsleistung bestimmen soll, diese von ihm zu bestimmende Leistung nicht seinem billigen Ermessen anheimgegeben zu werden, sondern es kann sich auch um die bloße Herausstellung eines dem Unkundigen verborgenen, dem Sachkundigen aber auffindbaren und bereits objektiv bestimmten Inhalts der Leistung handeln. Es ist solchenfalls nicht eine unbestimmte Vertragsleistung durch ihn zu einer bestimmten zu gestalten, der Inhalt des Vertrags in Ergänzung des Vertragswillens der Parteien an deren Statt somit erst zu schaffen, sondern lediglich die den Parteien noch unbekannte — ihrem Inhalte nach aber bereits objektiv bestimmte — Leistung zu einer ihnen bekannten zu machen, somit der vorhandene Inhalt des Vertrags klarzustellen. Die Aufgabe des Schiedsgutachters kann endlich aber auch darin bestehen, überhaupt nicht unmittelbar schon den Inhalt einer Vertragsleistung in einer der vorerwähnten Weisen zu bestimmen, sondern nur gewisse Unterlagen und Tatsachen vermöge seiner Sachkunde zu beschaffen und festzustellen, die für die Bestimmung einer Vertragsleistung erst mittelbar maßgebend werden und erst die Elemente für sie bilden sollen, vorausgesetzt, daß auch diese Feststellung speziell für das Vertragsverhältnis der Parteien bestimmt ist (Jur. Wochenschr. 1904 S. 289 Nr. 9). Dies liegt insbesondere dann vor, wenn die gesamte Geschäftsverbindung der Parteien klargestellt und festgestellt werden soll, ob aus ihr für die eine oder die andere Partei sich ein Guthaben ergibt, ohne daß dieses Guthaben schon selbst Inhalt eines Leistungsanspruchs der Parteien bildet, sein Vorhandensein oder Nichtvorhandensein vielmehr nur die Grundlage für andere geltend gemachte Ansprüche abgibt.

Auf die letztgenannten beiden Fälle des Schiedsgutachtervertrags werden, ohne daß sie genügend von dem in §§ 317flg. behandelten Falle unterschieden werden, gemeinhin diese Vorschriften schlechthin angewendet (vgl. z. B. Bolze Bd. 21 Nr. 373, Bd. 8 Nr. 1037, Bd. 6 Nr. 428). Es kann sich dann jedoch immer nur um eine entsprechende

Anwendung des in ihnen für den besonderen Fall des § 317 zum Ausdruck gelangten Rechtsgedankens handeln. Diese entsprechende Anwendung ist allerdings zulässig, und darum kann hier dahingestellt bleiben, welcher der drei vorerwähnten Arten der Schiedsgutachtervertrag der Parteien zu unterstellen ist; ob es sich bei der dem Bücherrevisor zugewiesenen Feststellung, „ob aus der gesamten Geschäftsverbindung der Parteien dem Kläger oder dem Beklagten ein Guthaben zustehe", überhaupt schon um die unmittelbare Bestimmung der Vertragsleistung der Parteien handelte, und hierbei dem Gutachter für die Ausübung eines billigen Ermessens im Sinne von § 317 noch Raum blieb, oder er vielmehr nur rechnerisch richtig das Vorhandensein und die Höhe des Guthabens auf Grund gegebener Unterlagen herauszustellen hatte; oder ob er weiter dieses Guthaben aus der Geschäftsverbindung der Parteien nicht nur als eine Tatsache festzustellen hatte, die erst für eine anderweite Bestimmung des Leistungsinhalts dienen sollte, dessen Bestimmung selbst aber dem Gutachter nicht mehr oblag. Denn gemeinsam mit dem in §§ 317 flg. behandelten Falle ist allen diesen Schiedsgutachterbestellungen und jedenfalls auch der hier von den Parteien getroffenen Vereinbarung ein Wille der Parteien dahin, daß das Ergebnis der Prüfung des Sachverständigen maßgebend und einer weiteren Feststellung durch andere Beweismittel entzogen sein solle, daß es als eine Tatsache, die nach ihrer Klarstellung in Parteieneinverständnis beruht, anzuerkennen sei. Bei dieser Bindung an die Feststellung des Sachverständigen und bei der Beschränkung auf dieses Beweismittel sind die Parteien nun als selbstverständlich davon ausgegangen, daß die Feststellung das Ergebnis einer sachkundigen und sorgfältigen Prüfung sei. Es muß deshalb weiter als ihr Wille angesehen werden, daß sie sich nur dann und nur insoweit auf diese festlegen wollten, als sie auf einer solchen sachkundigen und sorgfältigen Prüfung beruht, nicht schlechthin. Anderseits würde es aber wieder völlig dem Zwecke und Sinne der Vereinbarung widersprechen, wenn den Parteien gleichwohl gestattet werden sollte, nach wie vor durch Beweiserhebungen das Gutachten zu erschüttern und seine Unrichtigkeit unbeschränkt nachzuweisen. Damit würde dessen Maßgeblichkeit, die die Parteien gewollt haben, wieder beseitigt und eine Beweisführung, die sie gerade zur schnelleren Erledigung des Prozesses einschränken wollten, wieder zugelassen werden. Bei dem in § 317 behandelten Falle werden diese widersprechenden Interessen durch die Einräumung einer Anfechtung der Bestimmungen des Dritten nach § 318 und § 319 ausgeglichen, und in gleicher Weise muß sie auch dann für gerechtfertigt angesehen werden, wenn es sich um die anderen erwähnten Fälle eines Schiedsgutachtens handelt, nur daß in entsprechender Anwendung von § 319 gegebenenfalls nicht die offenbare

Unbilligkeit der Ermessensausübung nach § 317, sondern die offenbare Unrichtigkeit des Gutachtens nachzuweisen ist, je nachdem bei dessen Feststellung dem Ermessen des Sachverständigen ein Raum blieb oder nicht.

Für § 319 ist vom Reichsgerichte nun in wiederholten Entscheidungen anerkannt worden, daß neue Tatsachen zum Beweise der Unbilligkeit nicht unbeschränkt vorgebracht werden dürfen. „Offenbar" im Sinne dieser Vorschrift ist eine Unbilligkeit oder Unrichtigkeit der von einem Sachverständigen getroffenen Feststellung nur dann, wenn sie aus sich selbst und so, wie sie abgegeben ist, zur Zeit ihrer Vornahme als unrichtig und unbillig erkennbar ist, diese ihre Eigenschaft offen zutage liegt, in die Augen springt. Das braucht allerdings nicht für jedermann offen zu liegen, es genügt, wenn es dem Sachkundigen gegenüber der Fall ist. Daraus folgt, daß eine Beweiserhebung über die Unbilligkeit und Unrichtigkeit nur insoweit nachgelassen werden kann, als sie eben dieses Offenliegen mindestens für den Sachkundigen dartun will. In dieser Beschränkung sind auch RGZ. Bd. 69 S. 168, Warneyer 1909 Nr. 75 sowie die Urt. des RG. II 484/12 vom 24. Januar 1913 und II 342/15 vom 19. November 1915 (Leipz. Zeitschr. 1916 Sp. 671) zu verstehen. Nach dieser Richtung aber hat der Beklagte einen Beweis nicht angetreten. Die von ihm vorgebrachten Tatsachen und Beweismittel, deren Nichtbeachtung die Revision rügt, sollen vielmehr nur dazu dienen, neue Unterlagen für eine andere Begutachtung beizubringen, das erstattete Gutachten als unrichtig und unbillig zu bekämpfen, nicht die Offenkundigkeit seiner Unrichtigkeit zu erweisen. Eine derartige Beweisführung widerspricht aber der hierüber eingegangenen Beschränkung und der Anerkennung der Maßgeblichkeit des vom bestellten Gutachter ordnungsmäßig erstatteten Gutachtens und ist daher dem Willen der Parteien entsprechend und in Übereinstimmung mit der Regelung des § 319 mit Recht vom Berufungsgerichte nicht zugelassen worden. Dieser Gutachter ist auch nicht, wie der Sachverständige, Gehilfe des Richters. Eine Nachprüfung der Richtigkeit seines Gutachtens liegt dem Richter daher nicht ob, und nur die Parteien haben darüber zu befinden, ob das Gutachten offenbar unrichtig ist und ob sie es gleichwohl als verbindlich hinnehmen oder anfechten wollen. Eine Verletzung von § 286 ZPO. liegt sonach auch in einer unterlassenen Nachprüfung des Gutachtens von Amts wegen nicht vor."

---

13. 1. **Haftet die Eisenbahn im internationalen Frachtverkehr für die Wahl eines von mehreren den gleichen Schienenweg betreffenden Tarifen nur bei grobem Verschulden?**

2. Zu der Vorschrift, daß jedes Privatübereinkommen, durch das einem Absender eine Preisermäßigung gegenüber den Tarifen gewährt werden soll, verboten und nichtig ist.

Internationales Übereinkommen über den Eisenbahnfrachtverkehr vom 14. Oktober 1890 (RGBl. 1892 S. 793) Art. 61, 12 Abs. 4, 11 Abs. 1.

I. Zivilsenat. Urt. v. 24. Mai 1919 i. S. M. (Kl.) w. preuß. Eisenbahnfiskus (Bekl.). I 274/18.

I. Landgericht Beuthen.
II. Oberlandesgericht Breslau.

Die zu 1 bezeichnete Frage ist vom Reichsgerichte bejaht worden. Im Anschluß daran wurde die zu 2 erwähnte Vorschrift erörtert.

Gründe:

„Für 15 Waggons Petroleum, die im November 1915 von der rumänischen Eisenbahnstation Buzau mit durchgehendem Frachtbriefe nach der Eisenbahnstation Kattowitz (Oberschlesien) gesandt wurden, ist eine Eisenbahnfracht von insgesamt 12970,54 ℳ erhoben worden. Die Sendungen sind auf der rumänischen Grenzstation Predeal und auf der österreichischen Grenzstation Oderberg umbehandelt worden. Demgemäß ist die Berechnung der Fracht unter Einstellung der tarifmäßigen Sätze für die Strecken Buzau—Predeal, Predeal—Oderberg und Oderberg—Kattowitz erfolgt. Diese Berechnungsart wird vom Kläger, dem Rechtsnachfolger des Empfängers, als unrichtig bekämpft. Er weist darauf hin, daß die Sendungen bei richtiger Bearbeitung nur der einmaligen Umbehandlung auf einer der rumänischen Stationen Valea Calugareasca oder Ploesti bedurft und bis hierher nach dem rumänischen Exporttarife XII und alsdann nach dem direkten Ausnahmetarife bis Kattowitz hätten befördert werden müssen, wodurch eine Frachtersparnis von 4337,55 ℳ erzielt sein würde. Auf Erstattung dieses Betrags nebst Zinsen hat er gegen den preußischen Eisenbahnfiskus Klage erhoben, der aber den Anspruch sowohl dem Grunde wie dem Betrage nach bestritten hat.

Das Berufungsgericht hat übereinstimmend mit dem Landgericht auf Klagabweisung erkannt und seine Entscheidung folgendermaßen begründet: Eine stillschweigende Vereinbarung zwischen dem Absender und der Eisenbahn über die Anwendung des billigsten Tarifs sei nicht zustande gekommen. Ein hierauf gerichteter Vertragsantrag sei in dem in die Frachtbriefe aufgenommenen Vermerk „ich bitte, den Tarif für Ausfuhr anzuwenden" nicht zu finden, und wenn auch zuzugeben sei, daß der Absender wohl ausnahmslos die Berechnung der Fracht nach dem billigsten Tarife wünschen werde, so sei doch auf seiten der Eisenbahn deren Einverständnis mit der Anwendung des billigsten, vom Absender aber nicht besonders bezeichneten Tarifs keineswegs anzunehmen.

Denn ein solches Einverständnis würde die Gefahr der richtigen Tarifanwendung der Eisenbahn aufbürden, obwohl die Versandstation im internationalen Verkehr die Notwendigkeit oder Entbehrlichkeit der Umbehandlung in einer Zwischenstation regelmäßig nicht ermessen könne. Als rechtliche Grundlage für den Erstattungsanspruch des Klägers bleibe daher nur der Art. 61 IntFrachtÜb., dessen Vorschrift über die Auswahl des zweckmäßigsten Schienenwegs im Interesse des Absenders eine entsprechende Ausdehnung auf die Wahl des günstigsten Tarifs finden müsse. Dies führe aber nur zur Haftung der Eisenbahn in solchen Fällen, in denen ihr grobes Verschulden bei der Auswahl des Tarifs zur Last falle. Ein solches sei im vorliegenden Falle zu verneinen....

Diese Ausführungen lassen einen Rechtsirrtum nicht erkennen. Insbesondere entspricht es der bisherigen Rechtsprechung des Reichsgerichts, wenn das Berufungsgericht die Ansicht vertritt, daß die Eisenbahn im internationalen Frachtverkehr mangels besonderer Anweisung des Absenders unter mehreren für die gleiche Beförderungsstrecke anwendbaren Tarifen zwar den ihr für den Absender am zweckmäßigsten scheinenden auszuwählen habe, für die Folgen ihrer Wahl jedoch nur bei grobem Verschulden hafte (RGZ. Bd. 42 S. 24; Urt. v. 10. Juli 1918 I 20/18).

Vergeblich bemüht sich die Revision, eine abweichende Ansicht zu begründen und darzulegen, daß die Pflicht der Eisenbahn zur Anwendung des billigsten Tarifs aus den Grundsätzen von Treu und Glauben im Geschäftsverkehr ohne weiteres folge und ihre Pflicht zur Rückzahlung des den Mindesttarif übersteigenden Frachtbetrags sich aus Art. 12 Abs. 4 IntFrachtÜb. ergebe, wonach bei unrichtiger Anwendung des Tarifs das Zuweniggeforderte nachzuzahlen, das Zuvielerhobene zu erstatten sei. Dem ist nicht beizupflichten.

Über die Höhe der zu entrichtenden Fracht schreibt der Art. 11 IntFrachtÜb. vor, daß die Berechnung der Fracht nach Maßgabe der zu Recht bestehenden, gehörig veröffentlichten Tarife erfolgt. Hier wird zwischen mehreren für den gleichen Schienenweg anwendbaren Tarifen kein Unterschied gemacht und, streng wörtlich genommen, hätte hiernach die Eisenbahn es in ihrer Hand, unter mehreren die gleiche Wegestrecke betreffenden Tarifen den ihr genehmen zu wählen, sofern dieser nur den Erfordernissen des Zurechtbestehens und der gehörigen Veröffentlichung genügt. Dadurch könnten aber die Interessen des Absenders in unbilliger Weise geschädigt werden und deshalb erscheint es geboten, die Frage im Wege der Analogie zur Vermeidung einer vom Gesetzgeber nicht beabsichtigten Härte und zur Ausfüllung einer im Gesetze vorhandenen Lücke nach den gleichen Grundsätzen zu entscheiden, die Art. 61 IntFrachtÜb. für den nahe verwandten Fall der Auswahl unter mehreren Transportwegen ausgesprochen hat. Das führt dazu, der Eisenbahn die Pflicht zur Berechnung der Fracht nach dem billigsten der mehreren in bezug auf Gefahrhaftung und Lieferfrist gleichwertigen Tarife aufzuerlegen, sie aber für die Folgen der Tarifwahl nur haften zu lassen, wenn ihr hierbei grobes Verschulden zur Last fällt. Wie sehr die Gleichstellung der Tarifwahl mit der Wahl des Transportweges dem leitenden Grundgedanken des Internationalen Frachtübereinkommens entspricht, folgt, wie bereits in RGZ. Bd. 42 S. 24 hervorgehoben worden ist, aus dem Umstande, daß die durch den Absender auszufüllende Spalte 8 des internationalen Frachtbriefs die Anweisungen über die Tarife und den Transportweg in sich vereinigt, und zwar unter der ganz allgemein gefaßten Überschrift „Angabe der anzuwendenden Tarife und Routenvorschrift." Die gleiche Behandlung von Tarif- und Streckenwahl im Frachtbriefe fällt um so mehr ins Gewicht, als in Art. 6 Abs. 2 IntFrachtÜb. die näheren Festsetzungen über die Ausstellung und den Inhalt des Frachtbriefs, insbesondere das zur Anwendung kommende Formular, den Ausführungsbestimmungen vorbehalten sind und diesen nach Art. 1 Abs. 2 dieselbe rechtliche Wirkung zukommt wie dem Übereinkommen selbst. Demnach ist der Inhalt des Frachtbriefformulars, das durch § 2 der Ausführungsbestimmungen geregelt worden ist, eine geeignete Unterlage für die Ermittelung des dem Übereinkommen selbst zugrunde liegenden gesetzgeberischen Willens.

Auf den gleichen Standpunkt hat sich auch das deutsche Schrifttum gestellt und, soweit ersichtlich, einhellig angenommen, daß der Art. 6 l sich nicht allein auf die Wahl des Weges, sondern sinngemäß auch auf die Wahl des Tarifs beziehe (Gerstner, Internationales Eisenbahnfrachtrecht S. 213 flg.; Rosenthal, Internationales Eisenbahnfrachtrecht S. 98; Eger, Internationales Übereinkommen über den Eisenbahnfrachtverkehr Anm. 44 zu Art. 6, 3. Aufl. S. 67; Gerstner, Der neueste Stand des Berner Internationalen Übereinkommens S. 47). Eine abweichende Ansicht gelangt in den von der Revision angezogenen Abhandlungen der österreichischen Zeitschrift „Allgemeiner Tarifanzeiger" Jahrg. 1913 Nr. 32 S. 683 und Jahrg. 1916 Nr. 30 S. 548 flg. zum Ausdruck, von denen die erstere ohne Angabe weiterer Gründe sich auf die Mitteilung der Auffassung des Verfassers beschränkt, daß die Bestimmung des Art. 6 l als Ausnahmevorschrift auch nicht im Wege der Analogie auf die Tarifwahl angewendet werden könne. In der letzteren Abhandlung wird ausgeführt, daß die Spalte 8 des Frachtbriefformulars keinen Anhalt für die Annahme biete, daß die Bezeichnung der anzuwendenden Tarife Sache des Absenders sei; denn die allgemeine Fassung der Spaltenüberschrift lasse sich unschwer dadurch erklären, daß der ausdrücklichen Angabe im Frachtbriefe sowohl die Spezialtarife mit verlängerter Lieferfrist oder einem Höchstbetrage der Haftpflicht (Art. 6 e, 14, 35 IntFrachtÜb.) als auch eine Anzahl gewöhnlicher Tarife bedürften, deren Anwendung von der Vorschreibung im Frachtbrief abhängig gemacht sei, wie beispielsweise der Tarif für den österreichisch-ungarisch-südfranzösischen Eisenbahnverband, den deutsch-südfranzösischen Eisenbahnverband u. a. Diese Begründungen sind jedoch nicht überzeugend. Weder erscheint der zugunsten des Absenders in das Abkommen aufgenommene Art. 61 als eine Ausnahmevorschrift, die wegen ihrer eigenartigen Gestaltung eine für den Absender vorteilhafte entsprechende Anwendung auf verwandte Fälle ausschlösse, noch wird der aus der Anordnung des Frachtbriefs, insbesondere der einheitlichen und gleichmäßigen Zusammenfassung in der Spalte 8, hergeleitete Anhalt für Gleichstellung von Tarif- und Streckenwahl durch den Hinweis auf das Bestehen von Tarifen der vorerwähnten Art entkräftet.

Die oben vertretene Ansicht, daß die Eisenbahn, wie für die Streckenwahl, so auch für die Tarifwahl nur aus grobem Verschulden zu haften habe, findet ihre Bestätigung in den Verhandlungen der Pariser Konferenz für die Revision des Übereinkommens (16. März bis 2. April 1896). Dort war von Deutschland unter Hinweis auf die sehr schwierigen Tarifverhältnisse, deren Kenntnis dem Absender nicht zuzumuten wäre, der Antrag gestellt worden, dem zweiten Unterabsatze des Art. 61 folgende Fassung zu geben: „In Ermangelung dieser Angabe ist die Eisenbahn verpflichtet, das Gut auf demjenigen Wege zu befördern, welcher nach den veröffentlichten Tarifen den billigsten Frachtsatz und die günstigsten Transportbedingungen begründet." Dieser Antrag wurde abgelehnt. Von der Mehrheit wurde gegen ihn geltend gemacht, daß das Verlangen, die Eisenbahn solle die vielfältigen Tarifkombinationen heraussuchen und vergleichen, zu weit gehe. Auch ein weiterer Antrag Deutschlands, den Begriff „grobes Verschulden", bei dessen Dehnbarkeit die Eisenbahnen sich in den meisten Fällen der Haftpflicht leicht entziehen könnten, durch „Verschulden" zu ersetzen, fand keine Mehrheit (Gerstner, Der neueste Stand des Berner Übereinkommens S. 45 Bemerkungen II). Die gleiche Rechtsauffassung trat auf der zweiten Revisionskonferenz zu Bern (4. bis 18. Juli 1905) zutage. Hier wurde der Antrag Österreich-Ungarns, in Art. 61 die Haftung für grobes Verschulden durch die Haftung für Sorgfalt eines ordentlichen Frachtführers zu ersetzen, von der Konferenzmehrheit mit fast derselben Begründung abgelehnt, die auf der Pariser Konferenz den Ausschlag gegeben hatte (Reichstagsdrucksachen 1907, zu Nr. 90 S. 105 flg.).

Damit haben die Konferenzen als ihre Willensmeinung zu erkennen gegeben, daß der Eisenbahn das Heraussuchen der billigsten Tarifkombination nicht allgemein zugemutet werden könne und ihre Haftung für die Folgen einer dem Absender ungünstigen Tarifwahl auf den Fall groben Verschuldens zu beschränken sei.

Haftet die Eisenbahn aber, wie hiernach das Berufungsgericht mit Recht angenommen hat, nur für grobes Verschulden, so muß auch der

Versuch der Revision, eine weitergehende Haftung aus Art. 12 Abs. 4 zu folgern, versagen. Wenn hier zur Beseitigung von Zweifeln die schon aus allgemeinen Erwägungen herleitbare Vorschrift gegeben wird, daß bei unrichtiger Anwendung des Tarifs oder beim Vorliegen von Rechnungsfehlern das Zuweniggeforderte nachgezahlt, das Zuvielerhobene erstattet werden soll, so erfährt damit der Anspruch der Bahn auf Nachzahlung des zu wenig erhobenen Betrags und der Anspruch gegen die Bahn auf Herausgabe des zuviel erhobenen Betrags nur eine besonders scharfe Hervorhebung. Beide Ansprüche betreffen die Schaffung eines Vermögensausgleichs aus dem Gesichtspunkte der ungerechtfertigten Bereicherung. Wann indes die sachlichen Voraussetzungen für die unrichtige Anwendung des Tarifs vorliegen, ist nicht allein aus Art. 12 Abs. 4, sondern aus dem Zusammenhange dieser Vorschrift mit den sonstigen Bestimmungen des Übereinkommens zu entnehmen. Diese führen aber, wie oben erörtert, zu dem Ergebnis, daß unter mehreren für die gleiche Strecke gültigen Tarifen ein solcher, der nicht zu dem niedrigsten Frachtsatze führt, nicht allein um dieses Umstandes willen im Sinne des Übereinkommens als unrichtig angewendet gelten kann, daß vielmehr die Eisenbahn die Auswahl eines teureren Tarifs nur zu vertreten hat, wenn sie ein grobes Verschulden begangen, also die im Verkehr erforderliche Sorgfalt in ungewöhnlich hohem Grade verletzt hat (RGZ. Bd. 77 S. 427).

Einen solchen Grad von Fahrlässigkeit hat das Berufungsgericht ohne Rechtsirrtum verneint. (Wird näher ausgeführt.) ...

Unbegründet ist auch die Rüge einer Verletzung des Art. 11 Satz 2 IntFrachtÜb. Nach dieser Vorschrift ist jedes Privatübereinkommen verboten und nichtig, wodurch einem oder mehreren Absendern eine Preisermäßigung gegenuber den Tarifen gewährt werden soll. Die Behauptung einer Verletzung dieser Bestimmung wird von der Revision darauf gestützt, daß die Eisenbahndirektion Berlin in rechtlich gleichliegenden Fällen die Ansprüche auf Frachterstattung anerkannt habe, mithin das Verhalten der Eisenbahndirektion Kattowitz im vorliegenden Falle gegen den Grundsatz verstoße, daß Tarifermäßigungen bei Erfüllung der gleichen Bedingungen jedermann in gleicher Weise zugute kommen müßten. Es ist unerfindlich, inwiefern das geschilderte Verhalten der Eisenbahndirektion Berlin eine Tarifermäßigung herbeigeführt haben soll, aus welcher auch der Kläger für sich Rechte herleiten könnte. Der vorerwähnte Satz 2 des Art. 11 setzt ein Privatübereinkommen der Bahn mit einem Beteiligten über die zukünftige Beförderung zu einem niedrigeren Preise als den Tarifsätzen voraus. Daß ein derartiges Abkommen hier nicht vorliegt und, wenn es vorläge, dem Kläger nach Art. 11 keine Frachtermäßigung verschaffen würde, bedarf keiner Ausführung. Sollte die Eisenbahndirektion Berlin in der angegebenen

Weise verfahren sein, so würde sie lediglich aus Billigkeitsrücksichten den Beteiligten ein Entgegenkommen gezeigt haben, das andere Eisenbahndirektionen zu nichts verpflichtete. Nichts anderes würde aus dem von der Revision behaupteten Erstattungs-Übereinkommen vom 1. Januar 1911 zu folgern sein, nach welchem die beteiligten Eisenbahnverwaltungen das vorbehaltlose und unbeschränkte Recht erhalten haben sollen, jedem Anspruch auf eine gegenüber den angewendeten Tarifsätzen günstigere Frachtberechnung stattzugeben, sofern sich diese nach anderen Tarifen rechtfertigen läßt (vgl. Eisenbahn-Tarif- und Verkehrsanzeiger 1916 Nr. 13 S. 187). Auch hierdurch würde ein Recht des Empfängers auf Frachtermäßigung nicht begründet sein." ...

---

14. Zur Ausgleichung der Schadensersatzverpflichteten nach § 17 des Kraftfahrzeuggesetzes.

VI. Zivilsenat. Urt. v. 26. Mai 1919 i. S. N. Erben (Kl.) w. badische Lokaleisenbahngesellschaft in K. u. Gen. (Bekl.). VI 60/19.

I. Landgericht Karlsruhe.
II. Oberlandesgericht daselbst.

Am 20. Mai 1911 fand an der schienengleichen, nicht mit Schranken versehenen und unbewachten Kreuzung der von der beklagten Eisenbahngesellschaft betriebenen Albtalbahn mit der Landstraße Karlsruhe—Rastatt in der Nähe von Rüppur ein Zusammenstoß eines Kraftwagens des Direktors N. der Aktiengesellschaft Rheinische Automobilgesellschaft in M. mit einem von Ettlingen kommenden Zuge der Albtalbahn statt. In dem Kraftwagen fuhr N.; er wurde begleitet von dem ihm befreundeten Fabrikanten J. R. aus H.; als Führer befand sich auf dem Wagen der Kraftwagenführer R.; zur Zeit des Unfalls soll nach Behauptung der Beklagten N. selbst den Kraftwagen gelenkt haben. Infolge des Zusammenstoßes wurde der Kraftwagen zertrümmert; alle drei Insassen erlitten so schwere Verletzungen, daß sie alsbald daran verstarben. Die Hinterbliebenen des N. wie diejenigen des J. R. haben gegen die beklagte Eisenbahngesellschaft und gegen den Bahnführer K. ihren Schaden eingeklagt, doch ist in zweiter Instanz die Abtrennung des Anspruchs der Hinterbliebenen des J. R. zu gesonderter Verhandlung beschlossen worden. Die Beklagten haben der Klage die Widerklage entgegengesetzt auf Feststellung, daß die Kläger N. verpflichtet seien, für allen Schaden aufzukommen, der den Beklagten aus einer Verurteilung zu Leistungen an die Hinterbliebenen des J. R. und des R. erwachsen sollte.

Das Landgericht hat unter Abweisung der Klage gegen den Beklagten K. die Ansprüche der Kläger N. gegen die beklagte Eisenbahngesellschaft zu $^1/_3$ dem Grunde nach für gerechtfertigt erklärt und im übrigen abgewiesen. Auf die Widerklage hat es die Kläger N. für verpflichtet erklärt, der Beklagten die Leistungen zu $^2/_3$ zu ersetzen, die sie urteilsmäßig an die Erben (Hinterbliebenen) J. N. und N. zu bewirken haben würde; im übrigen hat es auch die Widerklage abgewiesen. Das Urteil des Oberlandesgerichts, das diese Entscheidung bestätigte, wurde auf Revision beider Parteien aufgehoben.

Aus den Gründen:

(Es wird zunächst die Passivlegitimation der Kläger für die Widerklage erörtert, die nur gegen die Erben und allgemeinen Rechtsnachfolger des N. gerichtet sein kann, während der Klaganspruch von den unterhaltsberechtigten Angehörigen des Genannten nach § 3 HaftpflG. erhoben ist, ohne daß festgestellt wäre, daß diese Angehörigen die Erben und alleinigen Erben des getöteten N. sind. Das Urteil fährt dann fort:)

..."Zu Unrecht hat das Berufungsgericht die Anwendbarkeit des § 17 KFG. auf den Tatbestand des vorliegenden Unfalles verneint, weil es sich bei den Klägern um einen Schaden handle, den der getötete N. erlitten habe, der beim Betriebe des Kraftfahrzeugs selbst tätig war, und nach § 8 Nr. 1 des Gesetzes in solchem Falle die durch das Kraftfahrzeuggesetz nach § 7 begründete Haftung ausgeschlossen sei. Sowohl für die Ansprüche der Klage wie für diejenigen der Widerklage erweist sich indessen die Anwendung des § 17 des genannten Gesetzes als geboten. Allerdings war N. nach den Feststellungen des Berufungsgerichts bei dem Betriebe des Kraftfahrzeugs zur Zeit des Unfalles selbst tätig und, was seine eigene Verletzung betrifft, ist damit nach § 8 Nr. 1 des Gesetzes die Anwendung des § 7 ausgeschaltet, und ebenso sind die Ansprüche der Hinterbliebenen von J. N. und N. nicht nach dem Kraftfahrzeuggesetze zu beurteilen, weil diese Personen durch das Fahrzeug befördert wurden. Allein das ist für die Anwendung des § 17 KFG. durchaus gleichgültig. Die Bestimmung setzt nur voraus, daß zwei Kraftfahrzeuge oder ein Kraftfahrzeug und eine Eisenbahn oder endlich ein Kraftfahrzeug und ein Tier bei der Verursachung eines Unfalls mitgewirkt haben und deren Unternehmer oder Halter einem Dritten „kraft Gesetzes" zum Schadensersatze verpflichtet sind. Die Schadensersatzpflicht braucht also nicht dem Kraftfahrzeuggesetze zu entspringen. Trifft den N. ein Verschulden, das ihn nach §§ 823, 276 BGB. verantwortlich macht, so findet § 17 KFG. ohne weiteres Anwendung. Ist eine gesetzliche Ersatzpflicht des N. einerseits, der Eisenbahn anderseits begründet, so ist damit auch die Anwendbarkeit des § 17 gegeben. Für den Klaganspruch kommt die Vorschrift des § 17 Abs. 1 Satz 2 in Betracht, wonach die Grundsätze des Satzes 1, wenn der Schaden einem der beteiligten Fahrzeughalter — oder nach Abs. 2 Eisenbahnunternehmer oder Tierhalter — entstanden ist, auch von der Haftpflicht gelten sollen, die für einen anderen von ihnen eintritt. Werden diese Grundsätze auf den Fall des Satzes 2 entsprechend angewendet, so ergibt sich, daß § 17 Platz greifen muß, wenn der verletzte Kraftfahrzeughalter, falls er nicht sich selbst, sondern einen anderen verletzt hätte, „kraft Gesetzes" diesem schadensersatzpflichtig geworden sein würde. Nur insofern der Kraftfahrzeughalter oder Tierhalter von jeder gesetzlichen Haftung frei sein würde, wenn ein Dritter der Beschädigte wäre, kann er auch nicht in Betracht kommen, wenn er selbst der Verletzte ist, und nur dann scheidet die Anwendung des § 17 aus (Jur. Wochenschr. 1913 S. 649 Nr. 13). N. ist aber tatsächlich auf Grund desselben Verschuldens, das ihm selbst als zu seiner eigenen tödlichen Verletzung mitwirkend anzurechnen ist, auch den übrigen durch den Unfall verletzten Personen schadensersatzpflichtig geworden....

Nach den Grundsätzen des § 17 KFG. sind mithin die beiderseitigen Betriebsgefahren des Kraftwagens wie der Eisenbahn, die die Betriebsgefahren erhöhenden Umstände, das Verschulden des N. und das Verhalten des Zugführers der Eisenbahn und die ursächliche Bedeutung aller dieser Umstände für den Unfall von neuem abzuwägen."

15. Wo ist nach Scheidung der Ehe die Klage auf Anfechtung der Ehelichkeit des Kindes zu erheben?

BGB. §§ 11, 1596; ZPO. § 13.

IV. Zivilsenat. Urt. v. 26. Mai 1919 i. S. E. (Kl.) w. minderjährige E. (Bekl.). IV 68/19.

I. Landgericht Plauen.
II. Oberlandesgericht Dresden.

Die Beklagte ist die am 1. Dezember 1913 geborene Tochter der seit 5. März 1914 rechtskräftig geschiedenen Frau des Klägers. Diese ist am 15. Juli 1917 in Plauen, wo sie ihren Wohnsitz genommen hatte, gestorben; für die Beklagte wurde darauf, weil der damals unauffindbare Kläger an der Ausübung der elterlichen Gewalt tatsächlich verhindert war, letztere also ruhte, der Mechaniker B. zum Vormund bestellt. Der Kläger will jetzt die Ehelichkeit der Beklagten anfechten. Zur Zeit der Klagerhebung im März 1918 hatte er seinen Wohnsitz in Oberschöneweide, im Bezirke des Landgerichts II Berlin. Gleichwohl hat er die Klage nicht bei diesem Gerichte, sondern bei dem Landgericht in Plauen, dem letzten Wohnsitze seiner geschiedenen Frau, erhoben.

Beide Vorbergerichte haben die Klage wegen örtlicher Unzuständigkeit des angerufenen Gerichts abgewiesen. Auch die Revision des Klägers ist zurückgewiesen worden aus folgenden

Gründen:

„Das Landgericht sagt, nach §§ 1591 flg. BGB. spreche bis zur Feststellung des Gegenteils im Wege der Anfechtungsklage die Vermutung für die Ehelichkeit der Beklagten; ein eheliches Kind teile aber den Wohnsitz des Vaters; daher hätte das für diesen Ort zuständige Landgericht angerufen werden müssen. Das Oberlandesgericht ist dieser Auffassung beigetreten und hat hinzugefügt: Der Satz, daß dann, wenn die Begründung der Zuständigkeit des angerufenen Gerichts mit der Begründung des Klaganspruchs zusammenfällt, die bloße Behauptung der kompetenzbegründenden Tatsachen für die Begründung der Zuständigkeit genüge, sei ausgeschlossen, wenn eine Rechtsvermutung bestehe, derzufolge ein anderes Gericht zuständig sei; denn dann müsse eben dieses Gericht so lange als zuständig erachtet werden, als nicht im Prozesse seine Unzuständigkeit dargetan sei. Hier bestehe aber die Rechtsvermutung, derzufolge das Kind nach §§ 1591, 1592, 1596 BGB. bis zum Zeitpunkte des Obsieges der Anfechtungsklage in allen Beziehungen als eheliches betrachtet werden müsse; insolange teile es den Wohnsitz des Ehemannes seiner Mutter.

Die Revision verweist dagegen auf das Urteil des Senats vom 22. April 1901 IV 53/01 (Gruchot Bd. 45 S. 1105, auch Jur. Wochenschr. 1901 S. 396 Nr. 3) und meint, es handle sich in § 1591 nur um eine gesetzliche Vermutung; erweise sich diese im Prozeß als unrichtig, so gelte das Kind nicht als ehelich und teile infolgedessen nicht den Wohnsitz dessen, der als Vater vermutet würde. Die Entscheidung über die Zuständigkeit hänge daher ebenso wie die Entscheidung in der Sache davon ab, ob die Behauptungen des Klägers erwiesen würden.

Allerdings hat sich das von der Revision angezogene Urteil des Senats vom 22. April 1901 zu dem in der Rechtsprechung des Reichsgerichts auch späterhin, zuletzt noch in dem Urteile vom 12. Dezember 1918 IV 328/18 (RGZ. Bd. 95 S. 268) festgehaltenen Grundsatze bekannt, daß beim Zusammenfallen der die Zuständigkeit des Gerichts und der den Klaganspruch selbst begründenden Tatsachen schon die Behauptung dieser Tatsachen genügt, um die Zuständigkeit des Gerichts anzunehmen. Es hat dabei erwogen, daß eine bloße Vermutung, derzufolge das Kind, dessen Unehelichkeit vom Kläger behauptet und unter Beweis gestellt werde, als eheliches anzusehen sei, der Anwendung jenes Grundsatzes keineswegs schlechthin entgegenstehen würde. Aber die Revision beachtet nicht die Rechtslage, mit der sich dieses Urteil zu befassen hatte. Denn das Urteil beruht ausschließlich auf dem damals noch in Württemberg in Geltung gewesenen gemeinen Rechte. Nach diesem war aber durch keine positive Bestimmung die Möglichkeit ausgeschlossen, daß nicht nur der Ehemann, sondern jeder interessierte Dritte die Unehelichkeit des Kindes kraft der in der Erhebung der Anfechtungsklage liegenden Anfechtung der Ehelichkeit nach Maßgabe allgemeiner Grundsätze schon vor der Erledigung des Rechtsstreites geltend machen konnte (vgl. Lang, Handbuch des im Königreiche Württemberg geltenden Familienrechts 2. Aufl. 1880 § 76 Anm. 5; Motive zum BGB. Bd. 4 S. 658, 662). Hier hat das Bürgerliche Gesetzbuch eingegriffen. Um jene Möglichkeit auszuschließen, die an sich bestand, wo das die Unehelichkeit des Kindes feststellende Urteil lediglich deklaratorischer Natur war, hat das Bürgerliche Gesetzbuch es nicht bei einer bloßen, zeitlich ungesicherten Vermutung der Ehelichkeit des Kindes belassen, sondern durch die Vorschriften der §§ 1593, 1596 dahin Fürsorge getroffen, daß das Kind nach allen Seiten hin, auch gegenüber dem Ehemanne der Kindesmutter, so lange als ehelich zu gelten hat, bis der Rechtsstreit durch die rechtskräftige Feststellung seiner Unehelichkeit erledigt ist. Da also erst das der Anfechtungsklage stattgebende Urteil rechtsgestaltende Wirkung hat, so ist der Beklagten bis zur rechtskräftigen Feststellung ihrer Unehelichkeit die Rechtsstellung eines ehelichen Kindes gesetzlich gewährleistet. Dieser gesetzlichen Regelung gegenüber versagt aber der oben erwähnte Kompetenzgrundsatz überhaupt; denn im Sinne des § 1596 BGB. besteht die Annahme der Ehelichkeit der Beklagten nicht als bloße Vermutung, sondern als eine auch für die Bestimmung der Gerichtszuständigkeit maßgebliche Voraussetzung. Daher war die Anfechtungsklage nach § 13 ZPO. und nach § 11 Abs. 1 BGB. im Gerichtsstande des Klägers anzustellen."

---

16. Wird die Befugnis des Käufers zum Notverkaufe nach § 379 Abs. 2 HGB. dadurch ausgeschlossen, daß der Verkäufer erklärt, er erkenne die Zurverfügungstellung der Ware nicht als berechtigt an?

III. Zivilsenat. Urt. v. 27. Mai 1919 i. S. B. (Bekl.) w. Sch. (Kl.). III 423/18.

I. Landgericht Stettin.
II. Oberlandesgericht daselbst.

Der Kläger kaufte im April 1915 von der Beklagten 200 Ztr. geräucherten Speck und ließ die Ware durch die Beklagte nach Thorn behufs Lieferung an das dortige Proviantamt senden, an das er sie weiter verkauft hatte. Das Proviantamt lehnte die Ware ab, weil ein Teil davon verdorben war. Der Kläger stellte sie darauf der Beklagten zur Verfügung und schritt nach vorgängiger Androhung zum öffentlichen Verkauf. Auf die Mitteilung von dem beabsichtigten Verkaufe hatte die Beklagte dem Spediteur telegraphiert: „Ablehnen Angelegenheit. Tangiert mich nicht mehr. Sch. alleiniges Verfügungsrecht." Landgericht und Berufungsgericht erachteten den Kläger zur Wandelung berechtigt. Die Revision der Beklagten wurde zurückgewiesen aus folgenden

Gründen:

„Die Revision beanstandet die Annahme des Berufungsgerichts, daß der Kläger den Gewährleistungsanspruch durch die Versteigerung der Ware nicht verwirkt habe. Das Berufungsgericht übersehe, daß der Notverkauf nach § 379 HGB. unzulässig sei, wenn der Verkäufer, wie dies hier geschehen sei, dem Verkaufe widerspreche. Die Rüge ist unbegründet. Die Beklagte hat der Versteigerung der Ware nicht widersprochen. Sie hat vielmehr auf die ihr gemachte Mitteilung von der seitens des Klägers beabsichtigten Versteigerung erklärt, daß die Angelegenheit sie nichts angehe und sie es dem Kläger überlassen müsse, zu tun, was er für richtig halte. Darin liegt kein Widerspruch gegen den Notverkauf. Daß die Beklagte damit zum Ausdrucke gebracht hat, sie erkenne die Zurverfügungstellung der Ware nicht als berechtigt an, genügt nicht, wie die Revision annimmt, um dem Käufer die Befugnis zum Verkaufe der Ware unter den Voraussetzungen des § 379 Abs. 2 HGB. zu entziehen. Allerdings ist die Bestimmung des § 379 Abs. 2 im Interesse des Verkäufers erlassen, und es wird hieraus mit Recht die Folgerung gezogen, daß der Verkauf auf Grund dieser Vorschrift nicht gegen den Willen des Verkäufers stattfinden dürfe (vgl. ROHG. Bd. 18 S. 230; RGZ. Bd. 17 S. 67, Bd. 43 S. 27). Keineswegs aber setzt die Bestimmung voraus, daß der Verkäufer sich damit einverstanden erklärt habe, daß die Ware zur Verfügung gestellt werde und daß der Verkauf für seine Rechnung erfolge. Eine derartige Beschränkung des Verkaufsrechts des Käufers aus § 379 Abs. 2 HGB. findet nicht nur keine Stütze in der Bestimmung des Gesetzes selbst, sondern würde auch die Interessen des auswärtigen Verkäufers gefährden, denn sie würde auch einen an sich zweckmäßigen Verkauf der Ware verhindern, solange die Parteien nicht über die Berechtigung der Beanstandung der Ware sich geeinigt haben. Nur ein Widerspruch des Verkäufers gegen den Notverkauf an sich macht also diesen unzulässig."...

---

17. 1. Prüfung der Zulässigkeit des Rechtswegs in der Revisionsinstanz.
2. Unzulässigkeit des Rechtswegs für Entschädigungsansprüche aus Kriegsschäden.
3. Über den ursächlichen Zusammenhang zwischen der Schadenszufügung und der Ausübung des Militärhoheitsrechts in solchen Fällen.
GVG. § 13.

VI. Zivilsenat. Urt. v. 28. Mai 1919 i. S. O. (Bekl.) w. W. (Kl. VI 47/19.

I. Landgericht Frankfurt a. M.
II. Oberlandesgericht daselbst.

Am 3. September 1914 hat der Kläger auf der Chaussee zwischen Namur und Huy bei dem Dorfe Gives an einem ihm gehörigen Kraftwagen dadurch Sachschaden erlitten, daß der Beklagte mit einem von ihm geführten Kraftwagen jenen Wagen anfuhr. Der auf Zahlung von 1669,26 *M* nebst Zins gerichteten Schadensersatzklage wurde in den Vorinstanzen willfahrt. Der Beklagte hat die Revision eingelegt, die Zulässigkeit des Rechtswegs bestritten und den Antrag auf Klagabweisung wiederholt. Die Revision wurde zurückgewiesen.

Aus den Gründen:

„Die Frage, ob für die gegenwärtige Klage der Rechtsweg zulässig ist, hat ausdrücklich nur der erste Richter berührt; er hat sie bejaht. Dieser Entscheidung ist das Berufungsgericht stillschweigend beigetreten. Daß die Zulässigkeit des Rechtswegs in jeder Lage des Rechtsstreits, namentlich auch noch in der Revisionsinstanz, von Amts wegen zu prüfen ist, hat das Reichsgericht mehrfach ausgesprochen (RGZ Bd. 17 S. 176, Bd. 58 S. 37, Bd. 62 S. 181, Bd. 70 S. 185, Bd. 82 S. 128). Die Einrede der Unzulässigkeit des Rechtswegs kann daher auch, wie hier geschehen, noch in der Revisionsinstanz erhoben werden. Für die so begründete Revision „handelt es sich um die Unzulässigkeit des Rechtswegs" im Sinne der ZPO. § 547 Nr. 1; das Rechtsmittel ist daher insoweit bei vermögensrechtlichen Ansprüchen ohne Rücksicht auf den Wert des Beschwerdegegenstandes (ZPO. § 546) statthaft. Übersteigt dieser indessen den Betrag von 4000 *M* nicht, so ist die Nachprüfung und Entscheidung des Revisionsgerichts auf die Frage der Zulässigkeit des Rechtswegs beschränkt (RGZ. Bd. 3 S. 423, Bd. 6 S. 336; Seufferts Arch. Bd. 44 Nr. 225, Gruchot Bd. 42 S. 1173, Bd. 43 S. 206; Jur. Wochenschr. 1899 S. 39 Nr. 30, 1909 S. 61 Nr. 34 u. a.). Im besonderen ist daher hier auszuscheiden die vom Berufungsgerichte berührte Frage der

Statutenkollision (Art. 12 EG. z. BGB.: Anwendbarkeit des belgischen Rechts) sowie die weitere Frage, ob der Inanspruchnahme des Beklagten die Haftung des Staates oder des Reichs an seiner Stelle entgegenstünde und nach welchen gesetzlichen Bestimmungen hierüber zu urteilen sein würde. Die Prüfung des Revisionsgerichts hat nur zum Gegenstand die Frage, ob der Anspruch, wie erhoben, zur Verfolgung vor den ordentlichen Gerichten geeignet ist, nicht die ganz andere Frage, ob der Anspruch begründet ist. Die Entscheidung hat sich zu gründen auf das Recht des angegangenen Gerichts (RGZ. Bd. 28 S. 157, Bd. 78 S. 419, Bd. 79 S. 429, Bd. 89 S. 209), also auf das inländische Reichsrecht und das im Gebiete des Gerichts geltende Landesrecht — wofür von § 13 GVG. auszugehen ist — und anderseits auf den Sachverhalt, der dem angefochtenen Urteile zugrunde lag (RGZ. Bd. 62 S. 131). Grundsätzlich maßgebend ist im übrigen die Natur des Rechtsverhältnisses, aus dem der mit der Klage verfolgte Anspruch hergeleitet wird. Ist es ein bürgerlichrechtliches, so ist der Rechtsweg zulässig, ist es ein öffentlichrechtliches, so ist er verschlossen, sofern nicht in dem einen oder anderen Falle besondere gesetzliche Bestimmungen jene Regel durchbrechen (vgl. u. a. aus jüngster Zeit RGZ. Bd. 89 S. 209 und 221, Bd. 93 S. 258; Urt VII 383/17).

Die vorliegende Klage stützt sich auf §§ 7, 18 KFG. und §§ 823 flg. BGB., mithin an und für sich auf lediglich privatrechtlich geordnete Rechtsbeziehungen. Nach dem von dem Berufungsgerichte zugrundegelegten Sachverhalt geschah aber die Unfallfahrt im Zusammenhange mit kriegsmäßigen Vorgängen. In dem Wagen des Klägers wurde ein schwerverwundeter Offizier in das Lazarett überführt, der Beklagte hatte als Kraftfahrer einen Offizier geführt, der den Auftrag hatte, Artilleriemunition herbeizuschaffen, und befand sich nach Erledigung des Auftrags mit dem Offizier auf der Rückfahrt. Zu prüfen ist, ob sich hieraus Bedenken gegen die Zulässigkeit des Rechtswegs ergeben. Im besonderen ist die Frage zu prüfen, ob die Beschädigung des Kraftwagens, wofür dessen damalige Verwendung übrigens rechtlich ohne Bedeutung ist, als ein Kriegsschaden anzusehen ist, dessen Erstattung, zumal im örtlichen und sachlichen Geltungsbereiche der preußischen Kabinettsorder vom 4. Dezember 1831 (GS. S. 255), im ordentlichen Rechtweg nicht verfolgt werden kann (vgl. Gruchot Bd. 60 S. 681; RGZ. Bd. 89 S. 207 und 221; Warneyer 1917 Nr. 217). Wie der erkennende Senat (bes. RGZ. Bd. 89 S. 223) bereits grundsätzlich ausgeführt hat, spricht die rechtliche Natur der Entschädigungsansprüche wegen Kriegsschadens, sofern solche überhaupt bestehen, dagegen, daß, solange das Gesetz nichts anderes bestimmt, der Rechtsweg zu ihrer Durchführung zugelassen sei. Dies vor allem deshalb, weil die Handlungen, die in Verfolg der Erklärung des Kriegszustandes und der zur Verteidigung und Sicherung des Vaterlandes ergriffenen Maßnahmen sowie der sich dagegen richtenden Kampfhandlungen des Feindes Kriegsschäden unmittelbar oder mittelbar herbeiführen. in Ausübung von Staatshoheitsrechten, insbesondere in Ausübung des Militärhoheitsrechts vorgenommen werden. Hieraus erhellt aber auch als Voraussetzung, daß die Zufügung des Schadens, für dessen Verfolgung der Rechtsweg ausgeschlossen sein soll, mit der Ausübung des Hoheitsrechts, der die Beschränkung des Rechtswegs gilt, in ursächlichem Zusammenhange stehen muß. Diesen Zusammenhang hat das Berufungsgericht — wenn auch unter einem anderen rechtlichen Gesichtspunkte, nämlich bei Erörterung der Anwendbarkeit des § 839 BGB. und des bayerischen AG. z. BGB. Art. 60 — tatsächlich verneint, indem es ausspricht, bei der Unfallfahrt sei auf seiten des Beklagten eine Ausübung der öffentlichen Gewalt nicht mehr in Frage gekommen, weil der mit dienstlichem Auftrag ausgesandte Offizier, den er geführt habe, zu dieser Zeit den Auftrag bereits erledigt hatte und mit dem Wagen von Lüttich nach Namur nach Hause fuhr. An und für sich nicht ohne Grund wendet die Revision hiergegen ein, daß es sich bei der Hin- und Rückfahrt um einen einheitlichen Auftrag gehandelt habe. Dessenungeachtet ist jene Erwägung des Berufungsgerichts in der Tat geeignet, auch die Zulassung des Rechtswegs für den erhobenen Anspruch zu rechtfertigen. Wie der erkennende Senat bereits in dem Urteile VI 167/17 vom 9. Juli 1917 (Warneyer Nr. 217) ausgeführt hat, kann grundsätzlich für die nähere Beurteilung des Zusammenhanges zwischen der Schadenszufügung und der Ausübung des Hoheitsrechts nicht jeder ursächliche Verlauf als ursächlicher Zusammenhang im Rechtssinne gelten. Es kann also grundsätzlich nicht als ausgeschlossen gelten, je nach den gegebenen Umständen für eine Schadenszufügung, die im weiteren Verfolg einer Hoheitshandlung entflossen ist, nicht mehr diese als die rechtlich bedeutsame Ursache anzusehen, sondern insoweit einen nur noch äußerlichen Zusammenhang anzunehmen, der die Ausschließung des Rechtswegs in Ansehung der Schadensfolgen nicht mehr rechtfertigt. Indem das Berufungsgericht hier auf den besonderen Umstand hinweist, daß der dienstliche Auftrag des vom Beklagten geführten Offiziers erledigt und der Wagen auf der Heimfahrt begriffen war, bringt es genugsam zum Ausdruck, daß es einen ausreichenden Zusammenhang des Unfalls mit der in Gestalt der Auftragserteilung und -vollziehung sich verwirklichenden Ausübung des Hoheitsrechts nicht mehr anerkennt, — daß ihm jener als bei Gelegenheit und aus Anlaß der durch die Ausübung des Hoheitsrechts notwendig gewordenen Tätigkeit, nicht aber in Ausübung des Hoheitsrechts geschehen erscheine (vgl. RGZ. Bd. 78 S. 328). Wo die Grenze eines dem Vorausgeführten genügenden ursächlichen Zusammenhanges zu ziehen ist, wird grundsätzlich nach den Umständen des Einzelfalls, daher wesentlich mit unter tatsächlichen Gesichtspunkten zu entscheiden sein. Auch die hier für entscheidend erachtete Erwägung des Berufungsgerichts ist ihrem wesentlichen Gehalte nach als eine tatsächliche anzusehen. Ein Rechtsirrtum tritt darin hingesehen auf die Feststellungen des Sachverhalts im einzelnen nicht zutage. Das Berufungsgericht hält für erwiesen, daß der Beklagte übermäßig schnell gefahren, dabei, ohne auf den Kraftwagen des Klägers acht zu geben, plötzlich auf die andere Seite der Straße gebogen und in den Kraftwagen hineingefahren ist; eine Entschuldigung für dieses Verhalten sei nicht gegeben. Daß jene übermäßige Fahrgeschwindigkeit, wie die Revision meint, in einem besonderen Zusammenhange mit dem militärischen Auftrage gestanden habe, bei dessen Vollziehung der Beklagte sich zu betätigen hatte, war in den Vorinstanzen nicht einmal behauptet. Es braucht deshalb nicht darauf eingegangen zu werden, ob dem, wenn ihm doch so wäre, für die hier zu entscheidende Frage eine besondere Bedeutung zukäme (vgl. Warneyer 1917 Nr. 217 a. E.)..."

---

18. 1. Zur Fragepflicht des Gerichts.

2. Wird von der Bundesratsverordnung vom 4. März 1916 über die Einfuhr von pflanzlichen und tierischen Ölen und Fetten sowie von der Bekanntmachung vom 8. März 1916 auch der Erwerber von Einfuhrware betroffen, der sich einer Teilnahme an der vom Einführenden verübten Zuwiderhandlung gegen die genannten Verordnungen nicht schuldig gemacht hat?

3. Haftet der Verkäufer, falls die dem Käufer gelieferte Ware zu Unrecht beschlagnahmt wird?

II. Zivilsenat. Urt. v. 21. März 1919 i. S. Jo. & Co. (Kl.) w. Ja. (Bekl.). II 410/18.

I. Landgericht II Berlin.
II. Kammergericht daselbst.

Die Klägerin hat von der Beklagten am 4. und 23. April 1917 zwei Posten ausländischer Seifen gekauft und geliefert erhalten. Am 17. Mai 1917 hat das Reichswucheramt einen Teil dieser Ware im Werte von 5914,95 M beschlagnahmt und dem Kriegsausschusse für pflanzliche und tierische Öle und Fette G. m. b. H. in Berlin überwiesen. Die Beschlagnahme ist von dieser Gesellschaft aufrechterhalten worden.

Die Klägerin hat nunmehr auf Rückzahlung des oben genannten Betrages geklagt, sich jedoch gegen Zahlung zur Abtretung ihrer etwaigen Ansprüche gegen den Kriegsausschuß erboten. Sie hat geltend gemacht, daß ihr die Beklagte Beschlagnahmefreiheit der Ware zugesichert habe, im übrigen aber auch verpflichtet gewesen sei, den Kaufgegenstand frei von Rechten Dritter zu verschaffen. Die Beklagte hat sowohl die Zusicherung beschlagnahmefreier Ware als auch die Rechtmäßigkeit der erfolgten Beschlagnahme bestritten.

Das Landgericht wies die Klage ab, weil von beiden Parteien gegen die Verordnungen des Bundesrats vom 4. März 1916 über die Einfuhr von pflanzlichen und tierischen Ölen und Fetten sowie Seifen und vom 8. März 1916 (Ausführungsbestimmungen), welche Anmeldung und Ablieferung aus dem Ausland eingeführter Seifen an den Kriegsausschuß vorschrieben, verstoßen sei. Vor dem Berufungsgerichte hat die Beklagte vortragen lassen, daß die Seifen aus dem besetzten Gebiet eingeführt worden seien und gemäß § 4 VO. v. 4. März 1916 überhaupt nicht unter die beiden Verordnungen fielen. Das Kammergericht bestätigte dieses Urteil, da jedenfalls beide Parteien den § 4 der Bekanntmachung betreffs Ausführungsbestimmungen zur Verordnung über den Verkehr mit Seife, Seifenpulver und anderen fetthaltigen Waschmitteln vom 18. April 1916 verletzt hätten, wonach die Abgabe von Seife an Wiederverkäufer ohne Zustimmung des Kriegsausschusses nur dann gestattet war, wenn zwischen den Vertragsteilen bereits vorher eine dauernde Geschäftsverbindung bestanden hatte. Die Revision der Klägerin hatte Erfolg.

Gründe:

„Das Berufungsgericht hat die landgerichtliche Anwendung der Bundesratsverordnung vom 4. März und der Bekanntmachung des Reichskanzlers vom 8. März 1916 mit der Begründung abgelehnt, daß gegen die dort vorgeschriebene Anmeldepflicht jedenfalls nicht von der Klägerin verstoßen sei. Es ist aber seinerseits durch Anwendung der Verordnung vom 18. April 1916 zu dem gleichen Ergebnis gelangt. Demgegenüber rügt die Revision einmal, daß das Berufungsgericht nicht ohne Verletzung des § 139 ZPO. eine von den Parteien überhaupt nicht geltend gemachte Rechtsvorschrift seiner Entscheidung habe zugrunde legen dürfen. In zweiter Linie verweist sie auf die Bekanntmachung des Reichskanzlers vom 21. Juli 1916, durch welche die Bestimmungen der Bekanntmachung vom 18. April 1916 wieder aufgehoben worden seien.

Die Revision mußte Erfolg haben. Schon der Vorwurf, daß das Berufungsgericht die Vorschrift des § 139 ZPO. verletzt habe, ist begründet. Will der Richter eine von den Parteien nicht behandelte Rechtsauffassung seiner Entscheidung zugrundelegen, so darf er es nur dann unterlassen, die Parteien hierauf aufmerksam zu machen, wenn es sich um ein feststehendes oder von ihm festgestelltes Sachverhältnis handelt (vgl. RGZ. Bd. 54 S. 187). Ein solcher Fall liegt hier nicht vor. Die Abgabe von Seife an Wiederverkäufer ohne Zustimmung des Kriegsausschusses war nach der Verordnung vom 18. April 1916 zulässig, wenn zwischen den Vertragsteilen bereits vorher eine dauernde Geschäftsverbindung vorhanden war. Darüber, ob diese Voraussetzung hier vorlag, haben die Parteien keinerlei Erklärungen abgegeben, weil ihnen das Berufungsgericht nicht die Gelegenheit dazu gegeben hat. Wenn dieses in seinen Gründen bemerkt, die ganze Sachlage spreche dafür, daß eine dauernde Geschäftsverbindung zwischen den Parteien vorher nicht bestanden habe, so ist das eine Annahme, für die es an jeder tatsächlichen Grundlage mangelt. Es kommt hinzu, daß die vom Berufungsgericht seiner Entscheidung zugrundegelegte Bekanntmachung vom 18. April 1916 durch § 13 der Bekanntmachung, betr. Ausführungsbestimmungen zur Verordnung über den Verkehr mit Seife usw, vom 21. Juli 1916 wieder aufgehoben worden war, ehe das zum vorliegenden Rechtsstreit Anlaß gebende Kaufgeschäft zwischen den Parteien abgeschlossen worden ist.

Selbst dann aber, wenn die Bekanntmachung vom 18. April 1916 damals noch in Kraft gewesen wäre, würden die Ausführungen des Berufungsgerichts nicht zutreffen. Das Verbot der Abgabe von Seifen an Wiederverkäufer richtet sich nur gegen den Veräußerer, nicht aber gegen den Käufer. Überdies besteht es nicht unter allen Umständen. Mit Zustimmung des Kriegsausschusses ist vielmehr die Abgabe an Wiederverkäufer selbst dann zulässig, wenn zwischen den Vertragsteilen eine dauernde Geschäfsverbindung bisher nicht bestanden hat. Dem Erwerber von Seife ist durch die Bekanntmachung nicht auferlegt, Nachforschungen darüber anzustellen, ob diese Zustimmung erteilt ist oder nicht. Erwirbt er daher Seife im freien Handel, so begeht er keinen Verstoß gegen das Verbot, und eine Anwendung des § 817 BGB. ist daher ausgeschlossen.

Kommt sonach die Bekanntmachung vom 18. April 1916 für den hier zu entscheidenden Fall überhaupt nicht in Betracht, so ist weiter zu prüfen, ob dasselbe auch bezüglich der Verordnungen vom 4. und 8. März 1916 zutrifft. Erste Voraussetzung für eine Anwendung der letztgenannten Vorschriften wäre, daß es sich um aus dem Ausland eingeführte Seife handelte. Ob dies der Fall ist, ist unter den Parteien streitig und vom Berufungsgerichte nicht aufgeklärt worden, weil es der Meinung ist, daß der Erwerber solcher Einfuhrware überhaupt nicht durch die angezogenen Verordnungen betroffen wird. Dieser Auffassung ist für den Regelfall beizustimmen. Nur dem Einführenden wird dort unter Strafandrohung geboten, die eingeführte Ware anzumelden und dem Kriegsausschusse für pflanzliche und tierische Öle und Fette, G. m. b. H. in Berlin, zu liefern. Ist die Einführung vollzogen und wird die Ware an einen Dritten weiterveräußert, so macht sich dieser nicht schon deshalb mit strafbar, weil er die Eigenschaft der Ware als Auslandsseife gekannt hat. Das verbietet sich schon deshalb, weil nicht nur Auslandsware aus der Zeit vor dem Inkrafttreten der Bekanntmachungen vom 4. und 8. März 1916 am Markte sein mochte, sondern auch später nicht jede Auslandsseife dem freien Verkehr entzogen war. Der Kriegsausschuß hat nach § 2 Abs. 2 der Bekanntmachung vom 8. März 1916 freie Entschließung darüber, ob er die eingeführte Ware übernehmen will. Er kann also auch von der Übernahme absehen. Eine andere Beurteilung der Sachlage hätte nur dann einzutreten, wenn sich die Klägerin der Teilnahme an einer etwa von der Beklagten verübten Zuwiderhandlung gegen die mehrerwähnten Verordnungen schuldig gemacht hätte (vgl. RGSt. Bd. 51 S. 222, 248 flg., 402 flg.).

Darüber, ob die Beklagte die angebliche „Auslandsseife" eingeführt und die Klägerin sich als Täterin oder Gehilfin an der Einführung beteiligt hat, sind vom Berufungsgerichte keine Feststellungen getroffen worden. Ebensowenig sind bisher die Gründe offen gelegt worden, aus denen der Kriegsausschuß die ihm vom Kriegswucheramt überwiesene Seife festgehalten hat. Ohne dahingehende tatsächliche Feststellungen ist aber die Entscheidung nicht zu treffen. Würde der Kriegsausschuß etwa gemäß § 9 Abs. 2 der Bekanntmachung vom 8. März 1916 verfahren sein, welcher neben der Bestrafung des Zuwiderhandelnden auch die Einziehung der betreffenden Waren zuläßt, und ein solches Verfahren infolge einer Teilnahme der Klägerin an der Zuwiderhandlung gerechtfertigt sein, so würde der Anspruch auf Rückzahlung des Kaufpreises durch die Vorschrift des § 817 BGB. ausgeräumt werden. Käme anderseits die Klägerin als Teilnehmerin nicht in Betracht und wäre die Beschlagnahme oder deren Aufrechterhaltung durch den Kriegsausschuß ungesetzlich erfolgt, so würde die Beklagte zur Rückerstattung des Kaufpreises um deswillen nicht verpflichtet sein, weil sie für eine Willkürhandlung der Behörde gegen die Klägerin nicht verantwortlich ist, es vielmehr dieser überlassen darf, sich ihr Recht der Behörde gegenüber zu suchen. Es besteht aber noch eine dritte Möglichkeit. Die Beschlagnahme kann rechtswirksam gewesen sein, ohne daß zugleich der Klägerin ein Verstoß gegen maßgebliche Vorschriften zur Last fällt. Würde sich ein solcher Sachverhalt ergeben, so könnte die Haftung der Beklagten auf § 434 BGB. begründet werden. Um hier klar zu sehen, bedarf es natürlich einer Ermittelung der Gründe, welche den Kriegsausschuß bei seiner Maßnahme geleitet haben. Um eine solche Ermittelung zu ermöglichen, war eine Zurückverweisung der Sache an das Berufungsgericht geboten."

---

19. 1. Haftet die Gemeinde für Schaden, der durch Verteilung verfälschter Futtermittel entsteht?
2. Haftung der Gemeinde für diejenigen Personen, welche sie mit der Verarbeitung und Verteilung der Futtermittel betraut.
3. Wird die Haftung dadurch ausgeschlossen, daß der Käufer der verfälschten Futtermittel deren Untersuchung vor der Verfütterung unterlassen hat?

BGB. §§ 254, 823, 831.

II. Zivilsenat. Urt. v. 2. Mai 1919 i. S. R. (Kl.) w. die Stadtgemeinde Düsseldorf (Bekl.). II 444/18.

I. Landgericht Düsseldorf.
II. Oberlandesgericht daselbst.

Nachdem das Viehfutter im Winter 1916/17 beschlagnahmt worden war, erfolgte dessen Ankauf nur noch gegen Bezugsschein. Das Futter wurde von der Reichsmittelstelle Berlin den Bezirksfuttermittelstellen überwiesen, welche es wiederum an die einzelnen Gemeinden verteilten. Die beklagte Gemeinde betraute die Firma M. St. mit dem Vertriebe der Futtermittel an die Händler. Sie lieferte ihr die Rohstoffe, worauf es dann Sache der Firma war, die jeweiligen Mischungen vorzunehmen und das so verarbeitete Futter abzugeben. Zu den Händlern, welche Futtermittel von M. St. bezogen, gehörte auch die Witwe D., von der der Kläger Pferdefutter gekauft hat. Er behauptet, daß das ihm gelieferte Futter stark verfälscht gewesen und daß infolge hiervon eines seiner Pferde verendet, das andere schwer erkrankt sei. Daher erhebt er einen Ersatzanspruch gegen die Beklagte, welchen er auf fahrlässige Vertragsverletzung und unerlaubte Handlung stützt. Er meint, daß es Pflicht der Beklagten sei, das Futter vor der Abgabe zu untersuchen, daß sie aber auch für Fahrlässigkeit der Firma St. aufzukommen habe, zumal sie es an jeder Überwachung dieser Firma habe fehlen lassen.

Die Beklagte hat bestritten, daß das vom Kläger bezogene Pferdefutter verfälscht gewesen und dessen Genuß für die Tiere des Klägers schädlich geworden sei. Hiervon abgesehen, sei die Beklagte lediglich als Verteilungsstelle tätig und zur Untersuchung des ihr zugewiesenen Futters nicht verpflichtet gewesen. Ebensowenig habe eine Fahrlässigkeit der Firma St. vorgelegen. Übrigens würde die Beklagte für eine solche nicht aufkommen, weil sie sich auf die Zuverlässigkeit jener Firma habe verlassen dürfen. Der Kläger habe den angeblichen Schaden selbst verschuldet, indem er es unterlassen habe, das Futter seinerseits zu untersuchen, was ihm bei der geringen von ihm bezogenen Menge ein Leichtes gewesen sein würde.

Das Landgericht hat die Klage abgewiesen, weil die Beklagte als bloße Verteilungsstelle zur vorherigen Untersuchung des Futters nicht verpflichtet gewesen sei und ihr somit ein Verschulden nicht vorgeworfen werde könne. Die Berufung des Klägers ist vom Oberlandesgericht unter Billigung der Gründe des ersten Richters zurückgewiesen worden. Das Berufungsgericht fügt hinzu, daß auch die Firma St. eine Prüfung des Futters nicht habe vorzunehmen brauchen, daß es nicht Aufgabe der Beklagten gewesen sei, die Tätigkeit der Firma zu beaufsichtigen, und daß der Kläger seinen angeblichen Schaden selbst verschuldet habe, indem er die ihm leicht mögliche Prüfung des Futters verabsäumt habe. Auf Revision des Klägers wurde dieses Urteil aufgehoben und die Sache an das Berufungsgericht zurückverwiesen.

Aus den Gründen:

„Die Revision rügt Verletzung der §§ 242, 278, 276, 823, 831 BGB. Die Beklagte habe die Aufgabe gehabt, die Futtermittel an die Interessenten abzugeben, also auch die nötigen Mischungen vornehmen zu lassen und die Ware einer vorherigen Prüfung zu unterziehen. Dem Kläger anderseits habe solche Prüfung nicht obgelegen, da er von einem ihm amtlich zugewiesenen Futter habe annehmen dürfen, daß es unverfälscht sei, dies um so mehr, als er gezwungen gewesen sei, das Futter von der Amtsstelle zu beziehen. . . .

Der Anspruch des Klägers kann nur auf die Vorschriften der §§ 823, 831 BGB. begründet werden. In dieser Beziehung reichen die Feststellungen des Berufungsgerichts nicht aus, um die Entscheidung zu tragen. Das Berufungsgericht meint, daß die Beklagte als bloße Verteilungsstelle nicht zur Untersuchung des an die Händler abzugebenden Futters verpflichtet gewesen sei. Diese Auffassung wird den tatsächlichen Verhältnissen nicht gerecht. Die Beklagte war in der Kette der amtlichen Abgabestellen das letzte Glied. Ihr lag nicht lediglich eine weitere Abgabe an andere Stellen ob, wie das z. B. hinsichtlich der Bezirksfuttermittelstellen der Fall war, sondern ihre Aufgabe war es, die ihr zugewiesenen Futtermittel in den Verkehr zu bringen. Die Beklagte durfte dem Publikum nicht grob verfälschte Futtermittel zur Verfügung stellen. Es war ihre Pflicht, darauf zu achten, was sie abgab. Nicht minder aber hatte sie für ein Verschulden der von ihr mit der Zubereitung und dem Vertriebe des Futters betrauten Firma M. St. aufzukommen, wenn sie nicht den in § 831 BGB. nachgelassenen Entlastungsbeweis führte.

Nun hat zwar der Kläger gegen die Behauptung der Beklagten, daß die Firma M. St. durchaus vertrauenswert sei, keinerlei Einwendung erhoben. Allein die Beklagte durfte sich nicht damit begnügen, Mischung und Verabfolgung der Futtermittel einer vertrauenswerten

Firma zu überlassen. Sie hatte gemäß § 831 BGB. auch die Ausführung dieser Verrichtungen zu leiten, und das erforderte entweder eine Anweisung der Firma, dafür Sorge zu tragen, daß verwendbares und nicht Schaden stiftendes Futter in den Verkehr gebracht wurde, oder aber eine Prüfung, ob entsprechend verfahren würde. Warum es glaubhaft erscheinen muß — wie das Berufungsgericht meint —, daß es für die Firma St. tatsächlich unmöglich war, die Futtermittel zunächst auf schädliche Bestandteile zu untersuchen, leuchtet nicht ein, zumal die Beklagte vortragen läßt, daß die schädlichen Bestandteile, wenn sie sich tatsächlich in dem Futter befunden hätten, für jeden Kundigen ohne weiteres erkennbar gewesen wären.

Daß, falls die Beklagte nach den §§ 823, 831 BGB. eine Verantwortlichkeit für den angeblich dem Kläger erwachsenen Schaden treffen sollte, diese Haftung durch das eigene Verschulden des Klägers ausgeschaltet sein würde, kann nicht anerkannt werden. Eine Prüfungspflicht gemäß § 377 HGB. mag dem Kläger seiner Verkäuferin gegenüber obgelegen haben, wenn es sich um ein beiderseitiges Handelsgeschäft zwischen den Vertragschließenden gehandelt hat. Immerhin kann mit Rücksicht auf die Tatsache, daß das Futter aus amtlicher Quelle stammen mußte, ein etwaiges Verschulden des Klägers nicht als so überwiegend angesehen werden, daß es die Haftung der Beklagten völlig beseitigte.

Da somit die Feststellungen des Berufungsgerichts unzureichend sind, um zur Klagabweisung zu führen, unterlag das angefochtene Urteil der Aufhebung."

---

20. Ist die Offizierbesoldung der freiwillig in das Heer eintretenden Kommunalbeamten auf ihr Zivilgehalt anzurechnen?

RMilG. § 66; Preuß. Staatsministerialbeschluß vom 22. Januar 1831.

III. Zivilsenat. Urt. v. 27. Mai 1919 i. S. L. (Bekl.) w. Stadt Kiel (Kl.). III 323/18.

I. Landgericht Kiel.
II. Oberlandesgericht daselbst.

Der am 18. März 1863 geborene, als Polizeiassessor im Dienste der Klägerin stehende Beklagte erklärte sich vor dem Kriege mit Zustimmung der vorgesetzten Behörde bereit, sich im Falle der Mobilmachung im Heere verwenden zu lassen, wurde demgemäß am

2. August 1914 als Adjutant zum Bezirkskommando in Kiel einberufen und war seitdem dort tätig. Die Klägerin kürzte sein Gehalt um $^7/_{10}$ seiner Offizierbesoldung, wurde aber im Verwaltungswege durch Beschlüsse des Bezirksausschusses Kiel vom 16. Oktober 1916 und des Provinzialrates Kiel vom 21. September 1917 zur Nachzahlung und Fortgewährung des vollen Gehaltes angehalten. Auf ihre im November 1917 erhobene Klage wurde festgestellt, daß die Klägerin zur Kürzung berechtigt sei, und der Beklagte verurteilt, einen hiernach mit Unrecht empfangenen Betrag von 7707 ℳ nebst Prozeßzinsen zurückzuzahlen. Die Berufung des Beklagten wurde zurückgewiesen. Ebenso seine Revision.

Gründe:

„Die Zulässigkeit des Rechtsweges unterliegt nach § 7 des preußischen Kommunalbeamtengesetzes keinem Bedenken.

Bei der sachlichen Würdigung ist davon auszugehen, daß der Beklagte bei Ausbruch des Krieges nicht mehr wehrpflichtig war und demgemäß nicht auf Grund einer Dienstpflicht, sondern — seinem schon vorher erklärten Anerbieten entsprechend — freiwillig und mit Zustimmung der Klägerin in das Heer eintrat. § 66 des Reichsmilitärgesetzes vom 2. Mai 1874 in der Fassung des Gesetzes vom 6. Mai 1880, wonach den zum Militärdienst einberufenen Reichs-, Staats- und Kommunalbeamten gewisse Vergünstigungen gewährleistet sind und diese Vergünstigungen im Falle der Mobilmachung auch freiwillig in das Heer eintretenden Reichs- und Staatsbeamten zugute kommen sollen, enthält keine Bestimmung darüber, welche Rechte im gleichen Falle den freiwillig in das Heer eintretenden Kommunalbeamten zustehen. Die Frage, wie die Gehaltsansprüche solcher Kommunalbeamten zu behandeln sind, wird verschieden beurteilt. Das preußische Oberverwaltungsgericht hat in einer Entscheidung vom 13. Januar 1916 (Preuß. Verw. Bl. 37. Jahrgang S. 502) sich dahin ausgesprochen, daß ihnen, auch wenn sie Offizierbesoldung erhalten, das Gehalt ohne Abzug auszubezahlen sei. Es führt aus, daraus, daß § 66 RMilG. auf diese Kommunalbeamten keine Anwendung finde, folge nicht, daß ihnen Ansprüche entzogen sein sollten, die ihnen nach sonstigen Rechtsvorschriften zustünden; es komme also nur darauf an, ob eine solche gesetzliche Grundlage für die Fortzahlung des Gehalts bestehe; nach allgemeinen Grundsätzen des Beamtenrechts aber sei das Gehalt eine dem Beamten für die Dauer seines Amtes zugebilligte, für den standesmäßigen Unterhalt bestimmte Rente, die demgemäß, von besonderen gesetzlichen Vorenthaltungsgründen abgesehen, so lange zu gewähren sei, als das Amt selbst dauere. Dieser Ansicht hat sich das Kammergericht in einem Urteile vom 30. November 1917 (Jur. Wochenschr. 1918 S. 625) angeschlossen. Gegen die Auffassung des Oberverwaltungsgerichts wendet sich ein Urteil des OLG. Düsseldorf vom 14. Juni 1918 (vgl. Jur. Wochenschr. 1918 S. 625 Fußnote), mit der Erwägung, aus der Natur des Gehalts als einer für den standesmäßigen Unterhalt des Beamten bestimmten Rente lasse sich ein Anspruch auf unverkürzte Fortzahlung des Gehalts nicht ableiten; der als Offizier dienende Beamte beziehe schon in dieser Eigenschaft eine für den standesmäßigen Unterhalt ausreichende Rente; es widerspreche dem Wesen des Gehalts, daß der Beamte diesen Unterhalt doppelt erhalte; das Zivilgehalt müsse während der Dauer des Bezuges der Offizierbesoldung wegfallen. Im vorliegenden Rechtsstreite hat das Landgericht dem beklagten Kommunalbeamten jeden Anspruch versagt, indem es im Anschlusse an Politz, Preuß. Verw. Bl. 37. Jahrgang S. 593 (vgl. auch Wilde und Vogels ebenda 36. Jahrgang S. 204 und 37. Jahrgang S. 530), die Versagung aus § 66 RMilG. ableitet. Das Berufungsgericht folgt den grundsätzlichen Ausführungen des Oberverwaltungsgerichts, kommt aber gleichwohl zu einer der klagenden Stadtgemeinde günstigen Entscheidung, da es die von ihr vorgenommene Anrechnung der Offizierbesoldung auf Grund des dem § 66 RMilG. zugrunde liegenden Beschlusses der preußischen Staatsministeriums vom 22. Januar 1831 (vollständig abgedruckt in den Verh. d. Reichstags Bd. 29 S. 536 und Bd. 33 S. 100) für gerechtfertigt erklärt. Diesem Standpunkte des Berufungsgerichts ist beizutreten.

Aus § 66 RMilG. läßt sich die Entscheidung der streitigen Frage nicht gewinnen. Nach Abs. 1 sollen Reichs-, Staats- und Kommunalbeamte durch ihre Einberufung zum Militärdienst in ihren bürgerlichen Dienstverhältnissen keinen Nachteil erleiden. Abs. 2 bestimmt, daß ihnen ihre Stellen, ihr persönliches Diensteinkommen und ihre Anziennität sowie alle sich daraus ergebenden Ansprüche in der Zeit der Einberufung gewahrt bleiben, läßt aber zu, daß ihnen, wenn sie Offizierbesoldung erhalten, deren reiner Betrag auf das Zivildiensteinkommen angerechnet wird. Nach Abs. 3 unterliegen der gleichen Behandlung pensionierte oder auf Wartegeld stehende Zivilbeamte hinsichtlich ihrer Pensionen oder Wartegelder, wenn sie bei einer Mobilmachung in den Kriegsdienst eintreten. Alle diese Vergünstigungen kommen nach Abs. 4, der erst durch das Gesetz vom 6. Mai 1880 eingefügt worden ist, nach ausgesprochener Mobilmachung auch denjenigen in ihren Zivilstellungen abkömmlichen Reichs- und Staatsbeamten zugute, die sich freiwillig in das Heer aufnehmen lassen. Abs. 5 (früher Abs. 4) überläßt die näheren Bestimmungen den einzelnen Bundesregierungen (vgl. für Preußen den Beschluß des Staatsministeriums vom 1. Juni 1888 MBl. f. d. inn. Verw. 1888 S. 121). Die Erwähnung der Kommunalbeamten im Abs 1 und ihre Nichterwähnung im Abs. 4 ergibt als Inhalt des Gesetzes, daß den freiwillig eintretenden Kommunalbeamten im Gegensatze zu den in gleicher Lage befindlichen Reichs- und Staatsbeamten die in § 66 gewährleisteten Vergünstigungen nicht eingeräumt sein sollen. Sie können sich also nicht auf § 66 berufen, wenn sie Ansprüche auf Fortzahlung des Gehaltes geltend machen wollen. Die Regelung läßt aber nicht erkennen, daß Ansprüche entzogen oder eingeschränkt werden sollten, die ihnen abgesehen von § 66 des Reichsgesetzes zustanden. Ein so weitgehender Eingriff in das Beamtenrecht kann in dem Reichsgesetz auch dann nicht gefunden werden, wenn man die Entstehungsgeschichte des Abs. 4 berücksichtigt. Nach der Begründung des Entwurfs zum Gesetze von 1880 (Verh. des Reichstags Bd. 60 S. 26) hatte sich herausgestellt, daß dem § 66 die Auslegung gegeben werden könnte, daß nur den dienstpflichtigen, nicht auch den freiwillig eintretenden, in ihren Zivilstellungen abkömmlichen Beamten ihre Stellen, ihr Diensteinkommen usw. gesichert bleiben sollten. Da aber die Bestimmungen vom 22. Januar 1831, die dem § 66 des Reichsgesetzes zugrunde gelegt worden waren, gemäß den dazu erlassenen Ergänzungen und Erläuterungen auch auf die im Kriege freiwillig eintretenden Beamten angewendet werden sollten und für eine gleiche Auslegung des § 66 auch andere Umstände sprächen, so sollte zur Klarstellung und um eine einschränkende Auslegung des Gesetzes auszuschließen ein neuer Abs. 4 in folgender Fassung eingefügt werden:

„Obige Vergünstigungen kommen nach ausgesprochener Mobilmachung auch denjenigen in ihren Zivilstellungen abkömmlichen Reichs-, Staats- und Kommunalbeamten zugute, welche sich freiwillig in das Heer aufnehmen lassen."

In der Kommission des Reichstags wurde jedoch beschlossen, das Wort „Kommunalbeamte" zu streichen und statt „Reichs-, Staats- und Kommunalbeamten" die Worte „Reichs- und Staatsbeamten" zu setzen, nachdem geltend gemacht worden war, daß andernfalls eine große Belastung für eine Anzahl von Kommunen eintreten könnte, wenn sie ihren Beamten, welche, ohne dazu verpflichtet zu sein, in das Heer eintreten, ihr Gehalt fortzahlen müßten (Verh. des Reichstags Bd. 61 S. 498). Mit dieser Streichung wurde der neue Abs. 4 Gesetz, ohne daß in den weiteren Verhandlungen eine Erörterung über die Rechtsverhältnisse der aus dem Entwurfe gestrichenen Kommunalbeamten stattgefunden hätte. Aus dem Grunde, der zur Streichung führte, läßt sich entnehmen, daß ihre Urheber die Gemeinden vor übermäßiger Belastung schützen wollten und ihre Absicht durch die Streichung erreicht zu haben glaubten. Im Gesetz ist davon aber nichts zum Ausdruck gekommen. So, wie das Gesetz jetzt gefaßt ist, sind die Rechtsverhältnisse der Kommunalbeamten, die sich freiwillig in das Heer aufnehmen lassen, im § 66 überhaupt nicht geregelt, vielmehr ohne Rücksicht auf ihn und nicht eingeschränkt durch ihn nach dem sonst für die betreffenden Kommunalbeamten geltenden, hier dem preußischen Landesrechte, zu beurteilen.

Nach allgemeinen Grundsätzen des Beamtenrechts ist, wie das Oberverwaltungsgericht mit Recht betont und wie auch das Berufungsgericht annimmt, das Gehalt des Beamten nicht eine Entlohnung für einzelne Dienstleistungen, sondern eine ihm für die Dauer seines Amtes zugebilligte, für den standesmäßigen Unterhalt bestimmte Rente, und der Anspruch des Beamten auf Zahlung des Gehalts kann deshalb nicht dadurch beeinträchtigt werden, daß er mit Wissen und Willen der Gemeinde, in deren Dienst er steht, zeitweise ihr keine Dienste leistet. Diese grundsätzliche Auffassung steht im Einklange mit der ständigen Rechtsprechung des erkennenden Senats. Sie entspricht einer aus dem Wesen des Beamtenverhältnisses sich ergebenden sittlichen Forderung und muß festgehalten werden. Der Beamte hat nicht einzelne Dienste zu leisten, sondern seine ganze Tätigkeit zur Verfügung zu stellen. Dieser einheitlichen Leistung entspricht die Einheitlichkeit des dem Beamten zustehenden Diensteinkommens, und es ist durchaus billig und sachgemäß, daß die in dem Gehalte zugewiesene Unterhaltsrente dem Beamten nicht schon dadurch verloren geht, daß zeitweise Dienstleistungen nicht stattfinden. Das Interesse der Gemeinden, deren Beamte in das Heer eintreten, fordert keine abweichende Behandlung. Der Beamte, der ohne dazu verpflichtet zu sein, in das Heer eintritt, bedarf, wenn er sich nicht disziplinären Folgen aussetzen will, der Erlaubnis. Die Gemeinde ist nicht gezwungen, die Erlaubnis zu erteilen, kann die Erteilung daher auch von der Bedingung abhängig machen, daß der Beamte sich für die Dauer des Heeresdienstes einer besonderen Gehaltsregelung, insbesondere einer Gleichstellung mit den durch § 66 RMilG. betroffenen Beamten, unterwirft. Eine Ausnahme von jenem Grundsatze läßt sich für den Fall, daß der Beamte als Offizier in das Heer eintritt, auch nicht aus dem vom Oberlandesgericht Düsseldorf hervorgehobenen Gedanken ableiten, daß der als Offizier dienende Beamte schon in dieser Eigenschaft eine für den standesmäßigen Unterhalt ausreichende Rente beziehe und daß es dem Wesen des Gehalts widerspreche, wenn der Beamte diesen Unterhalt doppelt erhalte. Erwägungen dieser Art können dazu Anlaß geben, besondere Vorschriften über die Einziehung des Gehalts für solche Fälle zu erlassen. Sind aber besondere Vorschriften dieser Art nicht vorhanden, dann fehlt es an der für die Einziehung erforderlichen Rechtsgrundlage. Das gleiche gilt für die Frage, ob das Gehalt des Beamten durch völlige oder teilweise Anrechnung der Offizierbesoldung gekürzt werden darf.

Die Entscheidung des Rechtsstreits hängt also davon ab, ob die

Anrechnung der Offizierbesoldung aus dem Beschlusse des preußischen Staatsministeriums vom 22. Januar 1831 abzuleiten ist. Die Anwendung der darin enthaltenen Bestimmungen setzt voraus, daß sie als Rechtsnormen des Beamtenrechts bis zur reichsrechtlichen Regelung in § 66 RMilG. in Geltung waren und daß sie für die hier in Frage stehenden Beamten durch die reichsrechtliche Regelung nicht beseitigt worden sind. Beide Voraussetzungen sind gegeben. Die fraglichen Bestimmungen sind vom Staatsministerium nicht aus eigener Macht, sondern, wie sich aus ihrer Einleitung ergibt, auf Grund einer durch Königliche Kabinetsorder erteilten Genehmigung getroffen worden. Daß sie geeignet sind, als Rechtsnormen des Beamtenrechts zu dienen, ergibt sich aus ihrem Inhalt. Sie befassen sich entsprechend den §§ 65 und 66 RMilG, deren Grundlage sie bilden, in ihrem ersten Teile (Nr. 1—11) mit der Militärdienstpflicht der Zivilbeamten und der Frage der Unabkömmlichkeit, im zweiten Teile (Nr. 12—24) mit dem Einflusse des Eintritts in den Militärdienst auf ihre Rechtsstellung als Zivilbeamte. Eine förmliche Verkündung des ganzen Ministerialbeschlusses hat nicht stattgefunden. Seine Bestimmungen sind aber als Rechtsnormen für die Ansprüche der Beamten bis zur reichsrechtlichen Regelung der Fragen behandelt und angewendet, auch in den späteren Ergänzungen und Erläuterungen, wie solche namentlich in den Beschlüssen des preußischen Staatsministeriums vom 23. Januar 1850, 19. Juli 1850, 25. Februar 1860 und 9. März 1864 (MBl. f. d. inn. Verw. 1850 S. 28 und S. 234, 1860 S. 53, 1864 S. 117) enthalten sind, als maßgebende Rechtsnormen in Bezug genommen und teilweise — so die hier in Frage kommenden Nr. 14, 15, 19, — sogar mit veröffentlicht worden. Ihre Verbindlichkeit als Rechtsnormen ist daher nicht zu bezweifeln. Daß sie auch für Schleswig-Holstein geltendes Recht wurden, ergibt sich, wie das Berufungsgericht zutreffend hervorgehoben hat, aus der Verordnung vom 23. September 1867 (GS. S. 1619). Die reichsrechtliche Regelung der Frage steht der Anwendung der Bestimmungen des preußischen Rechtes hier aus dem Grunde nicht im Wege, weil, wie schon dargelegt ist, § 66 RMilG. in der ihm durch das Gesetz vom 6. Mai 1880 gegebenen Auslegung die Rechtsverhältnisse der Kommunalbeamten, die sich freiwillig in das Heer aufnehmen lassen, überhaupt nicht geregelt hat. Die fortdauernde Anwendung des Landesrechts auf diese Beamten unterliegt also keinem Bedenken. Unbegründet ist auch der Angriff der Revision, das Berufungsgericht könne sich für seine Auffassung jedenfalls nicht auf das aufgehobene Gesetz vom 2. Mai 1874 und die dort den Bundesregierungen überlassenen Anordnungen stützen, das Gesetz vom 6. Mai 1880 enthalte eine solche Anweisung nicht mehr und es sei daher anzunehmen, daß die einzelstaatlichen Bestimmungen nicht mehr in Kraft bleiben sollten. Die Vorschrift, daß die näheren Bestimmungen den einzelnen Bundesregierungen überlassen sein sollten (Abs. 5, früher Abs. 4) ist durch das Gesetz vom 6. Mai 1880 nicht beseitigt worden. Sie kommt aber für den vorliegenden Fall überhaupt nicht in Betracht, da es sich dabei nur um Bestimmungen zur Ausführung des § 66 RMilG. handeln kann, dieses Gesetz aber auf Kommunalbeamten der hier fraglichen Art sich nicht bezieht. Nach Nr. 14 des Beschlusses vom 22. Januar 1831 behält jeder Zivilbeamte, der bei einer Mobilmachung zum Militärdienst eintritt, seine fixierte Besoldung. Erhält er aber Offizierbesoldung, so wird nach Nr. 15 ihr Betrag auf die Zivilbesoldung angerechnet. Ist die Offizierbesoldung höher als die Zivilbesoldung, so hört die Zahlung der letzteren während der Dauer der ersteren ganz auf. Nach Nr. 19 sind Kommunalbeamte wie die Staatsdiener zu behandeln. Da der Beschluß vom 22. Januar 1831 zwischen Beamten, die auf Grund einer Dienstpflicht zum Militärdienst einberufen werden, und solchen, die sich freiwillig in das Heer aufnehmen lassen, nicht unterscheidet, so ist der Beklagte verpflichtet, die Offizierbesoldung auf sein Gehalt sich anrechnen zu lassen, und die von der Klägerin vorgenommene Kürzung des Gehalts um $^7/_{10}$ als den reinen Betrag der Offizierbesoldung nicht zu beanstanden." ...

---

21. Zur Auslegung des Verkaufs eines Handelsgeschäfts mit Aktiven und Passiven, wenn in dem Verzeichnis der Aktiven die Stammeinlage bei einer Genossenschaft mitaufgeführt ist.

BGB. § 457; GenG. § 76.

II. Zivilsenat. Urt. v. 29. Mai 1919 i. S. W. L. (Bekl.) w. E. H. (Kl.). II 24/19.

I. Landgericht I Berlin, Kammer für Handelssachen.
II. Kammergericht daselbst.

Durch Vertrag vom 31. März 1910 hat der Beklagte vom Kläger dessen Geschäft nebst Firma käuflich erworben. In dem Vertrage waren die Aktiven und Passiven der Firma aufgestellt und als Kaufpreis der Überschuß der Aktiven über die Passiven vereinbart. Der Preis ist bis auf einen Restbetrag von 6200 ℳ bezahlt worden, dessen Zahlung im Wege der Klage begehrt wird. Unter den im Vertrag aufgeführten Aktiven der Firma findet sich der Posten:

Stammeinlage bei der Spar- und Leihbank des Frankfurtertorbezirks (eine eingetragene Genossenschaft m. b. H.) 2000 ℳ.

Übereinstimmende Meinung der Parteien ist gewesen, daß der Kläger Mitglied der genannten Genossenschaft war und daß die Mitgliedschaft auf den Beklagten übergehen sollte, der dementsprechend auch von der Genossenschaft als Genosse betrachtet worden ist und in der Folgezeit zur Deckung von Schulden der Genossenschaft ausgeschriebene Beiträge sowie nach Ausbruch des Konkurses über das Vermögen der Genossenschaft, auf Einforderung des Konkursverwalters, weitere Zahlungen zur Konkursmasse geleistet hat. Nachdem sich alsdann herausgestellt hatte, daß in Wahrheit weder der Kläger noch der Beklagte Mitglied der Genossenschaft gewesen ist, hat der Konkursverwalter die letztgenannten Beträge dem Beklagten zurückgezahlt, während dieser wegen der Rückzahlung der übrigen Beträge auf die Konkursdividende (etwa 30 %) angewiesen wurde. Er beansprucht vom Kläger Minderung des Kaufpreises um die 2000 ℳ, mit denen die Stammeinlage in die Aktiven der Firma eingestellt war, und Erstattung der gezahlten Beträge nebst Zinsen.

Das Kammergericht hat die Einwendungen und Ansprüche des Beklagten zurückgewiesen und nach dem Antrage des Klägers erkannt. Die vom Beklagten hiergegen eingelegte Revision ist zurückgewiesen worden, zu dem Streitpunkte wegen Minderung des Kaufpreises um 2000 ℳ aus folgenden

Gründen:

..."Beachtlicher erscheint die Rüge der Revision, daß § 437 BGB. verletzt sei. Als bei dem Verkaufe des Geschäfts mit Aktiven und Passiven in das Verzeichnis der Aktiven auch die Stammeinlage des Klägers bei der Genossenschaftsbank eingestellt und mit 2000 ℳ bewertet wurde, waren die Parteien übereinstimmend der Meinung, daß der Kläger Mitglied der Genossenschaft sei, und die Absicht war, daß der Beklagte in Beziehung auf diese Mitgliedschaft an die Stelle des Klägers treten sollte. In Wahrheit bestand aber diese Mitgliedschaft des Klägers schon seit Jahren nicht mehr, und der Beklagte folgert hieraus, daß ihm ein Gewährleistungsanspruch aus § 437 BGB. wegen Veräußerung eines nicht mehr bestehenden Rechtes zustehe. Dem kann aber nicht beigetreten werden.

Gegenstand des Verkaufs war das Geschäft mit Firma; der Kaufpreis wurde bestimmt durch den Überschuß der Aktiva über die Passiva. Zwecks Berechnung derselben sind die einzelnen Aktiva und Passiva aufgeführt, darunter unter ersteren die „Stammeinlage" bei der Genossenschaft mit 2000 ℳ. Nach § 46 GenG. konnte indessen die Stammeinlage als solche oder die Mitgliedschaft nicht übertragen werden, sondern nur das Geschäftsguthaben, und es konnte alsdann der Beklagte auf Grund einer Beitrittserklärung, der Zulassung durch die Genossenschaft und der Eintragung in das Genossenschaftsregister Mitglied und Inhaber einer entsprechenden Stammeinlage werden. Danach ist der Vertrag dahin auszulegen, daß dem Beklagten mit dem dem Kläger zustehenden Guthaben diejenige Möglichkeit verschafft werden sollte, in dieser Weise Genosse zu werden, die ihm hätte verschafft werden können, wenn der Kläger Inhaber der entsprechenden Stammeinlage gewesen wäre. Eine weitere Bedeutung kann der Erwähnung der Stammeinlage als solcher nach Lage des Falles nicht beigelegt werden. Nun ist aber dem Beklagten jene Rechtsstellung tatsächlich gewährt worden. Denn ein der Stammeinlage entsprechendes Geschäftsguthaben stand dem Kläger auf Grund der Mitgliedschaft seines Vorgängers zu und ist auf den Beklagten übergegangen. Auch wäre dieser nach der unwidersprochenen Behauptung des Klägers sofort Genosse geworden, wenn er den erforderlichen Antrag gestellt, d. h. den Beitritt erklärt und Eintragung ins Genossenschaftsregister verlangt hätte; dies ergibt sich auch daraus, daß die Genossenschaft ihn ohne weiteres als Mitglied behandelt, ihm insbesondere die Dividende für 1910 ausgezahlt hat. Es lag daher nur an ihm, wenn der Erwerb der Mitgliedschaft mangels Beobachtung der erforderlichen Formalitäten tatsächlich unterblieb. Er hat um so weniger Grund, sich zu beschweren, als er sich nur besser dadurch stand, daß der Kläger nicht mehr Mitglied war, sondern nur dafür gehalten wurde, und daß nicht, wie allseits irrtümlich angenommen wurde, dessen Stammeinlage mit der Firma von Rechts wegen auf ihn überging, weil er aus diesem Grunde nicht in vollem Umfange für die Schulden der Genossenschaft haftbar wurde, sondern nur die nicht geschuldeten Zahlungen teilweise infolge des Konkurses einbüßte.

Aber ganz abgesehen hiervon kann der Beklagte die Zahlung des Kaufpreises nicht weigern, da der Kläger als Verkäufer alles geleistet hat, wozu er nach richtig ausgelegtem Vertrage sich verpflichtet hatte."

---

22. 1. Nichtigkeit eines Verzichts auf Unfallentschädigung wegen eines den guten Sitten widersprechenden Vorgehens der Haftpflichtversicherungsgesellschaft.
2. Sorgfaltspflicht bei Veranstaltung von Böllerschießen.

BGB. §§ 138, 276.

III. Zivilsenat. Urt. v. 30. Mai 1919 i. S. F. (Kl.) w. Gemeinde H. (Bekl.). III 515/18.

I. Landgericht Kempten.
II. Oberlandesgericht Augsburg.

Der Vater der Kläger wurde von der beklagten Gemeinde mit dem Abfeuern von Böllern bei einer am 16. September 1915 für einen gefallenen Kriegsteilnehmer veranstalteten Trauerfeier beauftragt. Dabei platzte einer der Böller und F. wurde so schwer verletzt, daß er noch an demselben Tage starb. Die Witwe des Verstorbenen forderte für sich und ihre beiden Kinder auf Grund der §§ 618, 823 BGB. Schadensersatz, weil die Beklagte fahrlässigerweise einen mit Schweißfehlern behafteten Böller gestellt und dessen vorgängige Untersuchung verabsäumt habe. Die Witwe F. verstarb im Laufe des Rechtsstreits und wurde von ihren beiden Kindern, den Revisionsklägern beerbt. Das Landgericht entsprach im wesentlichen den Anträgen der Kläger; das Berufungsgericht wies dagegen die Klage ab. Auf die Revision der Kläger wurde ihr Schadensersatzanspruch dem Grunde nach für gerechtfertigt erklärt.

Aus den Gründen:

„1. Die Beklagte hat gegen den Klaganspruch eingewendet, daß die Mutter der Kläger am 26. September 1915 gegen eine ihr von der Versicherungsgesellschaft A., bei der die beklagte Gemeinde gegen ihre Haftpflicht versichert war, gewährte Entschädigung von 50 ℳ sich für alle Ersatzansprüche „irgendwelchen Titels, für und gegen jedermann, für jetzt und alle Zukunft endgültig und vollständig“ für abgefunden erklärt habe. Diese Erklärung steht keinesfalls den Ansprüchen der Kläger entgegen, welche diese aus eigenem Rechte geltend machen, denn sie ergibt nicht, daß die Witwe F. sie auch in ihrer Eigenschaft als gesetzliche Vertreterin ihrer Kinder abgegeben und auch auf deren Entschädigungsansprüche habe verzichten wollen. Mit Recht hat aber das Landgericht dieser Erklärung die Rechtswirksamkeit auch insoweit versagt, als es sich um die Ansprüche handelt, welche die Kläger als Erben ihrer Mutter geltend machen. Denn die Umstände, unter denen der Vertreter der Versicherungsgesellschaft diese Erklärung von der Witwe F. erlangt hat, begründen, abgesehen von anderen ihrer rechtlichen Wirksamkeit entgegenstehenden Bedenken, ihre Nichtigkeit wegen Verstoßes gegen die guten Sitten. Wie das Landgericht feststellt und die Aussage des Vertreters der Versicherungsgesellschaft, Dr. O., zweifellos ergibt, handelte es sich bei der Mutter der Kläger um eine beschränkte, in rechtlichen Angelegenheiten gänzlich unerfahrene Person. Sie sah die Gewährung der Entschädigung von 50 ℳ als eine „Schenkung“ an, und gab schon hierdurch zu erkennen, daß sie die Tragweite ihrer Erklärung, die als ein Verzicht auf jeglichen Ersatzanspruch wegen des durch den Tod ihres Mannes ihr erwachsenen Schadens gegen sie verwertet werden sollte, nicht erkannte. Wenn der Vertreter einer Versicherungsgesellschaft eine derartige Person, noch dazu wenige Tage nach dem Tode ihres Mannes und Ernährers, dazu veranlaßt, eine Erklärung wie die vorliegende zu unterzeichnen, in der sie mit einer verhältnismäßig ganz geringfügigen Summe sich wegen weitgehender Ersatzansprüche für abgefunden erklärt, so enthält dies ein ernst zu mißbilligendes Vorgehen. An dieser Beurteilung ändert nichts, daß die Durchführung der Ersatzansprüche zweifelhaft erscheinen und der Vertreter der Gesellschaft der Meinung sein mochte, daß eine Klage wegen dieser Ansprüche keinen Erfolg haben werde. Zu einer unbefangenen Würdigung der Aussichten einer solchen Klage kann der Vertreter der Versicherungsgesellschaft im allgemeinen nicht geeignet erscheinen. Mit Recht hebt auch das Landgericht hervor, daß Dr. O. um so weniger vor völliger sachlicher Klarstellung des Unglücksfalles in der angegebenen Weise hätte vorgehen dürfen, als er damit auch die Interessen der beklagten Gemeinde schädigte, der voraussichtlich Armenlasten erwuchsen, wenn den Hinterbliebenen des F. eine Entschädigung versagt wurde, und sein Verfahren doch nur bezweckte, die Versicherungsgesellschaft durch die winzige Abfindungssumme von ihrer Ersatzpflicht gegenüber der Gemeinde zu befreien.

2. Mit Recht hat ferner das Landgericht die Klaganspruche für an sich begründet erachtet. Die gegenteilige Auffassung des Berufungsgerichts, das ein Verschulden der beklagten Gemeinde verneint, wird der Lage des Falles nicht gerecht.

Der besonders in den Gebirgsgegenden Süddeutschlands verbreitete Brauch des Böllerschießens bei festlichen und anderen Gelegenheiten mag durch alte Gewohnheit gerechtfertigt sein; irgendwelchem sittlichen oder sonstigen Bedürfnis aber entspricht er nicht. Seine Ausübung muß daher unterbleiben, wenn sie nicht ohne Gefährdung von Menschenleben erfolgen kann. An die Veranstalter eines solchen Böllerschießens müssen deshalb die strengsten Anforderungen hinsichtlich ihrer Sorgfalt gestellt werden. Nur wenn nach sorgfältigster Prüfung ein Unfall bei ordnungsmäßiger Bedienung des Böllers mit Sicherheit für ausgeschlossen zu erachten ist, darf ein solches Schießen veranstaltet und gestattet werden. Dieser Sorgfaltspflicht wird nicht dadurch genügt, daß in gewissen Zwischenräumen eine rein äußerliche Untersuchung der Böller vorgenommen wird, bei der die inneren Fehler, die zu einem Platzen des Böllers bei der nächsten Benutzung führen können, sich der Erkenntnis entziehen. Insbesondere kann eine solche äußerliche Untersuchung dann nicht genügen, wenn es sich, wie im vorliegenden Falle, um ganz alte, aus minderwertigem Material, Schweißeisen, hergestellte Böller handelt und diese, wie hier festgestellt, besonders viel benutzt worden waren. Die Meinung des Berufungsgerichts, daß es gegenüber einer kleinen Landgemeinde eine Überspannung der Sorgfaltspflicht bedeuten würde, wenn man ihr ansinne, die Untersuchung der Böller durch ein Fachinstitut vornehmen zu lassen, geht fehl. Sie würde vielleicht zutreffen, wenn die Veranstaltung des Böllerschießens durch zwingende Gründe geboten wäre, was eben nicht der Fall ist. Auch die weitere Erwägung des Berufungsgerichts, daß auch eine Untersuchung des Böllers durch ein Fachinstitut nicht zu ganz sicheren, einen Unglücksfall ausschließenden Ergebnissen führen würde, kann seine Entscheidung nicht rechtfertigen. Die Benutzung solcher alten Böller muß eben unterbleiben, wenn deren Ungefährlichkeit nicht sicher festzustellen ist. Zum mindesten aber müßte die Untersuchung solcher Böller in der Weise vorgenommen werden, wie sie die größtmögliche Sicherheit gewährt, und es müßte bis zum Beweise des Gegenteils angenommen werden, daß eine solche mit aller Sorgfalt vorgenommene Untersuchung durch ein Fachinstitut auch zur Entdeckung der Fehler geführt haben würde, die bei einer nur äußerlichen Untersuchung nicht zu erkennen waren." . . .

---

23. Bedeutet die Vorschrift in § 7 Abs. 2 der Bundesratsverordnung über den Verkehr mit Webwaren vom 10. Juni 1916 (RGBl. S. 463) eine Formvorschrift für die Gültigkeit des obligatorischen Vertrags?

BGB. §§ 125, 134, 306.

II. Zivilsenat. Urt. v. 30. Mai 1919 i. S. Ch. (Kl.) w. Gr. (Bekl.). II 65/19.

I. Landgericht II Berlin, Kammer für Handelssachen.
II. Kammergericht daselbst.

Die Klägerin verlangte Lieferung von 550 Stück Paillette-Seiden-Blusen vom Beklagten. Der Beklagte bestritt, daß eine feste Bestellung zustande gekommen sei. Die Vorinstanzen wiesen die Klage ab. Die Revision ist zurückgewiesen worden.

Gründe:

„Während das Berufungsgericht dahingestellt läßt, inwiefern die Verordnung vom 10. Juni 1916 über die Regelung des Verkehrs mit Web-, Wirk- und Strickwaren die Wirksamkeit des von der Klägerin behaupteten Vertrags beeinträchtigen würde, hat das Landgericht angenommen, daß dieser — augenscheinlich nach § 134 BGB. — nichtig wäre, weil er gegen die Vorschrift des § 7 Abs. 2 der Verordnung dadurch verstieße, daß der Auftrag von der Klägerin nicht schriftlich erteilt worden sei. Es ist dem Landgericht allerdings darin beizutreten, daß § 7 Abs. 2 auch auf die hier streitige Bestellung der Paillette-Seiden-Blusen Anwendung findet, obwohl Stoffe aus Natur- oder Kunstseide nach der Freiliste A, die der Reichskanzler auf Grund von § 19 der genannten Bundesratsverordnung in seiner Bekanntmachung vom 31. Oktober 1916 (RGBl. S. 1218) erlassen hat, im allgemeinen von den Beschränkungen der Verordnung ausgenommen sind. Denn in § 2 werden auch für diese Gegenstände der Freiliste die Vorschriften der §§ 7 und 20 BRD. ausdrücklich weiter für anwendbar erklärt. In § 7 wird aber nicht ein Gebot dahin erlassen, Kaufverträge über gewerbsmäßige Herstellung von Kleidungsstücken schriftlich abzuschließen derart, daß durch Gesetz eine neue Formvorschrift für die Gültigkeit der Verträge eingeführt worden wäre, deren Nichtbeobachtung die Nichtigkeit zur Folge hat (§§ 125, 126 BGB), sondern es wird lediglich die Erlaubnis der Herstellung von Bekleidungsstücken an das Vorliegen eines schriftlichen Auftrags geknüpft. Die Vorschrift läßt sonach die Grundsätze des bürgerlichen Rechtes über die Formfreiheit von Verträgen und deren rechtliche Wirksamkeit bei lediglich mündlicher Vereinbarung an sich unberührt und bringt nur eine Beschränkung der in § 1 der Gewerbeordnung gewährleisteten Gewerbefreiheit dahin, daß die Ausführung dieser nach bürgerlichem Rechte gültigen Verträge aus öffentlichrechtlichen Gründen verboten wird, wenn nicht die vom Käufer in dem Vertrag erteilte Bestellung schriftlich erteilt worden ist. Der Zweck ist nicht, durch die Formvorschrift im Interesse der Vertragschließenden den Abschluß des Vertrags sicherzustellen und dafür eine Beweisurkunde zu fordern, sondern „übermäßige Lagerarbeit zu verhüten und dadurch die gebotene Einschränkung des Verbrauchs der Rohstoffe herbeizuführen" (Begründung in der Denkschrift über wirtschaftliche Maßnahmen usw. Nachtrag IX S. 106); daß nicht auf Lager, sondern nur auf Bestellung gearbeitet werde, dafür soll durch die schriftliche Auftragserteilung den überwachenden Behörden gegenüber der Nachweis erbracht werden. Schriftlichkeit wird sonach im Interesse der Kontrolle und als Vorbeugungsmaßregel zur Verhütung von Lagerarbeit gefordert und darum schlechthin die gewerbsmäßige Herstellung von Bekleidungsstücken ohne festen schriftlichen Auftrag verboten, weil bei ihnen andernfalls die Vermutung besteht, daß sie Lagerarbeit ist. Gegen das gesetzliche Verbot des § 7 Abs. 2 verstößt sonach nur die Ausführung einer im Kaufvertrag enthaltenen Bestellung, die nicht schriftlich erteilt ist; die Rechtswirksamkeit des Vertrags selbst bleibt dadurch unberührt.

Der Vertrag ist ferner auch nicht etwa aus dem Gesichtspunkte des § 306 BGB. für nichtig zu erachten, weil er auf eine verbotene, also rechtlich unmögliche Leistung gerichtet gewesen sei. Denn die Verschränkung der vertraglichen Leistung war sofort zu beheben mit Erteilung eines schriftlichen Auftrags, dessen Nachholung nach dem Sinne und Zwecke des § 7 Abs. 2 jederzeit gestattet sein muß. Diese Nachholung hat nicht die Bedeutung der Bestätigung des nichtigen Kaufvertrags im Sinne von § 141 BGB., sondern nur die der Beschaffung der gesetzlichen Voraussetzung für die Ausführung des Vertrags. Dem Kontrollbedürfnis der überwachenden Behörde wird aber auch durch einen solchen nachträglich beigebrachten schriftlichen Auftrag Genüge getan und es liegt kein Grund vor, von dem Zeitpunkte der Beibringung an dem Gewerbetreibenden die Herstellung der Bekleidungsstücke in Ausführung des nunmehr nachgewiesenen Auftrags zu untersagen. Dann war die vertragliche Leistung auch nicht von vornherein unmöglich, sondern nur durch eine noch vom Kläger zu bewirkende schriftliche Auftragsbestätigung bedingt. Es hätte daher, wäre die Auftragsbestätigung vom 30. Januar 1918, wie die Klägerin behauptet, der Beklagten tatsächlich noch übergeben worden, der Herstellung von da ab nichts mehr im Wege gestanden.

Das Berufungsgericht konnte die Feststellung dieser nachträglichen Beibringung aber mit Recht beiseite lassen, da es den Beweis, daß zwischen den Parteien überhaupt ein Kaufvertrag abgeschlossen worden ist, nicht für erbracht ansieht und aus diesem Grunde schon die Klage abgewiesen hat. Was die Revision hiergegen vorbringt, richtet sich ausschließlich gegen die Beweiswürdigung, die vom Reichsgerichte nicht nachgeprüft werden kann." ...

---

24. 1. Unter welchen Voraussetzungen kann ein mit seiner Ehefrau in der Errungenschaftsgemeinschaft des Bürgerlichen Gesetzbuchs lebender Ehemann einen Anspruch seiner Ehefrau auf Schmerzensgeld wegen einer im Ausland gegen sie begangenen unerlaubten Handlung im eigenen Namen gerichtlich geltend machen?

2. Welches Recht ist maßgebend, wenn ein Inländer wegen einer im Ausland verübten unerlaubten Handlung vor einem inländischen Gerichte verklagt wird?

3. Kann die Revision auf Verletzung der in Belgien geltenden Normen des Code civil gestützt werden?

4. Welche Anforderungen dürfen an die Sorgfaltspflicht einer Ausstellungsleitung zum Schutze der Ausstellungsbesucher gegen Gefahren, die durch den Verschleiß des Fußbodenbelags entstehen, gestellt werden?

VII. Zivilsenat. Urt. v. 30. Mai 1919 i. S. B. (Bekl.) w. B. (Kl.). VII 33/19.

I. Landgericht Frankfurt a. M.
II. Oberlandesgericht daselbst.

Die Ehefrau des Klägers besuchte am 19. August 1913 die Weltausstellung in Gent. In dem zur deutschen Abteilung gehörigen Saale für Städtebaukunst kam sie zu Fall und erlitt einen Oberarmbruch und geringere Verletzungen im rechten Knie und im Gesicht.

Der Kläger behauptet, der Unfall sei dadurch verursacht worden, daß seine Ehefrau mit einem Fuße in einer beschädigten Stelle des Linoleumsbelags hängen geblieben und dadurch hingestürzt sei. Er nimmt den Beklagten als Präsidenten der deutschen Ausstellung aus Vertrag und unerlaubter Handlung für den Ersatz des durch den Unfall entstandenen und noch entstehenden Schadens in Anspruch und hat beantragt, 1. den Beklagten zu verurteilen: a) an ihn, den Kläger, 1498,92 *M* bis dahin entstandene Heilungskosten nebst Zinsen, b) an seine Ehefrau ein Schmerzensgeld von 10000 *M* nebst Zinsen oder den nach richterlichem Ermessen als angemessen erachteten Betrag zu zahlen; 2. festzustellen, daß der Beklagte auch zum Ersatz alles weiteren aus dem Unfall dem Kläger und seiner Ehefrau entstehenden Schadens verpflichtet ist.

Das Landgericht wies die Klage ab. Das Oberlandesgericht hat dagegen die Klagansprüche zu 1a und b dem Grunde nach für berechtigt erklärt und dem Feststellungsantrage stattgegeben. Auf Revision wurde das Urteil aufgehoben.

Gründe:

„Die Revision bemängelt zu Unrecht, daß der Berufungsrichter die Aktivlegitimation des Klägers zum Anspruch auf Schmerzensgeld nicht ausreichend geprüft und begründet habe. Für die Frage der Aktivlegitimation des Ehemannes zur gerichtlichen Geltendmachung eines Anspruchs der Ehefrau auf Schmerzensgeld sind, wie der Vorderrichter zutreffend annimmt, die Vorschriften maßgebend, nach denen das Güterrecht der Eheleute zu beurteilen ist, also, da der Kläger unstreitig zur Zeit der Eheschließung Deutscher war, deutsches Recht (Art. 15 EG. z. BGB.), und zwar, wie das Berufungsgericht feststellt, die Vorschriften über die Errungenschaftsgemeinschaft des Bürgerlichen Gesetzbuchs. Nun ist allerdings der Anspruch auf Schmerzensgeld nach deutschem Rechte (§ 847 BGB.) ein höchst persönliches, nicht übertragbares Recht, solange er nicht durch Vertrag anerkannt oder rechtshängig ist. Aber gemäß § 1522 BGB. gehören unübertragbare Rechte der Ehefrau zu ihrem eingebrachten Gute, und nach § 1525 Abs. 2 in Verb. mit § 1380 kann der Ehemann ein zum eingebrachten Gute der Ehefrau gehörendes Recht in eigenem Namen gerichtlich geltend machen. Beschränkt ist er nur in der Verfügung über eingebrachtes Gut; er bedarf dazu der Zustimmung der Ehefrau (§ 1525 Abs. 2 mit § 1375), und das von ihm erstrittene Urteil wirkt nur dann für und gegen die Frau, wenn diese ihre Zustimmung zur Prozeßführung erteilt hat oder wenn der Ehemann ausnahmsweise der Zustimmung der Frau zur Verfügung über das Recht nicht bedarf (§ 1380 Abs. 2). Der Zustimmung der Ehefrau zur Prozeßführung ist es aber gleich zu erachten, wenn der klagende Ehemann Leistung an seine Ehefrau beantragt hat;

denn auch in diesem Falle besteht keine Gefahr für den verurteilten Schuldner, daß er nach Vollstreckung des Urteils durch den Ehemann nochmals an die Frau leisten müßte, weil jener nicht zur Verfügung über das Recht, also auch nicht zur Einziehung des Anspruchs im Vollstreckungsverfahren berechtigt gewesen wäre (vgl. RGZ. Bd. 77 S. 34). Nun hat aber der Kläger, insoweit der Anspruch auf Schmerzensgeld in Betracht kommt, bereits in der Klageschrift Leistung an die Ehefrau beantragt. Die Bedenken der Revision zur Frage der Aktivlegitimation des Klägers für diesen Anspruch sind daher unbegründet.

Der Unfall hat sich in Gent, also im Ausland, ereignet. Maßgebend für das anzuwendende Recht ist nach anerkannter Rechtsprechung, soweit der Schadensersatzanspruch auf unerlaubte Handlung gestützt ist, das Gesetz des Ortes, wo die unerlaubte Handlung begangen ist, also hier belgisches Recht. Jedoch erleidet gemäß Art. 12 EG. z. BGB. dieser allgemeine Rechtsgrundsatz die Einschränkung, daß gegen einen Deutschen aus einer im Auslande begangenen unerlaubten Handlung nicht weitergehende Ansprüche geltend gemacht werden können, als nach den deutschen Gesetzen begründet sind. Das will besagen, daß der Richter zu prüfen hat, ob und inwieweit die Ansprüche sowohl nach deutschem als nach ausländischen Rechte sich als gerechtfertigt erweisen, daß aber die Ansprüche nur dann und insoweit zuerkannt werden dürfen, als sie nach beiden Rechten übereinstimmend begründet erscheinen. Das ist auch vom Vorderrichter nicht verkannt worden. Wenn er auch keine besonderen Ausführungen darüber gemacht hat, ob und inwieweit auch nach deutschem Rechte die Klagansprüche begründet seien, so läßt doch der ausdrückliche Hinweis auf Art. 12 EG. z. BGB. hinreichend erkennen, daß er diese Vorschrift nicht übersehen hat, und es darf deshalb angenommen werden, daß seine Ausführungen zur Verschuldensfrage, hinsichtlich deren die Revision Verletzung des § 276 BGB. rügt, ebensowohl für die Beurteilung der Sachlage nach deutschem Rechte wie nach belgischem gelten sollen.

Insoweit als das Berufungsgericht die Klagansprüche nach belgischem Rechte für begründet erachtet, kann eine rechtliche Nachprüfung durch das Revisionsgericht nicht stattfinden. Zwar gilt in Belgien der Code civil, aber nicht als Inlandsrecht (wie vor 1900 im Rheinland und in Elsaß-Lothringen), sondern als ausländisches Recht. Auslandsrecht ist aber nicht revisibel, auch dann nicht, wenn seine Normen mit solchen des im Inlande geltenden Rechtes übereinstimmen (vgl. u. a. RGZ. Bd. 63 S. 318, Bd. 78 S. 49; Warneyer 1912 Nr. 353). Insoweit dagegen die Klagansprüche vom Berufungsgericht auch nach deutschem Rechte zu prüfen waren und, wie oben erwähnt, auch geprüft worden sind, bestehen gegen die Revisibilität der Rechtsausführungen des Berufungsrichters keine Bedenken.

Die Revision ist nun der Meinung, daß der Vorderrichter die Anforderungen, die nach den Umständen des Falles an die Sorgfalt des Beklagten, als des Leiters der Deutschen Abteilung der Ausstellung, zu stellen waren, überspannt und dadurch den § 276 BGB. verletzt hat. Der Revision kann der Erfolg mit diesem Angriffe nicht versagt werden.

Das Berufungsgericht hält nicht für erwiesen, daß die Beschädigung des Linoleumbelags schon mehrere Tage bestanden habe und daß sie dem Beklagten bekannt gewesen, es unterstellt vielmehr, daß sie erst im Laufe des Vormittags am Unfalltag eingetreten sei. Es mißt aber dem Beklagten insofern einen Mangel an der verkehrserforderlichen Sorgfalt bei, als die Organisation hinsichtlich der Beaufsichtigung des Fußbodens eine mangelhafte gewesen sei. Nach der Feststellung des Vorderrichters war der Belag zur Zeit des Unfalls schon erheblich abgenutzt, besonders an den Nagelstellen, und an einer solchen hat sich der Unfall ereignet. Es seien schon häufige Reparaturen notwendig geworden, was mit Rücksicht auf den federnden Bretterfußboden ganz natürlich gewesen sei. Bei dem abgenutzten Zustande des Linoleums, bei der Häufigkeit der bereits eingetretenen Beschädigungen und bei dem starken Verkehr, der sich gerade in dem hier fraglichen Raume abspielte, der den Durchgang von der am meisten besuchten großen Maschinenhalle zum Restaurant bildete, hätte die vom Beklagten angeordnete täglich nur einmalige Kontrolle des Fußbodens nicht ausgereicht, sondern es hätte eine häufigere Kontrolle auch während der Besuchszeit stattfinden müssen; denn es hätte damit gerechnet werden müssen, daß plötzlich erhebliche, für das Publikum gefährliche Schäden eintreten könnten und daß die Ausstellungsbesucher durch die Besichtigung der ausgestellten Gegenstände mehr als anderswo von der Aufmerksamkeit auf den Fußboden abgelenkt würden. Es wäre auch nicht unmöglich gewesen, während der Besuchszeit plötzlich eintretende Beschädigungen des Fußbodenbelags alsbald zu beseitigen oder doch durch Absperrung unschädlich zu machen.

Die Anforderung, die das Berufungsgericht hiernach an die vom Beklagten aufzuwendende Sorgfalt stellt, muß als zu weit gehend abgelehnt werden. Sie würde darauf hinauslaufen und ist vom Berufungsrichter offenbar auch so gedacht, daß eine andauernde Kontrolle durch die Ausstellungsbeamten während der Besuchszeit hätte stattfinden müssen. Einen derartig hochgegriffenen Sorgfaltsaufwand erforderte der Verkehr auch bei der vom Berufungsgerichte festgestellten Sachlage nicht nur nicht, sondern eine fortgesetzte Kontrolle war auch gerade im Hinblick auf den starken Besuch in dem fraglichen Raume nicht durchführbar und hätte auch nicht jede Gefahr für die Besucher verhindern können. Wenn plötzlich eine Beschädigung des Belags an irgendeiner

Stelle eintrat, so konnte schon im nächsten Augenblick, ehe sie auch bei bester und andauernder Beaufsichtigung bemerkt wurde, ein Besucher zu Falle kommen. Es kann daher auch nicht die Erwägung des Vorderrichters als zutreffend anerkannt werden, daß der Unfall der Ehefrau des Klägers voraussichtlich vermieden worden wäre, wenn der Beklagte für eine häufigere oder gar andauernde Kontrolle gesorgt hätte. Das persönliche Verschulden des Beklagten muß also verneint werden, was die Aufhebung des Berufungsurteils zur Folge hat. Die Sache war aber zur anderweiten Verhandlung und Entscheidung an das Berufungsgericht zurückzuverweisen, weil es noch der Prüfung bedarf, ob die Klagansprüche gemäß Art. 1384 Code civil, § 831 BGB. oder auf Grund Vertrags begründet sind."

---

25. Scheckprozeß. Muß die Klagschrift die ausdrückliche Erklärung enthalten, daß im Scheckprozesse geklagt werde, oder genügt die Angabe „im Wechselprozeß"?

Scheckgesetz § 28; ZPO. §. 604.

V. Zivilsenat. Urt. v. 21. Mai 1919 i. S. G. (Bekl.) w. P. (Kl.). V 113/19.

I. Landgericht Zwickau.
II. Oberlandesgericht Dresden.

Der Kläger erhob auf Grund eines vom Beklagten ausgestellten, an ihn begebenen, von ihm weitergirierten und nach Protest mangels Zahlung von ihm im Regreßweg eingelösten Schecks Klage im „Wechselprozesse" auf Verurteilung des Beklagten zur Zahlung von 14059,15 ℳ nebst 6% Zinsen seit dem 15. November 1918. Der Beklagte machte in erster Linie geltend, die Klage sei in der gewählten Prozeßart unstatthaft, weil die Klagschrift nicht die Erklärung enthalte, daß im Scheckprozesse geklagt werde. In zweiter Linie erhob er Einwendungen gegen das Bestehen des Anspruchs.

Der erste Richter wies die Klage aus dem vom Beklagten geltend gemachten Grunde als in der gewählten Prozeßart unstatthaft ab. Der Berufungsrichter dagegen erkannte auf Feststellung des Klaganspruchs dem Grunde nach und wies die Sache an die erste Instanz zurück.

Die Revision des Beklagten blieb ohne Erfolg.

Gründe:

„Der Berufungsrichter erachtet den Scheckprozeß für statthaft. Er führt aus, die Klage enthalte zwar nicht die ausdrückliche Erklärung, daß im Scheckprozesse geklagt werde. Es genüge aber, daß der Gesamtinhalt der Klage die Erklärung und den Willen des Klägers, im Scheckprozesse zu klagen, unzweideutig erkennen lasse. Das sei hier der Fall, weil in der Klagschrift die Klagurkunde als Scheck bezeichnet und eine Abschrift davon als Klaganlage beigefügt worden sei. Es könne daher auf sich beruhen bleiben, ob nicht schon die Erklärung, im Wechselprozesse zu klagen, für die Scheckregreßklage genüge.

Die Revision rügt Verletzung des § 28 Abs. 3 des Scheckgesetzes vom 11. März 1908 und der §§ 597 Abs. 2, 604 Abs. 1 ZPO. und macht geltend, nach dem Inhalte der Klagschrift sei im Wechselprozesse und nicht im Scheckprozesse geklagt worden, um einen Anspruch aus einem Wechsel handle es sich aber gar nicht, deshalb müsse die Klage als im Wechselprozeß unstatthaft abgewiesen werden. Es ist jedoch dem Berufungsrichter im wesentlichen beizutreten.

Nach § 28 Abs. 3 ScheckG. finden auf die Geltendmachung von Regreßansprüchen aus einem Scheck die den Wechselprozeß betreffenden Vorschriften der §§ 602 bis 605 ZPO. entsprechende Anwendung. Der Wechselprozeß ist eine Unterart des Urkundenprozesses. Durch die für ihn in § 604 Abs. 1 ZPO. vorgeschriebene Erklärung in der Klage, daß im Wechselprozesse geklagt werde, soll einerseits klargestellt werden, daß der Kläger die mit der Wahl dieser besonderen Prozeßart für ihn verbundenen prozessualen Folgen, wie sie sich namentlich aus §§ 592, 595 Abs. 2, 602 ZPO. hinsichtlich der Art der zulässigen Beweisführung ergeben, auf sich nehmen will, anderseits soll dem Beklagten zu erkennen gegeben werden, daß der Klaganspruch gegen ihn in dieser ihn, insbesondere nach Maßgabe der §§ 594, 595, 604 Abs. 2 ZPO., in der Verteidigung beschränkenden Prozeßart verfolgt werde, damit er daraufhin seine Verteidigung einrichten könne (Begründung z. Entw. in Hahn, Materialien z. ZPO., S. 389, 391, 396). In Anbetracht dieses Zweckes der Vorschrift des § 604 Abs. 1 ZPO. ist es nicht für unbedingt notwendig zu erachten, daß der Wille, den Wechselprozeß anzustellen, vom Kläger mit den Worten der Vorschrift erklärt wird, vielmehr ist jede Erklärung in der Klagschrift, die diesen Willen unzweideutig erkennen läßt, als genügend anzusehen. Demgemäß ist es auch bei Geltendmachung von Regreßansprüchen aus einem Scheck zu Erfüllung der entsprechend anzuwendenden Vorschrift des § 604 Abs. 1 für ausreichend zu erachten, wenn der Wille des Klägers, seine Regreßansprüche aus einem Scheck in einem Urkundenprozesse nach Maßgabe der den Wechselprozeß betreffenden Vorschriften der §§ 602 bis 605 ZPO. zu verfolgen, in der Klagschrift unzweideutig zum Ausdrucke gebracht worden ist. Hier enthält nun die Klage im Eingange die Bezeichnung „Klage im Wechselprozeß" und in der Begründung des Klagantrags die Angabe, es schulde der Beklagte dem Kläger laut der abschriftlich der Klage angefügten Urkunden, des

Schecks und der Rückrechnung, 14059,15 *M* nebst 6 % Zinsen seit 13. November 1918. Daraus erhellt deutlich der Wille des Klägers, seine Regreßansprüche aus dem fraglichen Scheck in einem Verfahren durchzuführen, für welches die den Wechselprozeß betreffenden Vorschriften gelten. Es ist daher der auf die Geltendmachung derartiger Regreßansprüche entsprechend anzuwendenden Vorschrift des § 604 Abs. 1 ZPO. genügt. Dies um so mehr, als § 28 Abs. 3 ScheckG. nicht vorschreibt, daß bei Geltendmachung von Regreßansprüchen aus einem Scheck die Klage die Erklärung enthalten müsse, daß im Scheckprozesse geklagt werde, sondern nur die entsprechende Anwendung der den Wechselprozeß betreffenden Vorschriften der §§ 602 bis 605, also auch des § 604 Abs. 1 ZPO. bestimmt. Demnach hat der Berufungsrichter mit Recht die Entscheidung des ersten Richters, daß die Klage deswegen, weil sie nicht die Erklärung enthalte, daß im Scheckprozesse geklagt werde, als in der gewählten Prozeßart unstatthaft abzuweisen sei, für ungerechtfertigt erklärt."

---

26. Wann wird der Zuschlag bei einer Versteigerung rechtlich wirksam?

BGB. § 156.

VII. Zivilsenat. Urt. v. 27. Mai 1919 i. S. Stadtgemeinde A. (Bekl.) w. N. (Kl.). VII 46/19.

I. Landgericht Landsberg a. W.
II. Kammergericht Berlin.

Die Beklagte machte bekannt, daß sie die Jagdnutzung in einem einen Eigenjagdbezirk bildenden Forstrevier im Wege der öffentlichen Versteigerung verpachten wollte. Sie behielt sich den Zuschlag bei freier Wahl unter den Bietern vor. Durch die Beschlüsse der städtischen Behörden wurde dem Kläger der Zuschlag erteilt und ihm hiervon durch ein nur vom Bürgermeister der Beklagten unterzeichnetes Schreiben des Magistrats Mitteilung gemacht. Der Kläger hielt sich an sein Gebot nicht für gebunden. Er klagte auf Feststellung, daß das Pachtverhältnis nicht bestehe, und auf Zurückzahlung des Pachtzinses. Einer der Streitpunkte war, ob die Zuschlagerteilung zu ihrer Wirksamkeit der Mitteilung an den Kläger bedurft habe.

Der Klage wurde in den Vorinstanzen stattgegeben, die Revision hatte keinen Erfolg.

Aus den Gründen:

..."§ 156 BGB. unterstellt die Versteigerung den Regeln des Vertragsrechts. Das Gebot gilt als Vertragsantrag, der Zuschlag als dessen Annahme. Die Streitfrage, ob schon das Ausgebot des Versteigerers als dessen Vertragsantrag und das dann abgegebene Gebot als Annahme dieses Antrags zu beurteilen sei, entscheidet das Bürgerliche Gesetzbuch dahin, daß erst durch den Zuschlag der Vertrag zustande kommt. Die Gebundenheit des Bieters ist, wie bei jedem Vertragsantrag, eine zeitlich beschränkte, sie erlischt nach § 156, wenn ein Übergebot abgegeben oder die Versteigerung ohne Erteilung des Zuschlags geschlossen wird. Diese Bestimmung ist indessen nicht zwingenden Rechtes und kann deshalb durch Vereinbarungen zwischen dem Versteigerer und dem Bieter abgeändert werden. Das ist hier geschehen. Unstreitig wurde bei dem Ausschreiben der Versteigerung und im Bietungstermine bekanntgegeben, daß sich die Stadtgemeinde den Zuschlag und die freie Wahl unter den Bietern vorbehalte. Dem haben sich die Bieter unterworfen, und es bestand deshalb Gebundenheit an ihren Vertragsantrag (das Gebot) bis zur Beschlußfassung der städtischen Körperschaften über den Zuschlag, die in angemessener Frist erfolgen mußte. Die dem Kläger den Zuschlag erteilenden Beschlüsse des Magistrats und der Stadtverordneten sind rechtzeitig gefaßt worden. Die Beklagte vertritt den Standpunkt, daß schon durch diese Beschlüsse, ohne daß es ihrer Mitteilung an den Kläger bedurft habe, der Vertrag mit ihm zustande gekommen sei.

Die Auffassung, daß der Zuschlag schon kraft seiner Erteilung als Annahme wirksam sei, unabhängig davon, ob der Bieter die Erklärung vernimmt oder diese ihm sonst zugeht, hat im Schrifttum Vertreter und Gegner. Es wird für sie Bezug genommen auf die Bestimmung des § 181 FGG. Dort ist für die gerichtliche oder notarielle Beurkundung von Versteigerungen bestimmt, daß, wenn sich ein an sein Gebot gebundener Bieter vor dem Schlusse der Verhandlung entfernt, an Stelle seiner Unterschrift die Angabe des Grundes, aus welchem sie unterblieben ist, genügt.

Es kann dahingestellt bleiben und braucht hier nicht entschieden zu werden, welche rechtliche Wirkung der Erklärung des Zuschlags beizumessen ist, wenn sie im unmittelbaren Anschluß an die Versteigerung im Versteigerungstermine selbst erfolgt; ob die Zuschlagserteilung den Vertrag auch dann zustande bringt, wenn der Bieter nicht mehr anwesend ist, dem zugeschlagen wird, oder ob in einem solchen Falle die Erteilung des Zuschlags noch besonders zur Herbeiführung des Vertragsabschlusses dem Bieter zugehen muß. Das hier in Betracht kommende Verfahren ist wegen der der Stadtgemeinde vorbehaltenen erst späteren Zuschlagserteilung bei freier Wahl unter den Bietern vertraglich wesentlich anders gestaltet. Bei der Versteigerung sollte es noch gar nicht zum Vertragsschlusse kommen. Die Beklagte wollte bei ihr nur Angebote erzielen. Der der Beschlußfassung der städtischen Behörden vorbehaltene spätere Zuschlag auf eines dieser Angebote ist damit losgelöst von dem Versteigerungsverfahren, wie es im Regelfalle verläuft. Er unterscheidet sich rechtlich nicht von der Annahme eines außerhalb des Versteigerungsverfahrens gemachten Angebots. Es handelt sich bei einem solchen Zuschlag um eine Vertragsschließung unter Abwesenden durch Angebot und Annahme, und die in dem Zuschlage zum Ausdruck gelangende Annahme mußte deshalb, da die Ausnahmefälle der §§ 151, 152 BGB. hier nicht in Betracht kommen, um den Pachtvertrag zum Abschlusse zu bringen, dem Kläger zugehen. Es mußte ihm das Einverständnis der Stadtgemeinde mit seinem Angebot erklärt werden. Erst damit, nicht schon durch die Beschlußfassung des Magistrats und der Stadtverordneten, die innere Angelegenheiten der Stadtgemeinde sind, gelangt der Zuschlag dem Kläger gegenüber zur Wirksamkeit. Erst damit wird die Zuschlagerteilung auch für die Stadtgemeinde, da vorher die hierüber ergangenen Beschlüsse noch geändert werden konnten, verbindlich und der Vertrag geschlossen." ...

---

27. Zur Auslegung der Bekanntmachung über die Einfuhr von Walnüssen und Haselnüssen vom 7. September 1916 (RGBl. S. 999) und der Ausführungsbestimmungen hierzu von demselben Tage (RGBl. S. 1000). Enteignungsrecht des Kriegsausschusses (später Reichsausschusses) für pflanzliche und tierische Öle und Fette, G. m. b. H. in Berlin.

II. Zivilsenat. Urt. v. 30. Mai 1919 i. S. L.er Ölmühle (Kl.) w. R. & Co. (Bekl.). II 10/19.

I. Landgericht Hamburg, Kammer für Handelssachen.
II. Oberlandesgericht daselbst.

Die Beklagte verkaufte an die Klägerin

a) laut Schlußnote vom 20. November 1916 durch H. T.:

„2 Waggons von je ungefähr 14800 Kilo ... levantiner Haselnußkerne ... zu 1250 *M* per 100 Kilo ...

Konditionen: ... Die Ölmühle ist verpflichtet, zu den von der deutschen Regierung festgesetzten Bedingungen zu verkaufen. Regierungsmaßnahmen zu Käufers Lasten. Die Ware ist vor dem 7. September 1916 in der Türkei gekauft und verladen worden und via Rustschuk-Orsowa expediert. Sie befindet sich laut letzten Nachrichten in Belene bei Sistow. ..."

b) laut Schlußnote vom 21. November 1916 durch M. F. & Co.:

„2 Waggons à 10000 Kilo levantiner Haselnußkerne ... jetzt auf der Donau befindlich ...

à 1225 ℳ per 100 Kilo ...

Dieses Geschäft ist abgeschlossen unter den Bedingungen, die den Verkäufern vom Kriegsausschuß für Öle und Fette in Berlin auferlegt worden sind und die die Käufer akzeptiert haben. Diese Bedingungen lauten:

»Die Ölmühlen verpflichten sich, das Öl zu ihrem Einstandspreise zuzüglich 5 % an den Zwischenhandel weiterzuverkaufen. Die Mühlen müssen den Zwischenhandel verpflichten, mit 15 ℳ per 100 Kilo Nutzen weiterzuliefern, und der Zwischenhandel muß die Kleinhändler verpflichten, mit 20 ℳ per 100 Kilo Nutzen abzugeben.«

Etwaige Regierungsmaßnahmen gehen zu Käufers Lasten."

Nach der Behauptung der Klägerin wurde „beschlagnahmefreie Ware" verkauft.

Dem Abschlusse der Verträge war folgendes vorausgegangen: Am 12. September 1916 hatte zwischen der Direktion des Kriegsausschusses für pflanzliche und tierische Öle und Fette, G. m. b. H. in Berlin, und verschiedenen am Nußhandel beteiligten Kaufleuten, zu denen auch der Inhaber der Beklagten, K., gehörte, eine Unterredung stattgefunden. Dabei hatte der Kriegsausschuß zugestanden, daß Haselnußkerne, die nachweislich vor dem Tage der durch die Bundesratsverordnung vom 7. September 1916, über die Einfuhr von Walnüssen und Haselnüssen, herbeigeführten Beschlagnahme im Auslande gekauft und auf den Weg gebracht worden waren, dem Handel für die Verarbeitung zur Ölgewinnung zu überlassen seien, jedoch unter der Bedingung, daß die Ölmühlen verpflichtet würden, das Öl nach den Weisungen des Kriegsausschusses in den Verkehr zu bringen. Dieses Zugeständnis hatte der Kriegsausschuß in seinem Schreiben an die Hamburger Handelskammer vom 23. September 1916 bestätigt. Ferner hatte die Firma E. A. Gr. & Co. durch Telegramm vom 30. September 1916 im Auftrage der Klägerin, der Speiseölfabrik W. & Co. und anderer Ölfabriken den Kriegsausschuß um drahtliche Bestätigung gebeten,

„daß solche Mengen von Haselnußkernen, welche nachweislich vor dem 7. September in der Türkei gekauft und bezahlt wurden, freigegeben werden, wenn die verarbeitenden Mühlen sich binden, das Öl zum Einstandspreise zuzüglich eines Nutzens von 5 % an den Zwischenhandel zu verkaufen und ihrerseits Zwischenhandel verpflichten, mit 15 ℳ per 100 Kilo Nutzen weiterzuliefern; Zwischenhandel muß vom Kleinhandel Verpflichtung fordern, nicht mehr als weitere 20 ℳ per 100 Kilo aufzuschlagen."

Hierauf hatte der Kriegsausschuß am 2. Oktober 1916 drahtlich geantwortet:

„mit Freigabe von Haselnüssen unter angegebenen Bedingungen einverstanden."

Sodann hatte der Reichskanzler unter dem 6. Oktober 1916 der Firma W. & Co. auf deren Eingabe vom 14. September 1916 erwidert:

„Der Kriegsausschuß für Öle und Fette wird die am 7. September 1916 bereits zur Beförderung nach Deutschland verschickten Wal- und Haselnüsse mit der Maßgabe den Importeuren oder Käufern überlassen, daß die Empfänger sich verpflichten, das aus den Nüssen hergestellte Öl nach den Weisungen des Kriegsausschusses in den Handel zu bringen und ihren Abnehmern die gleiche Verpflichtung auferlegen. Der Kriegsausschuß wird die Ölfabriken um eine Kalkulation des Ölpreises ersuchen und sie anweisen, das Öl zum Gestehungspreise mit einem angemessenen Nutzen für die Fabrik in den Handel zu bringen, und auch einen geringen Aufschlag für einen eventuellen Zwischenhandel vorschreiben. Ich stelle ergebenst anheim, sich unmittelbar mit dem Kriegsausschuß ins Benehmen zu setzen."

Unstreitig waren die von der Beklagten an die Klägerin verkauften Haselnußkerne vor dem 7. September 1916 in der Türkei gekauft und bezahlt und nach Deutschland auf den Weg gebracht worden. Die Beklagte erhielt jedoch vom Kriegsausschuß die vom 2. Dezember 1916 datierte Mitteilung:

... „Die Freigabe kann erst erfolgen, nachdem wir den Verkaufspreis, zu welchem Sie die Kerne den Ölmühlen weitergeben dürfen, mit Ihnen festgesetzt haben,"

und unter dem 28. Dezember 1916 den Bescheid,

... „daß wir die unterwegs befindlichen Haselnußkerne Ihnen keinesfalls freigeben werden, sondern dieselben nur selbst übernehmen können. Der Kostenpreis ist uns nachzuweisen, und wir werden Ihnen dann mitteilen, zu welchem Preise wir die Ware übernehmen werden. — Ihre Verkäufe an die L.er Ölmühle erkennen wir nicht an. Es werden keine Haselnußkerne mehr zum Verkauf an die Ölmühle freigegeben, sondern die Verarbeitung erfolgt lediglich für Rechnung der Kriegsabrechnungsstelle der Deutschen Ölmühlen. — Die Verhältnisse haben sich seit der Zeit, daß Sie uns die ganze Angelegenheit unterbreitet haben, wesentlich geändert, und unsere heutigen Mitteilungen müssen Sie als endgültig betrachten."

Die Beklagte zeigte darauf am 29. Januar 1917 dem Kriegsausschuß an, daß die an die Klägerin verkauften Haselnüsse in Hamburg eingetroffen seien, und bat um deren Freigabe zur Lieferung an die Klägerin. Der Kriegsausschuß entgegnete ihr indes unter Hinweis auf sein Schreiben vom 28. Dezember 1916:

„Wir sind nicht in der Lage, Ihnen die fraglichen Kerne freizugeben. Wir können dieselben nur übernehmen, und ersuchen Sie, uns den Kostenpreis nachzuweisen. Der L.er Ölmühle können die Kerne auf keinen Fall ausgeliefert werden."

Infolgedessen verweigerte die Beklagte der Klägerin die Lieferung. Die Klägerin hielt die Weigerung für unberechtigt, weil der Kriegsausschuß an das im September und Oktober 1916 gemachte Zugeständnis gebunden sei, und klagte auf Schadensersatz wegen Nichterfüllung. Die Beklagte und die ihr als Nebenintervenientin beigetretene Kriegsausschußgesellschaft beantragten die Abweisung der Klage. Das Landgericht gab diesem Antrage statt und das Oberlandesgericht wies die Berufung der Klägerin zurück. Auch die Revision blieb erfolglos.

Aus den Gründen:

... „Der Kriegsausschuß für pflanzliche und tierische Öle und Fette ist zwar keine Behörde, sondern eine auf Grund des Gesetzes vom 20. April 1892/20. Mai 1898, also auf privatrechtlicher Grundlage, errichtete Gesellschaft m. b. H. Er gehört aber zu den zahlreichen, der Aufsicht einer Zentralbehörde unterstellten „kriegswirtschaftlichen Organisationen", denen der Bundesrat im öffentlichen Interesse „wichtige staatliche Aufgaben, vor allem hinsichtlich der Beschaffung des Heeresbedarfs und auf dem Gebiete der Volksversorgung übertragen" und deren Angestellte er später, durch die Bekanntmachung vom 3. Mai 1917 (RGBl. S. 393), ähnlich wie die Beamten, für Verletzung der ihnen übertragenen Pflichten strafrechtlich verantwortlich gemacht hat (vgl. S. 242 des 11. Nachtrags zur Denkschrift über wirtschaftliche Maßnahmen aus Anlaß des Krieges, Drucksache Nr. 1124 des Reichstags, 13. Legislaturperiode II. Session 1914/17, vgl. auch S. 88flg. des 2. Nachtrags zu dieser Denkschrift, Drucksache Nr. 44 von 1914/15). Dem Kriegsausschusse für Öle und Fette insbesondere ist die Aufgabe zugewiesen worden, unter der Aufsicht des Reichskanzlers behufs einheitlicher Wahrnehmung der für die Volksernährung, die Kriegsverwaltung und die Industrie in Betracht kommenden Interessen „sowohl die Rohstoffe für die zahlreichen Gewerbe der Öl- und Fettverwertung anzukaufen und zu verwalten, als auch für die Verteilung der Erzeugnisse planmäßig zu sorgen" (S. 61 des 5. Nachtrags zur Denkschrift, Drucksache Nr. 107 von 1914/15). Zu diesem Zwecke ist zuerst die Bekanntmachung (Bundesratsverordnung) vom 15. Juli 1915 über den Verkehr mit Ölfrüchten und daraus gewonnenen Produkten (RGBl. S. 438), demnächst ersetzt durch die Verordnung über Ölfrüchte und daraus gewonnene Produkte vom 26. Juni 1916 (RGBl. S. 842) ergangen, an deren Stelle später die Verordnung vom 23. Juli 1917 (RGBl. S. 646) getreten ist. Aus der Reihe der ferneren Verordnungen sind hervorzuheben:

die Bekanntmachung über Öle und Fette vom 8. November 1915 (RGBl. S. 735),

die Bekanntmachung über die Einfuhr von pflanzlichen und tierischen Ölen und Fetten sowie Seifen vom 4. März 1916 (RGBl. S. 148) nebst den vom Reichskanzler dazu erlassenen Ausführungsbestimmungen vom 8. März 1916 (RGBl. S. 151), deren § 4 durch die Bekanntmachung vom 27. Oktober 1916 (RGBl. S. 1207) abgeändert worden ist,

die hier besonders zu erörternde Bekanntmachung über die Einfuhr von Walnüssen und Haselnüssen vom 7. September 1916 (RGBl. S. 999) mit den Ausführungsbestimmungen von demselben Tage (RGBl. S. 1000),

die Bekanntmachung über den Verkehr mit Harz (RGBl. S. 1002) und die Ausführungsbestimmungen hierzu (RGBl. S. 1003), beide gleichfalls vom 7. September 1916, sowie die Bekanntmachungen über deren Ausdehnung vom 22. Januar 1917 (RGBl. S. 69 und S. 70),

die Verordnung über Bucheckern vom 14. September 1916 (RGBl. S. 1027),

die Bekanntmachung über den Verkehr mit Cumaronharz vom 5. Oktober 1916 (RGBl. S. 1123) nebst den Ausführungsbestimmungen von demselben Tage (RGBl. S. 1125) und den Abänderungen zu beiden vom 22. November 1917 (RGBl. S. 1065 und 1066),

die Bekanntmachung über den Verkehr mit Knochen, Knochenerzeugnissen, insbesondere Knochenfetten und anderen fetthaltigen Stoffen vom 15. Februar 1917 (RGBl. S. 137), nebst Ausführungsbestimmungen vom 16. Februar 1917 (RGBl. S. 140),

die Bekanntmachung über die Einfuhr von Walfischen, Robben, Tümmlern und Fleisch von diesen Tieren vom 17. Februar 1917 (RGBl. S. 153),

die Bekanntmachung über den Verkehr mit Terpentinöl und Kienöl vom 17. Februar 1917 (RGBl. S. 157) nebst den Ausführungsbestimmungen hierzu vom 20. Februar 1917 (RGBl. S. 158).

Jede dieser Verordnungen weist dem Kriegsausschusse für pflanzliche und tierische Öle und Fette, G. m. b. H., in größerem oder geringerem Umfang öffentlichrechtliche Funktionen zu. Was insbesondere die Ausführungsverordnung zu der Bekanntmachung über die Einfuhr von Walnüssen und Haselnüssen anlangt, so stellt sie der Verpflichtung des Einführenden, den Eingang solcher Früchte dem Kriegsausschuß anzuzeigen (§ 1) und sie ihm zu liefern (§ 2), keineswegs nur einen privatrechtlichen Lieferungsanspruch des Kriegsausschusses gegenüber. Vielmehr legt sie dem Kriegsausschusse die öffentlichrechtliche Verpflichtung auf, soweit das öffentliche Interesse es erfordert, die Früchte zu einem angemessenen Preise zu erwerben und sie der Ölgewinnung zuzuführen

(§§ 3, 6), und sie überträgt ihm zur Sicherstellung und Erleichterung der Erfüllung dieser Verpflichtung die gleichfalls öffentlichrechtliche Befugnis, sich durch seine einseitige, keiner Annahme bedürftige Übernahmeerklärung zum Eigentümer der Früchte zu machen (§ 4). Letzteres ergibt sich unmittelbar aus der Bestimmung des § 4 Satz 2:

„Das Eigentum geht mit dem Zeitpunkt auf den Kriegsausschuß über, in dem die Übernahmeerklärung dem Einführenden oder dem Inhaber des Gewahrsams zugeht."

Diese, in den Kriegsverordnungen häufig wiederkehrende Bestimmung verleiht der Übernahmeerklärung des Kriegsausschusses die Bedeutung eines staatlichen Enteignungsbeschlusses, sonach dem Kriegsausschusse neben der Stellung des Begünstigten (Exproprianten) zugleich die der Enteignungsbehörde. Daß es sich dabei in der Tat um ein — vereinfachtes — Enteignungsverfahren handelt, beweisen die zahlreichen Fälle, in denen ursprünglich verordnet war, daß das Eigentum mit der Zustellung der auf Antrag der Kriegsgesellschaft ergangenen Anordnung der „zuständigen Behörde" übergehen solle, während später im Interesse der Vereinfachung die Mitwirkung dieser Behörde ausgeschaltet wurde (S. 23flg. des 9. und S. 19 des 10. Nachtrags zur Denkschrift, Reichstagsdrucksachen Nr. 403 und 650). So war beispielsweise der § 4 Abs. 2 der die Einfuhr von Ölen, Fetten und Seifen betreffenden Ausführungsbestimmungen vom 8. März 1916 (RGBl. S. 151):

„Erfolgt die Überlassung nicht freiwillig, so wird das Eigentum auf Antrag des Kriegsausschusses durch Anordnung der zuständigen Behörde auf ihn oder die von ihm in dem Antrage bezeichnete Person übertragen. Die Anordnung ist an den zur Überlassung Verpflichteten zu richten. Das Eigentum geht über, sobald die Anordnung ihm zugeht" —

anfänglich mit § 5 Abs. 2 der Ölfrüchteverordnung vom 15. Juli 1915 (RGBl. S. 438) — vgl. jetzt § 5 Abs. 2 der Verordnung vom 23. Juli 1917 (RGBl. S. 646), wo am Schlusse des ersten Satzes das Wort „(Enteignung)" eingeschaltet ist, — im wesentlichen gleichlautend; er hat aber später durch die Verordnung vom 27. Oktober 1916 (RGBl. S. 1207) eine dem § 4 Abs. 2 der Ausführungsbekanntmachung vom 7. September 1916 (RGBl. S. 1000) entsprechende Fassung erhalten, und zwar ohne daß an der Bestimmung des § 6 der Bekanntmachung vom 8. März 1916 (RGBl. S. 151):

„Die höhere Verwaltungsbehörde entscheidet endgültig alle Streitigkeiten, die sich zwischen den Beteiligten über die Lieferung, Aufbewahrung, Versicherung und den Eigentumsübergang ergeben, soweit nicht nach § 3 die" (mit der endgültigen Festsetzung des Preises betraute) „Kommission zuständig ist" —

irgend etwas geändert worden wäre. Ferner ist auf die Bekanntmachung vom 17. Februar 1917 (RGBl. S. 153) über die Einfuhr von Walfischen usw. zu verweisen, in der es heißt:

(§ 4 Abs. 2): „Falls der Kriegsausschuß oder sein Bevollmächtigter die Lieferung an den Kriegsausschuß verlangt, geht das Eigentum an den Waren auf den Kriegsausschuß mit dem Zeitpunkt über, in dem die Erklärung dem Verpflichteten oder dem Gewahrsamsinhaber zugeht. Dies gilt auch dann, wenn der Kriegsausschuß verlangt, daß für seine Rechnung an Dritte geliefert wird.

(§ 5 Abs. 1): Der Kriegsausschuß setzt im Falle des § 4 Abs. 2 den Übernahmepreis nach Entladung an dem von ihm oder seinem Bevollmächtigten festgesetzten Bestimmungsorte der Ware fest.

(§ 5 Abs. 3): Die Festsetzung des Übernahmepreises durch den Kriegsausschuß ist endgültig.

(§ 6): Streitigkeiten, die sich zwischen den Beteiligten aus der Anwendung der vorstehenden Vorschriften ergeben, werden endgültig von der höheren Verwaltungsbehörde des von dem Kriegsausschuß oder seinem Bevollmächtigten festgesetzten Bestimmungsorts der Waren entschieden. Die Vorschrift des § 5 Abs. 3 bleibt unberührt."

Aus diesen Bestimmungen kann allerdings nicht geschlossen werden, daß auch alle etwaigen Streitigkeiten zwischen dem Kriegsausschuß und dem Einführenden über den Übergang des Eigentums an eingeführten Wal- und Haselnüssen der endgültigen Entscheidung der höheren Verwaltungsbehörde unterworfen wären, der durch § 3 Abs. 2 der Ausführungsbekanntmachung vom 7. September 1916 (RGBl. S. 1000) die endgültige Festsetzung des Preises übertragen worden ist. Denn die Verordnung über den Verkehr mit Cumaronharz vom 5. Oktober 1916 (RGBl. S. 1123) überweist ähnliche Streitigkeiten der Entscheidung durch einen vom Reichskanzler zu bestellenden ständigen Ausschuß (§§ 7, 5 Abs. 2), und die Abänderungsverordnung vom 22. November 1917 (RGBl. S. 1065) setzt an die Stelle dieses Ausschusses das Reichsschiedsgericht für Kriegswirtschaft; die Zuständigkeit der „höheren Verwaltungsbehörde" erscheint also in Ermangelung einer ausdrücklichen Bestimmung der Verordnungen vom 7. September 1916 (RGBl. S. 999, 1000) keineswegs als selbstverständlich. Man muß vielmehr beim Schweigen des Gesetzes annehmen, daß ein Streit zwischen dem Kriegsausschuß und dem Einführenden über die Rechtmäßigkeit der Enteignung eingeführter Wal- und Haselnüsse im ordentlichen Rechtswege zu entscheiden ist (vgl. Urteil vom 12. Juli 1918 VII 146/18 bei Warneyer 1918 S. 228 Nr. 153), daß aber dabei die Frage, ob die Enteignung im öffentlichen Interesse geboten war, der richterlichen

Prüfung schlechthin entzogen ist. Es ist daher verfehlt, wenn das Berufungsgericht meint, daß der Beklagten eine Zivilklage gegen den Kriegsausschuß überhaupt nicht zugestanden habe. Nachdem der Kriegsausschuß durch das Schreiben an die Beklagte vom 30. Januar 1917 erklärt hatte, er übernehme die in Rede stehenden Haselnußkerne, hätte die Beklagte im Prozeßwege den Fortbestand ihres Eigentums und ihr freies Verfügungsrecht an der Ware mit Erfolg geltend machen können, wenn sie zu der Zeit, wo ihr die Übernahmeerklärung des Kriegsausschusses zuging, zur Lieferung nicht mehr verpflichtet gewesen wäre. Diese Voraussetzung lag jedoch bei richtiger Würdigung des eigenen Vorbringens der Klägerin nicht vor.

Außer der Vorschrift des § 3 der Verordnung vom 7. September 1916 (RGBl. S. 999), daß der Reichskanzler Ausnahmen zulassen kann, sind für Wal- und Haselnüsse gesetzliche Bestimmungen über eine Beschränkung der Lieferungspflicht des Einführenden nicht besonders getroffen worden. Gleichwohl ist, als in der Natur der Sache liegend, anzunehmen, daß in jedem Einzelfalle der Kriegsausschuß, sofern er die Übernahme im öffentlichen Interesse nicht für angezeigt erachtet, diese durch Erklärung gegenüber dem Einführenden ablehnen kann, und daß seine einseitige Ablehnungserklärung das Erlöschen der Lieferungspflicht des Einführenden zur Folge hat; vgl. § 5 Abs. 1 der Bekanntmachung über Öle und Fette vom 8. November 1915 (RGBl. S. 735), § 2 Abs. 1 (und § 4 Abs. 2) der Ausführungsverordnung zur Bekanntmachung über den Verkehr mit Harz vom 7. September 1916 (RGBl. S. 1003), sowie § 2 Abs. 1 (und § 4 Abs. 2) der Bekanntmachung vom 22. Januar 1917 (RGBl. S. 70), § 2 Abs. 1 der Bekanntmachung über den Verkehr mit Cumaronharz vom 5. Oktober 1916 (RGBl. S. 1123), § 4 Abs. 2 der Ausführungsbekanntmachung vom 16. Februar 1917 zur Verordnung über den Verkehr mit Knochen (RGBl. S. 140), § 2 Abs. 1 (und § 4 Abs. 2) der Ausführungsverordnung vom 20. Februar 1917, betreffend Terpentinöl und Kienöl (RGBl. S. 158). Eine die Lieferpflicht der Beklagten aufhebende Erklärung ist aber weder vom Kriegsausschusse selbst noch vom Reichskanzler abgegeben worden. Das Schreiben des Reichskanzlers an die Firma W. & Co. vom 6. Oktober 1916 enthielt keine behördliche Anordnung, sondern lediglich die für die Adressatin bestimmte Mitteilung, daß der Kriegsausschuß für Öle und Fette allgemein ermächtigt worden sei, mit gewissen Maßgaben ausländische Wal- und Haselnüsse, die am 7. September 1916 bereits nach Deutschland unterwegs waren, dem Handel zu überlassen, und daß die Adressatin, um im Falle des Eintreffens solcher Nüsse in Deutschland deren Freigabe zu erlangen, sich unmittelbar an den Kriegsausschuß wenden müsse. Das Schreiben läßt weder dem Wortlaute noch dem

Sinne nach die Deutung zu, daß der Reichskanzler für derartige Wal- und Haselnüsse die Verpflichtung des Einführenden zur Lieferung an den Kriegsausschuß von vornherein ausgeschlossen oder doch bestimmt hätte, daß mit der Erfüllung gewisser Bedingungen die Lieferpflicht des Einführenden ohne weiteres erlöschen solle. Auch die verschiedenen Erklärungen, die der Kriegsausschuß selbst im September und Oktober 1916 abgegeben hat, am 12. September bei der Besprechung mit dem Inhaber der Beklagten, K., und anderen am Nußhandel beteiligten Kaufleuten, am 23. September in dem Schreiben an die Hamburger Handelskammer und am 2. Oktober in der Antwort auf die von der Firma E. A. Gr. & Co. im Auftrage der Klägerin und anderer Ölfabriken unter dem 30. September an ihn gerichteten Anfrage, waren noch keine Freigabeerklärungen, sondern bloß „programmatische Kundgebungen". Es handelte sich überall nur um die Bekanntgabe der Grundsätze, nach denen der Kriegsausschuß hinsichtlich der bis zum Ablaufe des 7. September 1916 in der Türkei gekauften und nach Deutschland abgeschickten Wal- und Haselnüsse das Übernahmerecht zu handhaben gedachte, wenn ihm der Eingang bestimmter Sendungen in Deutschland gemäß § 1 der Ausführungsbekanntmachung vom 7. September 1916 (RGBl. S. 1000) angezeigt werden würde. Eine privatrechtliche Verpflichtung zur Freigabe war der Kriegsausschuß dadurch nicht eingegangen. Aber selbst wenn dies der Fall gewesen wäre, würde er, solange er die Freigabe der einzelnen Sendung noch nicht erklärt hatte, an der freien Ausübung des ihm zur Wahrung öffentlicher Interessen verliehenen Übernahmerechts nicht verhindert gewesen sein. Die Übernahmeerklärung, die der Kriegsausschuß hinsichtlich der den Gegenstand der Lieferungsverträge vom 20. und 21. November 1916 bildenden Haselnußkerne abgegeben hat, war hiernach rechtmäßig, und sie hatte den Erfolg des Eigentumsüberganges auf den Kriegsausschuß. Eine diesen Erfolg bestreitende Zivilklage der Beklagten gegen den Kriegsausschuß wäre völlig aussichtslos gewesen. Infolgedessen war aber die Beklagte, da sie selbstverständlich über die Haselnußkerne, nachdem diese Eigentum des Kriegsausschusses geworden waren, gegen dessen Willen nicht mehr verfügen durfte, von ihrer vertraglichen Lieferpflicht gegenüber der Klägerin frei geworden. Denn die Auffassung des Oberlandesgerichts, daß, wenn die Beklagte bei den Vertragsverhandlungen die Haselnußkerne als „beschlagnahmefrei" bezeichnet haben sollte, sie dadurch nur auf die auch der Klägerin bekannten Erklärungen des Reichskanzlers und des Kriegsausschusses über die vor Ablauf des 7. September 1916 in der Türkei gekauften und nach Deutschland auf den Weg gebrachten Nüsse hingewiesen, keineswegs aber eine Gewähr für die Beschlagnahmefreiheit der an die Klägerin verkauften Nußkerne übernommen habe, ist rechtlich ebensowenig zu beanstanden wie die Feststellung, daß die Übernahmeerklärung des Kriegsausschusses als eine „Regierungsmaßnahme" im Sinne der Vertragsklausel: „Regierungsmaßnahmen zu Lasten des Käufers" anzusehen sei. Die Beklagte hätte sich zwar auf diese Klausel nach Treu und Glauben nicht berufen können, wenn sie und nur sie in der Lage gewesen wäre, im Wege des Zivilprozesses mit Erfolg die Unrechtmäßigkeit der Übernahmeerklärung geltend zu machen. Da aber an der Rechtmäßigkeit dieser Maßregel nicht zu zweifeln war, es sich vielmehr nur um die der richterlichen Entscheidung nicht unterliegende Frage ihrer Notwendigkeit oder Zweckmäßigkeit im öffentlichen Interesse handelte, so durfte die Beklagte, wie das Berufungsgericht gleichfalls ohne Rechtsirrtum angenommen hat, es der Klägerin überlassen, gegen die Wirkungen der Übernahmeerklärung des Kriegsausschusses bei dem mit der Aufsicht über diesen betrauten Reichskanzler Abhilfe zu suchen.

Der Revision ist endlich auch nicht zuzugeben, daß die Beklagte sich der Klägerin gegenüber auf die infolge der Übernahmeerklärung des Kriegsausschusses eingetretene Unmöglichkeit der Vertragserfüllung deshalb nicht berufen könne, weil sie die Haselnußkerne zu einem den Einkaufspreis um 50% übersteigenden Preise an die Klägerin verkauft und durch diese Preissteigerung den Kriegsausschuß zur Ausübung seines Übernahmerechts veranlaßt habe. Die Beklagte hat keinerlei Gewähr dafür übernommen, daß der Kriegsausschuß sein Übernahmerecht nicht ausüben werde, sie hat im Gegenteil durch die Klausel: „Kriegsmaßnahmen zu Lasten des Käufers" die Übernahme einer Gewähr ausdrücklich abgelehnt. Es ist daher nicht ersichtlich, aus welchem Rechtsgrunde sie die Übernahmeerklärung des Kriegsausschusses und die dadurch herbeigeführte Unmöglichkeit der Vertragserfüllung zu vertreten hätte. Die Klägerin hat in dieser Hinsicht nur geltend gemacht, daß die Beklagte durch die erwähnte Preissteigerung gegen die guten Sitten verstoßen habe. Das Berufungsgericht hat jedoch ohne Gesetzesverletzung ausgeführt, daß in einer solchen Preissteigerung allein noch keine Sittenwidrigkeit gefunden werden könne, und außerdem würde eine etwaige Sittenwidrigkeit höchstens die Nichtigkeit des Kaufvertrags zur Folge gehabt haben (§ 138 BGB.), nicht aber die Verpflichtung der Beklagten zum Schadensersatz wegen verschuldeter Unmöglichkeit seiner Erfüllung (§ 325 das.)." ...

---

28. Kann sich der Gewerke gemäß § 130 des preuß. Allgem. Berggesetzes vom 24. Juni 1865 von der Entrichtung einer ausgeschriebenen Zubuße dadurch befreien, daß er den Verkauf seines Anteils behufs Befriedigung der Gewerkschaft anheimstellt?

V. Zivilsenat. Urt. v. 31. Mai 1919 i. S. Gewerkschaft St. (Kl.) w. F. (Bekl.). V 100/19.

I. Landgericht Göttingen.
II. Oberlandesgericht Celle.

Die Klägerin, eine Gewerkschaft, auf die die Bestimmungen des preußischen Allgemeinen Berggesetzes Anwendung finden, beschloß am 24. März 1914 die Ausschreibung einer Zubuße von 150 *M* auf jeden Kux. Der Beklagte, der als ihr Gewerke 50 Kuxe besaß, teilte ihr darauf mit, daß er die Zubuße nicht zahlen werde, und stellte ihr gemäß § 130 ABG. seine Kuxe zur Verfügung. Auf die dahin ergangene Aufforderung der Klägerin zur Einsendung der Kuxscheine wurden diese vom Beklagten übersandt. Die Klägerin versteigerte die 50 Kuxe und erlöste dafür 236,25 *M*. Unter Abzug dieses Betrags von der Zubuße verlangte sie klagend 7263,75 *M* nebst Zinsen.

Die Vorinstanzen wiesen die Klage ab. Die Klägerin legte Revision ein, die zurückgewiesen wurde.

Gründe:

„Es handelt sich um die Frage, ob sich der Gewerke gemäß § 130 ABG. von der Entrichtung einer ausgeschriebenen Zubuße dadurch befreien kann, daß er unter Überreichung des Kuxscheins den Verkauf seines Anteils behufs Befriedigung der Gewerkschaft anheimstellt, oder ob er, wie die Klägerin behauptet, für den Unterschied zwischen der ausgeschriebenen Zubuße und dem Versteigerungserlöse verhaftet bleibt. In seinen Urteilen RGZ. Bd. 51 S. 73, Bd. 59 S. 254, Bd. 69 S. 142 hat sich der erkennende Senat auf den ersteren Standpunkt gestellt (dem auch der I. Zivilsenat in Bd. 60 S. 165 beitrat) und hat dies in dem Urteile Bd. 51 S. 73 damit begründet, daß, wenn es sich auch nicht um eine eigentliche Alternativobligation im Sinne des § 262 BGB. handle, da vielmehr in Wahrheit nur eine Leistung, die Zahlung der Zubußen, geschuldet werde, doch die Gewerken die wahlweise Leistungsbefugnis (sog. facultas alternativa) d. h. die Befugnis hätten, sich durch eine andere Leistung als die ursprünglich geschuldete von ihrer Verpflichtung zu befreien, was nichts anderes sei, als eine Erfüllung der Schuldverbindlichkeit. Dieser Auffassung ist, soweit ersichtlich, die gesamte Rechtslehre beigetreten (s. Westhoff-Schlüter, ABG. zu §§ 130, 131 II. 2; Müller-Erzbach, Das Bergrecht Preußens S. 263, 267; Klostermann-Fürst-Thielmann, ABG. § 139 Anm. 2 Abs. 1 und 5; Brassert, ABG. § 130 Anm. 1 Abs. 1) oder ihr doch nicht entgegengetreten (Arndt, ABG. § 130 Anm. 1). Mit dem gegenwärtigen Prozeß erstrebt die Klägerin ein Aufgeben dieser Auffassung; die Revision bittet, die Rechtsfrage nachzuprüfen. Die Nachprüfung ist erfolgt, hat aber zu einem Abgehen von der bisherigen Auffassung nicht führen können.

Die Revision meint, der § 130 ABG. sei nur in Verbindung mit § 129 und somit dahin zu verstehen, daß im Falle einer Klage aus § 129 der Gewerke seine Verurteilung und die Vollstreckung durch die Anheimstellung der Kuxe abwenden dürfe, nicht aber dahin, daß überhaupt die Zubußenverpflichtung durch die Anheimstellung erlösche. Ferner, wenn der sich aus der Versteigerung nach § 131 ergebende Mehrerlös, wie von Wissenschaft und Rechtsprechung unbestritten angenommen werde, dem Gewerken zugute komme, so ergebe sich doch daraus, daß die Anheimstellung nicht als Erfüllung angesehen werden könne. Zu Unrecht suche das Berufungsurteil dies mit der Begründung zu entkräften, daß die Zahlung des Mehrerlöses an den Gewerken in § 131 ausdrücklich angeordnet und damit absichtlich von der logischen Rechtsfolge abgewichen sei. Diese Begründung versage, da der § 131 eine derartige Bestimmung nicht enthalte. Außerdem spreche der Vergleich mit § 132 für die Auffassung der Klägerin. Denn im anderen Falle wäre nicht einzusehen, warum die Trennung der §§ 130 und 132 überhaupt nötig gewesen wäre.

Wenn der § 130 ABG. bestimmt, daß der Gewerke „seine Verurteilung und die Exekution dadurch abwenden" kann, daß er den Verkauf seines Anteils anheimstellt, so ergibt sich schon aus dem Wortlaute klar genug, daß der Anspruch der Gewerkschaft an dieser Anheimstellung seine Schranke findet. Da aber die Anheimstellung „behufs Befriedigung der Gewerkschaft" zu erfolgen hat, so ist daraus zu entnehmen, daß diese über die Befriedigung hinaus keinen Anspruch auf den Erlös aus dem Verkaufe des Anteils hat. Es ist zwar der Revision zuzugeben, daß dies im § 131 nicht ausdrücklich ausgesprochen ist, was übrigens das Berufungsurteil auch gar nicht behauptet hat. Wohl aber darf folgendes hervorgehoben werden. Der dem Herrenhaus vorgelegte Entwurf (Drucksachen des Herrenhauses, Sitzungsperiode 1865 Nr. 6) enthielt den § 130 wörtlich so, wie er Gesetz geworden ist, während der § 131 Abs. 2 noch den Zusatz enthielt: „Der Rest gebührt den etwaigen Gläubigern, und nur was nach Befriedigung derselben übrig bleibt, kann der Gewerke in Anspruch nehmen." Dieser Zusatz wurde von der Kommission des Herrenhauses als „selbstverständlich" gestrichen (Drucksachen, Sitzungsperiode 1865 Nr. 36, Bericht der IX. Kommission S. 49). Dadurch erklärt sich auch die Notwendigkeit des § 132 neben § 130. Dem Gewerken soll auch unabhängig von dem Falle der Ausschreibung einer Zubuße das Recht zustehen, unter gewissen Voraussetzungen durch freiwilligen Verzicht auf seinen Anteil sein Verhältnis zur Gewerkschaft zu lösen. Verzichtet er auf seinen Anteil, so fehlt jeder Anlaß für eine Auszahlung eines Teiles des Erlöses an den Verzichtenden. Deshalb lag auch kein Grund vor, für den in diesem Falle vom Gesetze, mangels anderweitiger Verfügung durch die Gewerkschaft, bestimmten Verkauf zugunsten der Gewerkschaft (§ 132 Abs. 2) besondere Anordnungen zu treffen, im Gegensatze zu § 130, wo im Interesse des auf den Mehrerlös Anspruch habenden bisherigen Gewerken der Verkauf „im Wege der Mobiliarversteigerung nach Vorschrift des § 109" bestimmt und weiter vorgesehen ist, daß „aus dem gelösten Kaufpreise .... zunächst die Verkaufskosten und sodann die schuldigen Beiträge gezahlt" werden (§ 131 Abs. 1, 2). Da die Anheimstellung behufs Befriedigung der Gewerkschaft erfolgt, so ist die vom Berufungsgericht wie auch in dem erwähnten Urteile des erkennenden Senats Bd. 51 S. 73 angenommene „Erfüllung der Schuldverbindlichkeit" nicht in einem den Anspruch auf einen Mehrerlös ausschließenden Verzicht auf den Anteil zu sehen, als vielmehr in der Anheimstellung des Anteils mit dem Verzicht auf den Erlös, soweit er zur Befriedigung der Gewerkschaft und zur Deckung der Verkaufskosten erforderlich ist. Man kann daher nicht einmal sagen, daß eine logische Folge aus dem Begriffe der Erfüllung hier durch eine — von der Revision vermißte — Sondervorschrift als ausgeschlossen angesehen werden müßte, um die unterschiedliche Behandlung, je nachdem der Erlös etwas für den bisherigen Gewerken übrig läßt oder nicht, zu rechtfertigen. Obschon der § 130 sich unmittelbar an die die Klage auf Zubuße regelnde Bestimmung des § 129 anschließt und von der Abwendung der Verurteilung und der Zwangsvollstreckung spricht, so muß doch mit dem Berufungsurteile die Annahme der Klägerin unbedenklich abgelehnt werden, daß der § 130 nur für den Fall Anwendung finde, daß bereits Klage erhoben ist, wie denn auch das erwähnte Urteil des Reichsgerichts Bd. 51 S. 73 die Befreiung ausgesprochen hat, obwohl noch nicht Klage auf Zahlung der Zubuße erhoben war.

Es würde auch bei dem offensichtlichen und in der Entstehungsgeschichte des Allgemeinen Berggesetzes klar zum Ausdrucke gebrachten Zwecke dieser Bestimmung als unerträglicher Formalismus erscheinen, wollte man infolge der Wortfassung des § 130 seine Anwendung auf Fälle der bereits erhobenen Klage beschränken. Aus den Motiven zum Gesetzentwurf ergibt sich, daß die Absicht dahin ging, die persönliche Haftbarkeit des Gewerken den Gläubigern gegenüber durch die „Personifizierung der Gewerkschaft prinzipiell" auszuschließen. Der Gewerke sei nicht, wie der Aktionär, in der Lage, seine Beteiligung an dem Unternehmen von vornherein auf einen bestimmten Betrag zu beschränken, allein er sei auch anderseits nicht wie dieser zur Leistung eines bestimmten Betrags verpflichtet, sondern könne sich jederzeit von weiteren Beiträgen durch Aufgeben seines Anteils befreien. Bis dahin hafte er der Gewerkschaft mit seinem ganzen Vermögen, während den Gläubigern gegenüber, im Gegensatze zum früheren Rechte, nur noch das gewerkschaftliche Vermögen, nicht aber der einzelne Gewerke persönlich verhaftet sein solle. Diese persönliche Haftbarkeit der Gewerkschaft gegenüber könne der einzelne Gewerke nur durch Hingabe seines Anteils zum Verkauf abwenden (Motive S. 68, 70, 71). Und zu §§ 129 bis 131 (S. 81) wird bemerkt, daß dem Gewerken die Befugnis erhalten bleiben müsse, sich von der persönlichen Haftbarkeit für die von ihm der Gewerkschaft verschuldeten Beiträge durch Hingabe seines Anteils zu befreien. Dazu brauche er sich aber mit diesen nicht kaduzieren zu lassen, womit ihm ohne hinreichenden Grund mit seinem Eigentum auch der Wert davon entzogen werde, der den geschuldeten Betrag übersteigt. Das Haus der Abgeordneten nahm von dem vom Herrenhaus ihm übersandten Entwurfe die §§ 1 bis einschließlich 223 in der 60. Sitzung vom 31. Mai 1865 ohne jede Debatte an, wobei zu erwähnen ist, daß die XIX. Kommission des Hauses der Abgeordneten in ihrem Bericht zu § 130 bemerkt hatte, die dort bestimmte Regelung entspreche der rechtlichen Natur der Bergbausozietät, wonach jeder Beteiligte nach innen und außen nur mit seinem Anteil an dem Bergwerke hafte.

Ergibt sich hiernach aus dem Wortlaut und Sinne des Gesetzes, was mit § 130 ABG. bezweckt worden ist, und wird dies durch den hier mitgeteilten Teil seiner Entstehungsgeschichte in einer jeden Zweifel ausschließenden Weise bestätigt, so lag kein Anlaß vor, die bereits in früheren Urteilen des Reichsgerichts niedergelegte Auffassung aufzugeben." ...

---

29. Ist die Berufung zulässig, wenn die Berufungsschrift die Person, für die das Rechtsmittel eingelegt werden soll, nicht ergibt?

ZPO. § 518.

II. Zivilsenat. Urt. v. 3. Juni 1919 i. S. K. (Bekl.) w. G. (Kl.). II 40/19.

I. Landgericht Prenzlau.
II. Kammergericht Berlin.

Nachdem das Landgericht die Entscheidung von einem richterlichen Eide des Klägers abhängig gemacht hatte, kam beim Kammergerichte folgender Schriftsatz vom 16. Mai 1918 ein:

„In Sachen ... (hier ist lediglich das Rubrum des landgerichtlichen Urteils wiederholt) lege ich gegen das Urteil des Königlichen Landgerichts Prenzlau vom 27. März 1918, zugestellt am 17. April 1918,

Berufung ein. Rechtsanwalt J., vertreten durch Dr. C., Rechtsanwalt."

Der Gerichtsschreiber des Kammergerichts stellte die beglaubigte Abschrift der Berufungsschrift dem landgerichtlichen Prozeßbevollmächtigten des Beklagten zu. Auf Einkunft der Berufungsbegründung des Rechtsanwalts J., die den Beklagten als Berufungskläger ergab, holte er die Zustellung an den landgerichtlichen Prozeßbevollmächtigten des Klägers nach. Das Kammergericht verwarf die Berufung als unzulässig. Die Revision des Beklagten wurde zurückgewiesen.

Gründe:

..."Das Berufungsgericht hat mit Recht angenommen, daß der Schriftsatz vom 16. Mai 1918 den Anforderungen, die das Gesetz an den Inhalt der Berufungsschrift stellt, nicht entspricht. In dem Schriftsatz ist nicht gesagt, für wen die Berufung eingelegt werden sollte, auch ist dies nicht sonstwie, etwa durch gleichzeitige Einreichung von Prozeßvollmacht, kenntlich gemacht. Allerdings schreibt § 518 ZPO. nicht ausdrücklich vor, daß die Person, die das Rechtsmittel einlegt, bezeichnet werden müsse. Es ist aber dort in Abs. 2 Nr. 2 als zur wirksamen Einlegung erforderlich die Erklärung verlangt, daß gegen das (nach Nr. 1 daselbst zu bezeichnende) Urteil Berufung eingelegt werde. Daraus folgt notwendig, daß die Berufungsschrift denjenigen unzweifelhaft ergeben muß, der — sei es als Einzelpartei, sei es als einer von mehreren Streitgenossen oder als Nebenintervenient — von dem Rechtsmittel Gebrauch machen will. Denn eine Prozeßerklärung ist nur denkbar in Verbindung mit einer bestimmten Person, von der sie ausgeht. Dem ist aber hier nicht genügt, und zwar auch nicht etwa dadurch, daß die Erklärung sich zugleich als eine solche darstellt, die von dem unterzeichneten Rechtsanwalt abgegeben ist. Soweit eine Erklärung des Anwalts selbst vorliegt, geht sie nicht dahin, daß der Anwalt für sich die Berufung einlege, sondern daß er für einen nicht genannten Anderen handle. Insoweit ist also nur über das Vertretungsverhältnis etwas erklärt, dagegen nichts über das Prozeßsubjekt, das in der Sache selbst allein in Betracht kommt.

Mit Unrecht versucht die Revision, ihre gegenteilige Auffassung damit zu begründen, daß es sich um eine unschädliche Unterlassung handle, der, wie es auch hier geschehen sei, durch nachträgliche Ergänzung abgeholfen werden könne. Dieser Gesichtspunkt hat auszuscheiden, weil § 518 Abs. 2 zwingende Formvorschriften enthält, solchen Vorschriften aber nur in der Weise genügt werden kann, daß sie bei dem der Form bedürftigen Akte selbst beobachtet werden. Ebensowenig läßt sich etwas Gegenteiliges aus der von der Revision berührten Tatsache entnehmen, daß nach der ursprünglichen Fassung der Zivilprozeßordnung nicht der Gerichtsschreiber, sondern die Partei selbst die Zustellung der Berufungsschrift zu bewirken hatte. Für die hier wesentliche Frage, welchen Inhalt der zuzustellende Schriftsatz haben muß, ist dieser Unterschied bedeutungslos. Auch kann der Revision nicht gefolgt werden, wenn sie der Ansicht ist, im gegebenen Falle habe es der besonderen Bezeichnung der Person des Berufungsklägers deshalb nicht bedurft, weil bei einem bedingten Endurteil im allgemeinen der Gegner des Schwurpflichtigen sich als beschwert betrachten werde. Dem steht entgegen, daß eine solche bloße Vermutung die sichere Erkennbarkeit nicht ersetzen kann, und dies hier um so weniger, als das landgerichtliche Urteil den Kläger auch dadurch beschwert, daß ihm ein Teil der Kosten vorab auferlegt wurde, und als das Rubrum der Berufungsschrift lediglich dem landgerichtlichen Urteil entnommen, der Gegner des Berufungsklägers also nach wie vor an erster Stelle genannt ist. Bei dieser Sachlage kann dahingestellt bleiben, ob und unter welchen Umständen es überhaupt als zulässig angesehen werden kann, zur Ermittelung der Person des Berufungsklägers den Inhalt des angefochtenen Urteils heranzuziehen. Schließlich wendet sich die Revision noch gegen die Bemerkung des Berufungsgerichts, die in § 518 ZPO. enthaltene Aufführung der wesentlichen Erfordernisse der Berufungsschrift sei überhaupt nicht erschöpfend, so sei dort auch nicht gesagt, daß die Schrift von einem beim Prozeßgerichte zugelassenen Rechtsanwalt unterschrieben sein müsse. Auf diese Erwägung kommt es nicht an, weil nach dem Dargelegten die Aufstellung des hier erheblichen Erfordernisses in der richtig verstandenen Vorschrift von Abs. 2 Nr. 2 daselbst zu finden ist."

---

30. Welchen Einfluß hat die Beschlagnahme von Teilen der Kaufsache auf die Zahlungs- und Abnahmepflicht des Käufers?

BGB. §§ 242, 243, 324.

I. Zivilsenat. Urt. v. 4. Juni 1919 i. S. B. (Kl.) w. H. (Bekl.). I 46/19.

I. Landgericht Hirschberg i. Schl.
II. Oberlandesgericht Breslau.

Der Kläger verkaufte am 26. Januar 1915 an den Erblasser der Beklagten einen neuen Kraftwagen zum Preise von 5500 *M*.

Durch Bekanntmachung des Reichskanzlers vom 25. Februar 1915 (RGBl. S. 113) wurde die Zulassung von Kraftfahrzeugen zum Verkehr auf öffentlichen Straßen und Plätzen aufgehoben. Trotz Kenntnis dieser Verfügung bestand der Käufer zunächst auf Lieferung des

Wagens, nahm ihn aber später an dem auf den 1. April 1915 vereinbarten Ablieferungstage nicht ab. Am 16. Mai 1915 wurden durch übereinstimmende Anordnung sämtlicher kommandierenden Generale alle Vorräte an Gummireifen, Schläuchen und Decken für Kraftfahrzeuge beschlagnahmt. Demgemäß entfernte die Heeresverwaltung auch an dem in Rede stehenden Wagen die Reifen, Schläuche und Decken und zahlte dem Kläger hierfür 485,97 *M*. Nunmehr verlangte der Kläger im Wege der Klage von dem Beklagten die Entrichtung des Kaufpreises für den Wagen, abzüglich des von der Heeresverwaltung gezahlten Betrags, und zwar gegen Empfangnahme des Wagens ohne Reifen, Schläuche und Decken.

Beide Vorinstanzen wiesen die Klage ab. Die Revision des Klägers hatte Erfolg.

Gründe:

... „Das Oberlandesgericht hat erwogen: Verfehlt sei zwar der Einwand der Beklagten, der Kläger könne schon wegen des Fahrverbots vom 25. Februar 1915 einen Wagen, den sie zum Fahren benützen könnten, nicht mehr liefern. Denn der Kaufabschluß sei hiervon nicht abhängig gemacht worden; der Nachteil des Verbots treffe die Käufer ebenso, wie er sie getroffen hätte, wenn das Verbot nach Abnahme des Kraftwagens ergangen wäre. Aber durch die Beschlagnahme der Decken, Schläuche und Reifen sei eine dauernde oder mindestens zeitliche Unmöglichkeit der Lieferung eingetreten. Denn der Wagen sei vom Käufer zum alsbaldigen Gebrauch für seine persönlichen und geschäftlichen Zwecke erstanden worden, und ohne die dazu gehörigen Decken, Schläuche und Reifen könne er überhaupt nicht benutzt werden. Er bilde mit ihnen zusammen einen einheitlichen Vertragsgegenstand und eine wirtschaftliche Einheit, bei der es nach dem Inhalte des Schuldverhältnisses nicht zulässig sei, die Leistung der zusammengehörigen Teile zu verschiedenen Zeiten zu bewirken. Die Beklagten brauchten sich deshalb nicht auf die an sich mögliche Lieferung des Wagens ohne Reifen usw. und wegen dieser fehlenden Teile auf den Beschlagnahmeerlös verweisen zu lassen. Da aber hier der Verkäufer die Unmöglichkeit nicht zu vertreten habe, der Käufer jedoch bei ihrem Eintritt unstreitig im Verzuge gewesen sei, so komme § 324 Abs. 2 BGB. zur Anwendung. Der Verkäufer behalte mithin den Anspruch auf den Kaufpreis, müsse sich jedoch dasjenige anrechnen lassen, was er infolge der Befreiung von der Leistung erspare. Da nach der Beweisaufnahme der Wert des Kraftwagens ohne Decken, Schläuche und Reifen mit den noch verbliebenen Zubehörteilen sich mindestens eben so hoch stelle wie die Kaufsumme, so könne der Kläger diese von den Beklagten nicht mehr fordern.

Diese gegensätzliche Würdigung des Fahrverbots und der Reifenbeschlagnahme führt zu einem Ergebnis, das mit den Grundsätzen des § 242 BGB. über die Bewirkung der Leistung nach Treu und Glauben mit Rücksicht auf die Verkehrssitte nicht in Einklang gebracht werden kann. Es kann dahingestellt bleiben, ob und unter welchen anderen Umständen beim Verkauf eines Kraftwagens die vom Oberlandesgericht angenommene wirtschaftliche Einheit des Vertragsgegenstandes zwischen Wagen und Gummibereifung besteht. Im vorliegenden Falle konnte sie nicht bejaht werden und mußte der sich hierauf stützende Einwand der Beklagten Zurückweisung finden. Da die Unbenutzbarkeit des Wagens durch einen Umstand, wie das Fahrverbot, schon völlig eingetreten war, als der Käufer in Verzug kam, und er überdies trotz dieses Fahrverbots Lieferung begehrt hatte, verstieß es gegen § 242, wenn die Beklagten sich später auf die Unbenutzbarkeit des Wagens wegen Mangels der Gummibereifung beriefen und die Abnahme des Wagens ablehnten. Denn gerade wirtschaftlich liefen nach dem ganzen Gange der Dinge das Fahrverbot und der Reifenmangel auf das gleiche hinaus. Nach den besonderen Umständen des Falles lag daher nur teilweise Unmöglichkeit oder richtiger Unmöglichkeit einer teilwesen Leistung — nämlich der Lieferung der Decken, Schläuche und Reifen — vor. Diese war eine dauernde, da die Leistung bezüglich dieser Gegenstände sich bereits konkretisiert hatte (§ 243 Abs. 2 BGB.). Es kommt daher auch nicht ein Zurückhaltungsrecht nach § 322 in Frage. Die Rechtslage ist mithin so, daß nur wegen der Decken, Reifen und Schläuche § 324 Abs. 2 Anwendung findet. Gegen Lieferung des Kraftwagens ohne diese Gegenstände hat der Kläger Anspruch auf den Kaufpreis, der für den Wagen und Zubehör vereinbart war, abzüglich des Betrags, der ihm von der Militärbehörde für die Decken, Reifen und Schläuche bezahlt wurde." ...

---

31. Welcher Zeitpunkt ist für die Bestimmung des Umrechnungsverhältnisses maßgebend, wenn eine in ausländischer Währung festgesetzte Schadensersatzforderung in deutsche Reichswährung umzurechnen ist?

BGB. §§ 244, 245, 249.

I. Zivilsenat. Urt. v. 4. Juni 1919 i. S. Sch. (Bekl.) w. B. (Kl.). I 31/19.

I. Landgericht Münster, Kammer für Handelssachen.
II. Oberlandesgericht Hamm.

Der Beklagte ist seiner Verpflichtung, dem Rechtsvorgänger der Klägerin das Recht zur Verwertung eines Patentes für Böhmen zu erteilen, nicht nachgekommen. Wegen Ersatzes des ihrem Rechtsvorgänger durch Nichtgewährung der Lizenz entstandenen Schadens hat die Klägerin Klage erhoben.

Beide Vorinstanzen gaben der Klage teilweise statt. Die Revision des Beklagten hatte Erfolg.

Gründe:

„Das Berufungsgericht hat der Klägerin einen Schatzensersatzanspruch aus entgangenem Gewinn gegen den Beklagten in deutscher Reichswährung zugesprochen. Das Gericht ist dabei von der Erwägung ausgegangen, daß dem Rechtsvorgänger der Klägerin Einnahmen in österreichischem Gelde entgangen seien, die in Gemäßheit von § 287 ZPO. auf insgesamt 21000 Kronen österreichischer Währung zu schätzen seien. Es hat weiter ausgeführt, daß nach § 245 BGB. die ersatzberechtigte Klägerin den Schaden in deutscher Währung berechnen könne und dabei die Umrechnung nach dem Wertverhältnis zur Zeit der Entstehung der Ersatzforderung zu erfolgen habe.

Der Revisionsangriff richtet sich ausschließlich gegen diese Art der Währungsumrechnung mit der Behauptung, daß die Umrechnung nach dem am Tage der Fällung des Berufungsurteils, dem 20. Dezember 1918, geltenden Kurswerte der österreichischen Krone zu geschehen habe.

Der Revision ist zuzugeben, daß sich das Berufungsgericht für seinen Standpunkt zu Unrecht auf § 245 BGB. beruft. Denn diese Vorschrift betrifft den besonderen, hier nicht vorliegenden Fall, daß eine Geldschuld in einer bestimmten Münzsorte zu bezahlen ist und diese Münzsorte sich zur Zeit der Zahlung nicht mehr im Umlaufe befindet, welch letzteres für die österreichische Krone nicht zutrifft.

Nun verpflichtet aber der nach der insoweit unangefochtenen Entscheidung des Berufungsgerichts der Klägerin zustehende Schadensersatzanspruch den Beklagten in Gemäßheit von § 249 BGB., die Klägerin wirtschaftlich in dieselbe Lage zu bringen, in der sie sich befinden würde, wenn ihrem Rechtsvorgänger der Verdienst der 21000 Kronen österreichischer Währung zu den maßgeblichen Zeiten nicht entgangen wäre. Es genügt also zur Erledigung dieses Schadensersatzanspruchs nicht, daß der Klägerin jetzt 21000 Kronen österreichischer Währung bezahlt werden oder zur Zeit der Verkündung des Berufungsurteils, am 20. Dezember 1918, bezahlt worden wären bzw. daß die Klägerin einen Betrag in deutscher Währung erhält, der dem Werte von 21000 Kronen österreichischer Währung nach ihrem zu den angegebenen Zeiten besonders niedrigen Kurse entspricht. Vielmehr ist die Klägerin so zu stellen, als ob sie oder ihr Rechtsvorgänger diese 21000 österreichische Kronen zu der Zeit erhalten hätte, als infolge des Entgehens eines entsprechenden Verdienstes die Schadensersatzansprüche entstanden und gemäß § 271 BGB. fällig wurden. Dabei ist folgendes zu berücksichtigen:

Nach § 249 BGB. hat der Schadensersatz grundsätzlich durch sog. Naturalrestitution zu erfolgen. Wollte man hieraus den Schluß ziehen, daß der Anspruch auf die 21000 österreichischen Kronen eine in ausländischer Währung ausgedrückte Geldschuld im Sinne von § 244 BGB. betrifft, so würde an sich der Beklagte, der im Inlande wohnt und zahlungspflichtig ist, die Wahl haben, ob er in ausländischer oder Reichswährung zahlen will (Komm. v. RGR. § 244 Anm. 2). Dabei hätte dann die etwaige Umrechnung in Reichswährung nach dem Kurswerte der österreichischen Krone zur Zeit der oben erwähnten Fälligkeit zu erfolgen, da als „Zeit der Zahlung" im Sinne von § 244 Abs. 2 nicht die Zeit, zu welcher tatsächlich gezahlt wird, sondern diejenige, zu welcher gezahlt werden sollte (Fälligkeit), anzusehen ist. Anderseits müßte bei Zahlung in österreichischer Währung außer den 21000 Kronen noch die für den Zahlungsort maßgebliche Kursdifferenz zwischen der Zeit der Fälligkeit der Schuld und ihrer Begleichung von dem Beklagten ausgeglichen werden (vgl. Urt. des RG. v. 4. Juli 1917 V 80/17). Eine Verurteilung in Reichswährung würde aber nicht ohne weiteres erfolgen können, sondern eine entsprechende Wahl des Schuldners voraussetzen. Nun ist aber — ganz abgesehen davon, daß der Beklagte, wie erwähnt, gegen die Währungsumrechnung an sich nichts einzuwenden hat, vielmehr sich selbst auf eine solche beruft — zu beachten, daß die Naturalrestitution nach § 249 nicht die Herstellung eines Zustandes erfordert, der mit demjenigen, der ohne Eintritt des zum Ersatz verpflichtenden Umstandes vorhanden sein würde, in jeder Beziehung übereinstimmt, daß vielmehr die Herstellung eines im wesentlichen gleichen, d. h. eines wirtschaftlich gleichwertigen Zustandes genügt (vgl. Urt. des RG. v. 7. Mai 1907 III 457/06). Danach ist im vorliegenden Falle der auf Grund freier richterlicher Überzeugung gemäß § 287 ZPO. vom Berufungsgericht eingesetzte Betrag von 21000 österreichischen Kronen nur ein Rechnungsfaktor für den hier maßgeblichen Schadensersatzanspruch, der ohne weiteres (d. h. ohne vorherige Wahl des Schuldners) durch einen — zu der maßgeblichen Zeit — entsprechenden Betrag in deutscher Währung ersetzt werden kann und nicht als eine in ausländischer Währung ausgedrückte Geldschuld im Sinne von § 244 BGB. zu behandeln ist.

Aus den Ausführungen des Berufungsgerichts ist nicht mit Sicherheit zu erkennen, ob diese Rechtslage genügend beachtet ist. Zwar heißt es dort, die Umrechnung habe nach dem Wertverhältnis zur Zeit der Entstehung der Ersatzforderung zu erfolgen. Hierauf folgt aber unmittelbar der Satz: „Es waren also 1000 Kronen immer je 850 ℳ gleichzusetzen", ohne daß die Wahl gerade dieser Art eines einheitlichen Umrechnungsverhältnisses, welches zweifellos den einzelnen, zu den verschiedenen maßgeblichen Zeiten wechselnden Kursen nicht gerecht wird, irgendwie begründet wäre." ...

32. Hat die Eisenbahn bei Verlust von Gütern, für die ein Höchstpreis besteht, als gemeinen Handelswert oder als gemeinen Wert nicht mehr zu ersetzen als den Höchstpreis?

Eisenbahnverkehrsordnung § 88; HGB. § 457.

I. Zivilsenat. Urt. v. 16. Juni 1919 i. S. P. Bezirkseinkaufsges. m. b. H. (Kl.) w. preuß. Eisenbahnfiskus (Bekl.). I 61/19.

I. Landgericht I Berlin.
II. Kammergericht daselbst.

Die Klägerin ist eine Verteilungsstelle für die Lebensmittelversorgung der Rüstungsindustriearbeiter. Anfang Januar 1918 wurde ihr vom stellvertretenden Generalkommando in Breslau mit der Eisenbahn ein Waggon Fleisch- und Fettwaren, die in dem besetzten Gebiete aufgekauft waren, zur Abgabe an die Rüstungsindustrie zugesandt. Unterwegs wurde ein Teil der Sendung gestohlen. Die Klägerin nahm deshalb den Beklagten auf Schadensersatz in Anspruch und legte ihrer Schadensberechnung denjenigen Preis zugrunde, der ihr für die Lieferung in Rechnung gestellt war. Der Beklagte erstattete ihr jedoch nur den amtlich festgesetzten Höchstpreis. Wegen des Preisunterschiedes von 8961 ℳ erhob sie Klage.

Beide Vorinstanzen wiesen die Klage ab. Die Revision war erfolglos.

Gründe:

„Zwischen den Parteien ist es unstreitig, daß die Schadensersatzpflicht des Beklagten sich gemäß § 88 EVO., § 457 HGB. auf den Ersatz des gemeinen Handelswerts und in dessen Ermanglung auf den Ersatz des gemeinen Wertes beschränkt, den Gut derselben Art und Beschaffenheit am Orte der Absendung im Zeitpunkte der Annahme zur Beförderung hatte. Der Ort der Absendung war im vorliegenden Falle Breslau. Dort waren unstreitig Fleisch- und Fettwaren von solcher Menge, wie sie von dem Generalkommando an die Klägerin gesandt worden sind, im freien Handel nicht zu haben. Das Berufungsgericht vertritt aber die Ansicht, daß die Höchstpreise im allgemeinen und die auf Grund der Verordnungen des Reichskanzlers vom 5. April und 18. Juli 1917 (RGBl. S. 319, 632) für Fleisch- und Fettwaren festgesetzten im besonderen den gemeinen Handelspreisen gleichzuachten seien. Dabei erwägt es, daß von den mit der Bemessung der Höchstpreise betrauten Behörden ebensowohl auf das Interesse der Allgemeinheit an der Erlangung des notwendigen Bedarfs zu erschwinglichen Preisen als auf die Beschaffung eines angemessenen Nutzens für den Erzeuger Rücksicht zu nehmen sei (Güthe-Schlegelberger Kriegsbuch Bd. 1 S. 747) und die so zustande gekommenen Höchstpreise geeignet erschienen, den sich sonst im Handel und Verkehr bildenden Durchschnittspreis zu ersetzen...

Gegen diese Ausführung wendet sich die Revision. Sie sucht auszuführen, daß der Absender durch den Ersatz des gemeinen Handelswerts oder schlechthin des gemeinen Wertes zur Wiederanschaffung der Ware in den Stand gesetzt werden solle, mithin der Geschädigte stets Ersatz desjenigen Wertes erhalten müsse, den er zur Beschaffung der Ersatzware brauche.

Dieser Auffassung kann nicht beigepflichtet werden. Wenn der § 88 EVO. (entsprechend dem § 457 HGB.) den gemeinen Handelswert und in dessen Ermanglung den gemeinen Wert, den Gut derselben Art und Beschaffenheit am Absendungsort im Zeitpunkte der Annahme zur Beförderung hatte, als Maßstab für den Umfang des Schadensersatzes vorschreibt, so bringt er damit klar zum Ausdruck, daß der zu leistende Werterſatz nur auf Grund allgemeiner wirtschaftlicher Gesichtspunkte, nicht aber auf Grund der besonderen Interessen des einzelnen Beteiligten bemessen werden soll. Offensichtlich bezweckt die Vorschrift den Schutz der Eisenbahn gegen übermäßige, ihrer Höhe nach nicht voraussehbare Entschädigungsansprüche. Gemeiner Handelswert ist, wie das Berufungsgericht bedenkenfrei annimmt, der im Handelsverkehr erzielte Durchschnittspreis, der Markt- oder Handelspreis der Ware; gemeiner Wert ist derjenige, den das Gut nach seiner objektiven Beschaffenheit für jedermann hat. Den Gegensatz dazu bildet eine Wertbemessung, die den besonderen Umständen des Falles und den individuellen Verhältnissen des Beteiligten Rechnung trägt (RG. in Leipz. Zeitschr. 1910 S. 404). Von diesem Standpunkt aus erscheint es bei Gegenständen, die sowohl im Großhandel wie bei der Veräußerung an den Verbraucher behördlich vorgeschriebenen Höchstpreisen unterliegen, ausgeschlossen, den gemeinen Handelswert oder überhaupt den gemeinen Wert höher zu bemessen als die Höchstpreise, die die äußerste Grenze für die im Handelsverkehr zulässige Preisbemessung darstellen. Grundsätzlich ergreift die Höchstpreisfestsetzung unterschiedslos jedes Geschäft über eine Ware der einschlägigen Art, und es kommt dabei auf den Beweggrund, aus welchem ein Geschäft über die Ware abgeschlossen worden ist, und auf die wirtschaftliche Bedeutung des Geschäfts nicht an. Deshalb kann jenseits der durch die Höchstpreisfestsetzung gezogenen Grenze von einem gemeinen Werte oder einem gemeinen Handelswerte nicht die Rede sein. Wenn im Schleichhandel allgemein weit höhere Preise gezahlt werden, so müssen diese außer Betracht bleiben, da unsittliche und strafbare Höchstpreisüberschreitungen im ordentlichen Geschäftsverkehr keine Berücksichtigung finden und für die Wertbemessung nicht maßgebend sein können.

Zutreffend würdigt auch das Berufungsgericht die hier interessierenden gesetzlichen Bestimmungen über die Höchstpreisfestsetzung. Die in Frage stehende Ware (Schweinefleisch, Schweineköpfe, Räucherwaren, Rindfleisch, Speck und Schmer) gehörte, auch wenn sie im besetzten Gebiet, also im Auslande, gekauft war, zu einer Gattung, welche der Höchstpreisfestsetzung unterlag... (Wird näher ausgeführt unter Hinweis auf Art. I der Bekanntmachung vom 18. Juli 1917 [RGBl. S. 632], § 8 Abs. 1 der Verordnung vom 5. April 1917 [RGBl. S. 319], §§ 1, 2 der Bekanntmachung vom 18. März 1916 [RGBl. S. 175] und §§ 1, 5 der Ausführungsbestimmungen vom 22. März 1916 [RGBl. S. 179])

Aus der Gesamtheit der vorbezeichneten Bestimmungen folgt, daß im allgemeinen redlichen Verkehr für die in Rede stehenden Fleisch- und Fettwaren, auch wenn sie aus dem Auslande bezogen wurden, ein höherer Preis als der für Inlandswaren gleicher Art festgesetzte Höchstpreis nicht erzielt werden konnte. Allerdings sieht der Art. III der Verordnung vom 18. Juli 1917 vor, daß der Präsident des Kriegsernährungsamts Ausnahmen von den Vorschriften dieser Verordnung erlassen, also auch den Verkauf von Fleisch und Fleischwaren ausländischer Herkunft zu Preisen genehmigen darf, welche die Höchstpreise für Inlandsware gleicher Art übersteigen. Eine solche Ausnahme ist unstreitig im vorliegenden Falle gemacht worden, da das Kriegsernährungsamt der Klägerin zur Versorgung der Rüstungsindustriearbeiter die Erlaubnis erteilt hat, die Ware zu einem den Höchstpreis übersteigenden Preise zu beziehen. Dieser Umstand berührt jedoch die Schadensersatzpflicht der Eisenbahn in keiner Weise. Er stellt sich lediglich als eine der Klägerin zuteil gewordene Sondervergünstigung dar, die, wie jedes andere individuelle Recht, bei der Bemessung des gemeinen Wertes oder Handelswerts außer Betracht bleiben muß. Durch die unstreitig erfolgte Zahlung der Höchstpreise für die verloren gegangenen Waren ist daher die Klägerin wegen ihres Anspruchs auf Ersatz des gemeinen Handelswerts oder schlechthin des gemeinen Wertes befriedigt worden. Wollte sie sich darüber hinaus die Schadloshaltung wegen des ganzen von ihr gezahlten Preises sichern, so hätte sie, wie auch das Berufungsgericht zutreffend hervorhebt, den Absender veranlassen müssen, das Interesse an der Lieferung im Frachtbrief anzugeben (§ 92 EVO.). In Ermanglung einer solchen Angabe findet ihr Verlangen nach Ersatz des vollen Betrags, den sie zur Wiederanschaffung von Gegenständen gleicher Art aufwenden mußte, im Gesetze keine Stütze."

---

33. 1. Ist eine Fabrik stets auf die Lieferung eigener Erzeugnisse beschränkt?

2. Darf der Käufer, dem fortlaufend zu liefern ist, dem aber

bis kurz vor dem Ende der Lieferfrist nichts geliefert wurde, vom ganzen Vertrage zurücktreten?

3. Ist der Verkäufer, der fortlaufend zu liefern hat, berechtigt, kurz vor Ablauf der Lieferfrist einen unverhältnismäßig großen Teil der verkauften Warenmenge nachzuliefern?

BGB. §§ 242, 284, 326.

II. Zivilsenat. Urt. v. 17. Juni 1919 i. S. Reichsmilitärfiskus (Kl.) w. Gewerkschaft Chr. (Bekl.). II 37/19.

I. Landgericht Essen.
II. Oberlandesgericht Hamm

Nach vorgängigen Verhandlungen zwischen der Beklagten und der Feldzeugmeisterei in Berlin erteilte diese der Beklagten am 25. Dezember 1914 einen Auftrag auf Lieferung von Schraubstollen. Der hierauf bezügliche Vertrag ist zwischen der Beklagten und dem Traindepot des VIII. Armeekorps in Ehrenbreitstein am 30./31. Dezember 1914 abgeschlossen worden und hat den folgenden, hier in Betracht kommenden Inhalt. Gemäß § 1 verpflichtete sich die Beklagte, dem Depot unter Benutzung der ihr überwiesenen Frachtbriefe in Teillieferungen Schraubstollen bis zum 15. April 1915 zu liefern. § 3 bestimmte, daß die Beklagte, falls sie die Lieferung nicht nach den in § 1 festgesetzten Mengen, Preisen und in der angegebenen Zeit ausführen würde, zur Zahlung einer Vertragsstrafe von $^1/_3$% des Wertes des verspätet gelieferten Teiles der Stollen für jede vollendete Woche nach dem 15. April 1915 gehalten sein sollte. Doch sollte das Traindepot auch berechtigt sein, wenn die Lieferung nicht bis zu den festgesetzten Terminen ausgeführt würde, ohne Verbindlichkeit der Beklagten gegenüber die Annahme zu verweigern.

Die Beklagte sandte die erste Teillieferung in Höhe von 161700 Stollen am 27. März 1915 ab. Ehe dieselbe am Bestimmungsort eintraf, drahtete das Depot der Beklagten am 29. März, daß es auf Grund des § 3 des Vertrags die Annahme sämtlicher Stollen verweigere, da die Beklagte die Bestellerin 3 Monate lang auf Lieferung habe warten lassen und Stollen nur im Winter gebraucht würden. Die Beklagte wandte sich darauf an die Feldzeugmeisterei in Berlin und versuchte, diese umzustimmen. Sie hatte Erfolg, und auf entsprechendes schriftliches Gesuch erklärte das Traindepot, daß es die ihm zu sendenden Stollen bis zum 15. April annehmen würde. Die Beklagte lieferte dann in der Zeit vom 10. bis 15. April über 5 Millionen Schraubstollen, welche tatsächlich abgenommen und bezahlt wurden.

Durch Schreiben vom 3. Juni 1915 focht aber die Feldzeugmeisterei die Zurücknahme der Rücktrittserklärung wegen arglistiger

Täuschung an und stellte die sämtlichen Lieferungen zur Verfügung. In einem ferneren Schreiben vom 12. Juni 1915 stützte sie ihre Anfechtung zugleich auf die ihr erst nachträglich bekannt gewordene Tatsache, daß von den gelieferten Stollen der bei weitem größte Teil nicht von der Beklagten selbst hergestellt, sondern von dieser an verschiedenen Plätzen zu einem viel niedrigeren Preise, als im Vertrage vereinbart, zusammengekauft worden sei. Im Klagewege verlangte sodann der Reichsmilitärfiskus Rückzahlung des der Beklagten bezahlten Kaufpreises. Er ließ ausführen, daß nach dem Vertrage fortlaufend bis zum 15. April 1915 zu liefern gewesen sei. Die Beklagte sei nicht berechtigt gewesen, im April derart große Mengen zu liefern, nachdem sie drei Monate hindurch überhaupt nicht geliefert habe. Die Heeresverwaltung habe der Stollen nur für den Winterfeldzug bedurft. Wenn sie schließlich die Kündigung des Vertrags auf Bitten der Beklagten zurückgenommen habe, so sei das nur deshalb geschehen, weil diese in ihr den Irrtum erregt habe, als handle es sich nur um Rückstände. Der Standpunkt des Klägers werde aber auch dadurch gerechtfertigt, daß die Beklagte vertragswidrig den größten Teil der Stollen anderweit zusammengekauft habe, anstatt sie in der eigenen Fabrik herzustellen. Auch in dieser Hinsicht sei der Kläger arglistig getäuscht worden.

Die Beklagte beantragte Abweisung der Klage. Niemals habe die Behörde vor Ende März eine Mahnung ausgesprochen oder eine Nachfrist gemäß § 326 BGB. bestimmt. Es sei, da der Vertrag als Lieferungstermin nur den 15. April angebe, nicht zulässig gewesen, am 29. März zurückzutreten. Bis Mitte April habe die Behörde sicherlich Verwendung für die Ware gehabt. Der Vorwurf arglistiger Täuschung sei unbegründet. Die Behörde habe aber auch keinen Anspruch darauf gehabt, daß ihr nur die eigenen Erzeugnisse der Beklagten geliefert würden. Das Gegenteil sei bei den Kaufverhandlungen besprochen worden.

Das Landgericht wies die Klage ab; die Berufung des Klägers wurde zurückgewiesen. Auf seine Revision ist das Berufungsurteil aufgehoben worden aus folgenden

Gründen:

..."Das Berufungsgericht hat ohne Rechtsirrtum den Vertrag der Parteien dahin ausgelegt, daß die Beklagte nicht auf die Lieferung eigener Erzeugnisse beschränkt war. Daß in erster Linie an die Herstellung der Schraubstollen in der Fabrik der Beklagten gedacht war, ist richtig, aber im vorliegenden Falle nicht entscheidend. Die Behörde hatte tatsächlich kein Interesse an der Lieferung der Erzeugnisse der Beklagten. Weder auf den Ursprung noch auf eine Beschaffenheit der Ware kam es ihr an. Schraubstollen wurden überall in gleicher Ausführung hergestellt. Von der Leistungsfähigkeit gerade der Beklagten war der Behörde nichts bekannt, denn in ihrer Auftragserteilung vom 25. Dezember 1915 forderte sie dieselbe auf, ein Zeugnis der zuständigen Handelskammer beizubringen, daß sie der betreffenden Warenbranche angehöre, leistungsfähig und vertrauenswürdig sei. Die Behörde lief auch keine Gefahr, bei Zulassung fremder Erzeugnisse übermäßige Mengen der gekauften Ware beziehen zu müssen. Der Umfang der Lieferung war bei den Vertragsverhandlungen festgelegt worden. Er entsprach der vollen Herstellungsfähigkeit der Beklagten, wie diese selbst sie in ihrem Schreiben vom 23. Dezember 1915 dargelegt hatte. Endlich konnte es auch dem Kläger gleichgültig sein, ob die Beklagte die Stollen besonders billig einkaufte. Die Behörde hatte einen festen Preis bewilligt und war an diesen unter allen Umständen gebunden. Wie hoch sich die eigenen Kosten der Beklagten stellten, spielte keine Rolle, da die vertragliche Preisberedung nicht auf Grundlage der Selbstkosten der Beklagten getroffen war.

Ebenso unbegründet ist aber auch der Angriff, welchen die Revision um deswillen gegen das Urteil des Berufungsgerichts richtet, weil es den Rücktritt des Klägers vom Vertrage für unzulässig erklärt hat. Der Kläger hatte es während dreier Monate unbeanstandet gelassen, daß die Beklagte nicht lieferte. Es konnte ihm bei dieser Sachlage nicht gestattet sein, ohne weiteres den ganzen Vertrag für erledigt zu erklären. Bis zum Ende der vertraglichen Lieferzeit liefen noch reichlich zwei Wochen. Wenn es richtig sein sollte, daß der Kläger schon Ende März seinen ganzen Bedarf an Schraubstollen gedeckt hatte und dieser Ware daher überhaupt nicht mehr bedurfte, so kann doch keinesfalls die Rede davon sein, daß die Erfüllung des ganzen Vertrags infolge des Verzugs der Beklagten für den Kläger kein Interesse hatte (BGB. § 326 Abs. 2). Das Interesse des Klägers war vielmehr deshalb weggefallen, weil er seinen Bedarf bereits anderweit gedeckt oder für weniger Schraubstollen Verwendung hatte, als er erwartet hatte.

Dagegen ist der Revision zuzugeben, daß das Berufungsgericht zu Unrecht die Beklagte für befugt erachtet hat, in den letzten 14 Tagen etwa $5^1/_2$ Millionen Schraubstollen zu liefern. Die Beklagte war vertraglich gehalten, die Stollen ihrer gesamten Herstellungsfähigkeit entsprechend in Teillieferungen zu beschaffen. Unstreitig handelte es sich dabei um Gegenstände, deren das Heer fortlaufend und ausschließlich für den Winterfeldzug bedurfte. Es lag daher in der Natur der Sache und war durch die Rücksicht auf Treu und Glauben im Geschäftsverkehr geboten, daß die Beklagte den Kläger während der Lieferzeit fortlaufend belieferte und ihm nicht kurz vor Ablauf der Lieferfrist und Schluß der Frostperiode eine unverhältnismäßig große Menge der Ware zusandte. Eine derartige Nachholung des Versäumten kann nach verständiger Auslegung der Absicht beider Parteien nicht mehr als ordnungsmäßige Vertragserfüllung angesehen werden. Da nach den Vertragsverhandlungen mit einer Lieferung von etwa 100000 bis 150000 Stück täglich gerechnet wurde, so durfte dem Kläger höchstens noch die Abnahme und Bezahlung von etwa $1^1/_2$ Millionen Stollen zugemutet werden." ...

---

34. Zur Anwendung des § 17 des Kraftfahrzeuggesetzes, wenn ein Kraftfahrzeug und ein Haustier der in § 833 Satz 2 BGB. erwähnten Art den Schaden verursacht haben und der Verletzte selbst der Tierhalter ist.

VI. Zivilsenat. Urt. v. 23. Juni 1919 i. S. sächsischer Staatsfiskus (Bekl.) w. Sch. (Kl.). VI 81/19.

I. Landgericht Dresden.
II. Oberlandesgericht daselbst.

Am Vormittage des 7. Dezember 1914 hielt der Kläger mit einem mit zwei Pferden bespannten Wirtschaftswagen auf dem Ladeplatz am Bahnhof R., um ein für ihn angekommenes Frachtstück abzuholen. Über den Platz führt die Staatsstraße, auf der 10^{22} Uhr vorm. das Staatsautomobil der Linie Eibenstock—Plauen dort vorüberzufahren pflegt. Die Pferde des Wagens des Klägers waren schon vorher unruhig, wurden aber beim Nahen des Kraftwagens noch unruhiger und gingen schließlich durch. Der Kläger behauptet, daß er selbst zu Falle gekommen sei und Verletzungen erlitten habe, daß weiter auch die Pferde und der Wagen beschädigt worden seien. Er nimmt auf Ersatz seines Schadens den Beklagten als den Halter des Kraftwagens in Anspruch. Das Landgericht wies die Klage ab, das Oberlandesgericht erklärte abändernd den Klaganspruch dem Grunde nach für gerechtfertigt.

Das Urteil des Oberlandesgerichts wurde aufgehoben wegen Nichtanwendung des § 17 des Kraftfahrzeuggesetzes.

Aus den Gründen:

..."Die Angriffe der Revision waren, soweit sie die Haftung des Beklagten und den von ihm nach § 7 Abs. 2 KFG. zu führenden Entlastungsbeweis betreffen, für unbegründet, soweit dagegen die Nichtanwendung des § 17 das. hinsichtlich der Mitverantwortung des Klägers für den ihm entstandenen Schaden gerügt ist, für begründet zu erachten.

Die Haftung des Beklagten für diesen Schaden stützt sich auf § 7. Dem Beklagten steht der Nachweis des Abs. 2 Satz 2 dieser Vorschrift frei, daß sowohl er wie der Führer des Kraftwagens „jede nach den Umständen des Falles gebotene Sorgfalt" beobachtet habe. Dieser Nachweis ist nach der Annahme des Berufungsgerichts für das Verhalten des Kraftwagenführers nicht geführt, und die dahin gehenden Erwägungen des Berufungsgerichts sind nicht zu beanstanden. Das Berufungsgericht nimmt an, daß der Kraftwagenlenker S., da er die Pferde des Klägers nicht kannte und unruhig werden sah, auch wahrnehmen mußte, daß er wegen eines auf der anderen Straßenseite stehenden Lastwagens, wenn er weiter fuhr, dichter an die Pferde des Klägers heranzufahren gezwungen war, als dies sonst der Fall gewesen sein würde, sich nicht damit habe begnügen dürfen, die Fahrt zu verlangsamen, sondern sein Fahrzeug hätte zum Halten bringen müssen; ein nennenswerter Aufenthalt würde dadurch voraussichtlich nicht entstanden sein. Die Revision meint, solche Anforderungen seien überspannt; dem Kraftwagenführer sei nur ein Verhalten zuzumuten, wie es der allgemeinen Erfahrung entspreche, nicht besondere Überlegungen und Maßnahmen, wie sie der Einzelfall wohl zweckdienlich erscheinen, die schnelle Entwickelung des Vorfalles aber nicht zur Reife gelangen lasse. Diese Ausführungen der Revision stehen nicht mit der feststehenden Rechtsprechung des Reichsgerichts im Einklange, wonach die in § 7 Abs. 2 des Gesetzes erforderte Sorgfalt, nämlich: „jede nach den Umständen des Falles gebotene Sorgfalt", mehr ist als die allgemeine Verkehrssorgfalt des § 276 BGB., auch die umsichtige Erfassung des geeigneten Mittels, die Gefahr abzuwenden, in der Not des Augenblicks umfaßt und eine besonders gespannte Aufmerksamkeit bedeutet (RGZ. Bd. 86 S. 49, Bd. 92 S. 38; Warneyer 1915 Nr. 294, 1917 Nr. 215, 1919 Nr. 15). Die Bestimmung des § 20 der Bundesratsverordnung vom 3. Februar 1910 sieht das Anhalten „erforderlichenfalls" vor; erforderlich war es im gegebenen Falle, nachdem der Kraftwagenführer das Scheuen der Pferde wahrgenommen hatte und bemerkte, daß der Kutscher des Klägers vom Wagen gestiegen war und das eine Pferd am Kopfe hielt, sowie daß das Weiterfahren ihn zwingen müsse, nahe an das Fuhrwerk des Klägers heranzufahren und so die Unruhe der Pferde zu vermehren (vgl. die Erläuterungen zu § 20 BVO. bei Isaac, Automobilgesetz S. 455).

Stehen hiernach den Erwägungen des Berufungsgerichts zur Anwendung des § 7 KFG. rechtliche Bedenken nicht entgegen, so hat dagegen das Berufungsgericht dessen § 17 durch Nichtanwendung verletzt, indem es der Betriebsgefahr des Kraftwagens und dem Verhalten des Kraftwagenleiters nur das eigene Verschulden des Klägers nach § 9 KFG. und § 254 BGB. entgegensetzt. Nach § 17 Abs. 1 Satz 1 des Gesetzes hängt, wenn ein Schaden durch mehrere Kraftfahrzeuge verursacht ist und die beteiligten Fahrzeughalter einem Dritten kraft Gesetzes zum Ersatze des Schadens verpflichtet sind, im Verhältnis der Fahrzeughalter zueinander die Verpflichtung zum Ersatze sowie der Umfang des zu leistenden Ersatzes von den Umständen, insbesondere davon ab, inwieweit der Schaden vorwiegend von dem einen oder dem anderen Teile verursacht worden ist. Satz 2 des Abs. 1 läßt das gleiche gelten, wenn der Schaden einem der beteiligten Fahrzeughalter entstanden ist, von der Haftpflicht, die für einen anderen von ihnen eintritt, und Abs. 2 dehnt die Anwendung der Bestimmungen des Abs. 1 auch auf den Fall aus, daß der Schaden durch ein Kraftfahrzeug und ein Tier (oder durch ein Kraftfahrzeug und eine Eisenbahn) verursacht wird. Im gegebenen Falle haben der Betrieb des Kraftwagens des Beklagten und das willkürliche Tun der von ihrer Tiernatur getriebenen Pferde des Klägers zusammengewirkt, den Unfall herbeizuführen und durch diesen dem Kläger den Sachschaden sowie den Schaden an der Gesundheit seiner Person zuzufügen, die zur Erhebung der Klage Anlaß gegeben haben. Es finden somit zugleich die Bestimmungen des Abs. 1 Satz 2 wie des Abs. 2 des § 17 auf den vorliegenden Fall Anwendung; es ist bei der Festsetzung der Schadensersatzpflicht und ihres Umfanges nicht nur die Betriebsgefahr des Kraftfahrzeuges und das beiderseitige Verschulden der Parteien, sondern auch die Verursachung des Unfalles durch die Tiergefahr und Tiernatur und in welchem Maße sie zur Verursachung des Unfalles beigetragen hat, in Rücksicht zu ziehen. Freilich ist die Anwendung des § 17 KFG. auf den Schaden, den ein Kraftfahrzeug und ein Tier verursachen, keine unbedingte; sie hängt davon ab, ob eine Tierhalterhaftung nach Maßgabe des § 833 BGB. besteht. § 17 ist mithin anzuwenden, wenn der Kläger, sofern seine Tiere nicht ihm, sondern einem Dritten einen Schaden zugefügt hätten, dem Beschädigten als Tierhalter verantwortlich sein würde; unter dieser Voraussetzung hat er dann auch für den ihm selbst durch seine Tiere entstandenen Schaden nach Maßgabe des § 17 einzustehen (vgl. Jur. Wochenschr. 1913 S. 649 Nr. 10). Die Ersatzpflicht des Tierhalters einem Dritten gegenüber aber ist nach § 833 Satz 2 BGB. ausgeschlossen, wenn das Tier, das den Schaden verursacht hat, ein Haustier ist, das dem Berufe, der Erwerbstätigkeit oder dem Unterhalte des Tierhalters zu dienen bestimmt ist, sofern der Tierhalter den Nachweis führt, daß er bei der Beaufsichtigung des Tieres die im Verkehr erforderliche Sorgfalt beobachtet hat, oder daß der Schaden auch bei Anwendung dieser Sorgfalt entstanden sein würde.

Über alle diese Umstände hat das Berufungsgericht, das die Bestimmungen des § 17 KFG. heranzuziehen unterlassen hat, Feststellungen nicht getroffen. Daß es sich um Haustiere der in § 833 Satz 2 BGB. gedachten Art bei dem Schaden des Klägers handelt, ist anzunehmen. Treffen die Voraussetzungen zu, unter denen § 833 Satz 2 die Tierhalterhaftung ausschließt, so ist auch im gegebenen Falle auf den dem

Kläger selbst entstandenen Sach- und Personenschaden § 17 KFG. nicht anzuwenden, sondern lediglich auf der einen Seite die Betriebsgefahr des Kraftfahrzeuges und auf der anderen Seite das eigene mitwirkende Verschulden des Klägers gemäß § 9 KFG. in Verb. mit § 254 BGB. gegeneinander abzuwägen; die mitwirkende Gefährlichkeit der Tiere würde dagegen nach dem Grundsatze des § 840 Abs. 3 auszuscheiden haben, da ein Fall der Ausgleichung zwischen der Tiergefahr und der Betriebsgefahr des Kraftfahrzeuges alsdann nicht gegeben wäre (vgl. RGZ. Bd. 71 S. 7; Jur. Wochenschr. 1913 S. 13, 1915 S. 324 Nr. 2). Von vornherein aber und solange der Kläger den in § 833 Satz 2 BGB. ihm zur Entlastung von der Tierhalterhaftung obliegenden Beweis nicht führt, ist diese Haftung, auch wenn es sich um Haustiere im Sinne des § 833 Satz 2 handelt, gegeben. Soweit sie besteht, soweit also der Tierhalter Dritten gegenüber für den von seinem Tiere angerichteten Schaden haftbar sein würde, tritt jetzt an die Stelle des § 840 Abs. 3 BGB. die Bestimmung des § 17 KFG., wonach der Betriebsgefahr des Kraftfahrzeuges gegenüber auch die Gefahr der Tiernatur und das Maß der Verursachung, das ihr an der Herbeiführung des Schadens zukommt, abzuwägen ist. Daneben kommt selbstverständlich auch das Verhalten der Personen, welche bei der Leitung des Kraftfahrzeuges und bei der Beaufsichtigung der Tiere tätig waren, mit in Betracht. Die Schadensersatzpflicht des Beklagten im gegebenen Falle und deren Umfang dem Kläger gegenüber richten sich dann nach allen Umständen, unter denen der Unfall sich ereignete, wobei das Maß der Verursachung des Schadens durch das Kraftfahrzeug des Beklagten oder durch die Pferde des Klägers besonders zu berücksichtigen ist." ...

---

35. 1. Kann der Gläubiger dem selbstschuldnerischen Bürgen, der sich auf bestimmte Zeit verbürgt hat, die Anzeige, daß er ihn in Anspruch nehme, wirksam vor Ablauf der Zeit machen?

2. Bedarf die Vereinbarung, durch die dem Zeitbürgen Stundung bewilligt wird, der Schriftform, weil er dadurch der zeitlichen Beschränkung seiner Bürgschaft verlustig geht?

BGB. §§ 777, 766.

VI. Zivilsenat. Urt. v. 23. Juni 1919 i. S. D. Nationalbank (Kl.) w. A. (Bekl.). VI 74/19.

I. Landgericht Bremen.
II. Oberlandesgericht Hamburg.

Der Beklagte hatte sich im Mai 1909 der Klägerin für einen Kredit an den Kaufmann B. selbstschuldnerisch mit der Beschränkung verbürgt, daß die Bürgschaft am 1. September 1911 erlöschen solle. B. verfiel Anfang September 1910 in Konkurs. Die Klägerin, der im August 1913 die Konkursdividende ausbezahlt wurde, forderte ihren Ausfall von dem Beklagten. Auf seine Einrede, daß die Bürgschaft seit 1. September 1911 erloschen sei, entgegnete sie, sie habe ihn alsbald nach dem Konkursausbruch über B. in Anspruch genommen, worauf zwischen ihnen vereinbart worden sei, daß er nach Ausgang seines Prozesses mit der Konkursmasse oder nach Beendigung des Konkurses zahlen solle. Der Beklagte bestritt ein solches Abkommen.

Das Landgericht gab der Klage statt. Es hielt die Vereinbarung für erwiesen und war der Ansicht, daß hierdurch wie durch das Verhalten des Beklagten, der damit anerkannt habe, daß seine Haftung fortdauere und die Klägerin ihren Anspruch aufrechterhalte, die in § 777 BGB. geforderte Anzeige ersetzt wurde, so daß sie nach Ablauf der für die Bürgschaft bestimmten Zeit nicht wiederholt zu werden brauchte. Dagegen vermißte das Oberlandesgericht eine dem § 777 entsprechende Anzeige und wies die Klage ab, weil die behauptete Vereinbarung eine dem Schriftzwang unterworfene Erschwerung der Bürgschaftsverbindlichkeit des Beklagten bedeute.

Die Revision der Klägerin hatte Erfolg.

Aus den Gründen:

. . . „Nach § 777 Abs. 1 Satz 2 BGB. wird der selbstschuldnerische Bürge, der sich auf bestimmte Zeit verbürgt hat, nach dem Ablaufe dieser Zeit frei, wenn nicht der Gläubiger ihm unverzüglich die Anzeige macht, daß er ihn in Anspruch nehme. Der Senat hat die Frage verneint, ob diese Anzeige allgemein oder unter gewissen Umständen, etwa wenn der Hauptschuldner in Konkurs verfällt, durch eine vor jenem Zeitpunkt erfolgte Anzeige oder Verhandlung zwischen dem Gläubiger und dem Bürgen des Inhalts, daß der Bürge in Anspruch genommen werde, dergestalt ersetzt werde, daß die Anzeige nach dem Ablaufe der Zeitbürgschaft nicht erneuert zu werden brauche. Das Gesetz spricht sich klar und bestimmt über den Zeitpunkt aus, in dem die Anzeige zu geschehen hat. Von seinem Wortlaut abzuweichen, besteht kein Anlaß. Auch könnten sich bei Zulassung einer vorzeitigen Anzeige Zweifel und Schwierigkeiten hinsichtlich des Umfanges der Haftung des Bürgen, wie ihn § 777 Abs. 2 festsetzt, ergeben. Da die Klägerin nicht unverzüglich nach dem 1. September 1911 — dem Ablaufe der für die Bürgschaft bestimmten Zeit — dem Beklagten angezeigt hat, daß sie ihn in Anspruch nehme, so wäre er an sich frei geworden.

Seiner Entbindnng von der Bürgschaftsschuld steht jedoch die Stundungsvereinbarung entgegen. Das Berufungsgericht sieht hierin ohne weiteres und ohne darauf einzugehen, wie sie zustande kam, eine der Schriftform bedürftige Erschwerung der Bürgschaftsverbindlichkeit. Richtig ist zwar, daß, ganz äußerlich betrachtet, der Beklagte mit der Vereinbarung die zeitliche Begrenzung der Bürgschaft aufgegeben hat, die ihm hätte zugute kommen können, wenn die Klägerin nach dem 1. September 1911 mit der Anzeige säumig geworden wäre. Allein dieser Nachteil, der nur unter der recht unwahrscheinlichen Voraussetzung hätte eintreten können, daß die als gesetzes- und geschäftskundig zu erachtende Klägerin die Anzeige zu der gesetzlichen Zeit unterlassen haben würde, kann dann nicht wohl als eine Erschwerung der Bürgschaftsverbindlichkeit angesprochen werden, wenn die Vorteile, die der Beklagte eintauschte, weit überwogen. So scheint der Fall hier zu liegen. Der Beklagte war selbstschuldnerischer Bürge und hatte, als der Konkurs über den Hauptschuldner ausbrach, damit zu rechnen, daß er in Anspruch genommen werde. Die Angestellten der Klägerin haben bezeugt, daß er damals aufgefordert wurde, zu zahlen. Jedenfalls war der Bürgschaftsfall eingetreten, und ohne eine Abmachung mit der Klägerin hätte er sie befriedigen müssen und damit die zeitliche Beschränkung der Bürgschaft von selbst verloren. Wenn ihm nun, wohl auf sein Ansuchen, die Klägerin gestattet hat, mit der Zahlung zu warten, bis der Konkurs oder sein Prozeß mit der Konkursmasse beendigt sei, woraus er einen beträchtlichen Beitrag zur Tilgung seiner Bürgschaftsschuld erhoffte, so wird die ihm bewilligte Stundung, die schon nach der allgemeinen Verkehrsauffassung regelmäßig eine Vergünstigung für den Bürgen bildet, weit mehr eine Erleichterung als eine Erschwerung seiner Verbindlichkeit bedeuten.

Das Berufungsgericht wird daher nähere Feststellung über die Vereinbarung und was ihr vorausging, zu treffen und unter dem vorerörterten Gesichtspunkt erneut zu prüfen haben, ob sie formbedürftig war."

---

36. Kann der Unternehmer oder ein ihm nach § 899 RVO. Gleichgestellter, von dem die Berufsgenossenschaft gemäß § 903 RVO. Erstattung ihrer Aufwendungen fordert, einwenden, der Unfall sei durch das eigene Verschulden des Verletzten herbeigeführt?

VI. Zivilsenat. Urt. v. 23. Juni 1919 i. S. Ziegelei-Ber.-Gen. (Kl.) w. St. (Bekl.). VI 99/19.

I. Landgericht Zwickau.
II. Oberlandesgericht Dresden.

Die Frage ist verneint worden.

Aus den Gründen:

..."Der Senat findet auch keine Veranlassung, von seiner durch die Urteile RG. 63 S. 340, 429 begründeten und seither ständig festgehaltenen Rechtsprechung abzugehen, daß im Falle des § 136 GUVG., der inhaltlich durch § 903 RVO. wiederholt wird, der Unternehmer und die ihm Gleichgestellten sich gegenüber dem Erstattungsanspruche der Berufsgenossenschaft nicht auf das eigene Verschulden des verletzten Arbeiters berufen können. Abgesehen von den Gründen in jenen Urteilen würde der erzieherische Zweck, den die Zulassung des Erstattungsanspruchs verfolgt, nämlich die Unternehmer und ihre höheren Angestellten zur sorgfältigen Beachtung der zum Schutz der Arbeiter erlassenen Anordnungen sowie zur Beschaffung, Anbringung und Instandhaltung der vorgeschriebenen Schutzvorrichtungen anzuhalten, gefährdet werden, wenn ihnen jener Einwand zur Seite stünde. Denn erfahrungsmäßig werden derartige Unfälle vielfach nicht bloß durch Versäumung der Schutzvorkehrungen seitens des Unternehmers und der bezeichneten Angestellten, sondern auch durch einen entsprechenden Mangel an Vorsicht und durch Mißachtung der Gefahr seitens des Arbeiters verursacht. Hätte der Gesetzgeber dem Verlangen der Unternehmer, daß ihnen diese Verteidigung verstattet werde, Rechnung tragen wollen, so wäre hierzu bei der neuen Fassung des § 903 RVO. Gelegenheit gewesen. Daraus, daß es nicht geschehen ist, läßt sich schließen, daß er die Rechtsprechung des Reichsgerichts gebilligt hat." ...

---

37. 1. Wird durch die Übernahme einer Wechselverpflichtung für fremde Schuld ein Rechtsverhältnis zwischen dem Wechselschuldner und dem Gläubiger einerseits und zwischen dem ersteren und dem Hauptschuldner anderseits begründet, vermöge dessen auf den die Wechselschuld tilgenden Wechselschuldner die Hauptschuld mit den dafür bestellten Sicherheiten nach § 774 oder nach § 426 BGB. übergeht?

2. Über stillschweigende Willenserklärungen.

VI. Zivilsenat. Urt. v. 26. Juni 1919 i. S. P. Konkurs (Kl.) w. Wilhelmshavener Aktienbrauerei (Bekl.). VI 139/19.

I. Landgericht Aurich.
II. Oberlandesgericht Celle.

Der Kaufmann P., über dessen Vermögen am 21. Mai 1912 der Konkurs eröffnet wurde, stand in Geschäftsverbindung mit dem

Bankier W., dem er am 29. Juli 1909 zur Sicherheit seiner gegenwärtigen und zukünftigen Forderungen an ihn drei Grundschuldforderungen von zusammen 72500 *M* unter Übergabe der Grundschuldbriefe verpfändet hatte. P. wurde dem W. gegen 60000 *M* schuldig und übergab ihm im Juni 1910 zahlungshalber einen von ihm akzeptierten Wechsel über diese Summe, den er in seiner Eigenschaft als alleiniger Vorstand der Beklagten ohne Wissen und Genehmigung des Aufsichtsrats auch mit der Unterschrift der Beklagten als Ausstellerin versehen hatte. Nach Abzahlung von 5000 *M* wurde ein Verlängerungswechsel vom 12. März 1912 über 55000 *M*, fällig am 15. Juni 1912, dem W. ausgestellt und übergeben mit denselben Unterschriften. Am 6. Mai 1912 beschloß der Aufsichtsrat der Beklagten, diesen Wechsel zu „übernehmen" und das Guthaben-Konto P. bei der Beklagten dafür zu belasten. Er teilte diesen Beschluß am 14. Mai 1912 dem W. mit unter dem Hinzufügen, daß die bei diesem hinterlegten Sicherheiten bestehen blieben. Dieser Mitteilung zufolge wurden die weiteren Verlängerungswechsel von der Beklagten als Akzeptantin gezeichnet; die wechselmäßige Haftung des P. selbst sollte nach dem Briefwechsel des W. mit der Beklagten vom 12. und 16. Dezember 1912 damit nicht erlöschen. Die Beklagte hat den Rechtsanspruch erhoben, daß nach Tilgung der Wechselschuld des P., auf die sie fortlaufend Abzahlungen gemacht hat, die mit jenen Grundschulden bestellten Sicherheiten auf sie übergegangen haben. Der Konkursverwalter des P.schen Konkurses hat gegen die Beklagte Klage erhoben auf Feststellung, daß der Beklagten ein Recht an den Grundschuldforderungen oder ein Anspruch auf deren Abtretung und Herausgabe der Grundschuldbriefe nicht zustehe, hilfsweise, daß nach Bezahlung der W.schen Forderung die Grundschuldforderungen in die Verfügung des Konkursverwalters zurückfallen und die Grundschuldbriefe diesem herauszugeben sind.

Das Landgericht verurteilte die Beklagte nach dem Hauptantrage der Klage, das Oberlandesgericht wies abändernd die Klage ab.

Auf die Revision der Klägerin wurde die Sache an das Berufungsgericht zurückverwiesen aus folgenden

Gründen:

... „Das Berufungsgericht lehnt zunächst mit Recht die Annahme ab, daß durch die Wechselunterzeichnung der Beklagten ein zivilrechtlicher Bürgschaftsvertrag zwischen der Beklagten und dem Gläubiger W. geschlossen worden sei. Es liege nur eine Wechselverpflichtung vor, die aus dem wirtschaftlichen Zwecke einer Verbürgung für fremde Schuld hervorgegangen sei, rechtlich aber nicht als solche erscheine, da die Wechselzeichnung nur Wechselverpflichtungen erzeuge. Die Bestimmung des § 774 BGB., wonach auf den Bürgen, der den Gläubiger befriedigt, dessen Forderung mit allen dafür bestellten Sicherheiten übergeht, finde daher nicht Anwendung. Das Berufungsgericht verneint weiter, daß die Wechselzeichnung durch P. für die Beklagte auf Grund einer Schuldmitübernahme der der Wechselverpflichtung zugrunde liegenden Darlehnsschuld erfolgt sei. Eine neben dem Wechsel herlaufende Mithaft der Beklagten habe sicher nicht geschaffen werden sollen, so daß insofern auch ein Übergang der für die Schuld des P. gegebenen Sicherheiten auf die Beklagte aus dem Gesichtspunkte des Gesamtschuldverhältnisses nach § 426 BGB. durch die Befriedigung des W. nicht begründet werde. Endlich lehnt das Berufungsgericht die Anwendung dieser Bestimmung auf der Grundlage der Gemeinschaft der Wechselverpflichtung ab. Die Mitunterzeichner eines Wechsels hafteten nach Wechselrecht als Gesamtschuldner; ihre Ausgleichung untereinander gehe aber nur auf dem Wege des Wechselregresses nach Maßgabe der Wechselordnung vor sich, und außerhalb des Wechsels könne zwischen mehreren Wechselschuldnern, mehreren Akzeptanten oder mehreren Wechselbürgen nur je nach den besonderen zwischen ihnen begründeten Rechtsbeziehungen ein zivilrechtliches Ausgleichsverhältnis stattfinden. Alle diese Erwägungen sind rechtlich nicht zu beanstanden.

Nun nimmt aber das Berufungsgericht an, daß ein solches Ausgleichsverhältnis im gegebenen Falle zwar nicht ausdrücklich vereinbart worden, gleichwohl aber durch die Wechselzeichnung selbst stillschweigend zustande gekommen sei. Durch die von P. vollzogene Wechselunterschrift sei die Beklagte der ursprünglichen Darlehnsschuld beigetreten dergestalt, daß nunmehr beide dem W. als Schuldner verhaftet wurden, P. aus der Darlehnsschuld und Wechselschuld, die Beklagte aus ihrem selbständigen (abstrakten) Wechselversprechen. Das sei eine von den Parteien gewollte Mithaftung, weil der Gläubiger neben P. noch einen weiteren Schuldner verlangt habe. Die Parteien seien sich darüber einig gewesen, daß die Wechselverpflichtung der Beklagten nur mit der Maßgabe bestehen solle, daß die Tilgung der Wechselschuld auch das Darlehen zum Erlöschen zu bringen habe. Damit sei dann ein Gesamtschuldverhältnis begründet, das gemäß § 426 BGB. die Beklagte berechtige, nach Befriedigung des Gläubigers die bestellten Sicherheiten für sich in Anspruch zu nehmen. Das Berufungsgericht nimmt für seine Ausführungen Bezug auf ein Urteil des Reichsgerichts Bd. 70 S. 405 der Sammlung, wonach ein Gemeinschaftsverhältnis, das die rechtliche Grundlage für die Ausgleichung nach § 426 BGB. bilde, auch dann bestehen könne, wenn der eine Schuldner sich durch selbständigen (abstrakten) Vertrag verpflichtet habe. An diesem Gesamtschuldverhältnis, das durch die Wechselunterzeichnung im Jahre 1910 begründet worden sei, sei dann auch durch die Vorgänge des Jahres 1912, in deren Verlauf die Beklagte die Wechselschuld des P. übernommen und einen neuen Wechsel als Akzeptantin ausgestellt habe, nichts geändert worden, wie denn auch damals festgelegt worden sei, daß die bei W. hinterlegten Sicherheiten bestehen bleiben sollten, was den offenbaren Sinn habe, daß der durch die Pfänder gesicherte Rückgriffsanspruch der Beklagten aufrechterhalten bleibe."

Diesen Erwägungen des Berufungsgerichts kann nicht zugestimmt werden. Wenn P. dem W. gegenüber eine Darlehnsschuld eingegangen war und dafür zahlungshalber dem Gläubiger einen Wechsel mit seinem Akzept übergab, der Gläubiger aber eine zweite Unterschrift für diesen verlangte — wie der Kläger vorträgt, um den Wechsel bei der Reichsbank diskontieren zu können —, und wenn daraufhin P. in seiner Eigenschaft als Vorstand der Beklagten eine zweite Wechselunterschrift mit deren Namen als Ausstellerin und Girantin abgab, ohne daß irgendwelche weiteren Verhandlungen zwischen dem Gläubiger und dem Schuldner oder dem Gläubiger und der Beklagten, oder dem Gläubiger mitgeteilte und von ihm gebilligte Verhandlungen zwischen dem Schuldner und dem zweiten Wechselzeichner stattgefunden haben, so ist dadurch außer dem Wechselverhältnis ein Schuldverhältnis zwischen dem Gläubiger und dem zweiten Wechselzeichner, der Beklagten, nicht geschaffen worden. Die Darlehnsschuld des P. ging die Beklagte nichts an und wollte und sollte, wie auch das Berufungsgericht annimmt, von der Beklagten nicht mit übernommen werden. Dann stellt aber die Wechselunterschrift der Beklagten der Sache nach ein Eintreten für fremde Schuld in der Form der Wechselverpflichtung dar; die Wechselunterzeichnung ist zum wirtschaftlichen Zwecke der Bürgschaft erfolgt, deren zivilrechtlichen Tatbestand sie aber dennoch nicht erfüllt. So hat auch das Berufungsgericht im Eingange der Begründung seines Urteils das geschaffene Rechtsverhältnis selbst charakterisiert. Die Anwendung des § 774 BGB. ist deshalb ausgeschlossen, eine entsprechende Anwendung der Bestimmung auf andere Arten des Einstehens für fremde Schuld, als die in §§ 774, 1225 und 268 behandelten, findet nicht statt. Der Schuldhelfer (Interzedent), der außerhalb dieser Tatbestände den Gläubiger befriedigt, erscheint lediglich als ein Dritter, der die Leistung des Schuldners bewirkt, im Sinne des § 267 BGB., wie selbst der Bürge, wenn er über seine Bürgschaftsverpflichtung hinaus die Forderung des Gläubigers bezahlt; die Leistung einer Schuld durch einen Dritten nach dieser Bestimmung hat aber einen Übergang der bezahlten Forderung auf den Leistenden nicht zur Folge (vgl. RGZ. Bd. 94 S. 85; Leipz. Zeitschr. 1918 S. 909 Nr. 8). Ein Gesamtschuldverhältnis nach §§ 421, 426 BGB. erzeugt das Eintreten für eine fremde Schuld zwischen dem Schuldner und dem Leistenden oder zum Einstehen sich verpflichtenden Dritten nicht. Wäre dies so und würde jede Art von Schuldhilfe ein Gesamtschuldverhältnis mit der Hauptschuld bewirken, so würde es der Bestimmung des § 774 BGB., daß auf den leistenden Bürgen die Forderung des befriedigten Gläubigers übergeht, überhaupt nicht bedürfen. Die Rechtsverhältnisse der Hauptschuld und die Schuldhilfe sind an sich selbständig und verschieden voneinander. Das gilt noch mehr von der Wechselverpflichtung, die ihr eigenes Recht hat. Wenn die Zahlung auf den Wechsel zugleich die diesem etwa zugrunde liegende ursächliche (kausale) Schuld in Höhe der Zahlung tilgt, so ist dies die Folge des Umstandes, daß der Wechsel zahlungshalber für diese Schuld gegeben ist, also die Folge des zwischen Gläubiger und Schuldner begründeten Rechtsverhältnisses, das den Dritten, der lediglich zum Zwecke der Schuldhilfe eine Wechselverpflichtung übernimmt, nicht berührt. Das Berufungsgericht hat selbst im Eingange seiner Urteilsbegründung ausgesprochen, daß die Wechselzeichnung nur eine Wechselverpflichtung begründet. Das Berufungsgericht erkennt ferner an, daß die Beklagte die Darlehnsschuld nicht mitübernommen habe, an der sie gar kein Interesse habe. Gleichwohl meint es, die Beklagte sei durch die von P. für sie geleistete Wechselunterschrift der ursprünglichen Darlehnsschuld in dem Sinne beigetreten, daß sie neben dem Darlehnsschuldner für diese Schuld als Wechselschuldnerin hafte. Diese Sätze sind nicht miteinander in Einklang zu bringen. Der „Beitritt" zur Darlehnsschuld könnte nichts anderes bedeuten als eine Mitübernahme der Darlehnsschuld, deren Erfüllung in der Form der Wechselverpflichtung und Wechselzahlung vor sich gehen soll. Hat aber eine Schuldübernahme nicht stattgefunden, so fehlt es an einem Gemeinschaftsverhältnis für die Schuld, das die Anwendung des § 426 BGB. rechtfertigen könnte. Nur ein Gesamtschuldverhältnis nach außen ist imstande, ein Ausgleichungsverhältnis nach innen zu erzeugen. Eine Schuldmitübernahme hat das Berufungsgericht selbst abgelehnt. In der Tat fehlt es für eine solche sowohl an inneren Gründen als an äußeren Vorgängen, aus denen sie geschlossen werden könnte. Verhandlungen zwischen den Beteiligten haben nicht stattgefunden, und mag selbst P. von der Beklagten ermächtigt gewesen sein, Rechtsgeschäfte mit sich selbst als Vertreter der Beklagten abzuschließen, so daß die Anwendung des § 181 BGB. ausgeschaltet sein würde (RGZ. Bd. 67 S. 51, Bd. 68 S. 37), so fehlt es doch im gegebenen Falle an jeder auf eine Mitübernahme der Darlehnsschuld oder einen „Beitritt" zu ihr gerichteten Willenserklärung sowohl zwischen der Beklagten und P. wie zwischen W. und der Beklagten. Ganz stillschweigend, ohne jeden Ausdruck der Willensabsicht, kann sich ein rechtsgeschäftlicher Akt nicht vollziehen. Nur der erklärte Wille hat rechtliche Bedeutung.

Zu Unrecht bezieht sich das Berufungsgericht auf die Entscheidung des Reichsgerichts Bd. 70 S. 405 der Sammlung (vgl. dazu Bd. 77 S. 323). Hier sind zwei Schuldverpflichtungen vorausgesetzt, die auf denselben Schuldgegenstand gerichtet sind und deshalb eine Gesamtschuld begründen können. Im gegebenen Falle ist eine andere Gemeinschaft aus den vorgetragenen Tatsachen nicht ersichtlich, als daß P. namens der Beklagten, seine Vorstandsstellung mißbrauchend, für eine von ihm eingegangene Darlehnsschuld neben seiner Unterschrift als Akzeptanten eine Wechselunterschrift als Aussteller und Girant abgab, also erklärte, daß die Beklagte für seine eigene Schuld erforderlichenfalls durch ihre Wechselverpflichtung einstehen wolle. Daraus kann eine Rückgriffsforderung der Beklagten gegen P., sei es aus unerlaubter Handlung, sei es, wie das Berufungsgericht annimmt, aus § 687 Abs. 2 BGB., sei es aus dem Vertragsverhältnis, in welchem P. zur Beklagten als ihr Vorstand stand, entstehen. Ein Gesamtschuldverhältnis im Sinne der §§ 421, 426 BGB. entsteht daraus nicht.

Auch die Vorgänge des Jahres 1912 führen nicht weiter, jedenfalls nicht ohne weitere Aufklärungen. Ein Vertrag mit W. dahin, daß die Beklagte sich verpflichtete, die Darlehnsschuld des P. als Mitschuldnerin zu übernehmen und zu tilgen, woraus dann nach § 426 BGB. ein Übergang der Sicherheiten auf die zahlende Beklagte sich ergeben würde, ist in dem Aufsichtsratsbeschlusse vom 6. Mai 1912 und der Mitteilung an W. vom 14. Mai 1912 — mit hinzukommender stillschweigender Genehmigung des letzteren — nicht enthalten. Beide Schriftstücke reden nur von einer Übernahme der Wechselschuld des P. in dem Sinne, daß künftig die Beklagte erste Wechselverpflichtete werden und als Akzeptantin den Verlängerungswechsel zeichnen soll. Es tritt für sie also eine andere Form der Wechselverpflichtung an die Stelle der früheren; im übrigen bleibt alles beim alten. Die Schuld des P. bleibt in der früheren Weise als Darlehnsschuld und als Wechselschuld bestehen, und die Wechselverpflichtung der Beklagten behält ihren Charakter als Einstehen für eine fremde Schuld. Daß in dem Schreiben vom 14. Mai 1912 das — an sich selbstverständliche — Bestehenbleiben der Sicherheiten erwähnt wird (denn P. wurde aus seiner Haftung nicht entlassen und blieb der eigentliche Schuldner des W.), erklärt sich sehr wohl daraus, daß die Beklagte durch das Bestehen der anderweiten dinglichen Sicherheiten vor der Inanspruchnahme aus dem Wechsel sich geschützt glauben konnte. Daß diese Erwähnung eine weitergehende Bedeutung habe und eine Willenseinigung zwischen W. und der Beklagten dahin zustande gekommen sei, daß die Beklagte außer der Wechselverpflichtung auch die ihr zugrunde liegende ursächliche Schuld als Mitschuldnerin übernehme, liegt der Beklagten zu beweisen ob. Mit der Wechselverpflichtung der Beklagten stehen die dinglichen Sicherheiten an sich in keinem Zusammenhang. In den vorgetragenen Schriftsätzen der Beklagten vom 28. Januar 1918 und vom 13. Juli 1918 ist ein Besuch der damaligen Aufsichtsratsmitglieder B. und L. bei W. behauptet, zu dem Zwecke, bei diesem die drei Grundschuldbriefe einzusehen, der nach dem ersteren Schriftsatze kurz nach dem 9. September 1910, nach dem letzteren einige Zeit nach dem 6. Mai 1912 stattgefunden haben soll. Zu welchem Zwecke nun diese Einsicht erfolgen sollte, und welche Erklärungen seitens der genannten Aufsichtsratsmitglieder bei dieser Gelegenheit über die Veranlassung ihres Besuches etwa abgegeben sein sollen, erhellt nicht. Die bloße Tatsache dieses Besuches würde nicht genügen, auf eine vertragliche Beziehung zwischen W. und der Beklagten einen Schluß zu gestatten. Weitere Aufklärungen über den Zusammenhang der Vorgänge der Jahre 1910 wie 1912, die zu einer Entscheidung zugunsten des Anspruchs der Beklagten führen könnten, erscheinen jedoch immerhin möglich.

An zweiter Stelle leitet das Berufungsgericht einen Anspruch der Beklagten auf die für die Schuld des P. an W. bestellten Sicherheiten, die drei Grundschuldbriefe, aus einem zwischen P. und der Beklagten stillschweigend geschlossenen Vertrage her, durch den jener der letzteren einen Anspruch auf Pfandbestellung an den Grundschulden eingeräumt habe. Für den Fall, daß W. die Beklagte auf Grund des Wechsels in Anspruch nehmen werde, habe er die Beklagte jedenfalls nicht zahlen lassen wollen, ohne sie zu entschädigen. In seinem Verhalten liege also ein stillschweigendes fortlaufendes Angebot zum Abschlusse eines Vertrags, durch den er sich habe verpflichten wollen, der Beklagten für den Fall der Zahlung Pfandrechte an den fraglichen Grundschulden zu bestellen. Dieses Angebot habe P. stillschweigend bis zur Aufsichtsratssitzung vom 6. Mai 1912 fortdauernd wiederholt und der Aufsichtsrat, ihm gegenüber der Vertreter der Beklagten nach § 247 HGB., habe es in dieser Sitzung durch seinen Beschluß angenommen, wie das Schreiben an W. vom 14. Mai 1912 bestätige. Allein ein solcher Vertragsabschluß ist von der Beklagten selbst nicht behauptet worden. Es gilt auch ferner von ihm, was von der Berechtigung der Beklagten durch die Wechselunterschrift des P. ausgeführt wurde, daß es nach dem Parteivorbringen an greifbaren Vorgängen für einen solchen Vertragsabschluß, an den Erklärungen einer beiderseitigen Willensübereinstimmung fehlt; der unerklärt gebliebene Wille erzeugt keine Verträge. Von etwaigen Anträgen des P. gegenüber dem Aufsichtsrate vor der Sitzung vom 6. Mai 1912 ist nichts vorgetragen worden. Der Beschluß des Aufsichtsrats von diesem Tage besagt, wie bereits hervorgehoben wurde, weiter nichts, als daß die Beklagte die Wechselschuld des P. von noch 55000 Mark, deren Genehmigung für die Beklagte der Aufsichtsrat früher in der Sitzung vom 9. September 1910 abgelehnt hatte, zu übernehmen bereit sei und damit ihrerseits das Guthabenkonto des P. belasten werde. Das Schreiben an W. vom 14. Mai 1912 teilt dies dem Gläubiger mit unter dem Hinzufügen, daß die Beklagte jetzt den Wechsel bei ferneren Verlängerungen als Akzeptantin zeichnen werde, und daß die bei dem Gläubiger hinterlegten Sicherheiten bestehen bleiben. Die Beklagte hatte, wie ebenfalls bereits ausgeführt wurde, ein Interesse an diesen Sicherheiten, deren Bestand ihr in Aussicht stellte, vor der Inanspruchnahme aus dem Wechsel geschützt zu sein. Daß ihr ein Recht auf diese Sicherheiten übertragen worden sei oder daß sie darauf Ansprüche ihrerseits erhebe, davon enthält weder der Beschluß vom 6. Mai 1912 noch das Schreiben vom 14. Mai 1912 auch nur eine Andeutung. Welche Wirkung mit Rücksicht auf den ausgebrochenen Konkurs über das Vermögen des P. ein Anspruch der Beklagten gegen ihn auf Überlassung der etwa frei gewordenen Sicherheiten ausüben könnte, kann für die gegenwärtige Revisionsverhandlung dahingestellt bleiben. Der Klagantrag umfaßt, so wie er gestellt ist, auch das Nichtbestehen eines Anspruchs der Beklagten auf Abtretung der Sicherheiten und Herausgabe der Grundschuldbriefe. Sachlich kann aber nach Maßgabe des bisherigen Parteivorbringens auch dieser Anspruch der Beklagten nicht für begründet angesehen werden, da es an Tatsachen fehlt, aus denen auf die Willensvereinbarung über eine solche Abtretung geschlossen werden könnte.

Die Beklagte hatte in der Person des P. einen untreuen Vorstand, der seine Vertrauensstellung mißbrauchte und die Beklagte in schwere Schuldverpflichtungen für seine eigenen Interessen verstrickte. P. war aber nach außen für sie zu handeln berechtigt und die Folgen seiner unredlichen Handlungsweise muß sie auf sich nehmen. Sie hat ihren Rückgriffsanspruch gegen den untreuen Vorstand; ein Vorzugsrecht vor anderen Gläubigern kann sie nicht beanspruchen, es sei denn, daß sie die Entstehung besonderer Rechte durch gültige und zum deutlichen Ausdrucke gelangte Vertragsvereinbarungen nachweist." ...

---

38. 1. Zur Haftung des Vormundschaftsrichters; Überwachungspflicht; Entlastung durch Geschäftsüberhäufung?

2. Kommen gegenüber einem dem Mündel durch Untreue des Vormundes entstandenen Schaden Zuwendungen Dritter als Vorteilsausgleichung in Betracht?

3. Ist der Ersatzanspruch des Staates gegen den Beamten nach § 3 des preuß. Gesetzes über die Haftung des Staates vom 1. August 1909 davon abhängig, daß der Staat von dem Verletzten verklagt worden ist?

III. Zivilsenat. Urt. 27. Mai 1919 i. S. K. (Bekl.) w. preußischen Staat (Kl.). III 86/15.

I. Landgericht III Berlin.
II. Kammergericht daselbst.

Der am 4. Februar 1903 außerehelich geborene, seit seinem dritten Lebenstage von den Eheleuten H. verpflegte K., dem der außereheliche Vater kraft Urteils eine Unterhaltsrente von monatlich 20 *M* zu entrichten hatte, stand bis zum 9. Februar 1911 unter der Vormundschaft des Zimmerpoliers Sch. Dieser Vormund Sch. hatte von den an ihn gezahlten Unterhaltsrentenbeträgen unterschlagen: bis zum 31. März 1910 172 *M*, sodann weitere von ihm in Posten von 189 *M* und 60 *M* am 12. Dezember 1910 und am 23. Januar 1911 eingezogene 249 *M*, trotzdem bereits inzwischen am 10. Oktober 1910 der Rechtsanwalt Dr. A. zum Pfleger des Kindes „zur Wahrnehmung der Vermögensansprüche des Mündels gegenüber seinem Vormunde Sch." bestellt worden war. Nachdem im Auftrage des Kammergerichtspräsidenten die Pflegeeltern H. am 6. Dezember 1912 durch den Vormundschaftsrichter darüber vernommen worden waren, welche Ansprüche sie wegen Nichtzahlung von Pflegegeldern erhöben, hat der Kläger im Juli/November 1913 dem Kinde K. zu Händen des ihm am 9. Februar 1911 bestellten Vormundes Dr. A. gegen Abtretung der Ersatzansprüche gegen den früheren Vormund Sch. den Betrag von 249 *M* ausbezahlt.

Der Beklagte war vom 1. Januar 1910 bis 1912 der zuständige Vormundschaftsrichter gewesen. Von ihm fordert die Klage auf Grund des § 3 des Staatshaftungsgesetzes vom 1. August 1909 den Ersatz der 249 *M*, weil auf seine Amtspflichtverletzung der dem Mündel erwachsene, vom Kläger vergütete Schaden zurückzuführen sei.

Im Gegensatze zum Landgerichte gab der Berufungsrichter der Klage statt. Die Revision wandte sich hiergegen mit folgenden Ausführungen:

In erster Linie werde an dem Einwande festgehalten, daß der Kläger dem angeblich geschädigten Mündel die 249 *M* völlig freiwillig habe zukommen lassen. Das sei gegen den Sinn des Staatshaftungsgesetzes, welches doch den Beamten besser als im Falle eigener und alleiniger Haftung stellen wollte. Eine derart freiwillige Befriedigung des angeblich Geschädigten durch den statt des Beamten haftenden Staat würde den Beamten schlechter stellen und sei auch nicht etwa durch die guten Sitten geboten; soweit gehe das Staatshaftungsgesetz nicht. Ebenso werde darauf beharrt, daß dem Mündel ein Schaden überhaupt nicht erwachsen sei, denn die Pflegeeltern H. hätten nicht nur einen Anspruch nicht erhoben, sondern im Gegenteil in ihrer vor dem Vormundschaftsrichter als dem Vertreter des Kindes abgegebenen Erklärung vom 6. Dezember 1912 auf jeden Anspruch verzichtet, nämlich ausdrücklich gesagt, daß sie Ersatz nicht begehrten. Dieser Verzicht sei nicht als ein selbständiger, eine Vorteilsausgleichung ausschließender Entschluß im Sinne der Entscheidung RGZ. Bd. 84 S. 388 aufzufassen, sondern habe jeden Schaden unmittelbar aufgehoben, so daß eine Ausgleichung eines Schadens durch einen Vorteil überhaupt nicht in Frage komme. Die eventuelle Annahme des Berufungsrichters, daß ein Verzicht der Pflegeeltern nicht vorliege, sei abwegig; es spreche nicht gegen einen Verzicht, daß die Pflegeeltern das ihnen freiwillig Angebotene selbstverständlich annahmen. Endlich werde gebeten, die Schuldfrage nachzuprüfen. Den Briefen des Vormundes vom 2. März und 9. Juni 1909 habe auch der Amtsvorgänger des Beklagten, der erfahrene frühere Vormundschaftsrichter, keine Bedeutung beigelegt. Dazu komme die Schwierigkeit, in Berlin einen geeigneten Vormund zu finden, und die Überlastung des Beklagten.

Die Revision wurde zurückgewiesen.

Gründe:

„1. Mit Recht hat der Berufungsrichter das Vorhandensein eines Schadens von 249 *M* bejaht. Dieser Betrag war durch Zahlung des außerehelichen Vaters an den Vormund Sch. als den Vertreter des Kindes dessen Eigentum geworden und wäre es geblieben, gleichviel ob die Pflegeeltern den Unterhalt während der Zeit, für welche die 249 *M* bestimmt waren, umsonst leisteten oder mit diesen 249 *M* nachträglich bezahlt verlangten. Nur wäre im ersten Falle das Geld freies durch eine Pflicht zur Unterhaltsbezahlung nicht mehr belastetes Eigentum des Kindes geworden. Der außereheliche Vater könnte das Geld nicht zurückverlangen, weil der Zweck der Zahlung, der Unterhalt des Kindes, bereits anderweit unentgeltlich erreicht sei. Der Unterhaltsanspruch nach § 1708 Abs. 1, § 1710 BGB. ist von der Bedürftigkeit des Kindes nicht abhängig (Motive Bd. 4 S. 896; Denkschrift S. 712), wird also dadurch nicht ausgeschlossen, daß das Kind tatsächlich von der Mutter oder von irgendeiner dritten Seite unentgeltlich, d. h. ohne die Absicht auf Ersatz aus den vom außerehelichen Vater zu zahlenden oder gezahlten Unterhaltsrentenbeträgen, unterhalten wird; in diesem Falle sind die vom Vater herfließenden Rentenbeträge für das Kind aufzusparen (Motive Bd. 4 S. 881). Wenn also vorliegend die Pflegeeltern H. von Anfang an völlig unentgeltlich, ohne jede Absicht auf Ersatz, das Kind K. verpflegt hätten, so wäre doch der Vater zur Zahlung der Rente verpflichtet geblieben und wäre doch das Kind Eigentümer der vom Vater an den Vormund gezahlten Beträge geworden und geblieben. Entsprechend bleibt es ohne Belang, falls — wie die Revision will — die Pflegeeltern H. in ihrer Erklärung vom 6. Dezember 1912 auf Ersatz ihrer schon aufgewendeten Pflegeunkosten, soweit diese aus den unterschlagenen 421 *M* oder 249 *M* zu decken gewesen wären, dem Kinde gegenüber verzichteten. Es kann darum dahin stehen, ob ein solcher Verzicht vorliegt. Ein solcher Verzicht konnte vernünftigerweise nicht darauf gehen, zugunsten des Unterschlagenden dessen Schadensersatzpflicht im Wege der Schadensaufhebung, wie es die Revision bezeichnen will, oder der Vorteilsausgleichung zu beseitigen. Andernfalls wäre der Verzicht zum letzten Ende ein Geschenk an den Unterschlagenden, der an sich dem ebenfalls haftenden Beamten und dem statt dessen verantwortlichen Staate regreßpflichtig bleibt; und aus einem solchen vermeintlichen Geschenk an den Straftäter dürften dann der haftende Beamte und der statt dessen verantwortliche Staat ableiten, daß auch sie dem Mündel nur nach Maßgabe dieser angeblichen Schadensaufhebung oder -ausgleichung, also vorliegend gar nicht, hafteten. Der Verzicht der Pflegeeltern war denn auch, wenn überhaupt, so deutlich zugunsten des Kindes behufs Aufsparung des Geldes für das Kind erklärt, keineswegs zugunsten des ungetreuen Vormundes, und wollte nicht entfernt dessen Schadensersatzpflicht tilgen oder mindern. Er stand also sogar ausdrücklich — wie schon an sich jede dem Beschädigten aus Anlaß eines Schadens von dritter Hand freiwillig und unentgeltlich gemachte Zuwendung — außerhalb eines rechtlich in Betracht kommenden Kausalzusammenhanges mit der schädigenden Handlung, der Unterschlagung, und bewirkte deshalb rechtlich weder eine sogenannte Aufhebung noch eine Ausgleichung des dem Kinde durch die Unterschlagung entstandenen Schadens.

2. Zutreffend hat weiter der Berufungsrichter ein Verschulden des Beklagten angenommen. Dieser habe, so legt der Berufungsrichter dar, zum mindesten seit der das Schreiben der Mündelmutter vom 6. Januar 1910 unterstützenden Antwort der Pflegeeltern H. vom 24. Februar 1910 die Zuverlässigkeit des Vormundes bezweifeln und prüfen, darum die nur 32 Blätter umfassenden Akten durchsehen und in diesem, seinem Amtsvorgänger noch nicht vorgelegenen, Zusammenhange die Briefe des Vormundes vom 22. März und 9. Juni 1909 würdigen müssen. So habe er erkennen müssen, daß gegen den Vormund dringender Verdacht der Unterschlagung oder Untreue bestand, und habe sich einer sofortigen energischen Aufklärung des Sachverhaltes nicht entschlagen dürfen. Eine Schwierigkeit in der Auffindung eines anderen Vormundes könne nicht entschuldigen, da ein ungetreuer Vormund die größere Gefahr bedeutete. Die behauptete Geschäftsüberlastung rechtfertige vielleicht eine verzögerte, nicht aber eine unsachgemäße Verfügung.

Diese Auffassung des Berufungsrichters läßt einen Irrtum im Begriffe des Verschuldens oder eine Überspannung nicht erkennen. Das Verhalten des Amtsvorgängers kann um so weniger in Betracht kommen, als diesem die bezeichneten Briefe vom 6. Januar und 24. Februar 1910 eben noch nicht vorlagen. Daß die Aufdeckung und eventuelle Absetzung eines als ungetreu verdächtigen Vormundes die allerwichtigste Aufgabe des Vormundschaftsrichters ist, versteht sich von selbst; und der Berufungsrichter stellt fest, daß der Beklagte den Verdacht der Untreue seit dem 24. Februar 1910 hegen und in den Akten bestätigt finden mußte. Dann aber bedeutete es handgreiflich eine Fortdauer und Steigerung der Gefahr, daß der Beklagte sich im Februar, im Juni und im September 1910 lediglich an den Vormund selbst wendete, statt sofort die vom Vormund eingezogenen und ausgezahlten Beträge anderweit festzustellen. Dies hätte geschehen müssen, auch abgesehen von den Briefen des Vormundes vom 2. März und 9. Juni 1909, schon allein auf Grund der soeben eingelaufenen Briefe vom 6. Januar und 24. Februar 1910. So aber kam es gerade dazu, daß der Vormund Sch. im Dezember 1910 und Januar 1911 noch nicht abgesetzt war und noch in diesen Monaten die 249 ℳ unterschlagen konnte. Die Sachlage und die sich daraus und aus der besonderen Verantwortlichkeit des Vormundschaftsrichters ergebende Folgerung war eine so einfache, daß der Beklagte sie bei auch nur geringer Sorgfalt durchschauen und finden mußte, wenn er sich, wie er tat und zwar wiederholt tat, überhaupt mit der Sache beschäftigte. Eine allgemeine Überlastung derart, daß er alle von ihm behandelten Vormundschaftssachen, auch die einfachen, nur oberflächlich oder wenigstens keine einzige einzelne Sache mit Gewähr pflichtmäßiger Sorgfalt behandeln konnte, hat der Beklagte nicht behauptet. In solchem Falle würde auch ein Verschulden in anderer Richtung in Frage kommen, insofern es bei einer derartigen Lähmung eines so wichtigen Dienstzweiges oberste Pflicht des betroffenen Beklagten gewesen wäre, sofort und energisch bei der zuständigen Stelle Meldung zu erstatten und Abhilfe zu verlangen.

3. Der Hauptangriff der Revision stellt auf, der Kläger habe freiwillig, nämlich ohne verklagt zu sein, die 249 ℳ an die Pflegeeltern nicht auszahlen dürfen. Diese Anschauung wird widerlegt schon durch den Wortlaut des § 1 Abs. 1 des Staatshaftungsgesetzes vom 1. August 1909, demzufolge die im § 839 BGB. bestimmte Verantwortlichkeit an Stelle des Beamten den Staat trifft. Der Staat ist also in demselben Maße und in derselben Weise Schadensersatzschuldner, wie es bis dahin der Beamte war; die Voraussetzungen der Haftung des Staates decken sich mit denen der Haftung des Beamten. Dem Staate wie bisher dem Beamten steht es demnach völlig frei, die nunmehr auf ihm lastende Schuld ohne Klage und Urteil zu erfüllen. In § 3 Satz 2 wird denn auch die dreijährige Verjährung des Ersatzanspruches des Staates gegen den schuldigen Beamten von dem Zeitpunkte berechnet, in welchem der Ersatzanspruch des Geschädigten diesem gegenüber von dem Staate anerkannt (durch Anerkenntnisvertrag oder sonstwie) oder dem Staate gegenüber rechtskräftig festgestellt ist. Dazu war in der Beratung der Justizkommission nur bemerkt worden, der Sinn des Gesetzes sei zweifellos der, daß der Beamte in jeder Art den Beweis seiner Schuldlosigkeit führen könne, selbst wenn der Staat die Schadensersatzpflicht anerkannt habe. Die Bestimmungen des § 2

und des § 3 Satz 1 können nicht in dem Sinne verstanden werden, daß der Ersatzanspruch des Staates gegen den Beamten von vorgängiger Klage des Geschädigten gegen den Staat oder gar von vorgängiger Verurteilung des Staates auf solche Klage abhängig sein solle. Im besonderen trifft auch nicht zu, daß das Staatshaftungsgesetz im Interesse der Beamten ergangen sei. Sein Grund und sein Zweck war vielmehr die Rücksicht auf den Geschädigten: der Staat selbst sollte bei Amtspflichtverletzungen in Ausübung der staatlichen Hoheitsrechte für seine Beamten haften, und es sollte dem Geschädigten ein stets zahlungsfähiger Schuldner gegenübergestellt werden. Der Geschädigte war vorliegend ein Mündel; die freiwillige Ersatzleistung ohne vorgängige Klage entsprach der staatlichen Fürsorgepflicht. Kein berechtigtes Interesse des Beklagten wurde verkümmert. Diesem blieb der Beweis offen, daß ihn kein Verschulden treffe, und daß kein Schaden entstanden sei."

39. Zur Auslegung von Kriegsklauseln in Versicherungsverträgen.

VII. Zivilsenat. Urt. v. 3. Juni 1919 i. S. Pester Viktoria-Dampfmühle (Kl.) w. Deutsche Versicherungsgesellschaft u. Gen. (Bekl.). VII 24/19.

I. Landgericht Hamburg.
II. Oberlandesgericht daselbst.

Die Klägerin hatte im Sommer 1916 aus Rumänien 400 Wagen Mais auszuführen, der teils auf kleinen Eisenbahnstationen, teils auf umliegenden Gütern lagerte und zur Lieferung an das preußische Kriegsministerium bestimmt war. Sie hat die Ware zur Gesamtwerthöhe von einer Million Mark in gewissen Wertteilen für einen Monat, und zwar ab 29. Juli 1916 bei der Beklagten zu 11, ab 7. August 1916 bei den Beklagten zu 1—9 und nach ihrer Behauptung auch bei der Beklagten zu 10 versichert. Die für die Beklagten zu 11 und 1—9 gezeichneten Policen schlossen das Kriegsrisiko laut einer anhängenden Klausel ein, deren Überschrift und erster Absatz wortgemäß besagt:

„Kriegsversicherungsklausel für Fluß- und Landtransporte:

In Erweiterung der allgemeinen und besonderen Bedingungen der Police deckt diese Versicherung auch die Folgen der unmittelbaren Kriegsgefahr, bestehend in Wegnahme, Beschädigung oder Zerstörung der versicherten Ware durch feindliche Mächte, insbesondere durch Zerstörung des Bahnkörpers und dadurch entstehende Schäden, Vernichtung oder Beschädigung durch Geschosse, auch solche von Luftfahrzeugen herrührend, und sonstige direkte Beschädigungen und Zerstörungen durch

Feindeshand. Ausgeschlossen bleiben indirekte, nur mittelbare Schäden und Nachteile aus der Kriegsgefahr, wie insbesondere Schäden und Minderung infolge Reiseverzögerung, alle Kosten und Verluste, die durch freiwilligen oder gezwungenen Aufenthalt der Ware oder durch Zurückhaltung der Eisenbahnzüge oder Flußschiffe, durch Blockierung von Häfen oder Plätzen, durch Einlagerung des Gutes oder anderweitige Dispositionen über dieses wegen der Kriegsgefahr, ferner durch Extrazölle, Extrafrachten usw. entstehen können.“...

Nachdem Rumänien am 27. August 1916 in den Kriegszustand getreten und an demselben Tage eine rumänische Verordnung über Beschlagnahme feindlichen Eigentums erlassen war, ersuchte die Klägerin die sämtlichen Beklagten mit der Bemerkung, bei dem versicherten Mais sei zufolge Kriegszustandes Kriegsschaden eingetreten, Schadensliquidierung zu veranlassen. Da die Beklagten nicht anerkannten, daß der Versicherungsfall eingetreten sei, erhob die Klägerin gegen Ende des Jahres 1916 Klage. Sie forderte in erster Reihe Zahlung der einzelnen, nach ihrer Angabe von jeder der Beklagten versicherten, sich insgesamt auf 1000000 *M* belaufenden Wertbeträge. Ein Hilfsantrag richtete sich auf Feststellung, daß durch den Kriegszustand mit Rumänien am 27. August 1916 im Verhältnis der Parteien der Versicherungsfall eingetreten sei, infolgedessen die Beklagten in Höhe der gezeichneten Versicherungssumme für den Schaden hafteten, der der Klägerin infolge dieses Versicherungsfalles an den versicherten 400 Waggons Mais entstanden sei oder entstehe. Ein weiterer Hilfsantrag ging auf Feststellung, daß die Beklagten bis zur Höhe der von ihnen übernommenen Versicherungssumme für den Schaden haften, der der Klägerin an den versicherten 400 Wagen Mais infolge davon entstanden sei oder entstehe, daß Rumänien am 27. August 1916 in den Krieg mit Österreich-Ungarn und im weiteren Verlauf mit den übrigen Zentralmächten eingetreten sei.

Nach der Besetzung Rumäniens durch deutsche Truppen sind Teilmengen von dem versicherten Mais aufgefunden und seitens der Heeresverwaltung gegen Entschädigung requiriert worden. Dies führte zur Ermäßigung der Summen des Hauptklagantrags um insgesamt 62011,20 *M*, anteilsmäßig auf die einzelnen beanspruchten Summen verteilt.

Das Landgericht wies die Klage ab. Die Klägerin erhob Berufung und stellte noch in letzter Linie hilfsweise den Antrag, das landgerichtliche Urteil insoweit abzuändern, als es die Klage völlig abweise, und statt dessen zu erkennen, daß die Klage nur zurzeit oder nur insofern abgewiesen werde, als sie darauf beruhe, daß der Versicherungsfall bereits in dem Eintritte des Kriegszustandes mit Rumänien oder in der Verordnung der rumänischen Regierung vom 27. August

1916 deutschen Stils, betreffend die Sequestrierung des Eigentums der Untertanen der mit Rumänien kriegführenden Staaten, liege.

Die Berufung wurde zurückgewiesen. Auch die Revision der Klägerin blieb erfolglos.

Gründe:

„Die allen Klaganträgen erster Instanz gemeinsame Voraussetzung bildet die Annahme, daß im Laufe der Zeiten, während deren die Beklagten der Klägerin Versicherung für den Mais gewährt haben sollen, der Fall eingetreten ist, von welchem die Entschädigungsverbindlichkeit des Versicherers abhängt. Das Oberlandesgericht hat im Einklange mit dem Landgericht angenommen, daß die Klägerin den ihr obliegenden Nachweis des Eintritts des Versicherungsfalles nicht geführt habe. Die Revision sucht dagegen anzukämpfen, kann aber einen Erfolg nicht haben.

Die zu unterstellenden Abschlüsse haben eine mit Lagerversicherung verknüpfte Transportversicherung zum Gegenstand, wobei die Lagergefahr im Vordergrunde stand. Als versichert hat das Eigentumsinteresse zu gelten, da sich die Versicherung auf das Gut selbst, den Mais, bezieht. Aus dem weiten Kreise von Gefahren mannigfacher Art, gegen welche der Eigentümer mit solcher Versicherung Schutz sucht, kommt hier nach dem Streitstande die Kriegsgefahr in Betracht. Indes kann, wie auch die Revision anerkennt, nicht schon die Tatsache, daß die Kriegserklärung Rumäniens vom 27. August 1916 in die Versicherungszeit fällt und die versicherte Ware sich damals in rumänischem Gebiet befand, ohne weiteres genügen, den Versicherungsfall als eingetreten anzusehen. Grundlegend für die Beurteilung ist die angewendete, den gezeichneten Policen angehängte Kriegsklausel. Ihr Inhalt, typischen Charakters und fast wörtlich übereinstimmend mit dem § 2 der Bedingungen der „Landtransportpolice“, Anl. 1 der Prozeßakten, unterliegt der selbständigen Auslegung des Revisionsgerichts (vgl. RGZ. Bd. 81 S. 117, Bd. 90 S. 378). Bei der entsprechenden Prüfung seitens des erkennenden Senats hat sich aber kein Anlaß ergeben, von der Deutung abzuweichen, welche die vorliegende Kriegsklausel in den Entscheidungen der Vorinstanzen gefunden hat. Der erste Satz der Klausel grenzt das Haftungsgebiet für die Versicherer ab und bezeichnet klar und deutlich als entschädigungspflichtig die Folgen der unmittelbaren Kriegsgefahr, die bestehen in Wegnahme, Beschädigung oder Zerstörung der versicherten Ware durch feindliche Mächte. Der Ausdruck: „bestehend in ...“ zeigt unzweideutig die Beschränkung auf die angeführten drei Schadensarten an (vgl. auch RGZ. Bd. 92 S. 416, Bd. 95 S. 275). Mit den in dem Satze noch folgenden, durch das Wort „insbesondere“ eingeleiteten Bemerkungen werden einzelne Beispiele von Fällen, die der Haftpflicht der Versicherer unterliegen, beigebracht (RGZ. Bd. 10 S. 25). Alle nachteiligen Folgen der Kriegsgefahr, die von anderer Art als einer der im ersten Hauptsatze bezeichneten drei Arten sind, gelten der Klausel als mittelbare Folgen, auf die sich die Haftung der Versicherer nicht erstrecken soll. Dies bringt der zweite Hauptsatz der Klausel zum Ausdruck, der auch zahlreiche dahin gehörige Beispiele anführt. Die Frage der Haftbarkeit der Versicherer für Schäden, die auf einen Krieg zurückzuführen sind, ist somit in lückenloser Vollständigkeit behandelt. Auch die Revision geht davon aus, daß die Regelung der Kriegsklausel eine erschöpfende ist. Sie will aber ohne bedingungslose Bindung an die Einzelanführungen der Klausel, in denen sie lediglich Beispiele sieht, zwischen unmittelbaren oder direkten und mittelbaren oder indirekten nachteiligen Folgen der Kriegsgefahr unterscheiden und annehmen, daß die Versicherer nur für das Gebiet der letzteren Folgen von der Haftung frei sind, dagegen für die ersteren Folgen allgemein, also auch dann haften, wenn es sich nicht gerade um eine Wegnahme oder Beschädigung oder Zerstörung des versicherten Gutes durch den Feind, sondern um einen sonstigen, das Gut angehenden und unmittelbar auf den Krieg zurückzuführenden Schaden handelt. Diese Deutung kann mit den von der Revision angezogenen Ausführungen des Urteils RGZ. Bd. 90 S. 324, in welchem eine von der hier maßgeblichen wesentlich abweichende Kriegsklausel in Betracht kam, nicht begründet werden und scheitert am eindeutigen Wortlaute der vorliegenden Klausel. Es ergibt sich, und dies entspricht auch der Auffassung der Vorinstanzen, daß nach Maßgabe der hier anwendbaren Vertragsbestimmung der Versicherungsfall als eingetreten nur gelten kann, wenn die versicherte Ware durch feindliche Mächte entweder weggenommen oder beschädigt oder zerstört ist.

Die beiden letzteren Fälle scheiden nach Lage der Sache aus. Übrig bleibt nur die Frage, ob Wegnahme der Ware durch den Feind, und zwar erfolgt im Laufe der Versicherungszeit, nachweisbar ist. Hierbei ist nach dem im Gebiete des Versicherungsrechts besonders vorherrschenden Grundsatze von Treu und Glauben der Wegnahmebegriff tunlichst weit zu fassen. Es würde eine dem Wesen des Vertragsverhältnisses widerstreitende, unbillige Erschwerung der Lage und Aufgabe der Klägerin bedeuten, wenn man von ihr den Nachweis tatsächlicher Einzelvorgänge des Inhalts fordern wollte, daß rumänische Truppenteile sich der versicherten Warenposten bemächtigt und diese zur Verwendung im eigenen Nutzen fortgeschafft haben. Genügen darf der Nachweis einer gegen das versicherte Gut gerichteten Maßnahme des Feindes, die darauf abzielte und notwendig zu Folge hatte, das Gut dem Eigentümer zu entfremden und zu entziehen. Es braucht also in der Versicherungszeit nicht gerade zu einem körperlichen Zugriff auf das Gut durch Feindeshand gekommen zu sein, es kann eine Anordnung ausreichen, die rechtlich und wirksam dem Versicherten die Möglichkeit weiterer Verfügungen über das Gut abschneidet und dieses der Herrschaft des Feindes zur Verwendung für dessen Zwecke unterwirft. Immer aber muß es sich um eine Maßnahme handeln, die eine konkrete Richtung gegen das Gut mit sofortiger, sei es körperlicher, sei es rechtlicher Einwirkung genommen und das alsbald oder später zu verwirklichende Ziel hat, das Eigentumsrecht des Versicherten zu beseitigen. Nur dann läßt sich sagen, daß schon ein sinngemäß als „Wegnahme" anzusehender feindlicher Zugriff auf das Gut vorliege.

Von diesem Standpunkte aus, den auch die Vorinstanzen eingenommen haben, kann in der Kriegserklärung Rumäniens, für sich betrachtet, unzweifelhaft noch nicht eine Wegnahme der versicherten Ware erblickt werden. Das räumt auch die Revision ein. Sie will aber aus der mit dem Eintritte Rumäniens in den Krieg ergangenen Kgl. Verordnung vom 27. (14.) August 1916, Anl. 4 der Prozeßakten, in Verbindung mit gewissen Begleitumständen, die nach ihrer Ansicht das Berufungsurteil zu Unrecht außer acht läßt, folgern, daß mit Verkündung der Verordnung die versicherte Ware durch den rumänischen Staat der Klägerin entzogen und im Sinne der Kriegsklausel weggenommen worden sei. Dem kann nicht beigestimmt werden. Die bezeichnete Verordnung hat nach der Auslegung der Vorinstanzen, die gemäß §§ 549, 562 ZPO. auch für das Revisionsgericht bindend ist, nicht angeordnet, daß die in Rumänien befindlichen Güter feindlicher Eigentümer beschlagnahmt würden, sondern bestimmt, daß diese Güter von den zuständigen Behörden beschlagnahmt werden sollen und der Staatssekretär des Justizdepartements dies durchführen solle, und sie läßt nicht ersehen, ob der Staatssekretär die Verordnung durchgeführt, ob die zuständige Behörde die Güter der Klägerin beschlagnahmt hat, und ob, wenn dies geschehen ist, die Beschlagnahme noch im Laufe der hier erheblichen Versicherungszeit stattgefunden hat. Die Verordnung stellt danach noch keinen konkreten Zugriffsakt auf das versicherte Gut oder überhaupt auf das in Rumänien befindliche Eigentum der Klägerin dar, sie schafft nur die allgemeine rechtliche Grundlage für künftige behördliche Maßnahmen, die sich auf Verstrickung der in Rumänien vorhandenen Güter feindlicher Eigentümer richten konnten und richten sollten. Bis solche Maßnahmen, über die nichts ermittelt und nichts bekannt ist, erfolgten, war das versicherte Gut noch beschlagsfrei und das Verfügungsrecht des Eigentümers noch nicht aufgehoben oder beschränkt. Die ohnehin starke Gefahr, daß das Gut der Klägerin verloren gehe, erfuhr freilich mit der Kriegserklärung und vor allem mit dem Erlasse der erörterten Verordnung eine hochgradige Steigerung, aber dem Sinne und der Tragweite der Verordnung läßt sich nicht entnehmen, daß mit ihrem Erlasse der Verlust des Gutes für die Klägerin eingetreten, aus hochgradiger und drohendster Verlustgefahr also der Verlust selbst zur Entwicklung gekommen ist. Nun hat die Revision als wichtige Begleitumstände hervorgehoben,

a) daß die Rumänen sofort nach der Kriegserklärung alle Angehörigen der Zentralmächte, die sich nicht durch die Flucht retteten, internierten,

b) daß der Vertreter der Klägerin in Rumänien, P., laut seiner Zeugenaussage am Tage des Kriegsausbruchs mit vielen anderen über Hals und Kopf aus Bukarest unter Rücklassung seiner Bücher und Skripturen geflohen ist und fliehen mußte,

c) daß es sich um große Warenmengen handelte, die offen dem Zugriff dalagen,

d) daß es sich um Lebensmittel handelte, die im Kriege den eigentlichen Kriegsmitteln an Bedeutung gleichstehen,

e) daß die 400 Wagen Mais laut der Police von der rumänischen Exportkommission für das preußische Kriegsministerium freigegeben waren und, zur baldigen Abrollung bestimmt, teils in Stationshäusern der staatlichen rumänischen Eisenbahnen, teils auf diesen nahe gelegenen Gütern lagerten.

Daß die bezeichneten Tatsachen in den Vorinstanzen zur Sprache gebracht waren, mag zugegeben werden, aber für keinen der Punkte ist Anhalt dafür vorhanden und anzuerkennen, daß ihn der Berufungsrichter übersehen und zu Unrecht übergangen habe. Obgleich die gesamte versicherte Ware, wovon Teile sogar in unmittelbarer Obhut rumänischer staatlicher Behörden lagerten, für die rumänische Kriegsmacht leicht greifbar war, sind Teilmengen noch bei Besetzung des Landes durch Truppen der Zentralmächte vorgefunden worden, und das Schicksal der übrigen Warenmengen ist nicht aufgeklärt. Unter diesen Umständen brauchte der Berufungsrichter auf den Punkt e nicht besonders einzugehen. Die Punkte c, d waren schon ohnehin nicht erörterungsbedürftig. Sachlich angezeigt war in Rücksicht auf die Punkte a, b eine Erörterung der Frage, ob etwa die aus den Kriegswirren für die Vertretungsorgane der Klägerin erwachsenen Hindernisse, persönlich auf die Ware einzuwirken und darüber zu verfügen, zugunsten der Klage ins Gewicht fallen könnten. Der Prüfung ist aber der Berufungsrichter nähergetreten. Er hat erwogen, Verlust als besonderer Fall des Sachschadens sei im Sinne des Versicherungsrechts immer ein die Sache selbst betreffendes Ereignis; der Umstand, daß der Eigentümer an seine Sache nicht heran könne, weil sie sich in Feindesland befinde, könne daher einen Totalverlust nicht begründen. Die Erwägung ist rechtlich zutreffend und ergibt, daß die vorbezeichnete Frage zu verneinen ist. Dafür, ob ein Versicherungsfall im Sinne der hier maßgebenden Kriegsklausel vorliegt oder nicht, kommt es ausschließlich auf das Schicksal der versicherten Güter selbst an (vgl. auch RGZ. Bd. 95 S. 277). Ob das im Berufungsurteil im Zusammenhang mit der erwähnten Erwägung noch angezogene, von der Revision beanstandete Beispiel, daß der Eigentümer den Ort vergißt, an dem sich der versicherte Gegenstand befindet, treffend gewählt ist, kann als gleichgültig für den Bestand des Entscheidungsgrundes auf sich beruhen. Als unzutreffend muß aber das Beispiel abgelehnt werden, das anderseits von der Revision mit der Ausführung beigebracht wird: Wenn mich jemand mit meinem Hab und Gut in seinem Hause beherbergt und mich nun hinaustreibt mit den Worten, was dir bisher in meinem Hause gehörte, das ist nun mein, so ist es mir genommen, und zwar in dem Augenblicke, wo er mich vertreibt, nicht erst, wenn er die Beute an sich nimmt. Ein solcher Vorgang läßt einen auf Aneignung gerichteten konkreten Zugriffsakt gegen fremdes Sacheigentum erkennen, woran es im vorliegenden Falle fehlt.

Die Revision sucht ferner geltend zu machen, die Verordnung vom 27. August 1916 enthalte mindestens eine Anfangshandlung der Wegnahme des versicherten Gutes und müsse auch aus diesem Gesichtspunkte zur Anwendung des ersten Satzes der Kriegsklausel genügen, da die spätere tatsächliche Inbesitznahme der Ware durch die Rumänen lediglich als notwendige Folge und Ausführung der Verordnung anzusehen sei. In diesem Zusammenhange zieht die Revision aus der „Hanseatischen Rechts-Zeitschrift“ Bd. 2 S. 219 einen Aufsatz über „Beginn der Versicherung und Eintritt des Versicherungsfalles“ bei Feuer- und Einbruchdiebstahl-Versicherungen und aus dem einen Versicherungsfall behandelnden Urteile RGZ. Bd. 89 S. 68 die Schlußsätze (S. 76) heran, die sich darauf beziehen, daß die englische Regierung schon vor der Löschung der beförderten Güter in London, wo sie nach der Entlöschung prisengerichtlich kondemniert wurden, die Anhaltung der Güter angeordnet und die Aushändigung an die deutschen Berechtigten untersagt hatte. Den betreffenden und weiterhin angeknüpften Ausführungen der Revision näher zu treten, erscheint nicht veranlaßt. Sie müssen schon deshalb ausscheiden, weil im vorliegenden Falle die erwähnte Verordnung noch nicht anzeigte, daß die Klägerin die versicherte Ware einbüßte, sondern nur den Rechtsboden bildete, auf dem es zu verlustbringenden Eingriffen in das Eigentum der Klägerin kommen konnte. Es mangelt aber auch an jedem Nachweise dafür, daß Vollzugshandlungen oder Anordnungen einer Beschlagnahme, die sich als Folgen jener Verordnung auffassen ließen, stattgefunden und den Verlust der versicherten Ware herbeigeführt haben. Auch aus diesem Grunde muß der Versuch versagen, die Verordnung als Beginn der Wegnahme der versicherten Ware hinzustellen.

Die Revision weist auf die Schwierigkeiten hin, die Akte, welche den Verlust der Ware herbeiführten, im einzelnen nachzuweisen, und betont, daß die Klägerin sich brieflich an die Firma E. B. in Bukarest gewendet, den Brief aber vom Ministerium des Äußeren in Wien mit dem auf die Verordnung vom 27. (14.) August hinweisenden Schreiben vom 13. Oktober 1916 zurückerhalten hat. Daß der fragliche Beweis Schwierigkeiten bot, ist zuzugeben; daß diese aber unüberwindlich waren, ist nicht ersichtlich. Die Klägerin hat sich anscheinend nicht zureichend bemüht, die sachlich erforderliche Aufklärung zu beschaffen. Schon am 26. August 1916 telegraphierte sie an die Beklagten oder deren Vertreter: „Bei versichertem Gesamtquantum Zucker und Mais zufolge Kriegszustandes Kriegsschaden eingetreten. Veranlaßt Schadenliquidierung." Sie hat dann noch den ihr zurückgesandten Brief an B. gerichtet; daß sie aber ferner den Versuch, den sie nicht von vornherein für aussichtslos halten durfte, gemacht habe, durch diplomatische Vermittlung über das Schicksal der versicherten Ware Erkundigung einzuziehen, ergibt der Sachstand nicht. Im übrigen hat schon der Berufungsrichter mit Recht erwogen, daß die Klägerin die Schwierigkeiten, den Eintritt des Versicherungsfalles innerhalb der kurzen in Frage kommenden Zeit nachzuweisen, selbst heraufbeschworen habe, da sie die Güter trotz der gefahrvollen politischen Situation nicht bis zur Beendigung der Reise, sondern nur für einen Monat versichert habe. Vergeblich will die Revision dieser Erwägung mit der Ausführung begegnen, eine bis zur Beendigung der Reise laufende Versicherung sei nicht erreichbar gewesen, die Ware habe nur höchstens auf einen Monat versichert werden können. Davon ist in den Vorinstanzen nicht die Rede gewesen, und sonach kann die Klägerin mit diesem neuen Vorbringen tatsächlichen Inhalts in dieser Instanz nicht mehr gehört werden.

Die Revision meint endlich, wenn es wider Erwarten gelingen sollte, eine nach der hier erheblichen Versicherungszeit vollzogene Beschlagnahme der versicherten Ware nachzuweisen, so würde doch in der Inanspruchnahme der Gesellschaften, welche für diese spätere Zeit Versicherung gewährt haben, eine Unbilligkeit liegen, da immerhin schon mit der Verordnung vom 27. August der Grund für die spätere Schadensfolge gelegt gewesen sei. Allein es kann nicht als unbillig gelten, wenn die Gesellschaften, deren Verträge für die spätere Zeit liefen, für die Schadenswirkung einer in diese Zeit fallenden Beschlagnahme, deren Gefahr sie übernommen haben, haften müssen. Wenn aber die Beklagten nicht zu haften haben, so folgt das daraus, daß in der Verordnung vom 27. August weder der Vollzug noch die Anordnung einer Beschlagnahme der versicherten Ware zu finden, und eine andere Maßnahme, die als Wegnahmeakt beurteilt werden könnte, für die hier erhebliche Zeit nicht nachgewiesen ist. Die ursächliche Bedeutung der Verordnung für den Verlust der Ware kann zur Begründung einer Haftung der Beklagten nicht genügen. Als ursächlich für den Verlust sind auch andere Umstände — so die Kriegserklärung Rumäniens, die allgemeine politische Lage im Juli 1916 und früher — aufzufassen, von denen die Klägerin selbst nicht bezweifelt, daß sie noch nicht den Eintritt des Versicherungsfalles herbeigeführt haben.

Die am Schluß der Ausführungen des Berufungsurteils begründete Ablehnung des erst in zweiter Instanz gestellten Eventualklagantrags unterliegt keinem rechtlichen Bedenken."

---

40. Ist neben der Wandelungsklage die Anfechtung des Vertrags nach § 123 BGB. zulässig?

III. Zivilsenat. Urt. v. 24. Juni 1919 i. S. Gr. (Bekl.) w. M. (Kl.). III 573/18.

I. Landgericht Dresden.
II. Oberlandesgericht daselbst.

Der Kläger hat von dem Beklagten im Jahre 1915 das in ermieteten Räumen untergebrachte Kino „Walhalla-Theater" in Dr. gekauft. Im März 1916 hat er den Betrieb des Unternehmens eingestellt. Er will vom Beklagten über die Ertragsfähigkeit des Theaters getäuscht worden sein und hat deshalb den Vertrag angefochten. In zweiter Linie hat er die Wandelung des Vertrags und Schadensersatz begehrt. Er fordert die Rückgewähr seiner Anzahlung, ferner die Erstattung eines Betrags, den er zur Aufrechterhaltung des ertraglosen Betriebs aufgewendet haben will, sowie die Befreiung von den Verpflichtungen aus dem über den Theaterraum abgeschlossenen Mietvertrag.

Das Landgericht hat die Entscheidung von einem richterlichen Eide des Klägers über die dem Beklagten vorgeworfenen unwahren Versicherungen abhängig gemacht. Die Berufung und die Revision des Beklagten sind erfolglos geblieben.

Aus den Gründen:

„Das Oberlandesgericht legt der Beurteilung der Klagansprüche rechtsirrtümlich den § 463 BGB. zugrunde. Es ist zwar zutreffend, daß die dem Beklagten vorgeworfenen unwahren Zusicherungen über die Ertragsfähigkeit des Theaterunternehmens die Vorspiegelung einer Eigenschaft des Kaufgegenstandes enthalten, welche an sich die sinngemäße Anwendung des zweiten Satzes der bezeichneten Vorschrift rechtfertigt (RGZ. Bd. 67 S. 86, Bd. 83 S. 241, 243). Verkannt ist aber, daß der dort vorgesehene Ersatzanspruch ein vertraglicher ist, sonach das Fortbestehen des Vertrags zur Voraussetzung hat, und deshalb bei der Nichtigkeit des Geschäfts, welche durch die schon in der Klage erklärte Anfechtung wegen arglistiger Täuschung herbeigeführt wurde (§ 142 BGB.), nicht Platz greifen kann. Der Berufungsrichter mißt der Anfechtung zu Unrecht keine Bedeutung bei. Er verweist hierzu auf die Entscheidungsgründe des Landgerichts, wo unter Bezugnahme auf RGZ. Bd. 70 S. 429 ausgeführt wird, daß eine Konkurrenz der Anfechtung wegen Betrugs mit den Gewährleistungsansprüchen wegen Mängel der Kaufsache nicht stattfinde, weil die Vorschriften der §§ 459 flg. BGB. als Sondervorschriften den Bestimmungen des allgemeinen Teiles, insbesondere dem § 123, vorgingen und nach dem Geiste des Gesetzes eine Rückgängigmachung der Kaufgeschäfte wegen Fehler im Sinne des § 459 nur nach den Grundsätzen der Wandelung möglich sein solle. Der zweite Senat des Reichsgerichts hat allerdings in dem bezeichneten Urteil ausgesprochen, daß der Käufer, der beim Gattungskauf durch arglistiges Verschweigen eines nach §§ 480, 459 BGB. zu vertretenden Sachmangels zur Annahme der vertragswidrig beschaffenen Sache bestimmt worden sei, zur Aufhebung dieses Erfüllungsgeschäfts und zur Rückforderung des gezahlten Kaufpreises nur nach den Grundsätzen der Wandelung, nicht der Anfechtung gelangen könne. In einer späteren Entscheidung vom 26. November 1912 (Warneyer 1913 S. 111) ist jedoch von demselben Senate die Anfechtung eines Kaufvertrags über ein Geschäftsunternehmen wegen betrüglicher Angaben über die Geschäftseinnahmen für zulässig erachtet worden. Vorher schon hatte der V. Senat in einer Entscheidung vom 26. Oktober 1912 (Jur. Wochenschr. 1913 S. 88) die Anfechtung eines Grundstückskaufs wegen Täuschung des Käufers über einen dem Grundstück anhaftenden Mangel für statthaft erklärt. Zu einer Anrufung der vereinigten Zivilsenate (§ 137 GVG.) bietet daher der Standpunkt des erkennenden Senats in der vorliegenden Sache um so weniger Anlaß, als es sich hier ebenso wie in den beiden zuletzt erwähnten Urteilen nicht um einen Gattungskauf, sondern um den Kauf einer individuell bestimmten Sache handelt. Die Anfechtung ermöglicht es dem Käufer, den Vertrag in den Grenzen des § 142 BGB. mit dinglicher Wirkung gegen jedermann zu vernichten, während der Anspruch auf Wandelung ihn nur in den Stand setzt, die schuldrechtliche Aufhebung des Vertrags nach Maßgabe gewisser Vorschriften über das vertragsmäßige Rücktrittsrecht herbeizuführen (§ 467). Es ist kein Grund ersichtlich, der den Gesetzgeber veranlaßt haben könnte, dem Käufer, der durch arglistiges Verschweigen von Sachmängeln oder durch Vorspiegelung von Eigenschaften der Kaufsache zum Vertragsabschluß bewogen wurde, die auf alle Fälle der arglistigen Täuschung berechnete Anfechtung zu entziehen und ihn auf das mit schwächeren Wirkungen ausgerüstete Wandelungsrecht zu beschränken. Eine solche

Regelung würde eine Begünstigung des Schädigers und seiner bösgläubigen Rechtsnachfolger auf Kosten des Getäuschten in sich schließen und kann deshalb nicht beabsichtigt sein. Der Auslegung des Gesetzes in diesem Sinne steht auch der Umstand entgegen, daß die Voraussetzungen beider Rechtsbehelfe in einem erheblichen Punkte voneinander abweichen. Als Unterlage für den Anspruch auf Wandelung reicht das arglistige Verschweigen oder das arglistige Zusichern des Verkäufers hin. Die Anfechtung erfordert dagegen eine Einwirkung dieses arglistigen Verhaltens auf den Vertragswillen des Käufers (Jur. Wochenschr. 1913 S. 197 Nr. 8, 1914 S. 189 Nr. 5). Widersprüche werden durch die Zulassung der Anfechtung neben der Wandelung in das Gesetz nicht hineingetragen. Der aus § 461 zu entnehmende Ausschluß der Haftung für arglistiges Verhalten nötigt zu dem Schlusse, daß in dem dort geregelten Falle auch für eine Anfechtung kein Raum ist. Die Abweichung der Bestimmung in § 124 Abs. 1 von den Vorschriften in § 477 Abs. 1 verb. mit § 195 und § 478 läßt aber in Anbetracht der oben hervorgehobenen Verschiedenheit der Wirkungen beider Rechtsbehelfe deren Nebeneinanderbestehen nicht unerträglich erscheinen.

Wie hiernach kein hinlänglicher rechtlicher Grund besteht, die Anfechtung des Klägers unbeachtet zu lassen, so sind in den Feststellungen des Berufungsurteils, abgesehen von den noch beweisbedürftigen, den Gegenstand des richterlichen Eides bildenden Zusicherungen des Beklagten, auch die tatsächlichen Grundlagen für die Anfechtung gegeben. ... Wenn sonach der Kläger den ihm auferlegten Eid leistet, so greift die Anfechtung durch und es erweisen sich alsdann sämtliche Klagansprüche als gerechtfertigt. Die Rückgewähr der Anzahlung nebst Zinsen kann der Kläger gemäß §§ 812, 819 BGB., die Befreiung von den Verpflichtungen aus dem Mietvertrag und die Vergütung der Aufwendungen, die er zur Aufrechterhaltung des Theaterbetriebs über die Einnahmen hinaus gemacht hat, aus dem Gesichtspunkte des Schadensersatzes fordern. Denn neben den Folgen der Nichtigkeit kann er die Herstellung des Zustandes verlangen, der ohne die Täuschung bestehen würde." ...

---

41. Welcher Zeitpunkt ist beim gegenseitigen Vertrage für die Schadensberechnung maßgebend, wenn während des Leistungsverzugs des Gegners die ihm obliegende Leistung unmöglich geworden ist?

BGB. §§ 249, 287, 325.

II. Zivilsenat. Urt. v. 24. Juni 1919 i. S. W. & Co. (Kl.) w. F. (Bekl.) II 53/19.

I. Landgericht Hamburg, Kammer für Handelssachen.
II. Oberlandesgericht daselbst.

Am 1. Juli 1916 kaufte die Klägerin von dem Beklagten 3 Ladungen von je 10000 kg Rohfichtenharz, bekannte Thüringer Qualität, zum Preise von 106 *M* per 100 kg ab thüringische Station, zur Lieferung in etwa 8—14 Tagen, force majeure etc. vorbehalten. Trotz wiederholter Mahnungen, z. B. vom 17. und 20. Juli, lieferte der Beklagte nur eine Ladung. Am 8. September 1916 trat die Bundesratsverordnung vom 7. j. Mts. über den Verkehr mit Harz in Kraft (RGBl. S. 1002), wonach Rohharz jeder Art, das sich zur Herstellung von Kolophonium eignet, insbesondere Fichten-, Kiefern-, Lärchen- und Tannenharz, dem Kriegsausschusse für pflanzliche und tierische Öle und Fette, Gesellschaft m. b. H. in Berlin, anzubieten und auf Verlangen abzuliefern war. Unstreitig hat der Kriegsausschuß damals alle Angebote angenommen. Die Klägerin erhob darauf Klage auf Schadensersatz in Höhe von 17100 *M* nebst Zinsen, indem sie berechnete, daß sie aus den nicht gelieferten 20000 kg Rohharz etwa 10000 kg Fichtenharz und 4000 kg Harzschlacke gewonnen und hieran nach Abzug der Unkosten die geforderte Summe verdient haben würde.

Der Beklagte bestritt den Anspruch nach Grund und Betrag. U. a. machte er geltend, die rechtzeitige Leistung sei infolge von Umständen unterblieben, die ihm nicht zur Last fielen. Im Juli und Anfang August 1916 habe das Harz wegen schlechten Wetters nicht gescharrt werden können; später sei Arbeitermangel hinzugetreten, da die Regierung angeordnet habe, daß die zum Scharren bestimmten Leute nur noch zu Erntearbeiten verwendet werden dürften. Anderes Harz als solches von Thüringer Herkunft habe er nicht liefern dürfen.

Der erste Richter wies aus diesem Grunde die Klage ab. Das Oberlandesgericht bestätigte die Entscheidung, indem es ihre Begründung dahingestellt ließ, aber annahm, daß das eigene Vorbringen der Klägerin den gestellten Antrag nicht rechtfertige.

Auf die Revision wurde die Sache in die Berufungsinstanz zurückverwiesen.

Gründe:

„Das Berufungsgericht hat ausgeführt, ob die Lieferung der beiden rückständigen Ladungen am 8. September 1916 mit dem Inkrafttreten der Bundesratsverordnung unmöglich wurde, könne zweifelhaft sein. Treffe dies aber auch zu, so dürfe die Klägerin doch nur den durch die Nichtlieferung der Ware nach dem 8. September 1916 etwa entstandenen Schaden ersetzt verlangen. Statt dessen fordere sie Ersatz des nach Art und Umfang völlig verschiedenen Schadens, den sie dadurch erlitten haben wolle, daß der in Verzug befindliche Beklagte vor jenem Zeitpunkte nicht geliefert habe. Ein solcher Anspruch finde in § 325 BGB. keine Grundlage.

Diesen Ausführungen läßt sich nicht beitreten.

Zunächst bezweifelt das Berufungsgericht mit Unrecht, daß durch die Bundesratsverordnung vom 7. September 1916 die Lieferung des Harzes an die Klägerin unmöglich geworden ist. Wenn alles Harz dem Kriegsausschuß in Berlin angeboten werden mußte und dieser jedes Angebot annahm, so liegt es nicht anders, als wenn die Verordnung direkt die Ablieferung an den Kriegsausschuß geboten hätte (vgl. RGZ. Bd. 95 S. 20). Sodann ist unrichtig, was das Berufungsgericht über den für die Schadensberechnung maßgebenden Zeitpunkt bemerkt. Der Schadensersatzanspruch der Klägerin stützt sich auf § 325 BGB. verb. mit der Bestimmung des § 287 Satz 2, wonach der Schuldner während des Verzugs auch für die durch Zufall eintretende Unmöglichkeit der Leistung verantwortlich ist, es sei denn, daß der Schaden auch bei rechtzeitiger Leistung eingetreten sein würde. In einem solchen Falle wird zwar Ersatz des Unmöglichkeitsschadens, d. h. Schadensersatz wegen endgültiger Nichterfüllung geschuldet; der eigentliche Verpflichtungsgrund für den Schuldner liegt aber in seinem Verzuge. Das tritt in der Fassung der §§ 286, 287 klar zutage, und auch im Sinne der allgemeinen Vorschrift des § 249 stellt sich der Verzug als der „zum Ersatze verpflichtende Umstand" dar. Daher kann dem Gläubiger nicht das Recht bestritten werden, seinen Schaden nach der Zeit des Eintritts des Verzugs zu berechnen. Gewiß ist er nicht gehindert, auch den späteren Zeitpunkt, in dem die Leistung unmöglich wurde, zugrunde zu legen; die Befugnis hierzu ergibt sich aus der Erwägung, daß er bis dahin den Anspruch auf die Leistung behielt. Ebenso zulässig aber, ja geradezu das Nächstliegende bleibt die Bemessung des Schadens nach dem Beginne des Verzugs. Es verhält sich ebenso wie in dem Falle des § 326, wo der Gläubiger zwischen der Heranziehung dieses Zeitpunktes und desjenigen des Ablaufs der Nachfrist die Wahl hat (vgl. RGZ. Bd. 90 S. 423). Vorliegend würde der Verzug des Beklagten schon mit Empfang des Mahnschreibens vom 17. Juli 1916 eingetreten sein. Hätte die Klägerin damals die beiden rückständigen Ladungen Rohharz zur Verfügung gehabt, so wäre sie in der Lage gewesen, den eingeklagten Fabrikationsgewinn vor dem 8. September 1916 zu realisieren. Ihre Behauptung, daß sie derzeit täglich 6—7000 kg Harz verarbeitet habe, ist vom Beklagten nicht bestritten worden.

Das angefochtene Urteil ist daher aufzuheben. Die Sache ist zurückzuverweisen, damit das Berufungsgericht den Einwand des Beklagten aus § 285 prüft, er sei nicht in Verzug geraten, denn das Unterbleiben der Lieferung in der Zeit vom 1. Juli bis 8. September 1916 beruhe auf Umständen, die er nicht zu vertreten habe."

42. Wann und unter welchen Bedingungen kann die Zentrale einer Bank für die Abwickelung von Geschäften in Anspruch genommen werden, die ein Kunde mit einer Filiale der Bank eingegangen ist?

BGB. § 157.

I. Zivilsenat. Urt. v. 25. Juni 1919 i. S. R. (Kl.) w. D. Bank (Bekl.). I 17/19.

I. Landgericht I Berlin.
II. Kammergericht daselbst.

Die Londoner Niederlassung der beklagten Bank hatte im Jahre 1914 im Auftrage und für Rechnung des Klägers in New York 80 Anteilscheine eines amerikanischen Unternehmens gekauft und bei der dortigen Firma M., Sch. & Co. in Verwahrung gegeben. Die Londoner Niederlassung der Beklagten wurde nach Kriegsausbruch auf Anordnung der englischen Regierung unter die Aufsicht eines Zwangsverwalters gestellt. Der Kläger, dem ein Verkehr mit der Niederlassung unmöglich ist, beauftragte darauf die Beklagte, die Anteilscheine zum Tageskurs zum Verkauf aufzugeben und den Gegenwert an ihn nach Wien zahlen zu lassen. Die Beklagte verlangte jedoch vorherige Sicherheitsleistung in Höhe von 50000 ℳ. Diese zu stellen weigerte sich der Kläger. Er verlangte nunmehr mit der Klage 1. Verurteilung der Beklagten zur Ausführung des Verkaufs der Effekten oder zur Herausgabe derselben an einen Vertrauensmann in New York, 2. Verurteilung zur Zahlung von Schadensersatz, falls der Verkauf sich als unmöglich erweist oder zu einem geringeren Kurse erfolgen muß.

Die Beklagte beantragte Klagabweisung und trug vor: Sie sei überhaupt nicht verpflichtet, den Verkauf der Papiere vorzunehmen, da der der Londoner Niederlassung erteilte Auftrag mit dem Ankauf und der Hinterlegung der Papiere erledigt gewesen sei. Jedenfalls könne der Kläger unter den obwaltenden Umständen nicht die Beklagte für die Ausführung der Geschäfte in Anspruch nehmen, die er mit der Londoner Niederlassung abgeschlossen habe. Auch sei das Verlangen der Beklagten nach Stellung von ausreichender Sicherheit berechtigt, besonders da M., Sch. & Co. von der Beklagten Übernahme der Gewähr für allen entstehenden Schaden verlangt hätten.

Die Vorinstanzen wiesen die Klage ab. Die Revision des Klägers blieb erfolglos.

Gründe:

„Die Entscheidung des Rechtsstreits ist von der Beantwortung der Frage abhängig, ob und unter welchen Bedingungen die beklagte Bank verpflichtet ist, die von ihrer Londoner Niederlassung vor dem Kriege für den Kläger in New York bei der Bankfirma M., Sch. & Co.

hinterlegten Papiere verkaufen oder an den Kläger oder einen Vertrauensmann des Klägers herausgeben zu lassen.

Mit Recht hat das Berufungsgericht ausgeführt, daß diese Verpflichtung nach deutschem Rechte zu beurteilen sei; hiergegen sind von der Revision keine Einwendungen erhoben worden.

Nun erachtet das Berufungsgericht in erster Linie, daß nach deutschem Rechte eine solche Verpflichtung der Beklagten überhaupt nicht bestehe, daß der Kläger sich vielmehr nur an die Londoner Niederlassung halten könne. Darin kann ihm nicht beigestimmt werden. Auszugehen ist davon, daß die Papiere nicht auf den Namen des Klägers, sondern auf den Namen der Londoner Niederlassung der beklagten Bank hinterlegt waren. Das ist nach den Anführungen der Beklagten nicht zu bezweifeln. Daraus ergibt sich ohne weiteres, daß die vertraglichen Beziehungen des Klägers zu der Londoner Niederlassung hinsichtlich der in Rede stehenden Wertpapiere nicht abgewickelt waren, daß vielmehr die Niederlassung einer Weisung des Klägers, die Papiere, die beim Ankauf aus Mitteln des Klägers bar bezahlt waren, auszuliefern oder zu verkaufen, an sich nachkommen mußte. Nun kann dahingestellt bleiben, ob der Kläger in gewöhnlichen Zeiten eine solche Weisung auch der Hauptniederlassung mit Rechtswirksamkeit hätte erteilen können. Infolge des Krieges war der Kläger außerstande, mit der Londoner Niederlassung in Verbindung zu treten. Bei solcher Sachlage war die Beklagte nicht berechtigt, den Auftrag des Klägers aus formellen Gründen von vornherein abzulehnen. Die Londoner Niederlassung war nicht ein selbständiges Rechtssubjekt. Die Beklagte wurde aus Geschäften jener Niederlassung ihrerseits verpflichtet. Wenn trotzdem für Friedenszeiten zu erwägen sein sollte, ob die Abwickelung eines mit einer Niederlassung angebahnten Geschäfts nur von dieser Niederlassung zu verlangen wäre, so würden dafür Rücksichten auf die Übersichtlichkeit des inneren Betriebs einer weitverzweigten Bankverbindung maßgebend sein. Diese Rücksichten müssen aber zurücktreten, wenn überwiegende berechtigte Interessen des Kunden entgegenstehen. Solche sind gegeben, wenn dem Kunden ein Verkehr mit der Niederlassung unmöglich ist. Dabei ist selbstverständlich, daß die Hauptniederlassung den Auftrag nur dann anzunehmen braucht, wenn dessen Ausführung möglich ist, und nur unter solchen Bedingungen anzunehmen braucht, unter denen ihr die Ausführung zugemutet werden kann.

Weiter erachtet das Berufungsgericht, daß die Beklagte den Auftrag von vornherein nur gegen ausreichende Sicherheit anzunehmen und auszuführen brauchte, weil sie sich Regreßansprüchen von seiten der Firma M., Sch. & Co. ausgesetzt haben würde; hätte diese Firma die Papiere, die auf den Namen der Londoner Niederlassung hinterlegt waren, verkauft oder ausgehändigt, so hätte der englische Verwalter jener Niederlassung sie verantwortlich machen können und sie hätte ihrerseits einen Rückgriff gegen die Beklagte nehmen können. Auch diesen Ausführungen ist nicht in vollem Umfange beizustimmen. Es ist nicht anzuerkennen, daß die Beklagte regreßpflichtig sein sollte, wenn M., Sch. & Co. in voller Kenntnis der Sachlage die Weisung ausgeführt hätten. Das Berufungsgericht gründet seine Annahme auf § 670 BGB. und entnimmt aus dieser Bestimmung, daß der Auftraggeber dem Beauftragten für einen dem letzteren durch Ausführung des Auftrags entstehenden Schaden verantwortlich sei. Allein vorliegendenfalls handelt es sich zwischen M., Sch. & Co. und der Beklagten überhaupt nicht um ein Auftragsverhältnis. Da die Londoner Niederlassung kein selbständiges Rechtssubjekt ist, standen die Rechte aus der Hinterlegung der Beklagten zu. Erfüllten M., Sch. & Co. den danach der Beklagten zustehenden vertraglichen Anspruch auf Auskehrung der Papiere, so ist nicht ersichtlich, wie sie daraus Regreßrechte gegen die Beklagte herleiten könnten. Sollte aber auch die Sache nach nordamerikanischem Rechte anders liegen und nach diesem der vertragliche Anspruch auf Herausgabe der Papiere nur der Londoner Niederlassung zustehen, so würde man gleichwohl zu demselben Ergebnis gelangen müssen. Allerdings haftet der Auftraggeber dem Beauftragten bei Verschulden unter Umständen für einen diesem entstehenden Schaden. Das ist aber nur dann der Fall, wenn aus Anlaß der Ausführung des Auftrags ein Schaden entsteht, mit dessen Eintreten man nicht zu rechnen brauchte und der sich nicht aus der Ausführung des Auftrags ohne weiteres von selbst ergibt. Dergleichen liegt in diesem Rechtsstreite nicht vor. Denn hier würde es sich nur darum handeln, ob der Beauftragte den Auftrag nach seinem Rechtsverhältnis zu einem Dritten überhaupt ausführen darf. Dafür hat der Beauftragte selbst einzustehen, und dafür kann er nicht Regreß gegen den Auftraggeber nehmen. Weiter erachtet das Berufungsgericht, daß der Beklagten selbst ein Schaden entstehen könnte, indem der englische Verwalter für die Auskehrung der Papiere die Londoner Niederlassung haftbar machen könne. Eine Gefährdung in dieser Richtung ist aber aus dem Parteivorbringen nicht zu entnehmen. Es steht vielmehr entgegen, daß der Verwalter ohnehin alle Aktiva der Londoner Niederlassung unter sich hat; es ist nicht ersichtlich gemacht, wie er sich weitere Aktiva verschaffen und der Beklagten entziehen könnte. Danach ergibt sich, daß die Beklagte nicht unter allen Umständen und ohne weiteres die Annahme des Auftrags von einer Sicherheitsleistung des Klägers abhängig machen durfte.

Anders ist nun aber die Sachlage, wenn M., Sch. & Co. vor Ausführung des Auftrags eine Gewährübernahme der Beklagten verlangt haben sollten. Forderte die genannte Firma, daß die Beklagte sich verpflichtete, für allen sich etwa ergebenden Schaden einzustehen, so konnte die Beklagte vom Kläger Sicherstellung verlangen. Es war ihr weder zuzumuten, deswegen einen Rechtsstreit mit der genannten Firma zu führen, noch ohne Deckung ein erhebliches Risiko auf sich zu nehmen. Das Risiko war dem Umfange nach nicht unbedeutend, denn der Auftrag ging nach dem Briefe des klägerischen Vertreters vom 2. Februar 1917 dahin, die Papiere zu verkaufen und den Erlös auszukehren. Hätte die New Yorker Firma diesen Auftrag ausgeführt, so hätte der engliche Verwalter sie möglicherweise auf den vollen Wert der Papiere in Anspruch nehmen können. Für Übernahme dieses Risikos konnte die Beklagte Sicherstellung vom Kläger verlangen. Es handelt sich also darum, ob in der Tat die Firma M., Sch. & Co. eine Gewährübernahme der Beklagten zur Bedingung gemacht hat." . . . (Dies wird in den weiteren Ausführungen bejaht und danach der Anspruch der Beklagten auf ausreichende Sicherheit für begründet erklärt.)

---

43. 1. Zur Schadensersatzpflicht, wenn bei einem Schiffszusammenstoß mehr als zwei Schiffe beteiligt sind.

2. Zur Haftung des Reichs für seine Beamten. Kann die Entscheidung der Frage, ob der Geschädigte von einem Dritten Ersatz des Schadens zu erlangen vermag, nur in einem besonderen Rechtsstreite zwischen dem Geschädigten und dem Dritten herbeigeführt werden?

Gesetz über den Zusammenstoß von Schiffen vom 7. Januar 1913 (RGBl. S. 90) Art. 1, 5; Intern. Übereink. zur einheitlichen Feststellung von Regeln über den Zusammenstoß von Schiffen vom 23. September 1910 (RGBl. 1913 S. 49) Art. 3, 4, 5, 12, 13 u. Zusatzartikel; RBHaftG. vom 22. Mai 1910 (RGBl. S. 798) § 1; BGB. § 839.

I. Zivilsenat. Urt. v. 28. Juni 1919 i. S. J. C. & H. K. (Kl.) w. Deutsches Reich (Bekl.). I 37/19.

I. Landgericht Kiel.
II. Oberlandesgericht daselbst.

Am 10. März 1913 fand im Kaiser Wilhelm-Kanal ein Zusammenstoß zwischen einem Schleppzug, der aus Fahrzeugen der Klägerin bestand, und dem Dampfer Imperial statt. Der Schleppzug, der von dem Kanallotsen E. als Zwangslotsen geführt wurde, kam von der Ostsee, der Dampfer Imperial von der Elbe; dieser stand unter der Führung des Lotsen R. als Zwangslotsen. In der Nähe der Unfallstelle befand sich ein Bagger der Nebenintervenientin, der das Fahrwasser beengt haben soll. Die Fahrzeuge der Klägerin wurden beschädigt. In einem Vorprozeß nahm sie zunächst den Lotsen R. auf Schadensersatz in Anspruch. Die Klage wurde abgewiesen, weil nur fahrlässiges Verschulden des Lotsen R. vorläge und letzterer hierfür nach dem Reichsgesetze vom 22. Mai 1910 nicht in Anspruch genommen werden könnte. Nunmehr erhob die Klägerin Klage gegen den Reichsfiskus, der nach dem genannten Gesetze für das Verschulden der beiden Lotsen eintreten müßte.

Das Landgericht wies die Klage ab, soweit Ersatz der Kosten des Vorprozesses verlangt wurde; im übrigen erklärte es den Klaganspruch zu $^3/_8$ dem Grunde nach für berechtigt. Beide Parteien legten Berufung ein. Das Oberlandesgericht wies die Berufung der Klägerin zurück und wies auf die Berufung des Beklagten die Klage gänzlich ab. Die Eigentümerin des Baggers trat in der Berufungsinstanz der Klägerin als Nebenintervenientin bei.

Die Revision der Klägerin führte zur Aufhebung des Berufungsurteils.

Gründe:

„Das Gesetz vom 7. Januar 1913 über den Zusammenstoß von Schiffen bestimmt in seinem Art. 5, daß es gleichzeitig mit den beiden internationalen Übereinkommen vom 23. September 1910 über den Zusammenstoß von Schiffen und über Bergung und Hilfeleistung in Kraft treten soll. Diese beiden Übereinkommen — und also auch das bezeichnete deutsche Gesetz — sind, da die Ratifikationsurkunden am 1. Februar 1913 hinterlegt worden sind (RGBl. 1913 S. 89), nach Art. 16 bzw. 18 der Übereinkommen (RGBl. 1913 S. 62, 80) einen Monat später, also am 1. März 1913, in Kraft getreten.

Der vorliegende Zusammenstoß hat am 10. März 1913 stattgefunden, ist mithin nach dem neuen Gesetz oder dem internationalen Übereinkommen zu entscheiden.

An dem Zusammenstoß waren drei Fahrzeuge teils unmittelbar, teils mittelbar beteiligt.

Der Schleppzug der Klägerin, bestehend aus dem Dampfer Karl Kiehn und drei Leichtern, fuhr im Kaiser Wilhelm-Kanal von Holtenau nach der Elbe. Er wurde von dem Lotsen E. als Zwangslotsen geführt. Ihm entgegen kam der Dampfer Imperial, der gleichfalls von einem Zwangslotsen, dem Kanallotsen R., geführt wurde. Der Dampfer Imperial ist mit zweien der drei Leichter des klägerischen Schleppzuges zusammengestoßen. Unmittelbar bei der Unfallstelle lag der holländische Bagger Laboremus, der dort die Fahrrinne ausbaggerte. Die Klägerin nimmt den Reichsfiskus für den ihr entstandenen Schaden in Anspruch, da der Schaden auf fahrlässiges Verschulden beider Lotsen zurückzuführen sei, für das der Fiskus einzustehen habe.

Das Berufungsgericht hat ausgeführt: Weil hier lediglich Fahrlässigkeit des Lotsen, kein Vorsatz in Frage komme, hafte der Reichsfiskus nach dem Gesetze vom 22. Mai 1910 in Verb. mit § 839 BGB. nur dann, wenn die Klägerin nicht auf andere Weise Ersatz zu erlangen vermöge. Treffe nun den Baggermeister ein ursächliches Verschulden, so könne die Klägerin sich an die Reederei des Baggers, die Nebenintervenientin, halten, denn es komme § 737 (nicht § 736) HGB. in der neuen Fassung zur Anwendung. Die Nebenintervenientin hafte aufs Ganze und könne sich nicht auf die Mitschuld anderer, nämlich der Zwangslotsen, berufen. Ob die Klägerin von der Nebenintervenientin Ersatz zu erlangen vermöge, könne nicht in dem zur Entscheidung stehenden, sondern nur in einem gegen die Nebenintervenientin anzustellenden Rechtsstreit erörtert werden.

Diesen von der Revision angegriffenen Ausführungen kann nicht in allen Teilen zugestimmt werden.

Nach § 839 BGB. in Verb. mit dem Gesetze vom 22. Mai 1910 kann der Reichsfiskus wegen fahrlässigen Verschuldens eines Reichsbeamten — als solcher hat ein Kanallotse zu gelten — nur dann in Anspruch genommen werden, wenn der Verletzte nicht auf andere Weise Ersatz zu erlangen vermag. Es fragt sich also, ob die holländische Gesellschaft der Klägerin überhaupt haftet und ob die Haftung sich aufs Ganze erstreckt. Auch letzteres muß erörtert werden; denn wenn die holländische Gesellschaft nur auf einen Teil haftet, so würde von vornherein feststehen, daß die Klägerin jedenfalls teilweise keinen Ersatz anderweitig zu erlangen vermag. Beide Fragen sind zu bejahen, und zwar sowohl nach dem deutschen Gesetz als auch nach dem internationalen Übereinkommen.

Das Übereinkommen, ebenso wie die Bestimmungen des deutschen HGB. §§ 734flg., regeln nicht nur den Fall, daß zwei Schiffe, sondern auch den Fall, daß mehrere Schiffe an einem Zusammenstoß beteiligt sind. Das ist zwar im Schrifttum bestritten worden, weil die Bestimmungen dem belgischen HGB. Art. 251 nachgebildet seien, der nur auf den Zusammenstoß zweier Schiffe Anwendung finde. Allein eine solche Beschränkung liegt dem Übereinkommen und dem deutschen HGB. fern, wie sich aus den Anführungen von Mittelstein, Hanseat. Rechtszeitschr. Bd. 1 S. 56 deutlich ergibt. Bei den Verhandlungen der Brüsseler Konferenz ist der Fall der Beteiligung eines dritten Schiffs ausdrücklich erörtert und als unter die Bestimmungen des Übereinkommens fallend bezeichnet worden, vgl. Sitzungsprotokolle der internationalen Konferenz, Sitzungen vom 28. September bis 8. Oktober 1909, S. 40 unten (Äußerung des Präsidenten), S. 41, (Berlingieri usw.). Nun umfaßt der Ausdruck „beteiligte Schiffe“, nicht nur diejenigen Schiffe, die körperlich zusammengestoßen sind sondern auch die mittelbar beteiligten, d. h. diejenigen, deren Verschulden zu dem Zusammenstoß ursächlich mitgewirkt hat, ohne daß sie eines der anderen Schiffe berührt haben, vgl. Art. 13 und § 738. An dem zur Entscheidung stehenden Zusammenstoß sind also beteiligt der Schleppzug der Klägerin, der Dampfer Imperial und der holländische Bagger Laboremus, wenn einstweilen mit dem Landgericht angenommen wird, daß auch dem Bagger ein Verschulden zur Last fällt. Unter dieser Annahme ist also eine Haftung der holländischen Gesellschaft nach § 735 HGB. wie nach Art. 3 des Übereinkommens gegeben.

Sonach fragt es sich weiter, ob die Reederei des Baggers solchenfalls der Klägerin für den ganzen Schaden haftet, und zwar gesamtschuldnerisch mit dem Reichsfiskus, sofern dieser nach dem Gesetze vom 22. Mai 1910 für den Zwangslotsen des entgegenkommenden Dampfers Imperial einzustehen hat. Nach deutschem Recht ist die Frage zu bejahen. Denn nach § 737 HGB. kann einerseits der Klägerin ein Verschulden ihres eigenen Zwangslotsen nicht entgegengehalten werden, so daß sie nicht etwa einen Teil ihres Schadens selbst zu tragen hat, und anderseits tritt gesamtschuldnerische Haftung aufs Ganze ein, wenn der Schaden durch ursächliches Verschulden mehrerer Personen entstanden ist. Nun könnte freilich in Frage kommen, ob nicht wegen der Beteiligung des holländischen Baggers das Übereinkommen nach dessen Art. 12 Abs. 1 zur Anwendung zu gelangen hätte. Diese Frage bedarf jedoch keiner Entscheidung. Denn auch nach dem Übereinkommen müßte man in beiden angegebenen Richtungen zu demselben Ergebnis gelangen. Das Übereinkommen will zwar nach Art. 5 die Reederei für das Verschulden ihres eigenen Zwangslotsen haftbar machen; solchenfalls würde also die Klägerin nur einen Teil ihres Schadens ersetzt verlangen können. Aber dieser Art. 5 ist nach dem am Schlusse des Übereinkommens befindlichen Zusatzartikel noch nicht in Kraft getreten. Das Übereinkommen läßt also die Bestimmung des deutschen Rechtes, daß der Klägerin ein Verschulden ihres eigenen Zwangslotsen nicht entgegengehalten werden kann, in Gültigkeit. Weiter ist nun zwar im Schrifttum hin und wieder die Behauptung aufgestellt worden, daß nach dem Übereinkommen mehrere schuldige Schiffe dem beschädigten Schiffe, auch wenn dieses schuldlos ist, nicht gesamtschuldnerisch aufs Ganze, sondern nur verhältnismäßig haften, vgl. Sienknecht, das Brüsseler Übereinkommen von 1910, § 16 S. 61 flg. und Hans. OLG. in Hanseat. Rechtszeitschr. Bd. 1 S. 343. Aber dieser Meinung ist nicht zuzustimmen. Sie hat im Übereinkommen keinerlei erkennbaren Ausdruck gefunden. Daß verhältnismäßige Haftung nach Art. 4 eintritt, wenn das beschädigte Schiff selbst mitschuldig ist, läßt keinen Schluß darauf zu, daß die gleiche Regelung bei Schuldlosigkeit des beschädigten Schiffs einzutreten hat, vgl. Mittelstein a. a. O. S. 60 und Grisebach, Hanseat. Rechtszeitschr. Bd. 1 S. 343.

Danach ergibt sich, daß die Klägerin, einerlei ob ihren eigenen Zwangslotsen ein Verschulden trifft oder nicht, einen Anspruch auf Ersatz ihres vollen Schadens gegen die Nebenintervenientin hat, falls deren Baggermeister ein Verschulden nachzuweisen ist. Insoweit muß also dem angegriffenen Urteil beigestimmt werden.

Nun bestimmt § 839 BGB. in Verb. mit dem Gesetze vom 22. Mai 1910, daß der Reichsfiskus wegen fahrlässigen Verschuldens eines Reichsbeamten nur dann in Anspruch genommen werden kann, wenn der Verletzte nicht auf andere Weise Ersatz zu erlangen vermag. Es fragt sich also, ob die Klägerin ein Verschulden des Baggermeisters nachweisen kann und daraufhin von der holländischen Gesellschaft Ersatz zu erlangen vermag; ist das der Fall, dann kann der Reichsfiskus nicht in Anspruch genommen werden. Das Berufungsgericht hat ausgeführt, die Entscheidung dieser Frage könne nicht in diesem Rechtsstreite, sondern müsse auf eine gegen die holländische Gesellschaft zu erhebende Klage erfolgen. Dem vermag das Reichsgericht nicht beizustimmen. Bedenken grundsätzlicher Art, die Entscheidung in diesem Rechtsstreit zu treffen, sind nicht zu erheben. Es ist nichts Seltenes, daß über das Verschulden und die Schadensersatzpflicht eines Dritten in einem Rechtsstreite entschieden wird, an dem er nicht selbst als Partei beteiligt ist. Der Bestimmung des § 839 BGB. ist keinerlei Anhalt dafür zu entnehmen, daß es dem Prozeßgerichte frei stehen soll, sich der Entscheidung zu entziehen, ob die Klägerin nicht auf andere Weise Ersatz zu erlangen vermag. Gewiß sind Fälle denkbar, in denen ein Kläger aus eigenem wohlverstandenem Interesse zunächst den Dritten, dessen Ersatzpflicht in Frage steht, in Anspruch nehmen wird; er hat dann für seine Klage gegen den Fiskus eine gesicherte Grundlage. Aber eine Verpflichtung, so zu verfahren, besteht für den Kläger nicht. Er hat ein Recht darauf, daß die Feststellung, ob die Voraussetzungen des § 839 gegeben sind, in dem Rechtsstreite gegen den Fiskus getroffen wird. Er muß dann allerdings — wie er es im vorliegenden Falle nach seinen Erklärungen in der Revisionsinstanz mit Bewußtsein getan hat — die Gefahr auf sich nehmen, daß die Haftung des Dritten im Rechtsstreite gegen den Fiskus und im Rechtsstreite gegen den Dritten verschieden beurteilt wird und beide Klagen unter Umständen zur Abweisung gelangen können. Diese Möglichkeit kann aber nicht dahin führen, das geschilderte Recht des Klägers zu beeinträchtigen. Auch die vom Berufungsgericht angeführten Urteile des Reichsgerichts führen zu keiner anderen Anschauung. In der Entscheidung Bd. 81 S. 428 flg. wird die Prüfung, ob ein Schadensersatzanspruch gegen einen Dritten besteht, nicht abgelehnt, sondern ausdrücklich vorgenommen; die Klage ist abgewiesen worden, weil die Prüfung das Ergebnis hatte, daß nach dem beigebrachten Material ein solcher Anspruch bestehe. In der Entscheidung Bd. 91 S. 232 wird nur dargelegt, daß, wenn der Kläger zunächst den Dritten, dessen Ersatzpflicht in Frage kommt, verklagt, die Kosten dieses Vorprozesses vom Fiskus zu erstatten sind. Danach erscheint es rechtsirrtümlich, wenn das Berufungsgericht den Klaganspruch abgewiesen hat, weil zunächst die Reederei des Baggers verklagt werden müsse."

---

44. Bedeutung einer Zurücknahme beanstandeter Gattungsware für den Lieferungsanspruch des Käufers. Verjährung dieses Anspruchs.

BGB. § 480.

III. Zivilsenat. Urt. v. 1. Juli 1919 i. S. B. (Bekl.) w. R. & Co. (Kl.). III 23/19.

I. Landgericht Oldenburg.
II. Oberlandesgericht daselbst.

Die Klägerin kaufte im April 1915 durch Vermittelung des Agenten E. von der Beklagten 200 Zentner Speck. Die Ware wurde im Auftrag und für Rechnung der Klägerin an das Proviantamt Berlin-Tempelhof gesandt, von diesem sofort nach dem Eintreffen am 6. Mai 1915 als mangelhaft zurückgewiesen und auf Verlangen der Klägerin von der Beklagten zurückgenommen. Die Klägerin verlangte mit Brief vom 11. Mai 1915 Lieferung mangelfreier Ware unter Fristsetzung und Androhung anderweitiger Eindeckung und, nachdem die Beklagte die Lieferung verweigert und die Klägerin in Vorprozessen die Lieferung vergeblich zu erlangen gesucht hatte, mit der jetzt vorliegenden Klage Schadensersatz wegen Nichterfüllung.

Das Landgericht wies die Klage ab. Das Berufungsgericht erklärte den Klaganspruch dem Grunde nach für gerechtfertigt. Die Revision der Beklagten wurde zurückgewiesen.

Gründe:

„Die Beklagte hat dem Klaganspruch unter anderem die Einrede der Verjährung nach § 480 in Verb. mit § 477 BGB. entgegengesetzt. Die Entscheidung hierüber hängt davon ab, ob der Lieferungsanspruch, dessen Nichterfüllung den Schadensersatzanspruch der Klägerin begründet, auf dem in § 480 Abs. 1 dem Käufer eingeräumten Rechte, an Stelle einer mangelhaften Gattungssache eine mangelfreie zu verlangen, beruht, oder ob er der aus dem Kaufvertrag unmittelbar sich ergebende Erfüllungsanspruch ist. Dafür ist aber wieder maßgebend, was die

Zurücknahme der beanstandeten Ware durch die Beklagte bedeutete. Die erste Instanz hatte, der Aussage des Zeugen M. folgend, angenommen, daß die Klägerin bei den Verhandlungen über die Zurücknahme auf eine Nachlieferung verzichtet habe. Das Berufungsgericht läßt die Aussage dieses Zeugen nicht gelten, schließt aus dem Inhalte der von der Beklagten nach der Zurücknahme an E. gerichteten Briefe wie auch aus der Aussage des Zeugen E., daß es sich bei der Zurücknahme nur um eine Rückgängigmachung der Lieferung, also des Erfüllungsgeschäfts im Gegensatz zu dem der Lieferung zugrunde liegenden Kaufvertrag, gehandelt habe, wodurch der vor der Lieferung vorhandene Zustand wiederhergestellt worden sei, und folgert daraus, daß es sich für die Klägerin nicht um einen unter § 480 fallenden Anspruch wegen Mängel der Kaufsache, sondern um Verzug der Beklagten in der Erfüllung der aus dem Kaufe unmittelbar sich ergebenden Lieferpflicht handle. Diese Auffassung beruht auf einer dem § 286 ZPO. entsprechenden Würdigung des Sachverhalts und ist rechtlich nicht zu beanstanden. Sie steht auch nicht im Widerspruche mit den vom II. Zivilsenat in RGZ. Bd. 93 S. 98 ausgesprochenen Grundsätzen. Wenn die Revision im Anschluß an diese Entscheidung eine Feststellung des Inhalts vermißt, daß dem Käufer „sei es zufolge ausdrücklicher Abrede, sei es nach der den Umständen zu entnehmenden Absicht der Beteiligten" das Recht bleiben sollte, die Lieferung einer anderen Ware zu verlangen, so verkennt sie die Feststellung des Berufungsgerichts, das unter Berücksichtigung der Umstände als den Sinn der vereinbarten Zurücknahme betrachtet, daß es bei dem Kaufvertrag bleiben und nur die Lieferung rückgängig gemacht werden sollte, wie wenn eine solche nicht erfolgt wäre. Durch welche Erwägungen sich die Beklagte zur Zurücknahme bestimmen ließ, konnte dahingestellt bleiben. Für die rechtliche Bedeutung des Vorganges kam es nur darauf an, wie er sich nach außen darstellte. Daß die Klägerin selbst von „Ersatzlieferung" sprach und auf § 480 BGB. hinwies, stand einer abweichenden rechtlichen Beurteilung durch das Gericht nicht im Wege. Unbegründet ist auch der Versuch der Beklagten, eine Beschränkung der Klägerin auf Gewährleistungsansprüche aus der Art der Versendung abzuleiten. Daraus, daß die Beklagte die Ware im Auftrag und für Rechnung der Klägerin an das Proviantamt sandte, konnte nach §§ 868, 930 BGB. der Übergang des Eigentums auf die Klägerin gefolgert werden. Dagegen besteht kein Grund, in diesem Verfahren einschließlich der Entgegennahme des Duplikatfrachtbriefes durch die Klägerin eine Annahme der Ware als Erfüllung nach § 363 unter Vorbehalt nur der Gewährleistungsansprüche zu finden, und jedenfalls ist durch die vom Berufungsgericht festgestellte Zurücknahme die Lieferung mit allen ihren Wirkungen für das Vertragsverhältnis rückgängig gemacht worden.

Handelt es sich aber nach allem nur um den Verzug der Beklagten in der Erfüllung des durch die Rückgängigmachung des Erfüllungsgeschäfts wiederhergestellten ursprünglichen Lieferungsanspruchs, dann greift die kurze Verjährung des § 477 nicht Platz, und der Verjährungseinwand ist mit Recht zurückgewiesen worden."...

---

45. Gegenseitiges Wettbewerbsverbot bei Veräußerung eines von zwei in einer Hand befindlichen Geschäften.

1. Wie vollzieht sich der Übergang der Pflichten aus dem Wettbewerbsverbot bei Weiterveräußerung des einen Geschäfts?

2. Kann die verbotene indirekte Beteiligung an einem Wettbewerbsgeschäft dadurch erfolgen, daß der Geschäftsinhaber die Gründung eines solchen durch seine Angestellten ohne Widerspruch zuläßt?

3. Welche Folgen hat es für den Vertragsteil, der dem Wettbewerbsverbote zuwidergehandelt hat, wenn dies auch seitens des anderen Teiles geschieht?

BGB. §§ 320, 328; HGB. §§ 25, 60.

II. Zivilsenat. Urt. v. 1. Juli 1919 i. S. R. (Kl.) w. K. (Bekl.). II 562/14.

I. Landgericht Aachen.
II. Oberlandesgericht Cöln.

Der Beklagte, der ein Parfümeriegeschäft in A. betrieb, hatte seine ebenfalls in A. belegene, unter der Firma A. H. K. betriebene Seifenfabrik durch Vertrag vom 14. Oktober 1908 seinem Sohne übertragen, von dem sie durch Vertrag vom 1. Juli 1911 der Kläger erwarb. Der Vertrag zwischen Vater und Sohn enthielt in § 7 ein Wettbewerbsverbot, wonach der Sohn bei Vermeidung einer Vertragsstrafe von 10000 ℳ sich verpflichtete, „dem jeweiligen Inhaber" des väterlichen Geschäfts keine Konkurrenz zu machen, „also weder ein Detailgeschäft in der gleichen oder ähnlichen Branche im Regierungsbezirk A. zu errichten, noch sich direkt oder indirekt an der Errichtung oder Führung eines solchen Geschäfts zu beteiligen". Weiter hieß es: „Diese Bestimmungen haben aber nur Gültigkeit dem jeweiligen Inhaber des Detailgeschäfts gegenüber, der sich dem Herrn H. K. (d. i. dem Sohn) in gleicher Weise und unter gleicher Vertragsstrafe verpflichtet, ihm beim Betriebe der Seifenfabrik keine Konkurrenz zu machen." Der Vertrag des Sohnes mit dem Kläger vom 1. Juli 1911 bestimmte in § 11, daß der Kläger in „die Verpflichtungen und Rechte" des Sohnes K. gegenüber seinem

Vater, „die wie folgt lauten,“ eintrete. Es folgte eine wörtliche Abschrift des § 7 des Vertrags vom 14. Oktober 1908.

Als der Kläger gegen den Beklagten eine an sich unstreitige Forderung einklagte, rechnete der Beklagte mit einer Gegenforderung von 10000 ℳ auf, da ihm dieser Betrag als Vertragsstrafe wegen Zuwiderhandlung des Klägers gegen das Wettbewerbsverbot zustehe. Der Kläger beantragte darauf weiter, festzustellen, daß dem Beklagten die geltend gemachte Vertragsstrafe weder ganz noch teilweise zustehe.

Beide Vorinstanzen wiesen die Klage ab. Die Revision des Klägers wurde zurückgewiesen.

Gründe:

„Streitig ist lediglich, ob der Kläger gegen das in den Verträgen vom 14. Oktober 1908 und 1. Juli 1911 zugunsten des Beklagten festgesetzte Wettbewerbsverbot verstoßen und dadurch die vereinbarte Vertragsstrafe verwirkt hat. Das Berufungsgericht bejaht diese Frage, indem es im Gegensatz zu dem Kläger annimmt,

1. daß das Wettbewerbsverbot dem Kläger gegenüber Geltung habe, auch wenn der Beklagte sich ihm gegenüber nicht ausdrücklich zur Annahme der entsprechenden, im Schlußsatz des § 7 des Vertrags vom 14. Oktober 1908 erwähnten Gegenverpflichtung bereit erklärte,
2. daß der Kläger tatsächlich gegen das Wettbewerbsverbot verstoßen habe,
3. daß die Behauptungen des Klägers, der Beklagte selbst habe das Wettbewerbsverbot ihm gegenüber übertreten, unerheblich seien.

Zu 1 kann es einem Zweifel nicht unterliegen, daß nach § 7 des Vertrags vom 14. Oktober 1908 der Sohn des Beklagten als Erwerber der Fabrik dem Beklagten gegenüber sich verpflichtet hat, ihm als dem Inhaber des Detailgeschäfts keine Konkurrenz zu machen. Diese Verpflichtung des Sohnes war, wie das Berufungsgericht ohne Rechtsirrtum annimmt, nicht davon abhängig gemacht, daß der Beklagte dem Sohne gegenüber noch irgendwelche andere Erklärung als die schon in dem Vertrage enthaltene abgeben würde. Das Berufungsgericht geht mit dem Landgericht davon aus, daß der Beklagte seinem Sohne gegenüber schon durch den Vertrag vom 14. Oktober 1908 unter gleicher Vertragsstrafe die Verpflichtung eingegangen ist, ihm bei dem Betriebe der Fabrik keine Konkurrenz zu machen. Diese Verpflichtung wird, da sie mit ausdrücklichen Worten in dem Vertrage nicht ausgesprochen ist, ersichtlich auf deren aus dem Inhalte des Vertrages sich ergebende stillschweigende Übernahme gestützt. Eine solche durfte das Berufungsgericht ohne Rechtsirrtum daraus entnehmen, daß nach § 7 des Vertrags der Sohn mit dem Wettbewerbsverbot nur für den Fall der Übernahme eines gleichen Wettbewerbsverbots zu seinen Gunsten seitens des Inhabers des Detailgeschäfts belastet werden sollte. Diese Übernahme seitens des Vaters einem besonderen noch abzuschließenden Vertrage zu überlassen, wäre, da nach der Erklärung beider Vertragschließenden das Wettbewerbsverbot zu Lasten des Sohnes ohne Aufschub in Kraft treten sollte, eine überflüssige Weiterung gewesen. Vielmehr schloß diese Erklärung ohne weiteres diejenige ein, daß auch der Vater sich mit dem entsprechenden Wettbewerbsverbote belaste. Jeder der Vertragsteile, der Vater wie der Sohn, konnte seine Rechte aus dem zu seinen Gunsten festgesetzten Wettbewerbsverbot seinem Geschäftsnachfolger übertragen, wie dies seitens des Sohnes an den Kläger durch den Vertrag vom 1. Juli 1911 geschehen ist. Dagegen hing die Übernahme der Verpflichtung aus dem Wettbewerbsverbot zugunsten des Vertragsgegners von dem Willen des Geschäftsnachfolgers ab. Der Vertrag vom 14. Oktober 1908 faßte nur die Übertragung des Geschäfts des Vaters an einen Nachfolger ins Auge und bestimmte daher, wie das Berufungsgericht ohne Gesetzesverletzung annimmt, lediglich für diesen Nachfolger, daß das Wettbewerbsverbot zu seinen Gunsten nur gelten solle, falls er sich in gleicher Weise verpflichtete, der Seifenfabrik des Sohnes keine Konkurrenz zu machen, während der Vater bereits stillschweigend diese Verpflichtung übernommen hatte. Diese Auslegung des § 7 seitens des Berufungsgerichts verstößt weder gegen den klaren Wortlaut, noch bedurfte sie, da sie aus dem Zusammenhange des Vertrages und seiner rechtlichen Würdigung sich als die allein vernünftige ergibt, einer besonderen Begründung.

Der in dem Vertrage vom 1. Juli 1911 vereinbarte Eintritt des Klägers in die Verpflichtungen des Sohnes gegenüber dem Vater aus § 7 des Vertrags vom 14. Oktober 1908 wird vom Berufungsgericht ohne Verletzung des § 328 BGB. als zugunsten des Beklagten erfolgt angesehen mit der Wirkung, daß dieser unmittelbar gegen den Kläger den Anspruch auf Einhaltung des Wettbewerbsverbots erwarb. Übrigens würden auf den Kläger ohne weiteres die Verpflichtungen des Sohnes aus dem Wettbewerbsverbote gemäß § 25 HGB. übergegangen sein, weil der Kläger die durch Vertrag vom 1. Juli 1911 erworbene Seifenfabrik unter der bisherigen Firma A. H. K. fortgeführt hat (RGZ. Bd. 68 S. 297, Bd. 72 S. 434). Ebenso ist das Recht aus dem zu Lasten des Beklagten und zugunsten seines Sohnes bestehenden Wettbewerbsverbote auf den Kläger übergegangen, mithin der Beklagte zugunsten des Klägers nach § 25 HGB. verpflichtet worden, weil in dem Vertrage vom 1. Juli 1911 der Sohn in die Fortführung der Firma gewilligt hat und Wettbewerbsverbote in der Regel ein Aktivum des Geschäfts, dessen Betrieb sie fördern sollen, bilden (RGZ. Bd. 37 S. 178). Zudem wurde das Recht aus dem Wettbewerbsverbote, welches zu Lasten des Beklagten bestand, von dessen Sohn durch den in dem Vertrage vom 1. Juli 1911 vereinbarten Eintritt des Klägers in die Rechte des Sohnes aus § 7 des Vertrags vom 14. Oktober 1908 dem Kläger noch besonders übertragen. Daß der Kläger in § 11 des Vertrags vom 1. Juli 1911 seinen Eintritt in die Rechtsstellung des Sohnes ausdrücklich von der Übernahme der fraglichen Gegenverpflichtung des Beklagten abhängig gemacht habe, ist nicht richtig. Vielmehr ist er in die Verpflichtungen und Rechte, so wie sie zwischen dem Beklagten und dessen Sohne bestanden, bedingungslos eingetreten.

Zu 2 hat das Berufungsgericht ohne Gesetzesverletzung angenommen, daß der Kläger sich indirekt sowohl an der Errichtung wie an der Fortführung des von seinen Angestellten S. und Sch. in nächster Nachbarschaft des Geschäfts des Beklagten gegründeten, demnächst von Sch. allein geführten Konkurrenzgeschäfts beteiligt hat. Darin, daß der Kläger die Gründung dieses Geschäfts durch seine Angestellten zuließ und nicht von dem ihm nach § 60 HGB. zustehenden Verbietungsrechte Gebrauch machte, durfte das Berufungsgericht ohne Verletzung von Auslegungsnormen eine indirekte Beteiligung des Klägers an der Errichtung des Geschäfts erblicken. Gegen den Willen des Klägers konnte die Errichtung dieses Konkurrenzgeschäfts nicht erfolgen. Indem er sie zuließ, setzte er eine wesentliche Bedingung der Errichtung und wirkte auf diese Weise an der Errichtung mit, welche Mitwirkung sehr wohl bei einer Auslegung gemäß §§ 133, 157 BGB. als indirekte Beteiligung angesehen werden konnte.... Das Berufungsgericht durfte auch darin, daß der Kläger dem Sch. zwecks Abfindung des S. ein Darlehen beschaffte, das zudem die Abfindungssumme überstieg und so zur Vermehrung der Betriebsmittel des Konkurrenzgeschäfts diente, ohne Rechtsirrtum eine indirekte Beteiligung des Klägers an der Fortführung dieses Geschäfts erblicken.

Zu 3 hat das Berufungsgericht ausgeführt, die Behauptungen des Klägers, daß der Beklagte ebenfalls das ihm zugunsten des Klägers obliegende Wettbewerbsverbot übertreten habe, seien unerheblich, weil daraus nur ein Anspruch des Klägers auf Vertragsstrafe hergeleitet werden könne. Es ist zutreffend, daß die bloße Übertretung des Wettbewerbsverbots seitens des Beklagten den gegen den Kläger begründeten Anspruch auf die Vertragsstrafe nicht zu beseitigen vermag. Bei einem gegenseitigen Wettbewerbsverbot befreit nach dem Wesen des gegenseitigen Vertrages (§ 320 BGB.) nicht jede Übertretung des einen Teils den anderen Teil von der Verpflichtung zur Einhaltung des Verbots. Unter besonderen Umständen, wenn die Übertretung eine so schwerwiegende Verletzung enthält, daß dem anderen Teile nach Treu und Glauben die weitere Bindung nicht zuzumuten ist, kann dies der Fall sein. Mindestens aber muß derjenige, der eine solche Befreiung und damit die Befugnis, auch selbst das Wettbewerbsverbot nicht mehr zu befolgen in Anspruch nimmt, dartun, daß die Übertretung des Gegners der seinigen zeitlich vorausgegangen ist. Da dies im vorliegenden Falle nicht einmal behauptet ist, kann aus der angeblichen Übertretung des Beklagten eine andere Wirkung nicht hergeleitet werden, als daß sie gleichfalls einen Anspruch auf die Vertragsstrafe zugunsten des Klägers erzeugt habe, womit dieser gegen die zugunsten des Beklagten verfallene Vertragsstrafe aufrechnen kann. Die dazu erforderliche Aufrechnungserklärung (§ 388 BGB.) hat der Kläger indes nicht abgegeben. Diese Erklärung braucht zwar nicht ausdrücklich zu erfolgen. Sie ist aber in dem Einwande des Klägers, der Beklagte könne schon deshalb keine Konventionalstrafe beanspruchen, weil er selbst die Konkurrenzklausel verletzt habe, nicht enthalten." ...

---

46. Rechtliche Bedeutung und Umfang der Untersuchungspflicht nach § 377 HGB., insbesondere im Zementhandel.

III. Zivilsenat. Urt. v. 8. Juli 1919 i. S. P. (Kl.) w. G. & K. (Bekl.). III. 37/19.

I. Landgericht Braunschweig.
II. Oberlandesgericht daselbst.

Die Klägerin fordert Ersatz des Schadens, der ihr dadurch entstanden sei, daß eine von ihr erbaute Brücke infolge mangelhafter Beschaffenheit des zu dem Bau verwendeten, von der Beklagten im Sommer 1914 gelieferten Portlandzements eingestürzt sei. Die Klage ist in beiden Rechtszügen abgewiesen worden, weil die Klägerin die rechtzeitige Untersuchung und Mangelrüge unterlassen habe.

Auf die Revision wurde die Sache an die Berufungsinstanz zurückverwiesen.

Gründe:

„Das Berufungsgericht nimmt auf Grund des Gutachtens des Sachverständigen B., des Leiters einer Portlandzementfabrik, an, daß die Klägerin verpflichtet gewesen sei, sich vor der Verarbeitung des gelieferten Zements durch eine siebentägige Prüfung auf Druckfestigkeit mittels der sogenannten Geigenprobe davon zu überzeugen, ob der Zement den zu stellenden Anforderungen entspreche, und daß sie deshalb durch Unterlassung dieser Untersuchung das Recht zur Geltendmachung des behaupteten Mangels der Ware nach § 377 HGB. verwirkt habe.

Diese Annahme des Berufungsgerichts entbehrt der ausreichenden Begründung. Die Untersuchung der Ware liegt dem Käufer nach § 377 HGB. nicht als eine gesetzliche Pflicht gegenüber dem Verkäufer ob. Nicht die Unterlassung der Untersuchung, sondern die der rechtzeitigen Anzeige der Mängel hat die im § 377 Abs. 2 bestimmte rechtliche Folge. Die Bedeutung der Untersuchung liegt vielmehr darin, daß die für eine ordnungsmäßige Untersuchung erforderliche Frist maßgebend für die Prüfung der Rechtzeitigkeit der Mängelanzeige ist, und daß anderseits die Unterlassung einer nach ordnungsmäßigem Geschäftsgange tunlichen Untersuchung den Käufer der Gefahr aussetzt, daß seine bei nachträglichem Hervortreten von Mängeln erstattete Anzeige als verspätet zurückgewiesen wird, weil die Mängel bei ordnungsmäßiger Untersuchung bereits früher hätten angezeigt werden können (vgl. ROHG. Bd. 8 S. 10, Bd. 12 S. 91; RGZ. Bd. 47 S. 23, Bd. 73 S. 169; Jur. Wochenschr. 1902 S. 425 Nr. 32). Aus dieser rechtlichen Bedeutung der Untersuchung folgt, daß sie, um die Ansprüche des Käufers zu wahren, regelmäßig in einer solchen Art und in solchem Umfang angenommen werden muß, wie es erforderlich ist, um das Vorhandensein von Mängeln festzustellen. Es sind jedoch keine Anforderungen an sie zu stellen, die eine unbillige Zumutung an den Käufer enthalten, ihn z. B. mit übermäßigen Kosten belasten oder ihn in unbilliger Weise in der Verfügung über die Ware verhindern würden. Im einzelnen sind Art und Umfang der Untersuchung nach der objektiven Sachlage, unter Berücksichtigung der allgemeinen Verkehrsanschauungen zu bestimmen (vgl. RGZ. Bd. 57 S. 8, Bd. 59 S. 45, Bd. 64 S. 162). Zu berücksichtigen ist dabei die in dem Geschäftszweige bestehende Übung, die zwar nicht schlechthin darüber entscheidet, was nach ordnungsmäßigem Geschäftsgang als erforderlich und tunlich anzusehen ist, aber doch, wie das Reichsgericht im Urteil vom 22. Juni 1909 II 168/09 ausgesprochen hat, in der Regel einen geeigneten Maßstab für die Bemessung der hinsichtlich der Untersuchung an Art und Umfang zu stellenden Anforderungen bildet.

Das Berufungsgericht nimmt nun zwar an, daß die siebentägige Geigenprobe dem ordnungsmäßigen Geschäftsgange entspreche, mit ihr auch nichts unbilliges dem Käufer zugemutet werde. Allein diese Annahme wird weder durch die Bezugnahme auf das Gutachten des Sachverständigen B. noch durch die sonstigen Feststellungen des Berufungsgerichts gerechtfertigt. Der Sachverständige hat sich darüber, worauf es wesentlich ankommt, ob die Geigenprobe nach der zur Zeit der Zementlieferungen an die Klägerin herrschenden Verkehrsauffassung als eine dem Zwecke entsprechende und nach § 377 HGB. gebotene Untersuchungsart angesehen wurde, überhaupt nicht ausgesprochen. Daß er in seinem Gutachten gelegentlich auf Praxis und Erfahrung Bezug nimmt, kann diesen Mangel seines Gutachtens nicht ersetzen. Die Lieferungsbedingungen des Vereins Deutscher Portlandzement-Fabrikanten sprechen nur von der, im vorliegenden Falle nicht in Betracht kommenden, Prüfung des Zements auf Abbinden und Volumenbeständigkeit mittels der auf einfache Weise auszuführenden Kuchenprobe. Die Normen dieses Vereins aber erwähnen wohl eine siebentägige Prüfung des Zements auf Zugfestigkeit, erklären jedoch hinsichtlich der Druckfestigkeit die 28tägige sogenannte Würfelprobe für allein entscheidend. Sonach steht nicht einmal fest, welche rechtliche Bedeutung auch nur der eine Teil der Interessenten, die Fabrikanten und Verkäufer, der Geigenprobe beilegen. Würden diese der Geigenprobe zur erheblichen Zeit eine Bedeutung für die Anzeigepflicht des § 377 HGB. überhaupt nicht beigemessen haben, so könnte die Vornahme dieser Probe füglich auch nicht von der Klägerin verlangt werden. Eine andere Beurteilung könnte Platz greifen, wenn die Auffassung dieser Interessentenkreise dahin ging, daß zwar die Vornahme der siebentägigen Prüfung nicht schlechthin genüge, aber doch deshalb geboten sei, weil auch sie schon mit einem gewissen Grade von Wahrscheinlichkeit die Entdeckung eines Mangels der Druckfestigkeit ermögliche, und in diesem Falle eine längere Untersuchung unnötig mache.

Keinesfalls aber kann, wo wie hier ein Gegensatz der Interessen des Verkäufers und des Käufers besteht — vgl. das bei Schürhoff „Die Mängelrüge im Portlandzementhandel" S. 48 mitgeteilte Gutachten der Berliner Handelskammer —, die einseitige Auffassung nur des einen Interessentenkreises darüber entscheiden, ob eine Untersuchung nach ordnungsmäßigem Geschäftsgange tunlich ist. Nur die Auffassung des gesamten Verkehrs, insbesondere also sämtlicher beteiligter Kreise, kann maßgebend sein. Es kann daher auch die Vernehmung eines Sachverständigen nur aus dem einen Kreise der Beteiligten nicht genügen. Zumal die Frage, ob die Art der Untersuchung nicht dem Käufer unbilliges zumutet, kann nicht wohl entschieden werden, ohne beim Mangel eines völlig unbeteiligten Sachverständigen auch ein Gutachten aus dem Kreise der Käufer, hier also derjenigen einzuholen, die den Zement verwenden und die Schwierigkeiten, die für die Bauausführung durch die Anstellung länger dauernder Prüfungen des gelieferten Zements erwachsen können, zu beurteilen vermögen." ...

---

47. Kann sich eine Partei von der Haftung für den Schaden, den ihr Prozeßbevollmächtigter einem Grundstückseigentümer durch die gesetzwidrige Betreibung der Zwangsvollstreckung verursacht hat, durch den Nachweis sorgfältiger Auswahl des Prozeßbevollmächtigten befreien?

BGB. §§ 831, 164; ZPO. § 85.

V. Zivilsenat. Urt. v. 21. Juni 1919 i. S. K. (Bekl.) w. Sch. (Kl.). V 57/19.

I. Landgericht Kassel.
II. Oberlandesgericht daselbst.

Aus den Gründen:

... „Zur Sache selbst hat der Beklagte den Schadensersatzanspruch daraus hergeleitet, daß er und seine Ehefrau durch das von den Klägern eingeleitete und bis zum Versteigerungstermine durchgeführte, wegen Nichtbeobachtung des § 752 ZPO. nichtig gewesene Zwangsversteigerungsverfahren Ausfall an Mietseinnahme und Bierumsatzgewinn in Höhe des geltend gemachten Betrags erlitten hätten. Der Berufungsrichter läßt dahingestellt, ob der Beklagte und seine Ehefrau, wie die Kläger eingewendet haben, zur Zeit der Einleitung und des Weiterbetriebes des Zwangsversteigerungsverfahrens in Verzug gewesen seien und ob ein solcher Verzug einer Forderung auf Ersatz des Schadens aus fehlerhafter Einleitung und fehlerhaftem Betriebe des Zwangsversteigerungsverfahrens entgegenstehen würde. Er erachtet die Schadensersatzforderung aus anderen Gründen für ungerechtfertigt. Er führt nämlich aus, die Kläger hätten zwar ihren damaligen Prozeßbevollmächtigten den Auftrag zur Zwangsvollstreckung erteilt, beantragt und betrieben aber sei das Zwangsversteigerungsverfahren von den als Prozeßbevollmächtigte bestellten Rechtsanwälten. Die Vorschrift des § 717 Abs. 2 ZPO., auf Grund deren die Kläger haften würden, obwohl das Verfahren nicht von ihnen persönlich betrieben wurde, finde hier keine Anwendung, da nicht die Aufhebung oder Abänderung der Urteile, auf Grund deren die Zwangsvollstreckung erfolgt sei, den Grund des Schadensersatzanspruchs bilde; es könnten daher für die Haftung der Kläger nur die §§ 278 und 831 BGB. in Betracht kommen. Von diesen scheide § 278 aus, weil die Kläger nicht Schuldner des Beklagten gewesen seien und sich der Rechtsanwälte nicht als Erfüllungsgehilfen zur Erfüllung einer ihnen gegen den Beklagten obliegenden Schuldverbindlichkeit bedient hätten. Aber auch § 831 könne die Ersatzpflicht der Kläger nicht begründen, selbst wenn angenommen werde, daß der Rechtsanwalt zu der ihn mit der Durchführung einer Zwangsvollstreckung beauftragenden Partei im Verhältnis eines zu einer Verrichtung Bestellten zu dem Geschäftsherrn stehe, weil als bewiesen anzunehmen sei, daß die Kläger bei der Auswahl der Rechtsanwälte, gegen deren berufliche Eignung unstreitig Bedenken nicht vorlagen, die im Verkehr erforderliche Sorgfalt beobachtet hätten. Hieran vermöge der Umstand nichts zu ändern, daß Handlungen von Prozeßbevollmächtigten in Frage stünden, für welche § 85 ZPO. gelte. Nach dieser Bestimmung könne die Partei die Haftung für die von dem Prozeßbevollmächtigten innerhalb seiner Vollmacht vorgenommenen Handlungen nicht mit der Berufung auf sorgfältige Auswahl ablehnen. Aber die Handlung der Prozeßbevollmächtigten, für welche hier die Kläger haftbar gemacht werden sollten, sei die Einleitung und der Betrieb der Zwangsversteigerung unter Verletzung des § 752 ZPO., also an sich eine gesetzwidrige Handlung. Zu einer solchen ermächtigte die Prozeßvollmacht nach § 81 ZPO. nicht. Unstreitig sei, daß die Kläger die Rechtsanwälte nicht angewiesen hätten, den § 752 nicht zu beachten.... Hinsichtlich einer solchen widerrechtlichen Schädigung durch Bevollmächtigte, wie sie hier geltend gemacht worden, sei es aber anerkannt, daß für die Haftung des Vertretenen nicht der Grundsatz der unmittelbaren Stellvertretung, wie ihn § 164 BGB. aufstellt, eingreife, sondern nur § 831 BGB. Dafür nimmt der Berufungsrichter auf die Ausführung bei Planck, 4. Aufl. Anm. 8 zu § 164 Bezug. Nun bringe aber der § 85 Satz 1 ZPO. nur diesen Grundsatz des § 164 für den Prozeßbevollmächtigten zum Ausdruck....

Die Revision greift die Annahme des Berufungsrichters an, daß durch den Entlastungsbeweis gemäß § 831 Abs. 1 Satz 2 BGB. die Kläger von einer Schadensersatzpflicht wegen der rechtswidrig betriebenen Zwangsvollstreckung dem Beklagten gegenüber befreit seien. Der Berufungsrichter gründet diese Annahme auf eben die Rechtssätze, die nach dem Rechte des Bürgerlichen Gesetzbuchs (§ 164) für die Haftung des Vollmachtgebers auf Schadensersatz aus unerlaubten, vom Bevollmächtigten in Ausübung der Vertretungsmacht zum Nachteile eines Dritten begangenen Handlungen maßgebend sind und die seiner Ansicht nach auch für die Haftung einer Prozeßpartei aus einer von ihrem Prozeßbevollmächtigten in Ausübung der ihm als solchem zustehenden Vertretungsmacht begangenen unerlaubten Handlung Anwendung zu finden haben.

Es ist in der Tat sowohl in der Rechtsprechung des Reichsgerichts wie auch überwiegend in der Rechtslehre anerkannt, daß nach dem Rechte des Bürgerlichen Gesetzbuchs der auf Grund rechtsgeschäftlich erteilter Vertretungsmacht (Vollmacht) Vertretene für den von dem Bevollmächtigten in Ausübung der ihm verliehenen Vertretungsmacht einem Dritten durch Vorsatz oder Fahrlässigkeit widerrechtlich zugefügten Schaden nur nach Maßgabe der Vorschriften über die Haftung für unerlaubte Handlungen eines anderen haftet, also gemäß § 831 unter Vorbehalt des dort zugelassenen Gegenbeweises (vgl. RGZ. Bd. 61 S. 211, 212, Bd. 63 S. 152, Bd. 73 S. 436; Planck, BGB. 4. Aufl. zu § 164 Erl. 8).

Die gegen diese Rechtsprechung in der Rechtslehre hervorgetretenen Bedenken — vgl. Müller-Erzbach im Archiv für ziv. Praxis Bd. 160 S. 439 — geben keine Veranlassung von ihr abzugehen. Richtig ist, daß sich die Urteile des Reichsgerichts dabei in erster Linie auf die Motive zum BGB. berufen, wo die in Frage stehende Rechtsauffassung in der Tat einen unzweideutigen Ausdruck gefunden hat, vgl. Bd. 1 S. 228. Aber das, was die Motive beabsichtigten, ist auch im Gesetze selbst erkennbar zum Ausdruck gekommen. Zunächst ergibt sich aus der Stellung des § 164 in dem Abschnitte „Rechtsgeschäfte" und aus seinem Wortlaute, daß diese Bestimmung nur den Grundsatz der unmittelbaren Stellvertretung für rechtsgeschäftliche Willenserklärungen ausspricht, wonach die Wirkungen solcher Willenserklärungen des Vertreters in der Person des Vertretenen entstehen; daß sie aber nicht dazu bestimmt ist, die rechtlichen Folgen zu regeln, welche ohne einen auf sie gerichteten rechtsgeschäftlichen Willen des Vertreters oder sogar gegen seinen Willen aus den von ihm bei Ausübung seiner Vertretungsmacht vorgenommenen Handlungen für den Vertretenen entstehen können. Sodann ist zu beachten, daß in den §§ 31, 48, 86 BGB. ausdrücklich bestimmt ist, daß für den Schaden, welchen ein durch Gesetz oder Verfassung bestellter Vertreter eines Vereins oder einer Stiftung durch eine in Ausübung der ihm zustehenden Verrichtungen begangene widerrechtliche und zum Schadensersatz verpflichtende Handlung einem Dritten zufügt, der Verein und die Stiftung verantwortlich sind. Diese Bestimmung würde überflüssig sein, wenn bereits im § 164 eine unbeschränkte Schadensersatzpflicht des Vertretenen aus unerlaubten Handlungen des Vertreters bei Ausübung seiner (rechtsgeschäftlichen oder gesetzlichen) Vertretungsmacht allgemein ausgesprochen wäre. Auch aus § 166 BGB. ergibt sich eine solche unbeschränkte Schadensersatzpflicht nicht; diese Bestimmung hat vielmehr, wie in RGZ. Bd. 61 S. 210, 211 zutreffend ausgeführt ist, nur die für die Wirksamkeit der rechtsgeschäftlichen Willenserklärung in Betracht kommenden Willensmängel im Auge. Das Bürgerliche Gesetzbuch hat danach, in bewußter Abweichung von den vor seinem Inkrafttreten in Geltung gewesenen Landesrechten, namentlich dem gemeinen Rechte und dem früheren HGB. Art. 52 (vgl. ROHG. Entsch. Bd. 6 S. 404) den Grundsatz der Gefährdungshaftung bei der rechtsgeschäftlichen Vertretung, demzufolge der Vertretene das gesamte, aus der Bestellung eines Vertreters sich ergebende Risiko Dritten gegenüber zu tragen hat (vgl. Müller-Erzbach a. a. O.), in solcher Unbeschränktheit jedenfalls nicht durchgeführt.

Es kann sich deshalb nur fragen, ob etwa der Umstand, daß es sich im vorliegenden Falle um eine Prozeßvollmacht handelt, eine weitergehende Haftung des Vollmachtgebers auf Grund des § 85 ZPO. begründet. Diese Vorschrift weicht allerdings ihrem Wortlaute nach von dem § 164 BGB. erheblich ab, indem sie ausspricht, daß die von dem Prozeßbevollmächtigten vorgenommenen Prozeßhandlungen „für die Partei in gleicher Art verpflichtend sind, als wenn sie von der

Partei selbst vorgenommen wären". Doch muß, entsprechend der Aufgabe, welche sich die Prozeßordnung gestellt hat, angenommen werden, daß sie damit nicht die bürgerlichrechtlichen Verpflichtungen hat regeln wollen, welche für die Partei aus Handlungen ihres Prozeßbevollmächtigten entstehen, sondern nur die prozessualen Wirkungen, welche solche Handlungen als Prozeßhandlungen für den Rechtsstreit erzeugen. § 85 ZPO. spricht daher nur den Grundsatz des § 164 BGB. (unmittelbare Stellvertretung) für Prozeßhandlungen aus (vgl. Stein zu § 85 Erl. I; Skonietzki-Gelpke zu § 85 Erl. 2). Deshalb wird dadurch, daß es sich im vorliegenden Falle um eine auf Grund einer Prozeßvollmacht vorgenommene Handlung der Rechtsanwälte handelt, der in § 831 BGB. zugelassene Entlastungsbeweis nicht ausgeschlossen (vgl. Enneccerus Bd. 2 § 459 II 1 Anm. 4; Oertmann § 831 Anm. 3a). Wenn in dem Urteile des VI. Zivilsenats des Reichsgerichts vom 26. Oktober 1914 VI 356/14 (Recht 1915 Nr. 911) aus § 85 ZPO. gefolgert wird, daß eine Partei die Haftung für die von ihrem Anwalte innerhalb der Prozeßvollmacht ohne Befragung der Partei vorgenommenen Handlungen nicht mit der Begründung ablehnen könne, sie habe den Anwalt mit der erforderlichen Sorgfalt ausgewählt, so ergibt doch der Zusammenhang, daß in dem dort entschiedenen Falle ein eigenes schuldhaftes Handeln der Partei vorlag. Im vorliegenden Falle sind aber Tatsachen, welche ein eigenes Verschulden der Kläger an der Nichtbeobachtung der Vorschrift des § 752 oder auch des § 750 ZPO. vor Beginn der Zwangsvollstreckung erkennen ließen, nicht behauptet." ...

---

48. Wird durch den unter das Protokoll gesetzten Vermerk „Vorgelesen, genehmigt, unterschrieben" festgestellt, daß auch die dem Protokolle beigefügten Anlagen verlesen worden sind?

FGG. § 177 Abs. 1 Satz 1, 2, § 176 Abs. 2.

V. Zivilsenat. Urt. v. 21. Juni 1919 i. S. Pe. (Bekl.) w. Pl. (Kl.). V 157/19.

I. Landgericht Hamburg.
II. Oberlandesgericht daselbst.

Aus den Gründen:

„Der Beklagte hat seine Zahlungspflicht zunächst um deswillen bestritten, weil die ihm verkauften Kuxrechte nicht zu Recht beständen, indem die Gewerkschaft R. nicht ordnungsmäßig gegründet und daher nicht zur Entstehung gelangt sei. Er macht in dieser Beziehung in erster Linie den Einwand geltend, der vor Notar M. am 11. Juni

1916 errichtete Gründungsakt der Gewerkschaft sei nichtig, weil das laut dem notariellen Protokoll überreichte Statut der Gewerkschaft nicht gemäß § 177 Abs. 1 Satz 1 FGG. verlesen, jedenfalls die Verlesung nicht gemäß Satz 2 daselbst festgestellt sei.

Der Berufungsrichter hat diesen Einwand für unbegründet erklärt. Er geht davon aus, daß das Statut, da es Gegenstand der von den beiden Gründern abgegebenen Vertragserklärung und somit Teil der von dem Notar zu beurkundenden Vereinbarung war, vorgelesen und genehmigt werden mußte, und daß die Feststellung der stattgehabten Verlesung im Protokoll erforderlich war. In diesem Sinne hat das Reichsgericht bereits wiederholt ausgesprochen (RGZ. Bd. 54 S. 195, Bd. 61 S. 145), daß eine dem Protokoll als Anlage beigefügte Schrift ebenso wie jenes vorgelesen und genehmigt werden muß. Das muß, wie in den angeführten Urteilen hervorgehoben ist, jedenfalls dann gelten, wenn die für das Zustandekommen des abzuschließenden Vertrags wesentlichen Willenserklärungen in der Anlage enthalten sind. Das aber ist, wie der Berufungsrichter zutreffend annimmt, hier der Fall, da die zur Bildung einer Gewerkschaft nach gothaischem Recht gemäß §§ 107, 108 des gothaischen Berggesetzes vom 23. Oktober 1899 (GS. S. 125) in dem gerichtlich oder notariell zu beurkundenden Vertrage („Statut") zu treffenden Bestimmungen in der überreichten Anlage, die auch ausdrücklich als „Statut" bezeichnet wird, enthalten sind, während das Protokoll selbst nicht den Inhalt des Vertrags, sondern nur dessen Überreichung beurkundet. Der Berufungsrichter sieht aber als erwiesen an, daß dem Formerfordernisse der Verlesung und Genehmigung und der Feststellung der Verlesung in dem Protokolle genügt ist. Es heiße nämlich darin:

„Wir (die Gründer) überreichen hiermit das Statut, das wir dem Protokoll als Anlage nach Genehmigung durch die Gewerkenversammlung beizufügen beantragen ... Die Erschienenen hielten darauf die erste Gewerkenversammlung ab und beschlossen, das überreichte Statut anzunehmen. ... Um dreimalige Ausfertigung dieser Verhandlung mit dem überreichten Statut und der Vollmacht wird gebeten."

Sodann folge am Schlusse des Protokolles der Vermerk:

„Vorgelesen, genehmigt und wie folgt eigenhändig unterschrieben" (folgen die Unterschriften).

In der Ausfertigung sei zunächst das Protokoll, sodann die Vollmacht und schließlich das „Statut" abschriftlich wiedergegeben. Der Berufungsrichter führt aus, es könne hiernach nicht zweifelhaft sein, daß das Statut von den Gründern überreicht, vom Notar angenommen und dem Protokoll als Anlage beigefügt sei. Die im Protokoll enthaltene Feststellung „Vorgelesen, genehmigt, unterschrieben" umfasse aber auch die dem Protokoll als Anlage beigefügte Schrift, denn gemäß § 176

Abs. 2 FGG. bilde die Anlage einen Teil des Protokolles. Für diese Auffassung nimmt der Berufungsrichter Bezug auf das in RGZ. Bd. 71 S. 320 abgedruckte Urteil des erkennenden Senats. Danach umfasse (so meint er) das Protokoll im Sinne des Gesetzes auch die Anlage, es greife daher § 415 Abs. 1 ZPO. Platz, wonach der volle Beweis des von dem Notar bekundeten Vorganges erbracht sei, vorbehaltlich des in Abs. 2 zugelassenen Gegenbeweises der unrichtigen Beurkundung des Vorganges. Diesen Gegenbeweis habe aber der Beklagte nicht erbracht....

Die Revision wendet gegen diese Ausführungen ein, es werde durch die Worte „Vorgelesen, genehmigt, unterschrieben" nur festgestellt, daß der diesen Worten vorausgehende Inhalt des Schriftstücks, nicht aber daß auch die Anlagen vorgelesen seien. In dem in Bd. 71 S. 318 entschiedenen Falle habe der Vermerk gelautet: „Das Protokoll wurde vorgelesen usw."; deshalb sei dort mit Recht angenommen, daß durch die Feststellung der Verlesung des Protokolles auch festgestellt sei, daß die Anlagen vorgelesen und genehmigt seien. Der Revision ist zuzugeben, daß in dem Falle Bd. 71 S. 318 als Gegenstand des Verlesens ausdrücklich das Protokoll genannt war, von welchem kraft gesetzlicher Bestimmung die Anlagen einen Teil bilden (§ 176 Abs. 2 FGG.), und daß das Reichsgericht wegen dieser rechtlichen Natur der Anlagen als Teile des Protokolles damals angenommen hat, die Feststellung der Verlesung des Protokolles enthalte die Feststellung, daß auch die Anlagen verlesen seien. Der Senat hat aber bereits in einem ganz genau wie der vorliegende gelagerten Falle, in welchem ebenso wie hier und vor dem gleichen Notar eine Gewerkschaft gothaischen Rechtes gegründet worden war und der Verlesungsvermerk den gleichen Wortlaut hatte wie hier (V 342/09, Urt. vom 30. April 1910), angenommen, daß auch bei solcher Sachlage die Erwägungen der Entscheidung in Bd. 71 zutreffen. Es handelt sich dabei um eine Auslegung des Verlesungsvermerks, also eines Teiles der öffentlichen Urkunde, hinsichtlich des dadurch beurkundeten Vorganges (§ 415 ZPO.); die Urkunde unterliegt insoweit, als es sich um die Frage handelt, welcher Vorgang durch sie beurkundet wird, der freien Beweiswürdigung. Auch in dem vorliegenden Falle besteht keine hinreichende Veranlassung, der Auslegung des Berufungsgerichts entgegenzutreten, derzufolge der Vermerk „Vorgelesen" dahin zu verstehen ist, daß das Protokoll, und also auch die gesetzlich einen Teil davon bildenden Anlagen, als vorgelesen beurkundet werden sollten, um so weniger als das, was dem Vermerke vorhergeht, tatsächlich das Protokoll und als solches im Eingange auch bezeichnet ist und darin auch die Überreichung der Anlagen bereits erwähnt ist. Daß der Notar, dem als Urkundsperson die Feststellung der Verlesung oblag, den Willen hatte, als Gegenstand der Verlesung das Protokoll einschließlich des als Anlage überreichten Statuts zu bezeichnen, muß um so mehr angenommen werden, als nur dadurch, wie dem Notar jedenfalls bekannt war, der Vorschrift des § 177 FGG. Genüge geleistet werden konnte. Dieser Wille ist aber auch zu ausreichendem Ausdrucke gekommen. Es ist in der Rechtsprechung anerkannt, daß die Feststellung der Verlesung eines notariellen oder gerichtlichen Protokolles gemäß § 177 Abs. 1 FGG. durch den Vermerk „Vorgelesen, genehmigt, unterschrieben" sogar in der abgekürzten Form „V. g. u." erfolgen kann, wie das auch vielfach in Notariatsurkunden üblich ist (vgl. RGZ. Bd. 53 S. 150; Ebert-Dudek-Lindemann, FGG. zu § 177 Erl. 2; Schlegelberger, FGG. zu § 177 Erl. III 2). Der Berufungsrichter hat deshalb ohne Rechtsirrtum angenommen, daß dem Formerfordernisse des § 177 Abs. 1 FGG. Genüge geleistet sei." ...

---

49. Ist es eine unzulässige Rechtsausübung, wenn bei dem Anspruch auf Herausgabe von Aktien, obschon diese wertlos geworden sind, die Hergabe von Stücken mit bestimmten Nummern gefordert wird?

BGB. § 226; ZPO. §§ 756, 765.

VII. Zivilsenat. Urt. v. 27. Juni 1919 i. S. W. u. Gen. (Bekl.) w. F. (Kl.). VII 98/19.

I. Landgericht Düsseldorf.
II. Oberlandesgericht daselbst.

Der Erblasser der Beklagten verpfändete der Klägerin für ein Darlehen im Schuldscheine nach ihrer Nummer bezeichnete Aktien der Lederwerke Fr. F. Die Beklagten wurden in Gesamthaft mit anderen Miterben zur Zurückzahlung des Darlehens gegen Herausgabe der im Schuldscheine bezeichneten Aktien durch Anerkenntnisurteil verurteilt. Die Aktien wurden infolge des Konkurses und der Auflösung der Gesellschaft wertlos. Ein Teil der ihr verpfändeten Aktien ist nach der Behauptung der Klägerin verbrannt. Die Klägerin hinterlegte an Stelle der fehlenden Stücke Aktien zum gleichen Nennbetrage. Die Beklagten bestanden auf Herausgabe der im Schuldscheine bezeichneten Stücke.

Der Klage, die Zwangsvollstreckung ohne Herausgabe der fehlenden Stücke zuzulassen, wurde in den Vorinstanzen stattgegeben. Die Revision wurde zurückgewiesen.

Aus den Gründen:

... „Daß die erhobene Klage prozessual zulässig ist, unterliegt keinem berechtigten Bedenken. Die Vollstreckung des Anerkenntnisurteils hängt von einer von der Klägerin Zug um Zug zu bewirkenden Leistung ab. Zu dieser Leistung ist sie nach ihrer Behauptung, da ein Teil der herauszugebenden Aktien durch Feuer vernichtet sei, außerstande. Sie kann deshalb das Urteil nicht unter Anwendung der §§ 756, 765 ZPO. zur Vollstreckung bringen. Will die Klägerin bei dieser Sachlage ihren Anspruch verwirklichen, so muß das, um darzutun, daß das Bestehen der Beklagten auf Herausgabe gerade der nach dem Schuldscheine verpfändeten Aktien ein nicht berechtigtes ist, nach allgemeinen Rechtsgrundsätzen im Wege der Klage geschehen.

Der Erfolg, zu dem diese Klage geführt hat, die Entscheidung des Berufungsgerichts, daß zu der Zwangsvollstreckung aus dem Anerkenntnisurteile die Herausgabe der im Schuldscheine bezeichneten 45 Stück Aktien nicht mehr erforderlich ist, gibt zu rechtlichen Bedenken keinen Anlaß.

Unstreitig ist, daß die hier in Frage stehenden Aktien infolge der Konkurseröffnung über das Vermögen der Aktiengesellschaft Lederwerke Fr. F. und der Auflösung der Gesellschaft im Jahre 1911 wertlos geworden sind. Das Eintreten der Wertlosigkeit hat sich, da Gegenteiliges nicht behauptet ist, auf alle Aktien dieser Gesellschaft, also auch auf die der Klägerin verpfändeten Stücke erstreckt. Dauernde Wertlosigkeit einer Aktie steht rechtlich deren Untergang gleich, und Untergang einer Sache bringt nach allgemeinen Rechtsregeln, ohne daß es einer dies besonders aussprechenden Gesetzesvorschrift bedarf, auch das an ihr bestellte Pfandrecht zum Erlöschen. Schon hieraus folgt, daß das angefochtene Urteil nicht fehl geht, wenn es nicht, wie die Revision dies verlangt, von der Klägerin noch Beweisführung dafür gefordert hat, daß ein Teil der schon durch die Konkurseröffnung und durch die Auflösung der Gesellschaft wertlos gewordenen Aktien durch den von der Klägerin behaupteten Brand vernichtet sei und deshalb nicht herausgegeben werden könne. Wollten die Beklagten behaupten, daß die Klägerin vor Eintritt der Wertlosigkeit der Aktien unter Verletzung ihrer Verpflichtung als Verwahrerin (§ 1215 BGB.) über die ihr verpfändeten Papiere zu ihrem Nutzen und zum Nachteile der Beklagten verfügt habe, so lag bei der jetzigen unbestrittenen Wertlosigkeit der sämtlichen Aktien ihnen der Beweis hierüber ob. Nach dem Tatbestande des Berufungsurteils haben die Beklagten auf richterliches Befragen erklärt, in dieser Beziehung weder nach Zeit noch nach Höhe noch sonst genauere Angaben machen zu können. Sie haben nur, weil die Aktien nicht zurückgegeben werden können, die Vermutung aufgestellt, die Klägerin habe über die fehlenden Stücke verfügt. Mit

Recht hat das Berufungsgericht hier eine tatsächliche Unterlage vermißt und die Eideszuschiebung als offensichtlich nur dem Zwecke der Ermittelung von Tatsachen dienend nicht zugelassen. Die Gegenausführung der Revision, die Vermutung sei eine berechtigte, die Beklagten schützten sich auch schon ausreichend durch die Behauptung ihres Rechtes auf die Aktien mit den Nummern, die der Schuldschein als die Pfandstücke aufführt, greift nicht durch. Es kann dahingestellt bleiben, ob, wenn die Aktien noch Wert hätten, die Beklagten ohne den Nachweis eines besonderen Interesses an den verpfändeten Stücken gleichwertige Aktien zu denselben Nennbeträgen anzunehmen verpflichtet wären. Ihr Interesse daran, auch die wertlos gewordenen Aktien mit denselben Nummern zurückzuerhalten, wird vom Berufungsgericht aus zutreffenden Gründen verneint und das Bestehen darauf ohne Rechtsirrtum als schikanös beurteilt. Die Befürchtung, bei einer etwaigen Regreßnahme gegen die übrigen Miterben durch den Nichtbesitz der verpfändeten Stücke auf Schwierigkeiten zu stoßen, besteht für die Beklagten, wie das Berufungsgericht ausführt, schon deshalb nicht, weil auch die Miterben kein Interesse daran haben, die gleichen Nummern zu erhalten. Die Aktie ist die Trägerin des verbrieften Rechtes an der Gesellschaft; wenn ein solches Recht aber nicht mehr besteht, ist sie nur ein bedrucktes Stück Papier, und mit welcher Nummer dieses bezeichnet ist, ist völlig bedeutungslos. § 226 BGB. ist deshalb nicht verletzt, wenn das Berufungsgericht das Verlangen der Beklagten auf Herausgabe der fehlenden Stücke mit den im Schuldschein angegebenen Nummern dahin beurteilt, daß es, ohne den Beklagten Vorteil zu bringen, nur den Zweck der Benachteiligung der Klägerin verfolge. Die Ausübung dieses formell auf den Schuldschein und das Anerkenntnisurteil gestützten Rechtes ist hiernach ohne Rechtsverstoß für unzulässig erachtet.

Die Beklagten hatten die ihnen angebotenen Aktien zum gleichen Nennbetrage anzunehmen und auch die Hinterlegung dieser Aktien mit der die Klägerin befreienden Wirkung ist deshalb zutreffend für berechtigt erachtet."

---

50. Kann der Berufungskläger die zurückgenommene Berufung innerhalb der Notfrist von neuem einlegen?

ZPO. § 515.

IV. Zivilsenat. Urt. v. 3. Juli 1919 i. S. J. (Kl.) w. J. (Bekl.). IV 88/19.

I. Landgericht Braunschweig.
II. Oberlandesgericht daselbst.

Das Landgericht hat die Ehe der Parteien auf die Widerklage des Mannes geschieden und die Klage der Frau auf Herstellung der Gemeinschaft abgewiesen. Das Urteil wurde der Klägerin am 22. November 1918 zugestellt. Namens der Klägerin legte der Justizrat J. am 13. Dezember 1918 Berufung ein, nahm sie aber durch einen dem Gegenanwalt zugestellten Schriftsatz vom 14. Dezember 1918 zurück. Am 21. Dezember 1918 legte Rechtsanwalt A. für die Klägerin erneut Berufung ein. Die Klägerin behauptete, sie habe mit der Zurücknahme der ersten Berufung nicht auf dieses Rechtsmittel verzichten wollen. Sie habe beabsichtigt, einen anderen Anwalt zu bestellen, und aus Unerfahrenheit geglaubt, dieses Ziel nur durch Zurücknahme der von Justizrat J. eingelegten Berufung erreichen zu können. Durch Urteil des Oberlandesgerichts vom 24. Januar 1919 wurde die Klägerin auf Antrag des Beklagten im Hinblick auf die Zurücknahme der ersten Berufung gemäß § 515 Abs. 3 ZPO. der Berufung gegen das Urteil des Landgerichts für verlustig erklärt und verurteilt, die Kosten der Berufungsinstanz zu tragen. Durch Urteil des Oberlandesgerichts vom 31. Januar 1919 wurde die (zweite) Berufung der Klägerin gegen das Urteil des Landgerichts als unzulässig verworfen und die Klägerin verurteilt, die durch diese Berufung entstandenen Kosten zu tragen. Die gegen letzteres Urteil gerichtete Revision der Klägerin hatte Erfolg.

Gründe:

„Die Frage, welche Wirkung die Zurücknahme der Berufung nach § 515 ZPO. hat, ist in Literatur und Rechtsprechung streitig. Der Wortlaut des § 515 läßt verschiedene Auslegungen zu. Wenn es dort heißt, die Zurücknahme der Berufung habe den Verlust des Rechtsmittels zur Folge, so kann man darunter den Verlust des Rechtsmittels überhaupt, also des Rechtes auf die Berufung verstehen, aber auch lediglich den Verlust des eingelegten Rechtsmittels dergestalt, daß eine Wiederholung innerhalb laufender Frist zulässig bleibt. Das Berufungsgericht hat sich der ersteren Auffassung angeschlossen und es will eine Ausnahme nur für den Fall zulassen, daß die zurückgenommene Berufung nicht rechtswirksam eingelegt war. . . . Es glaubt sich mit seiner Ansicht im Einklang mit der Rechtsprechung des Reichsgerichts zu befinden. Das trifft aber nicht zu. Die von ihm angeführten Entscheidungen RGZ. Bd. 38 S. 426, Bd. 61 S. 420 befassen sich überhaupt nicht mit der hier zur Entscheidung stehenden Frage, und die Entscheidung RGZ. Bd. 9 S. 420 steht auf einem von dem des Berufungsgerichts abweichenden Standpunkt. Es handelt sich in dieser Entscheidung zwar nicht um die Zurücknahme der Berufung, sondern des Einspruchs. Aber für dessen Zurücknahme gelten nach § 346 ZPO. dieselben Vorschriften, wie für die Zurücknahme der Berufung (§ 515). In dem damals zur Entscheidung stehenden Falle hatte die Beklagte die Rechtswirksamkeit des vom Kläger eingelegten Einspruchs beanstandet. Der Kläger hatte darauf den Einspruch zurückgenommen, aber dabei erklärt, daß er sich die Einlegung eines neuen Einspruchs vorbehalte. Er hat dann auch innerhalb der Frist den Einspruch wiederholt, und das Reichsgericht hat diesen Einspruch für zulässig erklärt. Zur Begründung wurde ausgeführt: Als eine Zurücknahme im Sinne der §§ 311 (346 n. F.) und 476 (515 n. F.) könne nur eine Erklärung aufgefaßt werden, welche einen Verzicht auf das Rechtsmittel oder den Einspruch enthalte. Im vorliegenden Falle sei es dagegen offensichtlich, daß es dem Kläger durchaus fern gelegen habe, einen solchen Verzicht zu erklären, daß er vielmehr lediglich beabsichtigt habe, es inbetreff der von der Beklagten gegen den Einspruch erhobenen formellen Bedenken nicht auf die Entscheidung des Gerichts ankommen zu lassen. Die zur Begründung des § 476 ZPO. in den Motiven gemachte Bemerkung, es sei kein Bedürfnis, ein den Gegner wie die Gerichte belästigendes Schwanken zuzulassen, diene eher zur Bestätigung als zur Widerlegung der vom Reichsgericht vertretenen Auffassung, da jene Bemerkung offenbar eine Erklärung voraussetze, in welcher der Entschluß, auf das Rechtsmittel selbst zu verzichten, enthalten sei. Nur ein solcher Entschluß, wenn er einmal erklärt sei, solle rechtswirksam nicht widerrufen werden können. Im vorliegenden Falle, wo weder bei dem Gerichte noch bei dem Gegner jemals ein Zweifel darüber habe entstehen können, daß der Kläger den Einspruch gegen das Versäumnisurteil nicht habe aufgeben wollen, könne von einem als unzulässig bezeichneten „Schwanken" nicht die Rede sein. In der Entscheidung wird also eine auf die eingelegte Berufung beschränkte, unter Vorbehalt der Erneuerung erklärte Zurücknahme unter der Voraussetzung für zulässig erklärt, daß die Beschränkung für das Gericht und den Gegner erkennbar hervortritt. Anscheinend will jetzt das Berufungsgericht seine Auffassung, daß eine Zurücknahme der Berufung in diesem beschränkten Sinne nur in dem Falle zulässig sei, wenn die zurückgenommene Berufung ungültig war, auf diese Entscheidung stützen. Sie findet darin aber keinen Anhalt. Denn das Reichsgericht hat auf die Frage, ob der vom Kläger eingelegte Einspruch, wie die Beklagte behauptete, wegen Formmangels unwirksam war, ausweislich der Begründung kein Gewicht gelegt. Es wäre auch ein Grund für eine solche Auffassung nicht ersichtlich, da es, wie das Reichsgericht wiederholt ausgesprochen hat, der Zurücknahme einer unzulässigen Berufung zu dem Zwecke, um eine neue wirksame Berufung einlegen zu können, überhaupt nicht bedarf.

An den in der Entscheidung RGZ. Bd. 9 S. 423 ausgesprochenen Grundsätzen ist festzuhalten. Es läßt sich zwar nicht leugnen, daß sie mit den Motiven nicht vollständig vereinbar ist. Denn dort sind nicht nur die in jener Entscheidung berücksichtigten Sätze enthalten, sondern es ist allgemein und ohne Einschränkung ausgesprochen, die Zurücknahme sei in ihrer Wirkung dem Verzichte gleichgestellt, so daß das Rechtsmittel auch innerhalb der Notfrist nicht wieder aufgenommen werden könne (Hahn Materialien Bd. 1 S. 351). Allein dieser Wille des Gesetzgebers hat im Gesetze selbst keinen entsprechenden Ausdruck gefunden. Denn während der § 514 von dem Verzicht „auf das Recht der Berufung" spricht, sagt § 515 nur, daß die Zurücknahme „den Verlust des Rechtsmittels" zur Folge habe. Der Ausspruch der Motive kann bei dieser Sachlage entscheidende Bedeutung nicht beanspruchen.

Der Vorbehalt der Erneuerung des Rechtsmittels innerhalb der Frist braucht nun nicht, wie in dem RGZ. Bd. 9 S. 423 behandelten Falle, bei der Zurücknahme der eingelegten Berufung ausdrücklich erklärt zu werden. Es handelt sich um eine Prozeßerklärung, welche wie andere Willenserklärungen auslegungsfähig ist (Jur. Wochenschr. 1915 S. 147 Nr. 12; RGZ. Bd. 86 S. 379/380). Es genügt also, wenn der Wille des Zurücknehmenden nach den begleitenden Umständen des Falles für den Gegner und das Gericht zweifelsfrei ersichtlich ist (vgl. Urt. des OLG. Hamburg v. 16. November 1893, Hanseat. Gerichtszeitung 1894 Beibl. S. 109).

Die Revision steht auf einem anderen Standpunkte. Sie vertritt die Auffassung, die Zurücknahme der Berufung schließe in keinem Falle die erneute Einlegung innerhalb der Notfrist aus. Aus den vorstehenden Erörterungen ergibt sich schon, daß diese Ansicht nicht richtig ist. Die Revision beruft sich dafür auf die Analogie der Klagezurücknahme. So gut die zurückgenommene Klage innerhalb der Verjährungsfrist wiederholt werden könne, müsse es erlaubt sein, die zurückgenommene Berufung innerhalb der Berufungsfrist zu wiederholen. Die Revision übersieht dabei, daß der § 271 Abs. 3 und 4 ZPO. die Anstellung einer neuen Klage — im Gegensatz zu § 515 — ausdrücklich für zulässig erklärt. Überdies erscheint eine entsprechende Anwendung des § 271 auch um deswillen nicht angängig, weil die hier zugelassene Erhebung einer neuen Klage in einem neuen Prozesse nicht mit der Wiederholung eines Rechtsmittels im selben Rechtsstreit auf eine Stufe gestellt werden kann.

Unter den nach den vorstehenden Ausführungen maßgebenden rechtlichen Gesichtspunkten hat das Berufungsgericht den Sachverhalt nicht geprüft. Behufs Vornahme dieser Prüfung war daher ... die Sache an das Berufungsgericht zurückzuverweisen. Einer anderweiten Beurteilung steht das Verlustigkeitsurteil des Berufungsgerichts vom 24. Januar 1919 nicht im Wege. Denn wenn die Zurücknahme der Berufung nur die von der Klägerin behauptete beschränkte Bedeutung hatte, kann das Urteil sich auch nur auf die eingelegte erste Berufung beziehen."

---

51. Ist ein vordatierter Scheck nichtig, oder ist doch ein vorzeitig in Umlauf gelangter Scheck vor Eintritt des auf ihm angegebenen Ausstellungstags nicht als unter das Scheckgesetz fallend anzusehen? Wie ist ein vor diesem Tage erfolgter Widerruf zu beurteilen?

Scheckgesetz vom 11. März 1908 § 1 Nr. 4, §§ 7, 11, § 13 Abs. 3, § 29.

V. Zivilsenat. Urt. v. 21. Juni 1919 i. S. K. (Bekl.) w. O. (Kl.). V 160/19.

I. Landgericht Hannover.
II. Oberlandesgericht Celle.

Die Klägerin als Inhaberin eines von der Beklagten auf die Bank für Handel und Industrie gezogenen, als Ausstellungstag den 10. November 1918 angebenden, aber tatsächlich schon früher ausgestellten und bereits am 6. November 1918 an sie gelangten, in ihrem Auftrag am 12. November 1918 mangels Zahlung protestierten Schecks über 20000 *M* verlangte, im Scheckprozesse klagend, die Zahlung dieser Summe nebst Scheckunkosten und Zinsen. Diesem Antrage wurde vom Landgericht entsprochen. Das Oberlandesgericht wies die Berufung der Beklagten zurück, die ihre Verteidigung folgendermaßen begründet hatte. Sie habe den Scheck zahlungshalber auf eine Kaufschuld am 8. Oktober 1918 einer Frau R. gegeben. Diese habe den mit Rücksicht auf den Tag der Fälligkeit des Kaufpreises vordatierten Scheck an eine Frau Sch. weitergegeben, und von dieser habe ihn die Klägerin erhalten. Da die gekauften Stoffe der Vereinbarung nicht entsprochen hätten, so habe sie den Scheck der Frau R. gegenüber am 26. Oktober 1918 und der bezogenen Bank gegenüber durch Schreiben vom 9. November 1918 widerrufen. Von dem Widerruf habe Frau Sch. der Klägerin, bei der Hingabe des Schecks Nachricht gegeben. Die Weitergabe des Schecks an Frau Sch. und von dieser an die Klägerin sei nur mit Rücksicht auf den Widerruf und mit dem Auftrage zum „Inkassomandat" erfolgt.

Die Revision der Beklagten wurde zurückgewiesen aus folgenden

Gründen:

„Das Berufungsgericht hat die von der Beklagten erhobenen Einwendungen abgelehnt. Es gelangt zu dem Ergebnis, daß vordatierte Schecks gültig seien. Dann aber sei auch der vor dem im Scheck angegebenen Ausstellungstag erklärte Widerruf bedeutungslos, da ein Widerruf gemäß § 13 Abs. 3 ScheckG. vom 11. März 1908 vor Ablauf der Vorlegungsfrist unwirksam sei. . . . (Es werden hier zunächst Einwendungen der Beklagten aus dem Kaufgeschäfte zurückgewiesen.) Die Beklagte hatte aber weiter behauptet, die Frau Sch. habe der

Klägerin bei Hingabe des Schecks den gegenüber der ersten Empfängerin erklärten Widerruf mitgeteilt und diese habe den Scheck überhaupt nur an Frau Sch. und diese wieder an die Klägerin gerade mit Rücksicht auf diesen Widerruf und unter Mitteilung davon mit dem Auftrage zur Einkassierung gegeben. Auch damit kann die Beklagte den Klaganspruch nicht erfolgreich abwehren. Das Reichsgericht hat zwar für das gleichartig zu behandelnde Rechtsverhältnis zwischen dem Akzeptanten und dem durch Indossament legitimierten Inhaber eines Wechsels mehrfach ausgesprochen, daß ersterem die Einrede der Arglist gegen den letzteren nicht nur dann zustehe, wenn dieser bei dem Erwerbe des Wechsels arglistig handelte, insofern als er wußte, daß er als eine vorgeschobene Person, als Werkzeug dazu dienen sollte, einen unbegründeten Anspruch des Indossanten geltend zu machen und dem Wechselschuldner begründete Einreden abzuschneiden, sondern daß es schon genüge, wenn er vor Anstellung des Wechselprozesses oder auch erst in dessen Verlaufe die von dem Wechselschuldner gegen den Indossanten in Anspruch genommenen Einreden erfahre und das ihm zustehende formale Recht dazu mißbrauche, die Geltendmachung der Einreden kraft seiner eigenen wechselrechtlichen Legitimation zum Vorteile des Indossanten und zum Nachteile des Wechselschuldners zu verhindern (RGZ. Bd. 4 S. 100, Bd. 11 S. 9; Warneyer 1917 Nr. 278; Jur. Wochenschr. 1918 S. 42 Nr. 19). Der Indossatar und ebenso der Nehmer eines Schecks muß aber, wenn ihn der Vorwurf der Arglist treffen soll, damit gerechnet haben, daß er sich durch Abschneiden berechtigter Einreden an einem unsauberen Geschäft beteilige, während seine bloße Kenntnis von dem Entgegenstehen von Einreden gegenüber dem ursprünglichen Nehmer des Papiers, die ihm gegenüber nicht erhoben werden können, nicht genügt (RGZ. Bd. 57 S. 391; Warneyer 1912 Nr. 386). Im vorliegenden Falle ist nun zur Begründung der Arglist der Klägerin, soweit man eine derartige Einrede als erhoben ansehen will, nichts weiter behauptet, als daß die Klägerin in Kenntnis des Widerrufs und mit Rücksicht darauf, d. h. um eine Einrede daraus abzuschneiden, den Scheck genommen habe. Da aber der Widerruf nur das Verhältnis zwischen Aussteller und Bezogenen berührt, also dem Aussteller gar keine Einrede gegen den Empfänger gewährt, so konnte sie auch durch Weiterbegebung des Schecks nicht abgeschnitten werden. Anders könnte die Beurteilung sein, wenn Kenntnis des Nehmers von der dem Widerruf zugrunde liegenden Einrede des Ausstellers gegenüber dem ersten Empfänger behauptet wäre. Da dies nicht geschehen ist, bedarf es eines Eingehens hierauf nicht. Aus diesem Grunde geht auch die Annahme der Revision fehl, die Beklagte könne gegen die Klägerin den Einwand des Widerrufs erheben, wenn diese, wie unter Eideszuschiebung behauptet ist, beim Erwerben des Schecks wußte, daß er am 26. Oktober 1918 der ersten Empfängerin gegenüber widerrufen war. Denn selbst wenn der Widerruf, weil vor Beginn der Vorlegungsfrist erfolgt, zulässig gewesen wäre, so wäre er doch an sich, d. h. ohne begründete Veranlassung dazu, dem ersten Empfänger gegenüber von keiner rechtlichen Bedeutung gewesen.

Es kommt daher lediglich auf die Fragen an, ob ein vordatierter Scheck überhaupt kein Scheck im Sinne des § 1 ScheckG. ist, oder ob er doch seine rechtliche Bedeutung erst mit dem auf ihm vermerkten Ausstellungstag erlangt, so daß er, wenn er vorher widerrufen wird, zu rechtlichem Leben gar nicht gelangt und die Klägerin daher mit dem ihr vor diesem Tage gegebenen Scheck ein rechtliches Nichts erhalten hätte, aus dem sie dem Aussteller gegenüber keine, mindestens keine scheckrechtlichen Ansprüche erheben könnte.

Was die Angabe des Tages der Ausstellung anbetrifft, so stimmen hier Art. 4 Nr. 6 WO. und § 1 Nr. 4 ScheckG. darin überein, daß sie diese Angabe als wesentliches Erfordernis bezeichnen. In der Rechtsprechung und Rechtslehre steht fest, daß es rechtlich bedeutungslos ist, ob der Wechsel an einem anderen als dem in ihm angegebenen Tage ausgestellt wurde. Die Benennung des Ausstellungstages ist nicht Feststellung einer Tatsache, sondern Willenserklärung mit der Bedeutung, der Wechsel solle so beurteilt werden, als sei er an dem angegebenen Tage ausgestellt worden (ROHG. Bd. 12 S. 318; RGZ. Bd. 32 S. 117). Während es für die Zwecke des Wechsels genügt, daß er ein mögliches, genaues Ausstellungsdatum trägt, so daß gegen die Vordatierung, d. h. dagegen daß seine Ausstellung an einem früheren Tage als dem im Wechsel angegebenen erfolgt ist, keine Bedenken bestehen, liegt die Sache für den Scheck anders. Im Gegensatz zum Wechsel soll der Scheck kein Kreditpapier, sondern ein Zahlungsmittel sein, das bare Zahlungen möglichst überflüssig machen, auch in kurzer Zeit zur Befriedigung führen soll und seinen allgemeinen wirtschaftlichen Zweck umso besser erfüllt, je mehr bare Zahlungen durch ihn während seiner kurzen Umlaufszeit ersetzt werden. Es besteht daher ein starkes wirtschaftliches Interesse daran, zu verhüten, daß der Scheck über die im Gesetz (für Inlandsschecks) auf 10 Tage beschränkte Umlaufsfrist (§ 11 ScheckG.) im Verkehr bleibt. Um diesen Zweck der kurzen Vorlegungsfrist zu sichern, bestimmt das Gesetz in § 7, daß der Scheck bei Sicht zahlbar ist und durch Angabe einer anderen Zahlungszeit nichtig wird (Begründung S. 22). Dessen ungeachtet hat der Gesetzgeber die schon von ihm als Mißbrauch angesehene Vordatierung des Schecks, wodurch dessen Umlaufsfrist unbegrenzt verlängert werden kann, nicht für unzulässig erklärt, sondern nur geglaubt, diesem Mißbrauche dadurch einen Riegel vorschieben zu können, daß er den vordatierten Scheck der

Wechselstempelpflicht unterwarf (§ 29 ScheckG.; Begründung S. 35.). Wenn man den vordatierten Scheck trotz der erwähnten schwer wiegenden Gegengründe als nach dem Scheckgesetz zu beurteilenden Scheck zuließ, so war dafür die Erwägung entscheidend, daß andernfalls die Verkehrssicherheit erheblich leiden würde, wenn der einen Scheck gutgläubig nach Eintritt des angegebenen Ausstellungstages Nehmende nicht erkennen könne, daß er einen unrichtig datierten Scheck erhalten habe, womit er seines Regreßrechts verlustig gehen würde (Begründung S. 16/17). So haben sich denn auch das Kammergericht und das Oberlandesgericht in Hamburg in Urteilen vom 16. September 1909 und 4. Mai 1911 (Rspr. OLG. Bd. 19 S. 414, Bd. 24 S. 214, D. J.-Z. 1912 S. 90) für die Gültigkeit vordatierter Schecks ausgesprochen, und von der Rechtslehre wird, soweit ersichtlich, bis auf einen überzeugender Begründung entbehrenden Aufsatz in der Leipz. Z. 1912 Sp. 451, die gleiche Auffassung vertreten[1], wenn auch einzelne, insbesondere Conrad, Handbuch des Scheckrechts S. 83, diese Lösung und das in § 29 gegebene Abwehrmittel nicht als besonders glücklich bezeichnen.

Ist somit von der Gültigkeit des vordatierten Schecks an sich auszugehen, so bleibt doch noch die Frage offen, wie er für die Zeit von seiner Ausstellung an bis zum Eintritte des in ihm angegebenen Ausstellungstages rechtlich zu beurteilen ist. Die in der Begründung S. 22, wenn auch zu einem anderen Zwecke, gemachte Bemerkung, der Aussteller, der den Nehmer ausdrücklich erst in der Zukunft befriedigen will, dürfe nicht so behandelt werden, als hätte er eine sofort fällige Zahlungsanweisung erteilt, erscheint zutreffend, und auch die Auffassung Buffs (ScheckG. S. 62 zu § 11), daß, da als Ausstellungstag der auf dem Scheck angegebene Tag anzusehen sei, die Umlaufsfrist eines vordatierten Schecks erst mit dem angegebenen Ausstellungstage beginne, verdient Beachtung. Da der Scheck nichtig ist, wenn er auf eine andere Zahlungszeit als nach Sicht ausgestellt ist, der Zahlung aber die Vorlegung vorausgehen muß, die wieder begrifflich nicht vor der Ausstellung, d. h. dem als Ausstellungstag angegebenen Tage erfolgen kann, so kann allerdings der vordatierte Scheck vor Eintritt dieses Tages mindestens nicht die sämtlichen im Scheckgesetz an einen Scheck geknüpften Rechtsfolgen auslösen. Denn bis dahin kann sein Inhaber vom Bezogenen nicht Zahlung verlangen und nicht mangels Zahlung den Aussteller oder einen Vormann im Regreßweg in Anspruch nehmen, der Scheck kann nicht mit der im § 12 angegebenen Wirkung in einer Abrechnungs-

[1] Lessing, ScheckG. § 1 V. 2; Merzbacher, ScheckG. § 1 Nr. 11a; Henschel, ScheckG. § 1 S. 7, 79; Schiebler, ScheckG. § 1 Nr. 4b; Kuhlenbeck, ScheckG. S. 40; Buff, ScheckG. S. 31; Jehle, ScheckG. S. 9; Apt, ScheckG. S. 59; Conrad, Handbuch d. Scheckrechts S. 83; Staub, HGB. Exkurs zu § 363 Anm. 7/8; Düringer-Hachenburg, Bd. 2 S. 593 Nr. 4. D. E.

stelle eingeliefert werden, für die Bereicherungsklage des § 21 ist kein Raum, wie denn auch das Gesetz, wie bereits erwähnt, im § 29 hinsichtlich der Wechselstempelpflicht einen Unterschied macht zwischen vorzeitig in Umlauf gesetzten Schecks und solchen, deren Ausstellungstag mit dem auf der Urkunde angegebenen übereinstimmt.

Es wäre daher denkbar gewesen, die Regelung in der Art zu treffen, daß der vorzeitig in Umlauf gesetzte Scheck für die Zwischenzeit überhaupt nicht unter das Scheckgesetz fällt, wobei dann die Frage entstehen könnte, ob das Papier etwa in Anwendung des § 140 BGB. als Anweisung des Bürgerlichen Rechtes oder als kaufmännischer Verpflichtungsschein, falls die dafür verlangten Voraussetzungen gegeben sind, anzusehen wäre (RGZ. Bd. 48 S. 230).

Dem steht aber folgendes Bedenken entgegen. Es würde die eigentümliche Rechtslage eintreten, daß ein und dieselbe Urkunde verschiedenen Rechtsbestimmungen unterworfen wäre, je nachdem ihre Begebung und ihr weiterer Umlauf vor oder nach dem auf ihr angegebenen Ausstellungstag stattgefunden hat. Da aber weder für den durch Indossament übertragbaren noch für den Inhaberscheck eine Zeitangabe für die Begebung oder Übertragung vorgeschrieben ist, so sprechen die gleichen Gründe wie für die Gültigkeit des vordatierten Schecks im allgemeinen auch dafür, daß der vordatierte Scheck auch für die Zeit vor dem Eintritte des in ihm angegebenen Ausstellungstages unter das Scheckgesetz fällt. Der Aussteller hat durch seine wenn auch vorzeitige Begebung dem Empfänger und dessen Rechtsnachfolgern gegenüber zu erkennen gegeben, daß er sich nach Scheckrecht verpflichten wolle mit der einzigen Maßgabe, daß er die Anweisung zur Zahlung mit aufschiebender Wirkung, nämlich erst von dem angegebenen Ausstellungstag an, erteilt. Dadurch, daß er das Papier vorzeitig aus der Hand gibt oder doch durch vorzeitige Ausstellung die Möglichkeit schafft, daß es schon vor Eintritt des angegebenen Tages in Verkehr gelangt, ist es auf sein Verhalten zurückzuführen, daß das Papier nach Eintritt des Tages in den Besitz Gutgläubiger gelangt. Mangels besonderer Bestimmungen ist er auch in der Regel gar nicht in der Lage, das Papier von dem vorzeitigen Besitzer so rechtzeitig zurückzufordern, daß er dies verhindern könnte.

Da der Gesetzgeber eine derartig unterschiedliche Behandlung nicht getroffen hat und auch nicht hat treffen wollen, wie auch aus der Begründung S. 16 und 35 hervorgeht, so wird man bei den erwähnten Bedenken auch nicht im Wege des juristischen Aufbaues zu ihr gelangen können. Das Oberlandesgericht Hamburg hat in dem erwähnten Urteile (Rspr. OLG. Bd. 24 S. 214) auch bereits die Folgerung in der Weise gezogen, daß es die Bestimmung in § 13 Abs. 3 „Ein Widerruf des Schecks ist erst nach dem Ablaufe der Vorlegungsfrist wirksam" dahin versteht, der Widerruf sei nicht allein innerhalb der Vorlegungsfrist, sondern auch während der Zeit von der wirklichen Ausstellung bis zu dem im Scheck angegebenen Ausstellungstag unwirksam. Dem wird beizupflichten sein. Hatte aber der vorzeitige Widerruf keine rechtliche Wirkung, dann läßt sich mit dessen Kenntnis bei der Klägerin zur Zeit des Erwerbs des Schecks die Einrede der Arglist schon aus diesem Grunde nicht rechtfertigen. Somit blieben der Beklagten gegenüber der Klägerin als Inhaberin eines nach dem Scheckgesetz zu beurteilenden Schecks nur für den Fall des Vorliegens eines Inkassomandats die Möglichkeit des Zurückgreifens auf das der Scheckbegebung zugrunde liegende Rechtsverhältnis und die daraus entstandenen Einreden. Aber auf diese sachgemäß einzugehen, hat sie, wie das Berufungsgericht feststellt, ausdrücklich abgelehnt."

---

52. Inwieweit darf eine abgeleitete Firma geändert werden?

HGB. § 22; FGG. § 28 Abs. 2.

II. Zivilsenat. Beschl. v. 24. Juni 1919 in der Handelsregistersache betr. Beschwerde der Frau G. und des F. S. II B 1/19.

I. Amtsgericht Benndorf.
II. Landgericht Waldshut.

Gründe:

Der verstorbene Josef G. in Weizen hat unter der Firma „Zement- und Kalkfabrik Weizen, Inhaber J. G., Weizen", das so bezeichnete Geschäft betrieben, das seine Witwe mit unveränderter Firma fortgeführt und am 1. Januar 1919 auf ihren Schwiegersohn, Kaufmann Franz S., übertragen hat. Durch gemeinschaftliche Eingabe vom 15. Januar 1919 haben beide diese Veränderung bei dem Amtsgericht Benndorf zur Eintragung in das Handelsregister mit der Erklärung angemeldet, daß der Erwerber das Geschäft unter der dahin geänderten Firma: „Kalkwerk J. G., Weizen", führen werde. Das Amtsgericht hat die Eintragung der Firma in dieser Form abgelehnt, und auf die von den Antragstellern eingelegte Beschwerde, in der vorgetragen war, daß die Herstellung von Zement schon seit Jahren und für immer aufgegeben sei und daß der verbleibende Ausdruck Kalkfabrik sprachwidrig sein würde, hat das Landgericht Waldshut die Streichung des Wortes Inhaber für zulässig erklärt, im übrigen aber die Beschwerde zurückgewiesen. Die hiergegen von den Antragstellern eingelegte weitere Beschwerde hat das Oberlandesgericht Karlsruhe auf Grund des § 28 Abs. 2 FGG. dem Reichsgericht mit der Erklärung vorgelegt, daß es den Ausführungen der Beschwerdeschrift beipflichte, sich aber in Hinblick auf die entgegenstehenden Entscheidungen RJA. Bd. 4 S. 158, Bd. 14 S. 44, Bd. 15 S. 136 und 218, RGZ. Bd. 50 S. 116 flg., OLG. Rspr. Bd. 19 S. 297, Bd. 27 S. 309, Leipz. Z. 1913 Sp. 564 zu einer Entscheidung in diesem Sinne außerstande sehe.

Der Fall des § 28 Abs. 2 FGG. liegt vor. Nicht schon wegen der Entscheidungen RJA Bd. 14 S. 44, Bd. 15 S. 136 und 218, OLG. Bd. 19 S. 297, RGZ. Bd. 50 S. 116, in denen es sich um die Zusammenstellung zweier älterer Firmen zu einer einheitlichen neuen handelt. Auch nicht wegen des Urteils RJA. Bd. 14 S. 44, wo in der Firma gerade der Kern, der Name des bisherigen Inhabers, gestrichen werden sollte. Wenn aber in Leipz. Z. 1913 Sp. 564 das OLG. Dresden die Änderung „Anna R., Spezialhaus für Herrenhüte" in „R.s Spezialhaus für Herrenhüte, Inhaber Curt Sä." und in Rspr. der OLG. Bd. 27 S. 309 das Kammergericht die Änderung „Vereinigte Norddeutsche Verbandstoff- und Gummiwarenfabrik Ludwig A." in „Ludwig A., Verbandstoffe und Gummiwaren" abgelehnt hat, so würde damit die im vorliegenden Falle vom Oberlandesgericht beabsichtigte Zulassung der Änderung nicht in Einklang zu bringen sein.

Die Beschwerde ist nicht begründet, vielmehr ist dem Landgericht zuzustimmen. Es wird dort ausgeführt, daß es nicht darauf ankomme, daß die bisherige Inhaberin des Geschäfts mit der Änderung der Firma einverstanden sei. Offensichtlich schließe der § 22 HGB., indem er den Zusatz einer Bezeichnung des Nachfolgers zulasse, Zusätze anderer Art aus. Er drücke den Gedanken aus, daß es unerlaubt sei, Zusätze abzulegen oder zu ändern. Die Firma werde durch den Kern (Namen des Inhabers) und den zur Kennzeichnung gewählten Zusatz in ihrer Verbindung gebildet. Es könne auch nicht zugegeben werden, daß nicht notwendige Bestandteile der Firma dann wieder abgelegt werden könnten, wenn es sich um eine abgeleitete Firma handle, und daß der Inhaber nicht genötigt sein könne, Zusätze beizubehalten, die den tatsächlichen Verhältnissen nicht mehr entsprächen. Dem stehe die klare Vorschrift des § 22 entgegen. Der § 18 Abs. 2 HGB. sei auf die Fälle des § 22 nicht anwendbar, der eben eine Abweichung von dem Grundsatze der Firmenwahrheit enthalte. Sehe sich der Inhaber genötigt, Zusätze aufzugeben, die mit den tatsächlichen Verhältnissen nicht oder nicht mehr im Einklang ständen, so müsse er die Firma aufgeben und eine neue Firma nach § 18 annehmen.

Unerörtert kann bleiben, ob der § 18 Abs. 2 auch auf die Fälle nach § 22 anwendbar ist oder nicht. Nach seiner Stellung im Gesetze handelt dieser Abs. 2 nur von der ursprünglichen Firma eines Einzelkaufmanns. Wenn das Reichsgericht in Bd. 3 S. 166 die entsprechende Bestimmung des alten Handelsgesetzbuchs auf die Firma einer Gesellschaft angewendet hat, so ergibt sich das ohne weiteres daraus, daß auch die Handelsgesellschaft „Kaufmann“ ist. Es folgt daraus aber nicht, daß die Bestimmung, die in der Tat ein Ausfluß des Grundsatzes der Firmenwahrheit ist, auch von abgeleiteten Firmen gelten soll, deren Zulässigkeit eine Ausnahme dieses Grundsatzes darstellt. Auf alle Fälle ist daran festzuhalten, daß die abgeleitete Firma nur entweder so fortgeführt werden darf, wie sie lautet, oder gar nicht. Man unterscheidet zwischen dem Kern der Firma (dem Namen des Inhabers) und den Zusätzen, und man kann den Kern insofern als den wesentlichen Bestandteil der Firma bezeichnen, als er den gesetzlich schlechthin notwendigen Teil derselben darstellt. Aber wenn Zusätze gewählt werden, dann bildet das Ganze ungetrennt die Firma und die Zusätze sind nicht minder wie der Kern ein Moment der Individualisierung, die den Zweck der Firma bildet. Wort- und Klangbild prägen sich als Ganzes dem Auge und Ohr ein und werden so in der Vorstellung festgehalten. Wenn das Landgericht meint, den schwerfälligen und für den Sinn überflüssigen Zusatz „Inhaber“ streichen zu können und damit — in einem anderen als dem obigen Sinne — zwischen wesentlichen und unwesentlichen Bestandteilen der Firma unterschieden hat, so kann hier dahingestellt bleiben, ob dem ganz allgemein oder doch wenigstens in Anwendung auf den kennzeichnenden Teil der Firma — im Gegensatz zu ihrem Kern — beizustimmen wäre. Denn eine unwesentliche Änderung wäre unter allen Umständen nur eine solche, welche so geringfügig ist, daß sie keinen Zweifel an der Identität mit der bisherigen Firma zu erwecken imstande ist. Davon kann hier nicht die Rede sein.

Die Ausführungen der weiteren Beschwerde scheitern daran, daß das Gesetz am Grundsatz der Firmenwahrheit festgehalten hat und daß in der Zulassung abgeleiteter Firmen eine Ausnahme bestimmt ist, die nicht aus Nützlichkeits- oder Billigkeitserwägungen allgemeiner Art über den Rahmen dessen ausgedehnt werden darf, was das Gesetz bestimmt. Wenn dieses ausdrücklich sagt, daß ein den Nachfolger bezeichnender Zusatz erlaubt, beim Übergang der Firma auf eine Aktiengesellschaft der diese kennzeichnende Zusatz geboten ist, so kann daraus nur gerade im umgekehrten Sinne, wie die Antragsteller es wollen, geschlossen werden, daß andere Abänderungen unzulässig sind.“

---

53. 1. Kann in einem Dienstvertrage gültig vereinbart werden, daß die Entlassung des Dienstverpflichteten nicht durch den Dienstherrn, sondern durch einen Dritten erfolgen darf?

2. Kann die Verurteilung des Beklagten auf Grund eines

nach dem unstreitigen Sachverhalte begründeten, von dem Kläger aber nicht geltend gemachten Anspruchs erfolgen?

BGB. §§ 138, 626; HGB. § 126 Abs. 2.

III. Zivilsenat. Urt. v. 27. Juni 1919 i. S. Vorwärts u. Gen. (Bekl.) w. D. u. Gen. (Kl.). III 17/19.

I. Landgericht I Berlin.
II. Kammergericht daselbst.

Den Klägern, die durch gemeinsamen Beschluß des Parteivorstandes der sozialdemokratischen Partei Deutschlands und der von den Parteigenossen Berlins und der Vororte gewählten Preßkommission als Schriftleiter des „Vorwärts“ angestellt waren, wurde diese Stellung im November 1916 durch Schreiben des Beklagten F. im Namen der verklagten offenen Handelsgesellschaft „Vorwärts“ auf Grund eines Beschlusses des Parteivorstandes fristlos gekündigt. Ihr Gehalt wurde ihnen bis Ende Januar 1917 bezahlt. Sie haben gegen die offene Handelsgesellschaft „Vorwärts“, deren Prokuristen und Geschäftsführer F. und die Mitglieder des Parteivorstandes Klage erhoben auf Feststellung der Unwirksamkeit ihrer Entlassung, auf Wiedereinsetzung in ihre Rechte als Schriftleiter und auf Zahlung des Gehalts. Von dem Landgericht abgewiesen, haben sie in dem zweiten Rechtszuge nur die Verurteilung der Beklagten zur Zahlung ihres Gehalts bis zum 10. April 1917, dem Tage der Gründung der unabhängigen sozialdemokratischen Partei Deutschlands, der sie sich angeschlossen haben, beantragt. Das Berufungsgericht hat, unter Zurückweisung der Berufung im übrigen, den Gehaltsanspruch der Kläger gegen die verklagte offene Handelsgesellschaft „Vorwärts“ und den Beklagten E. als deren Gesellschafter dem Grunde nach für gerechtfertigt erklärt. Die Revision jener Beklagten wurde zurückgewiesen, die des letzteren hatte Erfolg.

Gründe:

„1. Der Berufungsrichter hat die durch die verklagte offene Handelsgesellschaft „Vorwärts“ auf Beschluß des Parteivorstandes erfolgte Entlassung der Kläger aus ihrem Dienstverhältnis bei jener Beklagten für unwirksam erklärt, weil nach § 25 der Organisation der sozialdemokratischen Partei Deutschlands die Entlassung der Schriftleiter nur durch gemeinsamen Beschluß des Parteivorstandes und der Preßkommission hätte erfolgen können. Er stützt diese Entscheidung auf die Feststellung, daß die Bestimmung des § 25 Bestandteil des Anstellungsvertrags der Kläger geworden sei.

Diese Feststellung liegt vorwiegend auf dem der Revision unzugänglichen Gebiete der Tatsachenwürdigung und ist ohne Rechtsverstoß getroffen. Der „Vorwärts“ ist nach § 24 der Organisation das

Zentralorgan der sozialdemokratischen Partei Deutschlands. Zugleich ist er das örtliche Parteiblatt für die sozialdemokratischen Vereine Berlins und der Vororte. Deshalb ist durch § 25 der Organisation der von den Parteigenossen Berlins und der Vororte zu wählenden Preßkommission in Gemeinschaft mit dem Parteivorstande die Entscheidung über alle Angelegenheiten des „Vorwärts", „insbesondere über Anstellung und Entlassungen im Personal der Redaktion und Expedition" übertragen und bestimmt worden, daß bei Meinungsverschiedenheiten zwischen dem Parteivorstand und der Preßkommission die (von dem Parteitage zu wählende) Kontrollkommission, der Parteivorstand und die Preßkommission in der Art mit gleichen Rechten zu entscheiden haben, daß jedes dieser drei Organe eine Stimme hat. Die offene Handelsgesellschaft ist nach der Feststellung des Berufungsgerichts nur gegründet worden, um eine Rechtspersönlichkeit zu schaffen, die die für die Herausgabe der Zeitung erforderlichen Verträge abschließen könnte, und wird nur als Beauftragte der Partei tätig. Sie ist weiter nichts als ein Werkzeug der Partei, das dazu bestimmt ist, gewisse Obliegenheiten auszuüben, deren Vornahme der Partei mangels deren Rechtspersönlichkeit nicht möglich ist, und hat also deren Weisungen zu folgen. Die Kläger endlich waren bei ihrer Anstellung als Schriftleiter bereits lange Jahre Parteimitglieder und mit den Bestimmungen der Organisation bekannt. Unter diesen Umständen und unter Berücksichtigung der Bedeutung der Persönlichkeiten der Schriftleiter für die Partei und für die sozialdemokratischen Vereine Berlins und der Vororte konnte das Berufungsgericht ohne Rechtsirrtum annehmen, daß weder der Parteivorstand und die Preßkommission, die die Kläger angestellt haben, noch auch die Kläger und die Vertreter der offenen Handelsgesellschaft, in deren Dienst die Kläger durch die Anstellung traten, der offenen Handelsgesellschaft ein Recht zu deren Entlassung haben einräumen wollen. Daß der Berufungsrichter bei seiner Feststellung irgendein Vorbringen übersehen habe, hat die Revision nicht dargetan....

Unter den erwähnten besonderen Umständen des Falles ist mit dem Berufungsgerichte ferner eine Regelung, daß die Angestellten einer offenen Handelsgesellschaft nicht von dieser selbst, sondern ausschließlich von außerhalb ihrer stehenden Dritten entlassen werden, für rechtlich zulässig zu erachten. Aus § 126 Abs. 2 HGB. ist zunächst ein Bedenken hiergegen nicht herzuleiten; um die Frage, wer namens der offenen Handelsgesellschaft als deren Vertreter zur Entlassung der Angestellten befugt ist, handelt es sich hier nicht. Die zwingende Natur der Vorschrift des § 626 BGB. ferner verhindert nur einen Ausschluß oder eine wesentliche Einschränkung der Befugnis, die Angestellten aus einem wichtigen Grunde zu entlassen, während hier das Entlassungsrecht uneingeschränkt bestehen blieb und nur, statt von den Vertretern der offenen Handelsgesellschaft, von den Vertretern der Partei und der sozialdemokratischen Vereine Berlins und der Vororte als den eigentlichen Geschäftsherren auszuüben war. Die Vertragsbestimmung verstößt auch nicht gegen die guten Sitten (§ 138 BGB.) trotz der von der Beklagten hervorgehobenen zivilrechtlichen und strafrechtlichen Haftung der offenen Handelsgesellschaft für die Arbeiten der Schriftleiter. Der Parteivorstand und die Preßkommission haben als die Vertreter der eigentlichen Inhaber der Zeitung das allergrößte Interesse an der Entlassung der Schriftleiter beim Eintreten eines wichtigen Grundes, so daß eine gegen die guten Sitten verstoßende Beeinträchtigung der Rechtslage der offenen Handelsgesellschaft als Folge der Vertragsbestimmung nicht zu besorgen war.

Der weitere Einwand der Beklagten, daß zu der in Betracht kommenden Zeit eine Preßkommission nicht bestanden habe, ist von dem Berufungsgericht ebenfalls ohne Rechtsirrtum gewürdigt worden. Seine Ansicht, daß solchenfalls nicht etwa der Parteivorstand allein über die Entlassung zu entscheiden habe, sondern diese erst nach der Neuwahl einer Preßkommission möglich sei, beruht auf einer rechtlich einwandfreien Auslegung der Satzung. Als unmöglich kann diese Auslegung nicht erachtet werden. Mag sie auch, wie die Revision meint, zu einem unbefriedigenden Ergebnisse führen können, so ist dies doch nur unter ganz besonderen Umständen der Fall, so daß daraus allein die Unhaltbarkeit der Auslegung nicht herzuleiten ist.

2. Anders als die demnach zurückzuweisende Revision der verklagten offenen Handelsgesellschaft „Vorwärts“, ist die des Beklagten E. begründet. Seiner Verurteilung aus § 128 HGB. steht entgegen, daß die Kläger seine Haftung auf seine Eigenschaft als Mitglied der offenen Handelsgesellschaft nicht gegründet haben. Nach dem Tatbestande des angefochtenen Urteils ist die Klage gegen ihn ebenso wie gegen die übrigen Beklagten 2 bis 13 in dem zweiten Rechtszuge nur auf unerlaubte Handlung gestützt worden und, wenn auch am Ende der Klagschrift gesagt ist, daß die Klaganträge gegen die Beklagten 3 bis 13 auf das vertragliche Verhältnis und auf die Vorschriften über unerlaubte Handlungen gestützt seien, so ist damit doch keineswegs eine Haftung des Beklagten E. aus § 128 HGB. geltend gemacht, sondern ein Vertragsverhältnis zwischen den Klägern und allen verklagten Parteivorstandsmitgliedern behauptet worden. Haben aber die Kläger diesen Beklagten nicht als offenen Handelsgesellschafter in Anspruch genommen, so durfte der Berufungsrichter ihn auch nicht aus diesem Gesichtspunkte verurteilen, wenn auch seine Stellung als offener Handelsgesellschafter bei der Parteibezeichnung in der Klagschrift angegeben und unstreitig war. Der Satz „jura novit curia“ hat nicht die Bedeutung,

daß der Richter jedes tatsächliche Vorbringen, das ihm unterbreitet wird, rechtlich zu würdigen hat und daraufhin einen den Klagantrag rechtfertigenden Anspruch, der von dem Kläger gar nicht erhoben und möglicherweise absichtlich nicht geltend gemacht ist, zusprechen darf. Die Klage gegen den Beklagten E. ist daher, ebenso wie die gegen die übrigen Mitbeklagten 2 bis 11, weil eine unerlaubte Handlung nicht vorliegt, abzuweisen."

---

54. 1. Welche Erfordernisse sind hinsichtlich der Klagerhebung bei Ausdehnung der Klage auf einen zweiten Beklagten zu beachten?
2. Anwendbarkeit der Vorschriften des neuen Rechtes über Pflichtteilsentziehung.
3. Steht im Sinne des § 1933 BGB. die Ladung zum Sühnetermine der Erhebung der Scheidungsklage gleich?

IV. Zivilsenat. Urt. v. 7. Juli 1919 i. S. K. u. P. (Bekl.) w. H. (Kl.). IV 155/19.

I. Landgericht II Berlin.
II. Kammergericht daselbst.

Die Klägerin hat anstelle der ihr im Testament ihres verstorbenen Ehemanns vom 31. Juli 1917 eingeräumten Rechte die ihr als märkischer Ehefrau zustehende statutarische Portion gewählt und entsprechende Klage gegen die im Testament als Alleinerbin eingesetzte Beklagte zu 1 und in Erweiterung der Klage gegen den Beklagten zu 2 als den im Testament ernannten Testamentsvollstrecker erhoben. Das Landgericht gab der Klage nur teilweise statt. Im zweiten Rechtszuge stellte die Klägerin hilfsweise den Antrag auf Feststellung, daß sie zu dem Verlangen der statutarischen Portion berechtigt sei, und der beklagte Testamentsvollstrecker dementsprechend die Nachlaßteilung vorzunehmen habe. Nach diesem Hilfsantrag erkannte das Kammergericht. Die Revision der Beklagten wurde zurückgewiesen.

Aus den Gründen:

„Nicht begründet ist die Rüge der Revision, daß die Klage gegen den Beklagten zu 2 ungültig erhoben sei, aus welchem Grunde dieser Beklagte bereits in erster Instanz seiner Mitverklagung widersprochen hatte. Die Ausdehnung der Klage auf den Beklagten zu 2 konnte, nachdem die Klagschrift gegen die Beklagte zu 1 vom 28. November 1917 am 29. November beim Landgericht II Berlin eingegangen und am 30. November vom Vorsitzenden des Prozeßgerichts mit der auf 3. Januar 1918 lautenden Terminsbestimmung versehen worden war, allerdings auch in der Weise herbeigeführt werden, daß die Klägerin gegen den Beklagten zu 2 eine neue Klage anstellte und beide Klagen zum Zwecke der gleichzeitigen Verhandlung und Entscheidung durch Beschluß des Prozeßgerichts (§ 147 ZPO.) miteinander verbunden wurden. Nicht zu beanstanden ist aber auch das von der Klägerin beobachtete Verfahren, daß die Klagschrift gegen den Beklagten zu 2, die ausdrücklich als Klagenachtrag bezeichnet ist, zusammen mit der Klagschrift gegen die Beklagte zu 1 den beiden Beklagten am 5. Dezember 1917 zugestellt und darauf der Beklagte zu 2 zu dem auf den 14. Februar bestimmten neuen Verhandlungstermine geladen worden ist. Ohne Rechtsirrtum hat das Berufungsgericht angenommen, daß damit den wesentlichen Erfordernissen der Klagerhebung auch gegenüber dem Beklagten zu 2 genügt ist....

Die Revision greift ferner das Berufungsurteil darin an, daß der Klaganspruch nicht mit Rücksicht auf die der Klägerin vorgeworfenen Eheverfehlungen abgewiesen ist. Die Beklagten sind der Ansicht, daß die Klägerin auf die statutarische Portion keinen Anspruch machen könne, weil sie gegen ihren Mann Verfehlungen begangen habe, die diesen zur Klage auf Scheidung berechtigt hätten. Von dem Rechte, der Klägerin aus diesem im Testament anzuführenden Grunde den Pflichtteil zu entziehen (§§ 2335, 2336 Abs. 2 BGB., vgl. für das frühere Recht §§ 499, 632 II 1 ALR.), hat jedoch, wie im Berufungsurteil zutreffend ausgeführt ist, der Erblasser keinen Gebrauch gemacht. Wenn das frühere Recht die Notwendigkeit der Anführung des Entziehungsgrundes nicht vorschrieb, so kann doch dieses Recht hier nicht zur Anwendung kommen, da der Erbfall erst nach Inkrafttreten des Bürgerlichen Gesetzbuches eingetreten ist. Die erbrechtlichen Verhältnisse sind deshalb im allgemeinen nach neuem Rechte zu beurteilen (Art. 213 flg. EG. z. BGB.). Von diesem Grundsatze wird zwar in Art. 200 Abs. 1 EG. eine Ausnahme gemacht hinsichtlich der erbrechtlichen Wirkungen des Güterstandes, für welche die bisherigen Gesetze maßgebend bleiben. Eine Wirkung des Güterstandes tritt aber in den rein erbrechtlichen Bestimmungen darüber, unter welchen Voraussetzungen die Pflichtteilsentziehung zulässig und in welcher Form dieses Recht auszuüben ist, nicht hervor. Es gelten deshalb in dieser Beziehung die Vorschriften des neuen Rechtes.

Die Berechtigung der Klägerin zur Wahl der statutarischen Portion könnte daher nur aus dem Gesichtspunkte verneint werden, daß ihr das die Grundlage des Pflichtteilsrechts bildende gesetzliche Erbrecht infolge der Vorschrift des § 1933 BGB. nicht zusteht. Nach dieser Vorschrift ist das Erbrecht des überlebenden Ehegatten ausgeschlossen, wenn der Erblasser zur Zeit seines Todes auf Scheidung wegen Verschuldens des Ehegatten zu klagen berechtigt war und die Klage auf Scheidung oder auf Aufhebung der ehelichen Gemeinschaft erhoben hatte. Entgegen dem Berufungsgericht will die Revision diese Bestimmung dahin verstanden wissen, daß der Erhebung der Scheidungsklage die diese Klage vorbereitende Ladung zum Sühnetermine — die im Streitfalle unstreitig erfolgt ist — gleichzustellen sei. Diese auch im Schrifttum verschiedentlich vertretene Rechtsansicht kann indes nicht gebilligt werden. In dem erst in den zweiten Entwurf aufgenommenen § 1933 ist in klarer Weise zum Ausdruck gebracht, daß es der Klagerhebung bedarf. Nur hinsichtlich der Wahrung der Frist zur Erhebung der Scheidungsklage hat nach § 1571 BGB. die Ladung zum Sühnetermine die gleiche Wirkung wie die Klagerhebung. Der Übertragung dieser Vorschrift auf den dem erbrechtlichen Gebiet angehörigen Rechtssatz des § 1933 steht der klare Wortlaut des § 1933 entgegen. Sie ist auch aus sachlichen Gründen nicht angängig. Daß der verletzte Ehegatte zur Anstellung der Scheidungsklage fest entschlossen ist, kann aus der Ladung zum Sühnetermine noch nicht geschlossen werden, und es kann dies sogar dann nicht einmal als sicher angenommen werden, wenn der Versuch der Sühne fruchtlos gewesen ist. Auch in diesem Falle ist es nicht ausgeschlossen, daß der verletzte Ehegatte schließlich doch noch, vielleicht gerade infolge der Anregungen im Sühnetermine, sich von Anstellung der Klage abhalten läßt. In der Denkschrift zum BGB. S. 246 ist hervorgehoben, daß die Ausnahmebestimmung des § 1933 BGB. der Vorschrift des § 827 II 1 ALR. entspricht, wonach die Erben des beleidigten Ehegatten zum Zwecke der Vermögensauseinandersetzung zur Fortsetzung der Scheidungsklage befugt sind, sofern der Erblasser nach fruchtlos angestelltem Sühneversuche verstorben ist. Die Übereinstimmung ist aber insofern keine vollständige, als der § 1933, wie auch in der Denkschrift an der angezogenen Stelle gesagt ist, die wirkliche Erhebung der Klage erfordert." . . .

---

55. Ist nach Zurücknahme der Klage noch für ein Kostenurteil nach § 271 Abs. 3 ZPO. Raum, wenn ein vor einem anderen Gericht geschlossener vollstreckbarer Vergleich der Parteien die Kostenpflicht bereits in gleicher Weise regelt? Wie hat der die Klage Zurücknehmende den Einwand geltend zu machen, daß der Vergleich zu seinen Gunsten anders auszulegen sei?

I. Zivilsenat. Beschl. v. 9. Juli 1919 i. S. B. Aktienges. (Kl.) w. L. Aktienges. (Bekl). I 251/19.

I. Reichspatentamt.

Gründe:

„Die Klage ist im Einverständnis der Beklagten in der Berufungsinstanz zurückgenommen worden. Die Beklagte hat unter Berufung auf § 271 Abs. 3 ZPO beantragt, der Klägerin die Kosten des Nichtigkeitsverfahrens aufzuerlegen. Die Klägerin hat beantragt, den Antrag der Beklagten zurückzuweisen. Diese Zurückweisung ist im Hinblick auf die vorgelegte vollstreckbare Ausfertigung eines zwischen den Parteien in einem Verletzungsprozeß vor dem Landgericht I zu Berlin geschlossenen gerichtlichen Vergleichs vom 25. Februar 1919 begründet. Die Vorschrift des § 271 Abs. 3 Satz 2 hat nur die Bedeutung, die sich aus Satz 1 ergebende Kostenpflicht des die Klage Zurücknehmenden festzustellen behufs Verschaffung eines Titels für die Kostenfestsetzung nach § 103, und wird gegenstandslos, soweit über die Kostenpflicht bereits rechtskräftig erkannt ist, welche Voraussetzung auch erfüllt ist, soweit ein gerichtlicher vollstreckbarer Vergleich nach § 794 eine rechtskräftige Entscheidung über die Kostenpflicht ersetzt. In dem in vollstreckbarer Ausfertigung überreichten gerichtlichen Vergleich vom 25. Februar 1919 hat die Klägerin mit klaren Worten die Verpflichtung der Tragung der Kosten des Nichtigkeitsverfahrens übernommen. Es liegt also ein ohne weiteres vollstreckbarer gerichtlicher Vergleich vor, der die Kostenpflicht der Klägerin so regelt, wie sie die Beklagte mit ihrem Antrag gemäß § 271 Abs. 3 Satz 2 durch Kostenurteil festgestellt wissen will. Ob der seiner Fassung nach völlig klare gerichtliche Vergleich im Hinblick auf mündliche Besprechungen der Parteien vor Abschluß desselben den Sinn haben sollte, daß die Klägerin, wie sie behauptet, nicht alle Kosten des Nichtigkeitsverfahrens zu tragen habe, muß nötigenfalls gemäß § 767 beim Landgericht I zu Berlin geltend gemacht werden."

---

56. 1. An welche Voraussetzungen ist die Bindung des Gerichts in den Fällen der §§ 901, 1543 RVO. geknüpft?

2. Unter welchen Umständen gilt ein Arbeiter, dessen Arbeit- und Lohngeber als Unternehmer Arbeiten für die Eisenbahnverwaltung ausführt, als auch in ihrem Betriebe versichert?

3. Zum Begriff des Unternehmers eines Betriebs im Sinne des § 633 RVO.

4. Tritt ein Arbeiter in einen fremden Betrieb schon dadurch über, daß er für diesen gelegentlich aus Gefälligkeit für einen Arbeiter dieses Betriebs eine kurze vorübergehende Hilfe leistet?

VI. Zivilsenat. Urt. v. 12. Juli 1919 i. S. Hä. (Kl.) w. preuß. Eisenbahnfiskus (Bekl.) VI 115/19.

I. Landgericht Elberfeld.
II. Oberlandesgericht Düsseldorf.

Im Dezember 1913 führte die Firma H., die Arbeitgeberin des Elektromonteurs Hä., Ehemanns und Vaters der Kläger, im Auftrage des Beklagten Lichtanlagen auf dem Bahnhofe zu Solingen aus. Auf Bitte eines Angestellten des Beklagten bestieg Hä. einen hölzernen Mast (der mit der Lichtanlage, bei der er tätig war, nichts zu tun hatte), um die Drähte abzuschneiden. Der Mast fiel um, Hä. stürzte tödlich ab. Die Kläger beziehen von der Berufsgenossenschaft der Feinmechanik und Elektrotechnik, bei der die Firma H. versichert war, eine Unfallrente. Sie nehmen wegen ihres weitergehenden Schadens den Beklagten in Anspruch.

Beide Vorbergerichte wiesen die Klage ab. Die Revision der Kläger hatte Erfolg.

Gründe:

„Das Berufungsgericht stellt über den Hergang des Unfalls folgendes fest. Ein älterer Maschinist des Beklagten namens R., der von seinem Vorgesetzten mit der Beseitigung der Leitung an einem Mast beauftragt war, habe sich aus eigenem Antrieb an Hä. und einen anderen Monteur der Firma H. um Hilfe gewandt, die zunächst abgelehnt wurde. Später habe aber Hä. den Mast doch bestiegen und die Drähte durchschnitten. Dabei habe sich der bereits vorher gelockerte Mast geneigt und Hä. sei abgestürzt.

Wie sich aus den Unfallakten der Berufsgenossenschaft der Feinmechanik und Elektrotechnik ergibt, die zum Gegenstande der Verhandlung vor dem Berufungsgerichte gemacht wurden, sind durch Bescheid des Sektionsvorstandes vom 4. Februar 1914 für die Hinterbliebenen des Hä. gemäß § 1583 RVO. eine Rente und das Sterbegeld festgesetzt und durch Endbescheid vom 4. Mai 1914 gemäß § 1606 RVO. der Einspruch der Witwe Hä. zurückgewiesen worden. Berufung wurde nicht eingelegt. Der Bescheid ist rechtskräftig. Im Oktober 1915 rief die Berufsgenossenschaft gemäß §§ 1735 flg. RVO. die Entscheidung des Reichsversicherungsamts darüber an, daß die Entschädigung an die Hinterbliebenen des Hä. nicht von ihr, sondern von der Eisenbahnverwaltung zu gewähren sei, in deren Betrieb der Verunglückte mit der Beschäftigung, bei der er den Unfall erlitt, übergetreten sei. Das Reichsversicherungsamt wies durch Entscheidung vom 30. Juni 1916 den Antrag der Berufsgenossenschaft zurück, weil sie durch den Bescheid vom 4. Februar 1914 die Entschädigungsleistung vorbehaltlos übernommen habe, für das Verfahren nach § 1736 RVO. also kein Raum mehr sei. Die Entscheidung schließt mit der Bemerkung, daß, selbst wenn der Antrag zulässig wäre, ihm doch der Erfolg versagt werden müßte. Denn es handle sich bei der Arbeit, bei der der Unfall sich ereignete, nur um eine gelegentliche und ganz vorübergehende Hilfeleistung des Hä. im fiskalischen Betriebe, bei der er aus seinem ständigen Arbeitsverhältnis bei der Firma H. nicht ausgeschieden sei. Die Antragstellerin wäre daher auch sachlich zur Entschädigung für die Unfallsfolgen verpflichtet.

Das Berufungsgericht ist der Ansicht, daß dieser Entscheidung keine bindende Bedeutung zukomme. Sie sei zwischen anderen Parteien ergangen als den jetzigen. Um die gegenwärtige Streitfrage — ob der Beklagte dem Hä als Unternehmer gegenüberstand — habe es sich nicht gehandelt, sondern darum, wer von zwei Versicherungsträgern entschädigungspflichtig sei. Endlich habe das Reichsversicherungsamt die Frage nicht beantwortet, ob nicht bezüglich der Dienststellung des Hä. bei der Firma H. der Beklagte als Versicherungsträger anzusehen sei.

Die letztere Frage bejaht das Berufungsgericht. Hä. habe als Monteur der Firma H., die für den Beklagten Beleuchtungsanlagen ausführte, zwar unmittelbar im versicherungspflichtigen Betriebe der Firma gearbeitet. Das schließe aber nicht aus, daß er mittelbar gleichzeitig im Betriebe des Beklagten tätig war. Nach § 537 Nr. 5 RVO. unterliege der gesamte Betrieb der Eisenbahn der Gewerbeunfallversicherung. Er umfasse also alle Verrichtungen, die zu dem Eisenbahnbetriebsdienst gehören. Hierzu seien auch solche technischen Tätigkeiten zu rechnen, die zwar nicht zum eigentlichen Transportdienst gehörten, aber doch damit im engen Zusammenhang stünden, ihn erst ermöglichten und seine Ausführung bedingten. Die ordnungsmäßige Durchführung des Transportdienstes sei ohne entsprechende Beleuchtungsanlagen nicht möglich. Indem Hä. bei den der Firma H. übertragenen Beleuchtungsarbeiten tätig war, habe er unmittelbar im Eisenbahnbaubetrieb des Beklagten gearbeitet. Unternehmer eines Betriebs sei der, auf dessen Rechnung der Betrieb gehe. Die von der Firma H. übernommene Arbeit sei auf Rechnung des Beklagten gegangen. Nach § 14 der „Allgemeinen Bedingungen" sei anzunehmen, daß dem Beklagten eine direkte Einwirkung auf die Ausführung der Beleuchtungsarbeiten der Firma H. zustand und daß von ihr den Anordnungen des Beklagten Folge zu leisten war. Der Beklagte sei sonach Herr der Arbeiten gewesen. Nicht entscheidend sei, ob Hä. von der Firma H. angenommen war und entlohnt wurde. Hä. habe sich also gleichzeitig im Betriebe der Firma und des Beklagten befunden. Er sei freilich nicht bei Arbeiten für die Firma verunglückt, sondern bei einer anderen, außerhalb ihres Betriebes liegenden, die er freiwillig übernommen habe. Allein dies verändere die Rechtslage nicht. Als Hä. aus Gefälligkeit gegen R. die an sich diesem obliegende Arbeit verrichtete, habe er sich tatsächlich im direkten, versicherungspflichtigen Betriebe des Beklagten befunden, und es mache keinen Unterschied, ob Hä. diese Arbeit freiwillig übernommen habe, um dem R. Hilfe zu leisten, oder ob sie ihm von dem Beklagten übertragen worden sei, sowie ob er sich dabei außerhalb des eigentlichen Betriebes der Firma H. befunden habe oder ob die Arbeit nur kurz und ganz vorübergehend war.

Diese Ausführungen sind in allen Punkten wie im Ergebnis, daß der Beklagte nicht als Dritter im Sinne des § 1542 RVO. zu erachten sei, rechtlich zu beanstanden.

Richtig ist zwar, daß die Entscheidung des Reichsversicherungsamts das Gericht nicht für die Frage bindet, ob der Beklagte im Verhältnis zu Hä. Unternehmer im Sinne des § 898 RVO. war. Die Begründung des Berufungsgerichts ist aber verfehlt.

Die Grundsätze über die Voraussetzung und Wirkung der Bindung durch die Rechtskraft eines Urteils finden auf die Bindung des Gerichts im Sinne der §§ 1543, 901 RVO. keine Anwendung. Das Gesetz verlangt insbesondere nicht, daß die Entscheidung im Versicherungsverfahren zwischen denselben Parteien, sondern nur, daß sie in einem Verfahren nach der Reichsversicherungsordnung ergangen sei. In den Fällen des § 1542 ist es sogar die Regel, daß die Vorentscheidung zwischen dem Verletzten oder seinen Hinterbliebenen und der Berufsgenossenschaft erlassen wurde, der sein Arbeit- und Lohngeber angehörte, und nicht zwischen ihm und dem gerichtlich in Anspruch genommenen Dritten. Auch kommt es nicht darauf an, ob in dem Versicherungsverfahren gerade die Streitfrage ausgetragen wurde, die dem Zivilrichter unterbreitet wird, sondern nur, welchen Inhalt die Entscheidung in jenem Verfahren hatte, im Falle des § 1543, der hier Platz greift, also: ob und in welchem Umfange der Versicherungsträger verpflichtet sei. Schließlich hat entgegen der Auffassung des Berufungsgerichts das Reichsversicherungsamt in seiner Schlußbemerkung gar keinen Zweifel darüber gelassen, daß es den Beklagten nicht als Versicherungsträger dem Hä. gegenüber ansieht.

Die Entscheidung des Reichsversicherungsamts bindet aber das Gericht um deswillen nicht, weil es überhaupt nicht zur Sache erkannt, sondern den Antrag der Berufsgenossenschaft als unzulässig zurückgewiesen, mithin darüber nicht befunden hat, ob und in welchem Umfange der Versicherungsträger verpflichtet sei. Würde dagegen die Entscheidung des Reichsversicherungsamts auf seiner Schlußerwägung beruhen, so wäre für das Gericht bindend ausgesprochen, daß Hä. nicht im Betriebe des Beklagten verunglückt ist. Diese Erwägnng hat jedoch, was die Bindung des Gerichts anlangt, als nicht geschrieben zu gelten.

Wohl aber bindet der Bescheid der Berufsgenossenschaft vom 4. Februar 1914, der die Rente für die Hinterbliebenen festsetzt, das Gericht (vgl. RGZ. Bd. 71 S. 4, Bd. 93 S. 321). Aus dem Bescheide folgt, daß der Unfall sich im Betriebe der Firma H. ereignet hat, daß der Getötete in diesem Betriebe beschäftigt und versichert war — §§ 623, 544, 537 RVO. — sowie daß die Firma H. Unternehmer des Betriebes war.

Damit ist freilich für die zu entscheidende Frage die Antwort noch nicht gewonnen, ob nicht Hä., wenn auch im Betriebe der Firma H., so doch gleichzeitig in dem des Beklagten beschäftigt und versichert war, so daß seine Hinterbliebenen gemäß § 898 RVO. von dem Beklagten keine Entschädigung fordern könnten.

Nach § 624 RVO. unterliegt der gesamte Betrieb der Eisenbahn der Versicherung einschließlich der Bauarbeiten, zu denen die Herstellung von Beleuchtungsanlagen auf den Bahnhöfen zu rechnen sein wird. Solche Anlagen können von der Eisenbahnverwaltung selbst oder — was wohl die Regel bildet — in ihrem Auftrage von einem fremden Unternehmer ausgeführt werden. Ob Arbeiten, die die Eisenbahn einem Unternehmer übertragen hat, zugleich als zu ihrem eigenen Betriebe gehörig anzusehen sind, ist nach der tatsächlichen Gestaltung des Einzelfalles zu beurteilen, und es wird maßgebend sein, in welchem engeren oder entfernteren Zusammenhange sie mit der Beförderungstätigkeit stehen, die das eigentliche Wesen des Eisenbahnbetriebes darstellt, und wie weit die Aufsicht und Leitung der Bahnverwaltung darüber reicht. Anschauliche Beispiele bieten die Fälle, die den auch von dem Berufungsgerichte herangezogenen Urteilen RGZ. Bd. 74 S. 222 und VI 246/17 zugrunde liegen. Die Eisenbahnverwaltung hatte in dem einen Falle das ihr tarifmäßig obliegende Auf- und Abladen der Stückgüter und ihr Verbringen von und zu den Eisenbahnwagen, in dem anderen die Ausbesserung der Gleise während ununterbrochenen Bahnverkehrs privaten Unternehmern übertragen, deren Arbeiter der Weisung und der dauernden Aufsicht der Bahnbeamten unterworfen waren oder nur mit Genehmigung der Verwaltung eingestellt werden durften. In beiden Fällen hat das Reichsgericht die Ansicht der Tatrichter gebilligt, daß die Tätigkeit der Arbeiter, bei der Unfälle vorkamen, zum eigentlichen Bahnbetriebe gehörte und auf Rechnung der Eisenbahnverwaltung ging, die im Verhältnis zu ihnen als Unternehmer zu erachten sei.

Mag auch die Grenze flüssig sein, wo ein Angestellter nur im Betriebe seines Arbeit- und Lohngebers oder auch in dem Betrieb als versichert zu gelten hat, für den der letztere Arbeiten ausführt, so fehlt doch hier jeder tatsächliche Anhalt dafür, daß Hä. als Monteur der Firma H. zugleich im Betriebe des Beklagten beschäftigt war. Gewiß ist die elektrische Beleuchtung der Bahnhöfe oder einzelner Teile von ihnen für den Eisenbahnbetrieb förderlich, wenn auch nicht unerläßlich, da auch andere Beleuchtungsarten ähnliche Dienste tun. Keinesfalls ist sie damit nur annähernd so eng verknüpft, wie die Verlegung und Ausbesserung der Gleise oder die Beladung der Güterwagen. Wollte man der viel zu allgemeinen Auffassung des Berufungsgerichts folgen, daß alle technischen Tätigkeiten bei der Eisenbahnverwaltung versichert seien, die den Beförderungsdienst erst ermöglichten und seine Ausführung bedingten, wenn sie auch nicht in Regie, sondern durch einen fremden Unternehmer erfolgen, so würde in dem vielverzweigten Betriebe der Eisenbahn die Versicherung bei dem Eisenbahnunternehmer ins Uferlose ausgedehnt. Sie würde sich auf die Herstellung von Schienen, Lokomotiven, Wagen, auf Hoch- und Tiefbauten der Eisenbahn erstrecken und zahllose Verrichtungen ergreifen, die mittelbar dem Eisenbahnbetriebe dienen, sofern nur, wie dies häufig geschieht, die Verwaltung sich ein gewisses Aufsichts- und Kontrollrecht über die Arbeiten gewahrt hat.

Versicherungsträger war der Beklagte hier nur, wenn der Baubetrieb für die Beleuchtungsanlage auf seine Rechnung ging, § 624 RVO. Daß dies hier zutrifft, kann nach dem, was bis jetzt vorliegt, dem Berufungsgericht nicht zugegeben werden. Nach den Merkmalen, die der Senat (RGZ. Bd. 66 S. 376, Bd. 75 S. 7) für den Begriff des Betriebsunternehmers im Sinne des § 1 HaftpflG. aufgestellt hat und die entsprechend für die Reichsversicherungsordnung anwendbar sind, gehört dazu, daß er die Kosten des Betriebes trägt, die Einnahmen daraus bezieht und die Verfügung über den Betrieb inne hat. Gewicht ist auf die Verfügungsgewalt zu legen, weil sie den Inhaber der Gewalt in den Stand setzt und verpflichtet, Anordnungen und Einrichtungen zu treffen, die die Gefahren des Betriebes, um die es sich auf dem Gebiete der Versicherung wesentlich handelt, abwenden oder verringern. Nun war die Firma H. diejenige, die die Kosten für den Bau der Lichtanlage bestritt: sie hat die Fabrikeinrichtungen, die Stoffe und die Personen bezahlt, die an dem Bau arbeiteten. Die Einnahme daraus ist ihr in Gestalt des Werklohnes zugeflossen. Erst der Betrieb des fertigen Werkes ging auf Rechnung des Beklagten. Wäre es von ihm nicht abgenommen worden, so hätte er nichts dafür bezahlt; die Herstellung wäre aber immer auf Rechnung der Firma H. geschehen.

Die „Allgemeinen Vertragsbedingungen für die Ausführung von Staatsbauten" enthalten unter den „Ordnungsvorschriften" des § 14 die Bestimmung, daß die auf dem Bau beschäftigten Angestellten des Unternehmers bezüglich der Bauausführung und der Aufrechterhaltung der Ordnung auf dem Bauplatze den Anordnungen der Verwaltung unterworfen seien. Die Auslegung dieser typischen Vertragsbedingungen ist nachprüfbar. Ohne zureichende Begründung spricht das Berufungsgericht auf Grund des § 14 dem Beklagten die Verfügungsgewalt über die Arbeiten der Firma H. zu und bezeichnet ihn als „Herrn" darüber. Herrin auf dem Bauplatz sollte die Verwaltung natürlich bleiben, wie sich das bei Arbeiten auf einem Bahnhofe von selbst versteht, und ebenso mochten ihr allgemeine Anordnungen über die Bauausführung, so etwa, wo die Lichtmaste aufzustellen waren, zustehen. Aber der Bau der Lichtanlage im einzelnen, und darauf käme es an, wurde durch § 14 noch nicht ihrer Verfügung unterstellt. Jedenfalls hat das Berufungsgericht nicht näher angegeben, welcher Art die Herrschaft des Beklagten über die Arbeiten der Firma H. und damit über die Beschäftigung des Hä. gewesen ist.

Hiernach begegnet die Annahme des Berufungsgerichts, daß Hä. als Monteur der Firma H. zugleich im Betriebe des Beklagten beschäftigt und versichert war, in jeder Richtung rechtlichen Bedenken.

Es widerspricht aber auch der Rechtsprechung des Reichsversicherungsamts wie des Reichsgerichts, daß Hä., als er auf Bitte R.s den Mast bestieg und die Drähte abschnitt, in den versicherungspflichtigen Betrieb des Beklagten übergetreten sei. Er hat lediglich dem R. eine gelegentliche und vorübergehende Hilfe geleistet und für ihn eine Gefälligkeitsarbeit verrichtet, die ihn weder in ein Vertrags- noch in ein Unterordnungsverhältnis zu dem Beklagten brachte, wie das eine oder das andere für den Begriff des Arbeiters im Sinne der §§ 537, 544 RVO. regelmäßig erforderlich ist (Handb. d. Unf.-Vers. Bd. 1 S. 49, 56, 118; Jur. Wochenschr. 1908 S. 351; RG. Bd. 74 S. 222, Bd. 79 S. 51, Bd. 87 S. 124). Wenigstens ist bisher nichts anderes festgestellt. Die Sache liegt ebenso, wie wenn Hä., ohne bei H. bedienstet zu sein, zufällig des Weges kommend von R. ohne Auftrag seiner Vorgesetzten um Hilfe angegangen worden wäre." ...

---

57. 1. Bildet bei der Stufengründung einer Aktiengesellschaft der nach § 196 HGB. gefaßte Beschluß der Aktionäre oder schon der auf Errichtung der Gesellschaft abzielende und dazu geeignete Gesellschaftsvertrag den Gegenstand der Besteuerung aus der Tarifst. 25 zu a preuß. StempStG. vom 30. Juni 1909?

2. Ist dabei der Tatbestand der Steuervorschrift erst erfüllt, wenn und soweit gemäß Abs. 3 das. das Grundkapital eingezahlt ist?

3. Steht im Falle zu 2 die Übernahme der Verpflichtung zum dinglichen Einbringen der „Einzahlung" steuerrechtlich gleich?

VII. Zivilsenat. Urt. v. 27. Juni 1919 i. S. preuß. Staat (Bekl.) w. D. u. Gen. (Kl.). VII 112/19.

I. Landgericht Magdeburg.
II. Oberlandesgericht Naumburg a. S.

Die Kläger haben am 28. Januar 1913 neben anderen Personen vor dem als Nebenintervenient beteiligten Notar einen Vertrag geschlossen, inhalts dessen sie eine Aktiengesellschaft zu errichten erklärten und den Gesellschaftsvertrag im einzelnen feststellten. Von dem Grundkapital von 3 Millionen Mark übernahmen die Vertragschließenden 1061000 *M*, so daß noch 1939000 *M* zu zeichnen blieben. Von den übernommenen Beträgen wurden 1000000 *M* als durch Einbringen von Patenten und Patentanmeldungen seitens des Vertragsteilnehmers Sch. gedeckt anerkannt. Der Notar verwendete einen Stempel von 3 *M*, der Beklagte aber forderte aus Tarifst. 25a preuß. StempStG. vom 30. Juni 1909 eine Abgabe von 10000 *M* und aus Tarifst. 25c daselbst eine solche von 20000 *M*. Von den nachgeforderten 29997 *M* wurden 20000 *M* im Gnadenwege niedergeschlagen, den Rest von 9997 *M* haben die Kläger bezahlt. Mit der Klage fordern sie die Rückzahlung. Die Vorinstanzen gaben der Klage statt. Die Revision des Beklagten wurde zurückgewiesen aus folgenden

Gründen:

„Von den aus der Tarifst. 25 zu a des hier noch anzuwendenden Landesstempelgesetzes in Höhe von 10000 *M* und aus 25 zu c in Höhe von 20000 *M*, zusammen 30000 *M*, erhobenen Abgabenbeträgen sind durch den Gnadenerlaß vom 6. Februar 1917 20000 *M* niedergeschlagen worden, ohne daß dabei zwischen den Einzelbeträgen von 10000 *M* und 20000 *M* unterschieden worden ist. Der niedergeschlagene Betrag ist daher anteilmäßig auf die erhobenen Beträge im Verhältnis von 10000 zu 20000 *M* zu verteilen, und daraus ergibt sich, daß der mit der Klage zurückgeforderte Betrag sich aus Abgaben zusammensetzt, die teils aus Tarifst. 25 zu a, teils aus Tarifst. 25 zu c vom Beklagten erhoben sind. Da aber die Steuerforderung des Beklagten nach beiden Richtungen hin im Gesetze keine Stütze findet, mußte die den Beklagten zur Rückzahlung der gesamten nachentrichteten Abgabe verurteilende Entscheidung des Berufungsrichters aufrechterhalten werden; freilich aber aus anderen Entscheidungsgründen als denjenigen, auf denen das Berufungsurteil beruht.

Der Berufungsrichter, nach dessen irriger Meinung die erfolgte Niederschlagung lediglich die aus Tarifst. 25 zu c erforderte Abgabe betroffen hat und der deshalb die Frage der Stempelpflichtigkeit der Vertragsurkunde vom 28. Januar 1913 nur aus dem Gesichtspunkte der Tarifst. 25 zu a erörtert, führt zur Begründung, daß die letztere Vorschrift hier nicht anzuwenden sei, aus: Die Urkunde falle nicht unter die nach Tarifst. 25 zu a stempelpflichtigen „Gesellschaftsverträge, wenn sie betreffen die Errichtung von Aktiengesellschaften", da sie nicht die „Errichtung" der Gesellschaft zum Inhalt habe, nicht die Errichtung selbst darstelle. Diese Errichtung erfolge in dem hier vorliegenden Falle einer Stufengründung — bei der die Gründer nicht selbst alle Aktien übernehmen, vielmehr die Zeichnung eines Teiles des Grundkapitals vorbehalten bleibt (§ 189 HGB.) — erst durch den nachfolgenden Beschluß der Generalversammlung aus § 196 HGB. Nur dieser Beschluß sei daher die Urkunde, die dem „Errichtungsstempel" gemäß Tarifst. 25 zu a unterliege. Diese Gesetzesauslegung geht fehl. Wenn auch die Fassung der Tarifstelle („wenn sie betreffen die Errichtung . . .") wegen ihrer Unbestimmtheit Zweifel über ihre Tragweite nicht völlig ausschließt, so ergibt doch die Vorschrift als unzweifelhaft, daß jener Beschluß nicht den Gegenstand der Besteuerung bildet. Die Tarifst. 25 unterwirft unter a Beschlüsse, welche die Errichtung einer Aktiengesellschaft betreffen, überhaupt nicht dem Stempel. Das ergibt die Entstehungsgeschichte der Vorschrift und ihr Wortlaut. Das Stempelsteuergesetz vom 31. Juli 1895 unterwarf in Abs. 1 u. 2 der Tarifst. 25a nur Gesellschaftsverträge dem Stempel und bestimmte im Abs. 3: „Beschlüsse über die Erhöhung des Aktien-, Grund- oder Stammkapitals (Nachschüsse) sind wie Verträge hierüber zu versteuern." Beschlüsse über die Errichtung der Gesellschaften wurden also den Verträgen hierüber nicht gleichgestellt. Erst durch die Novelle vom 30. Juni 1909 wurde der Abs 3 als solcher in Wegfall gebracht und es wurden an Stelle dessen in Abs. 1 unter Nr. 1 — und entsprechend auch unter Nr. 2 — hinter den Worten „sowie die Erhöhung des Grundkapitals solcher Gesellschaften" die Worte „in der Form von Verträgen oder Beschlüssen" eingefügt. Daß sich dieser Zusatz nur auf die rechtsgeschäftlichen Erklärungen über die Erhöhung des Grundkapitals — oder Stammkapitals — bezieht und nicht auf den Fall der Errichtung, daß also eine sachliche Änderung der früheren Steuervorschrift nicht beabsichtigt war, zeigt, auch abgesehen vom Wortlaute der Vorschrift, die amtliche allgemeine Begründung der Novelle, die (in Nr. 209 C der Drucks. des AbgeordH. 1908/09 auf S. 4 unten) dahin lautet: „Verträge über die Gründung von Aktiengesellschaften... sind nach der Tarifst. 25 unterworfen a) dem sogenannten Errichtungsstempel von $^1/_{50}$ v. H. für dasjenige Abkommen, das auf die Errichtung der Gesellschaft abzielt und geeignet ist, die Gesellschaft zur Entstehung zu bringen, sowie für Beschlüsse über spätere Erhöhungen des Grundkapitals (Tarifst. 25a)..." Dementsprechend ist in der Sonderbegründung der Novelle (Nr. 209 D S. 8 Mitte) ausgeführt: „Auch des Abs. 3 (der früheren Fassung) bedarf es nicht mehr, nachdem sowohl bei Aktiengesellschaften als auch bei Gesellschaften m. b H. bemerkt ist, daß Beschlüsse über Kapitalerhöhungen wie Verträge hierüber zu versteuern sind." Die auch im Schrifttum vertretene Meinung, daß bei der Stufengründung der nach § 196 HGB gefaßte Beschluß der Aktionäre gerade den Gegenstand der Besteuerung bildet, ist hiernach nicht zu billigen. Für den Fall der Einheits- (Simultan-) Gründung interessiert die Frage, inwieweit Beschlüsse stempelpflichtig sind, nicht, da in diesem Falle nach § 188 HGB. die Gesellschaft schon mit der Übernahme der sämtlichen Aktien als errichtet gilt, es also eines besonderen Beschlusses hierüber nicht bedarf.

Den Gegenstand der Besteuerung kann hiernach im vorliegenden Falle nur der Vertrag vom 28. Januar 1913 bilden, der alle gesetzlichen Erfordernisse eines auf die Errichtung von Aktiengesellschaften abzielenden und dazu geeigneten „Gesellschaftsvertrags" (§ 182 HGB) erfüllt. Es fragt sich aber weiter, ob der zur Entstehung der Stempelpflicht erforderliche Tatbestand an sich schon durch diese Urkunde erfüllt ist oder ob — ungeachtet der die Vertragsteilnehmer schützenden Vorschrift des Abs. 3 der Tarifst. 25a der Novelle (früher Abs. 4 der Tarifst. 25a des Gesetzes vom 31. Juli 1895) — diese Entstehung im Gesetz auch noch davon abhängig gemacht ist, daß die Errichtung der Gesellschaft, sei es nach § 188, sei es nach § 196, sich vollendet hat. Im vorliegenden Falle bedarf es aber einer Erörterung jener Frage nicht; denn nimmt man auch an, daß, obgleich es zur Errichtung der Gesellschaft nicht gekommen ist, schon durch den urkundlichen Abschluß des Vertrags vom 28. Januar 1913 die Abgabenpflicht an sich begründet sein könnte, so fehlt es hier doch an dem aus Abs. 3 der Tarifst. 25a sich ergebenden Erfordernis der Steuerpflicht. Diese Vorschrift lautet: „Wird das Kapital oder der Betrag der Nachschüsse nicht sofort voll eingezahlt, so ist der Wertstempel von der jedesmaligen Teilzahlung zu entrichten." Die Vorschrift trifft ungeachtet ihrer Fassung nicht nur den Fall, daß die Zahlung in Teilleistungen erfolgt, sondern auch den Fall, in dem das ganze Kapital nicht sofort oder sofort gezahlt wird. Nicht nur die Fälligkeit der Steuerforderung ist von der Einzahlung des Kapitals oder eines Teiles davon abhängig, vielmehr erfüllt sich mit der Einzahlung erst der zur Stempelpflichtigkeit erforderliche Tatbestand (Jur. Wochenschr. 1911 S. 999 Nr. 47; RG. VII 298/16 Urt. v. 9. Januar 1917; RG. VII 134/17 Urt. v. 28. September 1917). Im vorliegenden Falle ist es zu einer „Einzahlung" von Kapital nicht gekommen. Im Vertrage sind aber zur teilweisen Deckung des Grundkapitals auf dieses zu leistende Sacheinlagen bedungen. Im § 21 des Vertrags ist nämlich vereinbart, daß der vertragschließende Sch. auf das Grundkapital als Einlagen gewisse näher bezeichnete Patentanmeldungen und Auslandspatente gegen die Gewährung von 1000 Aktien im Gesamtwerte von 1000000 ℳ und eine gestundete Barzahlung von 1000000 ℳ der zukünftigen Gesellschaft überläßt. Diese Überlassung stellt insoweit, als die Gegenleistung in Aktien, also in der Gewährung von Gesellschaftsrechten besteht, ein „Einbringen" im Sinne der Tarifst. 25 zu c dar. Es kommt hiernach in Frage, ob ein solches Einbringen steuerlich dem im Abs. 3 der Tarifst. 25a bezeichneten „Einzahlen", da dort vom Barzahlen nicht die Rede ist, gleichzustellen ist und ob deshalb von dem Betrage der für die Sacheinlage zu gewährenden Aktien, also hier von einem Kapitalanteil von 1000000 ℳ, der Stempel dieser Tarifstelle zu entrichten ist. Diese Frage ist für den vorliegenden Fall zu verneinen.

Der Stempel der Tarifst. 25a wird nach der Vorschrift in Spalte 4 von dem Grundkapital erhoben, ohne daß dort unterschieden wird, ob das Grundkapital durch Barzahlung oder durch die Einbringung von Sacheinlagen gedeckt ist. Schon hiernach ist anzunehmen, daß das Gesetz eine steuerliche Gleichstellung der Barzahlungen und der Einlagen nicht hat ausschließen wollen. Daß aber nur diese Gleichstellung der Absicht und dem Zwecke des Gesetzes entspricht, ergibt sich aus folgendem: Nach der amtlichen allgemeinen Begründung zum StempStG. vom 31. Juli 1895 ist für die Besteuerung der Gesellschaftsverträge der wirtschaftliche Zweck des Geschäftsabschlusses in den Vordergrund zu stellen (S. 6, 7); gerade die „Anhäufung" größerer zu produktiven oder spekulativen Zwecken dienender und größere Vermögensumsätze ermöglichender Kapitalien rechtfertige, so wird ausgeführt, die Steuer der Tarifst. 25. Die ständige Rechtsprechung geht deshalb dahin, daß den eigentlichen Grund und Gegenstand der Steuer der Umsatz von Vermögenswerten aus der Hand des Sondereigentümers in das Vermögen der Erwerbsgesellschaft bildet und daß die Steuer das Kapital im Augenblicke dieses Übergangs treffen will. Solange dieser Übergang noch nicht erfolgt ist, es also ungewiß ist, ob eine Vermögensverschiebung zum Vorteil der Gesellschaft eintritt, soll nach der Vorschrift des Abs. 3 eine Stempelpflicht nicht begründet sein, vielmehr erst beim wirklichen Umsatz. Ein solcher findet aber nicht nur bei Leistung von Zahlungen an die Gesellschaft, sondern in gleicher Weise auch bei der Gewährung von Sacheinlagen statt. Der gesetzgeberische Grund des Abs. 3 trifft hiernach völlig auch auf das Einbringen zu, und da das Einbringen in Anrechnung auf das in einem Geldbetrage bestehende Grundkapital und zu dessen Deckung erfolgt, man also auch beim Einbringen von einem Einzahlen im weiteren Sinne — durch ersatzweise bewirkte Hingabe anderer Vermögenswerte an Erfüllungsstatt — sprechen darf, unterliegt es keinem Bedenken, den Abs. 3 auch auf den Fall des Einbringens anzuwenden. Freilich steht ein im Vertrage bedungenes Einbringen nicht in jedem Falle schon dem Einzahlen einer Geldsumme gleich. Ebensowenig wie schon die bloße schuldrechtliche Übernahme der Verpflichtung zur Einzahlung als die Einzahlung selbst, also als wirklicher Vermögensumsatz anzusehen ist, ebensowenig steht die Begründung der Verpflichtung zum Einbringen dem Einbringen selbst steuerlich gleich. Deshalb erwächst bei Sacheinlagen die Stempelpflicht erst bei der Übereignung der Sachen, durch Übergabe oder Auflassung, an die Gesellschaft. Bei dem Einbringen von Rechten, das durch Abtretung der

Rechte sich vollzieht, fällt zwar häufig die vertragsmäßige Übernahme der Verpflichtung zur Abtretung mit der dinglich wirkenden Abtretung selbst nach dem maßgebenden Vertragswillen der Beteiligten zusammen. Daß aber im Streitfalle schon eine dingliche Übereignung der im Vertrag als Einlage bezeichneten Patente und Patentanmeldungen an die künftige Gesellschaft beabsichtigt war und schon eingetreten ist, erscheint gänzlich ausgeschlossen, selbst wenn man annehmen sollte, daß eine Abtretung von Rechten an eine noch nicht bestehende Rechtsperson rechtswirksam derart erfolgen kann, daß sie sich durch spätere Annahme seitens der inzwischen entstandenen Rechtsperson vollendet. Die Verpflichtung zum Einbringen hat im Vertrage hier der Direktor Sch. nicht gegenüber der künftigen Gesellschaft, sondern gegenüber seinen Vertragsgenossen übernommen. Ob die Gesellschaft jemals zur Entstehung gelangen würde, war zur Zeit des Vertragsschlusses, bei dem noch der größte Teil der Aktien weder übernommen noch sonst gedeckt war, noch völlig ungewiß. Die Gesellschaft ist dann auch nicht zur Entstehung gelangt. Ein Vermögensumsatz hat nicht stattgehabt und der Stempel aus der Tarifst. 25a ist hiernach zu Unrecht erhoben.

Dasselbe gilt vom Stempel der Tarifst. 25c. Nach dieser Vorschrift ruht die Abgabe auf Gesellschaftsverträgen, die das Einbringen von nicht in Geld bestehendem Vermögen in eine Aktiengesellschaft „bei ihrer Errichtung oder in eine bereits bestehende Gesellschaft dieser Art" betreffen. Im vorliegenden Falle erfolgte die von dieser Vorschrift getroffene schuldrechtliche Übernahme der Verpflichtung zum Einbringen weder in eine bestehende Gesellschaft noch auch bei der Errichtung einer solchen, denn es ist zur Errichtung überhaupt nicht gekommen. Für die Anwendung der Tarifvorschrift ist hiernach kein Raum."

---

58. Inwieweit ist der Rechtsweg zulässig für einen Anspruch auf Ersatz eines Gebäudeschadens, der durch Erderschütterungen als Folge von Schießübungen auf einem benachbarten Artillerieschießplatze herbeigeführt ist?

GVG. § 13.

VI. Zivilsenat. Urt. v. 30. Juni 1919 i. S. Reichsmilitärfiskus (Bekl.) w. S. (Kl.). VI 100/19.

I. Landgericht Thorn.
II. Oberlandesgericht Marienwerder.

Die Klägerin ist Eigentümerin eines in der Nähe des Artillerieschießplatzes Thorn gelegenen Hausgrundstücks. Sie behauptet, das Haus habe durch Schießübungen der Minenwerfer-Ersatzabteilung II, die auf dem Platze stattfanden und starke Erderschütterungen auslösten, Schaden gelitten, Risse in den Mauern seien aufgetreten, auch Fensterscheiben seien gesprungen. Für den Schaden macht die Klägerin den Beklagten verantwortlich und verlangt mit der vorliegenden Klage Zahlung von 1102,85 *M* nebst Zins, Ersetzung einer im Hause der Klägerin geplatzten großen Schaufensterscheibe durch eine andere unverletzte sowie einen Feststellungsausspruch dahin, daß der Beklagte verpflichtet sei, der Klägerin den gesamten durch Minenwerfer auf dem Thorner Schießplatz an und in ihrem Hausgrundstück entstehenden Schaden zu ersetzen. Der Beklagte hat den Einwand der Unzulässigkeit des Rechtswegs erhoben und die Verhandlung zur Hauptsache verweigert. Die Vorinstanzen haben den Rechtsweg für zulässig erklärt. Die Revision des Beklagten wurde zurückgewiesen.

Aus den Gründen:

„Die vorgetragene Klagschrift bezeichnet den Beklagten als ersatzpflichtig, „selbst wenn ihm wegen vorliegenden öffentlichen Interesses weitere derartige Einwirkungen nicht untersagt werden können. Es liegt eine zum mindesten fahrlässige Eigentumsverletzung vor". Das Berufungsurteil gibt die Klagbegründung im übrigen dahin wieder, die zuständigen Militärbehörden handelten fahrlässig, indem sie mit derartig weitreichenden und gefährlichen Wirkungen verbundene Schießübungen in zu geringer Entfernung von dem benachbarten Grundstücke der Klägerin und dazu noch in ebenem Gelände abhalten ließen; für die Folgen dieser Fahrlässigkeit habe der Beklagte wie jede andere Privatperson nach den Vorschriften des Bürgerlichen Gesetzbuchs einzustehen.

Von der Unterstellung dieses Klagvorbringens ausgehend, hält das Berufungsgericht den Rechtsweg für zulässig mit folgenden Erwägungen: Die Klage stütze sich auf §§ 31, 89, 823 BGB., mithin ausschließlich auf Privatrecht. Sie richte sich dabei auch nur gegen einen privatrechtlichen Eingriff der Organe des Beklagten in das Eigentum der Klägerin. Denn nach dem Klagvortrag solle die schädigende Einwirkung auf das Grundstück der Klägerin seitens des Beklagten als Eigentümers des Nachbargrundstücks durch Außerachtlassung der erforderlichen Sorgfalt bei der Ausübung des Militärhoheitsrechts erfolgt sein. Letztere solle also nur der äußere Anlaß gewesen sein. Es werde ein schädigender Eingriff behauptet, der nur auf einer bei Gelegenheit der Ausübung eines staatlichen Hoheitsrechts begangenen und trotz uneingeschränkter Ausübung des Hoheitsrechts vermeidbaren Fahrlässigkeit des verfassungsmäßig berufenen Vertreters des Beklagten beruhen solle, daher als privatrechtlicher Eingriff des Beklagten anzusehen sei. Der mit der Klage geltend gemachte Anspruch sei mithin ein privatrechtlicher und die Rechtsstreitigkeit eine bürgerliche im Sinne des GVG. § 13.

Für die Annahme, daß die Klägerin durch willkürliche Behauptungen etwa unter dem Deckmantel einer Schadensersatzklage dem Gericht einen auf öffentlichrechtlichem Gebiete liegenden Streit zur Entscheidung unterbreiten wolle, biete der objektive Sachverhalt keinen Anhalt. Da eine besondere Zuständigkeit von Verwaltungsbehörden, Verwaltungsgerichten oder Sondergerichten für den vorliegenden Rechtsstreit nicht in Frage komme, sei der Rechtsweg nach GVG. § 13 zulässig. Ein Anspruch, der unter das Kriegsleistungsgesetz vom 13. Juni 1873 fiele, stehe nicht in Frage, da nicht behauptet werde, daß das Grundstück der Klägerin durch die Militärbehörde für Kriegszwecke angefordert worden sei.

Von der Revision wird diese letztangeführte Erwägung unter Hinweis auf § 35 KLG. zur Nachprüfung gestellt und im übrigen unter Berufung auf § 286 ZPO. die Auffassung des Berufungsgerichts über den Sinn der Klagbegründung als aktenwidrig gerügt, mithin geltend gemacht, das Berufungsgericht habe das Klagvorbringen in der maßgebenden Richtung unzutreffend und unvollständig aufgefaßt und beurteilt. Hierfür hat die Revision insbesondere die Ausführungen in einem vorgetragenen Schriftsatze der Klägerin herangezogen darüber, daß es Amtspflicht der Beamten sei, das Eigentum der Bürger zu schützen und zu schonen, diese Amtspflicht hätten die Beamten mindestens fahrlässig verletzt, derartige Übungen dürften von der Militärverwaltung zum Schutze von Gut und Leben der Bürger nur auf weithin freiem Gelände, fern von bebauten und bewohnten Grundstücken geduldet werden, anderenfalls liege regelmäßig eine fahrlässige Pflicht- und Eigentumsverletzung vor. Die Revision folgert aus diesem Vorbringen, die Klage wolle den Beklagten nicht wegen einer bei uneingeschränkter Ausübung des Hoheitsrechts vermeidbaren Fahrlässigkeit ersatzpflichtig machen, sondern vielmehr wegen der Ausübung des Hoheitsrechts durch den Betrieb auf dem Artillerieschießplatz Thorn selbst, die sie für schuldhaft erkläre. Dies aber gehe nicht an; Privatpersonen könnten dem Staate nicht vorschreiben, auf welchen Grundstücken er militärische Übungen vornehmen lassen solle und auf welchen nicht. Gegenüber dem Falle der insbesondere vom ersten Richter angeführten Entscheidung RGZ. Bd. 44 S. 227 sei die vorliegende Klagbegründung wesentlich verschieden: daß der Beklagte durch irgendwelche Vorrichtungen die Schadenswirkung des Schießens auf dem fraglichen Platze hätte abschwächen können, sei von der Klägerin auch nicht andeutungsweise behauptet worden. Zum Vorwurf sei es gemacht worden, daß der Beklagte das beanstandete Schießen auf diesem bestimmten Platze vornehme, und dies gerade deshalb, weil sich, wenn er das tue, die schädigende Wirkung für die Nachbargrundstücke, insbesondere für das der Klägerin, nicht vermeiden lasse.

Die Revision war zurückzuweisen.

Daß keine Anwendung des Kriegsleistungsgesetzes vom 13. Juni 1873 in Frage kommt, hat das Berufungsgericht mit Recht angenommen. In § 3 das. werden die in Betracht kommenden „Kriegsleistungen" (vgl. Warneyer 1916 Nr. 123) als solche aufgezählt und dabei mit Bezug auf Grundstücke nur von „Überweisung der für den Kriegsbedarf erforderlichen Grundstücke und vorhandenen Gebäude" gesprochen. Daß eine solche „Überweisung" bezüglich des Grundstücks der Klägerin stattgefunden habe, dafür ergibt sich aus dem Sach- und Streitstande kein Anhalt, und ebensowenig für eine Mitwirkung oder Vermittelung der Gemeinde, wie sie das Gesetz für den Regelfall voraussetzt. Nach dem für die Beurteilung maßgebenden Klagvorbringen ist vielmehr von einer Benützung des Schießplatzes auszugehen, wie sie, von der Eigenart der gebrauchten Geschütze abgesehen, nicht anders auch zur Friedenszeit schon stattgefunden hat.

Daß es sich bei den in Rede stehenden Maßnahmen der militärischen Dienststellen nicht um bloß militärfiskalische Handlungen oder Anordnungen handelt, woraus sich die Zulässigkeit des Rechtswegs ohne weiteres ergeben würde, ist in den Vorinstanzen anscheinend von keiner Seite in Zweifel gezogen worden. Dies mit Recht. Schießübungen sind den Handlungen zuzuzählen, die auf die militärische Ausbildung der Truppen unmittelbar abzielen, eine Betätigung der Fürsorge für die Kriegstüchtigkeit des Heeres darstellen (vgl. bes. RGZ. Bd. 55 S. 171 flg., 174, 175; Warneyer 1916 Nr. 123 unter 2); ihre Anordnung und Vornahme geschehen daher in Ausübung des staatlichen Militärhoheitsrechts im eigentlichen Sinne, gehören nicht etwa bloß der — militärischen Zwecken zugewandten — staatlichen Vermögensverwaltung an.

Im übrigen ist der Revision zuzugeben, daß, wenn das Klagvorbringen in dem von ihr vertretenen Sinne zu verstehen wäre, die Zulassung des Rechtswegs in der Tat Bedenken begegnen würde. Danach nämlich wäre mit der Klage eine Entscheidung der ordentlichen Gerichte darüber begehrt, ob die militärischen Dienststellen diese Parzelle des Staatsgebiets zu militärischen Übungen benutzen, auf diesem Platze Schießübungen anordnen durften. Darin wäre eine Verantwortung des Beklagten für die Vornahme einer Hoheitshandlung zu finden, wozu die ordentlichen Gerichte nicht berufen sind (preuß. VO. vom 26. Dezember 1808 § 36; vgl. auch die in den Vorinstanzen übrigens nicht herangezogene preuß. Kabinettsorder vom 4. Dezember 1831). Eine dahingehende Klage würde auch nicht ohne weiteres dadurch zur bürgerlichen Rechtsstreitigkeit, daß bloß Entschädigung begehrt wird. Und dies ebensowenig dadurch, daß, wie das Berufungsgericht die Klage versteht, angefügt wird, das Hoheitsrecht könnte auch bei Vermeidung der behaupteten Fahrlässigkeit „uneingeschränkt" ausgeübt werden.

Denn dies könnte in dem vorausgesetzten Falle doch nur den allgemeinen und grundsätzlichen Sinn haben, der Militärbehörde solle die Befugnis, Schießübungen anzuordnen und einen Platz dafür zu wählen, nicht bestritten werden, es würde aber nichts daran ändern, daß die Wahl dieses Platzes und die Anordnung der Schießübungen auf diesem Platze der richterlichen Nachprüfung unterstellt werden soll. Die behauptete Schädigung wäre Folge nur von Hoheitshandlungen, die behauptete Fahrlässigkeit würde nur an solchen haften: an der Wahl des Platzes und der Anordnung der Übungen, worin sich die Ausübung des Hoheitsrechts vollendet.

In diesem weitgehenden Sinne ist indessen das Klagvorbringen auch an den von der Revision hervorgehobenen Stellen in Wahrheit nicht zu verstehen. Gegen die Einrichtung des Schießplatzes — wo und wie er eingerichtet ist —, und gegen die Anordnung der Minenwerfer-Schießübungen, über die Beschwerde geführt wird, an und für sich will sich die Klage nicht wenden. Der mit der Klage erhobene Vorwurf ist vielmehr so gemeint, daß bei der an und für sich berechtigten Vornahme jener Übungen fahrlässigerweise eine zu geringe Entfernung von den benachbarten Gebäuden eingehalten worden sei, daß auf dem Platze auch mit Minenwerfergeschützen geschossen werden dürfe, daß bei dieser berechtigten Übung aber eine Unachtsamkeit unterlaufen sei, indem man die Übungen nicht weit genug hinaus von den benachbarten Gebäuden hinweg gelegt habe. Der Fall liegt insoweit nicht anders, als die vom erkennenden Senat in neuerer Zeit beurteilten Fälle Warneyer 1917 Nr. 217 und RGZ. Bd. 96 S. 74, wo in Ausübung des Militärhoheitsrechts eine Kraftwagenfahrt unternommen, durch dienstlich nicht gebotene Fahrgeschwindigkeit aber im einen Falle eine Person, im anderen ein anderer Kraftwagen beschädigt worden war.

Wie nun der Senat bereits in diesen beiden letztangeführten Entscheidungen ausgesprochen hat, kann grundsätzlich für die nähere Beurteilung des Zusammenhanges zwischen der Schadenszufügung und der Ausübung des Hoheitsrechts nicht jeder ursächliche Verlauf als ursächlicher Zusammenhang im Rechtssinne gelten. Es kann deshalb grundsätzlich nicht für ausgeschlossen erachtet werden, je nach den gegebenen Umständen für eine Schadenszufügung, die im weiteren Verfolg einer Hoheitshandlung entflossen ist, nicht mehr diese als die rechtlich bedeutsame Ursache anzusehen, sondern insoweit einen nur noch äußerlichen Zusammenhang anzunehmen, der die Ausschließung des Rechtswegs in Ansehung der Schadensfolgen nicht mehr rechtfertigt. Wo in dieser Hinsicht die Grenze zu ziehen ist, wird nach den Umständen des Einzelfalls, daher wesentlich mit unter tatsächlichen Gesichtspunkten zu beurteilen sein. Indem das Berufungsgericht hier seine Annahme, zwischen der Hoheitshandlung und dem eingeklagten Sachschaden bestehe im Sinne des Klagvorbringens kein ausreichend naher Zusammenhang im Sinne des Vorausgeführten, mit den Worten umschreibt, der schädigende Eingriff solle nur auf einer bei Gelegenheit der Ausübung eines staatlichen Hoheitsrechts begangenen Fahrlässigkeit beruhen, bringt es eine Erwägung im wesentlichen tatsächlichen Gehalts zum Ausdruck, die dem Sinne der Klage entsprechend erscheint und die Zulassung des Rechtswegs rechtfertigt. Eines Eingehens auf das sonstige Vorbringen der Revision, insbesondere auf die Entscheidung RGZ. Bd. 44 S. 227 bedarf es daher im übrigen nicht mehr."[1]

---

59. Zur Bestimmung des Begriffs der nach der Tarifst. 48 zu III Abs. 2 preuß. StempStG. vom 30. Juni 1909 zu versteuernden Pachtverträge „auf unbestimmte Zeit".

BGB. §§ 567, 581 Abs. 2.

VII. Zivilsenat. Urt. v. 1. Juli 1919 i. S. preuß. Staat (Bekl.) w. Mitteldeutsche Kreditbank (Kl.). VII 107/19.

I. Landgericht Hannover.
II. Oberlandesgericht Celle.

Die Rechtsvorgängerin der Klägerin hatte von der Gewerkschaft Rudolphus verschiedene Kaligewinnungsrechte der Ausübung nach erworben. Einen Teil dieser Rechte übertrug sie durch Vertrag vom 5. August 1910 auf die Bergbaugesellschaft W. und den verbleibenden Rest durch Vertrag vom 5./19. September 1910 auf die Bergbaugesellschaft A.-H. Zu dem ersteren Vertrage hat sie einen Stempel von 5 *M*, zu dem zweiten einen solchen von 3 *M* verwendet, aber auf Erfordern des Beklagten nachträglich zu dem ersteren einen weiteren Stempel von 317 *M*, zu dem zweiten einen solchen von 4 *M* nachgebracht. Die Rückzahlung der letztgenannten Beträge mit 321 *M* wird mit der Klage beansprucht. Das Landgericht wies die Klage ab. Auf die Berufung der Klägerin wurde diese Entscheidung dahin abgeändert, daß unter Zurückweisung des Rechtsmittels im übrigen der Beklagte verurteilt wurde, an die Klägerin 184,50 *M* zu zahlen. Diese Entscheidung wurde auf die Revision des Beklagten aufgehoben und die Berufung in vollem Umfange zurückgewiesen aus folgenden

---

[1] Auch auf den weiteren rechtlichen Gesichtspunkt einer Haftung aus § 839 BGB. verb. mit dem Reichsges. v. 22. Mai 1900 über die Haftung des Reichs für seine Beamten (vgl. bes. RGZ. Bd. 87 S. 119, Bd. 92 S. 240, 304, Bd. 93 S. 198, auch preuß. Gerichtshof für Kompetenzkonflikte in D. J.-Z. 1908 Sp. 488, 1909 Sp. 719, 1913 Sp. 703) war hiernach nicht mehr einzugehen. D. E.

Gründen:

„Die Annahme des Berufungsrichters, daß die beiden Verträge vom 5. August 1910 und vom 5./19. September 1910, für die der Beklagte die mit der Klage zurückgeforderten Stempelbeträge aus der Tarifst. 48 Nr. III preuß. StempStG. vom 30. Juni 1909 erhoben hat, Pachtverträge im Sinne dieser Stempelvorschrift sind, unterliegt keinem rechtlichen Bedenken und ist auch in der Revisionsinstanz von keiner Seite angefochten worden. Die Parteien streiten aber darüber, nach welchen Grundsätzen im vorliegenden Falle die Abgabe zu berechnen ist. Nach den Bestimmungen in Spalte 2, 3 und 4 der Vorschrift der Tarifst. 48 III unterliegen Pachtverträge der genannten Art nicht wie Pachtverträge über im Inlande gelegene unbewegliche Sachen und ihnen gleichgeachtete Rechte einer durch die Einreichung von Mietverzeichnissen vermittelten jährlichen Besteuerung (Tarifst. 48 I Abs. 8 flg.), sondern es ist bei ihnen regelmäßig von dem für die volle Pachtzeit zu zahlenden Gesamtpachtzinse eine Abgabe von $^3/_{10}$ v. H. zu entrichten. Bei Verträgen auf unbestimmte Zeit ist aber der Versteuerung eine einjährige Dauer zugrunde zu legen. Die Vorinstanzen gehen, in Übereinstimmung mit der Meinung der Klägerin, davon aus, daß die letztere Ausnahmevorschrift im Streitfalle für die Versteuerung maßgebend sei. Diese Auffassung ist aber mit den bedenkenfreien, auch nicht angefochtenen tatsächlichen Feststellungen des Berufungsrichters nicht vereinbar und es muß deshalb hier bei der Regel der Versteuerung des Gesamtzinses verbleiben.

Nach der Vertragsauslegung des Berufungsrichters ging der Vertragswille der Beteiligten dahin, daß die Überlassung der Ausübung der Kaligewinnungsrechte so lange dauern sollte, bis der Kalivorrat erschöpft sein würde, jedenfalls aber länger als 30 Jahre. Nach § 567, § 581 Abs. 2 BGB. kann, wenn ein Pachtvertrag für eine längere Zeit als dreißig Jahre geschlossen ist, nach dreißig Jahren jeder Teil das Pachtverhältnis unter Einhaltung der gesetzlichen Frist kündigen. Der Pachtvertrag war danach jedenfalls für dreißig Jahre mit beiderseitiger rechtlicher Bindung fest geschlossen. Darüber hinaus konnte jeder Teil die rechtliche Bindung durch willkürliche Kündigung beseitigen. Der Vertrag kann jedoch aus diesem Grunde, da er auf bestimmte Zeit vollwirksam ist, nicht schon als ein auf unbestimmte Zeit geschlossener im Sinne der Tarifst. 48 III angesehen werden, der steuerlich so zu behandeln wäre, als ob er auf eine einjährige Dauer geschlossen wäre. Letzteres wäre nur zu billigen, wenn von vornherein eine bestimmte Zeit, für die er Geltung haben würde, nicht festgestellt werden könnte. Der gesamte bedungene Pachtzins ist daher der Versteuerung zugrunde zu legen. Er betrug bei dem einen Vertrage 1300000 *M*, bei dem anderen 20000 *M*, die Steuer davon also 3900 *M* und 60 *M*. Diese Summen übersteigen schon, wenn man auch für die Abgabenberechnung den steuererhöhenden Umstand außer Betracht läßt, daß dem Pächter noch gewisse Nebenleistungen oblagen, die vom Beklagten eingezogenen Steuerbeträge in erheblichem Maße. Der Anspruch auf Rückzahlung von Stempelbeträgen ist hiernach ungerechtfertigt." ...

---

60. Kann die Revision Erfolg haben, wenn eine Ehe sowohl wegen Ehebruchs als aus § 1568 BGB. geschieden ist, ein Revisionsangriff aber nur gegen die Scheidung aus § 1568 erhoben wird? Etwa im Hinblick auf die Möglichkeit einer späteren Wiederaufnahme des Verfahrens aus einem lediglich die Scheidung wegen Ehebruchs betreffenden Anfechtungsgrunde?

IV. Zivilsenat. Urt. v. 7. Juli 1919 i. S. R. Frau (Bekl.) w. R. Mann (Kl.). IV 69/19.

I. Landgericht Mannheim.
II. Oberlandesgericht Karlsruhe.

Die Ehe der Parteien ist vom Oberlandesgerichte sowohl wegen Ehebruchs als wegen sonstigen ehewidrigen Verhaltens der Beklagten geschieden. Die Scheidung wegen Ehebruchs stützt sich auf die Aussage des eidlich vernommenen Zeugen L. Die Revision der Beklagten macht geltend, daß gegen den Zeugen Strafanzeige wegen Meineids erstattet sei, verkennt aber nicht, daß sie trotzdem gegen die auf einer rein tatsächlichen Würdigung beruhende Scheidung wegen Ehebruchs im dritten Rechtszuge nicht aufkommen könne. Angriffe, und zwar lediglich solche materiellrechtlicher Art, erhebt sie ausschließlich gegen die Scheidung aus § 1568 BGB. Das Reichsgericht hat die Revision zwar für zulässig erklärt, aber als unbegründet zurückgewiesen.

Aus den Gründen:

... „Begründet würde die Revision nur sein, wenn das Berufungsurteil die Beklagte in der Art beschwerte, daß das Revisionsgericht zu einer von der oberlandesgerichtlichen abweichenden Entscheidung gelangen könnte. An dieser Voraussetzung fehlt es jedoch hier. Denn da, wie die Revision zugeben muß, die Annahme des Oberlandesgerichts, daß die Ehe schon wegen Ehebruchs der Beklagten zu scheiden sei, nicht auf einer Verletzung des Gesetzes beruht, so muß es bei der vom Oberlandesgerichte gegen die Frau ausgesprochenen Scheidung der Ehe unter allen Umständen sein Bewenden behalten, für eine im Ergebnis abweichende Entscheidung des Revisionsgerichts ist also kein Raum. Läge die Sache umgekehrt, müßte die Beklagte zwar die Scheidung aus § 1568 BGB. gegen sich gelten lassen, könnte sie aber die Scheidung wegen Ehebruchs mit der Revision bekämpfen, so ließe sich im Hinblick auf die Vorschriften in den §§ 1312, 1328 BGB. und § 172 StGB. allenfalls darüber reden, ob sie nicht durch die Scheidung wegen Ehebruchs beschwert wäre, obwohl es bei der Scheidung wegen Zerrüttung des ehelichen Verhältnisses zu verbleiben hätte Die reichsgerichtlichen Entscheidungen, die sich mit der Zulässigkeit eines vom Scheidungskläger in Fällen der gegebenen Art eingelegten Rechtsmittels beschäftigen, beruhen auf der Annahme, daß ausschließlich die privatrechtlichen Folgen der Scheidung maßgebend für die Frage seien, ob der Kläger durch eine lediglich aus § 1568 und nicht auch aus § 1565 geschehene Scheidung beschwert werde, daß aber in Ansehung der privatrechtlichen Folgen zwischen der einen und der anderen Scheidung überhaupt kein Unterschied bestehe und daß die sich aus den §§ 1312, 1328 BGB. und § 172 StGB. ergebenden Folgen einer Scheidung aus § 1565 außerhalb des allein streitigen Privatrechtsverhältnisses lägen (vgl. z. B. RGZ. Bd. 55 S. 244; Jur. Wochenschr. 1912 S. 466 Nr. 13). Diese Annahme würde dahin führen, daß die Beklagte durch das Berufungsurteil selbst in dem Falle materiell nicht beschwert wäre, daß sie nur die Scheidung aus § 1565, nicht aber zugleich die aus § 1568 angreifen könnte (vgl. Gruchot Bd. 49 S. 367). Darauf braucht aber hier nicht weiter eingegangen zu werden, weil eben nicht dieser, sondern der umgekehrte Fall vorliegt und die Beklagte daher auch die sich aus den §§ 1312, 1328 BGB. und § 172 StGB. ergebenden Folgen der Scheidung wegen Ehebruchs einstweilen unter allen Umständen auf sich nehmen muß.

Hiernach wäre die Revision der Beklagten selbst dann als unbegründet zurückzuweisen, wenn die Angriffe, die sie gegen die Scheidung aus § 1568 erhebt, an sich gerechtfertigt wären, und daran ändert auch der Umstand nichts, daß die Beklagte nach ihrer Behauptung gegen den Zeugen L. Anzeige wegen Meineids erstattet hat und daß dessen eidliche Aussage nur für die Scheidung wegen Ehebruchs von Bedeutung war. Einmal handelt es sich, soweit ersichtlich ist, bei der behaupteten Strafanzeige um eine neue Tatsache, und neue, erst nach dem Schlusse der Berufungsverhandlung eingetretene Tatsachen können im Rechtszuge der Revision, von hier nicht zutreffenden Ausnahmefällen abgesehen, auch in Ehesachen nicht berücksichtigt werden (Warneyer 1912 Nr. 262). Sodann aber kommt folgendes in Betracht. Wenn es der Beklagten gelänge, eine Verurteilung des Zeugen L. wegen vorsätzlicher oder fahrlässiger Verletzung der Eidespflicht zu erzielen und daraufhin im Wege des Wiederaufnahmeverfahrens eine neue Verhandlung über die Scheidung zu erreichen, so würde, obwohl der Anfechtungsgrund nur die Scheidung wegen Ehebruchs beträfe, dennoch in dem wiederaufgenommenen Verfahren (im sog. judicium rescissorium) nicht nur über diese, sondern auch über die Scheidung aus § 1568 BGB. neu zu verhandeln und zu entscheiden sein. Das folgt mit Notwendigkeit aus dem vom Reichsgericht oft ausgesprochenen und in der mannigfachsten Art zur Anwendung gebrachten Grundsatze (vgl. RGZ. Bd. 58 S. 307, 315, 316 und aus der neueren und neuesten Zeit Warneyer 1914 Nr. 263 sowie RGZ. Bd. 94 S. 153), daß in Ehescheidungs- und Eheanfechtungssachen stets der Fortbestand der Ehe im ganzen in Frage steht und daß deshalb über alles, was die Parteien gegen den Fortbestand der Ehe geltend zu machen haben, nur gleichzeitig und einheitlich verhandelt und entschieden werden kann: In diesem Sinne hat sich der Senat denn auch bereits ausgesprochen (Urteil vom 2. Januar 1911 IV 300/10). Auch in bezug auf die Aussichten eines etwaigen Wiederaufnahmeverfahrens benachteiligt also der Umstand, daß das Oberlandesgericht die Ehe zugleich aus § 1568 BGB. geschieden hat, die Beklagte nicht.

Nach alledem kommt es auf die Angriffe, die die Revision gegen die Scheidung aus § 1568 erhebt, für die jetzt zu treffende Entscheidung nicht an. Die Revision ist vielmehr ohne weiteres als unbegründet zurückzuweisen."

---

61. Zur Haftung mehrerer Personen für einen und denselben einem Dritten zugefügten Schaden, wenn die Täterschaft einer jeden von ihnen möglich ist, aber nicht festgestellt werden kann, und auch eine schuldhafte Beteiligung an gemeinsamer Gefährdung nicht vorliegt.

BGB. § 830 Abs. 1 Satz 1 u. 2, § 840 Abs. 1.

VI. Zivilsenat. Urt. v. 12. Juli 1919 i. S. Ke. (Kl.) w. Kr. (Bekl.) VI 144/19.

I. Landgericht I Berlin.
II. Kammergericht daselbst.

Der Beklagte wohnte längere Zeit und noch im Jahre 1917 bei der Klägerin als Untermieter; sie hatten miteinander dreimal, zuletzt vom 7. zum 8. Juli 1917 geschlechtlichen Verkehr. Beide Parteien sind kurz nach dem letzten Verkehr an Gonorrhöe erkrankt und behaupten, von der anderen angesteckt worden zu sein. Die Klägerin hat auf Ersatz des ihr durch die Ansteckung entstandenen Schadens gegen den Beklagten Klage erhoben.

Die Klage wurde in beiden Vorinstanzen abgewiesen. Auch die Revision der Klägerin wurde zurückgewiesen.

Aus den Gründen:

... „Die Revision will die Verantwortlichkeit des Beklagten für den der Klägerin entstandenen Schaden an ihrer Gesundheit aus dem Satze abgeleitet wissen, daß mehrere Männer, die mit einer Frauensperson zu derselben Zeit geschlechtlich verkehrt haben, gesamtschuldnerisch für die Folgen der Beiwohnung, namentlich für den Unterhalt eines von der Frauensperson geborenen Kindes, aufkommen müßten. Dieser Satz geht von der in der gemeinrechtlichen Theorie des 19. Jahrhunderts zuweilen vertretenen Auffassung aus (Puchta Pand. § 416; Windscheid Pand. § 415 Anm. 18), daß die uneheliche Beiwohnung eine unerlaubte Handlung darstelle. Diese Auffassung ist dem Bürgerlichen Gesetzbuche jedenfalls fremd, und damit auch jener Satz und in entsprechender Anwendung aus ihm abgeleitete weitere Folgerungen. Die unerlaubte Handlung, die dem Beklagten allein zum Vorwurfe gemacht werden kann und für deren schädliche Folgen er einzustehen hat, wenn sie ihm zur Last fällt, ist die Schädigung der Gesundheit der Klägerin durch ihre Ansteckung mit einer geschlechtlichen Krankheit gelegentlich einer außerehelichen Beiwohnung, nicht diese letztere selbst, zu der die Klägerin ihn verstattet hat.

Die von der Revision gemeinte Haftung des Beklagten für die Gesundheitsbeschädigung der Klägerin, auch wenn die Ansteckung durch ihn nicht festgestellt werden kann, ist nach dem Bürgerlichen Gesetzbuche nur möglich im Rahmen des § 830. Die Verantwortung mehrerer Personen für einen und denselben durch ihre unerlaubte Handlung einem Dritten zugefügten Schaden behandeln die §§ 830 und 840, wobei § 830 die Tatbestände der gemeinschaftlichen Verursachung, in Abs. 1 Satz 1 die gemeinschaftlich begangene unerlaubte Handlung, in Abs. 1 Satz 2 die schuldhafte Beteiligung an gemeinschaftlicher Gefährdung festlegt, während § 840 die Auswirkung des gemeinschaftlichen rechtswidrigen Handelns zu gesamtschuldnerischer Haftung für den einmaligen Schaden ausspricht, über die Tatbestände des § 830 hinausgreifend und außer diesen auch die selbständige Verursachung desselben Schadens durch mehrere nicht miteinander in Verbindung stehende Personen umfassend. Eine gesamtschuldnerische Haftung des Beklagten für einen der Klägerin zugefügten Schaden mit anderen Personen zusammen ist im gegenwärtigen Rechtsstreite nicht in Frage. Es handelt sich allein darum, ob der Beklagte in seiner Person für den Schaden, die der Klägerin durch Ansteckung zugefügte Gesundheitsbeschädigung, überhaupt, sei es allein sei es mit anderen Personen zusammen, verantwortlich ist. Die rechtliche Unterlage für den Schadensersatzanspruch an sich bildet § 823, für die Haftung des Beklagten neben anderen

Personen § 830, und zwar, da eine gemeinschaftliche Betätigung in derselben Handlung durch Mittäterschaft, Anstiftung oder Beihilfe (§ 830 Abs. 1 Satz 1 und Abs. 2) nicht vorliegt, lediglich § 830 Abs. 1 Satz 2, die Beteiligung an einer gemeinsamen Gefährdung, aus der jede der daran beteiligten Personen haftet, wenn sich nicht ermitteln läßt, wer von ihnen den Schaden durch seine Handlung verursacht hat. Die Bestimmung des § 830 Abs. 1 Satz 2 setzt eine äußere, zeitliche und örtliche Einheitlichkeit des Vorganges für die mehreren gleichartigen und an sich selbständigen Handlungen voraus, durch die eine tatsächliche Gemeinschaftlichkeit der Gefährdung hergestellt wird (RGZ. Bd. 58 S. 357; Warneyer 1908 Nr. 633, 1909 Nr. 557). Eine solche ist in der Rechtsprechung in einem Falle angenommen worden, wo zwei Männer zeitlich unmittelbar hintereinander und in Kenntnis von der Beiwohnung des anderen mit einer Frauensperson geschlechtlich verkehrt hatten, die letztere geschwängert wurde und im Verlaufe der Schwangerschaft schwer erkrankte (Warneyer 1912 Nr. 387). Die Einheitlichkeit des Vorganges und die Gemeinschaftlichkeit der Gefährdung ist dagegen, wie das Reichsgericht ebenfalls bereits ausgesprochen hat (Warneyer 1913 Nr. 363), zu verneinen, wenn eine Frauensperson, die mit verschiedenen Männern geschlechtlich verkehrt hat, geschlechtlich erkrankt ist, ohne daß ermittelt worden ist, durch wen die Ansteckung erfolgte, und ohne daß eine Beziehung zwischen den mehreren Männern und ein Wissen dieser voneinander vorlag. Auch im gegebenen Falle ist nur eine Mehrzahl von selbständigen, zeitlich und räumlich getrennten Vorkommnissen, von Handlungen verschiedener Personen und von Akten in Frage, die nur dadurch miteinander in Beziehung stehen, daß es dieselbe Frauensperson ist, mit der der Geschlechtsverkehr stattfand. § 830 Abs. 1 Satz 2 ist deshalb nicht anwendbar.

Die Bestimmung des § 830 Abs. 1 Satz 2 ersetzt aber ferner nur die sonst erforderliche Feststellung, daß gerade auf den Beklagten die ursächlich wirkende Handlung der Übertragung der Krankheit auf die Klägerin zurückzuführen wäre; sie ersetzt nicht den Nachweis, daß der Beklagte selbst zur Zeit seiner Beiwohnung geschlechtlich krank war und damit die Krankheit auf die Klägerin übertragen k o n n t e. Dieser Beweis war, wie das Berufungsgericht ohne Rechtsirrtum annimmt, in doppelter Weise möglich: einmal, indem die Klägerin unmittelbar die Krankheit des Beklagten zum Gegenstand ihrer Beweisführung machte, oder indem sie darlegte, daß sie vor der Beiwohnung mit dem Beklagten gesund gewesen sei und keinen Verkehr mit anderen Männern gepflogen habe, auf die die Ansteckung zurückzuführen sein könnte. Nach beiden Richtungen vermißt das Berufungsgericht einen zum Erfolge geeigneten Beweisantritt. Die Klägerin hat versucht, den ersteren Beweis durch Eideszuschiebung zu führen; diese hat das Berufungsgericht mit Recht nach § 445 ZPO. für unzulässig erachtet, weil nach dem eigenen Vortrage der Klägerin der Beklagte zur Zeit der Beiwohnung mit der Klägerin von der tags zuvor erworbenen Krankheit noch nichts wissen mußte und konnte, die Erkrankung also nicht Gegenstand seiner Wahrnehmung war. Auch die Eideszuschiebung darüber, daß der Beklagte am Tage vorher zwei Frauenspersonen von der Straße mit sich in seine Wohnung genommen und mit ihnen geschlechtlich verkehrt habe, kann nicht weiter führen, als einen gewissen Verdacht zu begründen, daß von diesen die eine oder die andere möglicherweise krank gewesen sein und ihre Krankheit auf den Beklagten übertragen haben könnte. Der zweite, mittelbare Beweis mußte nach der tatsächlichen Auffassung des Berufungsgerichts an den Umständen scheitern, daß einmal der angerufene Zeuge St. — der einzige Mann, mit dem die Klägerin um die kritische Zeit geschlechtlich verkehrt haben will — gar nicht wissen könne, ob die Klägerin nicht auch noch mit anderen Männern Geschlechtsverkehr gepflogen habe, und ferner, daß ein solcher noch anderweitiger Verkehr der Klägerin mit Männern durch ihre zugestandene Erzählung gegenüber der Tänzerin B., sie habe sich einen Soldaten mit in die Wohnung genommen und sich von ihm ihre Krankheit geholt so nahe gelegt sei, daß auch an einen richterlichen Eid für die Klägerin nicht gedacht werden könne. Auch diese Erwägung ist nicht zu beanstanden. Wenn die Revision sie mit der Ausführung prozeßrechtlich angreift, daß eine solche Verwertung der Erklärung der Klägerin zu ihren Ungunsten nicht zulässig sei, so ist übersehen, daß die Tatsache vom Beklagten behauptet und von der Klägerin zugestanden ist, deren Versuch aber, sie harmlos zu deuten, vom Berufungsgerichte nicht für glaubhaft erachtet wird. Um eine eigene Behauptung der Klägerin, die von dem Beklagten bestritten worden wäre (RGZ. Bd. 86 S. 331, Bd. 94 S. 348; Warneyer 1917 Nr. 24), handelt es sich im vorliegenden Falle gar nicht." . . .

---

62. 1. Inwieweit kann eine Gesellschaft m. b. H., die ihr Stammkapital erhöht und Barzahlung der von den bisherigen Gesellschaftern übernommenen Stammeinlagen beschließt, die Zahlungspflicht der Gesellschafter durch Ausschüttung von Reservefonds erleichtern?

2. Nach welchen Grundsätzen haftet der Verkäufer eines Geschäftsanteils, wenn der Käufer von der Gesellschaft wider Erwarten zur Einzahlung der Stammeinlage herangezogen wird?

GmbHG. §§ 54 flg.; BGB. §§ 437, 439.

II. Zivilsenat. Urt. v. 8. Juli 1919 i. S. Norddeutsche Schwachstromindustrie (Bekl.) w. S. (Kl.). II 30/19.

I. Landgericht Hamburg, Kammer für Handelssachen.
II. Oberlandesgericht daselbst.

Durch notarielle Verträge vom 24. und 31. Mai 1916 verkaufte der Kläger der Beklagten 39000 und 2000 *M* Anteile der Hanseatischen Telefon-Gesellschaft m. b. H. in Bremen zum Preise von insgesamt 40000 *M*. Mit der Klage nimmt er sie auf Zahlung des Preises in Anspruch.

Die Beklagte wandte ein, die Anteile rührten aus einer von der Telefon-Gesellschaft am 9. Februar 1913 beschlossenen Erhöhung des Stammkapitals um 130000 *M* her. Die Beschlüsse der Gesellschaftsversammlung über die Art dieser Kapitalerhöhung sowie deren Durchführung seien jedoch ungesetzlich. Von einer baren Einzahlung der 130000 *M* sei tatsächlich keine Rede gewesen, vielmehr das ganze Verfahren nur zum Schein erfolgt, um den Firmenrichter, die Gesellschaftsgläubiger und etwaige Käufer der Anteile zu täuschen. Beim Erwerb der Anteile habe sie von alledem keine Kenntnis gehabt. Auf Verlangen der Gesellschaft habe sie 30000 *M* zur Erfüllung der Einlagepflicht zahlen müssen. Mit diesem Betrag, den ihr der Kläger ersetzen müsse, rechne sie auf.

Beide Vorinstanzen gaben der Klage statt. Auf die Revision der Beklagten wurde die Sache an das Berufungsgericht zurückverwiesen.

Gründe:

„Das Berufungsgericht unterstellt, daß die 30000 *M* Anteile der Hanseatischen Telefon-Gesellschaft m. b. H., die der Kläger der Beklagten abgetreten hat, aus der Kapitalerhöhung vom 9. Februar 1913 herrühren. Es nimmt aber an, daß die Gesellschaft nicht berechtigt gewesen sei, von der Beklagten Einzahlung auf die Anteile zu verlangen; jedenfalls brauche, wenn sie einen solchen Anspruch erhoben und durchgesetzt habe, der Kläger der Beklagten dafür nicht aufzukommen. Dem kann nicht beigetreten werden.

In dem Generalversammlungsbeschlusse vom 9. Februar 1913 hieß es zwar, das neue Stammkapital von 130000 *M* sei bar einzuzahlen. Abgesehen von 10000 *M*, die der Geschäftsführer R. übernahm, wurde aber laut Protokoll in Aussicht genommen, ein aus dem Agio der letzten Kapitalerhöhung herrührendes Reservekonto von 60000 *M* unter die Gesellschafter, die sich beteiligt hatten, behufs Verwendung zur Einzahlung auszuschütten; weitere 60000 *M* sollten dem R. und seinem Mitgeschäftsführer S. unter dem Titel einer Vergütung, aber mit der Weisung zugewendet werden, auch diese Summe zu dem gleichen Zweck unter die Gesellschafter zu verteilen. Bei der Ausführung dieses Planes verfuhr man etwas abweichend: das Reservekonto von 60000 *M* wurde zunächst den beiden Geschäftsführern und sodann anteilsmäßig den Gesellschaftern gutgeschrieben; außerdem wurde diesen ein Telefonanlagenrückstellungs-Konto von 65000 *M* in Höhe von 60000 *M* gutgebracht; endlich wurden die zugeschriebenen Beträge den Gesellschaftern wieder abgeschrieben und als ihre Einzahlung gebucht.

Durch diese Maßnahmen wurden die Gesellschafter von den eingegangenen Verpflichtungen nicht befreit. Unstreitig war als Inhalt des Erhöhungsbeschlusses zum Handelsregister lediglich angemeldet und im Register allein eingetragen worden, daß das neue Kapital bar gezahlt werden sollte. Da die Registereintragung entscheidend ist, vgl. § 54 Abs. 3 GmbHG., konnten die Gesellschafter ihrer Pflicht nur durch Barzahlung genügen. Statt daß aber bar gezahlt worden wäre, ist nichts weiter geschehen, als daß zwei Reservekonten abgeschrieben und die Beträge mit Hilfe von Zwischeneintragungen auf Stammkapitalkonto umgebucht worden sind.

Mit Unrecht wendet der Kläger ein, es müsse für eine Gesellschaft, die ihr Kapital erhöhe, doch zulässig sein, die Beträge von Reservefonds den Gesellschaftern zur Erfüllung ihrer Barzahlungspflicht zur Verfügung zu stellen. In Ansehung des Telefonanlagenrückstellungs-Kontos trifft diese Erwägung schon deshalb nicht den vorliegenden Fall, weil das bezeichnete Konto einen gebundenen Verwendungszweck besaß. Es handelte sich dabei nur um einen Korrektivposten gegen die an sich zu hohe Bewertung gewisser Aktiven; in der Überweisung des Betrags an die Gesellschafter, damit sie daraus die übernommenen Geschäftsanteile deckten, lag eine nach §§ 30, 31 GmbHG. schlechthin verbotene Auszahlung von Gesellschaftsvermögen, das zur Erhaltung des Stammkapitals gebraucht wurde. Dagegen war eine Benutzung der aus dem Agio stammenden Rücklage, eines echten freiwilligen Reservefonds, zur Unterstützung der Gesellschafter bei der Barzahlung allerdings möglich. Erforderlich dazu war aber, daß ihnen die Beträge auch wirklich zur Verfügung gestellt wurden. Nur wenn sie die Verfügung darüber, d. h. die Entschlußfreiheit eingeräumt erhalten hätten, das Geld auch anderswie zu verwenden, könnte in ihrer Zustimmung zur Umschreibung auf Stammkapitalkonto eine Barzahlung erblickt werden. Eine solche Entschlußfreiheit ist ihnen nicht eingeräumt worden. Die Forderungen auf Auszahlung von Teilen der Rücklage, die der Beschluß für sie begründete, wurden sofort mit ihrer Einzahlungsschuld verrechnet. Es wurde mithin in Wahrheit die Deckung der Geschäftsanteile durch Sacheinlagen vereinbart; die Vereinbarung war aber ungültig, weil in den formellen Übernahmeerklärungen der Zeichner und im Handelsregister das Gegenteil, nämlich die Barzahlungspflicht, zum Ausdruck kam (vgl. § 56, § 55 Abs. 1, § 54 Abs. 1, 3 GmbHG.).

Ist hiernach davon auszugehen, daß die zugesagte Barzahlung auf die übernommenen Geschäftsanteile vom Kläger nicht geleistet worden ist, so würde die Beklagte durch den Eintritt als Gesellschafterin gemäß

§ 16 Abs. 3 GmbHG. zur Nachzahlung der rückständigen Einlage verpflichtet sein und müßte bei Unterlassung das Verfahren nach § 21 des Gesetzes gewärtigen. Wenn das Berufungsgericht dies verneint, so fehlt dafür jede gesetzliche Grundlage; es hat diesen Ausspruch auch in keiner Weise begründet. Dann haftet der Kläger der Beklagten aber auch nach § 437 BGB. Es ist unerfindlich, inwiefern der Fall hier anders liegen soll als der in dem Urteile des erkennenden Senats vom 10. April 1908 II 621/07 (Leipz. Z. 1908 Sp. 950) entschiedene, auf den das Berufungsgericht selbst verweist. An der dort entwickelten Rechtsauffassung ist festzuhalten. Die Beklagte hat einen Geschäftsanteil erworben, der durch die Möglichkeit der Ausschließung bei Nichteinzahlung in seinem rechtlichen Bestande gefährdet ist. Mithin würde der Kläger diesen Mangel im Recht nach § 439 BGB. nur dann nicht zu vertreten haben, wenn die Beklagte ihn beim Abschlusse des Kaufes gekannt hätte. Daß dies nicht der Fall war, unterstellt das Berufungsgericht, da es annimmt, die Beklagte habe weder die Beschlüsse der Generalversammlung noch die Art und Weise ihrer Durchführung gekannt. Damit ist der Entscheidung der Boden entzogen. Ob die Unkenntnis auf Verschulden beruht, ist ohne Belang (Jur. Wochenschr. 1906 S. 10); einer ausdrücklichen oder stillschweigenden Zusicherung der Volleinzahlung bedurfte es nicht. Daß die Beklagte, ohne die Nichteinzahlung zu kennen, mit ihr als möglich gerechnet und gegebenenfalls auch einen nicht voll eingezahlten Anteil mit der Verpflichtung zur Nachzahlung aus eigenen Mitteln habe erwerben wollen, ist in dieser Weise vom Berufungsgerichte nicht mit Sicherheit festgestellt worden. Es nimmt zwar an, daß die Beklagte sich durch jene Kenntnis nicht vom Ankaufe „hätte" abhalten lassen; eine Feststellung, daß sie tatsächlich mit jener Möglichkeit gerechnet, an sie gedacht „hat", fehlt aber. Nur dann aber könnte dieses Rechnen mit der Nichteinzahlung der positiven Kenntnis hiervon im Sinne des § 439 gleichgeachtet werden."

---

63. 1. Cif-Abladegeschäft und Gefahrübergang.
2. Zur Auslegung des La Plata Grain-Vertrags.
3. Begriff des Totalverlustes.

II. Zivilsenat. Urt. v. 11. Juli 1919 i. S. Firma C. H. D. (Bekl.) w. W. H. & Co. (Kl.). II 145/19.

I. Landgericht Hamburg, Kammer für Handelssachen.
II. Oberlandesgericht daselbst.

Durch Vertrag vom 5. Mai 1914 (La Plata Grain-Vertrag) verkaufte die Klägerin der Beklagten 500 Tonnen Mais, Juni-Juli Abladung cif Hamburg. Die Ware ist unter dem 25. Juli 1914 in Buenos-Aires in den deutschen Dampfer Hochfeld verladen worden, der seinen Bestimmungsort nicht erreicht hat, vielmehr infolge des Kriegsausbruchs Madeira angelaufen ist, wo die Ware versteigert wurde. Über den Verbleib des Erlöses hat bisher nichts festgestellt werden können. Die Dokumente sind der Beklagten ordnungsmäßig vorgelegt, ihre Einlösung ist von dieser verweigert worden. Sie steht auf dem Standpunkte, daß die Gefahr des Transportes den Verkäufer treffe. Die Klägerin vertritt den entgegengesetzten Standpunkt. Sie hat vom Reichskanzler die Genehmigung erwirkt, ihren Anspruch auf Zahlung des Kaufpreises im Wege der Klage gerichtlich feststellen zu lassen, und beantragt festzustellen, daß sie ihre Verpflichtungen aus dem Vertrag erfüllt habe und die Beklagte ohne Rücksicht auf das Schicksal der Ware vertragsmäßig Zahlung leisten müsse.

Während das Landgericht auf Abweisung erkannte, gab das Oberlandesgericht der Klage statt. Die Revision führte zur Herstellung des ersten Urteils.

Gründe:

... „Es handelt sich um die Auslegung des La Plata Grain-Vertrags, Formular 26, in Beziehung auf die Frage, ob oder inwiefern die Gefahr der Beförderung den Käufer trifft oder den Verkäufer. Der Vorderrichter hat für den Fall des Totalverlustes ersteres angenommen. Er bewegt sich in den Bahnen der feststehenden Rechtsprechung des Hanseatischen Oberlandesgerichts wie des Reichsgerichts, wenn er ausführt, daß bei einem überseeischen Abladegeschäft mit der Cif-Klausel, wie ein solches hier vorliege, zwar unmittelbar darüber nichts bestimmt sei, ob der Ablade- oder der Bestimmungsplatz Erfüllungsort sein soll, daß indessen eine starke Vermutung dafür spreche, daß ersteres der Fall sei, jedenfalls insofern, als mit der Abladung, die damit zugleich erfolgte Spezialisierung des Vertragsgegenstandes vorausgesetzt, die Gefahr der verkauften Sache auf den Käufer übergehe, daß aber nicht ausgeschlossen sei, daß nach dem Willen der Parteien, wie er in den einzelnen Vertragsbestimmungen zum Ausdruck gebracht sei, Abweichendes gelten solle. Indem er hierauf die einzelnen in Betracht kommenden Bestimmungen durchgeht, verkennt der Vorderrichter nicht, daß jedenfalls in einem gewissen Umfange der Verkäufer die Gefahr zu tragen habe. Es wird ausgeführt von der Deficiency-Klausel, daß sie zwar zunächst nur von den Abweichungen zwischen der verkauften und der abgeladenen Menge der Ware handle, daß sie aber auch für Quantitätsverluste, die auf der Reise eintreten, dem Verkäufer die Haftung auferlege; von der Rye-Terms-Klausel, daß sie dasselbe von qualitativer Veränderung der Ware bestimme; von der Average-Klausel endlich, daß sie alle Schäden und Kosten, die während der Reise entstehen und als Havarie zu gelten haben, dem Verkäufer auferlege. Es wird anerkannt, daß danach der Verkäufer allerdings in wesentlichen Punkten die Gefahr der Reise zu tragen habe. Die Schlußfolgerung aber, daß danach allgemein die aus der Cif-Klausel zu entnehmende Vermutung hinfällig werde, lehnt der Vorderrichter mit Rücksicht auf die wegen der Versicherung der Ware getroffenen Bestimmungen ab. Wenn bedungen sei, daß der Verkäufer nach seiner Wahl die Versicherung bei einem approved British or Continental Underwriter nehmen solle, daß er aber für dessen Zahlungsfähigkeit nicht hafte, so habe eine solche Bestimmung nur dann Sinn und Zweck, wenn der Käufer die Gefahr des Totalverlustes zu tragen habe, andernfalls wäre nicht zu verstehen, warum die Verantwortlichkeit überhaupt im Vertrag abgelehnt werde. Vor allem aber nötige die Vereinbarung, daß die Versicherung „free of war risk" genommen werden solle, zu der Annahme, daß die Gefahr des Totalverlustes der Käufer habe tragen sollen. Daß die Versicherung gegen Kriegsgefahr dem Käufer überlassen bleiben solle, spreche dafür, daß nicht der Verkäufer sondern der Käufer die durch den Ausbruch des Krieges heraufbeschworenen Gefahren, und zwar nicht nur das Kriegsrisiko der Seereise im versicherungstechnischen Sinne, sondern schlechthin alle wirtschaftlichen Folgen des Krieges zu tragen habe.

Das wird von der Revision mit Recht als rechtsirrtümlich beanstandet. Der La Plata Grain-Vertrag hat — dem Berichte nach offenbar in der gleichen Form wie der vorliegende — den ersten Senat des Reichsgerichts in der Entscheidung vom 8. Juni 1918 (RGZ. Bd. 93 S. 166) beschäftigt. Dort wird ausgeführt, daß die Pro rata- und die Deficiency-Klausel allerdings nicht in das Gewicht fielen, wohl aber die Rye-Terms-Klausel sehr wesentlich den Grundsatz, daß die Gefahr der Reise den Käufer treffe, durchbreche. Indem der Verkäufer die Gewähr für die Beschaffenheit der Ware am Bestimmungsort übernehme und sich zugleich verpflichte, dem Käufer für Beschädigungen der Ware Vergütung zu leisten, gebe er zu erkennen, daß die Gefahr der Seereise zu einem erheblichen Teile auf ihm lasten solle. Der an sich auffällige Gedanke aber, daß diese Gefahrübernahme beschränkt sein solle auf Beschädigung im Gegensatze zum Totalverlust, werde durch die Havarieklausel erledigt, in welcher der Verkäufer die Gefahr jeder Havarie auf sich nimmt. Dabei sei, wie näher ausgeführt wird, unter Havarie jeder durch Unfall während der Reise entstehende Verlust, ein schließlich des Totalverlustes, zu verstehen.

Dem ist beizutreten. Die Revisionsbeklagte verstellt zu nochmaliger Entscheidung, ob der Average-Klausel ein so weitgehender Sinn beizulegen sei. Die Klausel habe offenbar nur die große Havarie im Auge. Bei den hier in Frage kommenden umfangreichen Getreidesendungen pflege die einzelne Abladung unter Ausstellung von Teilkonnossementen an mehrere Empfänger abzugehen, und der Zweck der Klausel sei, im Dispacheverfahren die Vertretung der ganzen Abladung in die eine Hand des Verkäufers zu legen. Unverkennbar seien die getroffenen Bestimmungen von dem Gedanken getragen, daß der Verkäufer mit Vollendung der Abladung aller weiteren Verbindlichkeiten ledig sei und von dem weiteren Schicksale der Ware nicht betroffen werde.

Dies ist offenbar nicht richtig. Wenn dem selbständigen, an die Spitze der Klausel gestellten Satze „All average to be for sellers account" weitere Bestimmungen folgen, so würde, selbst wenn diese letzteren nur von der großen Havarie handelten, daraus noch nicht zu schließen sein, daß die ganze Klausel nur von diesen Fällen handeln wolle. Es wäre denkbar, daß sich an den allgemein zu verstehenden, den Hauptgedanken aussprechenden ersten Satz Anordnungen anschließen, welche nur einem speziellen Falle gelten sollen. Zu einer den deutlichen Sinn einengenden Auslegung jener Hauptbestimmung läge um so weniger Veranlassung vor, als dann in der Tat insofern eine Unbegreiflichkeit bliebe, als der Verkäufer zwar jede Art und jeden Grad der Verschlechterung der Ware, nicht aber den gänzlichen Verderb oder Verlust zu tragen hätte. Es ist aber auch nicht richtig, daß man die weiteren Bestimmungen der Klausel nur von der großen Havarie zu verstehen hätte. Es lautet dort u. a. „Should average statement be made up on the Continent the Deficiency or surplus account shall be settled as soon as the out-turn is ascertained". Damit wird hier der Fall der Deficiency-Klausel mit herangezogen; es ist nicht nur davon die Rede, daß ein Verlust an der Ware eingetreten ist, sondern auch von dem Falle, daß mehr zur Ablieferung kommt, als verkauft war. Es zeigt sich, daß der Ausdruck average statement ebenso wie Dispache oder ähnliche Bezeichnungen, wie häufig im Leben, so auch hier nicht im streng-technischen Sinne einer Abrechnung über gemeinschaftliche Havarie zu verstehen ist. Auch ohne große Havarie bedarf es im Verhältnis des Verfrachters zum Empfänger oft umständlicher Abrechnung, und die förmliche Aufstellung einer solchen wird im Verkehr ebenfalls als Dispache usw. bezeichnet. — Unverständlich ist die Ausführung geblieben, daß die Klausel von dem Gedanken getragen sei, daß mit der Abladung der Ware in das Schiff der Verkäufer alles Weiteren quitt sein soll. Gleichviel wovon die Klausel spricht, ob von jeder oder nur von großer Havarie, sie legt das, was sie im Auge hat, Satz für Satz nicht dem Käufer, sondern dem Verkäufer zur Last, der die Abladung beschafft hat. Den Käufer soll nur ausnahmsweise der Schaden treffen, nämlich wenn er dem Verkäufer die Nachweise nicht schafft, deren er bedarf.

Von dem sonach zu billigenden Ausgangspunkte gelangt der Vorderrichter zu einem unrichtigen Ergebnis. Er glaubt den wegen der Versicherung der Güter getroffenen Bestimmungen entnehmen zu müssen, daß die Gefahr des Totalverlustes den Käufer habe treffen sollen. Zu vereinbaren, daß der Verkäufer für die Zahlungsfähigkeit des Versicherers nicht hafte, habe — so meint er — nur Sinn und Zweck, wenn der Käufer die Gefahr eines etwaigen Totalverlustes tragen solle. Vor allem aber nötige zu der gleichen Annahme die Vereinbarung, daß die Versicherung genommen werden solle „free of war risk". Daraus ergebe sich, daß das Kriegsrisiko dem Käufer überlassen bleiben solle, was weiter dafür spreche, daß überhaupt die Gefahr des Totalverlustes den Käufer habe treffen sollen.

Diese Schlüsse sind teils unrichtig, teils zu weitgehend. In Wahrheit hat die Versicherungsklausel für die hier zu entscheidende Frage, wen die Gefahr des Transportes trifft, gar keine Bedeutung. Die Gepflogenheiten des Verkehrs bringen es mit sich, daß bei diesen Abladegeschäften, wie überhaupt beim Importgeschäft, mit dem Konnossement die Versicherungspolice in die Welt geht. Der Käufer bedarf beider, um die Papiere — sei es an einen Abnehmer, sei es an seine Bank — weiterbegeben und so verwerten zu können. Das gilt gleichviel ob ihn die Gefahr des Transportes trifft oder den Verkäufer. Es ist für beide Fälle gleichermaßen verständlich, daß im Vertrage vorsorglich bedungen wird, wer von beiden für Anschaffung der Police und wie er dafür zu sorgen hat. Es hat eine Zeit gegeben, wo die Frage lebhaft erörtert wurde und zu zahlreichen Prozessen Veranlassung gegeben hat, ob in einem Falle dieser Art das Kriegsrisiko mitzuversichern sei. Daher ist es verständlich und hat wiederum mit der Frage, wen die Gefahr trifft, nichts zu tun, daß man das ausdrücklich regelt. Wenn schließlich bedungen wird, wie der Verkäufer bei der Auswahl der Persönlichkeit des Versicherers zu verfahren hat, und wenn dabei zum Ausdruck kommt, daß er zwar für sorgfältige Auswahl, nicht aber für die Zahlungsfähigkeit des Gewählten aufzukommen habe, so ist zwar richtig, daß Käufer und Verkäufer ohnehin in schuldrechtlichem Verhältnis stehen und daß, wenn letzteren die Gefahr des Transportes trifft, ersterem die Haftung für die Solvenz des Versicherers in der Regel nichts verschaffen würde, was er nicht ebensogut auf Grund des Kaufvertrags würde erlangen können. Aber gänzlich deckt beides sich doch nicht, beispielsweise nicht in Beziehung auf die Mehrversicherung der Güter um 2 % über den Fakturenwert, und es läßt sich also nicht einmal so viel sagen, daß hier für den Fall, daß den Verkäufer die Gefahr treffen sollte, etwas Überflüssiges bedungen wäre.

Somit ergeben die Bestimmungen des Vertrags, soweit sie für die gegenwärtige Frage von Bedeutung sind, ein logisch geschlossenes und in der Tendenz gleichgerichtetes Ganzes, aus dem sich die Meinung ergibt, daß man die beim Cif-Abladegeschäft geltende Regel hat umkehren und bestimmen wollen, daß nicht der Ablade- sondern der Bestimmungshafen Erfüllungsort auch für die Verbindlichkeit des Verkäufers sein solle. Aber auch wenn man so weit nicht gehen wollte, würde der Standpunkt der Beklagten schon darin seine Rechtfertigung finden, daß nach dem Vertrage jedenfalls die Gefahr eines Totalverlustes den Verkäufer trifft. Das Schiff hat infolge des Kriegsausbruchs Madeira, einen damals noch neutralen Platz, anlaufen müssen, und die Ware ist dort wegen drohenden Verderbs versteigert worden. Was aus ihr und was aus dem Verkaufserlös geworden ist, hat sich infolge der kriegerischen Verhältnisse nicht feststellen lassen. Damit aber ist der Totalverlust im Sinne obiger Vertragsklausel gegeben, und der Anspruch, dessen Feststellung die Klägerin begehrt, erweist sich als unbegründet."

---

64. 1. Welcher Wohnungsgeldzuschuß steht dem mit der Stelle eines Abteilungsvorstandes einer stellvertretenden Intendantur auf Kriegsdauer beliehenen Intendantursekretär zu?
2. Zum Begriffe der „Gebührnisse einer Kriegsstelle" in § 3 Abs. 4 der Kriegsbesoldungsvorschrift.

III. Zivilsenat. Urt. v. 16. September 1919 i. S. Sch. (Kl.) w. Deutsches Reich (Bekl.). III 55/19.

I. Landgericht Magdeburg.
II. Oberlandesgericht Naumburg a. S.

Der Kläger, Intendantursekretär des Friedensstandes, wurde anfangs 1915 mit der Stelle eines Abteilungsvorstandes bei der stellvertretenden Intendantur eines Armeekorps beliehen. Er beansprucht danach den Wohnungsgeldzuschuß eines Intendanturrats, also der Tarifklasse III, während ihm nur der eines Intendantursekretärs — der Tarifklasse V — bewilligt worden ist. Seine Klage wurde in beiden Rechtszügen abgewiesen; auch die Revision hatte keinen Erfolg.

Gründe:

„Der Anspruch des Klägers auf Gewährung des Wohnungsgeldzuschusses der Tarifklasse III ist schon deshalb unbegründet, weil für die Stelle eines Abteilungsvorstandes der Intendanturen als solche ein bestimmter Satz des Wohnungsgeldzuschusses in der dem Besoldungsgesetze vom 15. Juli 1909 beigegebenen Besoldungsordnung überhaupt nicht vorgesehen ist. Diese nach § 29 des Besoldungsgesetzes maßgebende Besoldungsordnung I setzt vielmehr, wie das Gehalt, so auch den Wohnungsgeldzuschuß für die Intendanturräte (Klasse 59 Nr. 1), die Intendanturassessoren (Klasse 32) und die Intendantursekretäre (Klasse 35a Nr. 2) fest, ohne Unterschiede nach der Art ihrer Verwendung zu machen.[1] Daß der Kläger in einer Art verwendet worden ist, wie im allgemeinen nur die höheren Intendanturbeamten verwendet zu werden pflegen, als Abteilungsvorstand, gibt ihm nicht die vermögensrechtlichen Ansprüche eines Intendanturrats. Die Stellung eines solchen ist ihm nicht verliehen worden; er hat vielmehr seine Friedensstellung, die eines Intendantursekretärs, behalten; die Stelle, die ihm für die Dauer des Krieges verliehen war, nämlich eines Abteilungsvorstandes, ist, wie gesagt, weder mit einem bestimmten Gehalte noch mit einem bestimmten Satze des Wohnungsgeldzuschusses ausgestattet. Die Vorschriften des Reichsgesetzes, betr. die Bewilligung von Wohnungsgeldzuschüssen vom 30. Juni 1873, auf welche die Revision wie auch das Berufungsurteil Bezug nehmen, sind durch das Besoldungsgesetz vom 15. Juli 1909, durch welches Gehalt und Wohnungsgeldzuschuß einheitlich gesetzlich geregelt sind, beseitigt, würden übrigens zu keiner anderen Entscheidung führen.

Ganz unerheblich ist für diese Frage, daß der Kläger Rechnungsrat war. Durch die Verleihung dieses Titels ist dem Kläger zwar ein höherer Rang unter den mittleren Beamten zuteil geworden, irgendwelche vermögensrechtliche Wirkungen aber hat diese Titelverleihung nicht.

Der Kläger geht übrigens auch von einer unrichtigen Auffassung des § 3 Abs. 4 der Kriegsbesoldungsvorschrift aus. Die hierin gegebene Bestimmung, daß die mit einer Kriegsstelle beliehenen Personen die Gebührnisse dieser Stelle beziehen sollen, findet ihre notwendige Ergänzung in den Gebührnisnachweisungen; aus diesen erst ergibt sich, welches die Gebührnisse der betreffenden Stelle sind. Die Gebührnisse der hier in Frage stehenden Beamtenstellen aber sind, soweit es sich um immobile Formationen, wie hier, handelt, verschieden geregelt, je nachdem der Stelleninhaber zu den Friedensbeamten der Heeresverwaltung gehört, wie der Kläger, oder nicht. Für diejenigen, welche Friedensbeamte der Heeresverwaltung waren, ist in Nr. 23 der Gebührnisnachweisung 6 die Gebührnis dahin festgesetzt, daß sie ihr Friedenseinkommen mit der Kriegszulage erhalten. Dieses Friedenseinkommen mit der Kriegszulage ist also für diesen Teil der Beamten als die „Gebührnis der verliehenen Stelle" im Sinne des § 3 Abs. 4 der Kriegsbesoldungsvorschrift anzusehen, wie der Erlaß des Kriegsministers vom 20. November 1914 (AVBl. 1914 S. 411) völlig zu-

[1] Die späteren Ergänzungen des Besoldungsgesetzes und die neue Fassung der Besoldungsordnung vom 11. Juli 1916 (RGBl. S. 699) haben hieran nichts geändert. D. E.

treffend ausspricht. Auch aus diesem Grunde steht mithin dem Kläger ein Anspruch auf den Wohnungsgeldzuschuß der III. Tarifklasse nicht zu."

---

65. 1. Nach welchen Grundsätzen ist der Reingewinn im Sinne der Preistreibereiverordnung zu berechnen?

2. Bedeutet die Lieferung der Ware an den Käufer, der sie mit strafbarer Preistreiberei weiter veräußern will, eine strafbare Beihilfe hierzu, und berechtigt dieses Verhalten des Käufers den Verkäufer zum Rücktritt vom Vertrag?

BVO. v. 23. März 1916 gegen übermäß. Preissteigerung § 5 Nr. 1.

II. Zivilsenat. Urt. v. 16. September 1919 i. S. J. Cr. (Bekl.) w. W. K. (Kl.). II 68/19.

I. Landgericht Hamburg, Kammer für Handelssachen.
II. Oberlandesgericht daselbst.

Der in Hamburg wohnende Beklagte hatte mit dem Seifenfabrikanten J. P., ebenfalls in Hamburg, Lieferungsverträge über Schmierseife abgeschlossen. Darauf verkaufte er von der ihm zu liefernden Schmierseife laut Schlußschein vom 1. Juli 1916 10 Waggons zu 10000 kg mit 8—10% Fettgehalt nach erhaltenem Muster zum Preise von 47,50 *M* für 50 kg ab Fabriklager Hamburg an den in Berlin wohnenden Kläger. Der Kaufpreis war zu zahlen netto Kasse gegen Duplikatfrachtbrief, die Lieferung hatte zu erfolgen vom 15. Juli ab wöchentlich 1 Waggon, nach Wahl des Käufers auch 2 bis 3 Waggons, die Auftragsbestätigungen und Rechnungen sollten direkt vom liefernden Fabrikanten J. P. in Hamburg erteilt werden. Der Kläger verkaufte seinerseits wieder die gehandelte Seife, und seine Abkäufer erhielten sie dann ebenfalls unmittelbar mit Rechnung vom Hamburger Fabrikanten J. P. zugesandt, wobei dem vom Kläger mit dem Beklagten abgeschlossenen Preise der vom Kläger auf die Ware gelegte Aufschlag zugeschrieben wurde. Die Überpreise waren dann vom Beklagten nach glatter Abwickelung des Geschäfts an den Kläger auszuzahlen.

Auf den Geschäftsabschluß vom 1. Juli 1916 hat nun der Beklagte dem Kläger am 11. Juli 1916 nur 50 kg Seife und einige kleinere Muster geliefert, die Ausführung weiterer Aufträge aber verweigert. Der Kläger behauptet, er habe die Seife zum Preise von 57,50 *M* weiterverkauft und hiernach einen konkreten Schaden von 20000 *M* gehabt. In dieser Höhe würde auch der abstrakte Schaden zu berechnen sein. Insbesondere habe er an R. P. in Berlin am 17. Juli 1916 7 Waggons = 1400 Ztr. der gehandelten Schmierseife zum Preise von

57,50 *M* verkauft, die zu liefern er nun außerstande sei. Mit der Klage fordert er als Teil des erlittenen Schadens unter Vorbehalt weiterer Ansprüche 5000 *M*.

Der Beklagte hält sich zur Verweigerung der Lieferung an den Kläger für berechtigt. Dieser habe die Schmierseife für Preise von 57,50 *M* bis 67,50 *M* weiterverkauft und sich damit einer übermäßigen Preissteigerung nach § 5 Nr. 1 BRBO. vom 23. März 1916 schuldig gemacht, an der er strafbarerweise teilnehmen würde, wenn er die Lieferungen ausführte.

Die Vorinstanzen gaben der Klage statt. Auf die Revision des Beklagten wurde die Sache an das Berufungsgericht zurückverwiesen.

Gründe:

„Das Berufungsgericht hält den Einwand des Beklagten, er würde sich durch die Lieferung der Ware auf Grund des Vertrags einer Zuwiderhandlung gegen die Vorschriften des § 5 Nr. 1 BBO. vom 23. März 1916 gegen übermäßige Preissteigerung schuldig gemacht haben, nicht für begründet, „da der vom Kläger beim Weiterverkaufe der Ware erzielte Nutzen, wie auch im Strafverfahren gegen den Kläger festgestellt sei, den auch im Frieden beim Handel mit derartiger Ware regelmäßig vom Verkäufer erzielten Gewinn nicht übersteige." Als maßgebendes Geschäft zieht das Berufungsgericht hierbei nur den Weiterverkauf an R. P. zum Preise von 57,50 *M*, also einen Preisaufschlag von 10 *M* auf 50 kg in Betracht, weil der vom Kläger geltend gemachte Schadensanspruch schon durch die Nichtausführung dieses Auftrags durch den Beklagten begründet würde. Es könne deshalb dahingestellt bleiben, ob etwa der Beklagte mit Recht andere Aufträge, bei denen der Kläger höhere Verkaufspreise eingesetzt habe, wegen einer darin liegenden strafbaren Preissteigerung hätte verweigern können. Diese Erwägungen vermögen das Urteil nicht zu tragen. . . . (Dies wird ausgeführt und fortgefahren:)

Die Gründe des Oberlandesgerichts sind somit unklar und widerspruchsvoll. Es wird jedenfalls der Unterschied zwischen Reingewinn von 10% und Bruttoaufschlag von 10% nicht auseinandergehalten. Tatsächlich beträgt der vom Kläger genommene Bruttogewinn bei dem Geschäft mit R. P. 10 *M* für 50 kg = 20%. Legt man das Gutachten K.s zugrunde, wonach im Frieden nur 10% Aufschlag üblich waren, so hätte ausgeführt werden müssen, wie hoch im Frieden der in 10% Bruttoaufschlag enthaltene Reingewinn und wie hoch der im Kriege in den genommenen 20% Bruttoaufschlag enthaltene Reingewinn gewesen ist, und diese Reingewinne waren bei der Prüfung der Übermäßigkeit miteinander zu vergleichen.

Legt man die Feststellung des Schöffengerichts zugrunde, wonach der Kläger 10% Reinverdienst gehabt hat, so unterläßt das Schöffengericht überhaupt, diesen Reinverdienst mit dem Friedensreinverdienst in Vergleich zu setzen, sondern erklärt ihn ohne weitere Begründung für angemessen. Die vom Berufungsgerichte seinerseits beigefügte Erklärung, dieser Gewinn übersteige nicht den im Frieden gezogenen Nutzen, schwebt gänzlich in der Luft und beruht augenscheinlich auf einer Verwechslung mit dem Bruttogewinn von 10%, den der Sachverständige für üblich erklärt.

Mag nun aber die Berechnungsweise des Sachverständigen in diesem Prozeß oder die Berechnungsweise des Schöffengerichts zur Grundlage für die Feststellung der Angemessenheit des Reingewinns genommen werden: beide Berechnungsweisen sind von Rechtsirrtum beeinflußt.

Mit Recht hebt die Revision hervor, daß ein Vergleich der Aufschläge zum Einkaufspreise in Prozentsätzen, wie sie im Kriege im Verkaufspreise enthalten sind, mit denen, die in den Verkaufspreisen des Friedens stecken, ein falsches Bild geben. Nicht die Prozentsätze, sondern die mit ihnen bezeichneten Summen, die realen Beträge in Geld, sind miteinander zu vergleichen. Das ist in Schrifttum und Rechtsprechung anerkannt und namentlich vom Reichsgerichte von allen Strafsenaten in ständiger Rechtsprechung durchgeführt worden (insbesondere RGSt. Bd. 50 S. 206/207, Bd. 51 S. 25, 344 flg.).

Weiter ist der Revision auch darin Recht zu geben, daß bei der Frage nach der Angemessenheit des Reingewinns im vorliegenden Falle nicht ohne weiteres die im Frieden im Zwischenhandel zwischen Großhändlern üblichen Gewinne als Vergleichsmaßstab herangezogen werden dürfen. Denn wenn auch rechtlich der Beklagte dem Kläger gegenüber als Eigenhändler anzusehen ist — der Einwand, er sei nur Vermittler gewesen, den er selbst erhoben hatte, ist rechtskräftig verworfen —, so ergeben doch die ganzen Verhältnisse zweifelsfrei, daß er wirtschaftlich keine andere Funktion ausgeübt hat als ein Vermittler, wie er denn auch sich selbst nur als solchen gefühlt und deshalb sogar seine Passivlegitimation bestritten hat. Die Ware ist niemals in seine Hände gekommen, sondern unmittelbar von der Fabrik in Hamburg, J. P., an die Abkäufer, nicht einmal des Beklagten, sondern erst wieder des Klägers geliefert worden, die ihrerseits auch unmittelbar das Geld auf die von P. ausgestellten Rechnungen an diesen sandten, und erst zwischen P., dem Beklagten und dem Kläger fand dann eine Abrechnung statt. Es ist solchenfalls aber im Kriege nach dem Willen der Preissteigerungsverordnung auch bei demjenigen, der rechtlich als Eigenhändler auftritt, der angemessene Reingewinn in denjenigen Grenzen zu halten, wie er der wirtschaftlichen Bedeutung seiner Tätigkeit zukommt, nämlich in der Höhe zu bemessen, wie er einem Agenten oder Kommissionär zustehen würde. Auch dies entspricht der ständigen Rechtsprechung des Reichsgerichts (vgl. RGSt. Bd. 50 S. 261, Bd. 51 S. 106, 389, 425).

Dieser Gesichtspunkt ist weder vom Sachverständigen noch vom Schöffengerichte noch vom Oberlandesgerichte beachtet worden.

Nach alledem steht nicht fest, wie das Berufungsgericht meint, daß der Abkäufer des Klägers Pi. nicht einen Preis hätte zahlen müssen, der dem Kläger einen übermäßigen Gewinn brachte. Würde der Beklagte durch Übermittlung des Auftrags an J. P. und Veranlassung der Lieferung der Seife an Pi. zu einem Preise, den der Kläger im Überschuß erhalten hätte und in dem ein übermäßiger Gewinn steckt, diesem die Ware verschafft haben, so würde er sich der Beihilfe schuldig gemacht haben. Er durfte solchenfalls also mit Recht die Lieferung verweigern, nicht nur die Ausstellung oder Übermittlung einer Rechnung über den übermäßigen Preis.

Das Berufungsgericht stellt aber weiter auch zu einseitig lediglich auf das Geschäft mit Pi. ab. Es ist vom Beklagten behauptet und vom Berufungsgerichte dahingestellt gelassen worden, daß der Kläger von Anfang an Lieferungen verlangt hatte, die er zu Preisen von 63, 64 und sogar 67,50 *M* weiterverkauft hatte. Daß diese Preise übermäßig waren, unterstellt das Berufungsgericht selbst. Dann ersah aber der Beklagte, daß der Kläger mit den Lieferungen Preiswucher trieb, und hatte demzufolge das Recht, überhaupt vom ganzen Vertrage zurückzutreten.

Endlich wird bei der erneuten Verhandlung zu prüfen sein, ob der Verkauf des Klägers an Pi. sich nicht auch als Kettenhandel nach § 5 Nr. 3 der BBO. vom 23. März 1916 darstellt (RGSt. Bd. 50 S 262, 270, Bd. 51 S. 54, 300) und auch aus diesem Grunde die Lieferungen des Beklagten eine strafbare Beihilfe zu diesem Kettenhandel gewesen wären."

---

66. Wird gegenüber dem Pensionsanspruch eines Beamten die Einrede der Arglist dadurch begründet, daß dem Beamten Unterstützungen in entsprechender Höhe gewährt worden sind?

III. Zivilsenat. Urt. v. 16. September 1919 i. S. Sch. Erben (Kl.) w. Deutsches Reich (Bekl.). III 54/19.

I. Landgericht I Berlin.
II. Kammergericht daselbst.

Der am 22. Februar 1916 verstorbene Erblasser der Kläger, der Postsekretär a. D. Sch., hatte infolge Dienstunfalls Pension in Höhe von $66^2/_3$% und Hilflosenrente in Höhe von $33^1/_3$% seines Diensteinkommens zu beanspruchen. Während seiner auf Kosten des Beklagten erfolgten Anstaltsbehandlung war von der Pension der Betrag von 70 ₰ täglich, zusammen 255,50 M, als Haushaltsersparnis abgezogen, seiner Ehefrau aber auf deren wiederholte, mit ihrer und ihrer Familie Notlage, zum Teil unter Hinweis auf den Abzug begründete Unterstützungsgesuche in einer Reihe von Beträgen während der Zeit vom 29. November 1912 bis 31. Dezember 1914 Unterstützung im Gesamtbetrage von 375 M vom Beklagten gewährt worden. Durch Urteil vom 22. Juni 1915 hatte das Reichsgericht den Abzug der 70 ₰ täglich für einen Verstoß gegen § 850 Nr. 8 ZPO., § 394 BGB., also für unzulässig erklärt und den Beklagten zur Zahlung von 255,50 M verurteilt. Die Zahlung ist erfolgt bis auf den Betrag von 155 M, den der Beklagte deshalb einbehält, weil in dieser Höhe die Unterstützungen eben mit Rücksicht auf den Abzug der 70 ₰ gewährt worden seien.

Diese 155 M fordert die Klage. Das Landgericht hat zugesprochen; der Berufungsrichter hat abgewiesen, weil, nachdem eine Unterstützung zur Beseitigung eines bestimmten Notstands rechtsähnlich einer Schenkung unter einer Auflage gewährt worden sei, es arglistig sei, den Betrag zum zweiten Male zu fordern.

Auf die Revision der Kläger wurde das erste Urteil wiederhergestellt.

Gründe:

„Der Rechtsauffassung des Berufungsrichters kann nicht beigetreten werden.

Die der Ehefrau des Erblassers bewilligten Unterstützungen waren vorbehaltlose Schenkungen zur Linderung der Notlage der Familie und sind zu diesem Zwecke verbraucht. Eine ungerechtfertigte Bereicherung im Sinne des § 812 BGB. liegt also überall nicht vor; insbesondere ist ein solcher Tatbestand nicht insoweit und nicht deshalb gegeben, weil und soweit bei den Unterstützungen die Rechtmäßigkeit des Abzugs der 70 ₰ vorausgesetzt und berücksichtigt wurde. Ebensowenig konnten die Unterstützungen eine Tilgung des Rechtsanspruchs des Erblassers auf den strittigen Betrag bewirken. Der Beklagte gewährte sie, weil er einen Rechtsanspruch auf die 70 ₰ gerade für nicht vorhanden und den Abzug für gerechtfertigt und zulässig erachtete. Der sachliche Zweck endlich, dem die Unterstützungen dienen sollten und gedient haben, deckt sich zwar mit der regelmäßigen tatsächlichen Verwendung der kraft Rechtsanspruchs zustehenden Pensionsbeträge, insofern auch diese in der Regel zur Bestreitung der notwendigen Lebensbedürfnisse, zur Erhaltung der Existenz dienen. Der rechtliche Grund der Pension wie der Hilflosenrente ist jedoch von dieser Verwendung völlig unabhängig; sie stehen zu, auch wenn der Pensionär durch eigenes Vermögen oder durch unentgeltliche Hilfe Dritter seine Existenz zu erhalten vermag. Der Anspruch auf sie ist durch den Dienst verdient und wird nicht bedingt durch Vermögenslosigkeit und Notlage und nicht beseitigt durch anderweiten Wohlstand. Die Klage fordert demnach nicht dasselbe, was bereits in Form der Unterstützungen gewährt war, sondern etwas durchaus anderes. Die Geltendmachung des Rechtsanspruchs auf den strittigen Betrag darf folgeweise nicht als arglistig erachtet werden, als ob die Kläger forderten, was sie oder ihr Erblasser schon besaßen oder besitzen. Dies um so weniger, als der Beklagte durch sein eigenes Verhalten insoweit die Notlage der Familie des Erblassers veranlaßt hat. Auf den von ihm gemachten Abzug der 70 ℳ ist es zurückzuführen, daß die Familie des Erblassers insoweit in eine Notlage geriet und durch freiwillige, staatliche, bestimmungsgemäß verwendete Unterstützungen erhalten werden mußte." . . .

---

67. 1. Liegt in der Ankündigung einer ungekürzten Sammelausgabe der Romane eines Schriftstellers ein besonders günstiges Angebot?
2. Ist dieses Angebot unwahr, wenn die Romane im Texte um ein Viertel gekürzt sind?
3. Voraussetzungen für die Unterlassungsklage nach § 13 UWG.

UWG. §§ 1, 13.

II. Zivilsenat. Urt. v. 16. September 1919 i. S. Ph. Verlag (Bekl.) w. Schr. Verlagsbuchh. (Kl.). II 76/19.

I. Landgericht II Berlin, Kammer für Handelssachen.
II. Kammergericht daselbst.

Die Beklagte hat Anfang Januar 1918 in Prospekten und Zeitungsanzeigen die Herausgabe von „E. Marlitts Romanen und Novellen, Volksausgabe in 10 Bänden" mit Angabe der Verkaufspreise angekündigt, ohne dabei anzuzeigen, daß sämtliche Romane und Novellen in ihrem Inhalte gekürzt waren. Die Klägerin, die ebenfalls eine Ausgabe der Werke dieser Schriftstellerin veranstaltet, erblickt in den Anzeigen eine unlautere Reklame und beantragt, die Beklagte zu ihrer Unterlassung und zu Schadensersatz zu verurteilen.

Die Vorinstanzen gaben der Klage statt. Die Revision wurde zurückgewiesen.

Gründe:

„1. Das Berufungsgericht stellt fest, daß die Ankündigungen der Beklagten von den Lesern dahin verstanden werden mußten, die

Romane und Novellen seien so, wie sie von der Schriftstellerin E. Marlitt veröffentlicht waren, also ungekürzt, in der angekündigten Ausgabe enthalten, und daß an dieser Auffassung auch die Bezeichnung als „Volksausgabe" nichts ändere; daß diese Ankündigung ferner eine unwahre Angabe über die Beschaffenheit der buchhändlerischen Leistung enthalte, da sämtliche Romane und Novellen in Wahrheit um mindestens ein Viertel ihres Textes gekürzt seien; daß endlich diese unwahren Angaben auch geeignet seien, den Anschein eines besonders günstigen Angebots hervorzurufen. Denn durch die Verkürzung sei die Beklagte in den Stand gesetzt worden, die Ausgabe wesentlich billiger herzustellen, als es bei einer vollständigen Wiedergabe möglich gewesen sei, und es werde nun der Eindruck erweckt, daß diese billigen Preise für eine unverkürzte Ausgabe verlangt würden, die von anderer Seite, insbesondere der Klägerin, zu höheren Preisen ausgeboten werde. Diese Feststellungen erfüllen den Tatbestand des § 3 UWG. und lassen keinen Rechtsirrtum erkennen. Insbesondere hält es das Berufungsgericht mit Recht für belanglos, ob etwa durch Verkürzungen die Erzählungen als literarisches Kunstwerk gewonnen und eher eine Verbesserung als eine Verschlechterung erfahren haben, und ob in der Tat daher ein wertvolleres Werk dem Publikum angeboten worden ist, als es die ungekürzten Romane und Novellen etwa darstellen. Denn nicht darauf kommt es an, ob die angebotene Leistung an und für sich günstig ist und nicht hinter dem geforderten Preise zurücksteht, sondern allein das ist entscheidend, ob das Angebot seinem Inhalte nach günstig ist und der Wahrheit entspricht. Die Kauflust auch für eine günstige gewerbliche Leistung soll nicht durch unwahre Vortäuschung anderer, ihr nicht zukommender Eigenschaften, nicht durch den Anschein andersartiger Vorzüge angeregt werden, sondern allein durch die Angabe der ihr wirklich zukommenden Vorzüge. Die Vorzüge, die der Leistung zukommen, müssen sich mit den Angaben über die Vorzüge auch wirklich decken. Daß aus anderen Gründen das Angebot tatsächlich ebenso günstig sein kann, tut nichts zur Sache, wenn diese nicht im Angebot hervorgehoben worden sind. Die geltend gemachten Vorzüge müssen wahr sein. Dies aber ist hier festgestelltermaßen nicht der Fall gewesen. Dagegen nimmt das Berufungsgericht ohne Rechtsirrtum an, daß bei einem Teile des Publikums jedenfalls auch die Vollständigkeit der Werke in der Fassung, wie sie ihnen die Schriftstellerin selbst gegeben hat, einen Vorzug bildet und eine günstige Beschaffenheit der Ausgabe darstellt. Dann enthält aber auch das Angebot der Werke mit diesen ihnen in Wahrheit nicht zukommenden Vorzügen zu einem Preise, der nur infolge des tatsächlichen Mangels dieser vorgetäuschten Vorzüge möglich ist, eine unwahre Angabe, die geeignet ist, den Anschein eines besonders günstigen Angebotes hervorzurufen. Dies ist in der ständigen

Rechtsprechung des Reichsgerichts anerkannt, RGSt. Bd. 35 S. 235, Bd. 39 S. 269 u. a. Daß auch im Verschweigen von Tatsachen, die nach der Auffassung des Publikums für das Richtige wesentlich sind, eine Unwahrheit von Angaben gefunden werden kann, ist nicht zu beanstanden. Mit Unrecht legt die Revision sodann Gewicht darauf, daß das Publikum beim Kauf der Bücher durch das richtiggestellte Titelblatt erfahren habe, daß es sich um eine gekürzte Ausgabe handelte und daß gleichwohl von keiner Seite die Abnahme unterblieben sei. Denn es genügt schon die irreführende Ankündigung, um den Tatbestand des § 3 UWG. zu erfüllen. Daß diese in ihrem weiteren Verlauf auch eine Täuschung herbeigeführt und die Abnahme der Ware infolge der Täuschung zur Folge gehabt hat, wird für diesen Tatbestand, der dem Anlocken von Kunden durch unlautere Mittel vorbeugen will, nicht gefordert, vgl. RGZ. II 262/08 in Markensch. u. Wettbew. 1909 S. 154.

2. Der weitere Angriff der Revision gegen die Annahme des Berufungsgerichts, daß eine Gefahr der Wiederholung der unwahren Ankündigungen bei Erlaß des Urteils noch bestanden habe, ist gleichfalls nicht gerechtfertigt. Auch für die auf Grund des Wettbewerbsgesetzes erhobene Unterlassungsklage besteht allerdings das Erfordernis der Befürchtung weiterer Störungen. Diese Klage hat hier und bei den übrigen gewerblichen Schutzgesetzen dieselbe rechtliche Natur wie die in § 1004 BGB. geregelte Abwehrklage. Wenn sie Unterlassung einer den Gewerbebetrieb störenden Handlung bezweckt, so liegt darin schon begrifflich ausgedrückt, daß eben solche Störungen in Aussicht stehen müssen. Deshalb ist es auch belanglos, daß das Erfordernis der Wiederholungsgefahr nicht noch ausdrücklich in § 1 und § 13 UWG. aufgenommen worden ist. Daß eine Wiederholungsgefahr für den Unterlassungsanspruch die Voraussetzung bildet, ist auch vom Reichsgericht wiederholt anerkannt worden, vgl. RG. II 226/12 in Gew. Rechtssch. 1912 S. 373, RG. II 242/10 das. 1911 S. 79. Daraus folgt aber von selbst, daß die Beweislast für diese Voraussetzung des geltend gemachten Rechtsschutzanspruchs den Kläger trifft. Soweit zuweilen, wie in RGZ. Bd. 60 S. 154 und RG. II 238/02 vom 18. November 1902, eine hiervon abweichende Meinung des erkennenden Senats in einzelnen Urteilen ausgesprochen ist, wird jedenfalls an ihr nicht festgehalten. Eine andere Frage ist dagegen, wann angenommen werden kann, daß dieser dem Kläger obliegende Beweis geführt sei, und ob es nach den Umständen des Falles noch einer besonderen Behauptung und Darlegung einer solchen Wiederholungsgefahr bedarf. Wenn dies in einzelnen Entscheidungen vom Reichsgericht verneint worden ist, so hat damit nicht immer eine Verschiebung der Beweislast zugunsten des Klägers behauptet werden sollen

Vielmehr wird in ihnen nur darauf hingewiesen, unter welchen Umständen der Beweis schon als geführt anzusehen ist und wann dem Beklagten die Führung des Gegenbeweises dafür obliegt, daß keine Wiederholungsgefahr besteht. Denn es kann nach den Umständen des Falles die Sache so liegen, daß aus der Beschaffenheit des Eingriffs schon ohne besonderen weiteren Beweis eine genügende Wahrscheinlichkeit der Wiederholung vorhanden ist, welchenfalls der Beklagte dann darzutun hat, daß gleichwohl neue Eingriffe ausgeschlossen sind, RGZ. Bd. 78 S. 213. So liegt es insbesondere bei unlauteren Wettbewerbshandlungen. Immer ist es jedoch Sache der Beweiswürdigung, ob der Beweis der Wiederholungsgefahr für geführt anzusehen ist oder nicht. Das Berufungsgericht berücksichtigt nun bei seiner Feststellung, daß eine Gefahr der Wiederholung dieser unrichtigen Angaben noch fortbestehe, alles das, was die Revision dafür anführt, daß eine solche Gefahr nicht mehr vorhanden sei. Die Frage, ob eine Wiederholungsgefahr besteht oder nicht, ist im wesentlichen tatsächlicher Natur, RG. VI 556/12 in Markensch. u. Wettbew. 1914 S. 24. Die Angriffe der Revision richten sich lediglich gegen die Beweiswürdigung, die vom Reichsgerichte nicht nachgeprüft werden kann. Wenn das Berufungsgericht trotz der von der Beklagten vorgenommenen Aufklärungen über die von ihr veranstaltete Ausgabe gleichwohl die Überzeugung hat, daß hierdurch nicht ausgeschlossen werde, daß sie künftig die unwahren Angaben doch wiederhole, und dies namentlich daraus entnimmt, daß die Beklagte noch im gegenwärtigen Prozesse dabei verharrt, sie sei befugt gewesen, die Ausgabe ohne Angabe der stattgefundenen Verkürzungen anzuzeigen, so kann darin jedenfalls kein Rechtsirrtum erblickt werden. Denn das Berufungsgericht will damit augenscheinlich aussprechen, daß es nicht nur eine abstrakte Möglichkeit der Wiederholung annimmt, die allein allerdings nicht ausreichen würde, sondern eine gewisse Wahrscheinlichkeit, also eine noch vorliegende Gefährdung des Gewerbebetriebs der Klägerin, die es in dem Willenszustand der Beklagten sieht. Das Berufungsgericht erachtet die Willensrichtung der Beklagten auch jetzt noch für beeinflußt durch ihre Auffassung, daß sie zu den Angaben berechtigt sei, und schließt aus diesem Zustand und dem Umstande, daß er bereits einmal zur Verwirklichung der Willensmeinung geführt habe, daß diese Verwirklichung sich wiederholen könne. In diesem Zustande des Willens liegt aber, wie ohne Rechtsirrtum angenommen werden durfte, eine gegenwärtige Gefährdung, die über die bloße abstrakte Möglichkeit einer Wiederholung hinausgeht.

3. Den geltend gemachten Schadensanspruch, der vom Landgerichte nur seinem Grunde nach festgestellt worden ist, erachtet das Berufungsgericht um deswillen für gerechtfertigt, weil, selbst wenn alle Besteller

schon bevor sie die Bücher erhielten erfahren haben sollten, daß es sich um eine verkürzte Ausgabe handelte, dies einen Schaden nicht ausschließen würde, da mindestens ein Teil von ihnen durch die ersten Ankündigungen zu der Bestellung veranlaßt worden sei. Das Berufungsgericht nimmt also an, daß diese Bestellung durch die unwahre Ankündigung verursacht worden sei und daß die Besteller trotz der später erlangten Kenntnis von dem Mangel des Vorzugs, dessen Anpreisung den Leser zur Bestellung erwog, aus anderen Gründen bei der Bestellung stehen blieben und die Bücher abnahmen, ohne hierzu verpflichtet zu sein. Auch dies kann nicht für rechtsirrig erachtet werden. Wird freilich der Leser der Ankündigungen durch die unwahren Angaben zunächst nur angelockt, ein Kaufangebot zu stellen, und erfährt er noch vor Abschluß des Kaufvertrags die wahre Eigenschaft der angebotenen Ware, so wird der ursächliche Zusammenhang zwischen Angebot und Kaufabschluß nicht hergestellt, letzterer vielmehr nur durch die wahre Eigenschaft der Ware motiviert. Ist aber in Verfolg des durch die unwahren Angaben erregten Irrtums eine feste Bestellung bereits erfolgt und ein Kaufvertrag zum Abschluß gelangt, so vermöchte zwar die nachträglich erlangte Kenntnis von den wahren Eigenschaften der Ware, auch wenn sie schon bei deren Abnahme gewonnen wird, die Ursache zu einem Rückgängigmachen des Kaufes, aber nicht mehr zu einem Abschluß des Kaufes zu werden. Das bloße Nichtwirkenlassen eines Motivs zur Vornahme einer Handlung, die dem durch eine andere Ursache angeregten Kausalverlauf entgegenwirken könnte, unterbricht aber nicht diesen angeregten Kausalverlauf und wird damit nicht selbst zur alleinigen Ursache für den durch jenen hervorgerufenen Erfolg. Gleichviel aus welchen Gründen daher die Besteller der von der Beklagten angekündigten Werke nachmals bei der abgeschlossenen Bestellung verharrten: war die Bestellung noch unter dem Eindrucke der unwahren Angaben erfolgt, so ist auch das weitere Verharren bei der Bestellung und der hierdurch der Klägerin etwa zugefügte Schaden als ursächliche Folge der unwahren Angabe anzusehen. Denn ohne diese wäre eine Bestellung nicht erfolgt und ein Verbleiben bei ihr nicht möglich. Die unwahre Angabe bildet somit jedenfalls eine mitwirkende Bedingung für die endgültige Abnahme der angekündigten Bücher, in der eine Beeinträchtigung des klägerischen Gewerbebetriebes liegt."

---

68. 1. Handelskauf; Klausel „Attest eines gerichtlich vereidigten Sachverständigen über den Gutbefund der Ware ist beizubringen". Welche Tragweite hat es, wenn das Attest nicht dem Vertrag entsprach?

2. Unzulängliche Begründung des Kausalzusammenhangs.

II. Zivilsenat. Urt. v. 19. September 1919 i. S. B. (Bekl.) w. O. & J. (Kl.). II 81/19.

I. Landgericht Hamburg, Kammer für Handelssachen.
II. Oberlandesgericht daselbst.

Am 12. Februar 1917 kaufte die Klägerin vom Beklagten eine Partie gesalzene Krabben. Der Schlußschein lautet:

„Durch Vermittlung verkaufte ich Ihnen 500 Vierteltonnen Krabben zu 36,25 ℳ pro Tonne gesalzene und ungeschälte Ware, gute, gesunde, einwandfreie handelsübliche Qualität ab Lager Königsberg, verkehrs- und beschlagnahmefrei, Zahlung netto Kasse durch telegraphische Akkreditivstellung bei der Norddeutschen Kreditanstalt in Königsberg zu meinen Gunsten, auszahlbar gegen Lagerschein des Bahnspediteurs Adolf M. in Königsberg.

Anmerkung: Attest eines gerichtlich vereidigten Sachverständigen über den Gutbefund der Ware ist beizubringen."

Die Königsberger Bank hat mit dem ihr von der Klägerin zur Verfügung gestellten Gelde den Lagerschein nebst Attest eingelöst und dem Spediteur M. ausgehändigt, der dem Auftrage der Klägerin entsprechend die Ware an diese nach Lübeck versandt hat, wo sie untersucht und als vertragswidrig beanstandet wurde.

Die Klägerin beansprucht vom Beklagten Rückzahlung des Kaufpreises, auf den sie nur den Erlös der wegen drohenden Verderbs öffentlich versteigerten Ware in Anrechnung bringt.

Das Landgericht wies die Klage ab. Das Oberlandesgericht beließ es hierbei wegen eines kleinen Teilbetrags, im übrigen erklärte es den Klaganspruch dem Grunde nach für berechtigt. Auf die Revision des Beklagten wurde das Berufungsurteil aufgehoben.

Gründe:

... „Ebensowenig ist dagegen einzuwenden, daß die Ablieferung der Ware in Königsberg stattgefunden hat, daß dort auch die Untersuchung nach § 377 HGB. hätte vorgenommen werden müssen und daß die von Lübeck aus erfolgte Rüge der Ware verspätet gewesen ist. Den Vorinstanzen ist namentlich auch darin beizutreten, daß durch die Vereinbarung „Attest eines gerichtlich beeideten Sachverständigen über den Gutbefund der Ware ist beizubringen" nichts an der Verpflichtung des Käufers zur alsbaldigen Untersuchung und Mängelrüge geändert worden ist. Unverkennbar steht die Klausel mit den Zahlungsbedingungen in Zusammenhang „netto Kasse durch Akkreditivstellung bei der Norddeutschen Kreditanstalt in Königsberg, auszahlbar gegen Lagerschein des Bahnspediteurs Adolf M. in Königsberg". Der Käufer hatte danach zu zahlen, ohne die Ware persönlich auch nur gesehen zu haben. Dafür sollte ihm das Attest eine gewisse Gewähr für die vertragliche

Beschaffenheit der Ware bieten. Aber maßgeblich blieb doch immer die tatsächliche Beschaffenheit, und wie dem Käufer auch gegenüber einem einwandfreien Attest unbenommen blieb, Mängel der Ware geltend zu machen, so mußte das dann auch innerhalb der vorgeschriebenen Frist geschehen.

Gleichwohl gelangt der Vorderrichter zu einer dem Käufer günstigen Entscheidung, weil das beigebrachte Attest, auf welches die Bank den Lagerschein eingelöst hat, den vereinbarten Anforderungen nicht entsprochen und der Beklagte hierfür aufzukommen habe. Auch hier ist der Ausgangspunkt des Vorderrichters, daß der Beklagte aus dem Vertrage zur Beibringung des Attestes verpflichtet gewesen sei, nicht zu beanstanden. Die Ausführung der Revision, daß es sich hier nicht um eine eigentliche Verbindlichkeit, sondern nur um eine Voraussetzung für die Erhebung des Kaufpreises bei der Bank handle, erscheint verfehlt. Es war das, wenn auch nur eine Nebenverpflichtung, so doch immer eine Verpflichtung des Verkäufers. Hätte der Verkäufer die Ware ohne das Attest angedient, so würde der Käufer durch Ablehnung nicht in An- und Abnahmeverzug, vielmehr der Verkäufer in Leistungsverzug geraten sein, wofern er nicht alsbald das Attest beigebracht hätte.

Rechtlich nicht zu billigen ist die Annahme des Vorderrichters, daß das Attest dem Vertrage deshalb nicht entsprochen habe, weil der Aussteller nicht von einem Gerichte, sondern vom Vorsteheramte der Kaufmannschaft in Eid genommen war. Das verstößt gegen § 157 BGB. Allerdings spricht der Vertrag von einem gerichtlich beeideten Sachverständigen. Aber es liegt nichts dafür vor, daß die Parteien darauf hätten Gewicht legen wollen, vor welcher Behörde die Vereidigung stattgefunden hat. Worauf es ankam, war die Beeidigung, die darin liegende Anerkennung der Sachkunde und Zuverlässigkeit des Sachverständigen und die Gewähr für die Gewissenhaftigkeit seines Gutachtens. Es ist unerfindlich, welchen Unterschied es in dieser Beziehung machen sollte, daß die Beeidigung nicht vor dem Gerichte, sondern vor einer anderen zuständigen Behörde erfolgt ist, wie denn auch die Klägerin nichts dafür vorgebracht hat, daß ihr an einer gerichtlichen Beeidigung gelegen habe.

Dagegen muß dem Vorderrichter darin zugestimmt werden, daß der Beklagte es in der Auswahl des Sachverständigen versehen hat. Krabben sind nicht Kolonialwaren und die zu beurteilende Ware fiel nicht in den Geschäftszweig, für welchen der Sachverständige in Eid genommen ist. Der Beklagte hat behauptet, daß es in Königsberg für Krabben beeidete Sachverständige nicht gebe. Die Revision rügt, daß das übergangen sei. Indes mit Unrecht. Der Vorderrichter besteht nicht darauf, daß der Sachverständige besonders für Krabben hätte bestellt sein müssen. Unverkennbar steht er vielmehr auf dem richtigen Standpunkte, daß es, wo eine so eingehende Spezialisierung nicht vorgesehen ist, auf die nächste Gattung ankommt, der die in Frage kommende Warenart zuzurechnen ist. Er macht dem Beklagten zum Vorwurf, daß er sich an einen Sachverständigen für Kolonialware und nicht an einen solchen für Krabben oder Fische gewendet hat. Der Beklagte kann sein Verhalten auch damit nicht rechtfertigen, daß der angegangene Sachverständige seinen Handelsbetrieb auf Krabben erstreckt und die nötige Warenkunde sich dadurch erworben hat. Das wäre ein individuelles Moment, das sich der Beurteilung des Gegners entzog, und überhaupt würde dadurch sein Gutachten nicht das eines für diese Warengattung beeideten Sachverständigen. Da es am Platze einen für Fische, Fischkonserven und Räucherwaren in Fischen beeideten Sachverständigen gab, hätte dieser angegangen werden müssen. Jedenfalls durfte der Beklagte ihn nicht ohne zureichende Gründe übergehen.

Steht somit die Vertragsverletzung des Beklagten fest, so sind nun aber die Folgerungen, welche der Vorderrichter hieraus zieht, allerdings rechtlich zu beanstanden. Wenn — so sagt der Vorderrichter — ein berufener Sachverständiger ein Gutachten abgegeben hätte, so würde die Ware nicht abgenommen worden sein, und wenn die Klägerin gewußt hätte, daß das Attest von einem nicht zuständigen Sachverständigen ausgestellt war, so würde die Klägerin die Ware nicht ohne eigene Untersuchung abgenommen haben. Wolle man also die Klägerin in den Zustand versetzen, der ohne die Vertragsverletzung bestehen würde, so müsse ihr das verlorene Rügerecht wieder zugesprochen werden. Alsbald nach Ankunft der Ware in Lübeck sei die Rüge erfolgt.

Das erscheint gegenüber dem gegebenen Sachverhalte nicht schlüssig. Es lautet viel zu abstrakt und läßt nicht erkennen, wie der Richter sich den für den Fall der Vertragserfüllung zu unterstellenden Verlauf der Ereignisse vorgestellt hat. Es sind zwei Möglichkeiten, die hier unterstellt werden, von denen die eine von vornherein als hinfällig erscheint. Daß die Klägerin die Ware sofort nach der Ablieferung und vor ihrer Versendung in Königsberg untersucht haben würde, wenn sie den Mangel des Attestes gekannt hätte, ließe sich nur unter der Voraussetzung behaupten, daß die Klägerin durch das Vertrauen auf das Attest veranlaßt worden sei, von der alsbaldigen Untersuchung der Ware Abstand zu nehmen. Das behauptet aber die Klägerin selbst nicht. Wie schon hervorgehoben, berührt die Attestklausel die Rügepflicht des Käufers in keiner Weise. Dessen ist sich auch die Klägerin völlig bewußt gewesen. Sie hat aber auch von vornherein die Absicht gehabt, die Untersuchung persönlich und erst in Lübeck vorzunehmen, weil sie sich in dem Irrtum befand, es sei das rechtzeitig. Wie die Dinge liegen, läßt sich daher vielmehr deutlich sehen, daß es zu einer rechtzeitigen Untersuchung in Königsberg unter keinen Umständen, selbst dann nicht gekommen wäre, wenn gar kein Attest vorgelegt worden wäre.

Es bleibt die zweite Möglichkeit, daß, wenn das Gutachten eines berufenen Sachverständigen vorgelegen hätte, die Ware nicht abgenommen worden wäre. Das ist nicht ohne weiteres abzulehnen. Aber es ist doch nur das Schlußergebnis, und es bleibt ganz unausgesprochen, auf Grund welcher tatsächlichen Erwägungen und Annahmen der Richter zu ihm gelangt ist. Die Lücke, die hier in der Begründung klafft, ist um so empfindlicher, als die Sachlage zu erheblichen Bedenken Veranlassung bietet. Die Abnahme der Ware lag in der Hand der Bank, die, soweit bekannt, keinen anderen Auftrag hatte, als gegen die vertragsmäßigen Papiere das Geld zu zahlen. Im übrigen stand sie der Sache fremd gegenüber. Ihr mußte genügen, wenn ihr Papiere angeboten wurden, welche dem äußeren Befunde nach dem Vertrag entsprachen. Man kann annehmen, daß sie nicht hätte zahlen dürfen, wenn ihr ein Attest überhaupt nicht angeboten worden wäre. Dafür aber, daß sie auch verpflichtet gewesen wäre — und sich auf eine solche Verpflichtung überhaupt nur eingelassen hätte —, das Attest seinem Inhalte nach in Beziehung auf die Frage zu prüfen, ob danach die Ware dem Vertrag entsprach, liegt gar nichts vor. Ferner aber ist der Schluß, daß die Bank die Einlösung der Papiere abgelehnt haben würde, nicht möglich, ohne daß man sich eine einigermaßen bestimmte Vorstellung davon macht, wie das Attest des zuständigen Sachverständigen gelautet haben würde. Gewiß wird man davon auszugehen haben, daß es den Befund der Ware richtig wiedergegeben hätte. Aber dabei ist zu beachten, daß die Ware im übrigen einwandfrei gewesen ist, daß der Mangel nur darin bestanden hat, daß die einzelnen Tiere zu winzig gewesen sind, und daß gerade auch dieses Moment in dem beigebrachten Atteste hervorgehoben worden war. Dazu kommt, daß nach der bisher unerledigten Behauptung des Beklagten die Ware nach Königsberger Anschauung noch handelsüblich gewesen ist, also noch vertragsmäßig gewesen wäre, und zutreffend weist die Revision darauf hin, daß, wenn das richtig sein sollte, damit gerechnet werden müsse, daß auch ein in jeder Beziehung einwandfreier Sachverständiger in Königsberg seiner Auffassung folgend der Ware das Zeugnis der Vertragsmäßigkeit ausgestellt haben würde. Man muß sich auch in die Lage der Bank versetzen, die sich im gegebenen Augenblicke sofort entscheiden muß und die Einlösung der Papiere nur aus nachweisbar stichhaltigen Gründen ablehnen kann, wenn sie sich nicht Schadensersatzansprüchen aussetzen will.

Aus diesen Gründen ist es im vorliegenden Falle mit der einfachen

Versicherung, daß der ursächliche Zusammenhang bestehe, nicht getan. Es bedarf des näheren Eingehens auf die tatsächlichen Verhältnisse, wofür in der Revisionsinstanz kein Raum ist."

---

69. 1. Zu wessen Lasten geht die Entwertung von Wertpapieren, die der Eigentümer einem anderen zur Beschaffung von Geldmitteln für gemeinsame Zwecke hingegeben hat?

2. Ist das Berufungsurteil im ganzen Umfange aufzuheben, wenn bei notwendiger Streitgenossenschaft einige der verurteilten Streitgenossen mit Erfolg Revision einlegen?

BGB. § 157; HGB. § 346; ZPO. § 62.

I. Zivilsenat. Urt. v. 20. September 1919 i. S. Th. u. Gen. (Bekl.) w. Ges. f. B. (Kl.). I 109/19.

I. Landgericht I Berlin.
II. Kammergericht daselbst.

Der Beklagte zu 2 stand seit Herbst 1909 mit der klagenden Gesellschaft im Kontokorrentverkehr. Diese behauptet, daß ihr eine kontokorrentmäßige Forderung von 1411866 *M* zustehe. Davon meldete sie den Betrag von 806866 *M* im Konkursverfahren über das Vermögen des Beklagten zu 2 an. Die Forderung wurde von den Beklagten bestritten. Die Klägerin verlangt Feststellung der Forderung zur Tabelle.

Das Landgericht wies die Klage ab. In der Berufungsverhandlung wurde vornehmlich die Frage erörtert, ob dem Beklagten zu 2 860000 *M* für Aktien der Niederdeutschen Bank, die er der klägerischen Gesellschaft überliefert hatte, gutzubringen seien. Das Kammergericht gab der Klage zu einem Teilbetrage von 48145,50 *M* statt.

Die Beklagten zu 3 bis 5 legten Revision ein, die Erfolg hatte.

Aus den Gründen:

„Die Kontokorrentforderung, die die Klägerin gegen den Beklagten zu 2 zu haben behauptet und deren Feststellung zur Tabelle in dem über sein Vermögen eröffneten Konkursverfahren sie mit der Klage begehrt, ist von den Beklagten bestritten worden. Die Beklagten behaupten, daß die Klägerin dem Beklagten zu 2 einen Betrag von 860000 *M* ordnungswidrig nicht gutgebracht habe; bei Gutbringung dieses Betrags würde die klägerische Forderung beseitigt sein. Das Berufungsgericht hat das Verlangen der Beklagten mißbilligt. Es handelt sich um folgenden Sachverhalt.

Der Beklagte zu 2 brauchte Geld, insbesondere um Einzahlungen in eine von ihm gegründete Aktiengesellschaft zu leisten und anderen Verpflichtungen zu genügen. Auch die Klägerin brauchte flüssige Mittel. Nun übergab der Beklagte zu 2 ihr einen großen Betrag junger Aktien der Niederdeutschen Bank, die sie bis auf einen Betrag von 860000 ℳ zurückgegeben hat. Auf die 860000 ℳ Aktien hat die Klägerin in einer nicht näher festgestellten Weise Geld beschafft. Die Aktien waren bei Hingabe 105 bis 110% wert. Demnächst sind sie durch den Zusammenbruch der Niederdeutschen Bank völlig entwertet worden. Die Klägerin hatte zunächst die 860000 ℳ dem Beklagten zu 2 im Kontokorrent gutgebracht. Infolge der Entwertung der Aktien hat sie die Gutschrift aus dem der Klage zugrunde liegenden Kontokorrent entfernt. Das wollen die Beklagten nicht gelten lassen; sie behaupten, durch die Gutschrift habe die Klägerin anerkannt, daß die Aktien ihr zu Eigentum übertragen seien; dann gehe auch die Entwertung zu ihren Lasten, so daß es bei der Gutschrift zu verbleiben habe. Das Berufungsgericht hat angenommen, regelmäßig folge aus der Hingabe von Wertpapieren zum Zwecke der Geldbeschaffung durch Verpfändung nicht die Absicht der Beteiligten, daß die Hingabe zu Eigentum des Empfängers gehen solle. Selbst wenn aber eine fiduziarische Übertragung zu Eigentum beabsichtigt worden wäre, würde im Innenverhältnis wirtschaftlich das Eigentum bei dem Beklagten zu 2 verblieben sein, so daß dieser die Gefahr der Entwertung der Aktien auf alle Fälle zu tragen gehabt habe. Daß eine abweichende Vereinbarung getroffen sei, wofür die Beklagten beweispflichtig wären, sei nicht erwiesen. Der Generalbevollmächtigte des Beklagten zu 2 habe vielmehr ausdrücklich bekundet, daß der Kursverlust von diesem zu tragen sei.

Diese Ausführungen sind ihrem Inhalt und Sinne nach nicht zu beanstanden.

Die Revision bemängelt die Verteilung der Beweislast; in den früheren Kontokorrentauszügen vom 20. Mai und 12. Juli 1910 habe die Klägerin selbst den Nennwert der Aktien dem Beklagten zu 2 gutgebracht. Das zeige, daß sie die Aktien zu Eigentum erhalten habe, denn dargeliehene Aktien könnten nicht im Kontokorrent verbucht werden. Dasselbe ergebe sich daraus, daß sie in ihrem Vermögensverzeichnis vom Oktober 1910 die Aktien als ihr Eigentum aufgeführt habe. Danach müsse der Kursverlust die Klägerin treffen, und es sei nicht zulässig, daß sie in dem Klagekontokorrent die Gutschrift des Nennbetrags der Aktien stillschweigend beseitigt habe. Außerdem sei der Preis der Aktien durch die Anerkennung der Salden der Abrechnungen vom 20. Mai und 12. Juli 1910 gegen die gesamten Forderungen der Klägerin aufgerechnet und diese dadurch getilgt.

Diesen Rügen kann nicht zugestimmt werden. Sie treffen nur die äußere Form, nicht aber das innere Wesen der Sachlage. Wenn der Geldbedürftige einem anderen Werte zu Eigentum überträgt, damit dieser ihm Geld darauf beschaffe, so ist damit durchaus vereinbar und im Zweifel anzunehmen, daß die Gefahr der Entwertung jener Werte bei dem Geber verbleibt. Es ist nicht das Natürliche und deshalb im Zweifel nicht vorauszusetzen, daß der andere das ganze Geschäftsrisiko auf sich nimmt. Soll das geschehen, so bedarf es dazu einer besonderen Abrede. Eine solche ist nach den Feststellungen des Berufungsgerichts nicht getroffen. Deshalb ist es nicht von ausschlaggebender Bedeutung, wenn das Eigentum der Aktien auf die Klägerin übergegangen sein sollte. Auch bei solcher Sachlage verbleibt es vielmehr dabei, daß der Geldbedürftige, in dessen Interesse der andere tätig wird, das Risiko der Geldbeschaffung zu tragen hat. Daraus folgt, daß, wenn ihm der Wert der hingegebenen Gegenstände gutgebracht ist, diese Gutschrift durch Gegenbuchung auszugleichen ist, wenn die Gegenstände wertlos werden. Es spricht also auch die Art der ursprünglichen Buchung nicht zuungunsten der Klägerin. Selbstverständlich ist, daß die Sachlage anders sein würde, wenn — wie die Beklagten behaupten — die Klägerin die Aktien vor deren Entwertung nicht lombardiert sondern verkauft hätte. Dann würde die Entwertung weder der Klägerin noch dem Beklagten zu 2 zur Last fallen. Hiervon wird sogleich noch weiter die Rede sein. Hinzuzufügen ist noch, daß der Standpunkt der Beklagten auch nicht durch die von ihnen behauptete vertragsmäßige Anerkennung der früheren Kontokorrente gerechtfertigt wird. Denn die in der Anerkennung liegende gegenseitige Aufrechnung wird hinfällig, wenn durch die nachträglich eingetretene Entwertung der Aktien der zur Aufrechnung verwandte gutgeschriebene Betrag in Wegfall kommt.

Die Revision erhebt ferner folgende Rüge. Die auf die Aktien beschafften Gelder habe die Klägerin nicht sämtlich an den Beklagten zu 2 gezahlt oder in dessen Nutzen verwandt; einen Teil habe sie vielmehr für eigene Zwecke verausgabt; jedenfalls habe dieser Teil dem Beklagten zu 2 gutgebracht werden müssen.

Diese Rüge ist insoweit begründet, als das Berufungsgericht den Sachverhalt nicht genügend aufgeklärt hat. Schuldnerin für die selbst verbrauchten Beträge ist die Klägerin dann geworden, wenn sie sich dieselben aus Mitteln des Beklagten zu 2 beschafft hat. Dergleichen kann in verschiedener Weise erfolgt sein, z. B. wenn sie die Aktien oder einen Teil davon vor ihrer Entwertung verkauft hat, oder wenn sie sie im Namen des Beklagten zu 2 verpfändet hat, ohne eine eigene Verpflichtung auf sich zu nehmen, oder dgl. Solchenfalls mußte in der Tat der Beklagte zu 2 kreditiert werden. Hat sie aber, wie sie behauptet, die Aktien in eigenem Namen in Pfand gegeben, so haftet sie im Zweifel dem Pfandnehmer ihrerseits. Sie wird also nach Entwertung der Aktien von dem Dritten in Anspruch genommen werden. Solchenfalls ist der Beklagte zu 2 nicht zu kreditieren. Nun haben die Beklagten ausweislich des Urteils erster Instanz behauptet, daß die Klägerin sich auf die Aktien Geld beschafft habe, ohne eigene Verpflichtungen dem Dritten gegenüber einzugehen; es ist auch ausdrücklich behauptet worden, daß sie Aktien verkauft habe. Diese Behauptungen sind rechtserheblich; sie müssen näher erörtert werden. Auskunft- und beweispflichtig dafür, was mit den Aktien geschehen ist, ist die Klägerin. Sie wird die Abmachungen, die sie mit Dritten über die Aktien getroffen hat (nach ihrer Behauptung also die Urkunden über die Lombardierungen), vorlegen müssen. Erst dann wird sich übersehen lassen, ob dem Beklagten zu 2 die Beträge, die die Klägerin für sich verwendet hat, gutzubringen sind oder nicht. Das Berufungsgericht nimmt an, es sei im Endergebnis für das Rechnungsverhältnis der Parteien gleichgültig, ob alle beschafften Gelder an den Beklagten zu 2 gezahlt seien, denn er sei für die Gelder, die er erhalten habe, im Kontokorrent debitiert worden, sei also insoweit Darlehnsschuldner geworden. Allein wenn eine derartige Debitierung vorgenommen ist, so ist sie erfolgt, weil er für die Hingabe der Aktien kreditiert worden war. Fällt diese Kreditierung fort, so muß auch die Debitierung fortfallen, denn die Klägerin kann ihn nicht für Zahlungen debitieren, die sie aus seinen eigenen Werten geleistet hat. Anderseits muß sie ihm das kreditieren, was sie ohne eigene Verpflichtung auf die Aktien beschafft und für sich verwandt hat....

Aus diesen Gründen mußte das angefochtene Urteil aufgehoben und die Sache in die Vorinstanz zurückverwiesen werden, und zwar war das Urteil seinem ganzen Umfange nach aufzuheben. Ist eine Klage auf Feststellung zur Konkurstabelle gegen mehrere Beklagte gerichtet, die gegen die angemeldete Forderung des klagenden Gläubigers Widerspruch erhoben haben, so besteht zwischen ihnen notwendige (sog. besondere) Streitgenossenschaft (Stein, ZPO. § 62 bei Note 19). Das Rechtsverhältnis kann ihnen gegenüber nur einheitlich festgestellt werden. Bliebe das Berufungsurteil gegenüber den Beklagten, die nicht Revision eingelegt haben, bestehen, so könnte der Fall eintreten, daß ihnen gegenüber die Feststellung rechtskräftig ausgesprochen, dagegen ihren Genossen gegenüber rechtskräftig verneint würde. Dies Ergebnis wäre unzulässig, da der für berechtigt erklärte Widerspruch auch nur eines Genossen der Natur der Sache nach die Feststellung in ihrem gesamten Umfange hindert. Die notwendige Streitgenossenschaft sämtlicher Beklagten führt deshalb dazu, das angefochtene Urteil gegenüber sämtlichen Beklagten aufzuheben."

70. Unter welchen Voraussetzungen kann der Verkäufer, wenn die rechtzeitige Akkreditierung unterbleibt, ohne Nachfristbestimmung Schadensersatz wegen Nichterfüllung verlangen?

BGB. §§ 284, 285, 326; HGB. § 376.

II. Zivilsenat. Urt. v. 23. September 1919 i. S. M. & Co. (Kl.) w. B. (Bekl.). II 103/19.

I. Landgericht Hamburg, Kammer für Handelssachen.
II. Oberlandesgericht daselbst.

Laut Bestätigungsschreiben vom 6. Oktober 1916 kaufte die Klägerin von dem Beklagten 120 Ztr. Kompositionskerzen zum Preise von 723 *M* für 100 kg ab Lager München, „zahlbar rein netto Kasse gegen sofortiges morgiges telegraphisches Akkreditiv bei der Pfälzerbank in München zu meinen Gunsten gegen abgestempelten Duplikatfrachtbrief über zum Versand gebrachte 120 Ztr. Wachs-Kompositionskerzen an die Vereinsbank in Hamburg". „Bedingung" des Auftrags sollte sein, daß die Ware bis spätestens Mittwoch den 11. desf. Mts. geliefert würde. Am darauffolgenden Tage wurde noch eine Schlußnote über das Geschäft ausgestellt, worin es heißt: „Netto Kasse aus einem heute telegraphisch zu eröffnenden Akkreditiv bei der Pfälzer Bank in München gegen Duplikatfrachtbrief. Die Ware ist bis nächsten Mittwoch zur Verladung zu bringen und an die Vereinsbank in Hamburg zu dirigieren." Die Klägerin wendete sich wegen des Akkreditivs am Vormittag des 7. Oktober an die Vereinsbank in Hamburg, die den Auftrag unter Vermittlung der von ihr angegangenen Bayerischen Vereinsbank in München in der Weise ausführte, daß die Eröffnung am Montag den 9. Oktober vormittags bei der Pfälzischen Bank erfolgte. Der Beklagte hat nicht geliefert.

Mit Klage und Widerklage beanspruchten beide Parteien Schadensersatz wegen Nichterfüllung. Das Landgericht erkannte zugunsten der Klägerin, das Oberlandesgericht zugunsten des Beklagten. Die Revision der Klägerin wurde zurückgewiesen aus folgenden

Gründen:

„Das Landgericht stützt seine Entscheidung in erster Reihe auf die Erwägung, daß die Klägerin, indem sie sofort die nötigen Schritte zur Beschaffung des Akkreditivs unternommen habe, dem nachgekommen sei, was die Schlußnote von ihr gefordert habe. Weiter legt es dar, daß der Beklagte die Lieferung auch dann nicht ohne Nachfristbestimmung habe verweigern dürfen, wenn der Vertrag dahin auszulegen sei, daß die Pfälzische Bank noch am 7. Oktober 1916 das Akkreditiv habe eröffnen müssen. Von der Fristbestimmung wäre er nur befreit gewesen, wenn entweder ein Fixgeschäft vorliegen würde oder die Klägerin in

Verzug gewesen und infolge des Verzugs sein Interesse an der Vertragserfüllung weggefallen wäre. Keiner der beiden Fälle sei jedoch hier gegeben.

Das Berufungsgericht spricht sich über die von dem ersten Richter behandelte Frage der Vertragsauslegung nicht ausdrücklich aus. Seine Gründe ergeben aber unzweifelhaft, daß es das Vereinbarte anders auffaßt als das Landgericht, nämlich in dem Sinne, daß die Eröffnung des Akkreditivs am 7. Oktober erfolgen sollte. Die Revision stellt zur Nachprüfung, ob diese Auffassung richtig ist. Anlaß zu einer Beanstandung bietet sie schon deshalb nicht, weil die Klägerin, soweit ersichtlich, einen so ungewöhnlichen Vertragsinhalt, wie ihn das Landgericht annimmt, in den Vorinstanzen selbst nicht behauptet hat. Sodann ist das Berufungsgericht der Ansicht, daß der Beklagte nach dem Willen der Parteien befugt gewesen sei, im Falle der verzögerten Eröffnung die Rechte des § 326 BGB. ohne Fristbestimmung geltend zu machen, und daß überdies, weil ein fester Termin für die Eröffnung gesetzt worden sei, ein Fixgeschäft im Sinne des § 376 HGB. vorliege. Es folgert dies nicht nur aus dem Umstande, daß die Parteien nach der Fassung des Bestätigungsschreibens vom 6. Oktober 1916 und der Schlußnote vom 7. dess. Mts. die rechtzeitige Akkreditierung ersichtlich als wichtige Vertragsbedingung betrachtet hätten, sondern auch aus der Natur eines Geschäfts der vorliegenden Art. In letzterer Beziehung hebt es unter Hinweis auf frühere Urteile des Oberlandesgerichts zu Hamburg hervor, daß es sich um ein Geschäft zu Kriegszeiten in einem sehr begehrten Artikel gehandelt habe, dessen Preis sich jeden Tag habe ändern können. Weiter führt es aus, daß Verzug der Klägerin anzunehmen sei und daß danach der Anspruch auf Schadensersatz wegen Nichterfüllung nicht der Klägerin, sondern dem Beklagten zustehe.

Die Revision wendet sich mit Unrecht gegen die Auffassung, daß die Klägerin in Verzug gekommen sei. Nach § 284 Abs. 2 BGB. trat der Verzug, wie das Berufungsgericht zutreffend annimmt, mit dem Ablaufe des 7. Oktober 1916 — des kalendermäßig bestimmten Leistungstages — ein, es sei denn, daß die Leistung damals infolge eines Umstandes unterblieb, den die Klägerin nicht zu vertreten hatte (§ 285 BGB.). Diesen Ausnahmefall hätte die Klägerin darzutun gehabt. Das Berufungsgericht ist aber einwandfrei der Ansicht, daß das nicht geschehen sei. Die Revision meint, die Klägerin habe ihrer Sorgfaltspflicht schon dadurch genügt, daß sie, nachdem das Geschäft am Abend des 6. Oktober zustande gekommen sei, unverzüglich am 7. Oktober entsprechend dem üblichen Geschäftsgange bei ihrer Bank in Hamburg das telegraphische Akkreditiv bei der Pfälzischen Bank in München veranlaßt habe; daß die Münchener Banken Sonnabends schon um 1 Uhr mittags schlössen, sei ein von der Klägerin nicht zu vertretender

Umstand; durch die Einschaltung der Bayerischen Vereinsbank in München, die seitens der Hamburger Vereinsbank stattgefunden habe, sei höchstens eine Verschiebung um die Dauer eines lokalen Ferngesprächs in München verursacht worden, auch sei es durchaus verkehrsüblich, daß eine Bank sich der Vermittlung einer anderen bediene. Dem steht entgegen, daß es sich bei der von der Klägerin übernommenen Verpflichtung um einen Fall von besonderer Dringlichkeit gehandelt hat. Die Klägerin hatte nur einen Tag Zeit, um die Akkreditierung an dem auswärtigen Orte herbeizuführen, und dieser Tag war zudem ein Sonnabend, also ein Tag, an dem, wie allgemein bekannt ist, zahlreiche Geschäftsbetriebe früher als an den übrigen Tagen schließen. Sie hat deshalb ihrer Sorgfaltspflicht nicht schon dadurch genügt, daß sie unverzüglich ihrer Hamburger Bank überhaupt den erforderlichen Auftrag erteilte, vielmehr hätte sie bei der Dringlichkeit der Angelegenheit auch noch auf schleunigste Erledigung besonders hinwirken müssen, wozu vor allem gehört hätte, daß sie die Vereinsbank auf die Notwendigkeit, das Akkreditiv noch an demselben Tage zu stellen, hinwies. Nach dieser Richtung ist aber nichts von ihr vorgebracht.

Ferner beanstandet die Revision die Ansicht des Berufungsgerichts, daß das Vereinbarte unter § 376 HGB. falle. Auf diese Frage kommt es jedoch gar nicht an, wenn, wie das Berufungsgericht außerdem annimmt, dem Beklagten die Ausübung der Rechte des § 326 BGB. trotz fehlender Nachfristbestimmung schon deshalb nicht verwehrt war, weil sie nach dem Vertrage der Parteien nicht an diese Voraussetzung gebunden sein sollte. Daß es den Beteiligten freisteht, das Erfordernis der Fristbestimmung nicht nur ausdrücklich, sondern auch stillschweigend auszuschließen, ist in der Rechtsprechung anerkannt. Im gegenwärtigen Falle hat aber das Berufungsgericht unter Berücksichtigung der Kriegsverhältnisse und der besonderen Bedeutung, welche die Parteien der sofortigen Akkreditierung unverkennbar beilegten, einen solchen Vertragswillen ohne Rechtsirrtum festgestellt. Rechtliche Bedenken sind übrigens im gegebenen Falle, wo — anders als in der RGZ. Bd. 92 S. 388 behandelten Sache — nicht bloß die sofortige Akkreditierung verlangt, sondern überdies ein fester Termin gesetzt war, auch nicht dagegen zu erheben, daß das Berufungsgericht noch weitergeht und die Nachfristbestimmung unter dem Gesichtspunkte des Fixgeschäfts für entbehrlich erklärt.

Hinfällig ist sodann, was die Revision nach der Richtung vorbringt, daß die Verzögerung der Eröffnung des Akkreditivs bis zum 9. Oktober bedeutungslos gewesen sei, weil auch bei rechtzeitiger Eröffnung die Auszahlung erst an dem erwähnten Tage hätte erfolgen können, weil ferner die Auszahlung davon abhängig gewesen sei, daß der Frachtbrief auf die Vereinsbank in Hamburg umgeschrieben wurde, weil nach der eigenen Behauptung des Beklagten dessen Lieferant erst am 9. Oktober zurückgetreten sei und weil der Beklagte, wie zu unterstellen sei, mit seinem Lieferanten nicht die gleiche Akkreditivbedingung wie mit der Klägerin vereinbart gehabt habe. Diese Umstände könnten erheblich sein, wenn — wie das Landgericht in seiner eventuellen Begründung annimmt — § 326 Abs. 2 BGB. anzuwenden wäre, d. h. wenn die Nachfristbestimmung an sich erforderlich gewesen wäre und nur ersetzt werden könnte durch den Nachweis, daß das Interesse des Beklagten an der Vertragserfüllung weggefallen war. Eben diese Voraussetzung ist aber von dem Berufungsgerichte rechtlich bedenkenfrei verneint."

---

71. Wann geht bei einem Übersendungskaufe die Gefahr auf den Käufer über, wenn der Verkäufer die Ware durch seine eigenen Leute zur Bahn schaffen läßt?

BGB. § 447.

VII. Zivilsenat. Urt. v. 19. September 1919 i. S. U. (Bekl.) w. J. (Kl.). VII 181/19.

I. Landgericht Hamburg, Kammer für Handelssachen.
II. Oberlandesgericht daselbst.

Die Klägerin hatte sämtliche Transporte der in ihrem Geschäftsbetriebe vorkommenden Waren mittels der Eisenbahn einschließlich An- und Abfuhr auf 1 Jahr „für Rechnung, wen es angeht" bei der Beklagten versichert. Am 21. März 1918 hatte sie Waren, die an einen in der Pfalz wohnenden Kunden verkauft waren, durch einen Angestellten mittels Handwagens zum Eilgutbahnhof in Hamburg schaffen lassen. Dort wurde der Handwagen mit den Waren gestohlen. Mit der Behauptung, daß sie laut Abrede mit ihrem Käufer zur Versicherung verpflichtet gewesen sei, verlangt die Klägerin Ersatz des Wertes der gestohlenen Sachen. Die Beklagte hat die behauptete Abrede bestritten und zur Begründung ihres Antrags, die Klage abzuweisen, sich darauf berufen, daß die Transportgefahr zur Zeit des Abhandenkommens der Sachen schon auf den Käufer der Klägerin übergegangen gewesen sei.

Die Vorinstanzen gaben der Klage statt. Die Revision führte zur Aufhebung des Berufungsurteils.

Gründe:

„Die Entscheidung des Berufungsrichters beruht darauf, daß der Berufungsrichter den aus der Vorschrift des § 76 Abs. 3 VersVG. entnommenen Einwand der Beklagten, daß die Klägerin die Zustimmung ihres Käufers zu der Versicherung nicht nachgewiesen habe, um deswillen für unerheblich angesehen hat, weil zur Zeit des Diebstahls eine den Übergang der Gefahr des zufälligen Untergangs auf den Käufer nach § 447 BGB. bewirkende Auslieferung der Ware an die zur Ausführung der Versendung bestimmte Eisenbahnbehörde noch nicht stattgefunden und somit Klägerin selbst als die Versicherte in Betracht zu kommen habe. Die hiergegen von der Revision erhobene Rüge der Verletzung des § 447 ist für berechtigt erachtet. Diese Vorschrift enthält eine Ausnahme von der in § 446 BGB. aufgestellten Regel, daß die Gefahr des zufälligen Unterganges der verkauften Sache mit der Übergabe der Sache auf den Käufer übergeht. In dem Falle, wenn die Übergabe nicht an dem für den Verkäufer bestehenden Erfüllungsort erfolgen soll — sog. Übersendungskauf —, soll die Gefahr schon dann übergehen, „sobald der Verkäufer die Sache dem Spediteur, dem Frachtführer oder der sonst zur Ausführung der Versendung bestimmten Person oder Anstalt ausgeliefert hat". Es herrscht Streit darüber, ob diese Vorschrift auch dann Platz zu greifen hat, wenn der Verkäufer die Hinschaffnng der Ware an den vom Käufer bestimmten Ort selbst ausführt oder durch seine eigenen Leute ausführen läßt. Die herrschende Ansicht bejaht dies. Zur Begründung wird mit Recht darauf hingewiesen, daß die Vorschrift des § 447 auf dem Grundgedanken beruht, daß es unbillig sein würde, den Verkäufer, der auf Verlangen des Käufers und in dessen Interesse die Versendung der verkauften Waren nach auswärts, nach einem anderen Orte als dem für ihn als Erfüllungsort in Betracht kommenden besorgt und damit eine ihm als Verkäufer an sich nicht obliegende Leistung übernimmt, länger die Gefahr des zufälligen Unterganges tragen zu lassen als in den Fällen der unmittelbaren Übergabe der Sache an den Käufer, daß man aber diesem Grundgedanken der Vorschrift nur dann gerecht wird, wenn man die mit dem Hinschaffen der Sachen an den mit dem Erfüllungsorte nicht zusammenfallenden Bestimmungsort verbundene Gefahr den Käufer tragen läßt, gleichviel von wem das Hinschaffen ausgeführt wird, sei es von einer dritten Person, sei es von dem Verkäufer selbst oder von einem seiner Leute. Die Vertreter der einschränkenden Auslegung berufen sich vor allem auf den Wortlaut des § 447. Allein wenn man auch bei der Fassung des Paragraphen nur an den Hauptfall der Zusendung durch einen Dritten gedacht haben mag, so zwingt doch der Wortlaut keineswegs zu einer Auslegung, die offensichtlich dem der Vorschrift zugrunde liegenden Rechtsgedanken nicht gerecht werden würde. Auch wenn der Verkäufer die Ware durch seinen eigenen Angestellten auf eigenem Wagen an den Bestimmungsort bringen läßt, kann man immerhin von einem „Ausliefern" der Waren an die zur Ausführung der Versendung bestimmte Person sprechen.

Der Berufungsrichter hat sich denn auch zunächst selbst auf den Standpunkt gestellt, daß ein Gefahrübergang nach § 447 auch bei Ausführung des Transportes durch den Verkäufer selbst stattfindet. Er hat aber einen bereits erfolgten Übergang der Gefahr um deswillen verneint, weil vorliegend der Transport gar nicht durch den Verkäufer, sondern durch die Eisenbahn erfolgen sollte, an die unbestritten die Ware noch nicht abgeliefert war, als sie gestohlen wurde. Diese Begründung übersieht, daß auch das Hinschaffen der Waren zum Bahnhof keine dem Verkäufer an sich obliegende Verpflichtung, sondern nur ein Teil des zur Hinschaffung der Waren an den Bestimmungsort notwendigen Transportes der Waren war. Wie dann, wenn der Transport hintereinander von mehreren selbständigen Unternehmern ausgeführt wird, so muß auch in dem Falle, wenn der Verkäufer nur einen Teil des Transportes durch seine Leute ausführen läßt, als Zeitpunkt des Gefahrüberganges angesehen werden nicht der, in dem die Ware dem zuletzt, wenn auch auf der weitesten Strecke tätigen Transportführer übergeben worden ist, sondern der, in dem überhaupt mit dem Transporte der zur Versendung fertiggestellten Waren tatsächlich begonnen worden ist. Vorliegend ist hiernach davon auszugehen, daß jedenfalls zu der Zeit, als die Waren bereits zum Eilgüterbahnhof geschafft waren, die Hinschaffung der Waren an deren Bestimmungsort begonnen und damit die Gefahr auf den Käufer der Klägerin übergegangen war. Damit erweist sich aber der Einwand der Beklagten aus § 76 Abs. 3 VersVG. als erheblich."

---

72. Vereinbarung der Aufhebung eines Vertrags durch Briefwechsel. Zur Anwendung des § 151 BGB.

II. Zivilsenat. Urt. v. 23. September 1919 i. S. K. B. & Co. (Bekl.) w. S. (Kl.). II 98/19.

I. Landgericht Duisburg, Kammer für Handelssachen.
II. Oberlandesgericht Düsseldorf.

Die Klägerin hatte am 14. Januar 1916 von der Beklagten 250 Tonnen rohgewalzten Flachstahl, abzunehmen nach Bedarf bis Ende Juni 1916, gekauft. Am 17. Februar 1916 schrieb sie an die Beklagte, sie müsse den Auftrag annullieren, da ihr sämtliche Bestellungen entzogen worden seien, und sie bitte um postwendende Bestätigung, daß die Beklagte hiermit einig gehe. Die Beklagte entgegnete am 19. Februar, sie habe die Zuschrift vom 17., wonach die Klägerin von dem Auftrag über die 250 Tonnen entbunden sein wolle, empfangen, in dieser Angelegenheit komme sie der Klägerin in den nächsten Tagen näher. Sodann schrieb sie der Klägerin am 15. März 1916:

„Inzwischen haben wir aus Ihrem Geehrten vom 17. vor. Mts. mit Bedauern bemerkt, daß Sie von dem Reste Ihres Auftrags vom 14. Januar mit 250 Tonnen zurücktreten. Um Ihnen entgegenzukommen, erklären wir uns hiermit einverstanden, erwarten dagegen indessen, daß Sie uns durch Geschäfte in mindestens gleicher Höhe bei erster Gelegenheit entschädigen, evtl. uns dafür Gelegenheit geben, in vorliegende Konkurrenzpreise einzutreten.

Einer diesbezüglichen Bestätigung sehen wir entgegen ...“

Kurz vor oder kurz nach Empfang dieses Schreibens verkaufte die Klägerin die 250 Tonnen Flachstahl, ihrer Behauptung nach zu einem um 4,50 ℳ für 1000 kg höheren Preise, an die Firma F. und teilte der Beklagten am 17. März 1916 mit, daß sie nunmehr auf Lieferung bestehen müsse. Die Beklagte erwiderte, sie habe sich inzwischen dem vorbehaltlosen Rücktritte der Klägerin vom 17. Februar entsprechend arrangiert und sehe sich außerstande, darin eine Änderung eintreten zu lassen. Bei dieser ihrer Erfüllungsweigerung verblieb sie trotz wiederholter Aufforderung der Klägerin zur Lieferung. Infolgedessen lieferte die Klägerin auch nicht an die Firma F., die sich anderweitig eindeckte und von der Klägerin Schadensersatz wegen Nichterfüllung forderte. Die Klägerin wurde darauf mit dem Antrage klagbar, festzustellen, daß die Beklagte verpflichtet sei, ihr allen Schaden zu ersetzen, der ihr durch Nichtlieferung der am 14. Januar 1916 gekauften 250 Tonnen rohgewalzten Flachstahls entstanden sei.

Das Landgericht gab diesem Antrage statt. Die Berufung der Beklagten wurde zurückgewiesen, ihre Revision hatte Erfolg.

Gründe:

... „Die Auffassung des Berufungsgerichts, daß das Schreiben der Klägerin vom 17. Februar 1916 lediglich einen an die Beklagte gerichteten Antrag auf Abschluß eines den Lieferungsvertrag vom 14. Januar 1916 aufhebenden Vertrags enthalten habe, und daß dieser Antrag, wenn nicht schon durch das Antwortschreiben der Beklagten vom 19. Februar 1916, so doch jedenfalls dadurch abgelehnt worden sei, daß die Beklagte noch mehrere Wochen habe verstreichen lassen, ohne ihn anzunehmen, wird der gegebenen Sachlage nicht gerecht. Durch den Vertrag vom 14. Januar 1916 hatte die Klägerin von der Beklagten 250 Tonnen rohgewalzten Flachstahl, abzunehmen nach Bedarf bis Ende Juni 1916, fest gekauft; sie wünschte aber, weil sie Absatzschwierigkeiten hatte, von ihren Käuferpflichten entbunden zu werden, und sie ersuchte deshalb die Beklagte durch das Schreiben vom 17. Februar 1916, sich mit der Annullierung des Auftrags einverstanden zu erklären. Daß die Beklagte, die ihrerseits an der Aufhebung des Vertrags ohne Entschädigung kein Interesse hatte, hierzu sogleich bereit sein werde, konnte die Klägerin vernünftigerweise nicht erwarten. Wenn sie trotzdem die Beklagte um „postwendende Bestätigung“ ihres Einverständnisses bat, so durfte die Beklagte diese Bitte nach Treu und Glauben doch dahin verstehen, daß auf deren alsbaldige Erfüllung kein entscheidendes Gewicht gelegt werde. Die Beklagte hat denn auch durch ihr Antwortschreiben vom 19. Februar 1916 unmißverständlich zum Ausdrucke gebracht, daß sie die Annullierungserklärung der Klägerin nicht als einen nur im Falle der umgehenden Annahme bindenden Antrag auf Abschluß eines den Lieferungsvertrag aufhebenden Vertrags ansehe, und sie hat nicht minder deutlich zu erkennen gegeben, daß sie es nicht von vornherein ablehne, den Wunsch der Klägerin zu erfüllen, daß sie sich aber noch nicht entscheiden, die Sache vielmehr einstweilen in der Schwebe lassen wolle. Dagegen konnte die Klägerin aus dem Antwortschreiben nicht entnehmen, daß nach dem Willen der Beklagten dieser Schwebezustand nur während der „nächsten Tage“ bestehen sollte, da ja nicht der Beklagten, sondern nur ihr mit der Aufhebung des Lieferungsvertrags gedient war. Auch mußte sie sich sagen, daß ihr Einverständnis mit dem Fortbestehen des Schwebezustandes von der Beklagten vorausgesetzt wurde. Da sie trotzdem schwieg, blieb sie an ihren Annullierungsantrag gebunden (§ 151 BGB.). Es unterliegt deshalb keinem Bedenken, daß sie an diesen Antrag noch gebunden war, als die Beklagte durch das Schreiben vom 15. März 1916 dessen Annahme erklärte, und daß dadurch der Lieferungsvertrag aufgehoben wurde. Die Ausführung der Klägerin in der Revisionsinstanz, daß die Annahme des Antrags nur mit einer Einschränkung erklärt worden sei (§ 150 Abs. 2 BGB.), ist unzutreffend. Die Beklagte hat zwar bei Abgabe der Erklärung die Erwartung ausgesprochen, daß die Klägerin sie bei erster Gelegenheit durch mindestens gleich hohe Aufträge entschädige, und hinzugefügt, sie sehe „einer diesbezüglichen Bestätigung“ entgegen, sie hat jedoch die Erklärung hiervon nicht abhängig gemacht. Der Klägerin steht daher ein Anspruch auf Schadensersatz wegen Nichterfüllung des Vertrags gegen die Beklagte nicht zu.“

---

3. 1. Bedeutet „Zeit der Zahlung“ in § 244 Abs. 2 BGB. die Zeit, zu der tatsächlich gezahlt wird, oder die Zeit der Fälligkeit der Geldschuld?

2. Kann der ausländische Gläubiger von dem inländischen Schuldner, der mit seiner im Inlande zu zahlenden Geldschuld in Verzug geraten war, neben den Verzugszinsen weiteren Schadens-

ersatz verlangen, weil und soweit in dem ausländischen Staate am Tage der Zahlung der Wert des inländischen Geldes gesunken ist?
BGB. § 244 Abs. 2, § 288 Abs. 2.

VI. Zivilsenat. Urt. v. 25. September 1919 i. S. J. (Bekl.) w. Bank in Z. (Kl.). VI 109/19.

I. Landgericht Freiburg.
II. Oberlandesgericht Karlsruhe.

Der Beklagte, der in Mainz eine Weinhandlung betrieb, hat im Jahre 1906 für den Weinhändler W. in Ch. (Schweiz), dem er Wein lieferte, der Sparkasse Z. für den von ihr dem W. eröffneten Kontokorrentkredit selbstschuldnerische Bürgschaft bis zur Höhe von 10000 Fr übernommen. W. kam im Jahre 1908 in Konkurs. Die Sparkasse erlitt einen Ausfall von über 16000 Fr. Als Rechtsnachfolgerin der Sparkasse verklagte die Klägerin im Oktober 1910 den Beklagten auf Zahlung von 10000 Fr oder 8080 M. Das Landgericht Mainz verurteilte den Beklagten antragsgemäß zur Zahlung von 10000 Fr oder 8080 M. Die Berufung des Beklagten, der seine Bürgschaftsverpflichtung bestritt, wurde durch Urteil des Oberlandesgerichts zu Darmstadt vom 27. Dezember 1916 zurückgewiesen. Nachdem das Urteil rechtskräftig geworden war, zahlte der Beklagte am 15. Juni 1917 der Klägerin 8080 M nebst 4% Zinsen seit 5. Oktober 1910 — dem Tage der Klagzustellung — mit 2163,64 M, zusammen 10243,64 M.

Die Klägerin behauptet, der Markkurs habe am 15. Juni 1917 in der Schweiz nur 66,25 Fr betragen, so daß der bezahlte Betrag nur einem Wert von 6786,41 Fr entsprochen hätte. Die Schuld des W. und des Beklagten sei eine Frankenschuld. Der seit 5. Oktober 1910 in Verzug befindliche Beklagte habe 10000 Fr und 4% Zins bis 15. Juni 1917, also 12677,25 Fr geschuldet und in deutscher Währung 19135,47 M bezahlen müssen. Er sei also infolge seines schuldhaften Verzugs mit 8891,83 M noch im Rückstand.

Diesen Betrag klagt Klägerin ein. Beide Vordergerichte haben den Beklagten unter Zugrundelegung eines Markkurses von 66,50 Fr klaggemäß verurteilt. Seine Revision hatte keinen Erfolg.

Gründe:

„Für die Bürgschaftsschuld des Beklagten war sein Wohnort Mainz Erfüllungsort. Seine Verpflichtung aus diesem Schuldverhältnis bestimmt sich nach deutschem Rechte (RGZ. Bd. 54 S. 315, Bd. 53 S. 140, Bd. 58 S. 367, Bd. 81 S. 274). Seine Schuld war in Franken ausgedrückt, ohne daß die Zahlung in Franken ausdrücklich bedungen war. Gemäß § 244 Abs. 1 BGB. konnte er sie daher nach seiner Wahl in Franken oder in Reichswährung bezahlen. Wenn in dem Vorprozeß dem Klagantrag entsprechend die Verurteilung des Beklagten auf Zahlung von 10000 Fr oder 8080 M erging, so ist dem Beklagten nur das nachgelassen worden, wozu ihm das Gesetz schon die Befugnis gab. Auf die Gründe für die Fassung des Klagantrags kommt nichts an. Wählte der Beklagte, wie er getan, die Zahlung in Reichswährung, so war die Schuld nach dem Kurswert umzurechnen, der zur Zeit der Zahlung am Zahlungsorte galt, § 244 Abs. 2. Die Worte „zur Zeit der Zahlung" bedeuten, wie bereits der I. Zivilsenat in Bd. 96 S. 123 ausgesprochen hat, die Zeit der Fälligkeit, nicht der tatsächlichen Zahlung. Dies ergeben schon die Eingangsworte des § 244 Abs. 1, der die Voraussetzung des Abs. 2 bildet: „ist eine Geldschuld zu zahlen". Eine Geldschuld ist zur Zeit der Fälligkeit zu zahlen. Das Gesetz bezweckt auch offenbar, die Umrechnung auf einen festen Boden zu stellen, während in Zeiten schwankender Kurse Zweifel und Streitigkeiten kaum zu verhüten wären, wenn unter Zeit der Zahlung und Zahlungsort in § 244 Abs. 2 die Zeit und der Ort zu verstehen wären, wo zufällig oder nach Willkür des Schuldners Zahlung geleistet wird. Die nur im Zweifel geltende Auslegungsregel des § 271 Abs. 2 BGB., wonach der Schuldner vor der Fälligkeit bezahlen darf, kann hieran nichts ändern. Es wird wohl anzunehmen sein, daß der Gläubiger eine vorzeitige Zahlung zurückweisen darf, wenn er durch den Kurs geschädigt würde.

Wie durch den Vorprozeß entschieden ist, war die Schuld des Beklagten im Oktober 1910 fällig. Damals betrug der Umrechnungskurs 80,80 M für 100 Fr. Der Beklagte hatte also die Wahl, 10000 Fr oder 8080 M zu zahlen. Er leistete jedoch keine Zahlung und mußte dazu verurteilt werden. Dann erst, nach fast siebenjährigem Verzug, zahlte er die Urteilssumme nebst Zinsen in Reichswährung.

Die Klägerin fordert nun ihren die Zinsen übersteigenden, durch den Verzug entstandenen weiteren Schaden in Gestalt des Unterschieds zwischen dem Friedenskurs und dem Markkurs in der Schweiz am Tage der Zahlung. Für die Voraussetzung und die Wirkung des Verzugs ist wiederum das deutsche Recht maßgebend (RGZ. Bd. 51 S. 219). Kraft des § 288 Abs. 2 BGB. ist die Klägerin berechtigt, Ersatz ihres weiteren Schadens zu verlangen. Ob ihr ein solcher Schaden entstanden ist und in welcher Höhe, entscheidet das Gericht nach freier nicht nachprüfbarer Überzeugung, § 287 ZPO. Das Vermögen der Klägerin, an welchem sie Schaden erlitten haben will, befindet sich in der Schweiz. Das Berufungsgericht hält für erwiesen, daß ihr dort Schaden entstanden sei: der Beklagte habe ihr mit Verzugszinsen am 15. Juni 1917 10243 M bezahlt, während sie erst bei einer Zahlung von 19063 M ihr nebst Zinsen auf 12677,25 Fr sich belaufendes Guthaben habe decken können. Er habe also 8819 M zu wenig bezahlt.

Die Revision stößt sich an der Ausdrucksweise des Berufungsgerichts, daß die Klägerin ihr Guthaben nur mit dem höheren Markbetrage habe decken können; sie habe doch bloß in ihren Büchern den offenen Posten zu löschen und nicht etwa das Fehlende in Franken zuzukaufen brauchen. Was das Berufungsgericht sagen will, ist indes ganz klar. Die Klägerin konnte mit der Zahlung des Beklagten den offenen Posten eben nicht streichen, weil der gezahlte Betrag in der Schweiz wegen des niedrigen Markkurses zur Tilgung ihres Guthabens nicht reichte. Der Fehlbetrag bildet den Schaden, der ihr durch den Verzug erwachsen ist. Hätte der Beklagte zur Zeit der Fälligkeit bezahlt, so hätte die Klägerin keinen Verlust erlitten.

In der Hauptsache wendet die Revision folgendes ein. Ebensowenig wie ein in Deutschland wohnender Deutscher oder Ausländer, dem im Jahre 1910 8080 ℳ geschuldet waren aber erst 1917 bezahlt wurden, aus dem Grunde Mehrzahlung verlangen dürfe, weil er 1917 für die gleiche Summe nicht so viel Waren oder ausländisches Geld kaufen konnte wie im Jahre 1910, dürfe die in der Schweiz wohnende Klägerin in Ansehung der nach deutschem Rechte zu beurteilenden Schuld von dem Beklagten so viel an deutschem Gelde verlangen, daß sie sich dafür ebensoviel Schweizer Geld wie im Jahre 1910 für 8080 ℳ kaufen könne. Sei die geschuldete Summe einmal in deutscher Währung festgelegt, so sei das Rechtsverhältnis weiterhin genau so zu beurteilen wie wenn die Schuld von vornherein in deutscher Währung ausgedrückt worden wäre. Der Beklagte habe Anspruch darauf, daß seine Schuld nach dem deutschen Wertmesser berechnet werde; daß sie also, soweit Schadensersatz von ihm verlangt werde, danach berechnet werde, was der Gläubiger gehabt hätte, wenn der Verzug nicht eingetreten, wenn also 1910 gezahlt worden wäre, und was er jetzt habe, nachdem der Verzug durch die verspätete Zahlung eingetreten sei. Für beide Zeitpunkte sei der Wertmesser der gleiche. Die Klägerin hätte 1910 8080 ℳ gehabt und habe jetzt diesen Betrag samt Zinsen auch. Vom Standpunkte des deutschen Rechtes und des deutschen Geldes als Wertmesser sei die Mark nicht weniger wert geworden. Nur weniger Waren, wozu auch ausländisches Geld gehöre, könnten damit gekauft werden. Andernfalls müßte man zu dem Ergebnis kommen, daß der, der 1910 8080 ℳ schuldete, heute das Doppelte oder mehr bezahlen müsse. Wolle sich ein Gläubiger ein solches Recht sichern, so müsse er sich Zahlung zu einem bestimmten Werte des Weltmarkts ausbedingen.

Dieser Angriff ist nicht begründet. Das Geld ist Wertmesser und Zahlungsmittel nur kraft staatlicher Anordnung, also nur innerhalb der Grenzen des eigenen Staatsgebietes. Im Auslande nimmt das inländische Geld die Natur einer Ware an, deren Preis sich nach dem Devisenkurs bestimmt. Hieraus folgt, daß der im Inlande wohnende Gläubiger sich nicht auf das Sinken des Geldwerts berufen und entsprechend höhere Zahlung von seinem Schuldner verlangen kann, solange der Staat das bisherige Geld als Wertmesser mit gleichbleibender Kraft beibehält. Ebensowenig kann es der ausländische Gläubiger, soweit die Schuld im Inlande zu erfüllen ist. Eine andere Frage ist aber, — und nur sie ist hier zu entscheiden —, was für einen Schaden der ausländische Gläubiger im Auslande dadurch erleidet, daß der inländische Schuldner seine Zahlungsverbindlichkeit gegen ihn nicht erfüllt. Diese Frage hat damit, ob für das Schuldverhältnis inländisches Recht maßgebend ist, nichts zu tun. Wohl aber greift die Regel Platz, daß das inländische Geld im Auslande seine Eigenschaft als Wertmesser verliert und die der Ware mit der Preisbildung einer Ware erhält. Die Sache liegt dann bei einer Geldschuld des inländischen Schuldners nicht viel anders, als wenn er dem ausländischen Gläubiger eine Ware zu liefern hatte und durch seinen Verzug der Gläubiger sich die Ware viel teuerer beschaffen mußte.

Die Revision wiederholt ferner die Einrede der rechtskräftig entschiedenen Sache. Mit Recht hat sie jedoch das Berufungsgericht zurückgewiesen. Der Klaganspruch im Vorprozesse war auf Zahlung der Bürgschaftschuld nebst Verzugzinsen gerichtet. Im gegenwärtigen Rechtsstreite macht die Klägerin den weiteren Schaden geltend, der ihr durch den Verzug des Beklagten entstanden ist. Der neue Anspruch ist also ein anderer als der, über welchen bereits entschieden ist." ...

---

74. 1. Zur Verjährung der Gewährleistungsansprüche, wenn dem Verkäufer vertragsmäßig eine Verpflichtung zur Nachbesserung auferlegt wurde.

2 Zur Auslegung der Vertragsklausel, wonach der Verkäufer die Nachbesserung übernimmt, „ohne für weiteren Schaden zu haften".

II. Zivilsenat. Urt. v. 26. September 1919 i. S. 1. K. (Kl.), 2. B. & B. (Nebeninterven.) w. Firma Joh. E. (Bekl.). II 90/19.

I. Landgericht Bremen, Kammer für Handelssachen.
II. Oberlandesgericht Hamburg.

Die Klägerin verkaufte im Dezember 1916 an die Beklagte ein vierspindeliges Bohrwerk, das zur Munitionsherstellung bestimmt war. Die Maschine stammte von der Nebeninterveníentin, deren allgemeine Lieferungsbedingungen auch dem Verträge der Parteien zugrunde gelegt wurden. Unter dem Stichworte „Garantie" lautet es in diesen Bedingungen: „Da wir für unsere Fabrikate nur gutes Material verwenden, gute Arbeit und regelrechte Konstruktion liefern, übernehmen wir, natürliche Abnutzung ausgeschlossen, für unsere Maschinen und Apparate eine Garantie auf die Dauer von 3 Monaten, vom Tage der Absendung an gerechnet, in der Weise, daß wir alle Fehler, welche sich nachweislich mangels obiger Eigenschaften herausstellen sollten, in unsern Werkstätten auf unsere Kosten beseitigen oder Ersatzstücke liefern, ohne für Frachtausgaben und weiteren Schaden zu haften." Die Maschine kam am 6. März 1917 in einzelnen Teilen bei der Beklagten an und wurde von ihr selbst montiert. Nachdem sie in Betrieb genommen war, traten Mängel hervor, indem die Spindeln nach kurzem Gebrauche nicht mehr gerade bohrten. Auf die Rüge der Beklagten, die die Klägerin an die Nebenintervenientin weitergab, schickte diese einen Monteur zur Prüfung und Abstellung der Mängel. Der Monteur arbeitete an der Maschine vom 11. April bis 12. Mai 1917, nach Behauptung der Beklagten ohne Erfolg.

Gegenüber der Klage auf Zahlung von 2139,25 ℳ Restkaufpreis weigerte die Beklagte die Erfüllung und erhob widerklagend einen Schadensersatzanspruch von 26 248,50 ℳ. Die Klägerin wandte Verjährung ein, indem sie darauf verwies, daß ein Antrag auf Beweissicherung erst am 24. September 1917 gestellt und die Widerklage am 3. Oktober 1917 erhoben worden war.

Der erste Richter wies durch Teilurteil die Widerklage wegen Verjährung des Schadensersatzanspruchs ab. Dagegen erklärte das Oberlandesgericht diesen Anspruch dem Grunde nach für gerechtfertigt. Die Revision wurde zurückgewiesen.

Aus den Gründen:

... „Dem Berufungsgericht ist ferner in der Verwerfung der Verjährungseinrede zuzustimmen. Die Nebenintervenientin hat einen Monteur geschickt, der sich im Einverständnis aller Beteiligten während der Zeit vom 11. April bis zum 12. Mai 1917 der Prüfung und Beseitigung des Mangels unterzog. Nach § 639 Abs. 2 BGB. war die Verjährung solange gehemmt. Daß diese Vorschrift für den Werkvertrag gegeben ist, während zwischen den Parteien ein Kaufvertrag abgeschlossen war, hindert ihre Anwendbarkeit nicht, da die beim Werkvertrage gesetzlich (§ 633 BGB.) vorgeschriebene Nachbesserungspflicht des Lieferers, auf der die Vorschrift beruht, von den Parteien rechtsgeschäftlich durch Bezugnahme auf die Bedingungen der Nebenintervenientin eingeführt war. Die Rechtslage war also völlig dieselbe (vgl. auch Staub HGB. § 377 Anm. 193a).

Wie weiter festgestellt ist, hat die Arbeit des Monteurs den Mangel nicht zu beheben vermocht. Da ein Angriff gegen diese Feststellung nicht erhoben ist, fragt sich nur noch, ob der Anspruch der Widerklage durch die Worte in der Garantieklausel „ohne für Frachtausgaben und weiteren Schaden zu haften" ausgeschlossen war. Mit Recht bezieht sich das Berufungsgericht für die Verneinung der Frage auf das Urteil des erkennenden Senats RGZ. Bd. 87 S. 335. Allerdings verlangte der Käufer in dem damaligen Falle Wandlung, während hier Schadensersatz wegen Nichterfüllung gefordert wird. Die Gründe, die in jenem Urteil niedergelegt sind, sprechen aber ebenso dafür, nach vergeblichem Nachbesserungsversuch auch den Schadensersatzanspruch zuzulassen. Nur von vornherein darf der Käufer, wenn der Vertrag eine Klausel der hier vorliegenden Art enthält, nichts anderes als Nachbesserung verlangen; hat diese zu keinem Erfolge geführt, so steht ihm die Wahl zwischen den Gewährleistungsansprüchen offen."

---

75. Zum Begriffe der Verzeihung als Erlöschungsgrund des Rechtes auf Scheidung.

BGB. § 1570.

VII. Zivilsenat. Urt. v. 26. September 1919 i. S. Kl. (Kl.) w. Ehefrau (Bekl.). VII 168/19.

I. Landgericht Hamburg.
II. Oberlandesgericht daselbst.

Aus den Gründen:

„Nach der Feststellung des Berufungsgerichts, die einen Prozeßverstoß nicht erkennen läßt, ist der Kläger am 25. November 1913 von einer Seereise auf Urlaub in die Heimat zurückgekehrt. Bald nach seiner Rückkehr hat die Beklagte ihm eingestanden, Ehebruch begangen zu haben. Der Kläger hat daraufhin sofort Ehescheidungsklage (datiert vom 29. November) erhoben, aber bis zu seiner Abreise, die Ende Dezember wieder erfolgte, mit ihr zusammen gelebt, die Nächte zusammen geschlafen und häufig mit ihr geschlechtlich verkehrt. Ausdrücklich mit Worten hat er der Beklagten seine Verzeihung zwar nicht ausgesprochen, vielmehr gleich anfangs und später immer wieder gesagt, er verzeihe ihr nicht, und die Beklagte hat auch nicht das Gefühl gehabt, als ob er ihr verzeihen wolle. Das Berufungsgericht hat dennoch in dem ganzen tatsächlichen Verhalten des Klägers Verzeihung erblickt. Die Revision rügt Verletzung des § 1570 BGB. Der Angriff ist nicht gerechtfertigt.

Der Vorderrichter verkennt nicht, daß in dem Geschlechtsverkehr der Ehegatten nicht unter allen Umständen schon eine Verzeihung begangener Eheverfehlungen eines Ehegatten zu finden ist, daß es vielmehr jedesmal auf die Besonderheit des Falles ankommt. Er geht auch im übrigen von zutreffenden rechtlichen Grundsätzen aus. Er faßt die Verzeihung mit Recht als einen inneren sittlichen Vorgang, nicht als einen Akt rechtsgeschäftlichen Verkehrs auf. Deshalb komme es nicht auf die wörtlichen Erklärungen und ebensowenig darauf an, wie der andere Ehegatte das Verhalten des Verletzten aufgefaßt habe. Maßgebend sei allein, ob der Kläger nach seinem ganzen Verhalten die Verfehlung der Beklagten nicht mehr gelten lassen wolle, daß also nicht mehr gesagt werden könne, die Fortsetzung der Ehe sei ihm nicht mehr zuzumuten.

Diese Rechtsauffassung des Berufungsgerichts deckt sich mit der Begründung zu § 1570 BGB. (Mot Bd. 4 S. 602) und mit der ständigen Rechtsprechung des Reichsgerichts (vgl. u. a. Urt. v. 29. Okt. 1906 IV 130/06, v. 10. Dez. 1906 IV 206/06 in Jur. Wochenschr. 1907 S. 79 und besonders v. 25. Juni 1906 IV 6/06 in Gruchot Bd. 51 S. 187). Hier ist überall ausgesprochen, daß der verletzte Ehegatte durch die Verzeihung zu erkennen gibt, daß er die Ehe durch das ehewidrige Verhalten des anderen nicht oder nicht mehr als zerrüttet empfindet, was zur Folge hat, daß ihm von seinem persönlichen Standpunkt aus die Fortsetzung der Ehe weiterhin zuzumuten ist. Die Frage der Verzeihung steht eben mit der Frage, ob dem verletzten Ehegatten die Fortsetzung der Ehe zuzumuten ist, im engsten Zusammenhange. Der Richter hat zwar, wenn wie hier die Scheidungsklage auf Ehebruch gestützt ist, für die Frage, ob diese Eheverfehlung, falls erwiesen, einen genügenden Scheidungsgrund abgebe, nicht noch zu prüfen, ob durch den Ehebruch die Ehe so tief zerrüttet sei, daß dem verletzten Ehegatten die Fortsetzung der Ehe nicht zugemutet werden könne; denn die Schwere der als sogenannte absolute Scheidungsgründe im Gesetze behandelten Eheverfehlungen rechtfertigt regelmäßig schon die Verneinung der Zumutungsfrage ohne weiteres. Da aber ebenso wie bei den relativen Ehescheidungsgründen des § 1568 BGB. auch bei den absoluten Scheidungsgründen der eigentliche und innerste Grund für den Scheidungsanspruch eben der ist, daß dem anderen Ehegatten die Fortsetzung der Ehe nicht zugemutet werden kann, so ist auch im Falle eines absoluten Scheidungsgrundes dem Scheidungsanspruche die Grundlage dann entzogen, wenn sich aus dem gesamten Verhalten des verletzten Ehegatten die Annahme rechtfertigt, daß er die Ehe durch das Verschulden des anderen Teiles nicht mehr als zerrüttet empfindet und daher von seinem persönlichen Standpunkt aus ihm die Fortsetzung der Ehe trotz der schweren Eheverfehlung des anderen weiter zuzumuten ist, wenn er also die Eheverfehlung verziehen hat. Der Revision kann daher nicht zugegeben werden, daß das Berufungsgericht die Frage der Verzeihung zu Unrecht mit der Zumutungsfrage verquickt hätte. Beide Fragen hängen aufs engste zusammen. Im übrigen ist die Feststellung, ob in dem Gesamtverhalten des Klägers eine Verzeihung zu finden ist, eine Tatfrage und als solche der Nachprüfung in der Revisionsinstanz entzogen. Das Verhalten des Klägers würde eine aller guten Sitte hohnsprechende Herabwürdigung seiner Ehefrau bedeuten, wenn darin keine auf Fortsetzung der Ehe abzielende Verzeihung erblickt werden müßte."

---

76. 1. In welcher Währung hat die Verurteilung eines im Inlande wohnhaften Schuldners zur Zahlung einer in ausländischer Währung ausgedrückten Geldschuld zu erfolgen, wenn für die Schuld kein inländischer Erfüllungsort bestimmt ist?

2. Welches örtliche Recht ist anzuwenden?

BGB. §§ 244, 269.

VI. Zivilsenat. Urt. v. 29. September 1919 i. S. Gräfin Sch. (Bekl.) w. J. (Kl.). VI 130/19.

I. Landgericht Guben.
II. Kammergericht Berlin.

Unter dem 21. September 1905 haben die Beklagte, damals Ehefrau des ungarischen Advokaten Dr. v. T., und ihre Mutter, Frau Ida Fürstin S., zu einer in Wien aufgenommenen notariellen Urkunde anerkannt, von dem Kläger auf Grund mehrerer von ihnen akzeptierter, von Karl P. in Wien ausgestellter und girierter Wechsel ein verzinsliches Darlehen von 60000 Kronen österreichischer Währung erhalten und sich zur Verzinsung und Rückzahlung „zur ungeteilten Hand" verpflichtet zu haben.

Durch Versäumnisurteil des Kreisgerichts Wiener Neustadt vom 14. April 1909 sind die beiden Schuldnerinnen zur Zahlung von 4800 Kronen — Zins vom 15. März 1908 bis dahin 1909 — nebst Verzugszins verurteilt worden.

Die mitverpflichtete Fürstin S. ist auf Grund des Darlehensverhältnisses durch Urteil des Landgerichts Bonn vom 7. April 1914 zur Zahlung von 17280 *M* — Zins vom 15. März 1909 bis 15. September 1913 — verurteilt worden. Im gegenwärtigen Rechtsstreite wird die Beklagte — die, von ihrem ersten Ehemanne v. T. durch rechtskräftiges Erkenntnis vom 30. Juni 1909 geschieden, am 21. September 1911 sich mit dem bei Frankfurt a. O. ansässigen Grafen Bernhard v. Sch. verheiratet hat und dadurch unter Verlust der ungarischen Staatsangehörigkeit Deutsche geworden ist — auf acht Prozent Zins aus dem Darlehen von 60000 Kronen für die Zeit vom 15. März 1909 bis dahin 1914 mit insgesamt 24000 Kronen in Anspruch genommen.

Der Kläger hat diesen Betrag in 20388 ℳ deutsche Reichswährung umgerechnet und beantragt, die Beklagte zur Zahlung von 20388 ℳ zu verurteilen, in Höhe von 17280 ℳ als Gesamtschuldnerin mit der Fürstin S.

Die Vorinstanzen haben dem Klagbegehren willfahrt. Die Revision führte zur Aufhebung und Zurückverweisung an das Berufungsgericht.

Gründe:

... „Die Revision beanstandet, daß die Beklagte zu 20388 ℳ (deutscher Reichswährung) verurteilt worden ist; nach der Schuldurkunde habe nur eine Verurteilung in Kronen (österreichischer Währung) erfolgen dürfen. Diesem Einwande war Folge zu geben.

Außer Streit steht, daß die Schuldurkunde nur von Kronen österreichischer Währung spricht. Bereits der Zahlungsbefehl des preußischen Amtsgerichts Z. vom 30. Dezember 1913 hat die damals verlangte Schuldsumme von 21600 Kronen österreichischer Währung in 18439,20 ℳ umgerechnet und dann den Kronenbetrag nur in Klammern beigefügt; im vorliegenden Rechtsstreite hat dann der Klagantrag und damit übeeinstimmrend die Formel des Urteils erster Instanz den Schuldbetrag nur in deutscher Reichswährung bezeichnet, ohne daß die Beklagte dem bisher widersprochen hätte. Es kann in Frage kommen, ob der Umstand, daß der Einwand gegen die Umrechnung erst jetzt gebracht, das Verlangen der Zahlung in deutscher Reichswährung beklagterseits früher nicht besonders zurückgewiesen und dem Klagbegehren nicht auch in Ansehung des angeforderten Umrechnungsbetrags ausdrücklich widersprochen worden ist, auf ein vertragsmäßiges Einverständnis beider Teile über den Gegenstand oder den Gegenwert der geschuldeten Leistung zu deuten ist (vgl. RG. I 201/06 vom 19. Dezember 1906, Leipz. Z. 1907 S. 271). Die Frage war nach der hier gegebenen Sachlage zu verneinen. Indem die Beklagte den Klagantrag überhaupt abzuweisen bat, ist sie dem gesamten Klagbegehren entgegengetreten. Einen besonderen Anlaß, sich über die vorgenommene Umrechnung zu äußern, hatte sie danach an und für sich nicht, und ein Zugeständnis in dieser Hinsicht hat das Berufungsgericht nicht festgestellt; ein solches ist auch dem gegebenen Sach- und Streitstande nicht zu entnehmen. Dies muß auch dann gelten, wenn, wie der Kläger an und für sich mit Grund betont, erst die jüngste Entwicklung der Zeit-, insbesondere der Valutaverhältnisse ein besonderes Interesse der Beklagten daran, die Umrechnung wie geschehen zu beanstanden, ergeben hat. Gerade wenn dem so ist, kann in der vorgängigen Nichterörterung dieses Punktes kein für die Annahme eines Einverständnisses schlüssiges Verhalten gefunden werden.

Es war mithin zu prüfen, ob sich die Beklagte die Verurteilung in deutscher Reichswährung gefallen lassen muß, nachdem sie mit der vorliegenden Revision unter Berufung auf die Schuldurkunde vom

16. September 1905 verlangt hat, wenn überhaupt, nur in österreichischer Kronenwährung verurteilt zu werden.

Die Entscheidung wäre ohne weiteres aus § 244 BGB herzuleiten, wenn die eingeklagte Zinsschuld im Inlande zu zahlen, d. h. wenn dafür ein in Deutschland gelegener Erfüllungsort gegeben wäre; die Wahl des Zahlungsmittels stünde in diesem Falle nach der angeführten Vorschrift der Beklagten als Schuldnerin zu. Es besteht indessen kein Anhalt, für das Schuldverhältnis der Parteien einen in Deutschland gelegenen Erfüllungsort anzunehmen. Maßgebend hierfür ist § 269 BGB. Im Zeitpunkte der Entstehung des Schuldverhältnisses, als welcher in Ermangelung sonstiger Anhaltspunkte der Tag der Errichtung der Schuldurkunde (16. September 1905) ins Auge zu fassen ist, hatte die Beklagte unstreitig ihren Wohnsitz nicht in Deutschland; auch aus sonstigen Umständen, insbesondere aus der Natur des Schuldverhältnisses läßt sich nichts dafür folgern, daß an einen in Deutschland gelegenen Erfüllungsort gedacht gewesen wäre.

War danach im Auslande zu leisten, so ist weder im Bürgerlichen Gesetzbuch noch im Einführungsgesetze dazu eine maßgebende Bestimmung enthalten. Nach der in der Rechtslehre vorherrschenden Ansicht sollen die Grundsätze des internationalen Privatrechts entscheiden, nach einer vereinzelten Auffassung (Oertmann, BGB. Anm. 2 zu § 244) das ausländische Recht, welches im Gebiete des Erfüllungsorts gilt. Soweit hiernach eine Meinungsverschiedenheit zutage tritt, braucht sie für den vorliegenden Fall nicht entschieden zu werden; unter beiden Gesichtspunkten ist hier zur Anwendung des Rechtes des Erfüllungsorts zu gelangen, als welches das österreichische Recht anzusehen ist. Die reichsgerichtliche Rechtsprechung wendet bei Schuldverhältnissen aus Verträgen grundsätzlich das Recht des Erfüllungsorts an (vgl. RGZ. Bd. 73 S 387, Bd. 74 S. 173, Bd. 81 S. 274; auch RG. V 8/18, RG. I 156/18), insbesondere soweit der Inhalt des Schuldverhältnisses zu beurteilen ist. Die vorliegende Vertragsurkunde ist in Wien errichtet, wo auch der Darlehnsgeber und jetzige Kläger wohnt; die zur Sicherung gegebenen Wechsel sind von Wien datiert, wo der Aussteller wohnte. Als Wohnort der beiden Schuldnerinnen — auch der Beklagten, die damals von ihrem ersten Ehemanne getrennt lebte — wird Schloß F. in Steiermark angegeben. Nach alledem kann nicht bezweifelt werden, daß der für die geschuldete Zinszahlung gedachte Erfüllungsort in Österreich zu suchen, mithin österreichisches Recht und die österreichische Währung anzuwenden ist. Nach dem österreichischen Allgemeinen Bürgerlichen Gesetzbuche § 905 (in seiner durch die III. Teilnovelle dazu, §§ 100 flg., nicht berührten Fassung, da das Schuldverhältnis vor dem 1. Januar 1917 begründet ist), „werden, wenn der Ort, wo der Vertrag erfüllt werden soll, weder aus der Verabredung noch aus der Natur oder dem

Zwecke des Geschäfts bestimmt werden kann, bewegliche Sachen an dem Orte, wo das Versprechen gemacht worden ist, übergeben; in Ansehung des Maßes, des Gewichtes und der Geldsorten ist auf den Ort der Übergabe zu sehen". Dafür, daß sich hieran durch die späteren Umstände, insbesondere die Verheiratung der Beklagten mit einem Deutschen und ihre Wohnsitznahme in Deutschland, etwas geändert hätte, ergibt das österreichische Recht keinen Anhalt.

Nach dem Ausgeführten war die Formel der Verurteilung im Sinne der Revision dahin abzuändern, daß die geschuldete Leistung in österreichischer Kronenwährung beziffert wird. Ein dahingehender Antrag ist in dem von der Revision wiederholten Berufungsantrag auf Klagabweisung als mitenthalten zu finden. In welcher Weise der Kläger die Leistung seiner Zeit beizutreiben in der Lage sein und zu welchem Fuße der Schuldbetrag gegebenenfalls umzurechnen sein wird, muß dem Vollstreckungsverfahren vorbehalten bleiben. Auch nur teilweise eine Klagabweisung auszusprechen, war demgemäß zurzeit kein Anlaß."

---

77. 1. In welchem Zeitpunkte kommt ein Vertrag zustande, wenn Antrag und Annahme je von einem anderen Notar und an verschiedenen Orten beurkundet werden?

2. Nach welchen Grundsätzen ist die im Antrag enthaltene Erklärung auszulegen, daß der Antragende bis zu einem bestimmten Tage und bis zu der angegebenen Stunde dieses Tages gebunden bleibe?

3. Zu dem Falle, wenn der Antragende vom Eingange der notariellen Annahmeerklärung bei dem Notar, der den Antrag beurkundet hatte, innerhalb der Annahmefrist durch einen Dritten Kenntnis erhält.

BGB. § 152.

V. Zivilsenat. Urt. v. 17. September 1919 i. S. W. und Kr. (Kl.) w. Br. (Bekl.). V 131/19.

I. Landgericht II Berlin.
II. Kammergericht daselbst.

In der notariellen Verhandlung vor dem Notar Kl. zu Berlin vom 6. Februar 1918 bot die Beklagte dem Kaufmann Kr. in Hamburg oder dem von ihm zu benennenden Dritten ihr näher bezeichnetes Grundstück zum Kaufe an. In § 7 der notariellen Urkunde heißt es: „Die heute geleistete Anzahlung ist als Vertragsstrafe verfallen, wenn das Angebot in der angegebenen Zeit nicht angenommen wird oder die Auflassung nicht bis spätestens 2. April 1918 entgegengenommen wird"; in § 10 heißt es dann: „Ich, die Verkäuferin, halte mich an das Angebot bis zum 28. Februar 1918 nachmittags 6 Uhr gebunden." In der von einem Notar in Hamburg aufgenommenen Verhandlung vom 15. Februar 1918 hat der Kaufmann Kr. das Kaufangebot für die Klägerin angenommen, deren Mitinhaber er ist. Am 16. Februar wurde diese Annahmeerklärung dem Notar Kl. übersandt; die Beklagte selbst hat diese Urkunde jedoch erst am 2. März 1918 erhalten. Die Klägerin behauptet indes, daß die Beklagte von der Annahme ihres Angebots bereits am 18. Februar 1918 in Kenntnis gesetzt worden sei, und zwar durch die Zeugen A. und L., und daß die Beklagte sonach den Vertrag als rechtsgültig zustande gekommen gelten lassen müsse. Die Klägerin beantragte demgemäß die Verurteilung der Beklagten zur Auflassung. Die Beklagte vertrat ihrerseits den Standpunkt, daß der Vertrag nicht zustande gekommen sei, weil sie bei der Verhandlung vom 6. Februar 1918 ausdrücklich erklärt habe, daß ihr die Annahmeerklärung innerhalb der Bindungsfrist auch zugegangen sein müsse, während es nicht genügt haben würde, wenn sie von dritten Personen von der Vertragsannahme Kenntnis erhalten hätte.

Das Landgericht gab der Klage statt. Auf die Berufung der Beklagten wies das Kammergericht die Klage ab. Der Revision der Klägerin ist stattgegeben worden, aus folgenden

Gründen:

. . . „Das Berufungsgericht verneint das Zustandekommen des Vertrags deswegen, weil es an der erforderlichen Vertragsannahme durch Kr. innerhalb der ihm gestellten Annahmefrist gefehlt habe. Daß Kr. seine Annahmeerklärung noch innerhalb der Frist notariell erklärt habe, könne hier, so führt das Urteil aus, nicht entscheidend sein, da die Regel des § 152 BGB., wonach im Falle gerichtlicher oder notarieller Beurkundung eines Vertrags unter Abwesenden der Vertrag schon mit der Beurkundung der Annahme zustande komme, nicht anwendbar sei, vielmehr im Sinne des § 152 ein Ausnahmefall vorliege, nämlich der, daß „etwas anderes" bestimmt worden sei. Und diese anderweite Bestimmung hat das Berufungsgericht darin gefunden, daß die Beklagte in ihrem Vertragsangebote sich nur bis zum 28. Februar 1918 abends 6 Uhr für gebunden erklärt hat.

Wenn dem die Revision zunächst entgegengehalten hat, daß die Annahmeerklärung des Kr. der Beklagten innerhalb jener Bindungsfrist sogar auch zugegangen sei, so kann ihr darin allerdings nicht recht gegeben werden. Zugegangen ist die Annahmeerklärung der Beklagten selbst unstreitig erst am 2. März 1918, und mit Unrecht beruft sich die Revision darauf, daß der Notar Kl. die in Hamburg verlautbarte Annahmeerklärung noch innerhalb der gesetzten Frist empfangen hatte. Denn dadurch war die Urkunde noch nicht in die Verfügungsgewalt der Beklagten gelangt (Jur. Wochenschr. 1914 S. 863 Nr. 2), und es lag noch nicht ausschließlich an der Beklagten, ob sie von dem Inhalte der Urkunde Kenntnis nehmen wollte oder nicht (RGZ. Bd. 50 S. 191). Anders wäre es, wenn der Notar Kl. bei Empfangnahme der Urkunde als Vertreter der Beklagten gehandelt hätte. Aber daß die Beklagte ihn zu solcher Vertretung bestellt hätte, ist aus nichts ersichtlich. Es kommt hierbei auch in Betracht, daß der Antragsgegner Kr. in Hamburg wohnhaft war und somit auch dafür nichts spricht, daß die Beklagte damit rechnete, Kr. werde seine Annahmeerklärung vor dem in Berlin wohnhaften Notar Kl. verlautbaren. Aber auch in dem späteren Zeitpunkte, als die Beklagte erfahren haben mochte, daß die Erklärung des Kr. beim Notar Kl. angelangt sei, konnte jene noch nicht als der Beklagten zugegangen gelten. Denn auch damit war die Urkunde noch nicht in die Verfügungsgewalt der Beklagten gelangt. Immer steht der Annahme der Revision entgegen, daß Kl., soweit erhellt, weder als Vertreter noch auch als Besitzdiener der Beklagten angesehen werden konnte.

Was sodann die grundsätzliche Frage anlangt, welche Bedeutung der Fristsetzung in einem Vertragsangebote beizumessen ist, so liegt es allerdings nahe, in einer derartigen Erklärung zugleich den Ausdruck des Willens des Antragenden zu finden, es solle zur Rechtzeitigkeit der Annahme gehören, daß ihm die Annahmeerklärung fristgemäß auch zugegangen sein müsse, oder daß er wenigstens von ihr derart zuverlässige Kenntnis innerhalb der Frist erhalte, daß er am Vorhandensein der Erklärung keinen begründeten Zweifel mehr hegen könne und sonach über seine Rechtslage auch nicht mehr im Ungewissen bleibe. Auch ist es richtig, daß der Antragsgegner, der behaupten will, daß der Fristsetzung im gegebenen Falle eine derartige Bedeutung nicht beizulegen sei, seinerseits den Beweis dafür zu erbringen hat. Diese Anschauungsweise entspricht der ständigen Rechtsprechung, insbesondere des erkennenden Senats (RGZ. Bd. 49 S. 131, Bd. 76 S. 366; Jur. Wochenschr. 1912 S. 133 Nr. 4; Warneyer 1912 Nr. 152, 1913 Nr. 354; Gruchot Bd. 57 S. 148 und 925, Bd. 60 S. 121; Urt. v. 13. Juli 1912 V 99/12 und v. 1. April 1914 V 514/13). Von ihr abzuweichen, liegt kein Anlaß vor, wie auch dabei zu verbleiben ist, daß die Ermittelung der wirklichen Bedeutung der Fristsetzung in jedem Einzelfalle Sache der Auslegung ist. Im gegenwärtigen Falle hat nun das Berufungsgericht in erster Reihe auslegungsweise angenommen, daß die Beklagte gemäß ihrer Erklärung in § 10, sie halte sich bis zum 28. Februar 1918 nachmittags 6 Uhr an das Angebot gebunden, nur dann habe gebunden sein sollen, wenn ihr die Annahmeerklärung bis zum Ablaufe der festgesetzten Stunde „zuginge". Hätte das Berufungsgericht an dieser Auslegung endgültig festgehalten und wäre die Auslegung selbst auch bedenkenfrei, dann wäre damit die vorliegende Streitfrage auch entschieden, denn zugegangen ist die Annahmeerklärung der Beklagten, wie bereits gesagt ist, erst am 2. März 1918. Indes das Berufungsgericht hat nicht daran festgehalten, daß es zur Rechtzeitigkeit der Vertragsannahme des fristgemäßen Zuganges der Erklärung bedurft hätte, und auch seine Auslegung an sich erscheint nicht bedenkenfrei.

Gegenstand der Auslegung mußte zunächst die das Vertragsangebot enthaltende Urkunde sein, und zu fragen war nicht nur, was die Beklagte gewollt hat oder welche Tragweite sie ihrer Fristbestimmung hat beilegen wollen, sondern zu erforschen war auch, welchen Willen sie dem Antragsgegner gegenüber erkennbar zum Ausdruck gebracht hat, da der Antragsgegner die Erklärung nur in dem Sinne gelten zu lassen brauchte, wie sie nach Treu und Glauben mit Rücksicht auf die Verkehrssitte zu verstehen war (RGZ. Bd. 67 S. 433, Bd. 68 S. 128, Bd. 86 S. 88, Bd. 88 S. 428, Bd. 91 S. 426). Das Berufungsgericht hat es nun aber tatsächlich dabei bewenden lassen, zu ermitteln, was die Beklagte gewollt hat, ohne zugleich festzustellen, daß auch der Antragsgegner ihre Fristsetzung so hat verstehen müssen, wie sie von der Beklagten gemeint war. Insbesondere fehlt jeder Ausspruch darüber, daß die Erklärung der Beklagten in § 10 des Angebots, sie wolle nur bis zum Ablaufe der bestimmten Stunde des letzten Fristtags gebunden sein, auch vom Antragsgegner so habe verstanden werden müssen, daß damit der wirkliche Zugang der Annahmeerklärung innerhalb der gesetzten Frist verlangt sei. Wenn das Berufungsgericht insbesondere noch erwogen hat, daß die Beklagte bei Gelegenheit der Beurkundung ihres Kaufangebots ihren Willen auch ausdrücklich kund getan habe, so mag das zwar ebenfalls zur Ermittelung dessen, was die Beklagte wollte, von maßgeblicher Bedeutung gewesen sein. Aber übersehen ist, daß die Beklagte die als erwiesen angesehenen Äußerungen in Abwesenheit des Antragsgegners gemacht hat, daß diese Äußerungen auch keine Berücksichtigung in der Urkunde selbst gefunden haben, und daß auch darüber nicht einmal etwas verlautet, daß die Äußerungen dem Antragsgegner sonst auf irgendeine Weise bekannt geworden seien. Nun war allerdings der Zeuge A. bei der notariellen Aufnahme des Kaufangebotes zugegen, und die Klägerin behauptet selbst, daß der Genannte von Kr. zum Abschlusse des Kaufvertrags beauftragt gewesen sei. Aber zum Abschluß dieses Vertrags ist es nicht gekommen. Inwiefern nun die Kenntnis des A. trotzdem dem Kr. unmittelbar zugerechnet werden müßte, ist unerörtert geblieben und ergibt sich nicht ohne weiteres.

Im weiteren Verlaufe des Urteils hat dann das Berufungsgericht auch seinerseits davon absehen wollen, daß das Zustandekommen des Vertrags unbedingt von dem fristgemäßen wirklichen Zugange der Annahmeerklärung abhängig gewesen sei. Jetzt hat es vielmehr zutreffend dem Gedanken Raum gegeben, daß der Zugang der Erklärung dadurch hätte ersetzt werden können, daß die Beklagte von der Vertragsannahme innerhalb der Bindungsfrist zuverlässige Kenntnis erhalten hätte. Nunmehr hat es jedoch verneint, daß der Beklagten vor Ablauf der Bindungsfrist eine wirklich zuverlässige Kenntnis zuteil geworden sei.... (Es werden hiernach zunächst die gegen jenes Ergebnis des Berufungsgerichts gerichteten prozessualen Rügen erörtert, insbesondere nach der Richtung, daß die Beklagte die ihr durch die Zeugen A. und L. zuteil gewordene Benachrichtigung vom Eingange der notariellen Annahmeerklärung selbst für eine zuverlässige angesehen haben soll. Sodann wird fortgefahren:)

Faßt man diesen gesamten Sachverhalt ins Auge, so erscheint aber auch der weitere Gesichtspunkt als beachtlich. Die Klägerin hat geltend gemacht, daß es unter den gegebenen Umständen jedenfalls Sache der Beklagten gewesen sei, wenn sie den ihr gewordenen Mitteilungen trotz allem noch nicht völlig traute, dies auch kund zu tun, während sie die Beteiligten nicht bei dem Glauben hätte lassen dürfen, daß sie bedenkenlos den Mitteilungen traue, da es andernfalls leicht gewesen wäre, der Beklagten einen völlig zweifellosen Nachweis noch rechtzeitig zu verschaffen. Und in der Tat hätte es Treu und Glauben entsprochen, wenn die Beklagte, wie die Sache lag, entweder Kr. oder dem Zeugen L. ihre etwaigen Zweifel offen zu erkennen gegeben oder wenn sie sich selbst, was ihr leicht möglich war, von dem Vorhandensein der notariellen Annahmeerklärung beim Notar Kl. überzeugt hätte. Dagegen würde es einen Verstoß gegen Treu und Glauben bedeuten, wenn die Beklagte zuvörderst und äußerlich sich so verhielt, daß an ihrer eigenen Annahme, der Vertrag sei zustande gekommen, kein Zweifel mehr bestand, daß infolgedessen weitere Nachweise auch unterblieben, und wenn sie in der Folge trotzdem geltend machen wollte, der Vertrag sei nicht zustande gekommen, weil ihr keine zuverlässige Kenntnis vom Eingange der notariellen Annahmeerklärung zuteil geworden sei."...

---

78. Zum Begriffe der „unrichtigen Angabe" im Sinne der §§ 57, 60 der Eisenbahnverkehrsordnung. Zur Haftung des Absenders wegen unrichtiger Angaben im Frachtbriefe.

Eisenbahnverkehrsordnung §§ 54 Abs. 2 A, 56, 57, 60 Abs. 1, Anlage C Ziff. III.

I. Zivilsenat. Urt. v. 27. September 1919 i. S. A. (Bekl.) w. preuß. Eisenbahnfiskus (Kl.) I 84/19.

I. Landgericht Frankfurt a. M.
II. Oberlandesgericht daselbst.

Die beklagte Speditionsfirma gab am 6. Mai 1915 auf dem Bahnhof in Frankfurt a. M. ein Holzfaß im Gewichte von 210 kg zur Beförderung als Eilgut an die Firma Chemische Fabrik Dr. B. in Berlin auf. In dem Eilfrachtbriefe bezeichnete sie den Inhalt des Fasses als „Schuhzement", ohne dazu schriftlich oder mündlich eine Erläuterung zu geben. Kurze Zeit nach Verladung in einen Güterwagen explodierte das Faß; die Flamme setzte einen großen Teil der mitverladenen Güter und auch den Wagen selbst in Brand. Wegen des hierdurch verursachten Schadens und zugleich wegen Entrichtung eines Frachtzuschlags von 3 *M* für jedes Kilogramm Ladegewicht nimmt der Kläger die Beklagte in Anspruch. Die Beklagte bestreitet den Anspruch nach Grund und Höhe.

Durch Zwischenurteil vom 13. Oktober 1916 erklärte das Landgericht den Klaganspruch dem Grunde nach für berechtigt. Auf die Berufung der Beklagten wies das Oberlandesgericht die Klage wegen des Frachtzuschlags ab. Im übrigen aber wies es die Berufung zurück. Die Revision der Beklagten hatte keinen Erfolg. Auf die Anschlußrevision des Klägers wurde das landgerichtliche Urteil wiederhergestellt.

Gründe:

„Nach den Feststellungen des Berufungsgerichts ist anzunehmen, daß die Beklagte den Inhalt des Fasses im Sinne der Vorschriften der Eisenbahnverkehrsordnung unrichtig angegeben und demgemäß für den durch den Brand herbeigeführten Schaden als eine Folge ihrer unrichtigen Angabe einzustehen hat. „Schuhzement" ist eine aus Petroleumbenzin und Kautschuk bereitete Flüssigkeit. Er gehört also zu den in Anl. C der EVO. unter III Ziff. 2 aufgeführten „Flüssigkeiten, die bereitet sind einerseits aus Petroleumnaphtha oder ähnlichen leicht entzündlichen Flüssigkeiten, anderseits aus Harz, Kautschuk, Guttapercha, Seife, Asphalt, Teer oder dergleichen". Für diese nach § 54 Abs. 2 A nur bedingungsweise zur Beförderung zugelassenen Stoffe sind verschiedene Sondervorschriften maßgebend. Nach § 56 d EVO. sind sie bei der Inhaltsbezeichnung im Frachtbriefe mit der in Anlage C gebrauchten Bezeichnung zu benennen. Nach den Beförderungsvorschriften B. Abs. 4 der Anlage C III dürfen sie nur in Mengen bis zu 10 kg mit anderen Gegenständen zusammengepackt und in bedeckten Wagen befördert werden; bei größeren Mengen müssen sie in offene Wagen verladen werden. Nach Abs. 5 a. a. O. sind die

Wagen vor Beginn der Verladung auf beiden Seiten mit roten Zetteln zu versehen, die deutlich die Aufschrift „Feuergefährlich“ und „Vorsichtig verschieben“ tragen. Endlich ist nach den Bestimmungen des Deutschen Eisenbahn-Gütertarifs Teil I Abt. A ihre Aufgabe als Eilstückgut nur in Mengen bis zu 10 kg zulässig.

Gegen die vorgenannte Vorschrift des § 56d EVO. hat die Beklagte dadurch verstoßen, daß sie den Inhalt des als Eilstückgut aufgegebenen Fasses im Frachtbrief ohne weiteren Zusatz nur als „Schuhzement“ bezeichnet hat, während sie verpflichtet war, sich der in Anlage C III 2 bestimmten Ausdrucksweise zu bedienen und den Inhalt als „Flüssigkeit, bereitet aus Petroleumbenzin und Kautschuk“ anzugeben. Die bloße Bezeichnung „Schuhzement“ war, wie unten bei Besprechung der Anschlußrevision noch näher zu erörtern sein wird, im Sinne der Eisenbahnverkehrsordnung unrichtig, und deshalb greift hier die von der Frage eines etwaigen Verschuldens unabhängige Bestimmung des § 57 EVO. Platz, daß der Absender der Eisenbahn für die Richtigkeit und Vollständigkeit der in den Frachtbrief aufgenommenen Angaben und Erklärungen zu haften und alle Folgen zu tragen hat, die aus unrichtigen, ungenauen oder ungenügenden Eintragungen entspringen.

In rechtlich bedenkenfreier Weise hat nun das Berufungsgericht ausgeführt, daß die Entstehung des Schadens eine Folge der vorschriftswidrigen Inhaltsbezeichnung gewesen sei, da bei ordnungsmäßiger Angabe das 210 kg schwere Faß überhaupt nicht als Eilstückgut angenommen und nicht zusammen mit anderen Eilstückgütern von hohem Werte in einen gedeckten Wagen verladen, vielmehr nur als gewöhnliches Frachtgut unter Beobachtung der nötigen Vorsichtsmaßregeln in einem offenen Wagen untergebracht worden wäre. Wenn demgegenüber die Revision geltend macht, daß die Beamten des Klägers den Namen der Ware und deren feuergefährliche Zusammensetzung gekannt und sie deshalb nicht so, wie geschehen, hätten verladen dürfen, so setzt sie sich in unzulässiger Weise mit der Beweiswürdigung des Berufungsgerichts in Widerspruch.... (Dies wird näher ausgeführt).

Sodann sucht die Revision ein mitwirkendes Verschulden der Bahn (§ 254 BGB.) damit zu begründen, daß die gesetzlichen Vertreter der Bahn ihre Belehrungspflicht verabsäumt hätten; sie hätten den Beamten durch geeignete Vorschriften einschärfen müssen, daß sie Waren, deren Namen ihnen nicht bekannt seien oder deren Zusammensetzung ihnen zu Zweifeln Anlaß biete, nicht annehmen dürften, ehe sie durch entsprechende Rückfrage deren Ungefährlichkeit festgestellt hätten. Allein ein derartiges Verlangen findet weder in gesetzlichen Vorschriften noch in den Anschauüngen und Anforderungen des Verkehrs eine Stütze. Mit Recht weist schon das Berufungsgericht darauf hin, daß den mit der Annahme der Frachtgüter beauftragten meist untergeordneten Dienststellen nicht zugemutet werden könne, alle handelsüblichen Warenbezeichnungen zu kennen und von der Beschaffenheit und Zusammensetzung jeder Ware eine mehr oder weniger genaue Wissenschaft zu haben. Wollte man entsprechend dem Verlangen der Revision in allen Zweifelsfällen der bezeichneten Art die Abfertigungsbeamten zu Rückfragen nötigen, so würde dadurch bei der ungeheuren, sich stetig vermehrenden Zahl der Warenbenennungen eine unerträgliche Belästigung und Erschwerung des Güterverkehrs herbeigeführt werden. Gerade zur Vermeidung derartiger Schwierigkeiten sind die Beförderungsvorschriften der Anlage C bestimmt. Eine unbillige Härte kann in der Auflage, die Güter in bestimmter, den Beförderungsvorschriften entsprechender Weise zu benennen, nicht gefunden werden, da derjenige, auf dessen Veranlassung die Güterversendung erfolgt, meist ohne Mühe in der Lage sein wird, die verlangten allgemeinen Angaben über die Zusammensetzung der Ware zu machen und nötigenfalls den von ihm beauftragten Spediteur darüber hinlänglich zu unterrichten.

Hiernach versagen die Revisionsangriffe....

Begründet erscheint dagegen die Anschlußrevision des Klägers. Sie richtet sich dagegen, daß das Berufungsgericht die Klage in Ansehung des Frachtzuschlags abgewiesen hat. Der Anspruch wird gestützt auf § 60 Abs. 1 EVO., wonach — neben dem entstandenen Schaden — bei unrichtiger Angabe des Inhalts einer Sendung ohne Rücksicht darauf, ob ein Verschulden des Absenders vorliegt oder nicht, Frachtzuschläge zu entrichten sind, die bei den in Anlage C unter III aufgeführten brennbaren Flüssigkeiten für jedes kg Rohgewicht 3 *M* betragen. Die Anwendbarkeit dieser Bestimmung verneint das Berufungsgericht, weil als unrichtig nur eine wahrheitswidrige Angabe angesehen werden könne, die Bezeichnung „Schuhzement" aber für die Ware im Verkehr tatsächlich gebraucht werde und nur eine nicht unter § 60 Abs. 1 fallende Ungenauigkeit insofern enthalte, als sie die in Anlage C vorgeschriebene Angabe über die Zusammensetzung der Flüssigkeit vermissen lasse. Zur Unterstützung seiner Ansicht beruft sich das Berufungsgericht auf den Umstand, daß in der früheren Eisenbahnverkehrsordnung v. 26. Oktober 1899 an der entsprechenden Stelle (§ 53) von „unrichtiger oder ungenauer" Inhaltsangabe die Rede gewesen sei, während die Beschränkung der jetzt maßgeblichen Vorschrift auf den Fall der „unrichtigen" Angabe absichtlich zu dem Zwecke erfolgt sei, Zweifel und ungerechtfertigte Härten, die sich aus der früheren Fassung ergeben hätten, zu beseitigen.

Diese Begründung erscheint nicht stichhaltig. Zwar genügt der Absender der Vorschrift des § 56d Satz 1 EVO., daß er in den

Frachtbrief die Bezeichnung der Sendung nach ihrem Inhalt aufnehmen soll, in der Regel schon dann, wenn er die Sendung mit ihrer verkehrsüblichen Benennung bezeichnet, mag diese auch mit der Ausdrucksweise des Tarifs nicht übereinstimmen, und eine solche handelsübliche, wenn auch dem Tarife nicht entsprechende Benennung der Ware wird im allgemeinen nicht als eine unrichtige im Sinne der Eisenbahnverkehrsordnung aufgefaßt werden können (RGZ. Bd. 67 S. 287 flg.; Urt. des RG. vom 13. April 1915 II 323/14 Recht 1915 Nr. 1658). Abweichendes muß aber gelten für die in § 56 d Satz 3 ausdrücklich einer besonderen Regelung unterworfenen Gegenstände der Anlage C, hinsichtlich deren vorgeschrieben wird, daß sie im Frachtbriefe mit der in Anlage C gebrauchten Bezeichnung zu benennen sind. Diese Bezeichnung kann deshalb allein als die richtige im Sinne der Eisenbahnverkehrsordnung und in Ansehung des zwischen dem Absender und der Eisenbahn zustande gekommenen Frachtgeschäfts angesehen werden; jede andere Benennung der Ware, die deren feuergefährliche Zusammensetzung nicht deutlich erkennbar macht, ist, mag sie auch mit der verkehrsüblichen Ausdrucksweise im Einklange stehen, unrichtig und geeignet, den im § 60 Abs. 1 a EVO. geregelten Anspruch der Bahn auf Entrichtung eines Frachtzuschlags zur Entstehung zu bringen. Nur bei dieser Auslegung des Begriffs der unrichtigen Inhaltsangabe wird man dem Zwecke gerecht, zu dem der Frachtzuschlag des § 60 EVO. eingeführt worden ist. Hier hat der Frachtzuschlag, wie das Reichsgericht bereits mehrfach ausgesprochen hat (RGZ. Bd. 47 S. 36 flg., Bd. 64 S. 286), die rechtliche Natur einer Vertragsstrafe, deren Verwirkung nach der ausdrücklichen Bestimmung des § 60 von einem Verschulden des Absenders unabhängig ist. Die Strafbestimmung soll dazu dienen, den Absender zu einem Verhalten zu zwingen, das der Eisenbahnverkehrsordnung und seiner durch sie begründeten Vertragspflicht entspricht. Als Vertragspflicht des Absenders stellt sich auch dessen Verpflichtung dar, die in der Anlage C aufgeführten Gegenstände mit der dort gebrauchten Bezeichnung zu benennen. Wollte man trotzdem eine anders gefaßte Bezeichnung der Gegenstände nicht als unrichtig und unter § 60 d fallend ansehen, so würde insoweit der vom Gesetzgeber beabsichtigte Zweck des Frachtzuschlags vereitelt werden. Verfehlt erscheint auch der Versuch des Berufungsgerichts, etwas Gegenteiliges aus der Verschiedenheit der Fassung des § 53 Abs. 8 EVO. von 1899 und des § 60 Abs. 1 a der gegenwärtigen Eisenbahnverkehrsordnung folgern zu wollen. Sollte auch die Ersetzung des Ausdrucks „unrichtige oder ungenaue Deklaration“ durch die engere Wortfassung „unrichtige Inhaltsangabe“ zur Beseitigung von Zweifeln und ungerechtfertigten Härten dienen, so ergibt sich hieraus doch keineswegs, daß von der Erhebung des Zuschlags jeder Fall ausgeschlossen sein sollte, in dem der Mangel in der Inhaltsangabe solcher Art ist, daß sich auf ihn der Begriff „Ungenauigkeit“ anwenden ließe. Im Gegenteil wird in der von Eger EVO. 3. Aufl. S. 252 mitgeteilten amtlichen Begründung ausdrücklich hervorgehoben, daß in den Fällen, wo eine Beförderungsgefährdung vorliege, die „ungenaue“ Angabe wohl immer auch eine „unrichtige“ sein werde. Diese Annahme trifft in besonderem Maße auf den vorliegenden Fall zu, wo die vorschriftswidrige und deshalb nicht nur ungenaue, sondern auch unrichtige Inhaltsangabe sowohl die Vernichtung des Frachtguts selbst als auch die Zerstörung und Gefährdung weiterer Güter und des Güterwagens zur Folge gehabt hat.“

---

79. 1. Unsittlichkeit eines auf Förderung gewerbsmäßigen Schmuggels abzielenden Vertrags.
2. Verpflichtung eines durch nichtigen Vertrag Beauftragten zur Auskunfterteilung und Rechenschaftsablage gemäß § 687 Abs. 2 BGB.

III. Zivilsenat. Urt. v. 30. September 1919 i. S. J. (Kl.) w. M. (Bekl.). III 106/19.

I. Landgericht Oppeln.
II. Oberlandesgericht Breslau.

Auf Grund einer zwischen den Streitteilen getroffenen Vereinbarung übersandte der Kläger dem Beklagten in den Jahren 1912 bis 1914 Seidenbänder mit dem Auftrage, sie auf sein Lager zu nehmen und bestimmten in Lodz wohnenden Kunden des Klägers gegen Bezahlung auszuhändigen. Aus dieser Geschäftsverbindung beanspruchte der Kläger auf Grund der Vereinbarung, ungerechtfertigter Bereicherung und unerlaubter Handlung die Zahlung eines Restbetrags von 5220,15 *M* nebst Zinsen.

Das Landgericht hat der Klage in Höhe von 4377,16 *M* nebst Zinsen entsprochen. Auf die Berufung des Beklagten ist der Kläger völlig abgewiesen worden. Seine Revision hatte Erfolg.

Gründe:

„Die Vereinbarung zwischen den Streitteilen, auf die die Klage in erster Linie gestützt ist, wird von dem Berufungsrichter wegen Verstoßes gegen die guten Sitten auf Grund der von der Revision nicht angefochtenen tatsächlichen Feststellung für nichtig erklärt, daß sie getroffen worden sei, um den russischen Kunden des Klägers zu ermöglichen, die Waren durch gewerbsmäßige Schmuggler über die

Grenze zu schaffen und den hohen russischen Einfuhrzoll zu umgehen. Das steht im Einklange mit der Rechtsprechung des Reichsgerichts, von der abzugehen kein Anlaß vorliegt. In der von dem Berufungsgericht angezogenen Entscheidung des VI. Zivilsenats vom 4. Dezember 1916 (VI 276/16, Recht 1917 Beil. Nr. 155 flg.) wird die Unsittlichkeit eines solchen Vertrags zutreffend damit begründet, daß der gewerbsmäßige Schmuggel eine dem Gemeinwohle gefährliche Verwirrung und Verwilderung der sittlichen Begriffe erzeuge, wie dort näher ausgeführt ist (vgl. außerdem RGZ. Bd. 42 S. 295, Bd. 56 S. 181).

Dagegen kann den Ausführungen des Berufungsrichters nicht beigepflichtet werden, mit denen dieser die Abweisung der Klage aus unerlaubter Handlung und aus ungerechtfertigter Bereicherung gemäß § 816 BGB. begründet. Der Kläger hatte behauptet, der Beklagte habe der getroffenen Vereinbarung zuwider die Waren, soweit er sie weder bezahlt noch zurückgesandt habe, nicht an die Kaufleute aus Lodz gegen Barzahlung ausgehändigt, sondern für eigene Rechnung anderweit verkauft. Der Berufungsrichter meint nun, der Kläger habe weiter behaupten und beweisen müssen, welche Waren der Beklagte verkauft habe, welchen Wert diese gehabt hätten oder welchen Erlös der Beklagte bei ihrem Verkauf erzielt habe; denn es handle sich nicht um einen Anspruch aus einem Vertragsverhältnis, auf Grund dessen der Beklagte zur Rechenschaftslegung verpflichtet sei. Dieses Ergebnis ist unhaltbar. Da der Beklagte dem Kläger keine Mitteilungen gemacht hatte, welche Waren er den Käufern eingehändigt und dem Kläger bezahlt habe, war dieser gar nicht in der Lage, die von dem Berufungsrichter geforderten Behauptungen aufzustellen; er würde also gegenüber seinem unredlichen Gegner rechtlos sein. Ihm kann nun zwar nicht, wie die Revision meint, dadurch geholfen werden, daß man den zwischen den Streitteilen geschlossenen Vertrag insoweit für gültig erklärt, als er den Beklagten gemäß §§ 688, 675, 666 BGB. zur ordnungsmäßigen Aufbewahrung der Waren, zur Auskunfterteilung und Rechnungslegung verpflichte. Auf Grund des § 138 BGB. ist der Vertrag völlig nichtig; es liegt weder ein Verwahrungs- noch ein Auftragsvertragsverhältnis vor. Wohl aber steht dem Kläger die Vorschrift des § 687 Abs. 2 BGB. zur Seite, nach der derjenige, welcher ein fremdes Geschäft als sein eigenes behandelt, obwohl er weiß, daß er dazu nicht berechtigt ist, gemäß §§ 681, 666 flg. auf Auskunfterteilung, Rechenschaftsablage und Herausgabe des Erlangten in Anspruch genommen werden kann. Auf Auskunfterteilung und Rechenschaftsablegung hat nun zwar der Kläger nicht geklagt. Aber aus der Pflicht des Beklagten zu diesen Handlungen ist, wie das Berufungsgericht nach dem oben mitgeteilten Satze aus seinen Gründen selbst annimmt, zu folgern, daß er gegenüber der Klage auf Herausgabe des Wertes der ihm übersandten und nach seiner eigenen Behauptung nicht mehr in seinem Besitze befindlichen, sondern ihm abhanden gekommenen Sachen deren Verbleib und ihren etwaigen Verkaufserlös darzulegen hat. Der Berufungsrichter hat daher unter diesem Gesichtspunkte die Sache nochmals zu prüfen."

---

80. 1. Ist gegenüber einer unter der Geltung der Verordnung gegen übermäßige Preissteigerung vom 23. März 1916 entstandenen Schadensersatzforderung der Einwand, daß der der abstrakten Schadensberechnung zugrunde gelegte Preis übermäßig sei, auch dann zulässig, wenn der festgesetzte Höchstpreis innegehalten ist?

2. Wird die Zulässigkeit dieses Einwandes durch die Verordnung gegen Preistreiberei vom 8. Mai 1918 auch gegenüber Schadensersatzforderungen beseitigt, die vor Inkrafttreten dieser Verordnung entstanden sind?

III. Zivilsenat. Urt. v. 30. September 1919 i. S. Sch. (Bekl.) w. Aktiengesellschaft S. (Kl.). III 104/19.

I. Landgericht Zwickau.
II. Oberlandesgericht Dresden.

Die Klägerin kaufte am 6. Oktober 1914 von dem Beklagten 30000 Pfd. Trossel- oder Warpkops, lieferbar Oktober bis Dezember 1914. Der Beklagte lieferte nur einen Teil der verkauften Ware. Die Klägerin fordert deshalb Schadensersatz wegen Nichtlieferung eines Teiles des Schlusses. Das Landgericht verurteilte den Beklagten zur Zahlung von 3236 *M* und wies die Mehrforderung der Klägerin als gegen die Verordnung vom 23. März 1916 verstoßend ab. Das Berufungsgericht verurteilte den Beklagten zur Zahlung weiterer 9479,72 *M*.

Die Revision des Beklagten hatte Erfolg.

Aus den Gründen:

„Die Klägerin fordert den Ersatz des abstrakten Schadens; maßgebend für dessen Berechnung ist die Zeit vom April bis November 1916. Das Berufungsgericht legt der Berechnung die Höchstpreise zugrunde, die in dieser Zeit für Garn der in Betracht kommenden Art galten. Es verwirft den Einwand des Beklagten, daß bei dieser Berechnung der Klägerin ein Gewinn zugesprochen werde, der sich als ein übermäßiger im Sinne der Verordnung gegen übermäßige Preissteigerung darstelle und dessen Forderung mithin nach § 5 Nr. 1, § 6 dieser Verordnung in der Fassung vom 23. März 1916 strafbar sei. Es läßt dahingestellt, ob, wie das Reichsgericht angenommen habe, diese Strafbestimmung auch bei Innehaltung behördlich festgesetzter Höchstpreise anwendbar gewesen sei. Jetzt sei der Gesetzgeber durch den Erlaß der Verordnung gegen Preistreiberei vom 8. Mai 1918 dieser Auffassung entgegengetreten. Wie nunmehr Preisforderungen, auch soweit sie vor dem Erlaß der Verordnung vom 8. Mai 1918 lägen, nach § 2 Abs. 2 StGB. der Bestrafung entzogen seien, sofern sie die Höchstpreise innehielten, so seien auch Schadensersatzansprüche, die sich in diesen Grenzen hielten, auch aus der Zeit vor Erlaß dieser Verordnung zulässig.

Diese Ausführungen gehen fehl. Zunächst ist daran festzuhalten, daß nach der Verordnung gegen übermäßige Preissteigerung in der Fassung vom 23. März 1916 eine Preisforderung auch dann als eine auf übermäßigen Gewinn gerichtete der Strafbestimmung des § 5 Nr. 1 unterliegen konnte, wenn sie den festgesetzten Höchstpreis innehielt. Diese Strafbestimmung setzt nicht die Übermäßigkeit des geforderten Preises an sich, sondern die Übermäßigkeit des im Einzelfalle erstrebten Gewinnes voraus. Sie wendet sich nicht, wie die Höchstpreisfestsetzungen, gegen die allgemein durch die Kriegsverhältnisse hervorgerufene Preissteigerung, sondern gegen die durch wucherische Machenschaften im einzelnen zu befürchtende Emportreibung der Preise (RGSt. Bd. 50 S. 127). Dieser Auslegung des § 5 Nr. 1 der Preissteigerungsverordnung, die durch ihren klaren Wortlaut und den Zweck der Verordnung gegeben war, steht der Erlaß der Verordnung gegen Preistreiberei vom 8. Mai 1918 nicht entgegen. Der Gesetzgeber hat damit keineswegs eine authentische Auslegung des § 5 Nr. 1 der Verordnung vom $\frac{\text{23. Juli 1915}}{\text{23. März 1916}}$ gegeben und ebensowenig sonst eine Mißbilligung derjenigen Auslegung ausgesprochen, welche diese Vorschrift in der Rechtsprechung des Reichsgerichts — vgl. die Urteile des IV. Strafsenats vom 27. Juni 1916 IV D 329/16 (Leipz. Zeitschr. 1916 Sp. 1096 Nr. 2), vom 10. November 1916 IV D 535/16 (Sächs. Archiv 1917 S. 150), vom 22. Juni und 2. Juli 1917 IV D 251/17 und IV D 294/17 (Sächs. Archiv 1918 S. 25 und 26) — gefunden hatte. Er hat sich vielmehr aus gesetzgeberischen Gründen, insbesondere um den Bedürfnissen des Handels Rechnung zu tragen, zu einer abermaligen — der dritten — Änderung der hier in Betracht kommenden Vorschrift entschlossen. Man glaubte, wie die — im Reichsanzeiger Nr. 113 vom 15. Mai 1918 veröffentlichte, auch bei Schaefer, die Verordnung gegen Preistreiberei vom 8. Mai 1918 S. 416 flg. (S 430) abgedruckte — Begründung ergibt, daß die von der Behörde geregelten Preise unbedenklich wie ordnungsmäßig entstandene Marktpreise „behandelt" werden könnten und daß daher bei Innehaltung solcher Preise „auf die Nachprüfung des im Einzelfall erzielten Gewinns ohne Schädigung der Allgemeinheit verzichtet" werden könne. Es sollte also nicht die Möglichkeit geleugnet werden, daß auch die Forderung eines innerhalb der Höchstpreise bleibenden Preises auf einen übermäßigen Gewinn gerichtet sein könne; vielmehr sollte nur von der Prüfung, ob dies der Fall, abgesehen werden. Die Bestimmung des § 3 der Verordnung vom 8. Mai 1918, daß eine Zuwiderhandlung gegen § 1 Nr. 1 „nicht vorliegt", wenn Höchstpreise oder von einer zuständigen Behörde festgesetzte Preise oder Vergütungen innegehalten werden, besagt also lediglich, daß diese Strafbestimmung solchenfalls nicht Anwendung finden solle.

Ist mithin zur Zeit der Geltung der Verordnung gegen übermäßige Preissteigerung in der Fassung vom 23. März 1916 die Forderung eines Preises, der einen übermäßigen Gewinn enthält, unter Strafandrohung auch dann verboten gewesen, wenn sie innerhalb des festgesetzten Höchstpreises blieb, so konnte ein solcher Preis auch nicht der Berechnung eines abstrakten Schadens zugrunde gelegt werden (vgl. RGZ. Bd. 90 S. 305; Jur. Wochenschr. 1918 S. 225 Nr. 15). Hieran vermag aber auch der nachträgliche Wechsel der Gesetzgebung nichts zu ändern. In welcher Höhe der Schadensersatzanspruch der Klägerin zu Recht besteht, bestimmt sich nach dem zur Zeit der Entstehung des Anspruchs geltenden Rechte. Eine entsprechende Anwendung des in § 2 Abs. 2 StGB. ausgesprochenen Grundsatzes, daß bei Verschiedenheit der Gesetze von der Zeit der begangenen Handlung bis zu deren Aburteilung das mildeste Gesetz anzuwenden ist, auf das Forderungsrecht des Bürgerlichen Gesetzbuchs ist begrifflich unmöglich. Der infolge der Änderung des Strafgesetzes eintretende Wegfall der Strafe für eine nach dem früheren Rechte verbotene und strafbare Handlung kann nicht zur Folge haben, daß nachträglich aus dieser rechtswidrigen Handlung ein Forderungsrecht erwächst. Was die Klägerin unter der Geltung der Verordnung vom 23. März 1916, unter der ihre Schadensersatzforderung entstanden ist, nicht fordern durfte, das kann sie auch jetzt, nach dem Inkrafttreten der Verordnung vom 8. Mai 1918, nicht verlangen."

---

81. 1. Ist die Vorschrift des § 85 HGB. auch auf den Fall anzuwenden, daß der Vermittelungsagent das Geschäft im Namen des Geschäftsherrn abgeschlossen, dessen Genehmigung aber vorbehalten hat?

2. Ist die Schriftform gewahrt, wenn die Vertragsurkunde nur mit dem Namen des Vertreters unterzeichnet ist und das Vertretungsverhältnis aus der Urkunde nicht hervorgeht? Hat die Urkunde die Vermutung der Vollständigkeit für sich?

HGB. § 85; BGB. § 126.

II. Zivilsenat. Urt. v. 30. September 1919 i. S. Str. & W. (Bekl.) w. T. & A. B. (Kl.). II 105/19.

I. Landgericht Köln, Kammer für Handelssachen.
II. Oberlandesgericht daselbst.

Die Klägerin hat auf Zahlung eines Restkaufpreises von 1675,05 ℳ nebst Zinsen für gelieferte Schuhwaren geklagt. Die Beklagte hat aufrechnend und widerklagend eine Gegenforderung von 50630 ℳ nebst Zinsen geltend gemacht, die sich auf folgenden Sachverhalt gründet: Die Parteien verhandelten seit April 1914 über eine größere Lieferung von Segeltuchschuhen. Die Verhandlungen wurden auf seiten der Klägerin von D., dem Geschäftsführer ihrer Generalvertreterin (Agentin) A. D. & Co., G. m. b. H., geführt. Am 9. Juli 1914 fand in Köln eine Unterredung zwischen der Beklagten und D. statt, die nach der Behauptung der Beklagten zu einem festen Abschluß auf Lieferung von 1200 bis 1500 Dutzend Segeltuchschuhen für die Saison 1915 geführt haben soll. Die Beklagte ließ sich dabei von D. folgende Urkunde unterzeichnen:

„Die Firma Str. & W. bestellt an Firma T. & A. B. in Zlin von umstehenden Artikeln und zu umstehenden Preisen zwölf bis fünfzehnhundert Dutzend zur Lieferung für die Saison 1915 nach freier Wahl und gegen vorherige Einteilung ..."

und händigte D. eine gleichlautende, von ihr vollzogene Urkunde aus, die D. seiner Firma (A. D. & Co., G. m. b. H.) in Berlin einsandte. Die letztere übersandte der Klägerin eine mit dem Vordrucke „Sofort Bestätigung" versehene Kommissionsnote, erhielt aber die Antwort, daß die Bestätigung nicht erfolgen könne. Der Beklagten wurde dies nicht mitgeteilt. Ihr späteres Erfüllungsverlangen wurde abgelehnt, und sie forderte Schadensersatz wegen Nichterfüllung. Die Klägerin hat die Gegenforderung der Beklagten mit der Ausführung bestritten, daß der Vertrag vom 9. Juli 1914 nicht zustande gekommen sei, weil D., was der Beklagten bekannt gewesen sei, keine Abschlußvollmacht gehabt und die Bestätigung der Bestellung durch die Klägerin ausdrücklich vorbehalten habe.

Das Landgericht hat der Klage stattgegeben und die Widerklage abgewiesen. Berufung und Revision der Beklagten sind ohne Erfolg geblieben.

Aus den Gründen:

... „Nach § 85 HGB. gilt ein Geschäft, das ein nur mit der Vermittelung von Geschäften betrauter Handlungsagent im Namen des Geschäftsherrn mit einem Dritten abgeschlossen hat, als von dem Geschäftsherrn genehmigt, wenn dieser nicht unverzüglich, nachdem er von dem Abschlusse Kenntnis erlangt hat, dem Dritten gegenüber erklärt, daß er das Geschäft ablehne. Diese Vorschrift ist, wie die Denkschrift (zu § 83 des Entwurfs S. 69 flg.) ergibt, im Interesse Dritter ergangen, die mit dem Agenten in rechtsgeschäftlichen Verkehr treten; sie sollen namentlich dagegen geschützt werden, „daß ein Geschäft, das sie mit einem Agenten geschlossen haben, der als Bevollmächtigter handelt, noch nach Ablauf eines längeren Zeitraums vom Geschäftsherrn mit der Behauptung zurückgewiesen wird, der Agent sei nur zur Vermittelung, nicht aber zum Abschlusse solcher Geschäfte bestellt gewesen." Die Vorschrift setzt aber voraus, daß der Agent unter Überschreitung seiner Vermittelungsvollmacht ein Geschäft mit einem Dritten im Namen des Geschäftsherrn fest abgeschlossen hat. Sie ist deshalb weder auf den Fall anzuwenden, daß der Agent lediglich den bindenden Vertragsantrag des Dritten entgegengenommen und dem Geschäftsherrn übermittelt hat (RGZ. Bd. 60 S. 187), noch auf den Fall, daß er das Geschäft nur unter Vorbehalt der Genehmigung des Geschäftsherrn abgeschlossen hat. Denn in beiden Fällen ist der Dritte durch die allgemeinen gesetzlichen Bestimmungen (vgl. §§ 146 flg., 177 BGB.) hinlänglich geschützt.

Danach fragt es sich hier, ob der Zeuge D., der als Handlungsagent (oder als Geschäftsführer der das Gewerbe eines Handlungsagenten betreibenden Gesellschaft mit beschränkter Haftung A. D. & Co.) von der Klägerin nur mit der Vermittelung von Geschäften betraut war, bei den Verhandlungen vom 9. Juli 1914 im Namen der Klägerin den Vertrag über die Lieferung von 1200 bis 1500 Dutzend Segeltuchschuhen mit der Beklagten, wie diese behauptet, vorbehaltlos abgeschlossen, oder ob er sich dabei, wie die Klägerin behauptet, deren Genehmigung vorbehalten hat. Die Frage bedürfte allerdings keiner Beantwortung, wenn der Revision darin beizutreten wäre, daß die Klägerin es nicht nur unterlassen habe, das Geschäft unverzüglich, nachdem sie von dessen Abschlusse Kenntnis erlangt, der Beklagten gegenüber abzulehnen, sondern daß sie es durch ihr ganzes Verhalten tatsächlich genehmigt habe. Allein eine solche Genehmigung ist von der Beklagten in den Vorinstanzen gar nicht behauptet worden, und sie läßt sich auch aus den von der Revision hervorgehobenen Umständen schlechterdings nicht folgern.... (Wird ausgeführt).

Der Beweis für den vorbehaltlosen Abschluß des Vertrags lag der Beklagten ob, da die von ihr zur Aufrechnung und zur Widerklage gestellte Forderung auf der Wirksamkeit des Vertrags beruht. Das Oberlandesgericht hat aber den Beweis mit Recht als nicht geführt angesehen, obgleich die Beklagte bei den Verhandlungen vom 9. Juli 1914 zwei gleichlautende Vertragsurkunden hergestellt hatte, deren eine von D. unterzeichnet worden und in ihrem Besitze verblieben war, während sie die mit ihrer Unterschrift versehene andere, behufs Aushändigung an die Klägerin, D. übergeben hatte. Denn die für die Vollständigkeit schriftlicher Verträge sprechende Vermutung kann hier deshalb nicht platzgreifen, weil D. die für die Beklagte bestimmte Urkunde nur mit seinem eigenen Namen unterschrieben hat und der Text der Urkunde über das Verhältnis D.s zu den Parteien nicht die geringste Andeutung enthält. Die in § 126 Abs. 2 Satz 2 BGB. vorgesehene Art der schriftlichen Form würde nur dann gewahrt sein, wenn aus der Urkunde irgendwie hervorginge, daß D. im Namen der Klägerin gehandelt hat (vgl. RGZ. Bd. 67 S. 214, Bd. 71 S. 116, Bd. 76 S. 306, Bd. 80 S. 405, Bd. 81 S. 2). Die Vertragsurkunde ist also in der Tat, und zwar gerade in dem hier entscheidenden Punkte, unvollständig. Infolgedessen kann die Revision auch nicht damit gehört werden, daß es zum mindesten der Aufklärung bedurft hätte, aus welchem Grunde der Vorbehalt der Bestätigung durch die Klägerin nicht in die Vertragsurkunde aufgenommen worden sei. Endlich ist es verfehlt, wenn die Revision in der bedenkenfrei festgestellten mündlichen Erklärung D.s, „die Bestätigung des Auftrags komme von der Fabrik der Klägerin direkt", und in der Entgegnung der Beklagten, „dies sei ihr bekannt" oder „damit sei sie einverstanden", nichts als eine Besprechung darüber finden will, daß die Klägerin den bereits fest abgeschlossenen Vertrag auch noch selbst in der unter Kaufleuten üblichen Weise bestätigen werde. D. wollte, auch wenn er dies nicht mit ausdrücklichen Worten gesagt hat, durch seine Erklärung die Wirksamkeit des Vertrags von der Bestätigung durch die Klägerin abhängig machen, und die Entgegnung der Beklagten zeigt, daß diese die Erklärung so, wie sie von D. gemeint war, verstanden und gutgeheißen hat."

---

82. Ist die Kriegszulage eine Dienstaufwandsentschädigung?

III. Zivilsenat. Urt. v. 30. September 1919 i. S. F. (Kl.) w. preußischen Staat (Bekl.). III 102/19.

I. Landgericht Kiel.
II. Oberlandesgericht daselbst.

Dem im Marinedienst als Hilfs-Marine-Intendantur-Sekretär in seinem Wohnorte Kiel verwendet gewesenen Kläger waren vom 1. Juli 1917 ab seine sämtlichen Bezüge aus Marinefonds auf sein Zivileinkommen als Amtsgerichtssekretär angerechnet worden, so daß er nur den Betrag dieses letzteren erhielt, wie wenn er nicht zur Marine eingezogen gewesen wäre. Der Kläger hält die Anrechnung der militärischen Kriegszulage von 1,90 ℳ täglich (Beil. 1 S. 194 Nr. 4 unter 5 der Kriegsgeldverpflegungsvorschrift für die Marine vom 17. Oktober 1908: „im Standort") als eines Dienstaufwandgeldes für unzulässig und fordert den Betrag dieser Kriegszulage für 6 Monate vom 1. Juli 1917 ab mit 349,60 ℳ nebst 4% Zins seit 1. Januar 1918. Die Instanzen haben abgewiesen. Der Berufungsrichter führt aus, daß zu dem „gesamten Militäreinkommen" im Sinne von I Nr. 1b der Justizministerialverfügung vom 13. Oktober 1917 auch die Kriegszulage gehöre und gerade dies mit dem Staatsministerialbeschluß vom 1. Juni 1888 zur Ausführung des § 66 des Reichsmilitärgesetzes übereinstimme.

Die Revision hatte Erfolg.

Gründe:

„Der Berufungsrichter erachtet für unerheblich die vom Kläger über den ihm in Höhe von jährlich 719 ℳ erwachsenen militärischen Dienstaufwand aufgestellte, von dem Kommando seiner Unterseebootsabteilung als notwendig und angemessen anerkannte Berechnung, — und ebenso für unerheblich die Verfügung des Reichsmarineamts vom 25. August 1916, daß die Kriegszulage, weil ihrer Natur nach eine Dienstaufwandsentschädigung, als solche anzuerkennen sei sowohl steuerlich als auch im Sinne des § 850 Abs. 5 ZPO. (vgl. die Bestimmung in § 32 Nr. 4 der Besoldungsvorschrift für die Marine im Frieden, die nach § 1 Nr. 1 der Kriegsgeldverpflegungsvorschrift für die Marine ohne jede Änderung, insbesondere ohne jeden Zusatz über die Kriegszulage, auch nach der Mobilmachung gilt). Wenn aber die dem Kläger zukommende Kriegszulage tatsächlich und rechtlich nur einen durch seinen Militärdienst entstehenden Mehraufwand entschädigen sollte und entschädigte, dann war der Kläger durch die Anrechnung auch der Kriegszulage auf sein Zivileinkommen „geldlich schlechter gestellt als die nicht eingezogenen Beamten" (I 1 Abs. 1 der Justizministerialverfügung vom 13. Oktober 1917). Er war geldlich schlechter daran als ohne seine Einberufung, insofern er einen Teil seines Zivileinkommens zur Deckung der ihm nur durch seinen Militärdienst entstehenden Mehrkosten, also zur Deckung eines reinen Militärdienstaufwandes verwenden mußte. Dann erhielt er sein „persönliches Zivildiensteinkommen nicht mehr unverkürzt fortgewährt" (I Nr. 2 des Staatsministerialbeschlusses vom 1. Juni 1888), weil sein Zivileinkommen eben durch notwendige militärische Ausgaben verkürzt wurde. Dieses Ergebnis, nämlich diese unmittelbare geldliche Schädigung des Klägers an seinem Zivileinkommen, kann mit Absicht und Zweck des Staatsministerialbeschlusses vom 1. Juni 1888 und der Justizministerialverfügung vom 13. Oktober 1917 nicht übereinstimmen, und der richtig aufgefaßte Wortlaut dieser Vorschriften schließt denn auch ein solches Ergebnis aus.

Daß zu der Kriegsbesoldung, von welcher $^{7}/_{10}$ als reiner Betrag anzusehen und auf das Zivildiensteinkommen anzurechnen sind, die

Kriegszulage nicht gehört, ergibt I 3 Schlußabsatz des Staatsministerialbeschlusses von 1888, wonach bei den als obere Beamte der Militärverwaltung in immobilen Stellen verwendeten Beamten die mit $^{3}/_{20}$ oder $^{3}/_{10}$ des Friedensmaximalgehalts zahlbare Zulage nicht angerechnet wird. Als die Zulage von $^{3}/_{10}$ des Friedenshöchstgehalts im Sinne dieses Schlußabsatzes ist nach der Kriegsministerialverfügung vom 16. Oktober 1914 Nr. 5 zu verstehen gerade die in Anl. I Sp. 2 der Gebührnisnachweisungen (Beiheft zur Kriegsbesoldungsvorschrift vom 29. Dezember 1887) bezeichnete Kriegszulage, nämlich die dort nicht mit $^{3}/_{10}$ berechnete, sondern „ermäßigtes Tagegeld" der beliehenen Stelle genannte Kriegszulage außerhalb des Standorts. Die Kriegsministerialverfügung vom 16. Oktober 1914 Nr. 5 bestätigt nur, daß mit „Zulage" im Beschluß von 1888 I 3 Schlußabsatz eben die Kriegszulage überhaupt gemeint ist, auch die sogar ausdrücklich mit $^{3}/_{20}$ des Höchstgehalts der beliehenen Stelle berechnete Kriegszulage im Standorte; vgl. Nachweisung Nr. 6 unter Nr. 23, I a—b der Gebührnisnachweisungen. Dies wird für die Marine nicht geändert durch Nr. IV a des Beschlusses von 1888, wonach den $^{7}/_{10}$ der Heeres-Kriegsbesoldung in der Marine gleichsteht das Gehalt, ausschließlich des darin liegenden Servisteils, der Gehaltszuschuß und der Wohnungsgeldzuschuß. Damit ist nicht gesagt, daß alle sonstigen Bezüge aus Marinefonds zum persönlichen Marineeinkommen gehören. Freilich sind Einkünfte zur Bestreitung eines Dienstaufwandes an sich Diensteinkommen (vgl. die Darlegung in RGZ. Bd. 59 S. 422/423); aber sie gehen zweckgemäß sofort unter durch notwendige Verwendung für den Dienstaufwand, ohne irgendwelchen rein persönlichen Bedürfnissen zugute zu kommen. Diese Dienstaufwandsentschädigungen sind bei der Gegenüberstellung von Zivil- und Militär-Diensteinkommen im Beschluß von 1888 auf beiden Seiten ausgeschlossen: für das Zivileinkommen durch I 2 Abs. 3 („zu dem persönlichen Diensteinkommen werden ... Dienstaufwandsgelder ... nicht gerechnet"); für das Militäreinkommen durch den schon gedachten Schlußabsatz von I 3 und durch IV b, daß die in die Marine zum Militärdienst einberufenen Staatsbeamten aus ihrer Zivilbesoldung den Betrag der reglementsmäßigen Chargenkriegszulage erhalten, soweit ihnen eine Kriegszulage oder eine gleichartige anderweite Zulage nicht bereits aus Marinefonds gewährt wird. Diese letztere Bestimmung folgt unmittelbar auf IV a, stellt sich also ganz außerhalb des Abzugs und der Abzugsfaktoren und will, wie dies für das Heer schon vorher in I 3 Schlußabsatz geschehen war, gerade den unverkürzten Bezug der Kriegszulage oder gleichartiger Zulagen sicherstellen.

Ebenso scheidet die Justizministerialverfügung vom 8. August 1917 (Just. Min.-Bl. S. 283) in III 12 aus in Abs. 1 die „einen Ersatz für Dienstaufwand bildenden Beträge" und in Abs. 2 ausdrücklich die

Hinzurechnung der Kriegs-, Verstümmelungs- und ähnlicher Zulagen. Auf ihr beruht die vom Berufungsrichter zur Anwendung gebrachte Justizministerialverfügung vom 13. Oktober 1917. Sie nimmt in I 1a die Nr. III 12 der Verfügung vom 8. August 1917 ausdrücklich in Bezug, ohne weder in I 1a (Zivildiensteinkommen) noch in I 1b („das gesamte Militäreinkommen") das Geringste davon verlauten zu lassen, daß der allgemeine Ausschluß der Dienstaufwandsentschädigungen und der Kriegs- und ähnlicher Zulagen durch III 12 Abs. 1 und 2 jener Verfügung vom 8. August 1917 nunmehr aufgehoben sein sollte, — während sie doch den Ausschluß des Wohnungsgeldzuschusses durch jene Nr. III 12 Abs. 1 ausdrücklich aufhebt, nämlich ersetzt durch die Worte „ferner der Wohnungsgeldzuschuß". Sie erwähnt die Dienstaufwandsersatzbeträge und die Kriegszulagen gar nicht, beläßt es demnach insoweit bei der aus allgemeinen Gründen gerechtfertigten Bestimmung vom 8. August 1917 unter III 12.

Der Beklagte will die dem Kläger von der Marineverwaltung gezahlte Kriegszulage auf die ihm von der Justizhauptkasse gezahlte Kriegsteuerungszulage angerechnet wissen. Dies eben ist ungerechtfertigt und unzulässig, da die militärische Kriegszulage nur eine Militärdienstaufwandsentschädigung ist, also anderen Zwecken dient als die für Bestreitung persönlicher Bedürfnisse bestimmte von seiten der Justizverwaltung bezahlte Kriegsteuerungszulage.

Daß die dem Kläger zukommende Kriegszulage nur eine Militärdienstaufwandsentschädigung sein soll und ist, wird endlich durch die Verfügung des Reichsmarineamts vom 25. August 1916 bestätigt. Demgegenüber ist es ohne Belang, ob die Berechnung des Klägers über seinen wirklichen Militärdienstaufwand im einzelnen zu beanstanden sein möchte. Jedenfalls ist durch das Anerkenntnis der vorgesetzten Militärbehörde so viel sicher, daß dem Kläger ein besonderer Militärdienstaufwand auch tatsächlich erwuchs. Es kommt darauf jedoch nicht an; denn zur Deckung des bei solcher Verwendung schlechthin als Regel angenommenen Militärdienstaufwandes ist eben die runde Summe der Kriegszulage bestimmt."

---

83. Kann trotz § 17 Abs. 2 KO. in dem Schweigen des Konkursverwalters auch ohne vorgängiges Erfordern des anderen Teiles die Erklärung gefunden werden, daß er die Erfüllung des Vertrags nicht verlangen will?

III. Zivilsenat. Urt. v. 3. Oktober 1919 i. S. Akt.-Ges. für Mineralölindustrie (Kl.) u. L. (Nebeninterv.) w. H. B. G. m. b. H. (Bekl.)
III 543/18.

I. Landgericht I Berlin.
II. Kammergericht daselbst.

Durch Brief der Beklagten vom 23. November 1911 und Annahmeschreiben der Klägerin vom 8. Dezember 1911 kam zwischen den Streitteilen ein Vertrag zustande, nach dem die Beklagte von der Klägerin deren „gesamte Produktion an kältebeständigem, paraffinfreiem Harklowa-Rohöl bis zur Höhe von 3 Millionen kg jährlich vom 1. Juli 1912 bis 30. Juni 1918 zum Preise von 3,20 *M* per 100 kg netto . . . unter Abzug von 2% Kommission" unter näheren Bedingungen „kaufte". Die Beklagte verkaufte ihrerseits an die Oleum G. m. b. H. laut des Bestätigungsschreibens vom 19. Oktober 1911 „die gesamte Produktion an kältebeständigem Harklowa-Rohöl" in Höhe von 3 Millionen kg jährlich auf die Zeit vom 1. Juli 1912 bis 30. Juni 1915 zum Preise von 3,50 *M* für 100 kg, und laut Bestätigungsschreibens vom 20. März 1912 „die Produktion der Grube Harklowa bis zu 3 Millionen kg per Jahr kältebeständiges Rohöl" auf die Zeit vom 1. Juli 1915 bis 30. Juni 1918 zum Preise von 5,50 *M* für 100 kg. Am 15. Februar 1913 wurde über das Vermögen der Oleum G. m. b. H. der Konkurs eröffnet. Der Konkursverwalter trat durch notariell beglaubigte Erklärung vom 18. Juni 1913 alle der Oleum G. m. b. H. oder deren Konkursmasse aus diesen Verträgen gegen die Beklagte zustehenden Rechte an die Klägerin ab.

Die Klägerin, die auf Grund des Vertrags vom 23. November/8. Dezember 1911 der Beklagten nur 600000 kg Rohöl geliefert hat, focht diesen Vertrag durch Brief vom 8. März 1913 wegen arglistiger Täuschung an und erklärte ihn auch wegen nachträglich eingetretener Umstände für unverbindlich und nichtig. Ende desselben Monats reichte sie eine Klage auf Feststellung ein, daß der Vertrag nichtig sei und der Beklagten aus ihm keine Ansprüche gegen sie zuständen, hilfsweise auf Feststellung, daß er nicht mehr zu Recht bestehe, und daß sie zu seiner Erfüllung für die Zeit nach dem 15. Februar 1913 nicht mehr verpflichtet sei. Außerdem beantragte sie die Verurteilung der Beklagten zur Zahlung von 6585,60 *M* nebst Zinsen für im Februar 1913 gelieferte 210000 kg Öl. Die Beklagte hat eine Gegenforderung wegen Erfüllungsverzugs geltend gemacht, und zwar in dem ersten Rechtszug in Höhe von 11697 *M*, von denen sie 6585,60 *M* zur Aufrechnung verwendet und den Rest widerklagend gefordert hat, in dem zweiten dagegen in Höhe von 306585,60 *M*, also 300000 *M* im Wege der Widerklage.

Das Landgericht hat dem ersten Feststellungsantrag und dem Leistungsantrage der Klägerin entsprochen und die Widerklage abgewiesen. Das Berufungsgericht hat dagegen zunächst durch Teilurteil die Feststellungsanträge abgewiesen. Die hiergegen erhobene Revision ist durch Urteil des erkennenden Senats vom 16. Februar 1915 (III 326/14) zurückgewiesen worden. Darauf hat das Kammergericht auch die Leistungsklage abgewiesen und den Widerklaganspruch dem Grunde nach für gerechtfertigt erklärt. Die Revision der Klägerin hatte keinen Erfolg.

Gründe:

„Der Berufungsrichter erklärt die Schadensersatzforderung der Beklagten wegen Nichterfüllung des Vertrags vom 23. November/8. Dezember 1911 in einer die (an sich unstreitige) Klagforderung übersteigenden Höhe für begründet. Er findet in der Erklärung der Klägerin, daß der Vertrag von Anfang an nichtig gewesen sei und jedenfalls nicht mehr zu Recht bestehe, und in der Erhebung der entsprechenden Feststellungsklage eine tatsächlich unbegründete, ernstliche Verweigerung der Erfüllung, die die Beklagte berechtige, ohne vorgängige Fristsetzung gemäß § 326 BGB. Schadensersatz wegen Nichterfüllung zu verlangen. Diese von der Revision bekämpfte Annahme unterliegt keinem begründeten Bedenken.

Gleichfalls unbedenklich ist die von der Revision nicht ausdrücklich angefochtene Feststellung, daß die Klägerin, die in der Zeit vom 1. Juli 1912 bis zum 31. Juli 1914 kein unter den Vertrag fallendes Rohöl gewonnen haben will, in dieser Zeit mit mindestens 3114030 kg Rohöl, die sie auf Grund des Vertrags hätte liefern müssen, in Verzug geraten sei.

Aber auch die von der Revision vor allem angegriffenen Ausführungen, mit denen das Berufungsgericht den auf die Abtretung der Rechte der Oleum G. m. b. H. an die Klägerin gegründeten Einwand zurückweist, sind frei von Rechtsirrtum. Die Annahme, daß der Oleum G. m. b. H. zur Zeit der Abtretung vom 18. Juni 1913 ein Anspruch auf Erfüllung der zwischen ihr und der Beklagten geschlossenen Kaufverträge vom 19. Oktober 1911 und 20. März 1912 nicht mehr zugestanden habe, beruht vorwiegend auf Tatsachenwürdigung, die sich der Nachprüfung in der Revisionsinstanz entzieht. Die von der Klägerin und dem Nebenintervenienten in diesem Rechtszuge neu aufgestellten Behauptungen, die die tatsächliche Unrichtigkeit der Feststellungen des Berufungsrichters ergeben sollen, können von dem Revisionsgerichte nach § 561 ZPO. ebensowenig berücksichtigt werden wie nach § 559 ZPO. die erst in der mündlichen Verhandlung, nicht in der schriftlichen Revisionsbegründung vorgebrachte Rüge, daß die Feststellung, die Oleum G. m. b. H. habe auf das Schreiben der Beklagten vom 26. Juni 1912 geschwiegen, tatbestandswidrig sei. In diesem Schweigen findet das Berufungsgericht aber ohne Rechtsverstoß die Erklärung des Einverständnisses der Oleum G. m. b. H. mit dem Vorschlage der Beklagten, daß die Rohölmengen, die jene nicht abnehme, von dem Vertrage gestrichen würden. Infolge dieser Vereinbarung, an die auch der Konkursverwalter der Oleum G. m. b. H. gebunden ist, kann die Klägerin als dessen Rechtsnachfolgerin Ansprüche wegen Nichtlieferung von Öl bis zum 18. Juni 1913, dem Tage der Abtretung, nicht erheben, da nach den Feststellungen des Berufungsgerichts weder die Oleum G. m. b. H. Öl abgenommen, noch der Konkursverwalter vor jenem Tage der Beklagten in irgendeiner Weise zu erkennen gegeben hat, daß er die Erfüllung verlange. Aber auch die weitere Annahme des Berufungsrichters, daß der Konkursverwalter durch dieses Verhalten das Recht auf Vertragserfüllung verwirkt habe, ist rechtlich einwandfrei. Die Vorschrift des § 17 Abs. 2 KO. steht nicht entgegen. Durch sie soll nur dem Vertragsgegner des Gemeinschuldners die Möglichkeit eröffnet werden, den Konkursverwalter, der noch keine Erklärung darüber abgegeben hat, ob er auf Erfüllung bestehen will oder nicht, zu unverzüglicher Entscheidung zu veranlassen. Sie schließt, ebensowenig wie eine ausdrückliche, eine stillschweigende wirksame Erklärung des Konkursverwalters, daß er die Erfüllung des Vertrags nicht verlange, ohne vorgängiges Erfordern des anderen Teiles aus (vgl. RGZ. Bd. 22 S. 109), und verlangt auch nicht, wie die Revision meint, für eine solche stillschweigende Erklärung positive schlüssige Handlungen; vielmehr kann, wie sonst, so auch in einem solchen Falle bloßes Schweigen unter Umständen genügen. In dem gegebenen Falle ist es ohne Rechtsverstoß für genügend erachtet worden. Daß diese Annahme des Berufungsgerichts jeder tatsächlichen Grundlage und einer genügenden Begründung entbehre, kann der Revision nicht zugegeben werden, und ihr Hinweis auf die Abtretung, durch die der Konkursverwalter zweifelsfrei zu erkennen gegeben habe, daß er auf Erfüllung bestehe, und auf die Kürze der Zeit zwischen der Konkurseröffnung und der Abtretung berührt nur das tatsächliche Gebiet. Daß die Klägerin sich bereits vor der förmlichen Abtretung im Schriftsatze vom 13. Juni 1913 auf diese berufen und daraufhin aufgerechnet hat, ist ohne Belang; entscheidend ist das Verhalten des Konkursverwalters gegenüber der Beklagten.

Mit diesem stillschweigenden Verzichte des Konkursverwalters fallen alle Ansprüche der Oleum G. m. b. H. und des Verwalters gegen die Beklagte aus den Verträgen vom 19. Oktober 1911 und vom 20. März 1912 fort, nicht nur der Anspruch auf Erfüllung, sondern auch etwaige Schadensersatzansprüche, insbesondere auch der von der Revision behauptete Ersatzanspruch wegen arglistiger Täuschung, der übrigens in den früheren Rechtszügen nicht geltend gemacht ist. Es ist daher auch ohne Belang, ob zwischen der Beklagten und der Oleum G.m.b.H. ein besonderes Vertrauensverhältnis bestanden hat. Den Ausführungen der Revision gegenüber sei jedoch darauf hingewiesen, daß ein

Kommissionsverhältnis durch den Konkurs des Kommittenten gemäß § 23 KO. ohne weiteres erlischt (vgl. RGZ. Bd. 71 S. 76).

Schließlich ist auch die Annahme des Berufungsgerichts einwandfrei, daß die Beklagte durch den Wegfall ihrer Lieferungspflicht an die Oleum G. m. b. H. die freie Verfügung über das ihr von der Klägerin zu liefernde Öl erlangt hat."

---

84. Zur Anwendung des Gesetzes, betr. die Abzahlungsgeschäfte, vom 16. Mai 1894 (RGBl. S. 450). Ausübung des Rücktrittsrechts.

II. Zivilsenat. Urt. v. 3. Oktober 1919 i. S. Konkurs N. (Kl.) w. B. (Bekl.). II 155/19.

I. Landgericht Köln.
II. Oberlandesgericht daselbst.

Der jetzige Gemeinschuldner N. hatte im November 1914 von der Militärverwaltung die Lieferung größerer Mengen Hufeisen übertragen erhalten und zur Ausführung dieser und etwaiger fernerer Lieferungen mit E. die Gesenkschmiedereigesellschaft m. b. H. gegründet. Am 25. Januar 1915 schloß er mit dem Beklagten, der zwei gebrauchte Schmiedepressen für etwa 24000 ℳ angekauft hatte, einen Vertrag, durch den der Beklagte ihm diese beiden Pressen zu dem in Raten zahlbaren Betrage von 100000 ℳ verkaufte und sich bis zur völligen Bezahlung des Kaufpreises das Eigentum an den Pressen vorbehielt. Er leistete an den Beklagten eine Anzahlung von 30000 ℳ und verwandte die ihm übergebenen Pressen im Betriebe der Gesenkschmiedereigesellschaft, deren Geschäftsführer er war. Im Februar 1916 wurde über das Vermögen der Gesellschaft und einige Tage später über N.s eigenes Vermögen der Konkurs eröffnet. Der Verwalter des letzteren Konkurses erhob, nachdem der Beklagte die beiden Schmiedepressen auf Grund seines Eigentumsvorbehalts an sich genommen und sie zu einem Preise von über 20000 ℳ anderweitig verkauft hatte, Klage mit dem Antrage, den Beklagten zur Zahlung von vorläufig 20000 ℳ nebst Zinsen zu verurteilen. Er machte geltend, daß der Vertrag nach § 138 BGB. nichtig sei und daß anderenfalls das Gesetz, betreffend die Abzahlungsgeschäfte, vom 16. Mai 1894 zur Anwendung komme. Das Landgericht hielt ersteres für zutreffend und erkannte nach dem Klagantrage. Dagegen wies auf die Berufung des Beklagten das Oberlandesgericht die Klage ab. Die Revision des Klägers führte zur Aufhebung des Berufungsurteils und zur Zurückverweisung der Sache an das Oberlandesgericht.

Aus den Gründen:

... „Das Oberlandesgericht nimmt zu Unrecht an, daß der Vertrag vom 25. Januar 1915 lediglich deswegen ein gesellschaftsartiges Geschäft darstelle, weil nach dem Willen beider Vertragsteile in dem auf 100000 *M* fest vereinbarten Preise nicht nur das Entgelt für die käufliche Überlassung der beiden Schmiedepressen des Beklagten an N., sondern auch der Anteil des Beklagten an dem Gewinn enthalten sei, den N. durch die Lieferung der mit Hilfe der beiden Pressen herzustellenden Hufeisen an die Heeresverwaltung zu erzielen gedacht habe. Nach dem feststehenden Sachverhalte sollte der Beklagte die 100000 *M* unter allen Umständen, also auch dann erhalten, wenn N. keinen Gewinn erzielte, er hatte weder einen etwaigen Verlust N.s mitzutragen, noch bei der Herstellung und der Lieferung der Hufeisen durch N. irgendwie mitzuwirken. Seine Leistung beschränkte sich vielmehr auf die Übergabe und die durch die Zahlung der vollen 100000 *M* aufschiebend bedingte Übereignung der beiden Schmiedepressen, während die Gegenleistung N.s nur in der ratenweise zu bewirkenden Zahlung der 100000 *M* bestand. Das Geschäft ist also ein reines Kaufgeschäft, wenngleich die Festsetzung der Höhe des Kaufpreises auf die übereinstimmende Erwägung der Vertragschließenden zurückzuführen sein mag, daß dem Verkäufer ein Anteil am Gewinne des Käufers aus dessen Hufeisenlieferung an die Heeresverwaltung gebühre, weil die verkauften Pressen dem Käufer zur Herstellung der zu liefernden Hufeisen dienen sollten.

Auf der Verkennung des rechtlichen Charakters des Geschäfts beruht nun aber die angefochtene Entscheidung jedenfalls insofern, als das Oberlandesgericht die Anwendbarkeit des Gesetzes, betreffend die Abzahlungsgeschäfte, vom 16. Mai 1894 einzig und allein deshalb für ausgeschlossen erachtet hat, weil es sich bei dem Vertrage des Beklagten mit N. zwar auch um die Überlassung zweier Maschinen des Beklagten gegen Entgelt, gleichzeitig aber um eine Gewinnbeteiligung des Beklagten an dem Unternehmen N.s handle, die nach dem Willen der Vertragsparteien mit dem Entgelt in einer Summe und ohne Unterscheidung von der Höhe des Entgelts vereinbart worden sei. Ein anderer Grund gegen die Anwendbarkeit des genannten Gesetzes ist vom Oberlandesgerichte nicht angegeben worden und auch sonst nicht erkennbar. Namentlich ist nicht ersichtlich, daß N. als Kaufmann in das Handelsregister eingetragen gewesen wäre (§ 8 d. G.). Im Falle der Anwendbarkeit des Gesetzes würde aber entscheidend in Betracht kommen, daß der Beklagte die beiden Schmiedepressen wieder an sich genommen und sie sogar anderweitig verkauft hat. Denn darin wäre nach § 5 AbzG die Erklärung seines Rücktritts vom Vertrage zu finden, auch wenn er eine solche Erklärung gar nicht abgeben wollte (RGZ. Bd. 67

S. 387; Jur. Wochenschr. 1907 S. 315 Nr. 18; vgl. Hoffmann-Wilke, Abzahlungsgeschäfte zu § 5 d. G. Anm. 3; Jaeger, Konkursordnung zu § 26 Anm. 15; Staub-Koenige, Exkurs zu § 382 HGB., Anm. 74), und er hätte nach Maßgabe der §§ 1, 2 die empfangene Teilzahlung zurückzugewähren."...

---

85. Wird der irreführende Anschein eines Lokalblattes dadurch notwendig vermieden, daß sog. Kopfblätter einer Zeitung, die ihren Titel von einem bestimmten Orte herleiten, sich außerdem als „Nebenausgaben" eines anderen Hauptblattes bezeichnen?

UWG. § 3.

II. Zivilsenat. Urt. v. 3. Oktober 1919 i. S. H. & L. (Kl.) w. F. (Bekl.). II 191/19.

I. Amtsgericht Glauchau, Kammer für Handelssachen.
II. Oberlandesgericht Dresden.

Die Klägerin, der durch das Urteil des erkennenden Senats Bd. 93 S. 189 untersagt worden war, den Hohenstein-Ernstthaler Anzeiger unter dem Titel „Oberlungwitzer Tageblatt" und „Gersdorfer Tageblatt" herauszugeben, gibt diesen Anzeiger nunmehr zugleich in zwei gesonderten Ausgaben unter den Titeln „Oberlungwitzer Tageblatt, Nebenausgabe des Hohenstein-Ernstthaler Anzeigers" und „Gersdorfer Tageblatt, Nebenausgabe des Hohenstein-Ernstthaler Anzeigers" heraus. Der Beklagte erblickt auch hierin einen Verstoß gegen das Unterlassungsgebot. Die Klägerin hat daher beantragt, festzustellen, daß sie berechtigt sei, die von ihr als Hohenstein-Ernstthaler Anzeiger bezeichnete Tageszeitung ganz oder teilweise als Kopfblatt „Oberlungwitzer Tageblatt" und „Gersdorfer Tageblatt" herauszugeben, wenn nur im Vordrucke dieser Kopfblätter deutlich erkennbar zur Erscheinung gebracht würde, daß sie eine Nebenausgabe des Hohenstein-Ernstthaler Anzeigers seien.

Während der erste Richter nach diesem Antrag erkannte, wies das Oberlandesgericht die Klage ab. Die Revision wurde zurückgewiesen.

Gründe:

„In dem Urteile des Reichsgerichts RGZ. Bd. 93 S. 189 war der Tatbestand des § 3 UWG. in der Herausgabe von Kopfblättern des Hohenstein-Ernstthaler Anzeigers unter der Bezeichnung „Oberlungwitzer Tageblatt" und „Gersdorfer Tageblatt" schlechthin erblickt worden, weil dadurch nach der Auffassung des Publikums der Anschein erweckt werde, diese Blätter verträten die Interessen der genannten Gemeinden ausschließlich oder doch hauptsächlich und es handle sich um ein für sie bestimmtes Lokalblatt. Diese Ankündigung sei aber unwahr, denn nach den getroffenen Feststellungen sei der Inhalt der Hauptausgabe des Hohenstein-Ernstthaler Anzeigers und der unter den gen. Bezeichnungen herausgegebenen Nebenausgaben im allgemeinen derselbe.

Im gegenwärtigen Rechtsstreite handelt es sich um die Frage, ob dieser irreführende Anschein dadurch vermieden werde, daß die Klägerin nunmehr bei ihren weiterhin mit gleichem Inhalte veranstalteten Nebenausgaben den Kopfblättern mit den Titeln „Oberlungwitzer Tageblatt“ und „Gersdorfer Tageblatt“ ausdrücklich die Angabe „Nebenausgabe des Hohenstein-Ernstthaler Anzeigers“ beifügt. Mit Recht ist dies vom Berufungsgerichte verneint worden. Es erwägt: Nach der Auffassung des Publikums werde in dieser Hinzufügung nicht lediglich die Angabe gefunden, daß es sich um einen einfachen Abdruck des Hohenstein-Ernstthaler Anzeigers handle, dem nur mit Rücksicht auf den Ort seiner Verbreitung der besondere Titel Oberlungwitzer und Gersdorfer Tageblatt gegeben werde. Vielmehr werde in der Bezeichnung als Oberlungwitzer und Gersdorfer Tageblatt auch jetzt noch ein Hinweis auf die Eigenart dieser Nebenausgabe des Hohenstein-Ernstthaler Anzeigers erblickt und angenommen, daß sie ankündige, die Blätter seien den Interessen und Bedürfnissen des Ortes angepaßt. Die Angabe, diese Tageblätter seien eine Nebenausgabe des Hohenstein-Ernstthaler Anzeigers, machten zwar eine Anlehnung an das Hauptblatt erkennbar, wodurch allerdings die Ausschließlichkeit der Vertretung der Interessen der gen. Gemeinden etwas abgeschwächt, aber immerhin diese besondere und in erster Linie erfolgende Vertretung hervorgehoben und sonach die Kennzeichnung als Oberlungwitzer und Gersdorfer Lokalblatt aufrecht erhalten werde.

Diese auf die allein maßgebende Auffassung des Publikums gestützte Auslegung über den Inhalt der Ankündigung, die in den von der Klägerin gebrauchten Titeln enthalten ist, ist im wesentlichen tatsächlicher Natur und rechtlich nicht zu beanstanden. Wenn die als Oberlungwitzer und Gersdorfer Tageblätter herausgegebenen Zeitungen als Nebenausgaben des Hohenstein-Ernstthaler Anzeigers bezeichnet werden, so wird zwar, wie das Berufungsgericht anerkennt, ein geschäftlicher und sachlicher Zusammenhang zwischen beiden Blättern kundgegeben, zugleich aber damit auch erklärt, daß zwischen der Hauptausgabe des Hohenstein-Ernstthaler Anzeigers und den genannten Nebenausgaben ein Unterschied bestehe. Ein solcher Unterschied liegt ohne weiteres schon im Begriff der „Nebenausgabe“, denn einer solchen bedürfte es nicht, wenn sie sich nicht vom Hauptblatt unterschiede, nicht zugleich andere, neben der Hauptausgabe liegende Zwecke verfolgte und daher notwendig neben dem Inhalt oder statt des Inhalts der Hauptausgabe wenigstens teilweise auch einen anderen Inhalt hätte. Und auf diesen besonderen, vom Hauptblatt abweichenden Inhalt weisen eben diese Nebenausgaben des Hohenstein-Ernstthaler Anzeigers dadurch hin, daß sie sich als Nebentitel — und zwar nicht nur als Untertitel, sondern als Haupttitel — den eines „Oberlungwitzer" und „Gersdorfer Tageblattes" beilegen und sich damit nach wie vor als Lokalblätter für diese Orte hinstellen. Diese Eigenschaft, Lokalblatt für bestimmte Orte zu sein, ist durchaus nicht unvereinbar damit, daß das Blatt zugleich eine Nebenausgabe eines anderen Hauptblattes ist, da es den besonderen Bedürfnissen und Interessen eines bestimmten Ortes angepaßt sein kann. Nur muß diese Eigenschaft als Lokalblatt der Nebenausgabe, wenn sie sich ihrer berühmt, auch beiwohnen. Daß das im vorliegenden Falle nicht zutrifft, hat das Berufungsgericht ohne Rechtsirrtum festgestellt. Es ist unstreitig, daß die Blätter denselben Inhalt haben, wie er bereits in dem dem früheren Urteile des Reichsgerichts zugrunde liegenden Tatbestande festgestellt war, und es kann auf die Ausführungen dieses Urteils darüber, daß er den Blättern die Eigenschaft eines Lokalblattes nicht verleiht, verwiesen werden.

Die hiergegen von der Revision vorgebrachten Angriffe sind nicht geeignet, hieran etwas zu ändern, insbesondere nicht der hervorgehobene Umstand, daß die örtlichen Mitteilungen jeweils an erster Stelle des betreffenden Blattes erscheinen. In dem früheren Reichsgerichtsurteile war bereits dargetan worden, daß die bloße verschiedene Reihenfolge der örtlichen Nachrichten noch nicht hinreiche, die Ausgaben zu Lokalblättern zu stempeln. Daß unter den obwaltenden Umständen die Bezeichnung „Nebenausgabe" üblich sei, hat die Klägerin in dem Sinne geltend gemacht, daß sie nach der Auffassung des Zeitungsgewerbes diese Bezeichnung gebrauchen dürfe. Auf diese Auffassung kommt es aber nicht an, entscheidend ist vielmehr allein die Auffassung des Publikums, an das sich die Ankündigungen richten. Auch wenn im Zeitungsgewerbe die Herausgabe derartiger Kopfblätter üblich sein sollte, so würde eine Befugnis hierzu doch nur insoweit anzuerkennen sein, als damit nicht gegen die Vorschriften der Gesetze verstoßen wird. Dies aber tut die Klägerin in dem hier allein zur Entscheidung stehenden besonderen Falle." . . .

---

86. Zur Anwendung des § 558 BGB.

III. Zivilsenat. Urt. v. 7. Oktober 1919 i. S. J. (Kl.) w. Deutsches Reich (Bekl.). III 27/19.

I. Landgericht Düsseldorf.
II. Oberlandesgericht daselbst.

Durch Vertrag vom 31. Oktober 1914 vermietete der Kläger dem Beklagten seinen Zirkus einschließlich des mit einem Bretterzaun umschlossenen Grundstücks für die Zeit, für die die Heeresverwaltung des Raumes bedürfen sollte. Am 18. Januar 1915 brannte das Zirkusgebäude ab. Am 1. Juli 1915 räumte der Beklagte das Grundstück. Der Kläger beanspruchte außer der Zahlung rückständigen Mietzinses 4920 *M* Schadensersatz mit der Behauptung, der Brand sei von den gesetzlichen Vertretern des Beklagten und von der in dem Gebäude untergebrachten Wachmannschaft verschuldet. Nachdem der Klaganspruch 1917 rechtskräftig dem Grunde nach für gerechtfertigt erklärt war, erhöhte der Kläger seinen Schadensersatzanspruch auf 30000 *M*. Mit dem Mehrbetrage wurde er von dem Berufungsgericht auf Grund der Verjährungseinrede abgewiesen. Seine Revision hatte keinen Erfolg.

Gründe:

„Der Streit der Parteien dreht sich in diesem Rechtszuge nur um die Frage, ob die Verjährungsvorschrift des § 558 BGB. auf den vorliegenden Fall Anwendung findet, obwohl das vermietete Zirkusgebäude völlig abgebrannt ist und deshalb nicht zurückgegeben werden kann. Diese Frage ist von dem Berufungsrichter mit Recht bejaht worden. Wie der erkennende Senat bereits in dem Urteile RGZ. Bd. 75 S. 116 ausgesprochen hat, steht es mit der dort mitgeteilten Entstehungsgeschichte und dem Zwecke der Vorschrift des § 558 nicht im Einklange, wenn man aus der den Beginn der Verjährung regelnden Bestimmung des Abs. 2 eine einschränkende Auslegung des Abs. 1 herleiten will. Nur wenn die Mietsache völlig untergegangen ist und der Vermieter deshalb nichts zurückerhält, steht der Anwendung des § 558 das Bedenken entgegen, daß es an einem der Vorschrift des Abs. 2 entsprechenden Anfangspunkte der Verjährung fehlt. Vorliegendenfalls fällt dieses Bedenken fort. Mit dem Abbrennen des Zirkusgebäudes ist nicht die Rückgabe der ganzen Mietsache unmöglich geworden. Zurückzugeben war noch das in dem Mietvertrag ausdrücklich als mitvermietet aufgeführte „mit Bretterzaun umschlossene Grundstück", das der Beklagte unstreitig am 1. Juli 1915 geräumt und dem Kläger zurückgegeben hat. Es bedarf hier daher keiner Prüfung der von der Revision angeregten Frage, ob, wenn nur das Zirkusgebäude als Mietgegenstand bezeichnet gewesen wäre, der § 558 unanwendbar sein würde oder die Rückgabe des Grund und Bodens, auf dem jenes stand, für genügend zu erachten wäre, die kurze Verjährungsfrist des § 558 in Lauf zu setzen. Daß, wie die Revision hervorhebt, das Gebäude den Hauptgegenstand des Mietvertrags gebildet hat, steht der Anwendung des § 558 nicht entgegen. Der Grundgedanke der Vorschrift, daß binnen kurzer Frist nach Beendigung des Mietverhältnisses die Ersatzansprüche geltend gemacht werden müssen, weil das Interesse beider Vertragsteile eine rasche Auseinandersetzung fordert (vgl. RGZ. Bd. 62 S. 331, Bd. 75 S. 118, Bd. 95 S. 304), zwingt im Gegenteil zur Anwendung des § 558 auf einen Fall, wie er hier vorliegt."

---

87. Auslegung von Willenserklärungen im Beamtenrecht. Welche Anforderungen sind hinsichtlich der Einverständniserklärung eines Beamten mit seiner pensionslosen Entlassung aus dem Dienste zu stellen?

III. Zivilsenat. Urt. v. 10. Oktober 1919 i. S. Pr. (Kl.) w. Deutsches Reich (Bekl.). III 114/19.

I. Landgericht Kiel.
II. Oberlandesgericht daselbst.

Der seit 1901 im Dienste der Marine befindliche, im Jahre 1904 als Marinebaumeister fest angestellte Kläger reichte am 20. November 1912 das Gesuch ein, ihn zum 1. Januar 1913 mit Pension aus dem Dienste zu entlassen. Er begründete dies Gesuch damit, daß er sich mit der den höheren Baubeamten in der Marine zugewiesenen Stellung nicht dauernd abfinden könne; er müsse, da er mit einer wesentlichen Besserung dieser Stellung in absehbarer Zeit nicht rechnen könne, bei weiterem Verbleiben in der Marine eine dauernde Schädigung seiner Gesundheit befürchten; sein Gesundheitszustand habe infolge seiner dienstlichen Tätigkeit, durch die er sich oft lang andauernde Erkältungen zugezogen habe, sowie durch persönliche Verärgerungen gelitten. Deshalb behalte er sich den Anspruch auf Pension vor, auch wenn seine Entlassung ohne Pension erfolgen sollte. Das Reichsmarineamt wies darauf durch Verfügung vom 19. Dezember 1912 die Inspektion des Torpedowesens in Kiel an, da das Gesuch des Klägers nicht erkennen lasse, daß er zur Erfüllung seiner Amtspflichten dauernd unfähig sei, und auf diesen Nachweis nicht verzichtet werden könne, den Kläger zu einer bestimmten Erklärung zu veranlassen, und, wenn er Pension fordern sollte, ihn ärztlich untersuchen und eventuell den Pensionsvorschlag vorlegen zu lassen. Auf die Mitteilung von dieser Verfügung zeigte der Kläger am 4. Januar 1913 an, daß er auf die Pension nicht verzichten könne, da er einen großen Teil seiner Lebenskraft im Dienste der Marine eingebüßt habe. Am 31. Mai 1913 wurde der Kläger aus dem Marinedienst entlassen, und zwar, da er aus dem Dienste scheide, ohne dauernd dienstunfähig zu sein, ohne Pension. Auf ein Gesuch vom 26. Juli 1913 um nochmalige Prüfung seines Pensionsanspruches wurde ihm anheimgegeben, seine dauernde Dienstunfähigkeit nachzuweisen. Der Kläger erhob nun

Klage auf Zahlung seines Gehaltes für die Zeit vom 1. Juli bis 30. September 1913 und der Pension vom 1. Oktober 1913 ab. Er behauptete, daß ihm der Pensionsanspruch nach § 34 RBG. zustehe, da er dauernd dienstunfähig sei, begründete aber demnächst diesen Anspruch auch damit, daß seine Entlassung zu Unrecht erfolgt sei, da er nur seine Entlassung mit Pension beantragt habe und ihm deshalb der Anspruch auf Fortzahlung des Gehaltes zustehe, den er jedoch nur in Höhe der Pension geltend machen wolle.

Landgericht und Berufungsgericht wiesen die Klage ab. Das Reichsgericht verurteilte nach dem Klagantrage.

Gründe:

„Der vom Kläger im Berufungsverfahren in erster Reihe geltend gemachte Gehaltsanspruch hängt davon ab, ob die Entlassung des Klägers aus dem Reichsdienste zu Recht erfolgt ist oder nicht. Dem Gerichte steht die Prüfung dieser Frage zu. Die die richterliche Prüfungsbefugnis einschränkende Bestimmung des § 155 RBG. bezieht sich ebenso wie die des § 5 des preußischen Gesetzes, betr. die Erweiterung des Rechtsweges, vom 24. Mai 1861 nicht auf den hier vorliegenden Fall der Entlassung eines Beamten aus dem Dienste, die ohne Pension erfolgt und sein Einverständnis zur Voraussetzung hat, vgl. das Urteil des erkennenden Senats vom 1. Dezember 1916 III 174/16, Jur. Wochenschr. 1917 S. 225.

Mit Recht prüft deshalb das Berufungsgericht, ob der Kläger seine Dienstentlassung schlechthin, auch für den Fall, daß ihm ein Ruhegehalt nicht bewilligt würde, nachgesucht hat. Es bejaht diese Frage auf Grund des Gesuchs des Klägers vom 20. November 1912, seiner Erklärung vom 4. Januar 1913 und seines Verhaltens nach erfolgter Entlassung. Das Berufungsgericht geht bei der Auslegung der Erklärungen des Klägers von der Erwägung aus, daß der Kläger seine Erklärungen entsprechend den auch für das Beamtenverhältnis geltenden allgemeinen Grundsätzen des bürgerlichen Rechtes in dem Sinne gegen sich gelten lassen müsse, wie sie nach der Verkehrsauffassung unter Berücksichtigung von Treu und Glauben von dem Erklärungsempfänger verstanden werden konnten. Die Gefahr einer unrichtigen Ausdrucksweise, die der Erklärungsempfänger nicht erkennen konnte, träfe hierbei den Kläger, und ein Fehlgriff in dem, was er in Wirklichkeit sagen wollte aber nicht gesagt hatte, könne nicht dahin führen, seine Äußerungen in einem anderen Lichte erscheinen zu lassen und einer damit in Widerspruch stehenden Deutung zugänglich zu machen.

Diese Erwägungen sind insoweit nicht zu beanstanden, als auch für das Beamtenrecht der Grundsatz anzuerkennen ist, daß nur der wirkliche, in die Erscheinung getretene, nicht der innere, unausgesprochen gebliebene Wille als Inhalt der Erklärung in Betracht kommt. Für die Würdigung des erklärten Willens aber ist, wie im geschäftlichen Verkehr die Anschauung der beteiligten Kreise, die besondere Lage der Verhältnisse, so im Beamtenrechte die öffentlichrechtliche Eigenart des Verhältnisses zwischen dem Staate und seinen Beamten von wesentlicher Bedeutung. Staat und Beamter stehen sich nicht gegenüber wie die Einzelnen im wirtschaftlichen Verkehr, die lediglich ihre eigenen Interessen verfolgen und innerhalb der durch die Gesetze und die guten Sitten gebotenen Schranken auch verfolgen dürfen. Der Staat hat mit der überragenden Machtstellung gegenüber seinen Beamten auch die Verpflichtung, deren Rechte und berechtigte Interessen auch im Verhältnis gegenüber sich selbst, dem Staatsganzen und dessen fiskalischem Interesse zu berücksichtigen und zu wahren. Aus dieser Fürsorgepflicht des Staates ergibt sich die Notwendigkeit für ihn, Erklärungen der Beamten, die einen Verzicht auf Rechte enthalten oder sonst ihren Interessen nachteilig wirken könnten, nur dann zur Grundlage seiner Entschließungen zu machen, wenn sie bestimmt und klar sind. Dies gilt ganz besonders für eine Erklärung, welche die folgenschwere Entlassung des Beamten ohne Gewährung eines Ruhegehaltes betrifft. Die Entscheidung auf das Entlassungsgesuch eines Beamten ist keine Entschließung, die in dringender Eile getroffen werden müßte. Die vorgesetzte Dienstbehörde ist in der Lage und darum auch gehalten, vor der Fällung einer solchen Entscheidung die erforderlichen Unterlagen, insbesondere also, soweit es Voraussetzung der Entlassung des Beamten ist, dessen Einverständnis in zweifelsfreier Weise und Form einzuholen. Für sogenannte „auslegungsbedürftige“ Erklärungen, wie sie im hastenden Geschäftsverkehr unvermeidlich sind, ist hier kein Raum. Für die Erklärungen, welche die Voraussetzung einer solchen behördlichen Entschließung bilden, besteht vielmehr das Erfordernis der Klarheit ebenso, wie dies der erkennende Senat für die eigenen Bescheide der Behörden in Beamtenangelegenheiten ausgesprochen hat, vgl. Jur. Wochenschr. 1913 S. 697 Nr. 17 und RGZ. Bd. 95 S. 297.

Diesem Erfordernis der Klarheit entsprechen nun die Erklärungen des Klägers, auf die hin seine Entlassung ausgesprochen ist, keinesfalls. Im Eingange seines Gesuchs vom 20. November 1912 bittet der Kläger, seine Entlassung unter Bewilligung der ihm zustehenden Pension erwirken zu wollen. Die nähere Begründung des Gesuchs mag die Auffassung möglich erscheinen lassen, daß er vielleicht die Entlassung auch für den Fall begehre, daß er nicht als dauernd dienstunfähig und deshalb nicht als pensionsberechtigt erachtet werden sollte. Bestimmt ausgesprochen ist dies aber nicht, und zwar auch nicht in dem Satze des Gesuchs, er behalte, weil sein Gesundheitszustand durch die dienstliche Tätigkeit gelitten habe, sich den Anspruch auf Pension vor, auch wenn seine Entlassung zunächst ohne Pension erfolgen sollte. Diese auf einer rechtsirrigen und für den Beklagten ohne weiteres als solche erkennbaren Auffassung beruhende Erklärung ergibt, daß er den Anspruch auf Pension aufrecht erhalten wollte, also mit einer diesen Anspruch endgültig beseitigenden Entlassung, wie sie tatsächlich erfolgt ist, nicht einverstanden war. Die Verfügung des Reichsmarineamts vom 19. Dezember 1912 zeigt denn auch, daß diese Behörde selbst in dem Gesuche des Klägers eine bestimmte Erklärung, daß er seine Entlassung unbedingt, schlimmstenfalls auch ohne Gewährung des Ruhegehaltes fordere, nicht erblickt hat. Die Behörde ordnete deshalb weitere Aufklärung an. Diese Aufklärung führte jedoch nur zu der Feststellung, daß eine dauernde Dienstunfähigkeit des Klägers nicht vorliege, nicht auch zu einer Klarstellung des Willens des Klägers. Dessen Erklärung in dem Schreiben vom 4. Januar 1913, daß er auf die durch § 34 RBG. vorgesehene Pension nicht verzichten könne, war vielmehr nur geeignet, die aus dem Gesuche vom 20. November 1912 sich ergebenden Bedenken zu verstärken.

Mangels einer klaren, unzweideutigen Einverständniserklärung des Klägers mit seiner Entlassung auch ohne Pension konnte deshalb eine solche Entlassung nicht rechtswirksam erfolgen. Das der Entlassung nachfolgende Verhalten des Klägers konnte den ihr anhaftenden Mangel unter keinen Umständen ergänzen; die Entlassung war nur wirksam, wenn die Einverständniserklärung vorlag, als sie erfolgte. Es kann aber dem Berufungsgericht auch darin nicht beigetreten werden, daß aus dem Unterlassen eines sofortigen Widerspruches gegen die Entlassung und aus der Art der ursprünglichen Klagbegründung ein Schluß darauf gezogen werden kann, daß der Kläger mit der unbedingten Entlassung einverstanden gewesen ist.

Da eine rechtsgültige Entlassung des Klägers nicht erfolgt ist, ist er berechtigt, die Weiterzahlung seines Gehaltes zu fordern."

---

88. 1. Darf dem zum Dienst mit der Waffe im Heer einberufenen Marinebeamten die Offiziersbesoldung angerechnet werden? 2. Zur Frage der entsprechenden Anwendung von Ausnahmebestimmungen.

III. Zivilsenat. Urt. v. 26. September 1919 i. S. Deutsches Reich (Bekl.) w. H. (Kl.). III 38/19.

I. Landgericht Kiel.
II. Oberlandesgericht daselbst.

Der Kläger, Marineintendanturrat des Friedensstandes, hatte, nachdem er für abkömmlich erklärt war, von Februar bis Dezember 1915 als Leutnant der Landwehr im Heere Militärdienst geleistet und für diese Zeit sein Einkommen als Intendanturrat nur unter Abzug von $^7/_{10}$ seiner Offiziersbesoldung, nämlich unter Abzug von 217 ℳ monatlich, erhalten; er erachtet diesen Abzug für unzulässig und fordert Nachzahlung. Das Landgericht hat die Klage abgewiesen, der Berufungsrichter hat zugesprochen. Die Revision hatte keinen Erfolg.

Gründe:

„Der Beklagte stützt die Befugnis zu dem strittigen Abzug auf § 4 Nr. 8 der Kriegs-Geldverpflegungsvorschrift für die Marine vom 17. Oktober 1908 (KGVV.), auf § 7 Nr. 6 der Kriegsbesoldungsvorschrift vom 29. Dezember 1887 (KBesoldV.) und auf § 3 Nr. 3 KGVV. § 4 das. behandelt nach der Überschrift nur „Beginn und Ende der Gewährung von Kriegsgehalt und Löhnung", also nur einen Zeitpunkt, ebenso wie § 8 KBesoldV. unter der Überschrift „Beginn und Ende der Zuständigkeit des Kriegsgehalts" und wie § 56 des Reglements über die Geldverpflegung der Armee im Kriege vom 28. August 1868 (Regl.) lediglich den Zeitpunkt, mit welchem Kriegsgehalt und Friedensgehalt sich trennen, bestimmen. Diese Vorschriften haben, soweit sie hierhin gehören, die Gehaltsempfänger bereits des Friedensstandes der Marine einerseits und des Heeres anderseits im Auge. In diesen Vorschriften war und ist also eine Bestimmung, daß Kriegsgehalt und Friedensgehalt nicht nebeneinander zustehen, § 4 Nr. 8 KGVV., § 8 Nr. 1 Abs. 2 KBesoldV. und § 56 Abs. 4 Regl., selbstverständlich. Dieselbe besagt nichts über das Verhältnis zweier verschiedenartiger Gehaltsansprüche, über den Abzug des einen von dem anderen. Sie hat nicht zum Gegenstand den Abzug vom Zivileinkommen der Zivilbeamten, der vielmehr geregelt ist in § 1 Nr. 9 KGVV. und in § 7 Nr. 5 KBesoldV. durch Bezugnahme auf § 66 des Reichsmilitärgesetzes vom 2. Mai 1874/6. Mai 1880 und die zu dessen Ausführung für die Reichsbeamten erlassene Verordnung vom 8. Mai 1888 bzw. den für die preußischen Staatsbeamten erlassenen Staatsministerialbeschluß vom 1. Juni 1888, ferner in § 55 Regl. durch Bezugnahme auf die Staatsministerialbeschlüsse vom 22. Januar 1831, vom 23. Januar und 19. Juli 1850 und vom 9. März 1864. Jene Bestimmung hat auch nicht zum Gegenstand den Abzug eines Heeresgehalts von einem Marinegehalt oder eines Marinegehalts von einem Heeresgehalt. Ebenso haben es § 7 Nr. 6 KBesoldV. und § 3 Nr. 3 KGVV. nicht mit einem Verhältnis zweier verschiedenartiger Einkommen, d. h. nicht mit einem Zusammentreffen eines Heeres- und eines Marineeinkommens zu tun, sondern sie sehen je innerhalb jedes einzelnen dieser Einkommen die Ausgleichung eines „Mehrbetrags", eines „Fehlbetrags" vor, wie dies schon § 54 Regl. für das Heer getan hatte. Den zum Heer, zum Dienst mit der Waffe einberufenen Militärverwaltungsbeamten, also Heeresbeamten, soll der

Mehrbetrag ihrer Friedensbesoldung über $^7/_{10}$ ihrer Kriegsbesoldung erhalten bleiben; der Mehrbetrag soll über die Sätze der Gebührennachweisungen hinaus aus Militärfonds, d. h. Heeresfonds gewährt werden. Und die Gehaltsempfänger des Friedensstandes der Marine, also insbesondere die Marinebeamten des Friedensstandes, sollen bei Einberufung zum Dienst mit der Waffe in der Marine den Überschuß ihres Friedensgehalts über ihr Kriegsgehalt, also diesen Fehlbetrag als Gehaltszuschuß empfangen. Daß hier nur der Dienst mit Waffe in der Marine gemeint sein kann und gemeint ist, folgt mit Notwendigkeit daraus, daß die KGBV. nur für den beschränkten Rahmen der Marine Bestimmungen trifft, und wird durch die Anm. 1 auf S. 72 der KGBV. (zum Eingang der Verordnung vom 8. Mai 1888) bestätigt. In gleicher Weise hatte sich anderseits die KBesoldV. (§ 7 Nr. 6) auf den Rahmen des Heeres, auf Heeresbeamte und auf den Dienst mit der Waffe im Heere beschränkt. Nur darum eben konnten beide Bestimmungen einen Mehr-, einen Fehlbetrag ins Auge fassen und einen solchen ausgleichen; bei Ineinanderrechnung verschiedenartiger Einkommen dagegen konnte von einem fehlenden Mehrbetrage gar nicht die Rede sein.

Die bisherige Darlegung ergibt, daß das beim Kläger vorgekommene Zusammentreffen zweier verschiedenartiger Gehaltsansprüche — des Anspruchs auf sein Marineintendanturratsgehalt und des Anspruchs auf die Kriegsbesoldung als Landwehrleutnant im Heere — in keiner der vom Beklagten herangezogenen Gesetzesstellen und überhaupt nicht positivgesetzlich behandelt und geregelt ist. Der Kläger ist nicht Zivilbeamter, sondern militärischer Beamter der Marine, und er war einberufen zum Dienst mit der Waffe nicht zur Marine, sondern zum Heer.

Der Beklagte meint, es liege eine Lücke vor und diese sei durch Anwendung eines aus den besprochenen gesetzlichen Bestimmungen zu entnehmenden Prinzips auszufüllen. Eine Lücke in dem Sinne, daß die Rechtslage des Klägers gesetzlich nicht geregelt sei, liegt jedoch keineswegs vor er hat nach Maßgabe klarer gesetzlicher Bestimmungen kraft seiner Anstellung als Marineintendanturrat sein Ratsgehalt und kraft seines Dienstes als Landwehrleutnant im Heere seine Leutnants-Kriegsbesoldung anzusprechen. Gerade erst der gänzliche oder teilweise Ausschluß des Nebeneinanderbezugs beider Einkommen ist ein Einbruch in diese regelrechte, normale Rechtslage und muß als eine Aufhebung oder Beschränkung schon gegebener Rechte vom Gesetze klar und unzweifelhaft, also positiv und speziell angeordnet sein. Angenommen aber auch, der Nebeneinanderbezug beider Einkommen könnte auch ohne positive spezielle Vorschrift schon durch ein allgemeines Prinzip, durch einen eine Gesamtheit gewisser gleichartiger Einzelfälle umfassenden und treffenden Grundsatz ausgeschlossen werden, so ist ein solches Prinzip, wie der Beklagte nicht verkennt, nirgends ausdrücklich ausgesprochen. Ein solches Prinzip ist aber auch aus den Einzelbestimmungen gar nicht auffindbar. Die Vorschriften des § 66 des Reichsmilitärgesetzes und der Ausführungsbestimmungen dazu von 1888 über Anrechnung auf das Zivileinkommen sind rein positiv, wie die Beschränkung auf den Fall einer Offiziersbesoldung und die Festsetzung von $^7/_{10}$ derselben als des reinen Betrags zeigen, und diese rein positiven Vorschriften sind durch positive kasuistische Bestimmungen lediglich nachgeahmt — für militärische Heeresbeamte in § 7 Nr. 6 BesoldV. bei Einberufung zum Dienst mit der Waffe im Heere und für militärische Marinebeamte in § 3 Nr. 3 KGVV. bei Einberufung zum Dienst mit der Waffe in der Marine. Dabei lag die Möglichkeit eines Waffendienstes bei dem anderen Teile der bewaffneten Macht nicht nur offen zutage, sondern ein derartiger Waffendienst ist sogar in mehrfachen anderweiten Gestaltungen ausdrücklich behandelt. § 12 Nr. 3 KGVV. regelt den Gehaltsbezug der vom Reichsheere zur Marine oder umgekehrt versetzten oder kommandierten Offiziere usw.; § 5 Nr. 2 KGVV. setzt die anzuwendenden Vorschriften und den zu belastenden Etat (Heeres- oder Marineetat) fest für die Abfindung der von der Marine zum Heer oder umgekehrt übertretenden Personen; § 18 Nr. 7 e KGVV. verordnet die Unterbrechung des Kriegszulagenempfangs für die Dauer eines Kommandos zum Reichsheer; und schon die Besoldungsvorschrift für die Marine im Frieden vom 4. Januar 1908 hatte in § 11 Nr. 2 von den Gebührnissen der vom Reichsheere zur Marine und umgekehrt versetzten oder kommandierten Offiziere gehandelt. Folgerungen aus dem Dienste bei dem anderen Teile der bewaffneten Macht werden also auch nur durch positive Spezialvorschriften kasuistisch festgesetzt. Ein allgemeines Anrechnungsprinzip wollte demnach nicht ausgesprochen werden; die Heeresvorschriften einerseits und die Marinevorschriften anderseits wollten sich insoweit beschränken und beschränkten sich insoweit je auf den eigenen Bereich, auf die eigenen Militärbeamten und den eigenen Waffendienst. Nach der auf Frage des Gerichts erstatteten Auskunft des Beklagten vom 15. Juli 1918 soll bei Aufstellung der Vorschrift § 3 Nr. 3 KGVV. (1908) der Irrtum obgewaltet haben, daß sich die Höhe der Gebührnisse für die beim Heere verwendeten Marineangehörigen schon aus den Heeresvorschriften (1887) ergeben müßten; dieser Irrtum legte also selbst nicht das Vorhandensein eines ausgedrückten oder sonst offenbaren Prinzips, sondern das Vorhandensein positiver Spezialbestimmungen zugrunde. Dem Richter aber endlich muß es versagt bleiben, ein allgemeines Anrechnungsprinzip seinerseits zu suchen und aufzustellen. Abzüge und Kürzungen von den an sich gesetzlich begründeten Gehalts-, Pensions- und Militärrentenansprüchen der Beamten, Offiziere und Mannschaften sind Ausnahmen von der regelrechten normalen Rechtslage. Diese Ausnahmen — diese Minderungen an sich gegebener Rechte, diese Einbrüche in den geschlossenen Aufbau öffentlichrechtlicher Rechtszuständigkeiten — auf eine allgemeine prinzipielle Formel zu bringen, hat die Gesetzgebung stets abgelehnt, und zwar aus gutem Grunde, denn die Vielheit und Verschiedenartigkeit der Personenkategorien und der Tatbestände macht die Ausprägung eines übergreifenden Grundsatzes ohne schwere Gefährdung der durch die eine oder durch die andere Spezialgestaltung gegebenen besonderen Interessen unmöglich. Darum ist in Befolgung der Maxime, daß aus Ausnahmebestimmungen keine Konsequenzen gezogen werden dürfen, für die gedachten Abzüge und Kürzungen immer der allein sichere Weg der Spezialnormierung beschritten worden, und auf diesem Wege sind auch, wie dargelegt, die hier in Frage stehenden Heeres- und Marinevorschriften verharrt. Gegenüber diesem Verhalten der Gesetzgebung kann es, — wie in betreff der Kürzungsvorschriften in RGZ. Bd. 90 S. 266 bereits bemerkt ist („eine „entsprechende", „freie" Ausdehnung dieser rein positiven Vorschriften ist durchaus auszuschließen") — dem Richter nicht gestattet sein, nun doch seinerseits aus der oder jener solcher Ausnahmebestimmungen ein Prinzip herauszuziehen und herauszukonstruieren. Er hat nur die positiv gesetzten Ausnahmen zu beachten und mangels einer positiven Ausnahmevorschrift die Regel, also hier die unverkürzte Zuständigkeit sowohl des Gehaltsanspruchs als des Kriegsbesoldungsanspruchs anzuerkennen. Falls diese Verschiedenheit des schließlichen Einkommens bei Einberufung zum Dienst mit der Waffe, je nachdem sie zum Heer oder zur Marine erfolgt, befremdlich oder unbegründet erscheinen oder sein sollte, so war dies zu beachten und zu prüfen lediglich Sache des Gesetzgebers, der die Einberufung eines militärischen Marinebeamten zum Waffendienst auch im Heere ins Auge zu fassen und, wenn er es für nötig oder angemessen erachtete, durch eine Spezialbestimmung zu treffen hatte. Der Richter darf diese beiden, dem Gesetzgeber bekannten Tatbestände nicht als wesensgleiche erachten und als wesensgleiche ein und derselben Norm unterwerfen, RGZ. Bd. 87 S. 286/287, S. 373, nachdem das Gesetz selbst eine solche Auffassung und Regelung vermieden hat.

Nach dem Ausgeführten stellt die sich als „Erläuterung zu § 3 Nr. 3 KOBB." bezeichnende Verfügung des Reichsmarineamts vom 26. September 1917, soweit sie die Einberufung der militärischen Marinebeamten zum Heere betrifft, nicht eine Erläuterung, sondern eine materielle Ergänzung und Erweiterung des § 3 Nr. 3 dar. Sie kann darum insoweit nicht für gültig erachtet werden."

---

89. 1. Ist bei einer Landtransportversicherung ein Abandon zulässig?

2. Zu den Begriffen „Anhaltung" und „Bedrohung" beim Abandonverfahren.

Allg. SVB. §§ 116, 122; HGB. §§ 861, 867.

I. Zivilsenat. Urt. v. 4. Oktober 1919 i. S. Assekuranz-Union (Bekl.) w. K. & Co. (Kl.). I 38/19.

I. Landgericht Hamburg, Kammer für Handelssachen.
II. Oberlandesgericht daselbst.

Der Dampfer „Kattenturm", auf dem die Klägerin im Sommer 1914 eine Anzahl Ballen Hanf verladen hatte, lief infolge Kriegsausbruches Syrakus als Nothafen an. Die Klägerin wollte die Ware auf dem Landwege weiterbefördern und schloß mit der Beklagten eine Landtransportversicherung ab. Die Versicherung betraf laut Police die Ballen Hanf „ex Dampfer Kattenturm" für die Reise von Syrakus nach Hamburg per Bahn „einschließlich Kriegsgefahr laut angehefteter Klausel D des Vereins Hamburger Assekuradeure, welche Klausel für diese Versicherung sinngemäße Anwendung findet, sowie des Lagerrisikos und aller anderen in Betracht kommenden Gefahren bis zum Abgange von Syrakus". Vor Antritt der Reise wurde der Dampfer auf Veranlassung der italienischen Regierung beschlagnahmt. Von der versicherten Ware wurden 77 Ballen durch einen Neutralen im Interesse und für Rechnung der Klägerin bei einer italienischen Firma in Syrakus eingelagert.

Die Klägerin steht auf dem Standpunkte, daß diese 77 Ballen im Sinne des in der Kriegsklausel der Police in Bezug genommenen § 116 Allg.SVB. von 1867 durch Verfügung von hoher Hand „angehalten" worden seien, da die italienische Regierung die Ausfuhr der Ware verboten und sich die Requisition derselben vorbehalten habe. Sie diente am 1. September 1916 der Beklagten ihren Schaden an und abandonnierte am 31. Oktober 1916 die versicherten Waren unter Überreichung eines Lagerscheins. Mit der Klage verlangt sie die Zahlung der Versicherungssumme.

Die Beklagte bestreitet das Vorliegen der Voraussetzungen zum Abandon.

Das Landgericht wies die Klage ab, das Oberlandesgericht gab ihr statt. Die Revision wurde zurückgewiesen.

Gründe:

„1. Es handelt sich um eine reine Landtransportversicherung. Zwar konnte die versicherte Reise von Syrakus nach Hamburg zu einem kleinen Teile nicht auf dem festen Lande ausgeführt werden, aber es fiel ausweislich der Versicherungspolice — abgesehen von den dort in § 4 Abs. 4 erwähnten Fluß- und Landseeübergängen — nur der wirkliche Transport zu Lande unter die Versicherung. Es ist auffallend, daß in einen solchen Versicherungsvertrag die in der Police ausdrücklich in Bezug genommene und ihr angeheftete Kriegsklausel „D" des Vereins Hamburger Assekuradeure schlechthin aufgenommen ist, obgleich diese Klausel sich eng an bestimmte Vorschriften der ausschließlich die Seeversicherung behandelnden Allg. Seeversicherungsbedingungen anlehnt. Denn daß die in der Kriegsklausel angeführten §§ 101 (nebst Zusatz), 70 und 116 sich auf die genannten Allg. Seeversicherungsbedingungen beziehen, kann trotz Fehlens eines entsprechenden ausdrücklichen Hinweises keinem Zweifel unterliegen. Anderseits ist dem Berufungsrichter darin zuzustimmen, daß die Hereinziehung der Kriegsklausel in den Versicherungsvertrag keineswegs zu sinnwidrigen Ergebnissen führt. Insbesondere sind auch die im letzten Absatze der Klausel erwähnten Vorschriften des § 116 Allg.SVB., betr. den Abandon bei Landtransportversicherungen, an sich anwendbar. Die Anrufung dieser Vorschriften und damit ihre entsprechende Einfügung als Bestandteil des Versicherungsvertrags ist aber, wie das Berufungsgericht zutreffend dargelegt hat, in der Police mit genügender Bestimmtheit erfolgt.

2. Zwischen den Parteien ist nicht streitig, daß die Voraussetzungen eines Abandons nach § 116 Allg.SVB. im Beihalt des letzten Absatzes der Kriegsklausel im übrigen gegeben sind mit Ausnahme der Frage, ob im Sinne jenes Paragraphen eine „Anhaltung“ und eine „Bedrohung“ anzunehmen ist.

a) Das Berufungsgericht führt aus, daß nicht nur hinsichtlich des Schiffs, sondern auch hinsichtlich der versicherten Güter eine Anhaltung durch Verfügung von hoher Hand gemäß § 116 Allg.SVB. erfolgt sei. Dies wird damit begründet, daß durch Verfügung der italienischen Regierung die Weiterbeförderung der auf Anordnung der genannten Regierung aus dem beschlagnahmten Dampfer „Kattenturm“ ausgeladenen und von einem Neutralen im Interesse und für Rechnung der Klägerin bei einer italienischen Firma in Syrakus eingelagerten Güter verboten, und daß dadurch die Klägerin in der freien Verfügung über sie verhindert worden sei, indem ihr keine andere Wahl geblieben sei, als die Ware in Syrakus für die Dauer des Weltkriegs einlagern zu lassen. Diese tatsächlichen Feststellungen — die noch durch gerichtsbekannte und in der Literatur erörterte Tatsachen ergänzt werden können, wie sie in der Entscheidung des Reichsgerichts vom 6. November 1918 I 174/18 (im Anschluß an Curti und Martiu) sowie von Bruck in der Hanseat. Rechtszeitschr. 1917 Heft 1 Spalte 20 flg. dargelegt worden sind — rechtfertigen die Annahme eines „Anhaltens“ der Güter in dem hier fraglichen Sinne. In RGZ. Bd. 92 S. 253 ist ausgeführt, daß für eine „Anhaltung“ im Sinne des § 116 nicht erforderlich sei, daß die Güter noch in Fortbewegung begriffen waren, als die Verfügung von hoher Hand eingriff, und daß es genüge, wenn durch diesen Eingriff die freie Verfügung des Versicherten über die Güter „für die Dauer des

Krieges" ausgeschlossen sei. Ähnlich heißt es in RGZ. Bd. 90 S. 144, daß die „Anhaltung" sowohl eine bloß vorübergehende sein könne, z. B. zum Zwecke der Durchsuchung, als auch sich auf längere Zeit, z. B. die Dauer des Krieges, erstrecken könne, und in RGZ. Bd. 89 S. 39, daß die Anhaltung (wie die Durchsuchung) Schiff und Ladung nur „vorübergehend" berühre (siehe auch Urt. des RG. v. 12. Dez. 1917 I 241/17 sowie RGZ. Bd. 89 S. 73). Von diesen Grundsätzen weicht auch die Entscheidung des Reichsgerichts vom 6. November 1918 I 174/18 im Grundgedanken nicht ab. Denn wenn dort als „Anhalten" im Sinne von § 861 HGB. eine Verfügung von hoher Hand bezeichnet wird, wodurch die Güter dauernd (nicht bloß vorübergehend) festgehalten und der freien Verfügung des Berechtigten entzogen sind, so ist damit eine nicht zu kurze Dauer der Festhaltung, nicht aber ihre absolute Beständigkeit gemeint. Sind danach die Voraussetzungen des „Anhaltens" der Güter ohne Rechtsirrtum vom Berufungsgerichte festgestellt, so bedarf es keiner Erörterung der nicht unbestrittenen Frage, ob schon die Anhaltung des Schiffs für sich allein den Abandon wegen der Güter rechtfertigt, wenn nur dessen Voraussetzungen im übrigen vorliegen (siehe Urt. des RG. v. 6. Nov. 1918 I 174/18; aber auch Hans. GZtg. HBl. 1918 Nr. 26, 1917 Nr. 84, 1917 Nr. 102).

b) Die Beantwortung der Frage, ob die Güter zu der maßgeblichen Zeit im Sinne der Kriegsklausel und des § 116 Allg. SVB. „bedroht" waren, hängt gleichfalls in erster Linie von den seitens des Berufungsgerichts getroffenen tatsächlichen Feststellungen ab. Dasselbe hat in dieser Beziehung ausgeführt: die im Interesse und für Rechnung der Klägerin seitens eines Neutralen vorgenommene Einlagerung der Güter bei einer italienischen Firma in Syrakus habe nicht die geringste Gewähr für ihre Erhaltung geboten, zumal nachdem Italien, das es schon vor Ausbruch des Kriegs mit Deutschland an der Achtung fremden Eigentums habe fehlen lassen und von den Weisungen Englands im Wirtschaftskrieg völlig abhängig sei, am 27. August 1916 an Deutschland den Krieg erklärt habe, und weil es sich ferner um Ware handle, die für die Kriegsindustrie sehr gut verwendbar gewesen sei (siehe auch Hans. GZtg. 1918 HBl. Nr. 2). Wenn danach das Berufungsgericht annimmt, daß die Güter „in hohem Maße im Sinne des Gesetzes gefährdet" und „als bedroht im Sinne des § 116 Allg SVB." anzusehen seien, so läßt sich hiergegen rechtlich nichts einwenden. Allerdings sagt das Berufungsgericht nicht ausdrücklich, daß eine Bedrohung der Güter mit Totalverlust festgestellt werde. Aber seinen Ausführungen ist zu entnehmen, daß eine solche Feststellung gemeint ist, und jedenfalls sind die tatsächlichen Feststellungen derart, daß sie eine solche rechtliche Schlußfolgerung rechtfertigen. Es kann deshalb dahingestellt bleiben, ob eine Bedrohung in dem hier maßgeblichen Sinne grundsätzlich eine solche mit Totalverlust sein muß oder ob schon die Gefahr der Beschädigung oder des Verderbs usw. genügt....

c) Die Ausführungen des Berufungsgerichts zeigen, daß die von ihm getroffenen tatsächlichen Feststellungen hinsichtlich der Anhaltung und Bedrohung auch für die hier maßgebliche Zeit Geltung haben. Als solche ist dem Zweck und Inhalte der betr. Vertragsbestimmung entsprechend unter entsprechender Anwendung des § 122 Allg. SVB. (§ 867 HGB.) der Zeitpunkt der Mitteilung der Abandonerklärung an den Versicherer anzusehen." ...

---

90. 1. Wann ist die Geltendmachung des Formmangels unzulässig? 2. Inwieweit wird der Verzug durch Rechtsirrtum ausgeschlossen?

BGB. §§ 125, 285.

III. Zivilsenat. Urt. v. 10. Oktober 1919 i. S. B. & Cie. (Kl.) w. Landgemeinde W. (Bekl.). III 73/19.

I. Landgericht Kassel.
II. Oberlandesgericht daselbst.

Die Klägerin hat von der Beklagten im Jahre 1898 den dieser gehörigen Steinbruch Bühl nebst dem um diesen Basaltkegel herumliegenden Gemeindelande zur Steinausbeute um den Jahreszins von 10000 *M* bis zum 10. Mai 1916 gepachtet. Als sie die Errichtung einer Drahtseilbahn nach dem Bühl und von da nach dem Bahnhofe W. plante, wurde am 17. Oktober 1906 ein weiterer schriftlicher Vertrag zwischen den Parteien geschlossen, der neben der Unterschrift der Klägerin die des Bürgermeisters der Beklagten sowie eines Schöffen trug, mit dem Gemeindestempel versehen war und vom Kreisausschuß genehmigt wurde. In diesem Vertrage gestattete die Beklagte der Klägerin die zur Aufstellung der Stützen und Überspannung der Drahtseile erforderliche Benutzung der in Betracht kommenden Gemeindegrundstücke, sowie die Benutzung der bereits auf dem Bühl errichteten Schotteranlage auch für das vom Brandkopf herrührende Material bis 1. Januar 1930 (§§ 1 bis 4). Weiterhin wurde im § 5 bestimmt, daß nach Ablauf des Pachtvertrags von 1898 der Steinbruch neu verpachtet werde, daß im Falle der Neuverpachtung an einen Dritten die Klägerin sich mit dem neuen Pächter über die Benutzung der Drahtseilbahn und Schotteranlage einigen solle, sowie daß im Falle der

Nichteinigung die Anlagen der Klägerin entfernt werden müßten. § 6 endlich besagt:

„Sollte der Steinbruch Bühl nach Ablauf der jetzigen Pachtperiode ausgebeutet sein und daher nicht wieder als Steinbruch verpachtet werden können, so gestattet die Gemeinde W. der Firma B. & Cie. die Benutzung der Bremsbahn vom Bühl nach dem Bahnhof W., der Schotteranlage und der Gebäulichkeiten, sowie der Arbeitsplätze, . . . , ferner das Bestehen der Drahtseilbahn, . . . , zu dem jährlichen Pachtpreise von 1500 *M*." . . .

Nach Ablauf der durch den Vertrag von 1898 begründeten Pacht hat die Beklagte am 10. Mai 1916 den Steinbruch an die F. Basaltwerke G. m. b. H. um den Jahreszins von 4000 *M* verpachtet. Die Klägerin hat die Beseitigung der von ihr errichteten Anlage und die Räumung der Pachtgrundstücke verweigert. Sie ist der Auffassung, daß die Neuverpachtung dem ihr in § 6 des Vertrags vom 17. Oktober 1906 gewährten Rechte zuwiderlaufe, weil der Steinbruch im Jahre 1916 ausgebeutet gewesen sei, und fordert mit der Klage die Feststellung dieses Rechtes. Die Beklagte, die den gegenteiligen Standpunkt vertritt, verlangt die Klagabweisung und beansprucht mit der Widerklage die Beseitigung der Anlagen, die Räumung des Grundstücks sowie die Feststellung der Verpflichtung der Klägerin zum Ersatz des ihr durch die Räumungsweigerung seit 10. Mai 1916 erwachsenen Schadens.

Das Landgericht hat der Klage stattgegeben, weil der Steinbruch zur Zeit der Neuverpachtung abbauunfähig gewesen sei. In der Berufungsverhandlung hat die Beklagte die Nichtigkeit des Vertrags vom 17. Oktober 1906 geltend gemacht, weil die Vertragsurkunde, die die Anführung des Gemeindebeschlusses nicht enthalte, die zwingende Vorschrift des § 59 Nr. 7 der Landgemeindeordnung für Hessen-Nassau verletze. Das Berufungsgericht hat sodann unter Abweisung der Klage der Widerklage entsprochen. Die Revision der Klägerin ist mit der Maßgabe zurückgewiesen worden, daß die festgestellte Schadensersatzpflicht sich auf die Zeit nach dem 23. Januar 1918 erstrecke.

Aus den Gründen:

„1. Die angefochtene Entscheidung beruht auf der Annahme, daß der Mietvertrag der Parteien vom 17. Oktober 1906, der die Anführung des Gemeindebeschlusses nicht enthält und nicht mit dem Gemeindesiegel versehen ist, gemäß § 59 Nr. 7 der Landgemeindeordnung für die Provinz Hessen-Nassau vom 4. August 1897 und gemäß den §§ 566, 125 BGB. nicht, wie die Urkunde besagt, bis zum Jahre 1930 Geltung habe, sondern nur als für unbestimmte Zeit abgeschlossen gelte. Diese Annahme ist nicht zu beanstanden. Soweit sie sich lediglich auf die Auslegung der genannten Landgemeindeordnung stützt, ist sie der Nachprüfung des Revisionsgerichts entzogen, da der Geltungsbereich dieser Landgemeindeordnung sich nicht über den Bezirk des Berufungsgerichts hinaus erstreckt (§ 549 ZPO., VO. vom 28. September 1879). Nicht nachzuprüfen ist also die Auffassung, daß die Landgemeinden sich auch mündlich verpflichten könnten, sofern das bürgerliche Recht nicht eine besondere Form für das in Frage stehende Rechtsgeschäft vorschreibe. Der Nachprüfung untersteht aber die Frage, was die schriftliche Form des vorliegenden Mietvertrags im Sinne des § 566 BGB. sei. Dem Berufungsgericht ist darin beizutreten, daß zur Wahrung dieser Form die gleichzeitige Einhaltung der Vorschriften des § 125 BGB. und des § 59 Nr. 7 der genannten Landgemeindeordnung erforderlich sei. Die Erlassung der letzteren fällt zwar in die Zeit vor dem 1. Januar 1900, so daß für die Bedeutung der darin enthaltenen Formvorschriften und für die Wirkung ihrer Nichtwahrung zunächst die Vorschriften des damals maßgebenden bürgerlichen Rechtes anwendbar waren. Gemäß Art. 4 EG. z. BGB. sind aber mit dem Inkrafttreten des Bürgerlichen Gesetzbuchs dessen Vorschriften an die Stelle jener Normen getreten.

Der Geltendmachung des Formmangels steht der Einwand der Arglist nicht entgegen. In ständiger Rechtsprechung (RGZ. Bd. 52 S. 5, Bd. 72 S. 342, Bd. 73 S. 209, Bd. 77 S. 277) ist anerkannt, daß der, welcher die Nichtigkeit eines Rechtsgeschäfts wegen Formmangels geltend macht, damit nur ein ihm gesetzlich verliehenes Recht in Anspruch nimmt und deshalb nicht sittenwidrig oder arglistig handelt, und zwar selbst dann nicht, wenn er weiß, daß sein Gegner nach dem Vertragsschluß Aufwendungen gemacht hat. Eine Arglist ist vielmehr nur dann zu bejahen, wenn ein gegen die §§ 823, 826 BGB. oder die Grundsätze von Treu und Glauben verstoßendes Verhalten vorliegt. Ein solches wäre z. B. gegeben, wenn eine Partei die Abfassung des formgerechten Vertrags in der Absicht verhindert, sich später auf den Formmangel berufen zu können, oder wenn sie beim Vertragsschlusse die Form für unnötig erklärt und sich später trotzdem auf den Formmangel beruft. Nach letzterer Richtung liegt die von der Revision angeführte Entscheidung des erkennenden Senats, die in Warneyer 1908 Nr. 38 und in Gruchot Bd. 52 S. 1044 abgedruckt ist. Nicht aber ist, wie die Revision will, die Einrede der Arglist schon dann gerechtfertigt, wenn die Partei die Formwahrung fahrlässig unterläßt, obwohl ihr der Forminhalt und die Formnotwendigkeit bekannt sein mußte, und wenn sie erst lange Zeit nach dem Vertragsschluß im späteren Prozesse den Formmangel geltend macht. Hier fehlt die Einwirkung auf den Irrtum des Gegners über die Notwendigkeit der Form (vgl. auch Warneyer 1909 Nr. 451, 1917 Nr. 174). . . .

2. Das Berufungsgericht hat endlich die Verpflichtung der Klägerin festgestellt, der Beklagten den Schaden zu ersetzen, der ihr dadurch erwachsen sei, daß die Klägerin die Mietgrundstücke nicht am 10. Mai 1916 geräumt habe. Diese Schadensersatzpflicht ist auf den Verzug der Klägerin (§ 286 BGB.) gestützt. Ein solcher fehlt aber jedenfalls bis zum 30. Juni 1917, da ja nach den eigenen Ausführungen des Berufungsgerichts der Mietvertrag bis zu diesem Tage in Geltung war. Die Revision bestreitet jedoch die Schadensersatzpflicht auch für die spätere Zeit, weil es an einem Verschulden der Klägerin fehle, insofern sie bis zur Geltendmachung des Formmangels durch die Beklagte im Berufungsverfahren gutgläubig gewesen sei und die Beklagte überhaupt für die Folgen des Formmangels einzutreten habe. Dieser Angriff ist teilweise berechtigt. Gemäß § 285 BGB. kommt der Schuldner so lange nicht in Verzug, als die Leistung infolge eines von ihm nicht zu vertretenden Umstandes unterbleibt. Die Klägerin hat die Räumung unterlassen, weil sie des guten Glaubens war, daß der Mietvertrag bis zum Jahre 1930 in Geltung sei Sie hatte die — nach den Feststellungen des Berufungsgerichts gerechtfertigte — Auffassung, daß eine Neuverpachtung des Steinbruchs an einen Dritten im Sinne des § 6 des Mietvertrags nicht in Betracht komme, weil der Steinbruch ausgebeutet sei. Der dem Vertrag anhaftende Formmangel ist von der Beklagten weder in den langen Jahren nach dem Vertragsschlusse noch im landgerichtlichen Verfahren geltend gemacht worden; erstmals im Berufungsschriftsatze vom 23. Januar 1918 wurde er erhoben. Wenn nun auch im allgemeinen die Zweifelhaftigkeit der Rechtslage den Schuldner zur Verweigerung seiner Leistung nicht berechtigt und er die Folgen seiner Nichtleistung auf sich zu nehmen hat (RGZ. Bd. 92 S. 379), so schließt doch die gegebene besondere Sachlage ein Verschulden der Klägerin bis zur Geltendmachung des Formmangels durch die Beklagte aus. Diese kann der Klägerin nicht eine unrichtige Rechtsauffassung zum Vorwurf machen, die sie im langen Geschäftsverkehr nie beanstandet und selbst geteilt hat. Die Schadensersatzpflicht ist daher auf die Zeit seit 24. Januar 1918 zu beschränken." . . .

---

91. 1. Haben die Kaskoversicherer dem Versicherten den Beitrag des Schiffes zur großen Haverei auch insoweit zu erstatten, als er die Versicherungssumme überschreitet?

2. Liegt eine vom „Schiffer oder auf dessen Geheiß" erfolgte Maßregel im Sinne des § 700 HGB. auch dann vor, wenn nur unter „Mitwirkung" des Kapitäns gehandelt worden ist?

HGB. §§ 834, 840, 819, 841, 700; Allg. SVB. von 1867 §§ 84, 92, 66, 93, 69.

I. Zivilsenat. Urt. v. 11. Oktober 1919 i. S. Hamburg-Altonaer Kohlen-Import G. m. b. H. (Kl.) w. Verein Hamburger Assekuradeure (Bekl.). I 53/19.

I. Landgericht Hamburg, Kammer für Handelssachen.
II. Oberlandesgericht daselbst.

Die Klägerin hat ihren Dampfer „Altona" bei einer Reihe von Versicherern unter Anwendung der Allg. SVB. von 1867 zu einer bestimmten Gesamtversicherungssumme auf Zeit versichert, und zwar „nur für Seegefahr". Der mit Ladung fahrende Dampfer strandete auf einer unter die Versicherung fallenden Reise und wurde erst nach Werfen eines Teiles der Ladung mit Hilfe eines Bergungsdampfers flott. In der Kaskodispache wurde der Schaden des Kasko auf einen die Gesamtversicherungssumme übersteigenden Betrag festgesetzt, wovon ein erheblicher Teil auf den Beitrag des Schiffs zur großen Haverei entfällt. Die Versicherer bezahlten die Versicherungssumme und noch etwas darüber hinaus. Sie weigern sich, den Beitrag des Schiffs zur großen Haverei zu bezahlen, soweit dadurch die Versicherungssumme überschritten wird. Die Klägerin verlangt diese Zahlung unter Berufung auf § 92 Abs. 2 Allg. SVB.

Die Vorinstanzen wiesen die Klage ab. Die Revision hatte keinen Erfolg.

Gründe:

„Der § 834 HGB. unterscheidet ausdrücklich zwischen den in Nr. 1 und 2 aufgeführten Beiträgen zur großen Haverei bzw. den ihnen gleichgestellten Aufwendungen und den in Nr. 3 bezeichneten „sonstigen", d. h. nicht in Nr. 1 und 2 erwähnten, zur Rettung sowie zur Abwendung größerer Nachteile notwendig und zweckmäßig aufgewendeten Kosten nebst den in Nr. 4 behandelten, zur Ermittelung und Feststellung des dem Versicherer zur Last fallenden Schadens erforderlichen Kosten. Wenn dann in § 840 Abs. 2 HGB. die Haftung des Versicherers über die Versicherungssumme hinaus ausdrücklich nur für die in § 834 Nr. 3 und 4 erwähnten Kosten vorgeschrieben ist, so zeigt dies klar, daß nur insoweit eine Ausnahme von dem das Versicherungsrecht beherrschenden und im § 840 Abs. 1 ausgesprochenen Grundsatze, daß der Versicherer für einen Schaden nur bis zur Höhe der Versicherungssumme haftet, gemacht werden soll, und daß diese streng auszulegende Ausnahmevorschrift nicht auf die in § 834 Nr. 1 und 2 behandelten Fälle ausgedehnt werden darf.

Nicht anders aber verhält es sich mit den entsprechenden Vorschriften der §§ 84 und 92 der hier maßgeblichen Allg. SVB., welche zwar nicht wörtlich, aber doch im wesentlichen mit den genannten Bestimmungen im Handelsgesetzbuch übereinstimmen. Insbesondere zeigt die ausdrückliche Verweisung in § 92 Abs. 2 Allg. SVB. auf die §§ 84 Ziff. 3 und 69 a. E. ebenda, daß auch hier die oben dargelegte Beschränkung der erwähnten Ausnahmen vorgeschrieben und ihre Ausdehnung auf die Beiträge zur großen Haverei abgelehnt ist. Daran ändert nichts die in § 84 Nr. 3 Allg. SVB. (§ 834 Nr. 3 HGB) erfolgte Bezugnahme auf den § 66 Allg. SVB. (§ 819 HGB.). Der § 66 behandelt nur die dem Versicherten als solchem dem Versicherer gegenüber hinsichtlich des einzelnen versicherten Gegenstandes obliegende Rettungspflicht, die erst nach Eintritt des Unfalls und nachdem der Versicherte davon Kenntnis erlangt hat einsetzt. Es ist daher zum mindesten zweifelhaft, ob der genannte Paragraph auch auf solche Aufwendungen Bezug hat, die unter die große Haverei fallen, d. h. vom Schiffer oder auf dessen Geheiß zum Zwecke der Errettung von Schiff und Ladung aus einer gemeinsamen Gefahr und ohne Rücksicht auf das Versicherungsverhältnis gemäß § 700 HGB. gemacht sind. Die etwaige Nichtanwendbarkeit des § 66 Allg. SVB. (§ 819 HGB.) auf Fälle der großen Haverei würde ein weiteres Anzeichen dafür sein, daß der § 92 Abs. 2 Allg. SVB. (§ 840 Abs. 2 HGB.) im Hinblick auf seine eben erwähnte Bezugnahme auf § 84 Ziff. 3 und § 66 Allg. SVB. (§§ 834 Ziff. 3, 819 HGB.) für die in § 84 Nr. 1 und 2 Allg. SVB. (§ 834 Nr. 1 und 2 HGB.) angeführten Beiträge zur großen Haverei nicht in Betracht kommt. Es kann dies aber dahingestellt bleiben. Denn jedenfalls behandelt der § 66 rechtsgrundsätzlich nur die Verpflichtung des Versicherten, zur Abwendung und Verringerung des Schadens das Seinige beizutragen, und entscheidet nichts darüber, in welchem Umfange für die daraus entstehenden Aufwendungen der Versicherer dem Versicherten aufzukommen hat. Vielmehr ist auch der Hinweis in § 84 Nr. 3 Allg. SVB. auf den § 66 immer nur in dem mehrerwähnten, durch den Wortlaut der Vorschrift begrenzten Umfange zu verstehen. Daß die in § 92 Abs. 2 Allg. SVB. (§ 840 Abs. 2 HGB.) erörterten Kosten die Beiträge zur großen Haverei nicht umfassen, zeigt auch die Vorschrift in § 92 Abs. 3 Allg. SVB. (§ 840 Abs. 3 HGB.), wo neben den ebenda in Abs. 2 aufgeführten Kosten (siehe: „solche" Kosten in Abs. 3) die Beiträge zur großen Haverei besonders erwähnt werden. Im übrigen betrifft der Abs. 3 des § 92 Allg. SVB. (§ 840 HGB.) den ganz eigenartigen Fall, daß die anläßlich eines Unfalls von dem Versicherten gemachten Aufwendungen usw. durch einen neuen Unfall hinfällig gemacht werden. Es können daher aus der dort gegebenen Vorschrift, daß der Versicherer neben seiner Haftung für den neuen Schaden bis zur Höhe der ganzen Versicherungssumme u. a. auch etwaige Beiträge zur großen Haverei zu erstatten hat, keine Rückschlüsse für die hier streitige Auslegung des § 92 Abs. 2 gezogen werden. Ebenso wird in § 93 Allg. SVB.

(§ 841 HGB.) ein hier nicht vorliegender Fall behandelt, daß nämlich der Versicherer durch Zahlung der vollen Versicherungssumme grundsätzlich Befreiung von allen weiteren Verbindlichkeiten aus dem Versicherungsvertrag, insbesondere auch von der Haftung für zu erwartende künftige Aufwendungen, erlangt (Versicherer-Abandon). Auch diese Sondervorschrift berechtigt nicht zu besonderen Rückschlüssen für die Auslegung von § 92 Abs. 2 Allg. SVB. (§ 840 Abs. 2 HGB.), so daß es keiner Prüfung der vom Berufungsgerichte bejahten Frage bedarf, ob der Passus in § 93 Allg. SVB. (§ 841 HGB.), betr. die zur „Erhaltung und oder Wiederherstellung" der versicherten Sachen erforderlichen oder verwendeten Kosten lediglich auf den besonderen Fall des § 92 Abs. 3 Allg. SVB. (§ 840 Abs. 2 HGB.) Bezug hat.

Die somit dem Wortlaute von § 92 Abs. 2 Allg. SVB. (§ 840 Abs. 2 HGB.) entsprechend zu treffende Unterscheidung zwischen den Beiträgen zur großen Haverei und den in § 84 Nr. 3 Allg. SVB. (§ 834 Nr. 3 HGB.) aufgeführten „sonstigen" Kosten ist keineswegs, wie von der Klägerin geltend gemacht wird, unbillig und widersinnig. Vielmehr entspricht sie durchaus dem in den Allgemeinen Seeversicherungsbedingungen (sowie im Handelsgesetzbuch) im übrigen zum Ausdruck gekommenen Rechtsstandpunkt. Danach mögen die im § 84 Nr. 1 Allg. SVB. (§ 834 Nr. 1 HGB.) erwähnten Beiträge zur großen Haverei im weiteren Sinne auch als „Rettungsaufwendungen" angesehen werden können, bilden aber in dem Kreise der hierunter fallenden Aufwendungen eine besondere Kategorie. Die genannten Beiträge sind nicht direkt zur Rettung der versicherten Gegenstände aufgewendet, sondern sie sind nur das Resultat solcher Aufwendungen. Nach § 700 HGB. sind große Haverei alle Schäden, die dem Schiffe oder der Ladung oder beiden zum Zwecke der Errettung beider aus einer gemeinsamen Gefahr von dem Schiffer oder auf dessen Geheiß vorsätzlich zugefügt werden, sowie auch die durch solche Maßregeln ferner verursachten Schäden und Kosten, die zu demselben Zwecke aufgewendet werden. Die große Haverei wird von Schiff, Fracht und Ladung gemeinsam getragen, und zwar auf Grund eines besonders geregelten Feststellungs- und Verteilungsverfahrens, welches nur eintritt, wenn sowohl das Schiff als auch die Ladung, und zwar jeder dieser Gegenstände, entweder ganz oder teilweise wirklich gerettet worden sind (§ 703 flg. HGB.). Es kann also sein und stimmt mit dem Grundgedanken der Havarie-Grosse-Verteilung überein, daß zum Zweck der Rettung dem versicherten Gegenstand in ganz anderem Umfange Schäden zugefügt sind oder daß der Versicherte in ganz anderem Maße Kosten aufgewendet hat, als dem entspricht, was die auf den Versicherten entfallenden Beiträge zur großen Haverei ausmachen. Der Versicherte selbst ist selten in der Lage, auch nur mittelbar einen Einfluß auf Art und Umfang der in Havarie-Grosse fallenden Aufwendungen zu üben. Vielmehr liegt die Entscheidung hierüber ausschließlich beim Kapitän des Schiffes, der nach bestem Ermessen, und zwar nicht gerade zugunsten der einzelnen versicherten Sache oder im Interesse ihres Versicherers, sondern im gemeinsamen Interesse von Schiff, Fracht und Ladung zu handeln hat, ohne dabei regelmäßig ein eigenes unmittelbares Interesse an dem einen oder anderen Versicherungsgegenstande zu haben. Dementsprechend hat auch der Havarie-Grosse-Beitrag insofern dinglichen Charakter, als eine persönliche Verpflichtung zur Entrichtung des betr. Beitrags durch den Havereifall an sich nicht begründet wird (§ 726 HGB.). Dagegen ist der Versicherte dem Versicherer gegenüber in Gemäßheit des § 66 Allg. SVB. (§ 819 HGB., siehe auch § 254 BGB.) persönlich verpflichtet, für die Rettung der versicherten Sachen und die Abwendung größerer Nachteile zu sorgen. Auch wenn die dafür aufgewendeten Kosten unter große Haverei fallen können — was nach obigem zum mindesten zweifelhaft ist —, erfolgt die Erstattung dieser Kosten an den Versicherten auf ganz verschiedenen Wegen, je nachdem sie zur großen Haverei gehören oder nicht. Denn im ersteren Falle werden sie anteilmäßig auf Schiff, Fracht und Ladung verteilt und nur der so berechnete Beitrag ist dem Versicherten vom Versicherer zu erstatten, während im anderen Falle der Versicherte sich allein und unmittelbar an den Versicherer, und zwar wegen seiner wirklichen Aufwendungen, halten muß. Es liegt auf der Hand, daß an und für sich der Versicherer die nicht gehörige Erfüllung der in seinem Interesse nach § 66 Allg. SVB. (§ 819 HGB.) dem Versicherten obliegenden Pflichten weniger zu besorgen braucht, wenn es sich um unter Havarie-Grosse gehörige Aufwendungen handelt — zumal wenn bei einer Kaskoversicherung der Wert des Schiffs erheblich geringer ist als der Wert seiner Ladung, wie dies bei der früheren Schiffahrt mit verhältnismäßig kleinen Schiffen oft vorkam — als wenn dies nicht der Fall ist und solches schon zur Zeit des Unfalls sicher oder doch, z. B. wegen der Zweifelhaftigkeit des Erfolgs der betr. Maßnahmen, zu befürchten war. Es ist daher wohl verständlich, wenn — anders wie bei den Havarie-Grosse-Beiträgen usw. — hinsichtlich der gemäß §§ 66 Allg. SVB. (§ 819 HGB.) aufzuwendenden Kosten, soweit sie von der Havarie-Grosse-Verteilung nicht berührt werden, dem Versicherten die Vorschrift zur Seite steht, daß diese Kosten vom Versicherer auch dann vollständig zu erstatten sind, wenn die hiernach im ganzen zu zahlende Vergütung die Versicherungssumme übersteigt. Anderseits ist für die Möglichkeit der Überschreitung der Versicherungssumme durch die von dem Versicherer nach § 84 Nr. 1 und 2 Allg. SVB. zu erstattenden Beiträge zur großen Haverei in den §§ 86, 88 Allg. SVB. (§§ 835, 837 HGB.) eine besondere Reglung getroffen. Nach alledem erscheint die verschiedene Behandlung der beiden erörterten Fälle nach § 92 Abs. 2, § 84 Nr. 3 und § 69 a. E. Allg. SVB. (§ 840 Abs. 2, 834 Nr. 3, 4 HGB.) gerechtfertigt und jedenfalls nicht so abwegig, daß um deswillen eine vom klaren Wortlaut der genannten Vorschriften abweichende Auslegung eintreten müßte (siehe auch RGZ. Bd. 89 S. 51, 52, betr. die Unterscheidung zwischen den Havarie-Grosse-Beiträgen einerseits und den Havarie-Grosse-Forderungen bzw. den in Havarie-Grosse zu liquidierenden Kosten andererseits; ferner Urt. des Hanseat. OLG. vom 12. Februar 1919 VII 200/18).

Das Berufungsgericht hat zutreffend ausgeführt, daß der von ihm vertretenen und hier gebilligten Auslegung des § 92 Abs. 2 Allg. SVB. (§ 840 Abs. 2 HGB.) weder die Vorarbeiten zum Handelsgesetzbuch noch die auf Umgestaltung der Allg. SVB. abzielenden Verhandlungen noch etwa aus dem englischen Rechte zu ziehende Schlußfolgerungen entgegenstehen. Es hat ferner in rechtlich nicht zu beanstandender Weise das Bestehen einer abweichenden Usance verneint sowie auch die Behauptung der Klägerin betreffend die wiederholt erfolgte Vergütung des sog. Havarie-Grosse-Exzedenten in den Kreis seiner Erwägungen gezogen. Die von der Revision angerufenen Ausführungen von Boyens in der Zeitschrift für Versicherungsrecht und Wissenschaft von Eugen Baumgartner 1889 S. 229 flg., bes. S. 240 Anm. 3 (vgl. auch Pauly „zu §§ 92, 93 Allg. SVB. von 1867" in der Hans. Rechtszeitschr. 1918 Nr. 8 S. 394 flg. und dagegen Knittel das. 1919 Nr. 1 S. 10 flg.), stehen mit dem Wortlaute der §§ 840 Abs. 2, 834 Nr. 3 HGB. (844 Abs. 2, 838 Nr. 3 HGB. alte Fassung) in einem durch jene Darlegungen nicht hinreichend erklärten Widerspruche. Der von der Revision aus der „ratio legis" hergeleitete Unterschied zwischen den unter Havarie-Grosse fallenden Kosten einerseits und den gleichfalls darunter fallenden Schäden an Schiff und Ladung andererseits findet weder im Gesetze noch in den Allg. SVB. eine Stütze.

Die weiter von der Revision zur Begründung einer Prozeßrüge nach § 286 ZPO. gemachte Angabe, es sei in der Klagbeantwortung behauptet, daß der Vertreter des Beklagten selbst den Vertrag mit den Bergern geschlossen habe, nachdem gemäß § 66 Allg. SVB. die beklagten Versicherer von dem Unfalle benachrichtigt waren, ist irrig. Wohl aber hat die Klägerin laut ihrem nach dem Tatbestande des Berufungsurteils in der zweiten Instanz vorgetragenen Schriftsatze vom 22. Oktober 1917 behauptet, die Reederei habe sich in Anlaß des Unfalls gemäß § 66 Allg. SVB. mit den Versicherern in Verbindung gesetzt und deren Expert habe zusammen mit dem Kapitän alle Maßregeln getroffen, die zur Rettung und Erhaltung des Schiffs notwendig gewesen seien, insonderheit auch die Bergung gutgeheißen und den Hilfslohn mit

Zustimmung der Assekuradeure mit den Bergern abgemacht. Es kann dahingestellt bleiben, ob die unter Verweisung auf die Klagbeantwortung aus § 286 ZPO. hergeleitete Prozeßrüge der Revision auch auf den eben erwähnten Schriftsatz der Klägerin vom 22. Oktober 1917 bezogen werden kann (§ 554 Nr. 2 b, 559 ZPO.) und ob sie solchenfalls formell zutrifft. Denn jedenfalls würde die angebliche Prozeßverletzung der Übergehung der betr. Parteibehauptung im Berufungsurteile materiellrechtlich ohne Bedeutung sein. Nach der in dem genannten Schriftsatz enthaltenen Angabe sind die betr. Maßregeln unter Mitwirkung des Kapitäns — der als solcher nicht etwa in Vertretung eines einzelnen Versicherten, speziell des Kaskoversicherten, nach § 66 Allg. SVB., sondern im Gesamtinteresse von Schiff, Fracht und Ladung gemäß § 700 HGB. tätig gewesen ist und somit nach außen hin, insbesondere auch den Bergern gegenüber, als der maßgebende Faktor zu gelten hat — bei jeder einzelnen Maßregel vorgenommen worden, d. h. also „von dem Schiffer oder auf dessen Geheiß" im Sinne von § 700 HGB. (siehe auch Schaps Seerecht § 700 Anm. 20). Demgemäß fallen die dadurch verursachten Aufwendungen auch nach der Darstellung der Klägerin unter Havarie-Grosse." . . .

---

92. Zum Begriff des unabwendbaren Zufalls in § 233 ZPO. Kann ein Verschulden eines Bureauangestellten des Prozeßbevollmächtigten der Partei einen solchen Zufall darstellen?

III. Zivilsenat. Beschl. v. 23. September 1919 i. S. W. (Bekl.) w. T. (Kl.). III 190/19.

Sachverhalt und Entscheidung ergeben sich aus den

Gründen:

„Am 30. Juni 1919 lief die Revisionsbegründungsfrist ab. Dem Antrage des Prozeßbevollmächtigten der Revisionsklägerin vom 25./26. Juni, sie um einen Monat zu verlängern, wurde nicht in vollem Umfange stattgegeben. Die Frist wurde nur bis zum 12. Juli verlängert. Dieser Bescheid des Senatsvorsitzenden wurde nicht dem Justizrat X. persönlich, sondern am 28. Juni im Wege der Ersatzzustellung seiner seit länger als vierzehn Jahren bei ihm in Stellung befindlichen Bureauangestellten, dem vierzig Jahre alten Fräulein L. ausgehändigt. Noch vor Ablauf der Begründungsfrist erkundigte sich Justizrat X. bei Fräulein L. nach dem Schicksale seines Antrags vom 25./26. Juni, worauf er von dieser die Auskunft erhielt, die Frist sei um einen Monat verlängert. Dieser Auskunft entsprechend hatte sie auch das Ende der Frist für den 30. September in den Fristenkalender eingetragen. Bald darauf trat Justizrat X. seine Ferienreise an. Erst im Laufe des August wurde das Versehen in seinem Bureau bemerkt. Der Brief, welcher Justizrat X. davon in Kenntnis setzte, gelangte am 14. August in seine Hände. Am 23. August beantragte er unter Nachholung der Revisionsbegründung Wiedereinsetzung in den vorigen Stand. Er hat glaubhaft angegeben, daß Fräulein L. während ihrer langjährigen Dienstzeit bei ihm die Bureaugeschäfte stets zu seiner vollsten Zufriedenheit geführt und sich niemals ein Versehen hat zu Schulden kommen lassen. Fräulein L. selbst hat eidesstattlich versichert, daß sie den Bescheid des Senatsvorsitzenden hinsichtlich der Fristverlängerung genau durchgelesen habe und sich nicht erklären, könne, wie sie zu der falschen Eintragung und Auskunft gekommen sei.

Dem Wiedereinsetzungsantrage war stattzugeben.

Um dem Interesse des Staates und der Allgemeinheit an einer geordneten Prozeßführung und der Verhinderung einer Prozeßverschleppung Rechnung zu tragen, hat der Gesetzgeber die Zulässigkeit einzelner wichtiger Prozeßhandlungen derart an bestimmte der Parteiwillkür entzogene Fristen geknüpft, daß deren Nichteinhaltung ohne weiteres den endgültigen Verlust der Prozeßhandlung zur Folge hat. Zur Vermeidung unbilliger Härten, die bei schuldloser Versäumung solcher Fristen eintreten können, soll im Rahmen des § 233 ZPO. die Wiedereinsetzung in den vorigen Stand dienen. Der Gesetzgeber hat aber als alleinige Wiedereinsetzungsgründe nur Naturereignisse oder andere unabwendbare Zufälle genannt.

Das Reichsgericht hat nun in dem Beschlusse der vereinigten Zivilsenate vom 22. Mai 1901 (RGZ. Bd. 48 S. 411) den unabwendbaren Zufall im besonderen Sinne des § 233 ZPO. als ein Ereignis bezeichnet, das unter den gegebenen, nach der Besonderheit des Falles zu berücksichtigenden Umständen auch durch die äußerste, diesen Umständen angemessene und vernünftigerweise zu erwartende Sorgfalt weder abzuwehren noch in seinen schädlichen Folgen zu vermeiden ist. Damit hat es einerseits eine Begriffsbestimmung nach festen, unverrückbaren Regeln abgelehnt, anderseits aber der Rechtsprechung freie Bahn geschaffen, den Begriff der dem Säumigen im Einzelfalle billigerweise anzusinnenden äußersten Sorgfalt und damit den Begriff des unabwendbaren Zufalls fortzubilden und auf der angegebenen Grundlage den Bedürfnissen des Rechtslebens entsprechend weiter zu entwickeln. Diese Fortentwicklung hat das Reichsgericht allmählich dazu geführt, bei der Prüfung der Unabwendbarkeitsfrage die Anforderungen an die Umsicht und Sorgsamkeit des Einzelnen mit den persönlichen Verhältnissen, unter denen er zu arbeiten und zu schaffen gezwungen ist, immer mehr in Einklang zu bringen. So hat es in einer Reihe von

Entscheidungen der durch den Krieg hervorgerufenen Überlastung der Anwälte in weitgehendem Maße Rechnung getragen und einzelne auf sie zurückzuführende Fristversäumungen als Folgen eines unabwendbaren Zufalls behandelt (vgl. Urteil des I. Zivilsenats vom 11. Dezember 1915, Jur. Wochenschr. 1916 S. 422 Nr. 17; Beschluß des III. Zivilsenats vom 18. März 1919 III 542/18; Urteile des IV. Zivilsenats vom 30. April 1917 IV 51/17 und vom 3. Mai 1918 IV 448/18). Diesem Gedankengange folgend, gelangt man mit Notwendigkeit zu der Forderung, das, was als unabwendbarer Zufall im Sinne des § 233 ZPO. aufzufassen ist, lediglich nach subjektivem Maßstabe und die nach Lage des Falles vernünftigerweise zu erwartende Sorgfalt im Sinne des Beschlusses vom 22. Mai 1901 nach rein subjektiven Gesichtspunkten zu bestimmen. Der Senat spricht mit dieser Forderung nur ausdrücklich aus, was dem Sinne und dem Geiste nach bereits in der bisherigen Rechtsprechung des Reichsgerichts enthalten war und was, ohne den Zweck der Notfristen (und der Revisionsbegründungsfrist) zu beeinträchtigen, dem Sinne und Zwecke des § 233 ZPO. durchaus gerecht wird. Ein „unabwendbarer" Zufall ist eben ein solcher, dessen Eintritt oder Folgen von demjenigen, dem die Vornahme einer Prozeßhandlung oblag und der sie versäumt hat, bei Anwendung der gerade ihm nach Lage des Falles gerechterweise zuzumutenden Sorgfalt nicht „abgewendet" werden konnte.

Danach schließt Fahrlässigkeit der Partei die Annahme eines unabwendbaren Zufalls naturgemäß aus. Das gleiche gilt auch von einem Verschulden ihres Prozeßvertreters, das sie nach § 232 Abs. 2 ZPO. sich wie ihr eigenes zurechnen lassen muß. Anders steht es mit dem Verschulden der Angestellten ihres Prozeßbevollmächtigten. Diese sind weder dessen Vertreter noch die der Partei. Soweit sie als Erfüllungsgehilfen des Prozeßbevollmächtigten bei Ausführung des Dienstvertrags in Betracht kommen, haftet der Rechtsanwalt nach § 278 BGB. zwar privatrechtlich. Diese Haftung läßt sich aber mangels einer positiven Vorschrift nicht auf das öffentlichrechtliche Gebiet des Zivilprozesses übertragen und daher auch nicht aus § 232 Abs. 2 ZPO. herleiten (vgl. die Urteile vom 1. Dezember 1913, Jur. Wochenschr. 1914 S. 314 Nr. 16, vom 8. April 1914 IV 704/13, vom 3. Mai 1919 IV 448/18, vom 30. Juni 1918 III 154/16, vom 22. November 1918 VII 177/18). Eine durch ein Versehen des Bureaupersonals eines Rechtsanwalts herbeigeführte Fristversäumung kann sich daher für diesen als Folge eines unabwendbaren Zufalls darstellen, für den er prozeßrechtlich nicht verantwortlich ist und der somit auch der Partei zugute kommt.

Nun hat zwar jeder Rechtsanwalt Fristsachen mit der größten Peinlichkeit und Genauigkeit zu behandeln; er hat Anordnungen und Einrichtungen zu treffen, die deren leichte Übersehbarkeit und Überwachung ermöglichen und geeignet sind, die Parteien, soweit das in menschlichen Kräften steht, vor den Gefahren einer Fristversäumung zu schützen. Zu solchen Schutzmaßregeln gehört insbesondere die Anlegung eines Kalenders, worin der Fristablauf für jede einzelne Sache vermerkt wird und dessen tägliche Einsicht die Einhaltung der laufenden Fristen sichert. Anderseits aber sind die Anwälte gezwungen, gewisse einfache Verrichtungen, die keine besondere Geistesarbeit oder juristische Schulung verlangen, ihrem Bureau zu überlassen, damit sie imstande sind, ihre eigentlichen Berufspflichten und die ihnen von der Rechtsordnung zugewiesenen bedeutsamsten und wichtigsten Aufgaben, die Beratung und Belehrung der Parteien, die Bearbeitung des Prozeßstoffes und die Vertretung der Parteien vor Gericht, sachgemäß und in vollem Umfange zu erfüllen. Unter die Geschäfte dieser Art, deren Erledigung der Rechtsanwalt im Berufsinteresse seinen Angestellten überlassen darf und muß, fällt auch die Führung des Fristenkalenders, wie denn auch von Gerichts- und anderen Staatsbehörden die Bearbeitung ähnlicher Register dem Bureaupersonal anvertraut wird und anvertraut werden muß. Eingänge von Fristsachen sind in jedem Anwaltsbureau alltägliche, sich immer und immer wiederholende Begebenheiten, die Bureauangestellten sind von der Bedeutung der ordnungsmäßigen Wahrnehmung von Prozeß-, insbesondere von Rechtsmittelfristen bald unterrichtet und es handelt sich bei deren Berechnung und Eintragung nach einiger Übung nur um eine Art mechanischer Tätigkeit. Das führt aber zu dem Ergebnis, daß die Rechtsanwälte, abgesehen von ihrer Pflicht zu gelegentlichen Nachprüfungen, bei geübtem und ihnen als gewissenhaft bekanntem Bureaupersonal auf dessen Fristeneinträge und damit zusammenhängende mündliche Auskünfte sich in der Regel verlassen dürfen. Eine jedesmalige Nachprüfung dieser Angaben ohne besonderen Anlaß kann und darf den Rechtsanwälten verständigerweise nicht zugemutet werden. Sie würde namentlich bei beschäftigten Anwälten ihre Zeit und Arbeitstätigkeit oft fast ebenso in Anspruch nehmen und sie dadurch in der Ausübung ihrer eigentlichen Berufspflichten ebenso beschränken und behindern wie die persönliche Führung des Fristenkalenders selbst. Unter diesen Umständen wird nicht nur die absichtliche falsche Führung des Registers und die mündliche absichtliche Täuschung eines Anwalts durch seine Bureauangestellten über einen Fristablauf als ein für diesen unabwendbarer Zufall gelten müssen, sondern es muß folgerichtig auch jede unabsichtliche, versehentliche Irreführung des Anwalts über einen Fristablauf durch sein — bisher zuverlässiges — Bureaupersonal für diesen in der Regel einen unabwendbaren Zufall darstellen.

Die Betrauung des Fräuleins L. mit der Führung des Fristenregisters war obigem nach ein durch den Anwaltsberuf des Justizrats X. und durch ihre bisherige Zuverlässigkeit durchaus gerechtfertigter Akt.

Was den vorliegenden Fall anlangt, so hat Justizrat X. sich bei Fräulein L. rechtzeitig nach dem Bescheide des Senatsvorsitzenden erkundigt. Es fragt sich nur, ob er verpflichtet war, sich diesen Bescheid in Urschrift vorlegen zu lassen. Das muß bei dessen kurzem, einfachem, jeden Zweifel ausschließendem Inhalte, den jeder Erwachsene verstehen kann, verneint werden. Justizrat X. durfte darauf vertrauen, daß Fräulein L. diese einfache und klare Verfügung richtig gelesen und richtig wiedergegeben habe. Hätte er übrigens, anstatt Fräulein L. zu fragen, den Fristenkalender eingesehen, so wäre das Ergebnis das gleiche gewesen. Mit einem plötzlichen Versagen der Auffassungskraft des Fräuleins L. konnte er nicht rechnen. Für ihn war die falsche Auskunft seiner langjährigen und gewissenhaften Mitarbeiterin ein auch bei größter Aufmerksamkeit unvorhersehbares und unabwendbares Ereignis im Sinne des § 233 ZPO., so daß wie geschehen zu entscheiden war."

---

93. Unterliegen vor dem 1. August 1909 ausgegebene Gewinnanteilscheinbogen dem Stempel der Tarifnr. 3A des Reichsstempelgesetzes vom 15. Juli 1909 dann, wenn die Ausgabe entgegen dem ordnungsmäßigen Geschäftsgange vorzeitig erfolgt ist?

RStempG. vom 15. Juli 1909 Tarifnr. 3A und Befr.-Vorschrift 4.

VII. Zivilsenat. Urt. v. 7. Oktober 1919 i. S. Russische Eisenindustrie-Akt.-Ges. (Kl.) w. preuß. Staat (Bekl.). VII 144/19.

I. Landgericht Breslau, Kammer für Handelssachen.
II. Oberlandesgericht daselbst.

Die klagende Gesellschaft, deren Geschäftsjahr je mit dem 30. Juni endigt, hat in der Zeit zwischen dem 15. Juli und 1. August 1909 auf die Geschäftsjahre 1910/11 bis 1919/20 Gewinnanteilscheine ausgegeben, während der letzte Gewinnanteilschein für das Geschäftsjahr 1909/10 erst am 19. November 1910 eingelöst worden ist. Für die neu ausgegebenen Gewinnanteilscheinbogen forderte der Beklagte eine Talonsteuer von 36000 *M*, die die Klägerin bezahlt hat. Mit der Klage verlangt sie die Rückerstattung. Das Landgericht wies die Klage ab und das Oberlandesgericht die Berufung der Klägerin zurück. Auch die Revision wurde zurückgewiesen aus folgenden

Gründen:

„Nach der Tarifnr. 3A Befreiungsvorschrift Nr. 4 RStempG. vom 15. Juli 1909 sind von der in dieser Tarifnummer angeordneten Abgabe befreit „Gewinnanteilschein- und Zinsbogen, die vor dem

Inkrafttreten dieser Vorschriften ausgegeben sind." Das genannte Reichsstempelgesetz ist nach § 107 das. am 1. August 1909 in Kraft getreten. Da im vorliegenden Falle die Ausgabe der Gewinnanteilscheinbogen in der Zeit zwischen dem 15. Juli und 1. August 1909 erfolgt ist, würden diese Wertpapiere der Stempelabgabe aus der Tarifnummer 3 A, also der sogenannten Talonsteuer, nicht unterliegen, wenn man lediglich den nackten Wortlaut der Befreiungsvorschrift als entscheidend anzusehen hätte. Es kann aber eine Auslegung, die nur an dem buchstäblichen Sinne des Ausdrucks haftet und die auszulegende Einzelvorschrift nur für sich, losgelöst aus dem Zusammenhange mit anderen, ebenfalls in Betracht kommenden Vorschriften, ins Auge faßt, unter Umständen zu Ergebnissen führen, die nicht nur der Absicht des Gesetzgebers und dem Zwecke des Gesetzes zuwiderlaufen, sondern auch objektiv mit dem wahren, aus dem Gesetze selbst sich ergebenden Sinne der Vorschrift nicht vereinbar sind. Für die Auslegung von Gesetzen gilt dasselbe, was in § 133 BGB. für die Auslegung privater Willenserklärungen vorgeschrieben ist. Der Richter hat also den wirklichen Willen des Gesetzes zu erforschen. Er muß den der Vorschrift zugrunde liegenden Rechtsgedanken erforderlichenfalls durch Einschränkung oder Erweiterung des bloßen Wortsinnes zur Geltung bringen. Als Hilfsmittel darf er in Zweifelsfällen die Absicht des Gesetzgebers und den erkennbaren Zweck des Gesetzes, die gesetzgeberischen Vorarbeiten, die Stellung der Vorschrift als Bestandteil eines zusammenhängenden Rechtssystems und auch Äußerungen gesetzgebender Faktoren für die Auslegung in zweckentsprechender Weise mitheranziehen (RGZ. Bd. 89 S. 187, Bd. 90 S. 57 u. a. m.). Bei einem solchen Verfahren gelangt man hier in Übereinstimmung mit der Kammer für Handelssachen, die in der ersten Instanz entschieden hat, und dem Berufungsrichter zu dem dem Wortlaute der Befreiungsvorschrift jedenfalls nicht widersprechenden Ergebnisse, daß im Sinne der Befreiungsvorschrift Nr. 4 Gewinnanteilscheinbogen als „ausgegeben" nur insoweit anzusehen sind, als die Ausgabe im ordnungsmäßigen Geschäftsgang und in geschäftsüblicher Weise erfolgt ist.

Nach der Rechtsprechung des Reichsgerichts ist die „Talonsteuer" nichts anderes als eine in zehnjährigen Zeiträumen wiederkehrende Kapitalbesteuerung, nämlich eine in der Form der Urkundensteuer beim Ablaufe der ersten zehn Jahre beginnende, wenn auch geringer bemessene Wiederholung der früher in der Form des Aktienstempels, jetzt in der des Gesellschaftsvertragsstempels bestimmten Steuer von dem in Aktien zerlegten Kapital (RGZ. Bd. 92 S. 334). Das Gesetz hat also grundsätzlich, soweit es sich nicht um die ersten zehn Geschäftsjahre handelt (Befreiungsvorschrift Nr. 3), von seinem Inkrafttreten, also dem 1. August 1909 ab, das Aktienkapital in den von diesem Zeitpunkt ab laufenden Gewinnanteilscheinbogen besteuern wollen. Wenn es durch die Befreiungsvorschrift Nr. 4 trotzdem mit Rücksicht auf die grundsätzliche Natur der Steuer als einer Urkundensteuer die vor dem 1. August 1909 ausgegebenen Bogen von der Abgabe auch in dem Falle befreit, daß sie Gewinnrechte auch für die Zeit nach dem 1. August gewähren, so kann vernünftigerweise nicht angenommen werden, der Gesetzgeber habe es in das willkürliche Belieben des Steuerpflichtigen stellen wollen, sich der Versteuerung der für zehn nach dem 1. August 1909 liegenden Jahre oder auch sogar für einen noch längeren Zeitraum laufenden Bogen durch vorzeitige, dem regelmäßigen Geschäftsgange nicht entsprechende Ausgabe der Papiere zu entziehen. Als selbstverständlich hat der Gesetzgeber vielmehr angesehen, daß dieser Geschäftsgang nicht in der Absicht, die Steuer zu vermeiden, mit der Folge der Steuerbefreiung durchbrochen werden dürfe. Andernfalls wäre er mit sich selbst in Widerspruch geraten, da er in § 10 des Gesetzes, worauf die Vorinstanzen mit Recht hinweisen, bestimmt, daß inländische Aktiengesellschaften, die keine Gewinnanteilscheine ausgeben, hinsichtlich der Verpflichtung zur Entrichtung der Talonsteuer so zu behandeln sind, als ob sie für je zehnjährige Zeiträume Gewinnanteilscheinbogen ausgegeben hätten. Solche Gesellschaften würden, obschon es bei ihnen an dem Vorhandensein der Urkunden fehlt, die die eigentlichen Träger der Steuer sind, steuerlich schlechter gestellt sein als die Gewinnanteilscheine ausgebenden Gesellschaften, da sie nicht die Möglichkeit hätten, sich durch vorzeitige Ausgabe von Gewinnanteilscheinbogen der vom 1. August 1909 ab zu erhebenden Abgabe zu entziehen. Die gesetzgeberische Absicht und der Zweck des Gesetzes lassen hiernach eine einschränkende Auslegung der Gesetzesworte „ausgegeben sind" geboten erscheinen, zumal die Befreiungsvorschrift die Natur einer Ausnahmevorschrift hat. Diese Auslegung wird immerhin unterstützt durch den Umstand, daß in § 25 n der Ausführungsvorschriften des Bundesrats vom 26. Juli 1909 zum Reichsstempelgesetz vom 15. Juli 1909, die sofort nach der am 20. Juli erfolgten Verkündung des Gesetzes erlassen sind, bestimmt ist, daß die vor dem 1. August ausgegebenen Gewinnanteilscheinbogen als nach diesem Zeitpunkt ausgegeben anzusehen sind, wenn das Geschäftsjahr, auf welches der letzte Gewinnanteilschein des zu erneuernden Bogens sich bezieht, erst nach dem 31. Juli 1909 abschließt. Zwar konnten die sachlichen Steuervorschriften des Gesetzes auch auf Grund der in § 91 erteilten Ermächtigung vom Bundesrate weder abgeändert noch auch ergänzt werden, aber für die richterliche Au legung fällt doch die Auffassung, die wenigstens der eine der beiden gesetzgebenden Faktoren von der Tragweite des Gesetzes hat, erheblich ins Gewicht. Wenn die Reichsregierung nach der Erlassung der Ausführungsvorschriften mit einer Anzahl von Aktiengesellschaften die nach dem 15. Juli und vor dem 1. August 1909 vorzeitig Gewinnanteilscheinbogen ausgegeben hatten, Verhandlungen über die Anerkennung ihrer Steuerpflicht angeknüpft hat, so erklärt sich das wohl daraus, daß sie Zweifel darüber hatte, ob die Gerichte den bloßen Wortlaut oder den hinter diesem liegenden, erst zu ermittelnden Sinn für die Auslegung der Befreiungsvorschrift würden entscheidend sein lassen.

Daß der vorstehend als richtig bezeichnete Sinn der Befreiungsvorschrift sich bei objektiver Prüfung des Inhalts der Vorschrift selbst nicht erkennen lasse, kann der Revision nicht zugegeben werden. Die neuen Vorschriften über die Talonsteuer wenden sich im wesentlichen an die Kreise der Personen, die mit der Ausgabe von Gewinnanteilscheinen zu tun haben. Diese Personen, die regelmäßig geschäftskundig und geschäftsgewandt sind, haben sicher den wahren Sinn des Gesetzes dahin verstanden, daß unter der Ausgabe der Bogen im Sinne der Befreiungsvorschrift nur die dem regelmäßigen, ordentlichen Geschäftsgang entsprechende Ausgabe zu verstehen sei, mit der allein der Verkehr rechnet und auch die Steuerbehörden zu rechnen befugt sind. Hat aber eine Anzahl von Aktiengesellschaften, am bloßen Wortsinn der Vorschrift haftend, eine Lücke im Gesetz als vorhanden angenommen, auf Grund deren die Möglichkeit der Ersparung des Stempels gegeben sei, so kann nach obigen Erwägungen eine solche Lücke als vorhanden nicht anerkannt werden.

Im Streitfalle hat die Klägerin, obwohl das Geschäftsjahr, auf das der letzte Gewinnanteilschein des zu erneuernden Bogens sich bezog, erst mit dem 30. Juni 1910 abschloß, bereits vor dem 1. August 1909 die neuen Bogen ausgegeben. Nach den Feststellungen beider Vorinstanzen ist diese Ausgabe vorzeitig außerhalb des ordnungsmäßigen Geschäftsganges erfolgt. Einen stichhaltigen Grund für diese Verfrühung hat die Klägerin nicht anzugeben vermocht. Offenbar hat sie sich von der Absicht leiten lassen, den neu eingeführten Talonstempel zu vermeiden. Wenn nun auch dem Steuerpflichtigen der Weg nicht verschränkt werden darf, eine Abgabe dadurch zu ersparen, daß er das Zustandekommen des vom Gesetz als steuerpflichtig bezeichneten Tatbestandes vermeidet, so ist es doch nicht die Aufgabe der Gerichte, das Bestreben, Abgaben zu ersparen, in einem Falle zu unterstützen, in dem, wie vorliegend, nach dem wirklichen und auch erkennbaren Sinne des Gesetzes der steuerpflichtige Tatbestand als gegeben anzusehen ist."

94. Zum Begriff des Kettenhandels im Sinne der Verordnung vom 24. Juni 1916 (RGBl. S. 581).

II. Zivilsenat. Urt. v. 10. Oktober 1919 i. S. P. (Kl.) w. H. (Bekl.). II 136/19.

I. Landgericht III Berlin, Kammer für Handelssachen.
II. Kammergericht daselbst.

Ende Juli 1917 kaufte der Kläger vom Beklagten 1000 Flaschen Original Kempe & Co. Kognak Triumpf zum Preise von 20000 *M*. Da ihm die Ware trotz Mahnung nicht geliefert wurde, erhob er Klage auf Erfüllung. Der Beklagte wandte hauptsächlich ein, es liege verbotener Kettenhandel vor, auch habe der Kläger keine Erlaubnis zum Handel mit Lebensmitteln gehabt.

Im Gegensatze zum ersten Richter, der auf einen Eid des Klägers erkannte, wies das Kammergericht die Klage ab. Die Revision hatte Erfolg.

Gründe:

„Nach der Überzeugung des Berufungsgerichts hat der Kläger den Kognak als Agent für Weine und Spirituosen gekauft, um ihn als Agent mit Vorteil weiter zu verkaufen. Hiervon ist unrichtig die Annahme, daß der Kläger als Agent tätig gewesen sei. Der Ausdruck auf seinen Geschäftspapieren, aus dem dies hergeleitet wird, kann nichts daran ändern, daß er den streitigen Vertrag, wie auch der Beklagte nicht bezweifelt, im eigenen Namen geschlossen hat. Im übrigen handelt es sich um eine tatsächliche Feststellung, gegen die die Revision vergebens ankämpft. Die Behauptung des Klägers, er habe den Kognak in seinen drei Betrieben, einem Bierausschank, einem besseren Restaurant und einer Weinstube, verbrauchen wollen, ist nicht übersehen worden, sondern für widerlegt erachtet.

Das Berufungsgericht ist aber weiterhin der Ansicht, daß der Kaufvertrag den § 11 der auf Grund der BVO. vom 22. Mai 1916 (RGBl. S. 401) erlassenen VO. des Reichskanzlers vom 24. Juni dess. J. (RGBl. S. 581) verletze und nach §§ 134, 138 BGB. nichtig sei. Durch den angeführten § 11 wird mit Strafe bedroht, wer den Preis für Lebens- oder Futtermittel durch unlautere Machenschaften, insbesondere Kettenhandel, steigert. Der Begriff der Lebensmittel ist in weitestem Sinne zu fassen, auch Spirituosen gehören dahin. Auf die grundsätzliche Frage, ob ein Verstoß gegen das Kettenhandelsverbot den Vertrag nichtig macht oder ob der Preis, wie nach RGZ. Bd. 88 S. 250 bei Überschreitung des gesetzlichen Höchstpreises, herabzusetzen ist, braucht nicht eingegangen zu werden. Was das Berufungsgericht zur Begründung eines solchen Verstoßes anführt und was vom Beklagten dafür geltend gemacht wird, reicht nicht hin, um den Schluß, daß das Verbot übertreten sei, zu rechtfertigen.

Unerheblich ist die Darlegung des Berufungsgerichts, wonach der Kognak von der Herstellerin, der Firma Kempe & Co., an den Großhändler Th., von diesem an den Großhändler U. verkauft wurde und erst von U. an den Beklagten gedieh. Es kommt nicht darauf an, ob der Ankauf des Kognaks durch den Beklagten, sondern ob der Verkauf an den Kläger verbotener Kettenhandel war. Unter „Kettenhandel" ist zu verstehen jedes Einschieben eines Zwischengliedes in den Verteilungsprozeß der Ware, das für die allgemeinen Bedürfnisse der Kriegswirtschaft unnütz ist und nur aus eigensüchtigen Interessen erfolgt (vgl. RGSt. Bd. 50 S. 270). In diesem Sinne kann das Dazwischentreten des Beklagten und auch das des U. sehr wohl unnütz gewesen sein, weil dadurch die Ware dem Verbraucher nicht näher gebracht wurde, während es gleichwohl möglich bleibt, daß der Vertrag des Klägers wirtschaftlich unentbehrlich war. Gerade er kann die Überführung der Ware an den Konsum sich zum Ziele gesetzt haben. Es verstößt nicht gegen das Verbot des Kettenhandels, wenn ein Kaufmann Waren aus dem Kettenhandel herausnimmt und an Verbraucher und Kleinhändler, an die sie sein Veräußerer nicht gebracht haben würde, weiterverkauft. Daher ist es gleichgültig, wenn das Berufungsgericht betont, der Beklagte habe alle seine Vorderleute gekannt und auch der Kläger habe aus dem ihm übersandten Schreiben der Firma U. vom 1. August 1917 in Verbindung mit dem Begleitschreiben des Beklagten vom 2. j. Mts. ersehen, daß letzterer den Kognak erst aus zweiter oder dritter Hand bezogen hatte. Nur beiläufig mag hierzu bemerkt werden, daß der Vertrag der Parteien Ende Juli 1917 geschlossen war und Tatsachen, die der Kläger erst nachträglich erfuhr, schon aus diesem Grunde nicht in Betracht kommen würden.

Anlangend die Zwecke, die der Kläger mit dem Ankaufe der Ware verband, so hat das Berufungsgericht nur festgestellt, daß er den Kognak zum Weiterverkauf und nicht etwa zum Verschank in seinen Wirtschaften angeschafft hat. Durchaus möglich bleibt danach, daß als Weiterverkauf der flaschenweise Absatz an andere Wirte oder an Lebensmittelhändler in Beuthen, dem Wohnsitze des Klägers, oder in anderen Orten Schlesiens ins Auge gefaßt war. Daß diese Aufgabe auch durch den Beklagten erfüllt worden wäre, ist nicht ersichtlich. Das einzige, worauf er sich beruft, sind seine Zeitungsangebote. Er hatte in Fachblättern, wie dem „Destillateur und Likörfabrikant" und der „Deutschen Weinzeitung" angezeigt, daß er eine Anzahl Spirituosen, darunter auch Kempe & Co. Triumpf, in mehreren hundert Flaschen freibleibend abzugeben habe. Hierdurch, meint das Berufungsgericht, sei den Verbrauchern genügend Gelegenheit zum unmittelbaren Ankauf beim Beklagten gegeben worden; die Einschiebung des Klägers in den Verteilungsprozeß sei überflüssig gewesen und habe die Ware unnötig verteuert. Allein die Zeitungsanzeigen lassen schon keine Absicht des Beklagten erkennen, den Kognak flaschenweise zu verkaufen und dabei den Kredit zu gewähren, der beim Absatz an Verbraucher und Kleinhändler üblich ist Noch weniger steht hiernach fest, daß die Ankündigungen des Beklagten, der in Berlin wohnt, geeignet waren, die Ware auch den schlesischen Verbraucherkreisen zugänglich zu machen. Der Beweis, daß das Dazwischentreten des Klägers wirtschaftlich unnütz war, ist somit nicht erbracht und mit dem, was an Tatsachen behauptet worden ist, auch nicht zu erbringen. Sache des Beklagten aber wäre es gewesen, Behauptungen, die hierfür schlüssig wären, aufzustellen.

Somit versagt die Einwendung des Kettenhandels. ... (Folgt Erörterung weiterer Einwände.) Der schließlich noch übrig bleibende Einwand, der Kläger habe zur Zeit des Vertragsschlusses keine Erlaubnis zum Handel mit Lebensmitteln besessen (§ 1 BO. v. 24. Juni 1916), ist unerheblich, da durch das Fehlen dieser Erlaubnis die Gültigkeit des Vertrags nicht berührt wird (vgl. das Urt. des Senats vom heutigen Tage RG. II 144/19). Das Berufungsurteil mußte daher aufgehoben und in Beachtung der Anschlußberufung der Klage unbedingt stattgegeben werden."

---

95. 1. Kann in der mit rechtskräftigem Bescheide der Berufsgenossenschaft angeordneten Gewährung von Heilanstaltspflege regelmäßig und für sich allein eine rechtskräftige Feststellung der Entschädigungspflicht im Sinne des § 907 RVO. gefunden werden?

2. Umfaßt die in § 903 RVO. festgesetzte Entschädigungspflicht außer den gesetzlichen Leistungen der Berufsgenossenschaft auch sonstige Aufwendungen?

VI. Zivilsenat. Urt. v. 13. Oktober 1919 i. S. E. (Bekl.) w. Südwestl. Baugewerksberufsgenossenschaft (Kl.). VI 158/19.

I. Landgericht Waldshut.
II. Oberlandesgericht Karlsruhe.

Die erste Frage wurde verneint, die zweite bejaht.

Aus den Gründen:

„Am 3. Oktober 1915 ist der Gipser E. von W. im Betriebe des Beklagten verunglückt. Die klagende Berufsgenossenschaft nimmt für ihre aus Anlaß dieses Unfalls gemachten Aufwendungen den Beklagten auf Grund des § 903 RVO. in Anspruch.

1. In erster Reihe hat der Beklagte unter Berufung auf § 907 RVO. Verjährung eingewendet. Die Vorinstanzen haben diesen Einwand verworfen, die Revision hat ihn wiederholt. Ihre namentlich gegen die Begründung des Berufungsurteils gerichteten Angriffe konnten keinen Erfolg haben.

Nach § 907 Abs. 1 Satz 2 verjährt der Anspruch aus § 903 in einem Falle der hier gegebenen Art in einem Jahre „nach der ersten rechtskräftigen Feststellung der Entschädigungspflicht der Genossenschaft", spätestens aber in fünf Jahren nach dem Unfalle. Die Klägerin hat aus Anlaß des in Rede stehenden Unfalls zwei Bescheide erlassen: den einen unter dem 28. Juli 1916 dahin, daß dem Verunglückten vom 3. August 1916 ab an Stelle von Krankenbehandlung und Rente Heilanstaltspflege in dem Krankenhause in Sch. gewährt werde.... Demnächst ist unter dem 1. Oktober 1917 ein Bescheid ergangen, wodurch die dem Verunglückten vom 23. Juni 1917 an — nach beendeter Heilanstaltspflege — zu gewährende Rente festgesetzt worden ist. Die Bedeutung dieser Bescheide, insbesondere die des erstergangenen, für den Beginn der Verjährung im Sinne des § 907 bildet den Gegenstand des Streites. Die Klägerin bestreitet, daß der Bescheid vom 28. Juli 1916 eine Feststellung der Entschädigungspflicht der Berufsgenossenschaft enthalte. Dem sind die Vorinstanzen beigetreten. Die Klage ist unstreitig am 20. August 1918 erhoben, also noch innerhalb eines Jahres nach Erlassung des zweiten Bescheids vom 1. Oktober 1917.

Wie bereits der erste Richter zutreffend hervorgehoben hat, ergibt schon die inhaltliche Vergleichung der beiden Bescheide vom 28. Juli 1916 und vom 1. Oktober 1917, daß die Klägerin in dem erstergangenen nicht eine Anerkennung oder Feststellung ihrer gesetzlichen Entschädigungspflicht erklären wollte. Im besonderen erhellt dies aus dem im Bescheide vom 1. Oktober 1917 der Rentenfestsetzung (nach Vordruck) beigefügten Zusatze: „Für die Zeit vom 3. August 1916 bis 22. Juni 1917, während der sich der Verletzte in Heilanstaltspflege befunden hat, wird ihm gemäß § 597 RVO. an Stelle der Krankenbehandlung und der Rente Heilanstaltspflege gewährt." Dieser Ausspruch hätte keinen erkennbaren Sinn, wenn bereits in dem Bescheide vom 28. Juli 1916 die wenigstens in Ansehung der Heilanstaltspflege erklärte Feststellung oder Anerkennung der Entschädigungspflicht der Berufsgenossenschaft zu finden wäre. Gerade im Zusammenhalte mit jenem Bescheide, der nur die Anordnung der Heilanstaltspflege schlechthin enthält, ergibt vielmehr dieser Satz des Bescheids vom 1. Oktober 1917, daß nunmehr — im Zusammenhang mit der Rentenfestsetzung — die Kosten jener bereits gewährten Heilanstaltspflege auf die Berufsgenossenschaft als Teil der ihr obliegenden gesetzlichen Entschädigungspflicht (§§ 558, 597 RVO.) übernommen werden. Dieser im Bescheide vom 1. Oktober 1917 enthaltenen Feststellung der Entschädigungspflicht steht mithin der Bescheid vom 28. Juli 1916 seinem wesentlichen Inhalte nach als eine nur tatsächliche, vorläufige, der Fürsorge für den Verletzten dienende Anordnung gegenüber.

Diese Behandlung der Sache steht im Einklang mit dem in der Praxis der Versicherungsinstanzen, insbesondere des Reichsversicherungsamts feststehenden Rechtsgrundsatze, daß aus der Gewährung der Heilanstaltsbehandlung nicht ohne weiteres folgt, die Berufsgenossenschaft habe ihre Entschädigungspflicht anerkannt. Das allgemeine und wirtschaftliche Interesse der Berufsgenossenschaften an der Frühbehandlung der Unfallverletzten gebietet rasches Eingreifen. Die Heilanstaltspflege ist nicht selten zu gewähren, schon ehe eine völlige Klärung der für die Feststellung der Entschädigungspflicht maßgebenden Tatumstände möglich ist In fester Übung ist daher den Berufsgenossenschaften die Befugnis zugesprochen worden, die Entschädigungspflicht an sich, der bereits gewährten Heilanstaltspflege ungeachtet noch nachzuprüfen und gegebenenfalls zu verneinen. Daß sich hieran nach den Vorschriften der Reichsversicherungsordnung etwas geändert hätte, ergeben weder diese selbst, noch, wie das Berufungsgericht zutreffend ausführt, die Vorarbeiten dazu. Auch der rechtskraftsfähige Bescheid, der über die Anordnung der Heilanstaltspflege nach § 1583 Abs. 1 Nr. 3 RVO. ergeht, ist für sich allein nicht als Feststellung der Entschädigungspflicht, und zwar auch nicht unter Beschränkung auf die Teilleistung der Heilanstaltspflege anzusehen. Vgl. hierzu Amtl. Nachr. des Reichsversicherungsamts 1887 S. 133 Nr. 319, 1888 S. 177 Nr. 482, 1901 S. 397 Nr. 1558, 1913 S. 507 Nr. 2626 (zu Art. 60 EG. z. RVO.); Mitteilungen des Bayerischen Landesversicherungsamts 1914 S. 72 Nr. 1396; auch Handb. der Unfallvers. 3. Aufl. Bd. 1 S. 308 Erl. 6 b zu GewUVG § 22. Daß die Umstände des Falles dem Entgegenstehendes hier nicht ergeben, hat das Berufungsgericht bereits mit Recht ausgesprochen.

Kommt aber hiernach dem Bescheid über die Anordnung der Heilanstaltspflege die Bedeutung einer Feststellung der Entschädigungspflicht regelmäßig und für sich allein nicht zu, so kann seine Erlassung solchenfalls auch nicht die Verjährung des § 907 RVO. in Lauf setzen. Der hier in Rede stehende Bescheid vom 28. Juli 1916 konnte daher diese Wirkung auch nicht haben.

2. Der Beklagte hat im besonderen noch eingewendet, daß er nach § 903 RVO. jedenfalls nicht aufkommen müsse für die Kosten der beiden in der Klagschrift aufgeführten ärztlichen Zeugnisse vom 26. Mai und 11. August 1917 (über die Erwerbsunfähigkeit des Verletzten) mit zusammen 15 *M*. Die Revision beharrt auf diesem Standpunkt. Indessen war ihr auch soweit der Erfolg zu versagen. In der Rechtsprechung ist vereinzelt (OLG. Bd. 20 S. 22) die Auffassung vertreten worden,

der Entschädigungsanspruch der Berufsgenossenschaft gegen den Unternehmer (jetzt aus § 903 RVO.) erstrecke sich nur auf deren gesetzliche Leistungen (Krankenbehandlung, Rente, Heilanstaltspflege), nicht auch auf sonstige Unkosten, die ihr der Unfall verursacht hat; dem ist das Schrifttum teilweise beigetreten (von den Kommentaren zur RVO. insbes. Moesle-Rabeling Erl. 13 und Düttmann Erl. 6 zu § 903; anders Stier-Somlo Erl. 4 Bb dazu). Für eine solche einschränkende Auslegung bietet indessen das Gesetz keinen ausreichenden Anhalt. Der Umfang der geschuldeten Erstattung wird mit den Worten bezeichnet: „alles, was... infolge des Unfalls nach Gesetz oder Satzung aufwenden müssen". Wenn auch die Worte „nach Gesetz oder Satzung aufwenden müssen" auf jene Bedeutung hinzudeuten scheinen, so ist doch nicht abzusehen, warum, wenn eine solche gewollt gewesen wäre, die zu erstattenden Leistungen nicht eben als „Leistungen, die... haben aufwenden müssen", bezeichnet wurden. Zutreffend hat daher die Rechtsprechung in der Folge wiederholt (vgl. Arch. f. Reichsversicherung 1914 S. 127) auch die sonstigen Aufwendungen der Berufsgenossenschaft — außer ihren gesetzlichen Leistungen — für ersatzfähig erklärt, soweit ihnen eine bestimmte Beziehung auf den vorliegenden Fall innewohnt. Es ist kein innerer Grund dagegen ersichtlich, unter dieser Beschränkung der Berufsgenossenschaft den Erstattungsanspruch auch für sonstige Aufwendungen zuzubilligen. Danach aber sind auch die 15 *M* Gutachtenkosten der Klägerin zu erstatten."...

---

96. 1. Darf die Klage auf Grund einer Anfechtungseinrede abgewiesen werden, wenn der Schuldtitel nur vorläufig vollstreckbar oder mit einem Vorbehalte versehen ist?

2. Wie muß der Schuldtitel beschaffen sein, den der im Wege der Einrede anfechtende Gläubiger binnen der vom Gerichte bestimmten Frist nachträglich beizubringen hat?

AnfG. §§ 5, 10; ZPO. § 148.

VII. Zivilsenat. Urt. v. 14. Oktober 1919 i. S. Ba. (Kl.) w. M. & Co. (Bekl.). VII 92/19.

I. Landgericht Konstanz
II. Oberlandsgericht Karlsruhe.

Der Armeelieferant Be. in St. verkaufte durch Vertrag vom 12. März 1918 36 Gegenstände an den Kläger, nämlich eine Bureau-, eine Kaffeebrennerei-, eine Zimmereinrichtung, 2 Brückenwagen, eine Kiste mit Talg, 10 Korbflaschen, 10 Autoreifen, 30 leere Kisten, 35 leere Fässer und eine Küchenwage mit Gewichten. Der Preis war auf

6250 *M* verabredet. Davon hatte nach § 2 des Vertrags der Verkäufer schon 5000 *M* in verschiedenen Beträgen erhalten. Den Rest von 1250 *M* sollte der Kläger an die Firma H. in B. zahlen, die nach § 3 des Vertrags eine vollstreckbare Forderung von 1540 *M* gegen den Verkäufer besaß und eine Anzahl der verkauften Gegenstände — welche es gewesen sind, ist nicht gesagt — gepfändet hatte. Diese Gegenstände sollten erst nach Bezahlung der 1250 *M* an H. in den Besitz des Klägers übergehen. Ob die Zahlung an H. erfolgt ist, steht nicht fest. Sämtliche Gegenstände vermietete der Kläger nach § 5 des Vertrags bis auf weiteres für 300 *M* jährlich an den Verkäufer Be.

Durch Urteil vom 6. März 1918 war Be. zur Zahlung von 10000 *M* und Zinsen davon an die Beklagte verurteilt. Diese ließ am 31. Mai und 1. Juni 1918 bei Be. im ganzen 76 Gegenstände pfänden, von denen 36 zu den im Vertrage vom 12. März 1918 verkauften gehörten. Der Kläger hat auf Grund seines Eigentums Widerspruch gegen die Pfändung jener 36 Gegenstände erhoben, die Klage aber nur wegen 35 Sachen weiter verfolgt. Die Beklagte erhob u. a. den Einwand der Anfechtung nach § 3 Nr. 1 AnfG. Das Urteil vom 6. März 1918 ist zwar gegen Sicherheitsleistung vorläufig vollstreckbar, aber noch nicht rechtskräftig, da Be. dagegen Berufung eingelegt hatte. Der Prozeß schwebt jetzt in der Revisionsinstanz.

Die Vorinstanzen erachteten die Anfechtungseinrede für durchgreifend und wiesen deshalb die Klage ab. Das Reichsgericht hob das Berufungsurteil auf.

Gründe:

„Mit Recht erklärt es die Revision für ein dem Gesetze widersprechendes Ergebnis, daß die von der Beklagten im Wege der Einrede geltend gemachte Anfechtung des Vertrags vom 12. März 1918 ohne Einschränkung als begründet anerkannt und die Klage daraufhin abgewiesen ist, obwohl der der Anfechtung zugrunde liegende vollstreckbare Titel nur vorläufig vollstreckbar war. Solange dieser nicht rechtskräftig geworden ist, schwebt das Schicksal des Rechtsstreits zwischen dem Gläubiger und dem Schuldner noch im ungewissen. Das in diesem Hauptstreit ergangene, vorläufig vollstreckbare Urteil kann wieder beseitigt werden, bei der einmal ausgesprochenen Klagabweisung in dem vorliegenden Interventionsstreit aber behält es sein Bewenden. Nun mag es richtig sein, daß unter Umständen wie den vorliegenden die Klage nur als zur Zeit unbegründet abgewiesen ist, daß sie erneuert werden kann, sobald der vorläufig vollstreckbare Schuldtitel fortgefallen ist. Aber auch mit dieser Erwägung ist dem Kläger nicht wesentlich geholfen. Die Klagabweisung gestattet der Beklagten, die Zwangsvollstreckung in die gepfändeten, vom Kläger als sein Eigentum in Anspruch genommenen Sachen fortzusetzen. Diese kann längst durchgeführt sein, ehe im Hauptstreite der vorläufig vollstreckbare Schuldtitel beseitigt ist und der Kläger also Gelegenheit erhalten hat, eine neue Klage anzustrengen. Die durchgeführte Zwangsvollstreckung kann aber den Kläger schwer und in nicht wieder gutzumachender Weise schädigen. Einen vom Verschulden der Beklagten unabhängigen Schadensersatzanspruch — vgl. z. B. §§ 717, 302, 600, 945 ZPO. — gewährt ihm die Prozeßordnung nicht, er bleibt danach auf einen Bereicherungsanspruch angewiesen, der ihn auch bei Zahlungsfähigkeit seines Gegners nicht immer zum Ziele führen wird, z. B. wenn die Bereicherung nachträglich fortgefallen ist, § 818 Abs. 3 BGB. Die Revisionsbeklagte hat demgegenüber ausgeführt, daß der dem Schuldner Be. nach § 717 ZPO. zustehende Schadensersatzanspruch auf den Kläger übergehe. Daran ist so viel richtig, daß der Kläger als Vermieter, wenn ihm Be. als Mieter die Mietsachen nicht zurückgeben kann, nach § 281 BGB. den Anspruch hat, daß ihm Be. seinen Schadensersatzanspruch gegen die Beklagte abtritt. Es ist weiter auch zuzugeben, daß der Kläger mit dem ihm abgetretenen Schadensersatzanspruche nicht nur den dem Be. erwachsenen, sondern auch den ihm selbst entstandenen Schaden berechnen könnte (RGZ. Bd. 93 S. 39) Es bleibt aber auch dann die Erfahrungstatsache bestehen, daß der Ersatz in Geld häufig nicht ausreicht, um den wirklich entstandenen Schaden zu decken, sei es daß dieser sich in Geld überhaupt nicht ausdrücken läßt, sei es daß er, z. B. in der heutigen Zeit der Preissteigerungen, bereits wieder gewachsen ist, ehe der Ersatzberechtigte das ihm zugesprochene Geld erhält und daran gehen kann, die notwendigen Ersatzanschaffungen zu machen. Diese Ergebnisse zeigen, daß das Verfahren des Berufungsrichters nicht richtig sein kann.

Die Ausführungen der Revision über das, was der Berufungsrichter hätte tun sollen, sind allerdings auch rechtsirrig. Sie meint zunächst, daß er die unter den Parteien streitige Frage, ob eine Forderung der Beklagten gegen Be. überhaupt entstanden sei, entweder selbständig hätte prüfen und entscheiden oder aber das Verfahren nach § 148 ZPO. hätte aussetzen müssen. Das widerspricht der ständigen Rechtsprechung des Reichsgerichts. Danach ist das Vorhandensein eines vollstreckbaren Schuldtitels erforderlich, aber auch ausreichend, um das Forderungsrecht im Anfechtungsprozeß als bestehend nachzuweisen. Der Streit über die Forderung ist zwischen dem Gläubiger und dem Schuldner auszutragen. Der Anfechtungsgegner darf die Rechtsbeständigkeit der durch Urteil festgestellten Forderung auf Grund von Tatsachen nicht bestreiten, die der Schuldner in dem gegen ihn anhängig gewesenen oder noch anhängigen Rechtsstreite geltend zu machen in der Lage war oder noch ist, vgl. RGZ. Bd. 7 S. 188, Bd. 39 S. 15, Bd. 41 S. 87, Bd. 57 S. 102, Bd. 68 S. 138, Bd. 74 S. 316. Der Anfechtungsgegner darf also wohl die Einwendung des arglistigen Zusammenwirkens (der Kollusion) zwischen Gläubiger und Schuldner erheben, und er darf Tatsachen geltend machen, die erst nach der Verurteilung des Schuldners liegen und geeignet sind, die im Urteil anerkannte Forderung zum Erlöschen zu bringen; um derartige Einwendungen handelt es sich vorliegend aber nicht.

Ein Unterschied zwischen rechtskräftigen und vorläufig vollstreckbaren Titeln ist bei den obigen Sätzen des Reichsgerichts nicht gemacht und auch nicht zu machen. Das ergibt insbesondere der § 10 AnfG. Auch wenn ein nur vorläufig vollstreckbarer Schuldtitel vorliegt, ist danach der Anfechtungsanspruch für begründet zu erklären; nur seine Vollstreckung ist davon abhängig zu machen, daß die gegen den Schuldner ergangene Entscheidung rechtskräftig wird. Es ist also dem Richter auch bei dem Vorliegen eines nur vorläufig vollstreckbaren Schuldtitels unbedingt verwehrt, in seinem Urteil über die Frage des Bestehens der Forderung selbständig zu entscheiden. Er darf weder die Rechtsbeständigkeit der Forderung verneinen und die Anfechtung abweisen, noch umgekehrt jene Frage bejahen und der Anfechtung ohne die Maßgabe des § 10 AnfG. stattgeben.

Daraus folgt wiederum die Unanwendbarkeit des § 148 ZPO. Diese Bestimmung gibt dem Gerichte die Befugnis, die Verhandlung bis zur Entscheidung eines anderen Rechtsstreits oder bis zur Entscheidung einer Verwaltungsbehörde auszusetzen, wenn die von ihm selbst zu treffende Entscheidung von dem Bestehen oder Nichtbestehen eines Rechtsverhältnisses abhängt, das in jenem anderen Verfahren festzustellen ist. Das Gericht kann in diesen Fällen die erhebliche Entscheidung aber auch selbst treffen. Diese Befugnis fehlt ihm gerade in einem Falle wie dem vorliegenden, der deshalb nicht unter § 148 ZPO. fallen kann. Wollte man diese Vorschrift anwenden, so würde sie den Richter auf die Aussetzung der Verhandlung festlegen, ihn zur Aussetzung geradezu zwingen. Da er selbst nicht entscheiden darf, bliebe ihm doch nur übrig, die Verhandlung auszusetzen. Diese Tragweite liegt dem § 148 ZPO. fern. Er gibt dem Richter nur eine seine sonstigen Rechte erweiternde Befugnis, legt ihm aber keinerlei Pflicht auf. . . .

Die Revision meint weiter, daß im vorliegenden Falle der § 10 AnfG. wenigstens für die von dem Berufungsrichter erlassene Kostenentscheidung hätte maßgebend sein müssen. Insoweit handelt es sich tatsächlich um einen vollstreckungsfähigen Ausspruch des die Anfechtung für begründet erklärenden Urteils; seine Vollstreckung hätte davon abhängig gemacht werden können, daß die gegen den Schuldner Be. ergangene Entscheidung rechtskräftig wird. Der Vorschlag der Revision würde aber zu einem Ausgleich der widerstreitenden Rechte der Parteien nur in einem Nebenpunkte führen. In der Hauptsache vermag er nicht zu helfen, wie auch die Revision nicht verkennt. In einem Falle wie dem vorliegenden wird, wenn das Urteil die Anfechtung für begründet erklärt, die Klage abgewiesen. Dieser Ausspruch bedarf keiner Vollstreckung, er trägt seine Verwirklichung in sich. Auf Grund entsprechender Anwendung des § 10 AnfG. die Vollstreckung oder wenigstens die weitere Vollstreckung des im Hauptstreit ergangenen vorläufig vollstreckbaren Urteils von seiner Rechtskraft abhängig zu machen, ist nicht angängig. Beides wäre unvereinbar mit dem Aufbau, den das Recht der Zwangsvollstreckung in der Prozeßordnung gefunden hat. Die erste Maßnahme würde in bestimmter Richtung einer Aufhebung der vorläufigen Vollstreckbarkeit des Urteils überhaupt gleichkommen und nach §§ 775 Nr. 1, 776 ZPO. dazu führen, daß die begonnene Zwangsvollstreckung eingestellt, die Vollstreckungsmaßregeln aufgehoben werden müßten. Die zweite — an sich vielleicht genügende — Maßnahme würde immerhin noch eine Einstellung der Zwangsvollstreckung aus dem Haupturteile bedeuten. Auch dadurch würde aber bereits die Zwangsvollstreckung des Gläubigers schwer beeinträchtigt werden, obwohl sie sich rechtlich und tatsächlich nur noch gegen den Schuldner richtete, nicht mehr gegen den dritten Widerspruchskläger, dessen Klage abgewiesen ist. Der Widerspruchskläger hat aber nach § 771 Abs. 2 ZPO. nur so lange Anspruch auf Schutz gegen Zwangsvollstreckungsmaßnahmen, als sein Rechtsstreit gegen den Gläubiger schwebt. Diesen Grundsatz zu durchbrechen, gibt der § 10 AnfG. keine genügende Unterlage. Auch würde die als möglich unterstellte Maßnahme insofern zu unlösbaren Schwierigkeiten führen, als bei Erlaß des Urteils über die Anfechtungseinrede noch nicht übersehbar ist, welche Schicksale das vorläufig vollstreckbare Urteil in dem Hauptstreit erleiden wird, und keinesfalls für alle hier denkbaren Fälle vorgesorgt werden kann.

Anderseits ist die Forderung unabweisbar, den im § 10 AnfG. zum Ausdruck gelangten Gedanken auch in einem Falle wie dem vorliegenden zur Geltung zu bringen. Der Gedanke geht dahin, daß auf Grund einer Anfechtung endgültige Veränderungen der Sach- und Rechtslage erst dann vorgenommen werden sollen, wenn das der Anfechtung zugrunde liegende Urteil rechtskräftig und vorbehaltlos geworden ist. Es ist nicht abzusehen, warum der Satz gelten soll, wenn die Anfechtungsklage erhoben ist, und nicht gelten soll, wenn die Anfechtungseinrede erhoben ist. In dem einen Falle soll die Zwangsvollstreckung erst beginnen, die Pfändung erst vorgenommen werden, in dem anderen Falle wird die Pfändung fast immer — siehe unten — schon stattgefunden haben, nur die Fortsetzung und Beendigung der Zwangsvollstreckung noch ausstehen. Einen Unterschied begründet das nicht. Das Entscheidende ist die Versteigerung der gepfändeten

Sachen, und diese liegt in dem einen wie in dem anderen Falle noch in der Zukunft.

Der Gedanke des § 10 AnfG. findet sich in dem § 5 das. wieder. Diese Vorschrift handelt von der Anfechtungseinrede und läßt ihre Erhebung zu, bevor ein vollstreckbarer Schuldtitel für die Forderung erlangt ist; der Gläubiger hat ihn jedoch vor der Entscheidung binnen einer von dem Gerichte zu bestimmenden Frist beizubringen. Auch der § 5 will also dem Gläubiger die Geltendmachung der Anfechtung nicht unnütz erschweren; er trägt aber dem Umstande Rechnung, daß eine auf Grund der Anfechtungseinrede erfolgende Klagabweisung die Anfechtung nicht nur anerkennt, sondern auch bereits verwirklicht. Ebenso wie § 10 dient auch § 5 dem Ausgleiche der widerstreitenden Rechte der Beteiligten. Dieser Ausgleich würde aber nur unvollkommen sein, wenn als beizubringender Schuldtitel ein nur vorläufig vollstreckbares Urteil genügte. Ebenso wie § 10 ein solches Urteil nicht für ausreichend erachtet, um den Anfechtungsanspruch zu vollstrecken, darf auch auf ein solches Urteil hin die als Einrede erfolgte Anfechtung nicht nach § 5 verwirklicht werden. Als vollstreckbarer Schuldtitel im Sinne dieser Vorschrift ist daher auch nur ein rechtskräftiges und vorbehaltloses Urteil anzusehen. Auch bei dieser Auslegung beeinträchtigt der § 5 die Rechte des Gläubigers immer noch in geringerem Maße als § 10. Nach dieser Vorschrift darf er erst zur Pfändung schreiten, wenn der Titel endgültig vollstreckbar ist; nach § 5 wird er nur genötigt, mit der Versteigerung der gepfändeten und für ihn also gesicherten Sachen bis zu dem genannten Zeitpunkt zu warten.

Diese aus der Gestaltung der Sach- und Rechtslage gewonnene Ansicht wird noch dadurch unterstützt, daß ohne sie der § 5 AnfG. nur selten anwendbar sein würde. Wie bereits oben hervorgehoben, liegt fast stets schon eine Pfändung vor, wenn die Anfechtungseinrede erhoben wird. In allen diesen Fällen würde § 5 nur eingreifen, wenn die Pfändung auf Grund eines zur Anfechtung ausreichenden Schuldtitels, also etwa eines Arrestbefehls, erfolgt wäre. Nur unter ganz besonderen Umständen kann es ohne bereits erfolgte Pfändung zur Anfechtungseinrede kommen. Ein Beispiel gibt die in der Leipz. Zeitschr. 1909 S. 694 abgedruckte Entscheidung des Reichsgerichts. Ein Schuldner hatte bei mehrfachen Abtretungen der Forderung die geschuldete Summe hinterlegt, und nun hatte ein Gläubiger der Klage des anderen auf Einwilligung in die Auszahlung der hinterlegten Summe die Einrede entgegengesetzt, daß die Abtretung an ihn in anfechtbarer Weise erfolgt sei. Die von Bernhardi, AnfG. Anm. 2 zu § 5, angenommene Möglichkeit, daß der auf Zahlung einer Geldschuld verklagte Schuldner mit einem ihm gegen den Kläger zustehenden Rückgewähranspruch aus § 7 AnfG. im Wege der Einrede aufrechnet, trifft nicht zu, da es hier an der Gleichartigkeit der geschuldeten Leistungen fehlt, wie sie § 387 BGB. erfordert. Erwägt man nun noch, daß der § 5 AnfG. in der ursprünglichen Regierungsvorlage nicht enthalten war, daß er erst von der Reichstagskommission eingeschoben wurde, so erscheint die Möglichkeit, daß die Fassung des § 5 den Absichten seiner Urheber nicht völlig gerecht geworden ist, besonders naheliegend. Der Senat ist deshalb der zuerst von Korn, Anf. v. Rechtshandl. 2. Aufl. S. 14 flg., vertretenen, von Jäger, Gläub. Anf. Anm. 11 zu § 5, und demnächst auch von Falkmann, Anf. S. 18 Anm. 72, gebilligten Ansicht beigetreten, daß der nach § 5 AnfG. beizubringende Titel endgültig vollstreckbar und deshalb auch die vom Gerichte zu setzende Frist so bemessen sein muß, daß vor ihrem Ablauf ein endgültig vollstreckbarer Titel beigebracht werden kann. Der Berufungsrichter hätte also das angefochtene Urteil noch nicht erlassen dürfen, vielmehr der Beklagten zunächst die soeben erwähnte Frist setzen müssen." ...

---

97. Kann der Käufer ohne Mahnung und Bestimmung einer Nachfrist Schadensersatz wegen Nichterfüllung beanspruchen, wenn der Verkäufer sich weigert, innerhalb der vertragsmäßigen Lieferfrist zu erfüllen?

BGB. § 326.

II. Zivilsenat. Urt. v. 7. Oktober 1919 i. S. B.er Aktiengesellschaft für Besatz-Industrie, vormals S. & Co. (Kl.) w. H. (Bekl.). II 127/19.

I. Landgericht Elberfeld.
II. Oberlandesgericht Düsseldorf.

Die Klägerin hat einen Schadensersatzanspruch in Höhe von 4710,89 ℳ nebst Zinsen wegen Nichtlieferung eines Motors gegen den Beklagten geltend gemacht. Sie behauptet, daß der Beklagte ihrem Direktor H. am 3. März 1917 durch Fernsprecher einen neuen Drehstrom-Kupfermotor zum Preise von 9200 ℳ fest verkauft und dabei erklärt habe, daß der Motor an der schwedischen Grenze liege und in 8 bis 10 Tagen geliefert werden könne. Am 6. März habe dann der Beklagte — wiederum durch Fernsprecher — der Klägerin mitgeteilt, daß er den Motor erst in 3 bis 4 Monaten liefern könne. Auf die Bemerkung H.s, daß die Klägerin des Motors alsbald bedürfe und solange nicht warten könne, habe der Beklagte erwidert, dann könne er den Motor überhaupt nicht liefern. Nunmehr habe die Klägerin dem Beklagten gemäß § 326 BGB. eine Nachfrist von 8 Tagen bestimmt und diese Erklärung am folgenden Tage schriftlich wiederholt. Der Beklagte habe aber die Fristsetzung mit der Begründung zurückgewiesen, daß er keinesfalls vor 3 bis 4 Monaten einen Motor liefern könne. Tatsächlich habe dann auch der Beklagte nicht geliefert, wodurch ihr der geltend gemachte Schaden entstanden sei.

Der Beklagte bestritt den Kaufabschluß sowie die Höhe des angeblich erwachsenen Schadens.

Während der erste Richter der Klage stattgab, wies das Oberlandesgericht sie ab. Die Revision hatte Erfolg.

Gründe:

„Das Berufungsgericht hat den Streit der Parteien über die Frage, ob überhaupt ein fester Kaufabschluß zustande gekommen sei, nicht behandelt, die Klage vielmehr deshalb abgewiesen, weil die in § 326 BGB. geregelten Voraussetzungen für eine Ersatzpflicht des säumigen Schuldners nicht vorgelegen hätten. Mahnung und Fristsetzung seien vor Fälligkeit des angeblichen Leistungsanspruchs erfolgt und daher unwirksam gewesen. Eine spätere Mahnung oder Fristbestimmung sei unterblieben. Sie habe aber nicht unterbleiben dürfen, da die Klägerin nach Sachlage nicht zu der Annahme berechtigt gewesen sei, daß der Beklagte die Erfüllung des Vertrags ernstlich und endgültig weigere. Ebensowenig habe die Klägerin dargetan, daß für sie infolge des Verzugs des Beklagten die Erfüllung des Vertrags kein Interesse gehabt habe.

Die Revision rügt Verletzung der §§ 326, 133 BGB., § 139 ZPO. Die Äußerungen des Beklagten, er werde oder könne nicht vor 3 bis 4 Monaten liefern, enthielten eine ernstliche Weigerung, den Vertrag zu erfüllen. Dazu komme das fortgesetzte Bestreiten des Abschlusses. Daß die Klägerin die Sachlage so habe auffassen müssen, ergebe sich aus der Tatsache, daß sie sich in der Klage nicht einmal auf Fristsetzung gemäß § 326 BGB. berufen habe. Übrigens habe der Beklagte gar nicht den Einwand erhoben, daß eine Erfüllungsweigerung nicht erfolgt sei. Das Berufungsgericht habe daher der Klägerin Gelegenheit geben müssen, diesen Punkt klarzustellen. Hiervon abgesehen, stelle das Verhalten des Beklagten eine positive Vertragsverletzung dar, welche die Klägerin berechtigt habe, ihm auch vor Fälligkeit des Lieferungsanspruchs eine Nachfrist zu setzen.

Die Revision ist begründet. Falls der Vertrag so, wie die Klägerin behauptet, zustande gekommen ist, hatte der Beklagte spätestens am 13. März zu liefern. Nun wäre an sich zwar die Klägerin nicht berechtigt gewesen, schon am 6. oder 7. März den Beklagten zu mahnen und ihm gemäß § 326 BGB. eine achttägige Nachfrist zu bestimmen. Ihr Vorgehen hat aber im vorliegenden Falle durch das Verhalten des Beklagten seine Berechtigung erhalten. Am 6. März teilte der Beklagte der Klägerin mit, daß er den Motor erst in 3—4 Monaten liefern könne. Als ihm darauf geantwortet wurde, daß die Klägerin solange nicht warten könne, da sie des Motors für eilige Aufträge bedürfe, erwiderte er, dann werde er überhaupt nicht liefern. Der Fristsetzung endlich trat er mit den Worten entgegen, er lehne sie ab, weil er keinesfalls einen Motor vor 3 bis 4 Monaten liefern könne. Das war eine so klare Stellungnahme, daß die Klägerin unmöglich annehmen konnte, der Beklagte werde und könne sie irgendwie noch ändern. Bedurfte die Klägerin des Motors bereits in der allernächsten Zeit und erklärte ihr dann auch der Beklagte wiederholt und trotz Fristsetzung, daß er erst nach Monaten zur Lieferung imstande sei, so war diese mit der vertraglichen Abrede in Widerspruch tretende Erklärung zugleich eine schwerwiegende Verletzung der dem Beklagten als Verkäufer obliegenden Pflicht. Sie gefährdete die Erreichung des von der Klägerin erkennbar erstrebten Vertragszweckes und versetzte sie — zur Vermeidung von Nachteilen — in die Notwendigkeit, sich rechtzeitig nach Ersatz umzusehen (vgl. hierzu RGZ. Bd. 93 S. 285).

Das Berufungsgericht hätte also mit Rücksicht auf die seitens des Beklagten erfolgte ernstliche Erfüllungsweigerung und positive Vertragsverletzung die Klage nicht um deswillen abweisen dürfen, weil die Klägerin es nach dem 13. März 1917 an einer Mahnung und Fristbestimmung habe fehlen lassen. Da aber bisher eine Erörterung der Frage, ob der Vertrag zwischen den Parteien überhaupt zustande gekommen ist, noch nicht stattgefunden hat, mußte eine Zurückverweisung der Sache an das Berufungsgericht erfolgen."

---

98. 1. Zum Begriff des Kettenhandels.
2. Macht ein Mangel der Erlaubnis zum Handel mit Lebensmitteln nach § 1 ReichskanzlerVO. vom 24. Juni 1916 den Kaufvertrag über solche Lebensmittel nichtig?
3. Verstößt die Annahme des Kaufpreises aus einem derartigen Kaufvertrag auf seiten des Verkäufers gegen das Verbot der Reichskanzlerverordnung oder gegen die guten Sitten?

BGB. §§ 812, 817 Abs. 1; ReichskanzlerVO. vom 24. Juni 1916 §§ 1, 9, 11.

II. Zivilsenat. Urt. v. 10. Oktober 1919 i. S. H. (Kl.) w. L. (Bekl.). II 144/19.

I. Landgericht I Berlin, Kammer für Handelssachen.
II. Kammergericht daselbst.

Der Kläger nahm den Beklagten auf Wandlung eines Kaufvertrags über Fischklöße und Rückzahlung des Kaufpreises von 29000 M in Anspruch, indem er behauptete, daß der Kaufvertrag nichtig sei. Die Nichtigkeit begründete er damit, daß einmal darin ein verbotener Kettenhandel im Sinne des § 11 ReichskanzlerVO. vom 24. Juni 1916 liege, anderseits der Beklagte keine Erlaubnis zum Handel mit Lebensmitteln gehabt und sonach gegen § 1 der Verordnung verstoßen habe.

Während der erste Richter der Klage stattgab, wies das Kammergericht sie ab. Die Revision wurde zurückgewiesen.

Gründe:

„Die tatsächlichen Feststellungen des Urteils geben keinen Anhalt dafür, daß der mit dem Kaufvertragsschluß betätigte Zwischenhandel sich als unwirtschaftliche und überflüssige, darum unlautere Einschiebung darstellt, die nur zu eigennützigen, nicht gemeinwirtschaftlichen Zwecken erfolgt ist. Entscheidend ist hierbei, daß die Lebensmittel von dem einen an den anderen Bedarfsort überführt, somit, wie mangels gegenteiliger Behauptungen anzunehmen ist, einem anderen Kundenkreise zugänglich gemacht worden sind, also ohne Zweifel damit auch ein wirtschaftlich notwendiger und nützlicher Verteilungsvorgang erfolgt ist. Belanglos ist dagegen, worauf das Kammergericht mit Unrecht Gewicht legt, ob der Beklagte im Zwischenhandel einen übermäßigen Gewinn gemacht hat oder nicht. Denn ein solcher ist nicht Voraussetzung für den Begriff des Kettenhandels, vielmehr genügt hierfür, daß durch die unwirtschaftliche Einschiebung in den Verteilungsprozeß dem Verbraucher überhaupt die Ware verteuert wird, gleichviel, ob der Zwischenhändler dabei einen übermäßigen Gewinn macht oder nicht. Ersterenfalls würde außerdem noch ein Verstoß gegen § 5 Nr. 1 BVO. vom 23. März 1916 gegen übermäßige Preissteigerung vorgelegen haben.

Der Umstand, daß der Beklagte durch den Verkauf der Fischklöße an den Kläger gegen § 1 der gen. ReichskanzlerVO. verstieß, weil er keine Erlaubnis zum Handel mit Lebensmitteln hatte, vermag gleichfalls dem Kläger nicht zu einem Anspruch auf Herausgabe des gezahlten Kaufpreises zu verhelfen. Diese Vorschrift ist rein gewerbspolizeilicher Natur und richtet sich nur gegen den Verkäufer, ohne im übrigen die bürgerlichrechtliche Gültigkeit des Rechtsgeschäfts selbst in Frage stellen zu wollen. Dem Verkäufer wird die öffentlichrechtliche Verpflichtung auferlegt, bevor er mit Lebensmitteln Handel treibt, die behördliche Genehmigung hierzu nachzusuchen; ein diese öffentliche Pflicht außer acht lassender Abschluß eines Kaufvertrags soll damit aber nicht der Rechtsunwirksamkeit verfallen. Es würde, da der Käufer kaum nachprüfen kann, ob der Verkäufer dieser seiner öffentlichrechtlichen Pflicht genügt hat, sonst eine unerträgliche Rechtsunsicherheit eintreten. Der Verstoß des Beklagten gegen die Vorschrift des § 1 der gen. Verordnung gibt daher dem Kläger überhaupt keinen Rückforderungsanspruch aus § 812 BGB. (RGZ. Bd. 60 S. 276).

Aber auch aus § 817 Satz 1 BGB. ist ein solcher nicht herzuleiten, wie die Revision geltend macht. Allerdings setzt der dort gegebene Herausgabeanspruch nicht voraus, daß das zugrunde liegende Rechtsgeschäft selbst wegen Verstoßes gegen ein gesetzliches Verbot oder gegen die guten Sitten nichtig ist. Die Vorschrift will vielmehr auch dort ergänzend eingreifen, wo trotz der Gültigkeit des zugrunde liegenden Rechtsgeschäfts und der aus ihm erfolgenden Leistung die Annahme dieser Leistung gegen ein Verbot verstößt oder unsittlich ist. Dieser Fall liegt aber hier nicht vor. Indem in § 1 in Verb. mit § 9 der ohne Erlaubnis zum Betriebe vorgenommene Handel verboten wird, soll mit Rücksicht auf die Interessen der Verbraucher von Lebensmitteln diesen eine Gewähr dafür geboten werden, als Käufer zu angemessenen Preisen gute Lebensmittel zu erhalten. Es soll also die Hingabe von Waren an die Verbraucher geregelt, für die Eingehung von Kaufgeschäften Vorsorge getroffen werden. Die Vorschrift hat sonach nur die eigentliche Veräußerungstätigkeit der Verkäufer im Auge und will diese von einer vorgängigen Erlaubnis abhängig machen. Die Vorgänge, die hinter dieser Veräußerungstätigkeit liegen, befinden sich außerhalb des Rahmens der gesetzlichen Regelung, und auf die Annahme des Kaufpreises auf Grund eines abgeschlossenen Kaufvertrags erstreckt sich die Regelung der Vorschrift überhaupt nicht. Ein gesetzliches Verbot, das die Annahme eines solchen untersagte, besteht nicht; der Zweck der Leistung des Klägers war daher auch nicht in der Weise bestimmt, daß durch die Annahme der Leistung der Beklagte gegen ein gesetzliches Verbot verstieß vgl. auch Jur. Wochenschr. 1904 S. 407 Nr. 13). Ein Verstoß gegen die guten Sitten bei der Entgegennahme des Kaufpreises, zu dessen Zahlung der Käufer bei der Rechtswirksamkeit des Vertrags verpflichtet war, kommt vollends nicht in Frage." ...

---

99. 1. Zum Begriff der arglistigen Täuschung.
2. Wo ist die Herausgabepflicht des Bereicherungsbeklagten zu erfüllen?

II. Zivilsenat. Urt. v. 17. Oktober 1919 i. S. H. (Kl.) w. B. u. Kr. (Bekl.). II 113/19.

I. Landgericht I Berlin.
II. Kammergericht daselbst.

Die Beklagte als Käuferin hatte mit dem Kläger einen Lieferungsvertrag über 20000 Zündladungskapseln abgeschlossen. Nachdem der

Vertrag von beiden Seiten teilweise erfüllt war, hat ihn die Beklagte wegen arglistiger Täuschung angefochten, weil der Kläger bei den Kaufverhandlungen der Wahrheit zuwider sich als Selbstfabrikanten ausgegeben habe. Das Landgericht erklärte die Anfechtung für begründet und den Vertrag für nichtig; die Abrechnung zwischen den Parteien wurde im Schlußurteile dahin vollzogen, daß die Klage, die auf Schadensersatz gerichtet war, abgewiesen und der Kläger auf die Widerklage der Beklagten zur Bezahlung von rund 2000 ℳ verurteilt wurde. In der Berufungsinstanz bestritt der Kläger, einen Posten Zündladungskapseln, die von der Beklagten nach Glauchau weiterverkauft und von dem dortigen Käufer im Auftrage der Beklagten in vier Einzelposten an den Kläger abgesandt worden waren, erhalten zu haben. Die Berufung und die Revision des Klägers sind zurückgewiesen worden, letztere aus folgenden

Gründen:

„Nach der Feststellung des Berufungsgerichts hat der Kläger bei den dem Abschluß des Lieferungsvertrags vorangegangenen Verhandlungen mit dem Bevollmächtigten der Beklagten, dem Zeugen G., erkannt, daß der Beklagten an der Selbstfabrikanten-Eigenschaft des Klägers besonders gelegen war; und weiter ist festgestellt, daß der Kläger, der nicht Selbstfabrikant war, gerade wegen dieser Erkenntnis dem G. die Besichtigung der von ihm als vorhanden angenommenen Fabrik des Klägers ausgeredet hat. Im übrigen geht der Berufungsrichter davon aus, daß der Alleininhaber der verklagten Firma den Vertrag mit dem Kläger nicht abgeschlossen haben würde, wenn er gewußt hätte, daß der Kläger nur Händler, nicht Selbstfabrikant sei. Zu Unrecht hält die Revision diese Feststellungen für unzureichend und meint, die Annahme einer vom Kläger verübten arglistigen Täuschung der Beklagten setze die Feststellung voraus, daß der Kläger erkannt habe, die Beklagte werde nur dann, wenn er Selbstfabrikant sei, mit ihm abschließen. In der Rechtsprechung des Reichsgerichts ist anerkannt, daß es zur arglistigen Täuschung genügt, wenn der Täuschende sich bewußt ist, der andere Teil werde die in Frage stehende Willenserklärung ohne die Irrtumserregung auch nur möglicherweise nicht abgeben. Dieses Bewußtsein aber stellt das Berufungsgericht auf seiten des Klägers fest durch die Annahme, er sei sich bewußt gewesen, daß die Beklagte besonderen Wert auf die Selbstfabrikanten-Eigenschaft des Klägers lege; denn dann wußte der Kläger, daß diese Frage bei dem Entschlusse der Beklagten eine ausschlaggebende Rolle zum mindesten spielen könne. Der von der Revision noch erwähnte Umstand, daß der Kläger dem G. nicht ausdrücklich erklärt hat, die Kapseln würden in seiner Fabrik angefertigt, steht der Annahme einer dem Kläger zur Last fallenden arglistigen Täuschung nicht im Wege.

Auch die weitere Rüge, der Berufungsrichter hätte feststellen müssen, daß der Kläger die von Glauchau aus an ihn abgesandten vier Posten Zündkapseln erhalten habe, geht fehl. Die Beklagte war nach der Nichtigerklärung des von ihr angefochtenen Lieferungsvertrags gemäß §§ 812 flg. BGB. zur Herausgabe des vom Kläger Empfangenen verpflichtet. Hierzu gehörten auch die jetzt noch streitigen vier Posten Zündkapseln, welche die Beklagte — wie dem Kläger bekannt war — innerhalb ihres Geschäftsbetriebs an den Ingenieur St. in Glauchau verkauft hatte. Ihre Verpflichtung zur Herausgabe der vier Posten Zündkapseln hatte die Beklagte da zu erfüllen, wo sich die Kapseln befanden, d. h. in Glauchau. Dort waren die Kapseln von der Beklagten herauszugeben und vom Kläger in Empfang zu nehmen. Wenn die Beklagte aus Gefälligkeit oder aus welchem Grunde immer ein Übriges tat und die Kapseln durch St. dem Kläger übersenden ließ, so geschah dies, wovon auch das Berufungsgericht ausgeht, auf Gefahr des Klägers. Eine Verpflichtung zur Rücksendung der herauszugebenden Sache besteht nicht. Ob eine andere Beurteilung dann am Platze ist, wenn der zur Herausgabe Verpflichtete die Sache an einen fernen, schwer zu erreichenden Ort willkürlich verschleppt hat, bedarf hier nicht der Erörterung. Denn die Beklagte hat die Zündkapseln im regelmäßigen Geschäftsbetriebe nach auswärts verkauft; in solchem Falle hat aber die Herausgabe da zu erfolgen, wo sich die Sache befindet. Der Berufungsrichter brauchte hiernach zu der Frage, ob der Kläger die vier Posten erhalten habe, nicht Stellung zu nehmen."

---

100. Zivilrechtliche Bedeutung einer Verfügung der unteren Verwaltungsbehörde gemäß § 1 Abs. 2 Satz 2 der Verordnung über Höchstpreise für Äpfel vom 7. Oktober 1916 (RGBl. S. 1143).

II. Zivilsenat. Urt. v. 17. Oktober 1919 i. S. Dr. (Kl.) w. Handelsgesellschaft Pr. (Bekl.). II 266/19.

I. Landgericht Hamburg.
II. Oberlandesgericht daselbst.

Am 15. November 1916 verkaufte der Kläger in Hamburg eine daselbst hinter dem Speicher der Beklagten in einem Kahne lagernde Partie Äpfel — 411,48 Zentner — um 30 *M* für den Zentner an die Beklagte. Er hatte die Äpfel aus Kehdingen in Preußen nach Hamburg gebracht. Die Beklagte nahm die Äpfel ab und bezahlte die Hälfte des Kaufpreises mit 6172,20 *M*. Mit der Klage verlangte der Kläger Verurteilung zur Bezahlung der anderen Hälfte, indem er behauptete, der Kauf sei auf Grund vorheriger Besichtigung der noch im Kahne lagernden Äpfel durch den Prokuristen der Beklagten abgeschlossen worden. Die Beklagte bestritt, daß nach Besicht gekauft worden sei, und behauptete im übrigen, es sei Lieferung von Tafeläpfeln ausbedungen worden, welcher Abmachung die streitigen Äpfel nicht entsprochen hätten; für andere Äpfel (Wirtschaftsäpfel) dürfe nach der Bekanntmachung des Reichskanzlers vom 7. Oktober 1916 nur der Höchstpreis von 12 *M* unter Hinzurechnung von 3 *M* für das Heranschaffen von Kehdingen nach Hamburg für den Zentner berechnet werden.

Das Landgericht wies die Klage ab. Die Berufung des Klägers wurde zurückgewiesen. Seine Revision führte zur Aufhebung des Berufungsurteils und zur Zurückverweisung der Sache in die Instanz.

Aus den Gründen:

... „Das Berufungsgericht geht zutreffend davon aus, daß die Anerkennung einer Partie Äpfel als Tafeläpfel, die durch die zuständige untere Verwaltungsbehörde gemäß § 1 Abs. 2 Satz 2 der Verordnung über Höchstpreise für Äpfel vom 7. Oktober 1916 (RGBl. S. 1143) ausgesprochen wurde, für die Behandlung dieser Äpfel an sich maßgebend sei, ohne daß die Gerichte nachzuprüfen hätten, ob es sich wirklich um gepflückte und sortierte Äpfel, die als Tafeläpfel Verwendung finden, handle. Der Berufungsrichter spricht auch der Bescheinigung des Vorsitzenden des Kreisausschusses vom 14. November 1916, worin dem Kläger erlaubt wird, 400 Zentner Tafelobst im Ewer „Blume" aus dem Kreise Kehdingen auszuführen, die Eigenschaft einer Verfügung im Sinne des § 1 Abs. 2 Satz 2 der genannten Verordnung an sich nicht ab. Das Recht, sich zum Beweise der Eigenschaft des verkauften Obstes als Tafeläpfel auf diese Bescheinigung zu berufen, wird dem Kläger nur deshalb versagt, weil die für solche Verfügungen zuständigen unteren Verwaltungsbehörden nach § 4 VO. durch die Landeszentralbehörden der einzelnen Bundesstaaten bestimmt werden und zwar — wie es im Berufungsurteile heißt — „wenn nicht nur für den Bezirk der anerkennenden Behörde, so doch jedenfalls nicht über den betreffenden Bundesstaat hinaus". Eine im preußischen Kreise Kehdingen in bezug auf Obst, das von dort ausgeführt werden soll, erlassene Anerkennungsverfügung (§ 1 Abs. 2 Satz 2 VO.) würde hiernach, wenn das Obst nach Hamburg verbracht und in Hamburg verkauft würde, dort keine Geltung beanspruchen können, d. h. der Verkäufer könnte sich, um darzutun, daß das in Hamburg verkaufte Obst Tafelobst sei, nicht mit Erfolg auf jene Verfügung berufen. Dieser Auffassung vermag sich der erkennende Senat nicht anzuschließen Aus § 4 VO. läßt sich eine räumliche Beschränkung der Wirkung der Anerkennungsverfügung, wie das Berufungsgericht sie annimmt, nicht ableiten. Naturgemäß kann die Landeszentralbehörde nur für das Gebiet ihres Bundesstaats eine Anordnung der im § 4 erwähnten Art treffen, nur eine Behörde des eigenen Bundesstaats als untere Verwaltungsbehörde usw. im Sinne der Verordnung vom 7. Oktober 1916 bestimmen. Daraus folgt aber nicht, daß eine von der unteren Verwaltungsbehörde gemäß § 1 Abs. 2 Satz 2 daselbst erlassene Verfügung in ihrer Wirkung auf das Gebiet des betreffenden Bundesstaats beschränkt sein müßte. Auch sonst fehlt es an hinreichenden Gründen für die Annahme einer solchen Beschränkung. Keinesfalls ergibt sie sich daraus, daß die Verwaltungen der einzelnen Bundesstaaten voneinander getrennt und landesrechtlich organisiert sind. Denn in den verschiedensten Zweigen der Verwaltung ist die Wirkung dieser oder jener Verfügungen der Verwaltungsbehörden nicht an den einzelnen Bundesstaat gebunden, sondern im ganzen Reichsgebiete anerkannt. Dazu kommt, daß das Verkehrsbedürfnis entschieden auf die Verneinung der vom Berufungsgericht angenommenen Beschränkung hinweist. Der Handel mit Äpfeln aus der Ernte 1916 wäre durch die räumlich begrenzte Wirkung der Anerkennungsverfügungen auf das empfindlichste erschwert und gehemmt worden. Die Beschränkung könnte daher nur dann bejaht werden, wenn sie sich klar aus der Verordnung vom 7. Oktober 1916 ergeben würde, was nicht der Fall ist. Dem Kläger kann hiernach nicht versagt werden, sich auf die Bescheinigung vom 14. November 1916 — in der neben der Erteilung der Ausfuhrerlaubnis eine Anerkennung. im Sinne des § 1 Abs. 2 Satz 2 VO. zu finden ist — zum Nachweise, daß er Tafeläpfel verkauft habe, zu berufen.

Ebenso ist aber auch die Bescheinigung des hamburgischen Kriegsversorgungsamts vom 21. November 1916 zu beurteilen. Auch sie enthält die Anerkennung daß die vom Kläger aus dem Kreise Kehdingen eingeführten 400 Zentner Äpfel Tafelobst gewesen seien, wiewohl der Hauptzweck der Erklärung in der Urkunde der Ausspruch ist, daß die 400 Zentner Tafelobst der Beschlagnahme nicht unterliegen. Die Auffassung des Berufungsgerichts, die Bescheinigung müsse für die Frage, ob die verkauften Äpfel zur Zeit des Abschlusses als Tafeläpfel im Sinne des Gesetzes zu gelten hatten, ausscheiden, kann nicht gebilligt werden. Dies soll nach der Ansicht des Berufungsgerichts deshalb der Fall sein. weil die Bescheinigung erst aus der Zeit nach dem Abschlusse (vom 15. November 1916) stamme. Ob die Bescheinigung zur Zeit des Abschlusses oder erst nachher ausgestellt wurde, ist unerheblich, zumal wenn, wie hier, zwischen dem Tage des Abschlusses und dem Datum der Bescheinigung nur 6 Tage liegen. Nur darauf kommt es an, ob sich die Bescheinigung wirklich auf das vom Kläger an die Beklagte verkaufte Obst bezieht, und darüber kann nach ihrem Inhalte kein Zweifel sein. Auch die Art der Entstehung der Urkunde und die Frage, ob und inwieweit eine Prüfung des Obstes durch das Kriegsversorgungsamt stattgefunden hat, ist dem Inhalte der Bescheinigung gegenüber ohne Bedeutung. Insbesondere — und dies gilt ebenso in bezug auf die Bescheinigung vom 14. November 1916 — ist eine Nachprüfung in der Richtung ausgeschlossen, ob die ausstellende Behörde die im § 1 Abs. 2 VO. aufgestellten Begriffsmerkmale der „Tafeläpfel" richtig beurteilt hat. Auch aus der Bescheinigung vom 21. November 1916 würde sich demnach die Eigenschaft der streitigen Äpfel als Tafeläpfel im Sinne der Verordnung vom 7. Oktober 1916 ergeben, wenn feststände, daß das hamburgische Kriegsversorgungsamt untere Verwaltungsbehörde gemäß § 1 Abs. 2 und § 4 VO. gewesen ist. Diese Frage hat aber das Berufungsgericht offen gelassen.

Hiernach war das Berufungsurteil aufzuheben und die Sache in die Vorinstanz zurückzuverweisen. Es bedarf noch der Stellungnahme des Berufungsgerichts zu der Frage, ob die Bescheinigung vom 14. November 1916 von der unteren Verwaltungsbehörde (§ 1 Abs. 2 und § 4 VO.) ausgestellt ist, und das gleiche gilt von der Urkunde vom 21. November 1916, falls die Entscheidung auf sie gestützt werden soll. Außerdem wird sich das Berufungsgericht noch mit dem Vorbringen der Beklagten zu befassen haben, es sei zwischen den Parteien verabredet worden, daß das hamburgische Kriegsversorgungsamt darüber entscheiden solle, ob die streitigen Äpfel als Tafeläpfel anzuerkennen seien."

---

101. Mit welchem Zeitpunkte wird eine Verfügung des Vorsitzenden wirksam?

ZPO. §§ 329, 554.

VI. Zivilsenat. Urt. v. 23. Oktober 1919 i. S. H. (Kl.) w. R. (Bekl.). VI 106/19.

I. Landgericht Potsdam.
II. Kammergericht Berlin.

Nachdem der Kläger die Revision ordnungsmäßig eingelegt und begründet hatte, wurde die Frist zum Nachweis der Einzahlung des Gebührenvorschusses — § 554 Abs. 7 ZPO. — durch Verfügung des Vorsitzenden bis zum 26. März 1919 einschließlich festgesetzt und auf Antrag des Prozeßbevollmächtigten des Klägers vom 25. März durch Verfügung vom 26. März um einen Monat verlängert, diese Verfügung jedoch dem Antragsteller erst am 27. März 1919 zugestellt. Am

28. März lief beim Reichsgericht ein Armenrechtszeugnis für den Kläger ein, das als genügendes Gesuch um das Armenrecht angesehen wurde und dessen Bewilligung im Gefolge hatte. Unterm 11. Juli 1919 reichte der Kläger den Antrag ein, ihn in den vorigen Stand gegen die Versäumung der Frist zur Zahlung des Gerichtskostenvorschusses wieder einzusetzen.

Die Revision wurde als unzulässig verworfen.

Gründe:

„Die Vorschußfrist würde durch den Antrag auf Bewilligung des Armenrechts gehemmt und durch dessen Bewilligung gegenstandslos geworden sein, wenn der Antrag vor Ablauf der Frist eingereicht worden wäre (§ 554 Abs. 7 ZPO.). Es fragt sich daher, ob die Frist zur Zeit des Antrags, d. i. am 28. März 1919, noch gelaufen ist, also ob sie durch die Verfügung vom 26. März verlängert worden war. Die ursprüngliche Frist war mit Ablauf des 26. März verstrichen. Verlängert werden konnte sie nur während ihres Laufes. War sie bereits abgelaufen, so war ihre Erstreckung nicht mehr möglich (RGZ. Bd. 77 S. 160). Der geforderte Nachweis der Vorschußzahlung konnte dann nicht mehr rechtzeitig erbracht werden. Die Entscheidung hängt mithin davon ab, ob die Verfügung vom 26. März 1919 an diesem oder am folgenden Tage, dem der Zustellung, wirksam geworden ist. Im letzteren Falle war für eine Fristverlängerung kein Raum mehr.

Nach § 329 ZPO. sind nicht verkündete Beschlüsse des Gerichts und nicht verkündete Verfügungen des Vorsitzenden den Parteien von Amts wegen zuzustellen. Bis zur Zustellung bilden sie einen rein inneren Vorgang; sie können zurückgenommen, abgeändert, vernichtet werden. Erst mit der Zustellung treten sie rechtlich ins Leben und erlangen Wirksamkeit. Das Reichsgericht hat in ständiger Rechtsprechung erkannt, daß nicht verkündete Beschlüsse erst durch die Zustellung Bestand und Geltung nach außen erhalten (RGZ. Bd. 11 S. 403, Bd. 62 S. 28; Jur. Wochenschr. 1892 S. 94, 1907 S. 841). Das gleiche muß für Verfügungen des Vorsitzenden gelten, da sie inhaltlich vielfach von gleicher Bedeutung und Wichtigkeit sind wie Beschlüsse des Gerichts. Dies zeigt sich deutlich bei der Bestimmung und Verlängerung der Vorschußfrist und bei der Verlängerung der Frist zur Revisionsbegründung. Der § 221 ZPO. schreibt ausdrücklich vor, daß der Lauf einer richterlichen Frist, sofern bei ihrer Festsetzung nichts anderes bestimmt wird, mit der Zustellung des Schriftstücks beginnt, in welchem die Frist festgesetzt ist. Bei der Verlängerung von Fristen kann das nicht anders sein. Gerade bei der Festsetzung und Verlängerung von Fristen, deren Ende sich nach Tagen, Wochen oder Monaten bestimmt, ist es nötig, daß der Anfang der Frist feststeht. Die Frist kann erst anfangen, wenn die Partei davon Kenntnis erhalten hat Daß dies geschehen ist, kann nur durch die Zustellung oder eine gleichwertige Beurkundung festgestellt werden. Ob unter Umständen die Zustellung durch formlose Übergabe der Verfügung oder durch mündliche Mitteilung ersetzt werden kann, was beides irgendwie amtlich beurkundet werden müßte, ist hier nicht zu entscheiden, da ein solcher Fall nicht vorliegt.

Die nach Ablauf der Frist am 27. März 1919 zugestellte Verfügung konnte sonach die Verlängerung der Frist nicht herbeiführen. Die Wiedereinsetzung, die an sich zulässig gewesen wäre (RGZ. Bd. 77 S. 160), ist erst am 11. Juli 1919 beantragt worden, längst nachdem die zweiwöchige Frist des § 234 ZPO verflossen war, gleichviel ob die schlechten Postverhältnisse oder ein .Verschulden der Gerichtsschreiberei des Reichsgerichts bei der Zustellung der Verfügung als Grund der Wiedereinsetzung geltend gemacht werden sollte. Aus der Zustellung vom 27. März mußte der Prozeßbevollmächtigte des Klägers erkennen, daß die Vorschußfrist verstrichen und ihre Verlängerung ohne Wirkung, die Frist also versäumt war."

Register.

Die Zahlen bedeuten die Seiten.

A. Sachregister.

A

H

T

B. Gesetzesregister.

1. Reichsgesetze.

a. Bürgerliches Gesetzbuch.

2. Landesrecht.

Bayern.

Gotha.

Preußen.

a. Allgemeines Landrecht.

b. Einzelne Gesetze und Verordnungen.

3. Gemeines Recht.

4. Rheinisches Recht.

Code civil.

5. Ausländisches Recht.

Belgien.

Österreich.

C. Zusammenstellung der Entscheidungen nach der Zeitfolge.

Zusammenstellung

der

im sechsundneunzigsten Bande, der neuen Folge sechsundvierzigsten Bande,

mitgeteilten Entscheidungen

nach

Oberlandesgerichtsbezirken.

Berichtigungen.

Fünfundneunzigster Band.

S. 207 Z. 19 v. o. statt „Klagabweisung" lies „Entscheidung zur Klage".

Sechsundneunzigster Band.

S. 20 Z. 15 v. o. statt „V 37/9" lies „V 37/19".
„ 30 „ 11 v. u. statt „Abs. 1" lies „Abs. 2".
„ 81 „ 15 v. o. statt „Reichsmittelstelle" lies „Reichsfuttermittelstelle".
„ 89 „ 14 v. u. statt „457" lies „437".
„ 90 „ 5 v. u. statt „46" lies „76".

FSC
www.fsc.org
MIX
Papier | Fördert
gute Waldnutzung
FSC® C083411

Kolibri 360 GmbH
Ferdinand-Jühlke-Straße 7
99095 Erfurt, Deutschland
produktsicherheit@kolibri360.de